Günter Diehl

Zwischen Politik und Presse

Bonner Erinnerungen
1949–1969

Societäts-Verlag

Die Abbildungen entstammen dem Archiv des Presse- und Informationsamtes der Bundesregierung, Bundesbildstelle Bonn, oder aus dem Besitz des Autors.

Herstellung: Offizin Andersen Nexö Leipzig GmbH
Schutzumschlag: Jutta Schneider, Frankfurt
Titelbild: Bundesbildstelle, Bonn
Printed in Germany 1994

ISBN 3-7973-0575-3

Ihr Edleren, ach es bewächst
Eure Male schon ernstes Moos!
O, wie glücklich war ich, als ich noch mit euch
Sahe sich röten den Tag, schimmern die Nacht.

Klopstock

Inhalt

Helden- und Heldinnenlexikon

Im Jahre 1716 erschien in Leipzig bei Gleditsch & Sohn, herausgegeben von Johann Friedrich Gauhenn, ein „Historisches Helden- und Heldinnenlexikon“. Im Vorwort heißt es:

Geneigter Leser,

Indem man sich jetzo überall über klemme Zeiten beschweret und die Gelehrten insgemein die Verachtung und Geringschätzung guter Wissenschafften, gleich wie die Handelsleute und andere die sich ihrer Hände Arbeit nähren, den Verfall der Commerzien und ihrer Nahrung beklagen, so kan man doch nicht in Abrede seyn, daß, indem andere Künste und Wissenschafften, so wie verlegene Wahren gleichsam zu Laden-Hütern werden und ohne Nachfrage bleiben, die Historie gleichwol anjetzo mehr als sonst jemahls eyfrig untersuchet wird und sowohl bey Hohen als Niedrigen in besondere Hochachtung kömmt. Denn da begnüget man sich nun nicht mehr an einer leeren Erzehlung dessen, was sich in vorigen Zeiten zugetragen, sondern man wil auch die, welche die Hauptpersonen in öffentlichen Handlungen abgegeben, ihrer Ankunfft, Gemüths-Neigungen und übrigen Character nach aufs genaueste kennenlernen. Man begnügt sich nicht nur daran, das man weiß, was unter diesen oder jenem Kayser oder Könige zu Kriegs- und Friedens-Zeiten Merckwürdiges vorgegangen, und schreibet demjenigen nicht schlechterdings den Ausgang aller glücklichen und unglücklichen Unternehmungen zu, in dessen Nahmen dieselben vollzogen worden, sondern man bekümmert sich auch sonderlich um die hohen Räthe und kommandierende Generale, durch deren kluge oder mangelhaffte Conduite etwas gewonnen oder verlohren worden. Ja man lernet allmählich begreiffen, daß man bey dem Vortrag geschehener Dinge nicht alles auf der schönen Seite ansehen müsse, und daß diejenigen welche auf dem Schauplatze der Welt hohe Standespersonen und berühmte Helden vorstellen, insgemein hinter der Scene gar eine geringe Figur machen. Die Kenntniß erfahrener Minister und geschickter Generale ist zu unsern Zeiten eine der nöthigsten, und es hat uns hierinenn zwar biß anhero an curiosen Nachrichten nicht gefehlet, aber man hat auch dabey beklagen müssen, daß solche nur allzusehr hin und wieder verstreuet gewesen und nicht ohne Mühe aus verschiedenen Memoires, Histoires secrètes und anderen geheimen Urkunden gesammelt werden können. Dannenhero hoffen wir bey den Liebhabern der Historie einigen Dank verdienet zu haben, indem wir denenselben gegenwärtiges Heldenlexikon in die Hände geben.

Mit den Helden unserer Zeit ist es so eine Sache. Viele verdienen das schmückende Beiwort Held, mancher jedoch, der unter dieser Bezeichnung gehandelt wird, steht bei näherer Betrachtung mehr im

Schatten als im Licht. Gauhenn wird viel Zustimmung finden, denn allgemein dürfte für ganze oder halbe Helden seine Feststellung zutreffen, daß ihre Taten, die ihnen einen Rang in der Weltgeschichte sichern sollen, der Hilfe, dem Rat und der Unterstützung ihrer Ratgeber und Waffengefährten zu verdanken sind. Die Zahl der Helden, die sich dessen erinnern und die auch ihren Helfern den gebührenden Nebenruhm zukommen lassen, ist gering.

In der jungen Bundesrepublik war es eine Freude, einem bedeutenden Mann zu raten, ihm zu helfen, einem Mann, der, wie man überzeugend erlebte, sich in das politische Getümmel warf, der sich stellte, arbeitete und kämpfte. Ein solcher Mann muß auch eine Vorstellung von seinem eigenen Wert haben. Er muß wissen, daß er keine Dutzendware, daß er bedeutend ist. Nur, er bedarf auch der Selbstkritik und nicht zuletzt der Einsicht, daß er abhängig ist von der Bereitschaft anderer, ihm zu dienen. Einige unserer politischen und geistigen Führer der Nachkriegszeit hatten diese Einsicht, quer durch alle Parteien. Dieses Wissen mündet gelegentlich in Dankbarkeit ein. „Dank für treue Dienste", ließ Adenauer auf die Bronzeplakette mit seinem Abbild eingießen. Auf den Fotos der Präsidenten, Kanzler und Minister, die zuerst im Silberrahmen, später im Lederrahmen vergeben wurden, war in der Widmung oft ein Wort des Dankes zu finden. Gelegentlich war es so gemeint, wie es da stand.

Unter den handelnden Personen auf der Bonner Bühne waren keine großen Teufel anzutreffen. An das Kaliber von Hitler, Stalin oder Mao Tse-Tung kamen sie nicht heran. Die Zahl der eitlen, aufgeblasenen, sich mit der Toga edler Ziele schmückenden Akteure war dagegen beachtlich. Viele waren kleine, gerissene Geschäftemacher, die dann früher oder später zu Fall kamen.

Anstößig blieb, mit welcher Selbstverständlichkeit manche Leute an der Spitze, Männer und Frauen gleichermaßen, die Privilegien in Anspruch nahmen, die unser Staat denjenigen, die führen, bereithält. Man fragte sich, woher sie die felsenfeste Überzeugung nahmen, all die Vorrechte und auch deren Mißbrauch stünde ihnen dank ihrer Leistung, dank ihrer Stellung zu. Dieses unwürdige Theater spielte sich vor den Augen der Staatsdiener und der Bürger ab.

Andere bedeutende Männer stiegen ganz nach oben und stürzten in tragischen Verstrickungen, wie Eugen Gerstenmaier im Streit um seine ihm zustehende Wiedergutmachung oder Willy Brandt über die Guillaume-Affaire. Die Beispiele zeigen, um was es geht. Gerstenmaier kämpfte für sein gutes Recht. Brandt war nicht für die Sicherheitsüberprüfung seiner Mitarbeiter verantwortlich. Viele hätten ihrer Ämter enthoben werden müssen, nur er nicht. Er fiel, weil er gestürzt werden sollte.

Warum waren die wenigen Helden so erfolgreich? Weil sie sich dank der Stellung, die sie sich in dem demokratischen Prozeß errungen hatten, immer auf ein wohlgeordnetes Gefüge, den Staatsapparat stützen konnten. Die Fähigkeiten einer großen Zahl von Männern stand ihnen zu Gebote, die sich nicht bestechen ließen, weder mit Geld, noch mit Ämtern.

Lassen wir den Helden und den Heldinnen ihr Recht und ihr Andenken und hoffen – wie der Verfasser des Heldenlexikons – bei den Liebhabern der Historie einen Dank verdient zu haben, wenn wir uns daran machen, mit kleinen Geschichten etwas Licht in die große Geschichte unserer Zeit zu bringen.

Sprecher

Obwohl der Zufall eine wichtige Rolle in meinem persönlichen und beruflichen Leben gespielt hat, so haben doch Veranlagung und Neigung den Ausschlag gegeben. Ich hatte anscheinend ein gewisses Talent, Dinge und Vorgänge, die ich begriffen und beobachtet hatte, darzustellen und zu beschreiben. Ich konnte mich gut ausdrücken, wie wir in der Alltagssprache vermerken. So wurde ich Klassensprecher und Schulsprecher im Friedrich-Wilhelm-Gymnasium zu Köln. Ich erhielt mit 19 Jahren den Preis des Deutschen Scheffelbundes für besondere Leistungen in deutscher Sprache. Meine Lehrer haben mir beigebracht, daß es nur gelingt, einen klaren Satz zu schreiben oder zu sprechen, wenn man vorher einen klaren Gedanken gehabt hat. Ohne dies deutlich zu empfinden, war ich früh bemüht, für das, was ich mitteilen wollte, eine gültige Form zu finden. Ohne Scheu gesagt, es sollte nicht nur verständlich, sondern auch schön sein. Man erkennt, daß es nur selten gelingt, diesem Anspruch gerecht zu werden, erfährt aber auch, daß dem gelungenen Satz, der gelungenen Zeile ein tiefes Glücksgefühl folgt.

Da ich einer Berufung zum Schriftsteller nicht sicher war, lag es nahe, nach weniger schwierigem Gelände Ausschau zu halten. Ich fand es im Journalismus. So stand es auch in meinem Abiturzeugnis, dem damals, 1935, ein Schlußsatz mit dem Hinweis auf die Berufswahl angefügt wurde. Der fortschreitende Verfall des Berufs in der nationalsozialistischen Gewaltherrschaft und der Ausbruch des Krieges machten die Pläne zunichte, als Auslandskorrespondent, als Gehilfe von Heinrich Baron in Paris zu arbeiten. Die Absicht, 1939 nach Paris zu gehen, war die konsequente Folge der Orientierung auf die Sache, den Inhalt. Die Form sollte der Journalismus, der Inhalt meiner Arbeit die Außenpolitik sein, Deutschlands Verhältnis zu seiner Umwelt. Das ist meine eigentliche Arbeit geworden, hat meinem Leben die Richtung gegeben.

In der kurzen Phase von 1945 bis 1952, als es keinen Auswärtigen Dienst gab, habe ich sofort, zuerst sporadisch, dann ab 1947 hauptberuftlich, als Journalist gearbeitet und vornehmlich über Außenpolitik geschrieben. Mit dem Wiedereintritt in den öffentlichen

Dienst habe ich mich 1950–52 als Referent in der Auslandsabteilung des Presse- und Informationsamtes und von 1952–56 als erster Sprecher des neugegründeten Auswärtigen Amtes, sodann, nach meiner Rückkehr von der Botschaft in Santiago de Chile, von 1960–1966 als Leiter der Auslandsabteilung des Presse- und Informationsamtes und anschließend, nach einer glücklichen Zeit als Leiter des Planungsstabes im Auswärtigen Amt, bis zum Ende der großen Koalition als Chef des Presse- und Informationsamtes mit allen Aspekten der Informationspolitik befaßt.

Diese Arbeit hat in ihrer Gesamtheit über die Jahre hinweg eine Fülle von Einsichten, Erkenntnissen und Erfahrungen erbracht, wie sie vergleichsweise in keiner anderen Position zu gewinnen waren. Sie hat auch Möglichkeiten eröffnet, an der Gestaltung deutscher und internationaler Politik mitzuwirken, die sich nur einem begrenzten Kreis von Freunden und Kollegen boten.

Meine Aussage, daß Informationspolitik als solche keine eigenen Inhalte habe, sondern diese von der Politik geliefert bekomme, ist gelegentlich angezweifelt worden. Ich halte sie aufrecht. Informationspolitik ist eine Methode, ein in seiner Komplexität faszinierender, schwieriger Gegenstand, dessen Struktur, Techniken und Wirkungen gründliche, über Erfolg oder Mißerfolg entscheidende Kenntnisse verlangen, aber die Substanz, die Inhalte, die von der Informationspolitik behandelt werden, werden ihr von außen aus anderen Bereichen angedient.

Bis auf den heutigen Tag verirren sich Leute in den Bereich der Informationspolitik, die glauben, es ließe sich öffentliche und veröffentlichte Meinung mit Cocktailgeschwätz formen. In Wahrheit liegt jeder informatorischen Tätigkeit eine kontinuierliche Bemühung um das Verständnis dieses eigenartigen Phänomens Öffentliche Meinung zugrunde. Wie kommt sie zustande, lautet die große Frage. Wer macht die Zielvorgaben, bestimmt die Richtung, welche Mittel werden benutzt und worauf beruht die unterschiedliche Wirkung dieser Mittel? Wie bewertet man jene schwer bestimmbare, aber offensichtlich die Menschen bewegende Ausstrahlung von Persönlichkeiten? Die Antworten auf diese Fragen liefern das Handwerkszeug der Informationspolitik. Viele machen sich erst gar nicht die Mühe, danach zu greifen. So bleibt trotz großer Geschäftigkeit und einem riesigen materiellen Aufwand nicht viel übrig von ihrem oft jahrelangen Treiben. Andere dagegen, gelegentlich einzelne, treten zur rechten Stunden mit einem Satz eine Lawine los oder werfen den Funken ins Pulverfaß.

Der Schwäche der Informationspolitik, dem Mangel der Information und Kommunikation an eigener Substanz, stehen die großen Stärken gegenüber, die einen bestimmenden Platz in der Politik sichern. Zunächst ist gerade ihr Mangel die Ursache ihrer Stärke. Sie kann sich jeden Gegenstand, jedes Thema aneignen, zum Inhalt ihrer Bemühungen machen. Dies ist im Vergleich zu jeder anderen Aktivität, und sei sie noch so interessant und hochbewertet, wie etwa im innen- oder sicherheitspolitischen Bereich, die Gewähr dafür, daß derjenige, der für Informationspolitik ganz oder teilweise verantwortlich ist, den besten Überblick, die genaueste Vorstellung von der Gesamtheit aller politischen Aktivitäten haben kann und auch sollte. Abgesehen vom Regierungschef selbst, gibt es niemanden, der so bemüht sein muß, einen ressortübergreifenden, das Parlament, die Parteien und die gesellschaftlichen Kräfte einschließenden Überblick zu behalten. Dies ist in der alltäglichen Praxis unmöglich, muß aber dennoch in dem Sinne versucht werden, daß kritische Entwicklungen früh erkannt werden sollten, damit die Regierung vor Überraschungen geschützt werden kann.

In dem Augenblick, wenn der Sprecher vor die Öffentlichkeit geht, muß, was er sagt, stimmen. Er ist deshalb immer bemüht, sich ständig einen aktuellen genauen Informationsstand zu sichern. Dabei ist er darauf angewiesen, daß seine Kollegen und Mitarbeiter ihm an die Hand gehen. Das weitgefächerte Wissen, das er selbst besitzt, macht ihn auch zum potentiellen Ratgeber seines Ministers oder des Bundeskanzlers und des ganzen Kabinetts. Er kann warten, bis er gefragt wird; er kann auch selbst eine Meinung in die Debatte einbringen.

Zu den Voraussetzungen, die der Informationspolitik zum Erfolg verhelfen können, gehört die Marktforschung. Wer sind die Abnehmer der Informationen, welche Interessen, welche Bedürfnisse haben sie? Im Bereich der Innenpolitik liefern diejenigen, die auf dem politischen Markt agieren, täglich wichtige Aufschlüsse über ihre Absichten und Ansichten. Daneben versucht die Demoskopie, auch die schweigende Mehrheit, die sich nicht ständig in Szene setzt, zu durchleuchten. Die Demoskopie ist zum Fluch geworden. Sie hat die Politiker süchtig gemacht. Die Zahl der demoskopischen Vorlagen an den Bundeskanzler ist im Laufe der letzten Jahre ständig angeschwollen. Auch ein willensstarker Mann wird der Versuchung erliegen, seine Politik an der gerade vorherrschenden Meinung auszurichten, statt eine Zielvorgabe zu machen. So kommt es zu gravierenden Fehlentwicklungen, wie zum Beispiel der Verteufelung der Atomenergie, der neurotischen Überbewertung des sogenannten Umweltschutzes, der Preisgabe existenzsichernder Vorkehrungen in der Verteidigungspolitik.

In der Außenpolitik dagegen zeigen sich die positiven Eigenschaften der Demoskopie. Sie liefert wichtige Aufschlüsse über politische Tatbestände, deren Kenntnisse den Umgang mit einzelnen Staaten und Staatengruppen erleichtern. So ist es nahezu sinnlos, gegenüber einem Staat für eine Politik zu werben, die seinen lebenswichtigen Interessen zuwiderläuft. Dies wird jedoch immer wieder versucht, aus Unkenntnis. Wenn dagegen eine gewisse Interessendeckung zu verzeichnen ist, die von der Demoskopie abgestützt wird, so eröffnen sich Möglichkeiten für bilaterale Zusammenarbeit und für gemeinsame Aktionen in der Völker- und Staatengemeinschaft.

Wir haben in der Auslandsabteilung des Presse- und Informationsamtes im Laufe der Jahre 69 Länderstudien angefertigt, die in ihrer Systematik mehr und mehr verfeinert wurden. Wir hatten das Glück, in Manfred Koch einen Mann zu finden, der auf diesem Felde Pionierarbeit geleistet hat. Bei diesen Untersuchungen spielte das Deutschlandbild in dem betreffenden Lande eine wichtige Rolle für unsere eigene, konkrete Arbeit. Generell ließ sich sagen, daß wir nicht wesentlich unbeliebter oder beliebter waren als andere Völker. Die meisten Völker finden sich selbst besonders gut. Die Deutschen hatten auch nach dem Krieg eine Menge Freunde in der Welt, nur waren es oft nicht die richtigen Freunde. Die Eliten waren häufig gegenüber den Deutschen und ihrem Land kritisch eingestellt, aus guten und aus schlechten Gründen, wie wir bald ziemlich genau wußten.

Für die Bundesregierung, für die politische Führung insgesamt waren diese unsere besonderen, fundierten Kenntnisse nicht nur hilfreich, sie wurden zu unerläßlichen Voraussetzungen bei der Planung und Durchführung jedes größeren politischen Vorhabens. So konnte zum Beispiel der schwierige Entschluß, dem Atom-Sperrvertrag beizutreten, schließlich doch gefaßt werden, weil wir überzeugend darlegen konnten, daß wir mit einer Weigerung Widerstände nahezu in der ganzen Welt wachgerufen hätten, welche die Verfolgung zentraler Ziele – wie der Wiederherstellung der deutschen Einheit – stark behindert, voraussichtlich zum Scheitern verdammt hätten. So haben wir die analytischen Kenntnisse unserer Informationspolitik in den Prozeß der Meinungsbildung und der Entscheidungsfindung eingebracht. Im großen Gefüge der Weltpolitik, im multilateralen und bilateralen Geschehen hat das im ganzen hohen Nutzen gebracht, der dazu noch mit geringem materiellen und finanziellen Aufwand produziert wurde.

Weil der Sprecher zu dem inneren Kreise der politischen Führung gehört, ist er ein Mitspieler nicht nur in der Innen-, sondern auch in der Außenpolitik. Diese Einschätzung gilt nicht nur für die Bundesrepublik. Die Sprecher anderer Regierungen haben in nahezu allen Fällen ebenfalls eine sehr enge Beziehung zum Regierungschef und kennen dessen Auffassungen besser als viele der Minister. So war es ein Kennzeichen des Umgangs der Sprecher untereinander, daß sehr frei diskutiert wurde, wobei die Gewohnheiten des Verkehrs mit Journalisten und Publizisten auch unserem internen Verkehrston zugute kamen. Mein Zusammensein mit Pierre Salinger zum Beispiel, dem Pressesprecher Kennedys, brachte gelegentlich mehr Einsicht in die Vorhaben und Gedanken des amerikanischen Präsidenten als die Verhandlungen der Kollegen im State Department. In gleicher Weise ist der deutsche Sprecher eine erste Quelle für seine ausländischen Kollegen, seien es Politiker, Beamte oder Soldaten. Dies ist einer der Gründe, weswegen ich im Zweifel Beamte oder Politiker als Pressesprecher empfehle, weil der Journalist auf diesem Posten dazu neigt, alles oder das meiste auszusprechen.

Bleibt noch ein Unwägbares, auch in den Umrissen nur undeutlich Erkennbares, ein Geheimnis, wenn man so will, das sich nicht völlig erklären läßt. Es ist die andauernde Erziehung und fortwährende Weiterbildung des Sprechers durch den Umgang mit großen Publizisten und Journalisten. Dem Sprecher werden kluge, scharfsinnige

Fragen gestellt, die ihn zwingen, die eigenen geistigen Kräfte zu mobilisieren und sich einen möglichst hohen Stand an Wissen und Kenntnissen über die Umstände zu verschaffen. Die Journalisten bieten aber in diesem Dialog im Gegenzug ihre eigenen Kenntnisse, Erfahrungen und Einschätzungen an. In ihrer Gesamtheit fügen diese sich zu einem Weltbild zusammen, das der Wirklichkeit sehr nahe kommt. Sie vermitteln darüber hinaus noch ein Gespür für die Unwägbarkeiten in der großen Politik, die Stärken und Schwächen, die Leidenschaften der handelnden Personen. Man brauchte nur zuzuhören und fragen zu können, dann löste sich manch Welträtsel. Jemand, dem man dies nicht anzuraten brauchte, war Konrad Adenauer. Er versäumte keine Gelegenheit, die Journalisten von Rang, die er empfing, sans gêne über die führenden Persönlichkeiten ihres Heimatlandes auszufragen oder eine ungeschützte Reaktion zu provozieren, indem er selbst Urteile über Wert und Einfluß von Beratern seiner Gegenspieler in den Vereinigten Staaten, in Frankreich oder England abgab.

Dem Sprecher standen diese Quellen der Erkenntnis fast täglich zu Gebot. Sie speisten den römischen Brunnen, aus dem jeder schöpfen konnte, der wollte.

Die meisten der Publizisten und Journalisten von Qualität, mit denen zu arbeiten ich die Ehre hatte, deckt inzwischen der kühle Rasen. Männer und Frauen dieses Schlages sind seltener geworden, seitdem die professionelle Ausbildung abgesunken ist und sich das Berufsethos nur noch in kleinen Reservaten hält. Aber auch da gilt, daß es wieder aufwärts gehen wird, wenn wir erst den Boden berührt haben. Es ist spät geworden, kein Land, keine Gesellschaft kann auf die veröffentlichte Meinung verzichten, ohne Schaden zu nehmen. Es besteht ein enger Zusammenhang zwischen den Eigenschaften der Politiker und allen anderen Leitfiguren, den Vorbildern und denjenigen, welche von Berufs wegen berichten, darstellen und werten. In dieser Wechselbeziehung liegt der Schlüssel des Problems. Das mußte dem Sprecher immer gegenwärtig sein.

Da der Sprecher ständig selbst in Wort und Schrift formuliert, im öffentlichen Wechselgespräch Rede und Antwort stehen muß, werden ihm die Schwächen und die Stärken dessen, was die Regierung plant und tut, früher und deutlicher als den meisten Mit-Akteuren bewußt. Er wird auf eigene Verantwortung so formulieren, daß die Politik schlüssig und überzeugend wirkt. Indem er dies tut, setzt er die Materie ständig Bewährungsproben aus. So kommt es nahezu selbsttätig zu einer Ajustierung oder Optimierung politischer Aussagen und der diesen folgenden Aktivitäten.

Der Sprecher kann in sehr seltenen Fällen eine politische Konzeption, die seine eigene oder die seiner Freunde ist, zum Bestandteil der Politik des Kanzlers oder seiner Regierung machen, er kann indessen oft durch die Form, die er dem Konzept gibt, das Schicksal des Vorhabens mitbestimmen. Dies ist eine anspruchsvolle, risikoreiche, aber befriedigende Arbeit, besonders dann, wenn man für kongeniale Politiker tätig ist, mit Freunden und Kollegen, die sich gegenseitig steigern und am Ende des langen Tages wissen, daß sie Geschichte gemacht, „am Globus gedreht“ haben. Auf Hunderten von Seiten sind die Texte für Reden, Presseverlautbarungen, Kommuniqués, Interviews, Noten, Regierungserklärungen und Pressekonferenzen entworfen worden, die später in den amtlichen Verlautbarungen und Drucksachen festgehalten worden sind.

Voraussetzung für das Gelingen dieses Teils der Informationspolitik ist die Nähe zur politischen Führung. Geht sie verloren, dann wankt der Boden, auf dem der Sprecher steht.

Interviews

Normalerweise beginnen die Darstellungen, die sich mit der Geschichte der Bundesrepublik befassen, im Jahre 1949. Das hat seine Logik. Wir sprechen dennoch von Außenpolitik seit 1945, weil schon vor der Kapitulation (oder unmittelbar danach) außenpolitische Überlegungen angestellt wurden und, wenn auch rudimentär, Außenpolitik gemacht wurde. Die Leitlinie all dieser Gedanken und Pläne war, wie der Kampf für einen gerechten Frieden geführt werden sollte. Im Rückblick verklärt sich manches, aber in Wahrheit ist uns die Aufnahme in den Bund der freien Welt nicht in den Schoß gefallen. Wir haben darum kämpfen müssen. Dieser Kampf ist leidenschaftlich geführt worden, wohl wissend, daß wir den Krieg verloren hatten und warum. Schritt für Schritt wurde ein Stückchen Souveränität zurückgewonnen. Wer weiß heute noch, um nur ein Beispiel zu nennen, welchen Umfang die Demontage hatte, was das Ruhrstatut bedeutete? Im Juli 1949, wenige Wochen vor den ersten Wahlen zum Deutschen Bundestag am 14. August, machte ich einen Besuch in Düsseldorf und sprach mit Karl Arnold, dem nordrhein-westfälischen Ministerpräsidenten, der von den westdeutschen Länderchefs beauftragt worden war, die Federführung in Fragen der Ruhrkontrolle bis zur Bildung einer Bundesregierung zu übernehmen. „Sehen Sie", sagte er, „dieser Tage las ich in einer deutschen Zeitung, wenn das Ruhrstatut nicht sofort revidiert würde, sollten wir die Brocken hinschmeißen. Diese Leute verkennen völlig die Lage. Was sollen wir denn hinschmeißen? Dann soll der Landtag doch beschließen, die Kapitulation sei ungültig. Nein, es gibt nur eine Hoffnung, wir müssen versuchen, das Ruhrstatut zu einem Musterbeispiel europäischer Zusammenarbeit auszubauen." Europäische Zusammenarbeit, das war das Leitmotiv.

Die Hoffnungen Arnolds gründeten sich darauf, daß die französischen Sozialisten gerade in diesen Tagen einer Kontrolle aller westeuropäischen Schwerindustrien zugestimmt hatten. Die Europa-Bewegung vertrat ein gleiches Programm. Ich fragte Arnold, ob die alliierte Seite von seinem Angebot einer deutschen Zusammenarbeit und Mitwirkung in der Ruhr-Kontrollbehörde Gebrauch gemacht hätte. Es sei noch zu früh, um darauf zu antworten, meinte er.

Ich unterhielt mich am gleichen Tage mit Sir Henry Berry, dem einstigen Gouverneur von Hamburg und jetzigen Leiter der Ruhr-Kontrollbehörde. Berry antwortete freundlich, aber hinhaltend. Er sagte: „Ich denke, wir müssen uns an den Text des Ruhrstatuts halten, der eine deutsche Mitwirkung vor der Einrichtung der Bundesregierung ausdrücklich verneint. Die beiden Generale Adcock und McReady werden die deutschen Belange solange wahrnehmen, bis deutsche Vertreter durch den Bund benannt worden sind, und beide werden die deutschen Interessen gut vertreten. Außerdem werden wir ganz langsam und vorsichtig mit unserer Arbeit beginnen, unsere Kompetenzen sind ja auch begrenzt. Ich hoffe jedenfalls, daß ich hier weniger Arbeit haben werde als in Hamburg." Diese Anmerkung war an meine Adresse gerichtet, denn wir hatten uns in Hamburg kennengelernt.

Im Lichte meiner Unterhaltung mit Arnold fragte ich Berry, ob die Kontrollbehörde ihre Arbeit so anlegen werde, daß sie später auf die übrige westeuropäische Schwerindustrie ausgedehnt werden könne. Sir Henry meinte, daß man diese Fernziele und Wunschträume nicht gleich zu Beginn in den Vordergrund schieben sollte. „Wir müssen ganz einfach erst einmal verwirklichen, was im Ruhrstatut vorgesehen ist. Ich würde für falsch halten, wenn man auf deutscher Seite gleich in der ersten Stunde eine Revision des Statuts verlangte oder die Zusammenarbeit von Bedingungen abhängig machen würde. Ich glaube", so Berry, „daß es einen sehr guten Eindruck machen würde, wenn die Deutschen versuchten, sachlich und praktisch mit uns zusammenzuarbeiten, wenn es soweit ist. Finden sie die Sache dann nach einigen Monaten nicht nach ihrem Geschmack, dann ist immer noch Gelegenheit, etwas lauter zu werden." Dies war eine pragmatische, englische und im ganzen von Wohlwollen getragene Einstellung.

Immerhin, ich hatte Arnold gefragt, was wir machen würden und könnten, wenn unsere Erwartungen sich nicht erfüllten. Arnold sagte: „Also, schließlich liegt die Ruhr in Deutschland, und die Kohle wird von deutschen Bergmännern aus den Schächten geholt. Diese natürlichen Gegebenheiten werden immer ihr besonderes Gewicht behalten, da können Sie unbesorgt sein." Er wurde noch deutlicher: Zwingen könne man die Bergleute nicht, Kohle zu fördern, wenn ihnen die ganze Richtung nicht paßte.

Selbst bei der Lösung eines solchen Problems wie der Förderung und Verteilung der Ruhrkohle richteten sich die Gedanken weit nach vorne. Es wurden schon damals Pläne geschmiedet, die später mit der Gründung der europäischen Kohle- und Stahlgemeinschaft ihre Verwirklichung fanden. Es gehörte zwar einige Zuversicht und sogar Mut dazu, solche Perspektiven aufzuzeigen, aber diese Überlegungen waren keine Phantastereien, sondern hatten konkrete Hintergründe. Die Deutschen und ihre Nachbarn tasteten sich aneinander heran, erkundeten die gegenseitigen Vorstellungen zu Europas Zukunft und Deutschlands Platz in einem geeinten Europa.

Karl Arnold hatte ich kennengelernt, als der Internationale Rat der Europabewegung im Februar 49 eine Tagung in Brüssel abhielt, an der die Deutschen zum erstenmal in voller Gleichberechtigung teilnahmen. 1948 in Den Haag waren wir nur als Beobachter zugelassen. Der Brüsseler Kongreß wurde für mich zu einem erregenden Erlebnis.

Es war das erste Mal, daß ich nach dem Kriege wieder ins Ausland reiste, diesmal nach Brüssel, als außenpolitischer Korrespondent des *Hamburger Abendblattes*. Die ganze Atmosphäre eines großen internationalen Treffens mit vielen, in der ganzen Welt oder doch zumindest in Europa bekannten Persönlichkeiten gab mir wieder Gelegenheit, das Flair einer außenpolitischen Konferenz mitzuerleben. Die Sitzungen wurden von Winston Churchill geleitet, und ich habe seine Worte noch im Ohr: „Schon heute", sagte er, „kaum vier Jahre, seit der Geschützdonner des schrecklichsten aller Kriege verhallt ist, hat sich der Wille zum geeinten Europa stärker erwiesen als die Leidenschaften des Hasses und der Vergeltung, die naturgemäß als Folge des Leides aufgetreten sind, das wir einander angetan haben; als Freunde und Kameraden" – er sagte tatsächlich Kameraden – „heißen wir in unserer Mitte die Vertreter der großen Staaten willkommen, gegen die wir in einem furchtbaren Kampf gestanden haben. Das ist in der Tat ein Beispiel für die Kraft einer Idee, die zu neuen Gemeinschaften führt, von denen wir wissen, daß sie unsere einzige Rettung sind."

Ich lernte bei diesem Kongreß, daß man als Journalist bessere Möglichkeiten hatte, Gespräche zu führen, als der normale Delegierte. So hatte ich keine Mühe, Churchill zu treffen, mich ein wenig mit ihm zu unterhalten und mir einen unmittelbaren Eindruck von seiner Persönlichkeit zu machen. Er war wirklich so, wie er sich gab; manche sagten, wie er sich spielte. Bemerkenswert war auch sein Auftritt bei einer öffentlichen Veranstaltung vor einer riesigen Menge auf der Grande Place in Brüssel, wo er Englisch sprach und dann in einem bestimmten Moment erklärte: „And now something terrible will happen.“ Nun wußte man bei Churchill nie, wozu er fähig war, und ich spannte die Muskeln vor Erwartung. Er sagte: „Ich werde jetzt Französisch sprechen.“ Er bekam tosenden Beifall von der versammelten Menge.

Mit Karl Arnold frischte ich einige der Erinnerungen an diesen Kongreß auf, und wir konnten uns gegenseitig Mut machen. Es bestand kein Grund, Pläne für eine europäische Lösung der Probleme von Kohle und Stahl als Utopie abzutun.

Am Tag darauf fuhr ich nach Bonn. Meine Zeitung, das *Hamburger Abendblatt*, hatte sich vorgenommen, in der letzten Phase des Wahlkampfes mit den wichtigsten deutschen Politikern Interviews zu machen, und mir war die Aufgabe zugefallen, mit Konrad Adenauer zu sprechen. Die Wahl fiel vermutlich auf mich, weil ich Kölner war wie Adenauer selbst und das Blatt in erster Linie an den außen- und deutschlandpolitischen Ansichten von Dr. Adenauer, der noch Präsident des Parlamentarischen Rates war, Interesse hatte. Herbert Blankenhorn, den ich aus dem alten Auswärtigen Amt kannte, hatte mir den Termin vermittelt. Wir trafen uns am frühen Nachmittag in der Pädagogischen Akademie, der Keimzelle des späteren Bundeshauses. Als wir ins Gespräch kamen, fiel mir wieder auf, wie bestimmend der rheinische Tonfall in Adenauers Sprache war. Wir konnten bei der Begrüßung, als wir standen, auf den Rhein und die sommerlich grünen Sieben Berge sehen. Als wir uns setzten, fing sich der Blick an den Wänden, denn die Fensterbrüstung war sehr hoch. Die einstigen Studenten der Pädagogischen Akademie, die bisher den Parlamentarischen Rat und zukünftig den Bundestag beherbergte, sollten – ebenso wie wir jetzt – nicht durch den freundlichen Ausblick von der Arbeit abgelenkt werden.

Man hatte noch Zeit. Wir unterbrachen unsere ohne jeden Zeitdruck geführte Unterhaltung, weil Dr. Adenauer am Abend nach Neuss mußte, um die Verlobung seiner Tochter Libeth mit Herrn Werhahn zu feiern. Adenauer sagte, „Wir müssen jetzt Schluß machen, denn ich muß mich noch umziehen und dann nach Neuss zur Verlobungsfeier. Aber wir können ja morgen früh weitersprechen." So geschah es. Als wir uns am anderen Morgen wiedersahen, begrüßte mich Adenauer mit der rethorischen Frage: „Sie wissen ja, wo ich gestern abend war?" Ich bejahte und sagte, daß eine Verlobungsfeier eigentlich mit zu den schönsten Familienfeiern zähle und ich ganz sicher sei, daß alles harmonisch und angenehm verlaufen sei. „Ja", sagte Dr. Adenauer verschmitzt, „wissen Sie, die Werhahns, das ist eine richtig katholische Familie. Da war der Kaplan sogar bei der Verlobung dabei."

Adenauer wußte, daß ich Protestant war, weniger weil er meinen kleinbürgerlichen Stammbaum als vielmehr die Familie meiner Frau kannte. Die Bemerkung war, wie ich später herausfand, insofern charakteristisch für ihn, als er sich instinktiv immer auf seinen Besucher einstellte, und nicht nur dieses Mal, sondern auch späterhin mir als Protestanten kleine Signale gab, daß er in Glaubensfragen großzügig und liberal sei, jedenfalls sich einen milden Spott über allzu enge Auffassungen erlaubte. Einiges an dieser Liberalität war vermutlich gespielt; er blieb erfreulicherweise in seinen Grundüberzeugungen ganz fest.

Das Gespräch ist mir deutlich in Erinnerung geblieben, nicht nur, weil in seinem Gefolge mein Entschluß zustande kam, wieder in den Staatsdienst zurückzukehren, sondern weil Dr. Adenauer damals die künftige Außenpolitik vorausschauend entwarf, die großen Themen nannte. Dies ist keine nachträgliche Deutung. Ich habe am 30. 7. 1949 im Hamburger Abendblatt geschrieben:

> Wir erwähnen zu Beginn des Gesprächs, daß Jakob Kaiser von der Berliner CDU vor mehreren Tagen die Forderung erhob, in der Bundesregierung ein eigenes Ministerium oder Amt für die Wiedervereinigung Deutschlands zu schaffen. Der Präsident, wie Dr. Adenauer hier im Parlamentarischen Rat genannt wird, erklärt dazu, daß er Kaisers Forderung unterstützen werde, um klar zum Ausdruck zu bringen, daß die Einheit Deutschlands oberstes politisches Ziel auch des westdeutschen Bundes sein muß.

Die Wahl von Bonn als vorläufigem Bundessitz diene dem Gedanken der deutschen Einheit. Bonn werde naturgemäß immer stärker den Charakter eines Provisoriums tragen als Frankfurt, dessen historische Tradition als Kaiserstadt des alten Römischen Reiches Deutscher Nation wohl in der Lage wäre, Berlin den Rang abzulaufen. Auch müsse die Bundesregierung wirklich einen neuen Anfang setzen. Die Bundesminister würden, auf die Frankfurter Behörden aufgepfropft, in einer ausgedehnten und an schlechten Gewohnheiten reichen Bürokratie leicht untergehen.

Dr. Adenauer hält es zumindest für möglich, daß, wenn Westdeutschland erst einmal im europäischen Rat vertreten ist, es auch in das System des Atlantikpaktes eingeschlossen werden könnte. Unsere Anmerkung, daß die Pariser Zeitung *Le Monde* einmal schrieb, der Atlantikpakt trage die deutsche Wiederbewaffnung in sich wie das Ei den Keim, kommentiert er so: „Das Problem wird auf uns zukommen, ob wir wollen oder nicht. Wenn es schon sein muß, dann wäre mir eine deutsche Beteiligung an einer gesamteuropäischen Wehrmacht lieber als eine eigene deutsche Wehrmacht. Das würde viel wieder aufwecken, was man besser ruhen ließe." Zum inneren Aufbau der CDU meinte ihr Vorsitzender, der gelegentlich laut gewordene Verdacht, die Protestanten spielten nur die Rolle des Zubringers, sei entkräftet worden. Auch die evangelische Geistlichkeit und andere aktive Protestanten nähmen mehr und mehr Anteil an der Arbeit der CDU, alle protestantischen Kanditaten seien „an sicherer Stelle" plaziert worden. Wir erwähnen, daß evangelische Kreise oft an der Kulturpolitik Anstoß nehmen, die gelegentlich dort geübt wird, wo die Christdemokraten regieren. Dr. Adenauer: „Wenn allein das Publikum entscheidet, kommt es wieder soweit wie nach dem Ersten Weltkrieg, daß der Beischlaf auf offener Bühne gezeigt wird. Im Abraxas-Ballett, gegen das Dr. Hundhammer einschritt, war man schon nicht mehr weit davon entfernt." Er findet es so bedauerlich, daß die Jugend abgestumpft wird. Besonders unsere jungen Frauen und Mädchen sollten doch wissen, daß sie zugleich mit dem Schamgefühl ihre feinste Weiblichkeit verlören. „In der Ostzone", sagte er, „gibt es keine pornographische Literatur, das ist ein Zeichen von Stärke und Gesundheit, ebenso wie die allgemeine Zügellosigkeit ein Merkmal der Dekadenz ist."

Einige brisante Elemente des Gesprächs habe ich nicht publiziert, wie es in einem vertrauensvollen Verhältnis zwischen Politik und Journalismus sein sollte. Adenauer hatte nicht den legitimen Versuch gemacht, sich vor der Veröffentlichung Einblick in meinen Text zu verschaffen. Adenauers Ausführungen zum Thema Wiederbewaffnung und zum Thema Wiedervereinigung gingen wesentlich weiter als das, was dann gedruckt wurde. Wir haben uns ausgetauscht über die Art und Weise, wie eine deutsche Wiederbewaffnung zustande kommen könnte. Interessant war, daß Adenauer in den hergebrachten Ausdrücken wie „Wehrmacht" usw. sprach. Er sagte: „Wenn wir uns wiederbewaffnen, so ist dies, angesichts unserer Niederlage und so wenige Jahre nach dem Kriege, eine schwerwiegende, in gewisser Weise unerhörte Entscheidung. Wir werden ihr aber nicht ausweichen können, und deshalb halte ich dafür, daß wir von den Alliierten als Gegenleistung ein bindendes Engagement erwarten können, die Wiedervereinigung Deutschlands herbeizuführen."

Ich sagte, mir schiene zweifelhaft, ob die Alliierten bereit sein würden, wenn es hart auf hart gehe, mit Gewalt oder mit der Androhung von Gewalt der Sowjetunion die Zone zu entreißen. Zu meiner großen Verblüffung sagte Adenauer, dann müßten wir es eben selbst versuchen, durch von unserer Seite unterstützten, konspirativ geplanten Widerstand.

Viele kundige Männer haben bezweifelt, daß Adenauer dies gesagt haben könnte. Es ist aber so. Ich habe aus verständlichen Gründen die Mitteilung lange Zeit für mich behalten.

In dem Bericht über das Interview schrieb ich zum Schluß:

> Der Mann, den wir eben verließen, hat ein intimes Verhältnis zur politischen Macht. Sie schreckt ihn nicht, weil er ein Leben lang mit ihr umgegangen ist. Sehr viel Erfahrung hat ihn dazu gebracht, mißtrauisch zu sein. Er weiß, daß man sich auf niemand ganz verlassen kann. Aber dieses Wissen ist ohne Bitterkeit. Er hat keine Parteimaschine, keinen Apparat und fast zu wenig Organisation.
>
> Dr. Adenauer ist 73 Jahre alt. Man spürt die Sorge, ob er noch unter Dach und Fach bringt, was er sich vorgenommen hat. Er hat mit seiner ledernen Haut, seinem zähen Körper und seinen sparsam-vornehmen Gesten, mit der Mischung aus Weisheit und Mißtrauen etwas von einem alten Indianer an sich. „Große donnernde Wolke" nannte ihn ein Mann aus seiner Nähe. Kein schlechter Name für einen mächtigen Häuptling.

Das Interview hat einiges, aber kein besonderes Aufsehen erregt, was eigentlich nach Adenauers Bemerkungen zur Wiederbewaffnung hätte der Fall sein müssen. Schuld daran hatte ich selber, denn die Überschrift über dem zweispaltig gedruckten Interview war harmlos und gutmütig. Sie lautete: „In rheinischem Tonfall"; dahinter vermutete man keine politischen Sensationen.

Das Interview mit Adenauer brachte mir, abgesehen von guten Unterhaltungen mit Herbert Blankenhorn und Kajus Köster, beides Kollegen aus dem alten Auswärtigen Amt, eine neue Bekanntschaft ein. Als ich das Haus verließ, stand ich auf der Treppe und überlegte, wie ich nach Köln kommen könnte. Das einfachste war, den Zug zu nehmen, aber dazu mußte ich zum Bahnhof kommen. Als ich so sinnend stand, kam ein großer schlankgewachsener Mann die Treppe herunter, der offenbar telepathisch begabt war, denn er sah mich an und fragte: „Wo wollen Sie hin?“ Ich sagte: „Ja, zum Bahnhof, denn ich muß nach Köln.“ Er sagte: „Dann kann ich sie bis Köln mitnehmen, ich fahre nämlich nach Düsseldorf. Ich habe ein Auto.“ Der Mann war Dr. Gerhard Schröder, der spätere Bundesminister. Er hatte einen kleinen Mercedes 180, den er selbst steuerte, und so fuhren wir in Richtung Düsseldorf los und unterhielten uns während der Fahrt angeregt über die Zukunft der Bundesrepublik, über Innen- und Außenpolitik. Ich habe diese kleine Geste gegenüber einem ihm damals Unbekannten immer als Zeichen für seine – trotz des kühlen Äußeren, das ihm viele zu bescheinigen versuchten – sehr freundliche, hilfsbereite Gesinnung gewertet.

Wieder im Dienst

Bei einem Besuch in Bonn hatte mich Blankenhorn gefragt, ob ich daran interessiert sei, wieder in den Staatsdienst zurückzukehren, den ich 1939 als Wissenschaftlicher Hilfsarbeiter im Auswärtigen Amt begonnen und 1945 als Legationssekretär beendet hatte. Früher oder später würden wir wieder einen Auswärtigen Dienst haben, und bis dahin müsse man sich mit Ersatzlösungen begnügen. Zunächst gelte es unter anderem, eine brauchbare, leistungsfähige Einrichtung zu schaffen, die mit der internationalen Presse umgehen könne. Ich sagte, das Angebot ehre mich, aber ich hätte in Hamburg eine Arbeit gefunden, die mich außerordentlich befriedige. Als außenpolitischer Redakteur des *Hamburger Abendblattes* hätte ich große Möglichkeiten, meine außenpolitischen Neigungen auszuleben. Mit Axel Springer zusammenzuarbeiten, sei sehr anregend. Das Klima in der Redaktion sei kollegial und intellektuell stimulierend. Außerdem werde die Arbeit gut bezahlt.

Ich hätte in Hamburg einen weitgestreuten lebendigen Freundeskreis gebildet. Ich erwähnte auch, daß auf meinem Abiturzeugnis gestanden habe, daß ich Journalist werden wolle. Ich sei nicht sicher, ob mir die streng hierarchische Ordnung eines Ministeriums nicht wie eine Zwangsjacke erscheinen werde. Hinzu komme, und dies sei ein gravierendes Argument gegen eine Veränderung, daß ich mir in Hamburg-Hochkamp gerade ein Haus gebaut hätte, ein im Jahr 1947/1948 geradezu abenteuerliches Unternehmen. Die äußeren Lebensverhältnisse seien also sehr angenehm und gut geordnet, die Kinder eingeschult.

Ich solle es mir überlegen, war die Antwort. Im Spätherbst, die Bundesregierung war inzwischen etabliert, rief mich Köster an. Ich war gerade beim Umbruch der ersten Seite und wurde ans Telefon gebeten; ein dringender Anruf aus Bonn. Ob ich nun käme oder nicht, die Leute stünden Schlange. Ich solle mich nicht zieren und zugreifen. Ich erbat mir eine kurze Bedenkzeit, sprach mit meiner Frau, mit Axel Springer und den Freunden und sagte zu. Die Würfel waren gefallen.

Der Sinneswandel kam nicht von ungefähr. Meine journalistische

Arbeit hatte mich wieder ins Ausland geführt und mit vielen ausländischen Persönlichkeiten zusammengebracht. Schon auf der Brüsseler Konferenz der Europabewegung hatte ich die Faszination gespürt, die darin besteht, Außenpolitik nicht nur zu beschreiben, sondern zu machen. Ich war mir darüber im klaren, daß der Journalist auch schreibend Einfluß nehmen und Politik gestalten kann. Ich war auch zuversichtlich, daß meine außenpolitischen Arbeiten eine gewisse Beachtung finden würden. Meine Begegnung mit dem politischen Akteuren aber hatte das Verlangen geweckt, selbst zu den Handelnden zu gehören und die Gaben zu nutzen, die ich glaubte mobilisieren zu können. Und nun wurde mir, ohne daß ich mich darum bemüht hatte, angeboten, in den Auswärtigen Dienst zurückzukehren, einen Dienst, den – geknebelt, mißbraucht und pervertiert, aber doch sich wehrend – ich in der Diktatur kennengelernt hatte und dessen Wert ich für die neue Republik um so höher einschätzte.

Andere Umstände hatten dazu beigetragen, den Entschluß zu befördern. Bei einem der Besuche in Bonn hatte ich Hans Schirmer wiedergetroffen, der sich schon entschlossen hatte, in den Staatsdienst zurückzukehren. Ständig begegneten mir alte, junge Bekannte auf den Bonner Straßen.

Hans Schirmer und ich fanden bei jenem Treffen Quartier bei einer Wirtin, die uns die Ehebetten zur Verfügung stellte. In der Dunkelheit vor dem Einschlafen ließ sich gut reden. Schirmer hatte Kurt Georg Kiesinger wiedergetroffen, der zuletzt stellvertretender Leiter der rundfunkpolitischen Abteilung des Auswärtigen Amtes gewesen war, in der Schirmer und ich uns kennengelernt hatten.

Kurt Georg Kiesinger war für die christlich-demokratische Union in den Bundestag eingerückt. Er hatte Schirmer empfohlen, in den Staatsdienst zurückzukehren und riet auch mir dazu. Unsere spezielle Erfahrung in Krieg und Frieden müsse genutzt werden, und was mich anbeträfe, so solle ich nicht nur schreiben, sondern versuchen, selbst Politik zu gestalten.

Ein anderer Vorgang bekam eine besondere Bedeutung. Adenauer hatte im November 1949 Paul Bourdin zum ersten Chef des neugegründeten Presse- und Informationsamtes bestellt. Während meiner Pariser Studentenzeit hatte ich Bourdin, der neben Friedrich Sieburg in Frankreich die *Frankfurter Zeitung* vertrat, kennengelernt, und wir hatten uns gut verstanden. Im Berlin der ersten Nachkriegszeit hatten wir uns wiedergefunden, und ich hatte meine journalistische Karriere mit kleinen Beiträgen für den *Kurier* begonnen, das Blatt, das unter französischer Lizenz im französischen Sektor Berlins erschien und dessen Chefredakteur Bourdin geworden war. Die Bestallung Paul Bourdins zum „Bundespressechef", wie man damals noch sagte, hatte ich im *Hamburger Abendblatt* in der Rubrik „Menschlich gesehen" am 18. November 1949 unter der Überschrift „Der Kurier" so kommentiert:

> 5. Mai 1945, Berlin. Vorsichtig steigen die Menschen aus den Kellern und stehen grau, verfallen, noch vom Entsetzen gezeichnet vor der wüsten Kulisse der rauchenden Trümmer. Quer über die Straße kommt ein agiler, mittelgroßer Mann, das Bärtchen scharf ausrasiert, die flinken Augen hinter der Brille geladen mit blitzendem Leben: Paul Bourdin. Auch in diesem Augenblick denkt er nur daran, zu sehen, zu begreifen und wieder mitzuteilen. Er will eine Zeitung machen. Mit 25 Jahren, nachdem er in Bonn moderne Sprachen studiert hatte, stieß er zu *Frankfurter Zeitung*, die er dann 20 Jahre lang in Brüssel, London und vor allem in Paris vertrat. Seine Hugenotten-Vorfahren kamen vor 200 Jahren von Frankreich nach Deutschland, das damals das Land der Freiheit war. Bourdin weiß mehr über unsere Nachbarn hinter den Vogesen als manche Franzosen selbst. Die französische Politik kennt er jedenfalls viel zu gut, um sich von ihr mißbrauchen zu lassen.
>
> In dem Zimmer des Gartenhauses, wie die Berliner etwas hochtrabend die Hinterhäuser am Kurfürstendamm nennen, wurde sehr deutsche Politik gemacht, als Bourdin seine „von unserem diplomatischen Mitarbeiter" gezeichneten Artikel für den *Kurier* schrieb. Als er wenig später Chefredakteur wurde, formte er diese Berliner Zeitung zu einem der besten Blätter Nachkriegsdeutschlands überhaupt. Sein ordnender Verstand, seine Urteilskraft gaben der Zeitung ihre Bedeutung, während seine Leichtigkeit, sein Eros und seine Lebensfreude als angenehm schmückende Ranken in allen Seiten sichtbar wurden.
>
> Auch als es in Berlin ganz dreckig ging, kniff er nicht. Er zeigte, daß er zwar kein Boxer, aber doch ein Fechter war. Jetzt ist der 49jährige als Bundespressechef nach Bonn gegangen. Von diesem Vollblut-Journalisten darf man erwarten, daß er gegenüber der Öffentlichkeit, vertreten durch seine Kollegen, das aussagt, was sie wissen muß.

Wenn ich zunächst in das Presse- und Informationsamt eintreten würde, so konnte ich sicher sein, einen Chef vorzufinden, der in etwa auf der gleichen Wellenlänge arbeitete wie ich. Ich ahnte nicht, daß ich ihn so schnell wieder verlieren würde.

Am 28. Februar 1950 wurde ich in der Redaktion des *Hamburger Abendblatts* abgefeiert. Ich schied mit schwerem Herzen. Ich ließ eine gute Arbeit und gute Freunde zurück. Am 1. März fuhr ich allein nach Bonn. Schon am ersten Tag sah ich Böx, den stellvertretenden Leiter des Presse- und Informationsamtes, ferner die beiden alten Freunde aus dem Auswärtigen Amt, Schirmer, und Adolf Sonnenhol. In den nächsten beiden Tagen traf ich dann Paul Bourdin und besuchte auch Kurt Georg Kiesinger.

Dann ging es los. Am 3. hatte ich die erste Spätschicht von 18 bis 23 Uhr als Chef vom Dienst in der Nachrichtenzentrale, am darauffolgenden Tag die Frühschicht von 5 bis 10 Uhr, am dritten Tag dann die Mittagsschicht von 10 bis 18 Uhr. Meine Kollegen und ich verfolgten die Nachrichtenlage anhand der Agenturmeldungen, der Tageszeitungen und der Rundfunknachrichten. Wenn die führenden Leute morgens die Arbeit aufnahmen, hatten sie unsere wertenden Zusammenfassungen auf dem Tisch. Der Kanzler und wenige andere bekamen die Texte schon, wenn sie ihr Haus verließen, und konnten sie unterwegs lesen. Das löste dann gelegentlich frühe Rückfragen aus. Adenauer selbst rief auch am Wochenende an. Wenn wir Sonntagsdienst hatten, wurde von 10 bis 22 Uhr durchgearbeitet. Wir gaben ständig auch unsererseits, so gut wir konnten, Auskünfte an die Presse über das, was die Regierung plante und tat. Die parlamentarische Debatte über die Todesstrafe war mein erstes Thema.

Der Kreis der Freunde und Kollegen fügte sich langsam zusammen. Ernst Günter Focke tauchte auf, Franz Krapf, Rudolf Steeg, Albers, Wolfgang Seeher, dazu ein neues Gesicht, Hubertus von Guradze, der persönliche Referent von Paul Bourdin.

Nach einem guten Monat wurden die Kontakte zu den Alliierten in Bonn intensiver, Michael Thomas, Ian Frazer, Con O'Neel von den Engländern sah ich oft in der Villa Spiritus, dem Hauptquartier der Information Division. Bei den Franzosen den stellvertretenden Hochkommissar Bérard, die Journalisten Alain Clément, Stéphane Roussell, Henry de Kergolay und die Leute von den Agenturen. Ende Mai schickte mich das Amt zu einer Tagung in die Evangelische Akademie in Hermannsburg. Dort traf ich Bischof Lilje, Ernst Friedländer und Hans Zehrer wieder, auch Axel Seeberg, Thilo Koch, Rudolf Augstein und Claus Jacobi.

Ende September übernahm ich die *Diplomatische Korrespondenz*. Ich rückte aus der Mannschaft der Chefs vom Dienst heraus und schrieb von nun an regierungsamtliche Kommentare zu überwiegend außenpolitischen Vorgängen, die „von unseren diplomatischen Korrespondenten" gezeichnet waren. Die Texte wurden in begrenzter Auflage produziert und erwiesen sich als nützlich, weil sie den Journalisten eine Handreichung gaben, ihnen verdeutlichten, was wir wollten und was nicht. Der Vorteil dieser Art von Zielvorgabe bestand darin, daß die Bundesregierung nicht direkt engagiert war, auch den Kanzler oder andere Mitglieder des Kabinetts nicht ins Feuer schickte. Nach kurzer Zeit wurde dieser Dienst auch gern von den mittleren und kleinen Botschaften benutzt. Jedenfalls war, wer sich an dieser Korrespondenz orientierte, mit einem brauchbaren Kompaß ausgestattet, der ihn vor krassen Fehlbeurteilungen bewahrte.

Die Themen meiner Arbeit konnte ich mir selbst aussuchen, sie waren im Grunde durch die politische Aktualität vorgegeben. Die Freiheit, in der ich schrieb, brachte gewisse Risiken mit sich. Die Agenturen zitierten hin und wieder den Dienst, und es gab dann zwangsläufig Verkürzungen und Raffungen meiner Texte. So bekam ich eines Tages einen aufgeregten Anruf aus der Kabinettssitzung. Der Kanzler sei über meine „Diplo" ärgerlich. Mit wem ich meinen Text abgestimmt hätte? Ich sagte, die Verantwortung für den Inhalt trüge ich allein, in der Sache hätte ich mich vorher bei zwei Herren kundig gemacht. Wer die beiden seien? Ich nannte die Namen und rief sie anschließend an, um sie ins Bild zu setzen. Der eine, ein Waschlappen, diktierte sofort eine Aktennotiz, um sich aus der Affäre zu ziehen. Er gab zu, mit mir gesprochen zu haben. Er habe mir aber ausdrücklich gesagt, er könne nur seine persönliche, im Grunde nicht kompetente Meinung anbieten. Der andere, Alexander Böker, sagte ruhig und freundlich: „Was wir geschrieben haben, ist richtig, und dabei bleiben wir." Als Adenauer den vollen Text gelesen hatte, meinte er, das sei ganz ausgezeichnet. Es gab zwei Leute, die sich freuten, und mindestens einen, der sich genierte.

Die Korrespondenz erschien fallweise, war also nicht an bestimmte Erscheinungstage gebunden. Die Arbeit ließ mir Zeit für andere Dinge, und so wurde mir in der neu aufgestellten Auslandsabteilung des Presseamtes die Zuständigkeit für die Benelux-Länder gegeben.

In der zweiten Hälfte des Jahres 1950 verdichteten sich die Pläne für eine deutsche Wiederbewaffnung. Die Schwächen unserer Position zeigten sich darin, daß die Diskussion weitgehend über unsere Köpfe hinweg geführt wurde.

Natürlich war auch den Alliierten klar, daß, wenn die Sache zu Schwur kam, sie mit uns reden mußten. Aber sie wollten vorher ohne uns herausfinden, was sie eigentlich wollten. Das wiederum wollten wir wenigstens wissen.

Am 18. und 19. Dezember 1950 fand in Brüssel eine Konferenz der Verteidigungs- und Außenminister der frischgebackenen North Atlantic Treaty Organisation statt. Die Bundesregierung nahm daran nicht teil, denn wir waren kein Mitglied. Wir waren auch nicht als Beobachter zugelassen, obwohl sich schon im Vorfeld abzeichnete, daß eine künftige deutsche Beteiligung an der Verteidigung Europas ein großes Thema der Konferenz sein würde.

Ich wurde als Kundschafter nach Brüssel entsandt, um zu sehen und zu hören. Ich fuhr als Journalist, der ich als diplomatischer Korrespondent ja auch war. Am 17. frühmorgens reiste ich nach Brüssel und kam am 20. abends nach Bonn zurück. Das Dezemberwetter war schlecht und kalt. Es stürmte und schneite. Ich erkältete mich schon am ersten Tage, denn oft stand ich im Freien und in kalten, zugigen Treppenhäusern. Ich hatte mir die verschiedenen Zulassungen besorgt, um an den Pressekonferenzen teilzunehmen, aber es war für einen Deutschen nicht ganz einfach, an die handelnden Personen heranzukommen. Trittbrett-Interviews habe ich die spezielle Form genannt, die sich entwickelte, wenn man die Leute nur bei der An- und Abfahrt zu fassen bekommt.

Aus welchen Gründen auch immer waren die Sicherheitsvorkehrungen sehr streng. Einige mögen noch an den „Werwolf", die deutschen Partisanen geglaubt haben, andere an die GPU. Eine der wichtigen Entscheidungen der Konferenz hatte General Dwight D. Eisenhower zum Oberkommandierenden aller NATO-Streitkräfte bestimmt. Nachdem die Zustimmung des amerikanischen Präsidenten formell eingeholt worden war, trat Eisenhower sein Amt sofort an.

Ich stand nahe dem Eingang zum Palais Egmont, als Eisenhower vorfuhr, von starken Sicherheitskräften abgedeckt. Als er ausstieg, spürte ich, daß ich gleich niesen würde, und griff mit der rechten Hand links oben in den Mantel, um schnell an das Taschentuch in meinem Anzug heranzukommen. Die Bewegung deckt sich ziemlich genau mit der, mit der die Pistolenschützen den Cross-draw anwenden, also übers Kreuz die Waffe ziehen. In diesem Moment sah ich, daß schon mindestens zwei der Militärpolizisten mich im Auge und die Maschinenpistolen im Anschlag hatten. Ich faßte den Zipfel meines zum Glück weißen Taschentuches und zog es lang und flatternd heraus, bevor ich es an meine Nase führte. Wir haben uns freundlich gegrüßt, die Militärpolizisten und ich.

Die ganze Atmosphäre war eigenartig gespannt, ohne Grund, fand ich. Bei der großen Sitzung der Verteidigungs- und Außenminister waren zu Beginn die Fotografen zugelassen worden, und irgendwie war ich auch in den Raum gekommen, weil ich visuelle Beobachtung immer hoch einschätze. Es gab noch keine elektronischen Blitzgeräte. Bei den professionellen Kameras wurde mit großen Blitzbirnen gearbeitet, die nach jeder Aufnahme ausgewechselt werden mußten. Es wurde reichlich geblitzt. Ein lauter Knall; alles zog die Köpfe ein und ging in Deckung. Die Sicherheitsbeamten setzten sich in Bewegung. Die Aufklärung kam schnell: Eine Blitzlampe war explodiert.

Meine besten Quellen auf der Brüsseler Konferenz waren die drei in Deutschland tätigen hohen Kommissare und ihre Mitarbeiter, von denen einige mich kannten. Besonders hilfreich war André François-Poncet. Alle waren von der Notwendigkeit überzeugt, schnell eine starke, schlagkräftige Streitmacht aufzubauen und die Rüstungsproduktion so in Gang zu setzen, daß in Kürze bis zu 60 Divisionen aufgestellt und modern bewaffnet werden konnten. Andererseits wollte man die Sowjetunion wissen lassen, daß die NATO als ein reines Verteidigungsbündnis geplant worden war und auch entsprechend organisiert werden sollte. Wenn nun die Deutschen in irgendeiner Form an der gemeinsamen Verteidigung Westeuropas beteiligt werden würden, dann trat ein Partner zum Bündnis, der eine Rechnung mit den Sowjets zu begleichen hatte. Die Sowjets hätten also einen Vorwand für die Behauptung gehabt, das Verteidigungskonzept sei nur ein durchsichtiger Schleier, um den aggressiven Charakter der NATO zu verhüllen.

Die Amerikaner waren verhältnismäßig unbefangen. Das machte Dean G. Acheson recht deutlich. Die Franzosen und die Beneluxstaaten hatten gegenüber einer deutschen Wiederbewaffnung verständlicherweise gemischte Gefühle. Die Engländer vertraten eine mittlere Position.

Die Konferenz beauftragte die drei Hochkommissare der Vereinigten Staaten, Großbritanniens und Frankreichs in Deutschland, Verhandlungen mit der Bundesregierung aufzunehmen, um die Lösung der komplexen Probleme vorzubereiten. François-Poncet hatte mir ziemlich deutlich gesagt, daß eine nationale deutsche Streitmacht für Frankreich nicht oder nur schwer akzeptabel sein werde. Er skizzierte ein Modell, das in etwa die Europäische Verteidigungsgemeinschaft vorwegnahm. Da ich unsere Vorstellungen kannte, brauchte ich nur zu sagen, daß auf deutscher Seite ähnliche Überlegungen bereits weit fortgeschritten seien. Allerdings werde ein deutscher Beitrag nicht möglich sein, solange die Bundesregierung keine außen- und sicherheitspolitischen Zuständigkeiten hätte. Wenn wir das Risiko teilten, wollten wir auch an der Verantwortung beteiligt sein. François-Poncet meinte, dies liege in der Natur der Sache.

Als einer der wenigen Deutschen im Umkreise der Konferenz wurde ich von vielen ausländischen Journalisten gefragt, ob wir denn eine Wiederbewaffnung akzeptieren würden. Ich antwortete, getreu der Sprachregelung, ja, aber es müsse eine Gegenleistung geben. „Wir machen uns die Ziele der Allianz zu eigen, die Allianz tritt für unsere Ziele ein." Welche das seien? Selbstbestimmung und Wiedervereinigung.

Schon einen Tag später, am 21., begannen auf dem Petersberg die ersten Gespräche über den Verteidigungsbeitrag und das dazugehörende Umfeld. Das Thema wurde schnell zu dem großen Gegenstand der deutschen Politik. Unsere lustigen und frechen Freunde aus der englischen Hochkommission dichteten ein kleines Lied, das in schöner Offenheit die aus mancherlei Verklemmungen auf allen Seiten geborenen Widersprüche karikierte. Als Modell mußte das Weihnachtslied „Hark! The herold angels sing/Glory to the newborn king“ herhalten, dessen Melodie Felix Mendelssohn-Bartholdy komponiert hat. Das Liedchen war aber auch ein Zeichen dafür, daß die verständigen Leute längst wußten, worum es eigentlich ging. Wir haben den Song oft und gerne zusammen mit unseren englischen Freunden gesungen; hier ist der Text:

Hark! The High Commissioners sing
A German Army in the spring
Peace on earth and Adenauer mild
Sturmbannführers reconciled.
Joyful all you Germans rise,
Join the ranks of your Allies
Hark! the High Commissioners sing
A German Army in the spring.

But you can't have everything
Every treaty's got its sting
For, in case the Bundesmensch
should turn round to fight the French
we shall keep their units small
So they have no use at all!
Hark! The high Commissioners sing
A German Army in the spring.

Im Frühling? Daraus wurde nichts. Es dauerte noch fünf Jahre, bis die Bundeswehr mühsam auf die Beine kam.

Ein schönes Städtchen

Bonn als Städtchen tat sich schwer mit der neuen Würde. Sein äußeres Bild und sein Leben war in den letzten hundert Jahren im wesentlichen durch die Universität und die Regimenter geprägt worden, die Bonn als Garnison hatten, in erster Linie die Königshusaren mit ihren himmelblauen Uniformen. Im Bannkreise Bonns, vor und bis hinaus nach Rolandseck, zum Siebengebirge hin, in Godesberg, waren viele stattliche Häuser in den großen Parks gebaut worden, deren Bauherrn aus der rheinischen Wirtschaft kamen, durchsetzt mit dem alteingesessenen Adel. Es wurde in Köln immer ein bißchen gespöttelt. „Sind Sie wohlhabend oder katholisch?" lautete die Frage. Dies hatte sich in der Zwischenzeit gründlich geändert. An der Peripherie war Schloß Ernich, das Guillaumesche Anwesen, gebaut worden. Die Franzosen nahmen Ernich als Residenz des französischen Hochkommissars. Der Hügel lag noch im französischen Besatzungsgebiet, dem heutigen Rheinland-Pfalz; das mag ein Grund für die Wahl gewesen sein, abgesehen von der großartigen Lage mit dem Blick über eine der schönsten Kulturlandschaften der Welt, das Rheintal mit dem Siebengebirge.

Die Amerikaner wählten einen anderen Herrensitz, die Deichmannsaue, der Kölner Bankiersfamilie Deichmann gehörend, deren Sproß in der Nähe in einem kleinen Pfefferkuchenhaus gemütlich lebte. Die Engländer requirierten dies und jenes, die nach und nach anreisenden anderen Botschafter suchten die großen Villen zu ergattern, die übrig geblieben waren, oder wichen nach Köln aus, insbesondere in die südlichen Stadtteile, nach Marienburg oder Lindenthal.

Die Regierung selbst hatte zunächst einmal Hand auf das Palais Schaumburg, als Sitz des Bundeskanzlers, und die Villa Hammerschmidt, als Sitz des Bundespräsidenten, gelegt. Der Bundestag zog in die Pädagogische Akademie am Rheinufer. Die überwiegend von Frankfurt, aber auch aus Hamburg und Westfalen anrückenden Verwaltungen, die künftigen Ministerien, rückten zusammen; es war unmöglich, größere Einheiten in einem Gebäude unterzubringen. Man nahm die abenteuerlichsten Behausungen, die alten Kasernen erwiesen sich als nützlich, Hotels und selbst das Museum König wurden nicht geschont. Um wieviel schwieriger war es, für einen einzelnen Menschen oder eine kleine Familie Platz zu finden.

Hier trat die „Wirtin wundermild“ wieder auf den Plan. Das war in Bonn nichts Neues, denn zu jeder guten alten Universitätsstadt gehörten die Studentenbuden, von den jeweiligen Wirtinnen betreut. Die Studenten brauchten sie eigentlich weiterhin, aber nun kam der Schwarm der Politiker, Diplomaten, Beamten, Journalisten über die Stadt. Da gab es nur eins: zusammenrücken und bescheiden sein.

Die erste Bleibe übernahm ich von Kurt Georg Kiesinger, der zusammen mit Hans Schirmer eine bessere eigene Wohnung gefunden hatte. Ich stieg sozusagen in seinen Mietvertrag ein. Wenn man das einzige Zimmer, mit seiner stark nordafrikanisch geprägten Ausstattung, in einem surrealistischen Film gezeigt hätte, so wäre dem Bühnenbildner ein Oscar sicher gewesen. Vielleicht hätte der eine oder andere Kritiker beckmesserisch angemerkt, die Dekoration sei sehr originell, aber eben doch ein wenig zu exzentrisch und überzogen gewesen. Waschschüssel und Wasserkanne standen auf einem schmiedeeisernen Dreibein, das in der Mitte, bevor es sich wieder spreizte, so zusammenlief, daß es die Seifenschale halten konnte. Das Ganze hatte Cachet und war nicht ungemütlich, wozu die Ottomane beitrug. WC auf der halben Treppe.

Nach sechs, sieben Monaten gelang es mir, in Endenich eine kleine Neubauwohnung von zweieinhalb Zimmern, Küche und Bad zu ergattern. Die Familie rückte an. Ein Schlafzimmer für die Eltern, ein Wohnzimmer mit Kachelofen, ein halbes Zimmer, wo die vier Kinder in zwei Etagenbetten schliefen. Das Badezimmer hatte einen mit Braunkohlenbriketts zu heizenden Ofen. Im Vergleich zu unserem Hamburger Haus lebten wir in drangvoll-fürchterlicher Enge, aber sehr vergnügt. Wir hatten kein Auto, so daß bei jeder Tages- und Nachtzeit zu Fuß marschiert wurde, herunter an den Rhein, über die Koblenzer Straße hinweg und später in die Ermekeilkaserne, wo sich die Auslandsabteilung des Presseamtes etablierte.

Die ersten Wochen und Monate in Bonn waren besonders reizvoll, weil sich das ganze Geschehen in einer unverwechselbaren und vermutlich auch nicht wiederholbaren, einmaligen Atmosphäre abspielte. Die handelnden Personen stellten eine eigenartige Mischung dar. Da war einmal die ältere Generation der Politiker, die schon in der Weimarer Republik aktiv gewesen waren, das Dritte Reich mehr oder weniger gut überstanden hatten. Sie lebten jedenfalls noch, weil sie Kompromisse geschlossen hatten oder weil sie Glück gehabt hatten oder beides zusammen. Eine zweite große Gruppe bestand aus der im allgemeinen etwas jüngeren Generation der Kriegsteilnehmer und Frontkämpfer, die inzwischen nach und nach aus der Kriegsgefangenschaft entlassen worden waren und von denen sich einige für eine politische Aktivität im Dienste der Res publica entschieden hatten, sei es in den Parteien selbst oder in der Publizistik.

Einen hoch einzustufenden Impuls empfing das Bonner Getriebe aus der Wirtschaft. Auch hier war es so, daß die bitteren Erfahrungen und teuer erkauften Einsichten aus der Zeit der Gewaltherrschaft den Willen bestärkt hatten, nicht abseits zu stehen, sondern sich im öffentlichen Leben zu engagieren. Dieses Engagement hat im Laufe der Zeit nachgelassen und ist nur noch rudimentär vorhanden. Jedenfalls ist die Zahl der Unternehmer im Deutschen Bundestag verschwindend klein geworden, sehr zum Schaden des Gemeinwesens, wo Funktionäre aller Art die Oberhand gewonnen haben. Damals gab es so reizvolle Paarungen wie die von Robert Pferdmenges mit Gerd Bucerius, die sich einen Büroraum teilten. Die Effizienz ihres Wirkens hat darunter nicht gelitten. Das Gerüst der Verwaltung stellten die Beamten, deren Gruppe ein Spiegelbild der Gesamtkonstellation bot. Die ältere Generation, Leute zwischen 55 und 65, dominierte, dann gab es ein nur dünn besetztes Feld, wo man die zwischen 45 und 55 antraf, die sich oft unter dem Druck der Verhältnisse formal oder auch in der Sache mit der nationalsozialistischen Gewaltherrschaft kompromittiert hatten, und dann schließlich die Jüngeren, meine Generation, Leute, die zwischen 25 und 45 Jahre alt waren. Die jüngeren Frontsoldaten hatten meist nicht mehr studieren können. Das hatten sie nachgeholt oder holten es jetzt nach und lieferten einen zweiten Schub tüchtiger, schon lebenserfahrener, charakterfester Leute.

Das Gesagte galt ohne Unterschied für alle Parteien und Verbände, wobei nicht zuletzt die Sozialdemokratische Partei mit einer Reihe eindrucksvoller Persönlichkeiten aufwarten konnte.

Der erste deutsche Bundestag bot noch eine bunte Parteienlandschaft, in der eine bemerkenswerte Schar von profilstarken Leuten herummarschierte, zu denen unter anderem auch Max Reimann von der KPD und Alfred Loritz von der Bayernpartei zählten. In dieses deutsche Gemisch brachten die Ausländer einige unersetzliche Zutaten hinein. Da waren die drei Hohen Kommissionen mit ihren großen Mitarbeiterstäben. Nach und nach bildete sich ein diplomatisches Corps. Die Inder waren die ersten, die nach den drei westlichen Alliierten die Bundesrepublik anerkannten und diplomatische Beziehungen aufgenommen hatten. Die unmittelbaren Nachbarn im Westen und die Skandinavier waren früh und gut vertreten. Die Belgier, die Holländer, die Luxemburger, die Italiener und Spanier, die Dänen, Schweden und Norweger gehörten bald zu unserem engeren Kreis.

Da meine deutschen Freunde wie ich selbst auf dem Presse- und Informationsgebiet tätig waren, gesellte sich zu uns ein anderes Völkchen, die Journalisten. Der Umgang mit ihnen war eine große Bereicherung der allgemeinen Lebensqualität. Der junge Staat, der unsicher, zögernd die ersten Schritte tat, weckte allenthalben großes Interesse, zu Recht, denn er würde und mußte sich entscheiden, in welches Lager er einrücken wollte: in das der westlichen Demokratien, ins neutrale oder ins Lager der Sowjetunion.

Die Qualität der deutschen und ausländischen Journalisten war dem Gegenstande ihrer Neugierde und ihrer Wißbegierde angemessen. Wir hatten eine Fülle von klugen und geistreichen Männern und Frauen in Bonn versammelt, mit denen ständigen Umgang zu pflegen nicht nur aus professioneller Sicht notwendig war, sondern intellektuell und menschlich eine große Bereicherung gewährte. So entstand aus diesen verschiedenen Komponenten ein Bonner gesellschaftliches Leben, eine Bonner Gesellschaft. Gerade weil hart und angestrengt gearbeitet wurde, entwickelte sich in dieser an sich eher müde und träge machenden Bonner Luft ein Hochgefühl, das jedes kleine Partikel des Lebens mit Strom versorgte.

Zwischen all diesen Akteuren, Statisten und Komparsen bildete sich langsam, aber stetig, ein sich verfestigendes Geflecht von Beziehungen und ein höchst lebendiges, ja schöpferisches geistiges Klima. Diese Atmosphäre und diese Stimmung wurden durch ein schnell wachsendes geselliges Leben gefördert. Die eine oder andere Kneipe versuchte den Ansprüchen einer provisorischen Hauptstadt gerecht zu werden; die einst renommierten Hotels kamen wieder in Gang und bemühten sich, eine gute Küche zu bieten. Die wenigen Glücklichen, die schon eine eigene Wohnung oder gar ein Haus hatten, zögerten nicht und gaben die ersten Einladungen. Diese frühen kleinen Bonner Feste wiesen durchweg einen Schuß Bohème auf. Es gab nicht genügend Sofas, Sessel und Stühle, man, Botschafter und Gesandter eingeschlossen, saß auch auf dem Boden. Service und Gläser waren zusammengestoppelt, dazwischen die rudimentären Zeichen einstiger Pracht und guten Herkommens, ein Gobelin und nicht mehr ganz komplettes Tafelsilber. Musik machten wir selbst. Gute Klavierspieler hatten wir, Frauen, die Gitarre spielten und hübsche Liedchen sangen. Lance Pope von der englischen Botschaft mit seiner Handharmonika gehörte zum Establishment. Alle Gäste brachten etwas zu essen und zu trinken mit. Knapp wurde es eigentlich nie. Man tanzte viel und gut. Es gab berühmte Paare. Wenn Hans Schirmer und Steffi von Mutius Tango tanzten, brach die Unterhaltung ab. Es war so schön, ihnen zuzusehen.

Die Freunde im diplomatischen Corps, die sich mit Hinsicht auf Haus und Hof leichter taten, luden ihrerseits ein. Auch in ihren Häusern herrschte eine ungezwungene, beschwingte Gastlichkeit. Es ging elegant zu, die Sitten waren noch nicht verkommen, man dinierte im Smoking oder sogar im Frack. Aber schon bei Tisch wurde gesungen. Berühmt waren die Krebsessen, die der dänische Botschafter Frants Hvass veranstaltete. Wenn man das Glück hatte, zwischen zwei befreundeten Damen zu sitzen, so traf man eine Absprache dahingehend, daß man während der ersten zehn Krebse die Unterhaltung auf das Notwendigste beschränken wolle. Hvass sang sehr gute Lieder. Eines ist mir wegen seiner unübertrefflichen poetischen Raffung im Gedächtnis geblieben. Ein Mädchen sitzt auf einem Felsen, träumt von dem fernen Geliebten und blickt hinaus aufs Meer: „Und sie dachte daran, was er ihr genommen und was er ihr gegeben hatte."

Meine Freunde und ich begriffen bald, daß trotz des bürgerlichen Dekorums in Bonn eine rauhe Luft wehte. Der Kampf ums Dasein war hart und wurde mit erlaubten und unerlaubten Mitteln geführt. Als ich anfing, hatte Bourdin schon seinen Abschied genommen. Ich hörte von ihm, daß sein Schreibtisch aufgebrochen worden war. Er hatte seinen Nachfolger im Verdacht. Der Verkehrston auf den oberen Etagen war ungewöhnlich rüde. Besonders Adenauer war im Umgang mit den anderen Kabinettsmitgliedern nicht zimperlich. So glaubten denn auch kleine Geister, es sei alles erlaubt. Sie verschätzten sich in dem Sinne, daß wir gewohnt waren, unter wesentlich ungünstigeren Bedingungen Druck zu widerstehen. Diesmal operierten wir im Rechtsstaat. Gesetze und Geschäftsordnungen waren auf unserer Seite. So konnten wir den einen oder anderen matt setzen.

Der Journalismus arbeitete dem Klima angepaßt direkt und forsch. Als Gustav Heinemann bei Adenauer war, um den Bruch förmlich zu vollziehen, rief ich im Bundeskanzleramt an, um zu hören, wie der Stand der Dinge war. Der Amtsdiener, die beste Quelle, sagte mir: „Heinemann ist noch oben beim Alten, Hange (der damals für dpa arbeitete) wartet auf Heinemann im Treppenhaus. Vor der Tür steht der Wagen von Heinemann. Im Wagen sitzt Frau Heinemann. Unter dem Wagen liegt Lescrenier."

Bernhard Lescrenier war der Nachrichtenjäger von United Press, war unglaublich frech und zupackend, hatte ein sicheres Gespür für sich zusammenbrauende Gewitter und Skandälchen. Er brachte es fertig, selbst Adenauer zu provozieren, indem er ihm beispielsweise sagte: „Na, eben in der Kabinettssitzung hat's der Dehler Ihnen aber gegeben." Adenauer: „Wie kommen Sie darauf? Überhaupt nicht! Im Gegenteil." Und das war dann schon der Anfang für Lescreniers Meldung. Adenauer hatte ein gewisses Gefallen an Lescrenier gefunden, der ähnlich spitzbübisch wie er selbst war.

Adenauers Einstieg

Das junge Staatswesen, dessen künftige Leistungsfähigkeit in ihren Umrissen bereits sichtbar war, verfügte zunächst weder über eine außenpolitische, noch eine sicherheitspolitische Zuständigkeit. Die Außen- und die Verteidigungspolitik hatten sich die westlichen Alliierten einstweilen vorbehalten. Die Bundesregierung hatte keine Möglichkeit, mit dritten Staaten amtlich und direkt zu verkehren. Unter dem Druck der Notwendigkeit entwickelte sich eine Praxis, die in der Staatengeschichte ohne Beispiel war. Zu einer Zeit, als eine schnelle und dichte Kommunikation, auf die rasante technische Entwicklung gestützt, die Welt zusammenführte, ihr eine erste Vorstellung von ihrer Einheit und Ganzheit vermittelte, war die deutsche politische Führung von dieser Kommunikation ausgeschlossen. Weder erfuhr die Bundesregierung auf eigenen Kanälen unmittelbar, was in der Welt vorging, noch konnte sie die Welt über sich selbst, ihre Absichten und Fähigkeiten ohne Umwege unterrichten.

Diese Situation war so unnatürlich, stand in einem solchen Gegensatz zu allen anderen Realitäten, daß sie schnell und gründlich verändert und durch neue Verhältnisse ersetzt wurde. Es stellte sich bald heraus, daß, abseits aller amtlichen Beschränkungen, die Dichte der Kommunikation über die Medien, die gedruckte Presse, den Rundfunk und das sich ausbreitende Fernsehen, eine Eigengesetzlichkeit im zwischenstaatlichen Verkehr entwickelt hatte. Sie war dem amtlichen Verkehr gleichwertig geworden, ja, sie hatte ihn streckenweise überholt. Die Unterrichtung über das konkrete Geschehen war längst schneller als die amtliche Berichterstattung geworden. Die Kommentare und Analysen kündigten vielfach schon früh Entwicklungen an, die zu erwähnen oder zu definieren die Regierungsämter aus den verschiedensten, meist guten Gründen zögerten. Wir machten uns diese Lage zunutze. Wir erkannten die Möglichkeiten für „Ersatzhandlungen", die uns die Weltpresse bot. Wir begannen in der Auslandsabteilung des jungen Presse- und Informationsamtes mit der im buchstäblichen Sinne kontinuierlichen, also rund um die Uhr laufenden Erfassung und Auswertung von Nachrichten. Wir waren so in der Lage, die Bundesregierung schnell und exakt über alle für Deutschland wichtigen Vorgänge zu unterrichten. Wir studierten aber auch sorgfältig Kommentare und Analysen des internationalen Geschehens, die von erfahrenen, oft hochangesehenen Korrespondenten der Weltblätter und audiovisuellen Medien veröffentlicht wurden. Die so gewonnenen Einsichten befähigten uns, im großen und ganzen zutreffende Bewertungen und Prognosen anzustellen, welche die Bundesregierung wiederum instandsetzten, sich auf kommende Dinge einzustellen und, wenn wünschenswert oder notwendig, einen Versuch zu machen, die sich abzeichnenden Entwicklungen zu beeinflussen. Nun waren die Antriebe, der Wille, gute Arbeit zu leisten, sehr mächtig in diesen frühen Zeiten der Bundesrepublik. Aber es wurde doch bald offenkundig, daß eine derartige Aufgabe, die in normalen Zeiten von Hunderten von Leuten im In- und Ausland gelöst worden war, nicht von drei oder vier Personen zufriedenstellend erledigt werden konnte. Die Qualität der Auswertung hing davon ab, daß die betreffenden Sachbearbeiter und Referenten zum einen generell ihre guten Kenntnisse und Erfahrungen im außen- und sicherheitspolitischen Felde hatten, zum anderen aber auch spezielles Wissen über bestimmte Staaten und Regionen der Welt besitzen mußten. So wurde die Auslandsabteilung des Presse- und Informationsamtes eingerichtet und in regionale Referate gegliedert, in denen normalerweise, einschließlich der Hilfskräfte, nur vier Personen tätig waren. Die Referatsleiter stammten, mit einer bedeutenden Ausnahme, alle aus dem alten Auswärtigen Amt. Es lag in der Natur der gestellten Aufgabe, daß viele dieser Damen und Herren zeitweise in der Presse- oder der Rundfunkabteilung des Auswärtigen Amtes gearbeitet hatten. Es stellte sich bald heraus, daß eine hochqualifizierte, kritische Auswertung der veröffentlichten Nachrichten und Meinungen der routinemäßigen diesbezüglichen Berichterstattung der diplomatischen und konsularischen Vertretungen eines Auswärtigen Dienstes gleichwertig, streckenweise sogar überlegen war. Dies war eine wichtige, in mancherlei Hinsicht entscheidende Erfahrung, die ich selbst, als wir wenig später unser eigenes neues Auswärtiges Amt aufbauten, immer im Blick behalten habe.

Im weiteren Verlauf der Entwicklung war aufschlußreich zu beobachten, daß auch die deutschen Bundeskanzler, immer unter dem

Zwang stehend, gut unterrichtet zu sein, eine ähnliche Bewertung vornahmen. Jedenfalls sind bisher alle Versuche, die Auslandsabteilung des BPA, in Anlehnung an nahezu alle internationalen Vorbilder, wieder dem Auswärtigen Amt einzugliedern, gescheitert. Die Kanzler sahen in der Auslandsberichterstattung, die auf öffentlichen Quellen fußte, ein wirksames Kontrollinstrument der amtlichen Berichterstattung unserer diplomatischen Vertretungen.

Eine gravierende Schwäche dieser Ersatzlösung ließ sich allerdings nicht beheben. Die Berichterstattung fußte ausschließlich auf Sekundärquellen. Der Nachteil wurde dadurch abgemildert, daß viele, und gerade die angesehenen Journalisten ihrerseits Premier-, Außen- und Verteidigungsminister oder bedeutende Parlamentarier der Opposition fragten und zitierten. Man durfte im allgemeinen davon ausgehen, daß die Zitate korrekt waren. Dennoch, es fehlte die Unmittelbarkeit, die einen Botschafterbericht über eine Unterhaltung mit einer führenden Persönlichkeit kennzeichnet. Wissend, daß sie sich nicht schon wenig später mit seinen Äußerungen, auch solchen vertraulicher Art, in den Medien wiederfindet, kann sie offener, deutlicher sein und die verfolgten Ziele genauer benennen.

War dieser Mangel mit Hilfe unserer Arbeitsweisen einigermaßen zu beheben, so beherrschte er eindeutig und äußerst abträglich den Gegenverkehr. Da gab es kein probates Mittel, um dem Notstand abzuhelfen. Die Bundesregierung konnte unmittelbar ihre Angelegenheiten nur mit den drei Mächten und für eine ganze Weile selbst mit ihnen nur über die drei Hohen Kommissare verhandeln. Wir hatten nicht einmal einen Vertreter in Washington, London und Paris, der ohne Filter unsere Meinungen und Absichten an den Mann bringen konnte. Selbst als es der Bundesregierung möglich war, drei Generalkonsulate in die Hauptstädte zu entsenden, ließ schon ihre Dienstbezeichnung erkennen, daß sie nicht legitimiert, eben nicht „plénipotentière“ waren, um Politik zu treiben, was sie, allseits geduldet, natürlich doch taten.

Nachdenken brachte uns dazu anzunehmen, daß die Regierungen dieser Welt, jedenfalls alle diejenigen, mit denen es sich lohnte, schon in diesem frühen Stadium Verbindung aufzunehmen, auch über Einrichtungen verfügten, welche die Publizistik auswerteten. Dies führte geradewegs zu dem Entschluß, das, was die Bundesregierung zu sagen hatte und was wir förmlich und amtlich nicht mitteilen konnten, unsererseits der Presse anzuvertrauen, in der sicheren Erwartung, daß unsere Aussagen an der richtigen Stelle ankommen würden. Eine derartige Technik wirksam auszubilden, bot keine größeren Schwierigkeiten. Der Grund war einfach. Die Presse selbst war begierig zu erfahren, was die Deutschen eigentlich wollten.

Die regionale Gliederung der Auslandsabteilung führte auf natürlichste Weise dazu, daß jedes Referat zu einer Anlaufstelle für die Journalisten aus dessen Zuständigkeitsbereich wurde. So hatten wir alle einen regen Besucherverkehr und viele Treffen außerhalb der Büros. Der Umgang miteinander wäre gewiß schnell geschrumpft und schließlich versandet, wenn wir uns gegenseitig nichts zu sagen gehabt hätten. Das Gegenteil war der Fall. Es entstand eine Art funktionierende kosmopolitische Gesellschaft, ein höchst anregendes geistiges Klima, das alle nicht vergessen können, denen vergönnt war, in ihm zu leben. Wir hatten bei der inneren Absicherung unserer Aktivitäten eine wichtige Stütze. Das war der Bundeskanzler Dr. Adenauer selbst, der mit sicherem Instinkt erfaßt hatte, daß in dieser besonderen Lage der Umgang mit der ausländischen Presse eine operative Bedeutung gewonnen hatte. Er entwickelte sich bald zu einem Meister der Interview-Technik. Hier soll ein Idealszenario wiedergegeben werden. Konrad Adenauer hatte kurz nach seinem Amtsantritt das große Problem einer Wiederbewaffnung auf dem Tisch. Er war davon überzeugt, daß die westlichen Alliierten keine Verpflichtung zur Verteidigung der deutschen Freiheit, Sicherheit und Wohlfahrt übernehmen würden, wenn nicht auch die Deutschen selbst einen Beitrag dazu leisteten. Adenauer hoffte, dafür eine Gegenleistung zu erhalten, nämlich eine Verpflichtung der Alliierten sich dafür einzusetzen, daß der Weg zur Wiedervereinigung in Freiheit nicht verbaut würde. Er sah, wie die Überlegungen im alliierten Lager konkreter wurden, ohne daß er direkt eingreifen konnte.

Es war schwer, an die Öffentlichkeit außerhalb Deutschlands heranzukommen. Das galt auch und nicht zuletzt für die Vereinigten Staaten von Amerika. Adenauer wollte ein Signal geben, daß er bereit war, eine Politik zu machen, die zu einem deutschen Verteidigungsbeitrag führte, aber nicht unter allen Umständen. Er wollte gleichzeitig die psychologischen Hemmnisse im Lager der Alliierten, insbesondere in Amerika, beseitigen, die dort einer deutschen Wiederbewaffnung entgegenstanden. Die Lösung dieser komplexen Aufgabenstellung erfolgte am 3. 12. 1949 in einem Interview, um das er von einem nahezu unbekannten Journalisten gebeten wurde, der für eine außerhalb der USA kaum gelesene Zeitung arbeitete. Es handelt sich um John Leacacos vom *Cleveland Plain Dealer*. Keines der großen amerikanischen Blätter bemühte sich zu der Zeit um ein Interview mit Adenauer. Er wollte aber nicht warten, zumal sein Versuch vom 11. 11. 1949 über eine französische Zeitung, den *L'Est Républicain*, den Ball ins Spiel zu bringen, nicht recht gelungen war. Was sagte er Leacacos? Er machte ihm klar, daß er gegen eine deutsche Wiederbewaffnung sei, es sei denn, die Alliierten änderten ihre Deutschlandpolitik. Leacacos war ein tüchtiger, handfester Journalist. Er hatte sofort begriffen und informierte noch in Bonn die großen amerikanischen Nachrichtenagenturen vom zentralen Inhalt des Interviews, der 24 Stunden später in aller Munde war und so kräftige Reaktionen auslöste, daß Adenauer wieder abwiegelte. Das Ziel war erreicht.

Adenauer führte häufig auch ihn anregende Gespräche mit deutschen und ausländischen Journalisten, von denen viele dokumentiert sind. Er gab in den ersten Jahren seiner Regierungszeit verhältnismäßig viele Interviews, aber gab nicht immer ein Interview, wenn er darum gebeten wurde. Er suchte sich den Zeitpunkt, den Interviewer, Mann oder Frau, dessen Medium, zuerst die gedruckte Presse, später gern das Fernsehen aus. Die Auswahl hing von der Zielrichtung dessen ab, was er mitteilen wollte. Da Adenauer selbst die Welt außerhalb Deutschlands in diesem Zeitabschnitt noch nicht kannte, bedurfte er des Rates. Er zahlte aber nur wenig Lehrgeld, und seine politische Begabung, verbunden mit einer von Skepsis geprägten Menschenkenntnis, machte ihn schnell zu einem Meister im Umgang mit der Presse. Ich hatte den Vorzug, zahlreiche Interviews mit ausländischen Journalisten für Adenauer vorzubereiten und war auch oft bei den Unterhaltungen zugegen. Hin und wieder griff ich vorsichtig und sparsam in die Unterhaltung ein, meist auf Veranlassung des Kanzlers. Es war faszinierend, Adenauer zuzuhören und zuzusehen. Ich habe dabei viel gelernt. Für den Erfolg unserer eigenen Arbeit war entscheidend wichtig, die „Richtlinien" des Kanzlers von ihm selbst zu erfahren, sie kommentiert und interpretiert zu hören, natürlich auch zu erkennen, wo es Unsicherheiten gab, wo er trotz aller Souveränität, allem eigenständigen Mut zu Entscheidungen, der Hilfe bedurfte. Die Gespräche fanden nahezu ausnahmslos in seinem Dienstzimmer im ersten Stock des Palais Schaumburg statt. Adenauer saß immer am Kopf des niedrigen Tisches, in der Mitte der Sitzgruppe, zu seiner rechten Seite auf dem Sofa der Gast, dazwischen der Dolmetscher oder die Dolmetscherin und links vom Kanzler der jeweilige Betreuer. Ein nicht zu unterschätzender Gewinn dieser Unterhaltungen bestand darin, die Arbeit der Dolmetscher zu verfolgen, die nicht nur meine uneingeschränkte Bewunderung fand, sondern auch meine eigenen Fähigkeiten, mich in Französisch, Englisch oder Spanisch auszudrücken, bereicherte.

Wie die meisten ernsthaften Menschen bedurfte auch Adenauer der Heiterkeit, um arbeiten zu können. Seine Gesichtszüge hatten aber etwas Starres, was den Besucher dazu brachte anzunehmen, Adenauer habe sein Mienenspiel streng unter Kontrolle. In Wahrheit waren die Gesichtsmuskeln in ihrer Funktionsfähigkeit auf Grund von Verletzungen, die Adenauer vor vielen Jahren bei einem Autounfall erlitten hatte, stark eingeschränkt. Das galt nicht für seine Hände, die er, wie ich denke, ganz bewußt ruhig hielt, zumeist auf den Knien übereinandergelegt. Jedenfalls gab es keine fahrigen, nervösen Bewegungen von Händen und Fingern, die irgendwelche Rückschlüsse auf seine Reaktionen und seine Stimmungslage hätten geben können. Irgendwann fiel mir aber auf, daß er sich doch nicht völlig in der Gewalt hatte. Seine Spannung, seine Ungeduld oder sein Mißfallen übertrugen sich auf seine Füße. Diese hielt er nicht ruhig, und wenn er begann, sie um wenige Zentimeter hin und her zu schieben, war Vorsicht geboten. Es war dann zumeist besser, die Sache für heute auf sich beruhen zu lassen.

Aufschlußreich waren die nicht eigentlich zur jeweils diskutierten Sache gehörenden, persönlichen, ja intimen Bemerkungen des Kanzlers, der immerhin auf die 80 zuging. Als ihm Flora Lewis, eine weltbekannte amerikanische Journalistin, Komplimente über seine physische und geistige Vitalität machte, winkte Adenauer ab. Der Kanzler sagte, er fände viel eindrucksvoller, daß die Interviewerin sich bei ihrem intensiven Arbeits- und Lebensstil ihr „mädchenhaftes“ Wesen und Aussehen bewahrt habe. Die durch ihr Berufsleben abgehärtete Dame errötete tief. Das war vermutlich selten geworden.

Adenauer wurde verständlicherweise öfters danach gefragt, ob er irgendwelche besonderen Regeln befolge oder Methoden anwende, um seine körperliche und geistige Leistungsfähigkeit zu bewahren. Je nachdem, wie er den Gesprächspartner einschätzte, bot Adenauer in etwas gestelzter Weise an, die große Aufgabe, die Pflicht mobilisiere seine Kräfte. Gelegentlich offerierte er eine andere, sympathische Erklärung. Er gehe jeden Morgen in der mit kaltem Wasser gefüllten Badewanne für eine kurze Weile auf und ab. Außerdem ruhe er sich nach dem Mittagessen – komme, was da wolle – aus, und das seit seinem vierzigsten Lebensjahr. Tatsächlich hatte sich Adenauer im Palais Schaumburg auf der erste Etage ein kleines Ruhezimmer mit einer Liege herrichten lassen, auf der er mit gelockerter Kleidung sein Mittagsschläfchen hielt. Das Wassertreten galt auch in unserer Familie als probates Mittel, von meiner Mutter propagiert, die auf die Naturheilmethoden von Pfarrer Kneipp schwörte. In der Hälfte des Tages eine kurze Pause einzulegen, während der sich Körper und Geist völlig entspannten, war sicher sehr wirksam. Ich fand die Konsequenz, mit der Adenauer an dieser seiner Gewohnheit festhielt, erstaunlich und bewunderte sie insgeheim. Meine Freunde und ich fuhren mit voller Kraft von morgens bis abends, und wir waren nie auf die Idee gekommen, uns nach dem Mittagessen aufs Ohr zu legen.

Adenauer, drahtig und hager von Gestalt, trieb keinen Sport. Deshalb war er so gut beieinander und deshalb lebte er so lange. Er stieg täglich die Treppen zu seinem Hause empor. Das war gut für den Kreislauf. Er spielte ein wenig Boccia, aber das war unter sportlichen Gesichtspunkten nicht ernst zu nehmen. Eine andere Anmerkung, die er gelegentlich machte, wenn ein Gesprächspartner seine Lebhaftigkeit und seine Lebensnähe rühmte, hat mich nachhaltig beeindruckt. Adenauer sagte, eines der Mittel, jung zu bleiben, sei, ständigen Umgang mit jungen Menschen zu pflegen, mit ihnen zu leben. Seine Großfamilie bot ihm dieses Geflecht eines vertrauten Umgangs mit jungen Leuten. Ich ahnte schon damals, daß er recht hatte und daß er eine wichtige Erfahrung anbot. Heute bin ich dessen sicher.

Villa Salviati

Die Bundesrepublik hatte nach dem Abschluß des Deutschlandvertrages auch außenpolitische und sicherheitspolitische Kompetenzen hinzugewonnen. Es gab wieder ein Auswärtiges Amt mit einem Außenminister an der Spitze: Konrad Adenauer. Sowohl in der CDU als auch im gesamten Bundestag war man nicht durchweg damit zufrieden, daß der Bundeskanzler zugleich auch das Amt des Außenministers verwaltete. Der Widerstand formierte sich langsam, gewann aber ständig an Kraft. Später mußte Adenauer schließlich gegen seinen Willen das Auswärtige Amt an Heinrich von Brentano abgeben. So weit war es noch nicht, aber schon zum Zeitpunkt der Amtsübernahme Adenauers als Außenminister wurde davon gesprochen, dies sei eine Übergangslösung, es müsse sobald wie möglich ein Minister im eigenen Recht bestellt werden. Adenauer dachte wohl, wenn er erst einmal Außenminister sei, werde er sich auch behaupten können.

Der äußere Umstand, daß der Außenminister Adenauer seine diesbezüglichen Amtsgeschäfte in seinem Dienstsitz als Bundeskanzler im Palais Schaumburg erledigte, führte dazu, daß auch die ersten und wichtigsten Mitarbeiter des Außenministers im Palais Schaumburg untergebracht wurden. Professor Hallstein als Staatssekretär hatte sein komfortables Büro im Erdgeschoß mit Sekretariat und Vorzimmer, in dem Rolf Pauls regierte. Blankenhorn saß auf der ersten Etage, auch mit drei, aber kleineren Räumen. Wenn Hallstein zum Kanzler wollte oder sollte, mußte er die Treppe heraufsteigen, Blankenhorn ging nur über den Flur, dann war er beim Alten.

Adenauer war durchweg sehr höflich und kleidete auch Wünsche, die (praktisch genommen) Weisungen waren, immer in die Form einer Bitte. Er hatte aber eine stille Autorität, welche die sofortige Ausführung einer Weisung nach sich zog. Dies hatte weitreichende, leider auch negative Konsequenzen. So saßen zum Beispiel vier oder fünf von den Funktionen her wichtige Leute in einer seit langem angesetzten Besprechung bei Hallstein, als dieser telefonisch gebeten wurde, zum Kanzler zu kommen. Hallstein machte gar keinen Versuch zu sagen, er könne erst in einer halben Stunde zur Verfügung stehen, es sei denn, die Sache sei von großer Dringlichkeit. Er ließ alles stehen und liegen und ging nach oben. Die Folge war, daß nicht nur seine eigene, sondern auch die dichte Terminplanung aller an der Besprechung Beteiligten in Unordnung geriet, mit einer Abstrahlung auf viele weitere Leute. Die Unsitte hat sich bis heute erhalten und führt dazu, daß im Bonner System viel Zeit vertan wird, weil Termine nicht eingehalten werden.

Das neugegründete Pressereferat fand zwar keinen Platz im Palais Schaumburg, aber es wurde doch für so wichtig gehalten, daß es direkt gegenüber auf der anderen Straßenseite angesiedelt wurde, in der Villa Salviati. Das Haus gehörte der Prinzessin Wilhelm von Preußen, einer geborenen Baronin Salviati, die einen Sohn des Kronprinzen geheiratet hatte, der im Zweiten Weltkrieg gefallen war. Die Prinzessin selbst lebte mit ihren beiden Töchtern, die dabei waren, sich aus Backfischen in junge Damen zu verwandeln, im obersten Stock. Unten im Erdgeschoß war der Sprachendienst des Auswärtigen Amtes untergebracht. Dazwischen, in der ersten Etage, saß das Pressereferat. Das Referat bestand aus drei, streckenweise vier Personen: Ewald Mühlen, Martinus Emge und zwei Sekretärinnen. Diese stellten eine gerade für dieses Referat wichtige, gut komponierte Mischung dar: eine erfahrene ältere Dame, die noch die Presseabteilung des Auswärtigen Amts in der Wilhelmstraße mit ihren damaligen ausländischen Kunden kannte, die sich nach und nach wieder einfanden, und dazu ein junges, ansehnliches Wesen, das frisch und unbekümmert auf die Welt losging.

Die Lage des Büros war unter vielen Aspekten ideal. Mein Eckzimmer hatte einen kleinen Balkon, der den strategischen Punkt Bonns markierte. Von dort deckte man alle wichtigen Zugänge ab; von rechts hinten kam der Verkehr über die Reuterbrücke, rechts seitlich lagen die Zugänge zum Bundeshaus und zur Diplomatenrennbahn nach Godesberg, links sowohl die Koblenzer Straße mit den Zugängen zur Villa Hammerschmidt, zum alten Presseclub, den im Bau begriffenen Ministerien, wie dem Auswärtigen Amt, und natürlich die Bonner Universität und die Innenstadt. Direkt gegenüber, vor unseren Fenstern lag das Palais Schaumburg, und wenn wir wollten, konnten wir durch einfaches Hinsehen erfahren, wer kam und ging.

Die Welt war im Jahre 1950 sehr unruhig. Der Korea-Krieg enthielt genügend Sprengstoff, um weitergreifende Konflikte hervorzurufen. Diese sorgenvolle Erkenntnis löste, wie wir bald sahen, die intensive Diskussion aus, die zur Einbeziehung der Bundesrepublik in ein westliches Sicherheitssystem führte. Im kleinen ließ sie aber auch für wenige Augenblicke makabre Gedanken aufkommen, darunter den, daß dieser Balkon der ideale Platz war, um ein Maschinengewehr in Stellung zu bringen. Diese Verschattungen konnten aber die ganze zukunftsfrohe Lust an unserer Arbeit und an unserem Leben nicht nachhaltig trüben. Die Damen des Hauses Hohenzollern über uns gaben uns Gelegenheit, ihnen wohlverdiente Komplimente zu machen. Es war erfrischend zu sehen, wie sie beherzt in der Schürze die Treppen fegten oder die Mülleimer versorgten, was ihren Liebreiz und ihren Adel noch erhöhte.

Unten im Sprachendienst tummelte sich ein alertes, gebildetes Völkchen, im Umgang mit in der Politik hochmögenden Leuten weise und auch ein wenig spöttisch geworden, ohne je boshaft und zynisch zu sein. Sie haben wahrscheinlich im Laufe der Jahre ein besonders gutes Gefühl dafür entwickelt, welch großer dramatischer Gegenstand die Politik ist, die denen, die sie betreiben, die Bitterkeit des Scheiterns noch häufiger bereithält als die Süße des Erfolges.

Wir im Pressereferat werkelten an unseren Schreibtischen, versuchten klare Gedanken zu fassen, um klare Texte schreiben zu können, oft unter Zeitdruck, weil wir uns mit unendlich vielen Leuten besprachen und weil wir im Verkehr mit anderen Einrichtungen ständig unterwegs waren, meist zu Fuß. Ungezählte Male spurtete ich über die Straße hinüber, ins Palais Schaumburg und zurück. Die Nähe erwies sich als eine der Voraussetzungen für eine effiziente Arbeit. In dieser Zeit war ich noch relativ spurtschnell und konnte die breite Koblenzer Straße, nach einem schnellen Blick nach rechts und links, in wenigen Sekunden überqueren. Für Ungeduldige immer noch zu langsam. So trug ich Blankenhorn eine bestimmte Angelegenheit vor und bezog mich auf eine publizierte Stellungnahme. „Haben Sie den Text bei sich?“ fragte er. Ich verneinte und bot an, ihn aus meinem Büro herüberzuholen. So geschah es. Als ich die Tür zu seinem Vorzimmer öffnete, von Frau Claire Schild freundlich mit einem Lächeln empfangen, ging auch die Tür von Blankenhorns

Zimmer auf, und er donnerte Frau Schild an: „Wo bleibt der Idiot?" Ich sagte: „Hier ist er schon!" Er hatte mich aus dem Winkel seiner Tür noch nicht gesehen. Blankenhorn war einen kurzen Augenblick verlegen, dann mußten wir beide lachen. Keiner von uns nahm ihm diese Ausbrüche seines Temperaments übel. Er brauchte die Hochspannung, um sich in Gang zu halten. Die Damen in seinem Büro, die ihn verehrten, hatten gelegentlich dennoch Mühe, ihn zu ertragen, und brachen in Tränen aus, wenn er wieder herumgetobt und schließlich hochgestimmt in seinem Zorn das Büro verlassen hatte. Oft war er selbst die Ursache von Verwirrung und Unordnung, sah es nachträglich ein und brachte mit seinem männlichen Charme die Harmonie wieder zurück.

Im Palais Schaumburg waren meine ersten Ansprechpartner Hallsteins und Blankenhorns Mitarbeiter, unsere nach Alter und geistigem Zuschnitt verwandten Kollegen und Freunde, Rolf Pauls, Alexander Böker, Franz Krapf und wenig später Peter Limbourg. Sie weihten uns in die Sachstände und die jeweilige Stimmungslage ein. So trat ich einigermaßen vorbereitet Hallstein, Blankenhorn und wesentlich seltener Adenauer selbst gegenüber.

Felix von Eckardt, der Fritz von Twardowski folgte, wurde als neuer Chef des Presse- und Informationsamtes bald zu einem wichtigen Verbündeten in dieser Konstellation. Sein Urteilsvermögen, seine Menschenkenntnis und nicht zuletzt seine Charakterfestigkeit machten ihn über lange Zeiträume zu einer zentralen Figur im Entscheidungsprozeß. Seine Leichtigkeit, gelegentlich mit einem Schuß Leichtsinn versehen, verstellte dem einen oder anderen Beobachter und Mitspieler den Blick auf seine Ernsthaftigkeit.

Mein eigener Beitrag zum Entscheidungsprozeß bestand darin, daß ich versuchte, noch ungeformte, vagabundierende Ideen in klare Gedanken zu verwandeln oder nachzuweisen, daß die Ideen sich einer klaren Definition widersetzten und deshalb besser einstweilen beiseite gelassen werden sollten. Danach galt es zu formulieren, und meine Arbeit wurde deshalb als hilfreich empfunden, mit Unterschieden natürlich. Es versteht sich, daß in diesem Prozeß der Festschreibung und Interpretation politischer Programme oder einzelner Vorhaben meine eigenen Überzeugungen und Ansichten einflossen. Sie deckten sich, wie konnte es anders sein, weitgehend mit den Vorstellungen, welche die kollektive Intelligenz unserer Mannschaft entwickelt hatte; aber doch nicht immer und durchweg. Das brachte Adenauer dazu, in einem Gespräch in Cadenabbia mit Max Schulze-Vorberg und Walter Henkels, die als Journalisten meine Qualitäten herausgestrichen hatten, im rheinischen Tonfall anzumerken: „Der Diehl, dat is ne jute Mann, aber der will selbst Politik machen. Dat jeht nich."

Allotria

Konrad Adenauer galt als außerordentlich schlagfertig und witzig. Allerdings war seine Art von Humor alles andere als gutmütig. Man lachte gerne mit ihm, meist auf Kosten anderer. Zielscheiben seines Spottes waren auch treu ergebene Leute, wie Professor Walter Hallstein, den er genüßlich mißhandelte. Zu Hallsteins Ehre ist zu sagen, daß er diese Bosheiten einfach wegsteckte, als habe er sie nicht gehört. Was innerlich in ihm vorging, war für mich nicht zu erkennen. Adenauer mußte man wiederum zugute halten, daß Hallsteins Wesen, diese Mischung aus hoher Intelligenz, Genauigkeit und Fleiß, viele skurrile Züge trug, besonders auffällig in den leergebliebenen Räumen seines Wesens, in denen sich keine Leidenschaften ansiedeln konnten.

Als Eisenhower seinen Posten als Oberkommandierender der NATO abgab und in Bonn einen Abschiedsbesuch machte, gab Adenauer ihm ein Essen im Palais Schaumburg. Ich saß neben Eisenhowers Adjutanten, einem amerikanischen Luftwaffenoberst, der auch nach Hause ging. Ich fragte ihn, über welche Route er fliegen würde. „Fliegen?“ sagte er, „das ist nur was für Vögel.“ Er wolle mit dem Schiff reisen.

Nach Tisch war Hallstein gleich emsig unterwegs, während wir eine Tasse Kaffee tranken, kam dann mit allen Zeichen dringender Bedeutung wieder herein und sagte zu Adenauer: „Herr Bundeskanzler, wissen Sie schon das Neuste?“ Adenauer, ohne eine Sekunde zu zögern: „Haben Sie sich verlobt?“ Es war umwerfend. Er konnte sich die Replik vorher nicht überlegt haben. Der Pfeil wurde ganz spontan und doch gezielt in das Herz unseres eingefleischten Junggesellen abgeschossen. Hallstein lachte kurz und kam zur Sache, die ihn beschäftigte.

McCloy, der amerikanische Botschafter, war natürlich auch unter den Gästen. Er humpelte mit dem obligatorischen Gipsbein des älteren Skifahrers herum, und als er nach Tisch mit Eisenhower den Flur herunterging, klopfte der General ihm auf die Schulter. „Na, John, was ist denn Ihre Höchstgeschwindigkeit?“

Adenauer reiste viel und gerne mit Felix von Eckardt, seinem

Pressechef. Morgens lasen die beiden dann beim Frühstück gemeinsam die Zeitung. Die Tageszeitung *Die Welt* hatte eine Zeitlang in der oberen, linken Ecke der Titelseite eine Spitzenmeldung, von der die Redaktion annahm, daß noch niemand sonst über sie verfügte. So sahen Adenauer und Eckardt eine Meldung des Inhaltes, daß Hallstein als Botschafter nach Washington gehen werde und ich als sein Gesandter mit ihm. Adenauer: „Herr von Eckardt, wissen Sie was, wir schicken dem Herrn Hallstein ein Telegramm: Meldung in heutiger *Welt* teilweise unrichtig." Die Idee wurde nicht verwirklicht, aber Adenauer freute sich diebisch an der Vorstellung, wie Hallstein ins Grübeln kommen würde. Die Meldung war, so meine ich mich zu erinnern, von Conrad Ahlers geschrieben worden.

Eckardt und Adenauer trieben auf diesen Reisen allerlei Unfug. So hatten sie Kaviar mit Würstchen als ein Kraftfutter erfunden und eingeführt. Außerdem mußte Eckardt immer wieder versuchen, Adenauer beizubringen, wie man auf den Fingern pfeift. Eckardt konnte dies sehr gut, auf einem geraden oder gekrümmten Finger, mit zwei oder mit vier Fingern. Adenauer war neidisch auf diese Künste und hätte sie nur zu gerne erlernt. Er schaffte es nicht, trotz aller Übung. Er wechselte auch die Lehrer. So bat er auch Dr. Fred Luchsinger von der *Neuen Zürcher Zeitung*, ihn in die Kunst des Fingerpfeifens einzuführen. Er schaffte es auch nicht. Es lag eben an Adenauer.

Auf anderen Gebieten dagegen stellte er seine Kenntnisse und Erfahrungen gültig unter Beweis. Er genoß es, Hahn im Korb zu sein. Er ahnte natürlich, daß ausländischen Besuchern sein Alter bekannt und bewußt war. So mochte er spüren, daß die eleganten Italienerinnen, die zur Zierde eines offiziellen Besuches gereichten, angewiesen worden waren, nach dem Diner den alten Herrn nicht zu lange zu strapazieren und sich um halb elf, spätestens um elf zu verabschieden. Als die Damen erste Anstalten machten, aufzubrechen, erkundigte sich Adenauer nach ihrem Schmuck. Er frage die eine, ob er dieses besonders schöne Armband einmal etwas näher betrachten dürfe; die andere, ob sie ihm ihr Pendant einen Augenblick überlassen würde, und so fort. Als er die Bijous beisammen hatte, sagte er: „So, meine Damen, die Sächelchen bekommen Sie erst wieder, wenn ich sage: Jetzt gehen wir nach Hause."

Es wurde bei diesen Lustbarkeiten sehr schwerer Wein getrunken, von jener Art, die der Kölner als „fettig“ bezeichnet. Der Keller des Bundeskanzleramtes war entsprechend bestückt, und wir haben noch während der großen Koalition davon profitiert und die schweren Brocken auf Adenauers Wohl getrunken.

Findige Leute kamen auf die Idee, Adenauers Weinverstand für die Werbung zu nutzen. So wurde er gefragt, ob es ihm genehm sei, wenn ihm ein Präsent einer soeben kreierten Handelsmarke überreicht werde. Adenauer, immer bereit, sich einen guten Wein schenken zu lassen, stimmte zu. Gesagt, getan! Das Präsent wurde übergeben, die Fotografen waren zur Stelle und Adenauer probierte ein Glas. Alles sah ihn erwartungsvoll an. Adenauer stellte das Glas hin und sagte: „Sie sollten sich wat schämen, meine Herren.“

Als Bundeskanzler bekommt man nicht nur Wein, sondern auch viele andere Geschenke aller Art. Der so Beglückte kann das Volumen und die Qualität selbst etwas steuern. Ist der Geber dem Empfänger ebenbürtig, läßt sich nicht viel ändern. Es galt Eisenhowers Gemälde in Ehren zu halten, auch die Samurai-Rüstung, die das Treppenhaus im Palais Schaumburg zierte, mußte dort stehen bleiben. Anderes ließ sich gut im Haushalt gebrauchen. Als vor dem 80. Geburtstag bei einer Besprechung mit der Familie ein unglücklicher Beamter des Auswärtigen Amtes den Vorschlag machte, man möge auf Geschenke verzichten und statt dessen auffordern, durch Geldspenden das Fundament einer Stiftung zu legen, gab es ein kurzes Schweigen und dann wurde eine Geschenkliste besprochen, die man Ratsuchenden als Entscheidungshilfe andienen könnte.

Adenauer kannte die große Welt nicht. Er war nie in Paris, London, Rom oder gar in Rio de Janeiro, New York oder Tokio gewesen. Nun genoß er diese Reisen und freute sich darüber, daß er seine Neugier auf die weite Welt stillen konnte. Dies geschah unter den besten Bedingungen, in Sonderflugzeugen, Sonderzügen, von der Polizei eskortierten, großen Limousinen, in erstklassigen Hotels und dazu noch alles umsonst. Dieser letzte Umstand wurde von jemand, der aus einem bürgerlichen Hause stammte, nie reich gewesen war und, wie man zu seinem Ruhme sagen muß, auch nicht durch seine Kanzlerschaft reich geworden ist, keineswegs gering geachtet.

Die Familie dominierte, wenn es darum ging festzulegen, welche ihrer Mitglieder den Kanzler auf seine Auslandsreisen begleiten durften. Es mußten im Laufe der Jahre alle berücksichtigt werden. Da Adenauer in seiner Kanzlerzeit schon Witwer war, war es verständlich, ja sympatisch, daß er sich von einer seiner Töchter begleiten ließ. Da diese aber selbst verheiratet waren und die Söhne auch etwas sehen und erleben wollten, wurde es zur Übung, daß zwei oder drei der Kinder und Schwiegerkinder mit von der Partie waren, wenn der Kanzler ins Ausland fuhr. Das hat nie gestört, da alle sich taktvoll und zurückhaltend benahmen.

Lange Schatten

Als die Bundesregierung ihre Arbeit aufnahm, waren die frühen Phasen der Entnazifizierung schon abgeschlossen. Aber nun begann der Prozeß des Filtrierens aufs neue. Alle und jeder, dem oben oder unten ein Amt in einer obersten Bundesbehörde oder einer wichtigen nachgeordneten Dienststelle anvertraut werden sollte, wurde noch einmal unter die Lupe genommen. Das war notwendig und konnte daher niemanden in seinem Selbstgefühl verletzen. Um sich ein erstes Bild zu machen, waren die formalen Kategorien der Entnazifizierungsverfahren hilfreich. Sie genügten aber nicht, um zu erfassen, wer sich in der Zeit der Gewaltherrschaft seinen Anstand bewahrt und wer sich befleckt hatte. Es lag in der Natur der Sache, daß dies eigentlich nur von Leuten beurteilt werden konnte, die selbst während der zwölf Jahre der Gewaltherrschaft in Deutschland geblieben waren und auch einen Platz innerhalb des weitverzweigten Systems gefunden hatten. Die in vielen Fällen sicherste und treffendste Beurteilung kam daher in einer Gruppe zustande, unter Leuten, die sich in der Diktatur gekannt und miteinander gearbeitet hatten. Dieser Umstand bot für den Außenstehenden manchen, oft berechtigten Anlaß zur Kritik. Natürlich war zu hören, die ehemaligen Leute aus dem Auswärtigen Dienst stellten sich gegenseitig „Persilscheine“ aus und versuchten sich zu schützen. Das war richtig. Man konnte mit Recht einwenden, etablierte Cliquen stellten sich gegenseitig gute Leumundszeugnisse aus. Trotzdem war diese interne Bewertung, die sich nicht an formale Kriterien hielt, vermutlich treffsicherer als Spruchkammerbescheide. Deren Bewertung ließ nämlich beiseite, daß beispielsweise jemand kein Parteigenosse, aber dennoch ein serviler Handlanger des Regimes gewesen sein konnte. In einem anderen, entgegengesetzten Fall wurden die Beteiligten, ein alter Kämpfer und ein Träger des Blutordens, die sich beide mit großem persönlichen Mut für die Rettung von Kollegen eingesetzt hatten, die schon dem Henker verfallen zu sein schienen, nach den formalen Kriterien als schwer belastet eingestuft.

Auch die anderen Spielarten der Anpassung oder des Mitmachens konnten Leute unseres Schlages gut beurteilen. Im Grunde hatte das

NS-Regime vor allem in der ersten Hälfte seiner kurzen Existenz, zwischen 1933 und 1939, viele unbehelligt gelassen, die schwiegen und dadurch wenigstens einen Rest von Selbstachtung bewahren konnten. Sie wurden nicht gezwungen zu sagen, ja öffentlich zu plakatieren, was sie nicht glaubten, wenn sie bereit waren, auf die Wohltaten des Regimes zu verzichten.

Wer schon 1933 außerhalb des staatlichen Bereichs Rang und Namen hatte, mußte sich nicht unbedingt anpassen, selbst als Beamter konnte man im Amt bleiben, wenn man auf eine weitere Karriere im Nazi-Deutschland verzichtete. Das galt vor allem auf der mittleren Ebene. Weder mein Vater Robert Diehl als Amtmann, noch mein älterer Bruder Karl Ferdinand als Architekt, noch meine Schwester Friedchen als Apothekerin sind je Mitglied der NSDAP gewesen. Die nachträglich gemachten Versuche, Passivität als aktiven Widerstand gegen das Regime, als Verfolgung durch das Regime zu drapieren, konnten uns Jüngere nicht besonders beeindrucken. Die Angehörigen der jungen Generation dagegen hatten keine Wahl und mußten sich fügen, es sei denn, sie verließen Deutschland, ihre Heimat. Man konnte nicht studieren, wenn man nicht einem Kampfverband angehörte, also der SA, der SS, der Hitlerjugend oder dem NSKK. Eine Zeitlang konnte man ausweichen, in den Stahlhelm oder in die exotische Brigade Erhardt, aber das fruchtete nicht viel, denn die Parteileute erkannten schnell, daß diese Gruppierungen Sammelbecken der inneren Opposition waren. Sie wurden aufgelöst, der Weg versperrt. Diese Umstände blieben natürlich nicht verborgen, und bei der Entnazifizierung wurde ihnen Rechnung getragen, unter anderem durch die sogenannte Jugendamnestie. Es kam darauf an, wie alt man im Augenblick der Machtübernahme gewesen war. Ich war im Februar 1933 gerade 17 Jahre geworden und fiel damit im Lande Niedersachsen, wo ich gewohnt hatte, unter die Jugendamnestie. Ich brauchte also nicht einmal ein Verfahren zu bestehen. Das ärgerte mich. Ich nahm Anstoß an dem Ausdruck Amnestie. Wer wollte mich amnestieren? Doch offensichtlich die Leute, die Dank ihrer Unfähigkeit, ihres mangelnden Urteilsvermögens und auf Grund ihrer Feigheit, mich 1933 in eine Lage gebracht hatten, die mich der Freiheit der Wahl beraubte. Wir waren schon als junge Leute klüger gewesen als die damaligen und jetzigen Würdenträger, deren Parteien und sie selbst für die Ermächtigungsgesetze gestimmt und die Hitler legal dem Mißbrauch der Macht und den Einstieg in die Gewaltherrschaft ermöglicht hatten.

Wie hatte zum Beispiel Konrad Adenauer am 1.8.1932 das Kommunique auf dem Briefbogen von Kurt Freiherr von Schröder in dessen Haus in Köln skizziert, als er sich dort mit Franz von Papen traf? Da stand in seiner eigenen Schrift auf dem Zettel: „Das Zentrum wird bereit sein, das Zustandekommen einer Regierung aus Nationalsozialisten und Deutschnationalen unter Hitler als Reichskanzler zu tolerieren und ganz unvoreingenommen nur nach seinen Taten zu beurteilen." In der Schrift von Theodor Heuss: „Hitlers Weg" aus dem Jahre 1937 findet sich auch manches über Adolf Hitler, was wir als grüne Jungs nie geschrieben hätten. Wenn überhaupt, dann konnte unsere Generation der älteren eine Amnestie zubilligen, Heuss zum Beispiel und auch Adenauer, Heinemann und vielen anderen, aber nicht umgekehrt. Gerade ich war ohne Einschränkung dazu bereit, denn ich hatte die Zwänge des Gewissens und des Patriotismus erlebt, auch die schönen Täuschungen, die erlaubte Annahme, man könnte Hitler bändigen, ihn zur Raison bringen, und wenn nicht, dann mit Hilfe der Reichswehr wieder loswerden. Das war keine Phantasterei, so schien es, denn bei den Wahlen am 5. März 1933 erhielt die NSDAP nur 43 Prozent der Stimmen, was in keinem demokratischen Staat ausreicht, um allein eine Regierung zu bilden.

Ich hatte also ein Verfahren gegen mich beantragt, wurde durchleuchtet und als nicht betroffen eingestuft. Als ich dann in Hamburg meine journalistische Arbeit begann, wurde ich verständlicherweise noch einmal von den englischen Presseoffizieren unter die Lupe genommen und – vermutlich unter Zurückstellung einiger Bedenken – zur Arbeit zugelassen.

Vielleicht war es gerade unsere Unbefangenheit, die im Gefüge der neuen Republik bei einigen den Verdacht erregte, wir könnten schwierige Partner werden. Es war eigentlich besser, mit Leuten zu arbeiten, die ein wenig, nicht viel, aber doch so belastet waren, daß man sich auf ihre Loyalität absolut verlassen konnte. Als äußeres Kennzeichen einer Art von garantierter Loyalität galt die Zugehörigkeit zu einem der katholischen Studentenverbände. Diese Art zu verfahren, hatte ihren Sinn und hat zu der relativ schnell erreichten Stabilität und Funktionsfähigkeit der Bundesregierung beigetragen. Die Methode, kleine Männerbünde zu bilden, wurde aber dann fragwürdig, wenn sie dazu führte, daß wackere, aber für bestimmte Aufgaben ungeeignete Männer dennoch auf wichtige Posten gesetzt wurden.

Briefe

Langsam, Tag für Tag, fügte sich das Geflecht der durch das Ende des Krieges und der ersten Nachkriegszeit zerrissenen Beziehungen wieder zusammen. Zunächst kamen die Briefe. Irgendwie hatte jemand gehört, wo man steckte, und machte einen Versuch, die Verbindung wieder aufzunehmen. Was man erfuhr, war in einer nie dagewesenen Weise dramatisch, pathetisch, tragisch, ja ungeheuerlich und überstieg deshalb das Vorstellungsvermögen. Nahezu jeder hatte Dinge erlebt, die Gegenstand eines erschütternden Dramas oder packenden Romans hätten sein können. Dies war möglicherweise der Grund dafür, daß diese Dramen und Romane noch nicht geschrieben wurden. Jeder Zuschauer, jeder Leser hatte selbst Höhen und Tiefen durchschritten, die das Angebot der Dichter banal erscheinen ließen. Schon bald nach dem Ersten Weltkrieg waren Erich Maria Remarques „Im Westen nichts Neues", Ernst Jüngers „In Stahlgewittern", Ludwig Renns „Krieg" erschienen; diesmal blieben die großen Bücher einstweilen aus. Hin und wieder ein einsamer Treffer, wie „Am grünen Strand der Spree" von Hans Scholz.

Viele Briefe riefen ins Bewußtsein, daß in den letzten zwölf Monaten des Krieges ein furchtbares Gemetzel stattgefunden hatte. Als alles schon entschieden war, Sieger und Besiegte feststanden, gab es mehr Tote als in der ersten Hälfte des Krieges. Da waren jene, die fest daran geglaubt hatten, daß sie wiederkommen würden, weil das Glück immer an ihrer Seite gewesen war. Hans Ulrich Reiche, der uns noch erzählt hatte, wie er bei seiner Berliner Freundin Abschied gefeiert hatte, bei Jazzmusik und mit Champagner, und auf glückliche Heimkehr angestoßen hatte. Er war in Rußland gefallen. Sofort tot, nach einem Treffer einer sowjetischen Panzergranate. Mein Kölner Schul- und Studienfreund Heinz Lore, der überglücklich geschrieben hatte, daß er die einzige wahre Geliebte gefunden habe, ihr am nächsten Tag einen Heiratsantrag gemacht hätte. Auch er gefallen in Rußland, als er gerade eine Kompanie übernommen hatte. Kurz danach sein Bruder. Die Eltern allein, beide Söhne, die einzigen Kinder, tot. Als ich die Eltern in Köln besuchte, schämte ich mich, noch am Leben zu sein. Hätte ich wenigstens einen Arm oder ein Bein verloren, der Besuch wäre leichter gewesen. Dann die übrigen vom Friedrich-Wilhelm-Gymnasium, Heinz Hoppe, einziger Sohn, einziges Kind, kurz vor Kriegsende noch gefallen. Zwei der drei Brüder Löhr gefallen. Lückhoff tot. Es war schrecklich leer und still geworden. Dann jene, die geahnt hatten, daß sie nicht zurückkehren würden, wie mein Schwager Christoph v. Rautenstrauch, der, als er sich verabschiedete, sagte: „Wenn ich nicht wiederkomme, vergeßt mich nicht.“ Wir haben ihn nicht wiedergesehen.

Grausig das Schicksal von Gustav Struve. Er war eine große elegante Erscheinung, mit Elenor, einer schönen Deutsch-Amerikanerin verheiratet. Wir waren zusammen in Vichy gewesen, er zuletzt mein Vorgesetzter. Er wurde von den Amerikanern irgendwo in Italien gefangengenommen, nach Deutschland verbracht und als Gesandtschaftsrat interniert. Nach geraumer Zeit sollte er entlassen werden, in die amerikanische Zone. Struve war Sachse, hatte zu Hause alles verloren und wollte unter keinen Umständen in die sowjetisch besetzte Zone. Er war ein großer Ästhet, mit sehr gutem Geschmack. Das erklärt vielleicht, warum er bei seiner anstehenden Entlassung bat, die Erlaubnis zu einer Reise nach Italien zu erhalten. Dort hatte er zwei, drei Kisten, sein Meißener Porzellan und gutes Silber, Freunden in Obhut gegeben, das Letzte, was ihm geblieben war. Diese Zeichen vergangenen Glanzes wollte er retten. Der amerikanische Offizier riet ab. Er sagte: „Sie können jetzt raus, und deshalb sollten sie auch gehen. Die Italienreise können sie dann immer noch beantragen.“ Struve erwiderte: „Hier ist es leichter, Sie kennen mich, Sie wissen, an wen ich mich wenden muß. Ich war so lange im Lager, es kommt auf eine oder zwei Wochen mehr auch nicht mehr an.“ „Wie Sie wollen“, meinte der Amerikaner. Wenige Tage später erschien, mit den einschlägigen Papieren ausgestattet, ein polnisches Kommando, um Struve abzuholen. Er wurde in Polen vernommen und sollte vor Gericht gestellt werden. Struve war vor dem Kriege an unserer Vertretung in Warschau tätig und dort für die deutschen Volksgruppen in Polen zuständig gewesen. Es ist nie zu dem Prozeß gekommen. Struve, so hörten wir, sei im Gefängnis von seinen Mitgefangenen umgebracht worden. Wer den Mann kannte, mußte sich schütteln, wenn er sich vorstellte, wie dieser sensible Ästhet in einem dreckigen, verkommenen Verlies erschlagen oder erwürgt worden war. Seine Frau, die vergeblich versucht hatte, ihn zu retten, ging nach Amerika zurück und heiratete später Götz Briefs, den auch in Deutschland bekannten Professor.

Wissmann hatte sich, als er in Portugal verhaftet werden sollte, um ausgeliefert zu werden, eine Kugel durch den Kopf geschossen.

Das Leben ging weiter, und siehe da, es waren auch noch einige übrig geblieben. Verwundet, verstümmelt, zusammengeflickt, aber lebendig. Das machte den ganzen Unterschied. Helgas jüngerer Bruder Ludwig-Theodor war ganz zum Schluß noch ein weiteres Mal, diesmal sehr schwer verwundet worden, dem Tod gerade noch von der Schippe gesprungen. Er schrieb einen frechen Brief, seine mit Recht so beliebten Oberschenkel seien nun so dünn wie Luchens Arme. Diese gehörten der mageren Sekretärin und Hausdame.

Abstoßend war der oft geübte Versuch, mit verwerflichen Mitteln die angebliche NS-Vergangenheit ans Licht zu zerren, wenn man eine unbequeme Persönlichkeit ihres Einflusses berauben oder deren Stellung wenigstens schwächen wollte. Ein Teil dieser Übungen sollte erzieherische Wirkung haben, der Betreffende sollte zur Raison gebracht werden. Wenn er allein stand, wurde er gelegentlich zur Strecke gebracht. Insgesamt muß man aber zur Ehre der Gesellschaft sagen, daß derartige Praktiken zwar viel Bitterkeit erzeugt haben, aber letztlich meistens gescheitert sind. Der Grund lag darin, daß die Zahl der Persönlichkeiten, die sich von ethischen Grundsätzen leiten ließen, groß genug war, um den schlimmsten Intriganten den Erfolg zu verweigern.

In meinem Fall ist nur einmal versucht worden, mich wegen meiner Tätigkeit im alten Auswärtigen Amt mit einer NS-Vergangenheit auszustatten. Es wurde ein Foto, das Joachim von Ribbentrop und seine Umgebung bei einem wichtigen Anlaß zeigte, herumgereicht, auf dem ich in Uniform und nota bene mit dem Parteiabzeichen zu sehen gewesen sein sollte. Ich war es aber nicht, es gab überhaupt kein Foto von mir mit dem Parteiabzeichen, weil ich es nie getragen hatte. Ich bildete mir darauf nichts ein, es war einfach so.

Leider blieb das Thema NS-Belastung ein Dauerthema, dessen Diskussion oder aktenmäßige Bearbeitung viele Energien verbrauchte, ohne daß die Bemühungen eine reinigende, klärende Wirkung gehabt hätten. Adenauer verfuhr im großen und ganzen mit dem Komplex der Entnazifizierung auf eine sehr souveräne Art. Er nutzte seine Kenntnisse über die Vergangenheit von Politikern, wie es ihm paßte. Der Fall von Staatssekretär Hans Globke war das beste Beispiel. Ich bin sicher, daß Globke kein Nazi war. Aber die These, daß sein Kommentar zur Judenverfolgung geschrieben worden war, um den Juden zu helfen, war doch kühn. Er selbst hat übrigens nur sehr behutsam darüber gesprochen. Er war ein erstklassiger Beamter und loyaler Gehilfe Adenauers, basta. Zum Glück hatte das ganze Theater auch komische Züge, und die Charakterschwächen traten offen zutage bei Personen, von denen man Besseres erwartet hätte.

Die ersten Büros der Chefs vom Dienst des Presse- und Informationsamtes lagen im Souterrain eines hochherrschaftlichen Hauses in der jetzigen Kurt-Schumacher-Straße. Hier fand auch Conrad Ahlers seinen ersten Arbeitsplatz in Bonn, den ich dazu gebracht oder verführt hatte, Hamburg zu verlassen und in den Dienst der Bundesregierung zu treten. Der größte Raum war einmal die stattliche Küche gewesen, Boden und Wände blankgekachelt, sehr schöne handgeschmiedete Gitter vor den Kasemattenfenstern. Wenn zu später Nacht- oder früher Morgenstunde ein einsamer Mann an unserem Fenster vorbei nach Hause eilte und wir guter Laune waren, klammerten wir uns an die Gitter und riefen laut: „Laßt uns frei, wir sind unschuldig!“ Niemand hat rechtschaffen reagiert. Jeder beschleunigte die Schritte, sah zu, daß er weiterkam. Er hatte den ganzen Krieg mitgemacht, war übrig geblieben, hatte die Gefangenschaft und die Entnazifizierung überstanden, hatte eine Arbeit in der Regierung oder im Parlament und jetzt, nach all dem, nur nicht noch in irgendeine zwielichtige Sache verwickelt werden. Also nur schnell weg, nichts sehen, nichts hören.

Dann kamen Briefe der Damen aus dem alten Auswärtigen Amt. Seit Kriegsende waren fünf oder sechs Jahre vergangen; so war es nur natürlich, daß die inzwischen geschlossenen Ehen und der beginnende Kindersegen signalisiert wurden. Andere strebten zurück in den Auswärtigen Dienst, der trotz allem seine Anziehungskraft behalten hatte. Wir waren ihr ja auch erlegen, und so freuten wir uns, bald wieder vertraute Gesichter in den Vorhöfen der Macht zu sehen.

Man erfuhr, wer wie und wo verwundet worden war, wo und wielange man in Kriegsgefangenschaft und Internierungslagern gesessen hatte, ob man wieder einen Beruf hatte oder noch einmal angefangen hatte zu studieren. Auffällig, das so viele der Wilden aus unseren Studententagen in biedere, brav-bürgerliche Berufe strebten. Einer meiner Freunde, der nur seinen Dr. phil. gemacht hatte, holte jetzt das Staatsexamen nach, um Studienrat zu werden. Das war an sich nicht besonders verwunderlich, hätte er nicht seinerzeit feierlich erklärt, er werde kein Staatsexamen machen, um sich von vornherein den Weg in eine spießige bürgerliche Existenz zu verbauen.

Aufwühlend waren andere Nachrichten von Männern, die mit aller Macht versuchten, sich aus den Fesseln zu befreien, die Gerechte und Ungerechte gleichermaßen knechteten und bedrohten. Da schrieb der französische Anwalt der Frau des Freundes: „Gestern ist ihr Mann zu zwanzig Jahren Zwangsarbeit verurteilt worden. Erschrecken Sie nicht, denn dies ist im Grunde eine gute Nachricht. Er wird nach einiger Zeit begnadigt und entlassen werden." Der Anwalt hatte recht, aber das war nicht so leicht einzusehen. Es hatte alles harmlos angefangen: Um Vorfälle bei einem Einsatz gegen Partisanen aufzuklären, sollte der Freund als Zeuge vernommen werden. Er wurde dann zum Angeklagten, obwohl er im Sinne der Haager Landkriegsordnung unschuldig war. Ich hatte ihm vor dem Prozeß geschrieben: „Das einzige, was nicht wieder umkehrbar ist, wäre, wenn Du an die Wand gestellt würdest. Alles andere läßt sich früher oder später regeln." Er ist sieben Jahre später freigekommen. Er hat in dieser Zeit seine Frau verloren und danach eine neue gefunden.

Bei manchen Geschichten, die man jetzt erfuhr, hielt man sich den Kopf, weinte und lachte über dieses Narrenhaus in Deutschland.

Ein Freund aus der deutschen Studentenschaft hatte in England studiert, beherrschte die Sprache und kannte das Land gut. Nachdem England zur Überraschung Hitlers und Ribbentrops uns den Krieg erklärt hatte, sagte er beim Mittagessen in der Kantine des Reichsministeriums für Volksaufklärung und Propaganda, wir würden uns noch wundern, wenn uns in Berlin die englischen Bomben um die Ohren pfiffen. Er wurde denunziert, und Josef Goebbels persönlich ließ ihn zu sich kommen. Er machte ihm eine unglaubliche Szene, schrie ihn an und entließ ihn mit der unverhüllten Drohung, er werde ihn ins KZ bringen. Er nahm das ernst und alarmierte einen SS-Obergruppenführer, einen entfernten Verwandten seiner Frau, erzählte ihm die Geschichte, und der ließ ihn unverzüglich zur Waffen-SS einziehen. Damit war er dem Zugriff von Goebbels entzogen und dem Konzentrationslager entkommen. Er diente in der Waffen-SS, wurde mehrfach verwundet und dekoriert, blieb mit seinen Äußerungen genauso frech und luzide wie immer. Bei Kriegsende wurde er als Offizier der Waffen-SS interniert – die Goebbels-Geschichte half ihm nicht, wer konnte das nachprüfen – und lange Jahre festgehalten.

Nun war er eigentlich der einzige in unserem Freundeskreis, der, wenn auch in abgemilderter Form, dem Arier-Wahn etwas abgewinnen konnte. Er selbst sah sehr „nordisch" aus, und er hatte eine deutsche Comtesse geheiratet, die auch dem Idealbild der „nordischen Frau" recht nahe kam. Typisch für ihn war, daß er die Trennung von seiner ersten Verlobten, einem reizenden Wesen, mit der Bemerkung begründete, sie habe seinem hohen Gedankenfluge nicht folgen können.

Nun saß die arme Gräfin alleine und verlassen, mit einem eingesperrten SS-Offizier verheiratet, in einer kümmerlichen Bude und fror. Sie hatte nichts zu reißen und zu beißen. Ein farbiger amerikanischer Leutnant nahm sich ihrer an, sorgte dafür, daß sie Kohle im Ofen, etwas zu essen und anzuziehen hatte. Er half ihr auch über die Einsamkeit hinweg. Er muß ein sehr netter, anständiger Mann gewesen sein: Er verlangte nichts und war in keiner Weise zudringlich. Aber wie es so geht, sie ließ sich trösten und bekam ein Kind. Das Kind ließ seinen Ursprung an Haut und Haar erkennen. Der Leutnant ging in die USA zurück, blieb weiterhin um Mutter und Kind besorgt. Dann wurde unser Freund entlassen. Ich versage mir, nachzuvollziehen, was ihn und seine Frau im Augenblick des Wiedersehens wohl bewegt hat. Die beiden sind zusammengeblieben. Er ist übrigens Studienrat geworden.

Ein deutsches Schicksal?

Eines Tages kamen aus Tunis in Nordafrika die ersten Signale von Paul Mattar, 1950 tauchte er selbst wieder im Rheinland auf. Er hatte, so jung er war, bereits ein bewegtes Schicksal hinter sich. Er hoffte, nun eine bessere Zeit vor sich zu haben. Er hatte ein Recht darauf, wenn es noch einen Rest von Gerechtigkeit gab.

Paul Mattar war wie ich auf dem Friedrich-Wilhelm-Gymnasium in Köln gewesen, zwei Klassen über mir. Er kam aus einer überzeugt katholischen Familie, sein Vater Stephan war eine eindrucksvolle Erscheinung, großgewachsen, mit einem guten Kopf. Man war nicht überrascht zu erfahren, daß er ein Baumeister war, ein Kirchenbaumeister. Es gibt zwei neugotische Kirchen, die er entworfen hat, in Köln. Der Sohn Paul hatte viel von der Mutter, war schlank, mit einem fein geschnittenen Gesicht, das den Intellektuellen verriet, grazil und behende, aber ganz und gar unsportlich.

Pauls Leidenschaft war die Politik. Zum stillen Leidwesen der Alten begeisterte er sich, als er 15 oder 16 Jahre alt war, für den Nationalsozialismus, war mit seiner polemischen Beredsamkeit der geborene Agitator und spielte bald eine Rolle im Nationalsozialistischen Schülerbund, der anfing, die Schülerschaft zu mobilisieren und die Lehrerschaft zu verunsichern. Die Erfolge blieben bescheiden. Wir, seine Freunde, verfolgten seine Bemühungen mit Sympathie, ohne sie allzu ernst zu nehmen. Jedenfalls wurde ich nicht Mitglied in seinem Verein, dem stand schon meine jugendbewegte Vergangenheit und Gegenwart im Nerother Bund entgegen.

Mattar war ein sehr intelligenter und bei aller Betriebsamkeit auch sehr integrer junger Mann. Auf Grund der Einblicke, die er als junger Funktionär in das Wesen und Unwesen der NSDAP gewann, trennte er sich von der „Bewegung" und ging entschieden auf Gegenkurs. Dies, 1932, war die Zeit, als wir uns eine kleine organisatorische Basis für die Agitation gegen den Nazismus schufen, mit dem Namen „Der Kreis, Arbeitsgemeinschaft Kölner Jugend für Kultur und Politik". Schon der Name war eine Provokation. Wir waren ziemlich leichtsinnig, glaubten auch nahezu zwei Jahre nach der Machtübernahme noch, der Drache sei aus Pappe. Dies war ein gefährlicher Irrtum. Durch einen fatalen Zufall kam ein Denunziant an uns heran. Paul Mattar und Wolfgang Hansen, ein anderes Mitglied unseres Kreises, wurden verhaftet und 1935 wegen Vorbereitung zum Hochverrat vor Gericht gestellt. Paul Mattar wurde zu drei Jahren Zuchthaus, und Wolfgang Hansen, der später im Krieg fiel, zu anderthalb Jahren Gefängnis verurteilt.

Unsere wohlmeinenden Lehrer und aufgeschreckten Eltern beschworen uns, Ruhe zu geben. Das taten wir nicht, aber wir wurden viel vorsichtiger. Dennoch bereiteten wir Paul einen großen Bahnhof, als er entlassen wurde. Mit dem Kabriolet von Lores Eltern fuhren wir vom Kölner Hauptbahnhof nach Schloß Brühl und feierten unseren Freund. Er mußte sich in regelmäßigen Abständen bei der Kölner Kriminalpolizei melden. Dort stieß er auf einen alten Beamten, der ihm sagte: „Sie haben wohl nichts dazugelernt. Mußten Sie sich denn im Triumph abholen lassen? Natürlich ist der ganze Haufen fotografiert worden."

Paul Mattar konnte nicht studieren, was für ihn angesichts seiner hohen Begabung sehr bitter war. Die Universitäten nahmen damals niemanden an, der im Zuchthaus gesessen hatte, dazu noch wegen eines Hochverratsdelikts. So suchte und fand er eine Beschäftigung als Einkäufer in einer Konsumgeschäftskette. Er war auf Grund seiner Verurteilung auch wehrunwürdig. Das störte ihn verständlicherweise nicht besonders. Er erwies sich seinen darbenden Volksgenossen in der Heimat nützlich, indem er im benachbarten, von 1940 an besetzten Ausland Handelsgeschäfte tätigte, die das eine oder andere Eßbare in die Regale der Konsumgeschäfte brachte. Er schrieb weiterhin erfrischende, aber in seiner Lage auch riskante Briefe. So hieß es in einem Brief vom Juni 1942: „Was mich anbetrifft, so stehe ich immer noch an der inneren Front des deutschen Lebensmittelgroßhandels, um mitzuwirken an jenem hehren Ideal: ‚Jedem Volksgenossen seine gerechte Portion'. Ehrlich und von Herzen. Die bekannte Nacht der langen Messer hat Mattar Junior gar nicht geschadet, da ich mit meinem besseren Ich in der Ostmark im Urlaub war. Der Sachschaden ist nur ganz geringfügig. Bei den Seniors auf dem Weidenbach waren die Scheiben zum Teufel, aber sonst alles in Ordnung. Als alte Mitglieder des Reichstrümmerbundes kann uns so etwas ja überhaupt nicht kleinkriegen." Am Schluß sagte er nach einigen scharfsinnigen Bemerkungen über die französische Presse im besetzten und unbesetzten Frankreich: „Im übrigen grüße ich Dich herzlich und bitte auch der Frau Gemahlin und den verheißungsvollen Trägern einer großen Zukunft die ergebensten Grüße eines importwütigen Oberheringsbändigers zu unterbreiten."

Bei einem schweren Luftangriff auf Köln verlor Mattar seinen Vater. Seine Mutter, die vergeblich versuchte, ihren unter brennenden Gebälk verschütteten Mann zu retten und sehenden Auges seinen qualvollen Tod erlebte, verlor den Verstand und mußte für den kurzen Rest ihres Lebens in einer psychatrischen Klinik untergebracht werden. Paul Mattar evakuierte seine eigene Familie, seine Frau und seinen Sohn, in den Schwarzwald. Im März 1944 verstarb seine Mutter, und wenig später kam seine Frau bei einem Tieffliegerangriff auf einen lokalen Eisenbahnzug in der Neckargegend ums Leben. Zu der Zeit war Mattar selbst schon englischer Kriegsgefangener, denn er war, als Not am Mann war, doch eingezogen worden. Den Wehrunwürdigen wollte das Regime die Möglichkeit bieten, sich von ihrem Makel durch Einsatz an der Front zu reinigen, oder so ähnlich. Mattar kam in eines jener berüchtigten Strafbataillone, wurde in Nordafrika eingesetzt und geriet schließlich in englische Gefangenschaft. Als sich die Engländer seinen politischen Stammbaum ansahen, fragten sie ihn, ob er in der Rundfunkpropaganda mitarbeiten wolle. Paul lehnte dies ab. Er schrieb mir, er habe erkennen können, daß die Motive, die unsere Kriegsgegner beim Kampf gegen Hitler und sein Regime leiteten, mit unseren Beweggründen nicht identisch gewesen seien. Er hatte, ohne dies damals zu wissen, eine ähnliche Erfahrung wie auch Eugen Gerstenmaier gemacht, der feststellen mußte, daß die Haltung des Weltkirchenrates gegenüber dem Dritten Reich vom Widerstand gegen Hitler und den Nazismus bestimmt wurde, daß aber auch eine generell anti-deutsche Haltung durchschlug.

Paul wurde als schlichter Kriegsgefangener nach Kriegsende entlassen und blieb, da ihn zu Hause nur eine grauenvolle Leere erwartete, zunächst in Nordafrika und versuchte sich in dem, was er nolens volens gelernt hatte, im Lebensmittelhandel. Er erwarb eine Beteiligung an einer kleinen Weinhandelsfirma. Mattar hatte unter dem Druck der Notwendigkeit in Tunis eine Art von konsularischem Ein-Mann-Betrieb aufgezogen. Er kümmerte sich um die verbliebenen und nach und nach wieder eintreffenden Landsleute, versorgte die deutschen Kriegsgräber, beriet Geschäftsleute und schrieb Berichte für die deutsche Wirtschaftspresse und gelegentlich auch für unsere Handelsvertretung in Paris. Er fand auch wieder eine Frau. Aus Tunis meldete er sich. Seine eigentliche Leidenschaft war die Politik geblieben, und so fragte er mich, ob es stimme, daß wir in absehbarer Zukunft diplomatische und konsularische Vertretungen einrichten würden. Wenn ja, interessiere er sich für eine Arbeit in einem Generalkonsulat in Algier. Er brachte gute Voraussetzungen mit, er kannte inzwischen Land und Leute und sprach glänzend französisch, dazu ausreichend arabisch. Er ging davon aus, daß man ihm seinen Widerstand und seine Verfolgung durch den NS-Staat zugute halten würde. Davon ging auch ich aus.

Wir kannten die Bürokratie schlecht. Es dauerte ziemlich lange, bis er als Verfolgter des NS-Regimes anerkannt wurde, und auch der Transfer irgendwelcher Entschädigungszahlungen an einen im Ausland lebenden Verfolgten machte offenbar Schwierigkeiten. Er mußte jedenfalls unter anderem auch mich bemühen, um seinen Widerstand zu erhärten und die Geschichte des Kreises zu den Akten zu geben. Ich schrieb eine Aktennotiz, und das ganze Abenteuer wurde dadurch wieder lebendig. Unter anderem hieß es in meiner Aufzeichnung: „Eine besondere Rolle hatte Paul Mattar, da er vor allem den Kontakt mit den Gegnern des NS-Regimes im In- und Ausland aufrecht erhielt. Er unternahm in diesem Zusammenhang 1933 und 1934 Reisen, die ihn mit Sozialdemokraten in Karlsbad *(Neuer Vorwärts)*, Saarbrücken *(Deutsche Freiheit)*, sowie dem Strasser-Kreis in Prag zusammenbrachte. In Deutschland waren vor allem die Verbindungen zu Kölner katholischen Gruppen bedeutend. Paul Mattar nahm Ende 1934 mit einer Kölner Gruppe ehemaliger Freiwirtschaftler im Rolandbund Fühlung, der antinazistische Tendenzen verfolgte. Diese an und für sich wenig bedeutungsvolle Fühlungsnahme wurde ihm zum Verhängnis, da die Leitung dieser Organisation von einem Spitzel des Nachrichtendienstes der NSDAP durchsetzt war. Dieser ließ den Rolandbund auffliegen, und damit wurden auch Paul Mattar und Wolfgang Hansen, ein weiteres Mitglied des Kreises, verhaftet. Der dem Spitzel bekannte Teilabschnitt aus den Beziehungen Paul Mattars, vor allem das Einführen illegaler Zeitungen aus dem

Ausland, führte zu seiner Verurteilung zu drei Jahren Zuchthaus wegen Vorbereitung zum Hochverrat im Mai 1935 durch den Volksgerichtshof in Berlin. Die Tatsache, daß dem Spitzel nur ein Ausschnitt aus der politischen Tätigkeit bekannt geworden war, verschonte die übrigen Mitglieder des Kreises, dessen Existenz Mattar bagatellisieren konnte. Infolgedessen hat der Kreis als kleine Gemeinschaft noch bis zum Kriege weiterbestanden und konnte 1938 Paul Mattar wieder in seiner Mitte begrüßen. Während der letzten Jahre seiner Existenz hat der Kreis viel zur Verbreitung bestimmter Literatur, wie der *Deutschen Rundschau* von Rudolf Pechel beigetragen. Die Einberufungen im Kriege haben dem Kreis dann als organisierte Form ein Ende gemacht."

Ich riet Paul Mattar, sich im neuen Auswärtigen Amt zu bewerben, und versprach ihm, mich nach Kräften dafür einzusetzen, daß er einen angemessenen Platz finden würde. Die Bewerbung wurde auch zu den Akten genommen, es dauerte fünf Jahre, bis eine bescheidene Anstellung als Ortskraft am Generalkonsulat in Algier erfolgte. Ja, hieß es, Mattar hat kein Staatsexamen, keine akademische Ausbildung. Die Tatsache, daß dieses Argument angeführt wurde, war ein Grund, sich zu erregen. Der Mann konnte ja nicht studieren, weil die Nazis ihn eingesperrt hatten. Ja gewiß, sehr bedauerlich, aber jetzt könnte er ja noch studieren. Ich verwies auf sein Alter, seinen Familienstand, die Arbeit, die er inzwischen aufgebaut hatte. Es war nichts zu machen. Als ein großartiges Beispiel für das Wiehern des Amtsschimmels hier eine Antwort des Auswärtigen Amtes an Mattar: „Es tut mir leid, daß Sie auf Ihren letzten Brief vom 26. November 1954 keine Antwort erhielten. Ich hatte ihre schon ziemlich umfangreiche Akte nach Eingang Ihres Briefes zum Abheften gegeben; sie ist mir dann versehentlich nicht wieder vorgelegt worden. Dieser Umstand hat sich allerdings für Sie in keiner Weise nachteilig ausgewirkt, da bisher immer noch nicht über die Sie interessierenden Posten entschieden worden ist. Sie sind unverbindlich als Ortskraft für die Vertretung in Algier in Aussicht genommen, allerdings kann ich Ihnen, wie Sie verstehen werden, erst dann eine definitive Mitteilung zukommen lassen, wenn die erforderlichen technischen und personellen Probleme hier gelöst sein werden. Bis dahin muß ich Sie bitten, sich noch weiter zu gedulden." Dieses Spielchen wurde nun schon fünf Jahre getrieben. Zum Glück war da noch das Presse- und Informationsamt, wo ich Einfluß hatte, später die Auslandsabteilung leitete und schließlich Chef dieser obersten Bundesbehörde wurde. Dort war es dann möglich, Paul Mattar als Angestellten des gehobenen Dienstes einzugliedern. Schließlich kam er auch, seinen Fähigkeiten gemäß, doch noch zu einem Posten im höheren Dienst, nämlich in der Presseabteilung des Nordatlantikpaktes. Dort war es den Leuten gleichgültig, daß er kein deutsches Diplom hatte. Da genügte es, daß er tüchtig war und unter den vielen Deutschen sich wieder einmal jemand fand, der unbestreitbar ein Gegner der Nazis gewesen war.

Ich habe mich für uns alle geschämt. Wir, die wir unsere Kompromisse mit dem Regime geschlossen und auch deshalb unsere Examina hinter uns gebracht hatten, waren, wenn wir nicht allzuviel Dreck am Stecken hatten, im Gefüge des neuen Staates zurechtgekommen. Da war noch etwas anderes, so schien mir. Man hütete sich, es auszusprechen, aber es wurde gedacht und angedeutet. Dies wider den Stachel löcken, dies Aufsässige, auch und selbst wenn es unter der Gewaltherrschaft demonstriert wurde, war eigentlich nicht das, was die junge Bundesrepublik gebrauchen konnte. Wenn man genau hinsah, hatten Mattar und seine Freunde sehr revolutionäre Gedanken verfochten. Daß sie allesamt nicht mit dem äußeren Gegner konspiriert hatten, schlug vergleichsweise nicht besonders zu Buche. Es war eigentlich zweckmäßiger für die neue Karriere, ein bißchen, natürlich nicht zu stark, belastet zu sein und gehorcht zu haben. So hatte es den Anschein. Paul Mattar hatte ein glückliches Naturell; er sah das alles, amüsierte sich. Die Leute hatten wirklich keine Ahnung von dem, was uns als junge, vaterländisch und freiheitlich gesinnte Männer, die nach Gerechtigkeit dürsteten, einst bewegt hatte. Aber es gab keine Bitterkeit. Sein Urteil wurde nicht durch Ressentiments getrübt, es blieb unbestechlich und hellsichtig. Er sah, daß wir es richtig machten, und arbeitete mit aller Kraft auch für das Land und für das Bündnis.

Er war etwas älter als ich, schon im Ruhestand, als ich 1981 aus Japan zurückkam. Wir hatten beide gehofft, nach langen Trennungen wieder zusammenzusein und uns aneinander freuen zu können. Ein Herzinfarkt setzte seinem Leben ein abruptes, schmerzloses Ende. Ein deutsches Schicksal?

Symbole

Merkwürdig. Die junge Republik hatte ein gutes Gespür für die äußeren Zeichen von Anstand und Würde. Nationalhymne, Wappen und Flagge fanden den rechten Platz. Ein Orden wurde gestiftet, das Bundesverdienstkreuz.

Der erste deutsche Verband, der Bundesgrenzschutz, wurde in ein klassisches Feldgrau eingekleidet und mit dem deutschen Stahlhelm ausgerüstet. Vor dem Palais Schaumburg stand ein Doppelposten, wenn hoher Besuch kam, der auf eine diskrete Art daran erinnert wurde, wo er sich befand.

Dabei waren weder Adenauer noch Heuss je Soldat gewesen. Sie hatten aber einen Sinn für die Kraft der Symbole und die Zeichen der Souveränität.

Im Deutschen Bundestag herrschte Ordnung. Der Präsident erschien im Gehrock, die Amtsdiener trugen eine ansehnliche Amtstracht, einen blauen Frack. Man ging auch korrekt gekleidet zu bedeutenden Anlässen, wo gewichtige Gegenstände beraten und weitreichende Entscheidungen getroffen wurden.

Ohne Cutaway konnte man sich nicht sehen lassen. Ich fand einen guten Schneider. Bei der Wahl des Stoffes für die gestreifte Hose hatte ich mich für ein immer noch dezentes, aber doch nicht allzu tristes Dessin entschieden. Ich glaubte deshalb sicher zu sein, daß ich es in Bonn nicht ein zweites Mal antreffen würde. Um so mehr war ich verblüfft, als ich ausgerechnet an Hans Globke eine Hose aus gleichem Material verzeichnen konnte. Es hat mich immer ein klein wenig gestört, obwohl die Doppelung bei Männern nicht so augenfällig ist wie im Kreise der Damen.

Wenn bei einem großen Auftritt zwei Damen in den gleichen Roben zusammentreffen, gibt es Gelegenheit, Charakterstudien zu betreiben. Bei einem Gala-Abend in Rio de Janeiro trugen Frau Brigitte Schröder, die Gattin unseres Außenministers, und die Frau des deutschen Militärattachés das gleiche Kleid. Das war ein sehr ungewöhnliches Zusammentreffen, denn das eine war in Berlin, das andere in München als einzelnes Modell gekauft worden. Auch bei blühender Phantasie war eine Begegnung der beiden Stücke in Rio nicht vorauszusehen. Frau Schröder ging sofort auf die andere Dame zu und sagte: „Wir treten heute als Schwestern auf.“ Damit war jede unangenehme Spannung beseitigt.

Delikater war ein anderer Fall. Frau von Eckardt und die Frau eines amerikanischen Diplomaten erschienen auf dem Presseball in Bonn in gleichen Kleidern. Fast gleich, wie sich bei genauerem Hinsehen zeigte. Das Kleid existierte offenbar in einer aufwendigen und in einer etwas bescheideneren Variante. Für diese hatte sich die Amerikanerin entschieden. Beide Damen litten. Es war wirklich peinlich. Da war es besser, auf räumliche Distanz zu gehen.

Zu den Attributen eines selbstbewußten Staatswesens gehörten nach dem Willen unserer demokratischen Führer auch die Staatsjagden. Jährlich wurden deren zwei veranstaltet, zu denen der Bundespräsident die Jäger im diplomatischen Korps und einige gestandene deutsche Waidmänner einlud. Eine der Jagden war eine Hochwildjagd, die in den rheinland-pfälzischen Revieren Entenpfuhl und Neupfalz im Hunsrück abgehalten wurden. Theodor Heuss war selbst kein Jäger, er erschien aber zu den Jagdessen und zeigte sich während der Jagd als Nichtkombattant seinen Gästen.

In den ersten Jahren wurde das offizielle Jagdessen am Vorabend der Jagd in Bad Kreuznach gegeben. Die Stimmung war immer ausgezeichnet. Die Gastgeber, Heuss oder in seiner Vertretung Außenminister von Brentano, zeigten sich von ihrer besten Seite. Zwischen Deutschen und Ausländern wurde mit großem Freimut diskutiert. Für manchen Botschafter machten politische Grundwahrheiten und aktuelle Informationen die immaterielle, aber gewichtige Jagdbeute aus, die es sicher nach Hause zu bringen galt.

Das Arrangement hatte einen gravierenden Nachteil. Das Gelage zog sich bis zum frühen Morgen hin. Der Abstand zum Wecken und zum Abmarsch in die Reviere war dann sehr kurz. Verständlich, daß im Morgengrauen einer unserer Fürsten, dessen Fahrer fragte, welche Büchse Erlaucht heute führen möchte, etwas unwirsch antwortete: „Das ist doch scheißegal.“

Man hatte später ein Einsehen. Das Essen wurde auf den Abend des eigentlichen Jagdtages verlegt. Die Herren waren noch nicht dem Kalorienwahn verfallen. Sie aßen nach einem langen Tag an der kalten Winterluft, um bei Kräften zu bleiben, sie tranken, weil sie Durst hatten. Viele qualmten Pfeifen und Zigarren wie die Schlote. Kein Wunder, daß in kurzer Zeit ein wundervolles Hochgefühl alle zusammenband.

Die andere Staatsjagd war eine Niederwild-Jagd, die meist in einem niederrheinischen oder westfälischen Revier stattfand. Da war später Heinrich Lübke in seinem heimatlichen Umfeld der Gastgeber.

Bier und Korn dominierten im Getränkeangebot. Auf Flintenjagden muß man höllisch aufpassen. Wir haben zwar keinen Mann verloren, aber Hermann Höcherl plazierte ein einzelnes Schrotkorn Nr. 5 zwei Zentimeter über der Augenbraue eines Dolmetschers, der den ausländischen Jagdgästen die Anweisungen und Erläuterungen der Jagdleitung übersetzen sollte. Beide, Höcherl und der Dolmetscher, hatten Glück gehabt. Höcherl hatte als guter Advokat tausend Gründe zur Hand, die seine Unschuld belegten, aber der Abend wurde für ihn doch ziemlich teuer.

In der Presse und auch an den Stammtischen wurde viel über die Diplomatenjagden gelästert. Es wurden die unglaublichsten Geschichten erzählt, die entweder auf kraß unwaidmännisches Verhalten der Exoten oder die leichtfertige Schießwut aller Beteiligten abhoben. Daran war nichts wahr. Natürlich waren die Jagdsitten in anderen Ländern und Erdteilen von den unsrigen verschieden. Sie waren in dem Sinne urwüchsiger, als die Leute dort auf die Jagd gehen, um Fleisch in den Kochtopf zu bekommen oder um sich und ihre Leute in den Dörfern vor wilden Tieren zu schützen. Sie waren gerade deshalb keine schlechten Jäger. Die umsichtigen Forstamtleiter sorgten dafür, daß die komplizierten Regeln unserer Drück- und Treibjagden erläutert und eingehalten wurden, indem sie außereuropäischen Jägern einen Beamten an die Seite stellten, der dem Gast die Entscheidung, wann, was und wo geschossen werden durfte, erleichterte.

Hin und wieder machte sich jemand über die Gewandung der ausländischen Jäger lustig. In den Augen der Engländer und Franzosen aber, die sich den ganzen deutschen Haufen ansahen, mußten wir in der grünen Farbe sehr merkwürdig, ja furchterregend wirken, zumal einige der älteren Herrschaften von ihren liebgewonnenen Sitten nicht ablassen wollten. So machte mir Bundesminister Robert Lehr immer Freude, wenn er in tadellos angepaßten Wickelgamaschen erschien, als käme er gerade von einem Stoßtrupp-Unternehmen unter Führung von Leutnant Jünger zurück.

Zum Glück gab es unter den Bonner Korrespondenten zwei ausgezeichnete Jäger, die zur Stammannschaft auf den Jagden zählten, nämlich Walter Henkels und Hans-Werner Graf Finckenstein. So erschienen in der *Frankfurter Allgemeinen Zeitung* und in der *Welt* sehr amüsante und informative Berichte, die erkennen ließen, daß die Verfasser nicht nur die prominenten Gäste kannten, sondern auch selbst exzellente Jäger waren.

Der Verein der Oberarbeiter

Mit der Zeit wurde ich immer häufiger gebeten zu helfen. Mir wurde dabei bewußt, daß man annahm, ich hätte einen bescheidenen, aber doch schon meßbaren Einfluß in Bonn und könnte dazu beitragen, dieses oder jenes Problem zu lösen. Ich habe mich immer bemüht, behilflich zu sein. Das eine oder andere ist mir gelungen, ebenso viele Anläufe blieben in den Ansätzen stecken. Viele dieser Bitten und Anregungen waren in dem Sinne professioneller Natur, daß ich angehalten wurde, einen ausländischen oder inländischen Journalisten zu betreuen, der sich in Bonn umsehen und ein Interview mit einem prominenten Politiker haben wollte. Unter den frühen Briefen dieser Art waren auch diejenigen, die Heinrich Baron aus Portugal schrieb. Im November 1947 hatte sich das einzige Mitglied des Vereins der Oberarbeiter wieder gemeldet, das ich gekannt hatte. Der Verein der Oberarbeiter bestand meines Wissens nur aus vier oder fünf Personen, einem Franzosen, einem Engländer, einem Amerikaner und möglicherweise zwei oder drei Deutschen, von denen einer Heinrich Baron war. Dieser „Verein" unterhielt seit 1934 ein kleines Informations- und Nachrichtennetz mit dem Ziel, Hitler mattzusetzen und einen europäischen Krieg zu vermeiden. Das klingt pathetisch, ist aber dennoch eine nüchterne Beschreibung der Absichten des Clubs. Der Umgang mit diesen Leuten war voller Risiken. Ich habe 1938, als ich in Paris an meiner Diplomarbeit arbeitete, eine ausreichend genaue Vorstellung davon bekommen, was gespielt wurde.

Heinrich Baron war Westfale, 1900 geboren, im Revier groß geworden. Der Vater arbeitete bei Stinnes. Im Juli 1917 meldete sich der junge Heinrich zum Ersten Westfälischen Infanterieregiment Nr. 13 Herwarth von Bittenfeld in Münster. 1919 machte er sein Abitur in Paderborn, ging zur Technischen Hochschule in Aachen, arbeitete auf der Schwefelkiesgrube Sachtleben, auf der Eisenerzgrube Eisenzecherzug bei Siegen und auf der Kohlengrube Tremonia in Dortmund. Er sei dabei, sagte er, gelernter Hauer geworden. 1924 hing er das Studium an den Nagel und wandte sich der Journalistik zu, arbeitete als Nachrichtenjournalist bei der Telegraphenunion, ging

1927 nach Magdeburg, nicht zuletzt, weil er in Berlin vier Mädchen die Ehe versprochen hatte. 1930 wurde er politischer Redakteur der *Magdeburger Zeitung*. In diesem Jahr heiratete er seine Frau Kathi. Vier Jahre später bekam er Schreibverbot. Er hatte den Nationalsozialismus als politisierte Bierbank bezeichnet, und auch nach der Machtergreifung brachte er es fertig, seinen Lesern ein Licht aufzustecken. Als er schließlich schrieb, Hitlers Politik gleiche Wagnerscher Musik, war man im Propaganda-Ministerium doch helle genug, um zu sehen, daß dies kein Kompliment war.

Baron verließ Deutschland, ging als Korrespondent nach Paris. Seine Frau mußte zunächst in England als bessere Putzfrau arbeiten. 1934, als das Geld reichte, zog auch sie nach Paris. Die beiden nahmen keine Wohnung, sondern lebten in zwei Zimmern à la Bohème in einem Hotel dritter Güte. Mit einer natürlichen Begabung für die Pflege verdeckter Verbindungen ausgestattet, hatte Baron Kontakt zur Reichswehr gehalten, die sich wiederum auch im neuen Oberkommando der Wehrmacht einen Einfluß auf die *Berliner Börsenzeitung* gesichert hatte. Es gelang Baron, sich als Korrespondent des Blattes in Paris zu etablieren und noch einige andere Zeitungen, wie den *Mittag* in Düsseldorf, seinem „Bauchladen" hinzuzufügen. Mit der Summe der Honorare konnte er in Paris verhältnismäßig gut leben.

1935 kam ich als Student das erste Mal nach Paris und wurde im Kreis der deutschen Journalisten freundlich aufgenommen, vor allem von jenem kleinen Grüppchen, das sich ohne feste Verabredung in den Cafés des Boulevard Saint-Germain, im Café de Flore, im Deux Magots oder in La Coupole am Montparnasse traf, bei Hanns Erich Haack, bei Roland Krug von Nidda, bei Friedrich Sieburg, Paul Bourdin und eben bei Heinrich Baron. Vielleicht lag es daran, daß Barons keine Kinder hatten, jedenfalls hatten sie das Gefühl, sie müßten sich um mich kümmern, so etwa wie man sich um einen heranwachsenden Sohn sorgt. Das reichte von der Verbesserung meiner Verpflegung, der Wahl eines Schneiders, der mir meinen ersten Frack machte, bis hin zum Zustecken von etwas Bargeld, wenn Not am Mann war. Ich zeigte mich erkenntlich, indem ich eine kleine Recherche übernahm oder Baron berichtete, was ich in meinem sich langsam erweiternden französischen Freundeskreise gehört hatte.

Ich wurde hin und wieder als Kurier benutzt, um von Hand einen Brief abzugeben. Diese Briefe waren erste Indizien dafür, daß es außer der journalistischen Arbeit noch etwas anderes in Barons Leben gab.

Baron übermittelte, wie damals üblich, seine Berichte zweimal täglich telefonisch nach Berlin und Düsseldorf. Die Erscheinungszeiten der Blätter zwangen ihn, schon sehr früh die druckfrischen Pariser Zeitungen zu lesen, die ein besonderer Fahrradbote im Morgengrauen ablieferte, und außerdem zwischen Mitternacht und zwei Uhr morgens noch einmal zu berichten. Dem war die eigene Recherche, das wertende Gespräch mit deutschen und französischen Kollegen und die Lektüre der Abendzeitungen vorangegangen. Dieser Arbeitsrhythmus bestimmte auch den Lebensrhythmus. Man schlief, wenn andere wachten, und man wachte, wenn andere noch oder schon schliefen. Es war ein anstrengendes aufregendes Leben, an dem ich während der Zeit, in der ich in Paris an meiner Diplomarbeit arbeitete, teilnahm. So zündete auch ich die Kerze an beiden Enden an.

1938, vor der Münchner Konferenz, die mit so schönen Sprüchen wie „Peace in our time" und „Le Directoire européen" endete, in Wahrheit aber den künftigen Krieg zur Gewißheit machte, waren Baron und seine Freunde im Club der Oberarbeiter besonders aktiv gewesen. Seine deutschen Verbindungsleute waren offenbar Carl Friedrich Goerdeler, Ludwig Beck und Rudolf Pechel. Der französische Oberarbeiter, so fand ich nach einiger Zeit heraus, war der Pressechef des Quai d'Orsai, Pierre Comert, der englische war Group Captain M. C. Christie, dessen Namen ich damals nicht kannte, der aber enge Verbindungen zu VanSittart hatte.

Schon in der letzten Phase meines Pariser Aufenthalts – im Frühjahr '39 wollte ich Examen machen und ging deshalb im Spätherbst '38 nach Köln zurück – war allenthalben zu spüren, daß der Krieg von der Tür stand. Paris war von einer rauschhaften Lebenslust erfüllt. Vom Instinkt getrieben, wollte man noch einmal, vielleicht zum letztenmal, die Fülle des Lebens genießen.

Das deutsch-französische Verhältnis hatte sich dramatisch aufgeladen, und doch war ich wie vom Donner gerührt, als ich hörte, daß Baron, Roland Krug von Nidda, Hanns-Erich Haack und einige andere deutsche Journalisten unter Spionageverdacht am 7. Februar 1939 verhaftet worden waren. Die meisten wurden nach kurzer Zeit wieder entlassen, nicht aber Baron, der am 31. Januar 1940 zum Tode verurteilt wurde; seine Frau erhielt fünf Jahre Gefängnis.

Ich konnte damals die Fäden nicht entwirren, aber im nachhinein stellte sich heraus, daß es eben die Bemühungen Barons gewesen waren, einen Krieg zu verhindern, und daß er zu diesem Zweck konspirative Nachrichtenverbindungen aufgebaut hatte, die ihm im französischen Verteidigungsministerium und dessen Nachrichtendiensten angekreidet wurden. Im Urteil hieß es allerdings, daß er sich mit den elsässischen „Separatisten" verschworen habe, insbesondere mit Karl Roos, der mehr oder weniger offen für einen Anschluß an Deutschland eintrat.

Nachdem das Todesurteil verhängt worden war, zeigte der Verein der Oberarbeiter, was er konnte. Vermutlich haben sich Mitglieder der französischen Regierung und hohen Beamtenschaft dann doch gewundert, wer alles in England, in Frankreich, in Deutschland und im neutralen Ausland zugunsten von Baron intervenierte. Jedenfalls sah sich der französische Präsident Albert Lebrun veranlaßt, Baron zu begnadigen. Er wurde dann beim Einmarsch der deutschen Truppen ebenso wie seine Frau befreit.

Als Baron verhaftet worden war, löste diese Nachricht bei mir besondere Bestürzung aus. Ich glaubte nämlich fälschlicherweise, daß ich indirekt dazu beigetragen hätte, ihn in den Spionageverdacht zu bringen. Das kam so: Im Herbst 1938 blieben die gewohnten, sehnlichst erwarteten Briefe meiner vertrauten Freundin aus. Um die gleiche Zeit schrieb mir meine Mutter, es seien zwei Herren dagewesen, die sich nach mir erkundigt hätten. Sie ließen mir ausrichten, ich solle bei einem Besuch in Köln mit ihnen Verbindung aufnehmen. Ich verstand, wie jeder verstanden hätte. Die Gestapo hatte angeklopft. Die Zusammenhänge wurden bald sichtbar. Helga hatte mir in einem Brief nach Bordeaux geschrieben, daß es im Kasino des Kassler Jägerbataillons einen Aufstand gegeben habe, bei dem das Hitlerbild von der Wand geschlagen worden sei. Einige Offiziere hätten die Truppe in Alarmzustand versetzt und scharfe Munition ausgegeben. Der Brief war nun nicht so geschrieben, daß die Tatsachen geschildert, aber schärfstens verurteilt worden wären, sondern er ließ eine gewisse Sympathie mit den Offizieren deutlich erkennen und setzte ähnliche Gefühle und Reaktionen beim Empfänger des Briefes voraus. Der Brief war von der Zensur abgefangen worden. Ich habe ihn nie erhalten. Gegen Helga wurde ein Verfahren vor dem Volksgerichtshof eingeleitet. Ihr Vater, Eugen von Rautenstrauch, wandte sich an den ihm gut bekannten und befreundeten Kurt Freiherrn von Schröder, den Kölner Bankier, der zu den frühen Förderern Hitlers und seiner Partei gehört hatte. Schröder wiederum stellte den Kontakt zu dem Berliner Rechtsanwalt Freiherrn Rüdiger von der Goltz her, dem es gelang, die Einstellung des Verfahrens zu erreichen. Ein dummes junges Ding, wird er wohl argumentiert haben, das nicht wußte, um was es ging, politisch unerfahren und daher unschuldig.

Der Briefwechsel mit mir wurde untersagt, verständlicherweise. Als ich in den Ferien nach Deutschland kam, traf ich Helga, erfuhr im einzelnen, was geschehen war. In gewisser Weise war ich erleichtert, denn ich Unglücklicher hatte mich mit dem Gedanken gequält, die Zuneigung könnte erkaltet sein. Nach einiger Überlegung meldete ich mich bei der Gestapo. Ich wurde für einige Tage später in ein Gebäude am Appellhofplatz bestellt. Ich hatte einige sichere Freunde informiert und darum gebeten, das große Notzeichen zu geben, wenn ich mich nach sechs Stunden nicht meldete. Ich wurde vorgelassen und sah mich einem jüngeren Herrn gegenüber, der sich mit „Paulus“ vorstellte. Er hatte vor sich auf dem Tisch einen Brief liegen, dessen hellblaues Briefpapier und die daraufstehende Schrift ich nur zu gut kannte.

Ich schiene ja politisch sehr interessiert zu sein, eröffnete Paulus die Unterhaltung, ob ich ihm etwas über Frankreich erzählen könnte. Ich sagte, ich hätte die begrenzten Eindrücke eines Studenten und wisse eigentlich nichts, was nicht offenkundig sei. Er wurde deutlicher. Ich sei mir doch dessen bewußt, daß ich etwas gutzumachen hätte, daran müsse mir doch liegen und vielleicht auch Fräulein von Rautenstrauch. Er schob den Brief hin und her, erwähnte ihn aber nicht. Was er erbitte, sei unverfänglich. Zum Beispiel fehle es an Pariser Telefonbüchern, die könnte ich doch sicher beschaffen. Ich zeigte mich erstaunt, was ich auch war. Ich sagte, ich ginge immer davon aus, daß die wohlorganisierten diesbezüglichen Dienste des Reiches erstklassig informiert und nicht auf Erkenntnisse eines Studenten angewiesen seien. Ich verfüge auch über keinerlei Informationen, die für ihn interessant sein könnten, so wie ich mir seine Arbeit vorstellte. Ich wurde verabschiedet mit der Bemerkung, er werde von sich hören lassen. Er schien aus Kassel nach Köln gekommen zu sein.

Einige Wochen später klopfte es an die Zimmertür in meinem Hôtel d'Odessa in Paris. Ich erwartete keinen Besuch, machte auf, und vor mir stand Herr Paulus. Mein Gott, ist der leichtsinnig, war mein erster Gedanke. Er gab sich ruhig und freundlich. Wir gingen in ein Café. Er sagte, er sei jetzt selbst einmal nach Frankreich gekommen, um eigene Eindrücke zu sammeln. Er werde künftig öfters Paris besuchen. Das Gespräch nahm die gleiche Wendung wie in Köln. Was konnte ich ihm bieten? Er sagte, wenn ich selbst wenig Einsichten hätte, so könne ich ihn vielleicht mit Franzosen zusammenbringen, die für ihn interessant seien. Ich wurde höchst wachsam. Ich sagte, wenn er wolle, könne ich ihn mit einigen deutschen Journalisten bekanntmachen, die im allgemeinen recht gut informiert seien. Das war ihm recht. Er traf Baron, Haack, Krug von Nidda, vielleicht auch andere an ihren Stammtischen in den Cafés. Er reiste nach ein paar Tagen wieder ab.

Nach der Verhaftung von Baron und den anderen Herren stellte sich heraus, daß Paulus wohl eine zweite Reise nach Paris unternommen hatte und bei der Ausreise festgenommen worden war. In seinem Notizbuch hatte er unter anderem die Namen und Adressen unserer Journalisten. Er war also in jeder Beziehung Anfänger. Dafür war ich nicht verantwortlich. Trotzdem fühlte ich mich erleichtert, als ich später hörte, daß in Barons Prozeß die Kontakte zu Paulus keine entscheidende Rolle gespielt hatten.

Nach seiner Befreiung wurde Heinrich Baron, der Antifaschist, nun plötzlich zum Helden, der für das Nationalsozialistische Deutschland gelitten hatte. Er wurde herumgereicht und lernte Baldur von Schirach kennen. Der fand Gefallen an dem Mann und verlieh ihm das goldene Hitlerjugendabzeichen. Das war grotesk. Baron hatte dafür ein gutes Gespür. Er sah zu, daß er wieder ins Ausland kam und ging für kurze Zeit nach Spanien, dann nach Portugal. Bei

Kriegsende stürzten sich die Alliierten auf ihn. Was war er nun? Widerstandsmann oder Nazi? Er hatte eine Riesendummheit gemacht. Er hatte, als sich niemand anderes fand, nach dem Selbstmord Hitlers das Ereignis vor der deutschen Kolonie in Portugal in einer Art Trauerfeier kommentiert, mit der Schlußfolgerung, nun müßten alle Deutschen sich solidarisch verhalten und versuchen, dem Unglück des Vaterlandes zu steuern.

Die Portugiesen hielten die Hand über ihn, aber er saß fest, in jeder Beziehung. Würde Frankreich seine Auslieferung verlangen und ihn dann wieder einkerkern? Lassen konnte er aber nicht von seinen politischen Leidenschaften. Er bot die ersten Berichte und Kommentare an, spann Fäden zu jenem internationalen Netzwerk, das Journalismus und Politik betreibt. So empfahl er mir bald portugiesische und spanische Journalisten, auf die ich achten und die ich betreuen sollte, falls sie nach Deutschland kämen. Er kam aber nicht aus Portugal heraus, weil die englischen Behörden, die damals sozusagen die deutschen konsularischen Funktionen wahrnahmen, ihm keinen Paß ausstellten. Schließlich konnte auch dieses Problem gelöst werden, und so fanden wir uns in Bonn wieder, Heinrich, Kathi, Helga und ich.

Baron hoffte, noch einmal eine journalistische Karriere beginnen zu können. Er kannte den damaligen Chefredakteur von dpa, Fritz Sänger, aus alten Zeiten, und der setzte ihn als Korrespondenten ein. Die Zwangsjacke der Agentur und die Verhältnisse im Nachkriegsdeutschland paßten ihm aber nicht. Er wurde beißend und aggressiv, schonungslos in der Kritik an den in der Tat oft unzulänglichen Personen und Zuständen. Er trank und aß zuviel, sein strapazierter Körper präsentierte die Rechnung. Während wir in Chile waren, ist er gestorben. Kathi Baron fand als Witwe Arbeit in der Bibliothek des Deutschen Bundestages.

Sie waren beide ungewöhliche Persönlichkeiten mit kräftigem Profil und starken Passionen. Sie waren Teil des hochgespannten Lebens, das uns als junge Leute umtrieb.

Von den anderen Männern am Rande des Vereins der Oberarbeiter ist zu sagen, daß Friedrich Sieburg eine Gastrolle im Auswärtigen Dienst gab, vom noch neutralen Belgien aus über Frankreich berichtete, daß Roland Krug von Nidda ins Auswärtige Amt ging, später in

Vichy mein Chef wurde. Hanns Erich Haack stieß nach dem Krieg ebenfalls zur Diplomatie. Er ging für das neue Auswärtige Amt unter anderem nach Kanada und in die Vereinigten Staaten. Alle, das ist der Weltlauf, haben das Zeitliche gesegnet.

Premiere in Luxemburg

Es war schönes Wetter, und so hatten Felix von Eckardt und ich beschlossen, mit dem Wagen nach Luxemburg zu fahren und unterwegs in Bitburg zu Mittag zu essen. Dr. Adenauer fuhr ebenfalls mit dem Auto nach Luxemburg, weil er die erste Sitzung des Ministerrats der Europäischen Gemeinschaft für Kohle und Stahl, die vom 8.–10. September 1952 angesetzt war, präsidieren sollte. Eckardt und ich wollten aber nicht in der Kolonne mitfahren. Wir sagten uns, wenn wir in Bitburg in der richtigen Gaststube beim Mittagessen säßen, würden wir die Kolonne des Kanzlers vorbeifahren sehen. Dann war immer noch Zeit, gemütlich hinterher nach Luxemburg zu fahren. Wir aßen also zu Mittag und besprachen die Lage. Nach dem Alphabet stand „Allemagne“ vorne, und so würde Adenauer den Vorsitz auf dieser Konferenz führen. Dies war eine Premiere und ein höflicher, diskreter Hinweis darauf, daß die anderen Mitglieder der Gemeinschaft die Bundesregierung als gleichberechtigt akzeptierten. Der Vorsitz legte uns aber auch die Verpflichtung für die ungestörten Abläufe der Konferenz auf; dazu gehörte, daß wir die Kommuniqués zu entwerfen und die Presse zu unterrichten hatten. Darüber sprachen Eckardt und ich bei Tisch, denn dieses war unsere spezielle Aufgabe. Die Zeit wurde uns nicht lang. Eckardts Fahrer Nürnberg sollte die Straße im Auge behalten. Er erschien nach einer Weile und sagte, irgend etwas könne nicht stimmen, der Kanzler hätte längst Bitburg passieren müssen. Wir sahen auf die Uhr. Es war inzwischen höchste Zeit, uns selbst in Bewegung zu setzen. In Luxemburg, nach einer angenehmen, schnellen Fahrt durch die schöne Eifel, trafen wir auf den Kanzler. Er war nicht über die B 51 gefahren.

Die Konferenz selbst verlief trotz der schwierigen Probleme, die es zu lösen galt, in einer harmonischen, persönlich angenehmen Atmosphäre. Das lag in erster Linie an den handelnden Personen. Mir ist das Ungewöhliche dieser Konstellation damals nicht bewußt geworden. Aber schon wenige Jahre später, als das europäische Gebäude ohnehin, wie seinerzeit der Bau des Kölner Doms, unvollendet liegenblieb, wurde sehr deutlich sichtbar, welcher Glücksfall darin bestand, Männer wie Robert Schuman, Alcide de Gasperi,

Paul van Zeeland, J. W. Beyen, Joseph Bech und Adenauer gleichzeitig um einen Tisch zu gemeinsamer Arbeit versammelt zu sehen. Auf Grund der sorgfältigen Vorarbeiten konnte die Konferenz ein großes Arbeitspensum erledigen. Alle Punkte der Tagesordnung wurden abgehakt. Der Ministerrat gab sich eine Geschäftsordnung und richtete ein Sekretariat ein, dessen Chef ein Luxemburger war. Die Stellung der Mitglieder der von Jean Monnet geleiteten Hohen Behörde wurde festgelegt. Es gab eine amüsante Diskussion über die Besoldung und finanzielle Ausstattung dieser Herren. Es war Adenauer, der sich mit der Auffassung durchsetzte, wenn man die Leute nicht ordentlich bezahle, könne man keine wirklich fähigen Persönlichkeiten gewinnen.

Auf Monnets Vorschlag hin wurden ständige Missionen sowohl Englands als auch der Vereinigten Staaten am Sitz der Hohen Kommission eingerichtet. Das war nicht zuletzt im Hinblick auf das künftige Verhältnis Großbritanniens zur Europäischen Gemeinschaft richtungweisend. Die Beziehungen der Gemeinschaft zu anderen bestehenden oder sich formierenden internationalen Einrichtungen waren ein großes Thema. Der Auftrag an die parlamentarische Versammlung der Montanunion, in einem besonderen, durch Zuwahl weiterer Mitglieder verstärkten Gremium einen Entwurf für eine politische Europäische Gemeinschaft auszuarbeiten, war ein weithin sichtbares Signal, in dem Sinne, daß die Montanunion nur ein Anfang sein sollte. Der Auftrag wurde von den Außenministern in einem besonderen Kommuniqué ausführlich definiert. Ausgangspunkt war der – noch nicht ratifizierte – Vertrag über die Europäische Verteidigungsgemeinschaft. Besonders die Briten wollten die Verbindungen der verschiedenen europäischen Institutionen untereinander geregelt wissen, zumal sie weder der Montanunion noch der Europäischen Verteidigungsgemeinschaft angehörten.

Adenauer selbst umriß die Aufgabe des Ministerrats. Er warnte vor einem europäischen Zentralismus. Die Einigung werde sich auf föderativer oder konföderierter Grundlage oder überhaupt nicht vollziehen. Sie müsse der Vielfältigkeit der Einzelstaaten, die sich aus der geschichtlichen Vergangenheit ergebe, Rechnung tragen, ebenso wie der Notwendigkeit der Zusammenfassung, die „als Forderung der Zukunft gebieterisch an uns herantritt“. Die Schwierigkeiten, die einem so groß angelegten Unternehmen entgegenstanden, waren allen bewußt, aber ein ausgeprägter optimistischer Elan ließ Pessimismus nicht aufkommen. In Wahrheit waren in der Unausgewogenheit der verschiedenen bereits existierenden oder geplanten europäischen Systeme schon die Sollbruchstellen vorprogrammiert. Aber noch glaubte man sie in einem Netzwerk, das alle gemeinschaftlichen Organisationen umschließen sollte, zusammenhalten zu können. Die Zuversicht war so groß, daß man sehr kurze Fristen setzte. In sechs Monaten sollte der Bericht der Sonderkommission fertiggestellt werden.

Gegen Ende der Konferenz wurden die Texte des Kommuniqués dem Ministerrat zur Billigung vorgelegt. Es gibt ein gutes Foto, auf dem Adenauer, am Tisch sitzend, die Papiere in der Hand hält, neben sich Schuman und Bech. Dahinter Felix von Eckardt, der sich zu Adenauer herunterbeugt, und im dritten Glied ich selbst, wiederum Felix von Eckardt über die Schulter schauend. Eckardt sollte den Entwurf vorlesen und tat dies, hinter den Ministern stehend. Er hatte kein Mikrofon, und so gab man ihm im Saal zu verstehen, man könne ihn nicht richtig hören. Auf dem Tisch standen fest montierte Mikrofone, sie ließen sich nicht hochheben. Eckardt versuchte in einer Art Hockstellung an das Mikrofon heranzukommen und begann zu sprechen. Angesichts der Länge der Texte war seine Stellung unbequem und mühsam. Robert Schuman, der Eckardts mißliche Lage erfaßte, machte auf seinem Stuhl ein Eckchen frei und forderte Eckardt auf, sich neben ihm dort niederzulassen. Zur allgemeinen Freude wurde so verfahren. Schuman zeigte mit seinem gütigen und doch verschmitzten Lächeln an, daß er zufrieden mit sich selbst war. Zu Recht, kein anderer der hohen Herren hätte so spontan und ohne Rücksicht auf die Kleiderordnung reagiert. Eckardt, zum Glück klein und zierlich gewachsen, setzte sich zu Schuman auf den Stuhl, und Schuman wachte darüber, daß er nicht abrutschen konnte. Die kleine Episode war charakteristisch für die Atmosphäre in Luxemburg.

Nach dem guten Ende der Konferenz gab die amerikanische Botschafterin Pearl Mesta, die als Sympathisantin zugeschaut hatte, einen großen Empfang, um der allgemeinen Zufriedenheit einen angemessenen Ausdruck zu verleihen. Sie im Gespräch mit Robert

Schuman zu beobachten, war eine reizvolle Zugabe zum Programm. Die Botschafterin, eine ansehnliche Dame, war eine erfahrene Löwin auf dem Parkett, sie war freudig darüber erregt, das große Ereignis der europäischen Einigung feiern zu können, für das die Vereinigten Staaten soviel gehofft und gebetet hatten. Schuman betrachtete sie liebevoll und ohne Arg und doch, als ob er als alter Junggeselle erstaunt darüber sei, was in Frauen steckt.

Für uns Deutsche gab es noch ein zweites Treffen, das ganz anders als die Ministerkonferenz im tiefen Schatten der Vergangenheit lag. In Luxemburg, also an einem dritten Ort, wurde ein Wiedergutmachungsabkommen zwischen Israel und der Bundesrepublik und ein Abkommen mit der Conference on Jewish Material Claims geschlossen. Wir hatten keine diplomatischen Beziehungen mit Israel, völkerrechtlich wurden beide Abkommen außerhalb aller Regeln entwickelt und fertiggestellt. Die Bundesrepublik hatte zudem ihre volle Souveränität noch nicht wieder zurückgewonnen. Sie konnte zum Beispiel nicht über ihre Deviseneinnahmen frei verfügen. Man fürchtete auch Präzedenzwirkungen auf die ungefähr gleichzeitig laufenden Verhandlungen, die Hermann Josef Abs in London über die Schuldenregelung führte. Politiker und Industrielle in der Bundesrepublik nahmen die Boykottdrohungen der arabischen Staaten sehr ernst, welche die deutsch-israelischen Verhandlungen mit dem allergrößten Mißtrauen verfolgten. Schließlich, und dies war besonders gravierend, kam der stärkste Widerstand gegen das Abkommen aus Israel selbst, wo die rechtsradikalen Gruppen heftig gegen den Versuch der Deutschen protestierten, sich, wie sie meinten, mit Geld von ihrer Schuld freikaufen zu wollen. Es blieb nicht bei Worten. Unsere Unterhändler, Professor Franz Böhm und Heinz von Trützschler, wurden mit Briefbomben bedacht. Diese Bomben waren sehr raffiniert gebaut, schwer von normaler Post zu unterscheiden und doch wirksam genug, um im besten Fall nur eine Hand abzureißen und im schlimmsten Fall das Gesicht zu zerstören.

Zeit und Ort der Unterzeichnung des Abkommens waren geheimgehalten worden. Man traf sich frühmorgens. Die Delegationen waren übereingekommen, daß man sich vor und nach der Unterzeichnung nicht die Hand geben würde. Nach der Unterzeichnung wollte man sich in einem Nebenraum entspannt und normal unterhalten, denn man kannte sich aus den Vorverhandlungen.

Wir verpflichteten uns, drei Milliarden DM an den Staat Israel und 450 Millionen DM über den Staat Israel an die Jewish Claims Conference zu zahlen.

Es wurde aber auch ein Abkommen geschlossen, das die Entschädigung der Templergesellschaft regelte. Die israelische Regierung erkannte den Anspruch der Templer auf Entschädigung an. Diese sollte in DM gezahlt werden, und zwar aus den von uns an den Staat Israel gezahlten DM-Beträgen. Das Abkommen über die Templer, deren Vermögen 1950 beschlagnahmt worden war, hatte eine symbolische Bedeutung insofern, als auch in den Beziehungen zu Israel die Normen des Rechts beachtet und geschützt werden sollten.

Die Unterzeichnung verlief nüchtern, fast routinemäßig. Und doch lag die ganze Last furchtbarer Geschehnisse und nicht auszulöschender Erinnerungen über uns allen. Jeder hing seinen Gedanken nach. Wir, die wir den Kanzler begleitet hatten, standen in dem mittelgroßen Zimmer an den Wänden, Hans Schirmer mir gegenüber. Als Moshe Sharett für Israel, Adenauer für die Bundesrepublik und Nahum Goldmann für die Claims Conference ihre Namen unter die Dokumente setzten, dröhnten draußen auf dem Flur schwere Laufschritte. Man vernahm das Gepolter eines Handgemenges, und ich rechnete jeden Augenblick damit, daß die Tür auffliegen und wir alle von den Kugeln aus einer oder mehreren Maschinenpistolen niedergemäht werden würden. Hans Schirmer und ich sahen uns in diesem Moment an und wußten, daß wir beide das gleiche dachten. Da flog die Tür auf und herein stürzte ein Mann, den zwei Sicherheitsbeamte festzuhalten versuchten. Sie gaben unter unseren Blicken diesen Versuch auf. Bei dem kräftigen, hochgewachsenen Mann handelte es sich um einen Fotografen, wie sich an seiner Ausrüstung erkennen ließ. Ein Ärmel war ihm an der Schulter aus dem Anzug gerissen worden, und die Rückennaht der Jacke klaffte weit auseinander. Die Spannung wich. Er machte seine Aufnahmen. Der Mann war ein Luxemburger Fotograf, und irgend jemand im örtlichen System hatte ihm den Tip gegeben.

Später am Tag machten wir Versuche, die Führer der arabischen Staaten vor Fehlschlüssen zu bewahren. Zwischen Deutschland und dem Arabertum habe von jeher eine echte und durch nichts getrübte Freundschaft bestanden, sagte von Eckardt vor der Presse. Die Wiedergutmachungsleistungen seien eine humanitäre Aktion. Die Übung war schwierig und sollte es bleiben. Es gab zwar keine Kollektivschuld, aber eine Kollektivverantwortung. Wir hafteten als Ganzes, als Staat, als Volk. Im Bundestag stimmte die SPD geschlossen mit der Regierung, als die Verträge später zur Abstimmung kamen.

Als wir Luxemburg verließen und nach Bonn zurückfuhren, erfüllte mich ein Gefühl großer Genugtuung. Es war unser erster internationaler Auftritt gewesen, bei dem wir Regie geführt hatten und für die Abläufe verantwortlich gewesen waren. Adenauer hatte seine Sache sehr gut gemacht. Auch wir, die wir für die Informationsarbeit zuständig gewesen waren, hatten gezeigt, daß wir unser Handwerk verstanden. Wir waren unauffällig geblieben, hatten die Scheinwerfer nicht auf uns, sondern die Akteure gerichtet, und vielleicht wichtiger noch, wir hatten geholfen, die Gedanken und Absichten in eine Form zu gießen, ihnen in eben diesem Prozeß die Klarheit gebend, welche die Politiker als den Kern ihrer Gedanken wiedererkannten.

Nach Paris

Die Verhandlungen über die Europäische Verteidigungsgemeinschaft, die in einem komplexen Vertragswerk münden sollten, wurden meist in Paris geführt. Der EVG-Vertrag war in einem sich gegenseitig durchdringenden System mit dem Deutschlandvertrag verwoben worden. Das ganze Paket der Verträge sollte uns die Souveränität zurückgeben und für die Bundesrepublik die Nachkriegszeit auch förmlich beenden. Es wurde zur Gewohnheit, in kurzen Abständen Reisen in die französische Hauptstadt zu unternehmen. Schon bald war es notwendig, feste Büros und Quartiere einzurichten, Personal für längere Zeiträume nach Paris zu entsenden.

Ich war durch meine Arbeit an Bonn gebunden, aber wenn es galt, unsere Absichten zu erläutern und verständlich zu machen, war der Sprecher des Auswärtigen Amtes gefragt. Hinzu kam, daß meine relativ guten Kenntnisse der französischen Verhältnisse und des französischen Personals sich hin und wieder auch in den Verhandlungen selbst als nützlich erwiesen.

Frankreich, das war mein Land. Es hätte das Land sein können, in dem sich für mich alles entschied. Ich hatte als Stipendiat des französischen Erziehungsministeriums das Jahr 1938 über in Bordeaux Sciences Politiques et Économiques (Wirtschafliche Staatswissenschaften, wie es an meiner Universität Köln hieß) studiert. Meine Diplomarbeit behandelte ein französisches Thema: „Frankreich und die rumänische Erdölindustrie". Außerdem hatte ich eine größere Arbeit über „Le Régime juridique des ports autonomes en France" geschrieben. Das war im Grunde nicht so wichtig wie die große Gelegenheit, Frankreich und die Franzosen zu erfahren und zu begreifen. Es gehört zum Glück der jungen Jahre, daß man einige tiefe Freundschaften schließt. Das galt auch für meinen Umgang mit jungen Franzosen. Einige dieser Freundschaften haben ein Leben lang gehalten. Zwischen Anfang und Ende des Krieges, die ich bei der Truppe erlebte, war ich vom Frühjahr 1941 bis zum Herbst 1944 an der Zweigstelle der Deutschen Botschaft Paris in Vichy als Kulturreferent tätig gewesen. Obwohl noch sehr jung und nur mit dem Rang des Legationssekretärs ausgestattet, hatte ich in der Dichte des Verkehrs in einem kleinen Kurort die Akteure aus der Nähe beobachtet und einige gut gekannt. Viele meiner gleichaltrigen französischen Freunde gehörten zur Résistance. Wir haben gleichwohl zueinander gehalten, in einem höheren Sinne unsere Pflicht getan.

Ich hatte im Sommer 1945, kaum daß der Nachhall des Geschützdonners in Berlin verklungen war, meine ersten journalistischen Versuche im *Kurier* unternommen, dem von Paul Bourdin geleiteten Blatt, das die Franzosen in ihrem Sektor Berlins lanciert hatten. Wenig später in Hamburg war ich für die deutsch-französische Verständigung und Zusammenarbeit eingetreten. Gerade weil ich erlebt hatte, wie es zum Krieg gekommen und was in ihm geschehen war, fühlte ich mich verpflichtet zu sprechen und zu schreiben. „Deutschland und Frankreich“ hieß der Aufsatz, den ich 1948 in der hochpolitischen Jugendzeitschrift *Benjamin* veröffentlichte. Der genialische Zeichner Mirko Szewczuk hatte ihn mit einer Karikatur illustriert.

Deutschland und Frankreich

Seit der Dreyfus-Affaire hat keine Problematik so tief die Franzosen bewegt wie die „Collaboration“, weil sie erkannten, daß der deutsch-französische Ausgleich der Weg ist, der zu einem geeinten und befriedeten Europa führt. Die unheilvolle Verwirrung wurde durch den sittlichen Mangel der Hitlerpolitik geschaffen. Laval und Pétain waren keine Verräter im landläufigen Sinne, sondern tragische Menschen.

Der Außenpolitik des Dritten Reiches war es gelungen, durch die Mittel der Propaganda ein Wunschbild des „Neuen Europa“ im benachbarten Ausland hervorzubringen, wobei die außenpolitische Umsetzung des an sich gut gewählten Wortes „Nationalsozialismus“ den Eindruck erzeugen sollte, die zwischenstaatlichen Beziehungen würden zukünftig von imperialistischen, ausbeuterischen Zügen befreit und den Nationalstaaten die freie Entfaltung des eigenständigen Lebens in einem Verbande garantiert, der jedem seine angemessene Stellung nach einem sozialethischen Plan zuwies. Der spezifische Zynismus, der die Erfinder dieses Spieles auszeichnete, ließ sie zu Akteuren auch Deutsche wählen, die in gutem Glauben an die Heiligkeit der Sache ihrem Auftreten um so mehr Überzeugungskraft zu geben wußten. Man täusche sich nicht, das Echo in allen europäischen Ländern war außerordentlich! Es war eine kraftvolle Bestätigung dafür, daß die vornehmsten Geister Europa wollten.

Viele der Männer, die berufen waren, heute Zustimmung zu äußern, sind kompromittiert. Ihr tragischer Irrtum wird von ihren Landsleuten mit Verachtung oder Haß, von den Gerichten mit Strafen bedacht, die der Rauschzustand der Befreiung oft übersteigert hat. Manche der Wissenden sind für immer verstummt, andere zum Schweigen verurteilt und vom Handeln ausgeschlossen. Die skrupellose Politik hat eines der köstlichen Güter, die Idee eines neuen Europas, entwertet.

Das gilt es zu bedenken, wenn uns heute die französische Außenpolitik gegenüber Deutschland als der Ausbund der Unvernunft und Engstirnigkeit vorkommt. Ein Gutteil der Voraussetzungen haben wir selbst geschaffen. Frankreich träumt von Europa, aber für sein tägliches praktisches Leben will es Sicherheit. Nach französischer Anschauung kann es keine Sicherheit geben, wenn Frankreich einen einheitlich geführten deutschen Staat als Nachbarn hat. Die französischen Politiker realisieren nur schwer, daß sie, indem sie eine Aufteilung Deutschlands fördern, ihre eigenen europäischen Hochziele zerstören. Es gibt nur einen Ausweg aus dieser Sackgasse: Wir müssen Frankreich Garantien für seine Sicherheit geben. Frankreich hat in der Vergangenheit versucht, sich diese Garantien selbst zu schaffen. Wie wir uns immer vor Augen halten müssen, ohne Erfolg. Es ist verständlich, daß man sich in Paris geschworen hat, diesmal die Sache gründlicher zu betreiben.

Frankreich hat im Mutterlande in der neuesten Zeit – grob gerechnet – halb soviel Einwohner wie Deutschland. Die französischen Machtansprüche aber sind die gleichen geblieben wie in der Zeit des Dreißigjährigen Krieges, als Frankreich das volkreichste Land Europas und Deutschland ungeeint war. Die französische Politik mußte daher versuchen, einmal durch eine sehr attraktive Ausstrahlung Wahlfranzosen in aller Welt zu gewinnen, zweitens durch Verträge sich militärische Bundesgenossen zu verschaffen und selbst hochgerüstet und militarisiert zu sein.

Ein für den Durchschnittsfranzosen recht mühsames Unternehmen, das im ganzen die Kräfte der Nation bis aufs Äußerste anspannte und schließlich überstieg. Versailles stellte das Kernstück jener Politik dar, die mit fremder Hilfe dem gefährlichen Nachbarn Ketten anzulegen versuchte, die er nach menschlichem Ermessen nicht sprengen kann, um sich selbst der wohlverdienten Ruhe hinzugeben, in der die Annehmlichkeiten des menschlichen Lebens gedeihen. Als nach dem Ersten Weltkrieg der stärkste Zorn verflogen war, wurden Schritte unternommen, das angespannte Verhältnis zu normalisieren. Es bleibt das schönste Ergebnis der Briand-Stresemannschen Zusammenarbeit, daß dies bis zu einem gewissen Grade gelang. Aber dieser Grad konnte beim besten Willen nicht überschritten werden, denn wir wurden gebeten, die Spielregeln anzuerkennen, die darauf angelegt waren, einen Partner, nämlich Deutschland, zu benachteiligen. Es ist nur natürlich, daß der Benachteiligte dann versucht, die Regeln abzuändern. Folglich warf die Welt uns vor, wir mißachteten Verträge, brächen das gegebene Wort. Richtig, aber lag das nicht in der Natur der Sache? Ebenso wie der Versuch, die deutsche Einheit gewaltsam von außen zu verhindern, jeder deutschen Politik, gleich welcher Färbung, das Ziel setzt, diese Einheit zu erreichen.

Was nun? Auf der anderen Rheinseite überlegen sie sich's natürlich, ob die Gewichte, die man uns für diesmal ans Bein hängt, eben einfach noch schwerer sein müssen, damit nicht wieder ein Unglück passiert. Eine derartige Politik wird Deutschland wieder ins chauvinistische Fahrwasser treiben, ohne jede Aussicht auf einen anderen Ausgang, und Frankreich die Sorge um seine dann in der Tat bedrohte Sicherheit nicht nehmen. Einmal wie gehabt. Den Franzosen bleibt aber gar keine andere Wahl, obwohl ihre besten Köpfe die Mangelhaftigkeit der alten Formel wohl begreifen, solange sich die politische Struktur Europas nicht ändert. Diese Änderung kann darin bestehen, daß Frankreich und Deutschland die Gesetze eines höheren europäischen Bundes anerkennen. Das setzt für uns voraus, daß diese Gesetze nicht von vornherein Deutschland diffamieren oder benachteiligen.

Die Erschütterungen von Krieg und Niederlage haben die Deutschen befähigt, in die Ursachen des Unglücks Einblick zu gewinnen.

Deutschland wandelt sich. Aber wenn es bereit war, in den ersten Zeiten nach der Kapitulation den Richtspruch der Sieger anzuerkennen, so nimmt es heute nach allem, was geschehen ist, die moralische Berechtigung der Alliierten, uns en bloc abzuurteilen, nicht mehr an. Wir werden uns selbst ändern oder gar nicht. Kein Volk, das noch einen Funken Selbstgefühl bewahrt hat, wird die erzwungene Reue ertragen, selbst das deutsche nicht. Es sind genug Schuldkonten mit moralischer Wertung aufgestellt worden. Deutschland könnte in die Versuchung kommen, die Gegenrechnung aufzustellen. Das führt zu nichts. Zu nichts Gutem jedenfalls. Wir wollen besser alle schweigen. Wir sind bereit, die Kettenreaktion von Tat, Vergeltung und Revanche zu unterbrechen. Es gilt, Neues, Wesentliches gemeinsam zu beginnen. Seien wir deutlich. Wir sind fest entschlossen, an jeder Regelung mit allen Kräften mitzuarbeiten, die uns beim Start Gleichberechtigung zubilligt. Dann wird Deutschland aus seiner mürrischen Verstockheit heraustreten und willens sein, jede Kontrolle zu akzeptieren und auch jede Verpflichtung aus dem neuen Bunde einzugehen. ... Die öffentlichen Angelegenheiten der europäischen Länder sollten so ineinander verschränkt sein, daß alle sie gegenseitig kennen, daß interne Kriege nicht nur sinnlos, sondern auch unmöglich werden. Nur ein solches System vermag Frankreich die Sicherheit zu geben, derer es bedarf. Dann wird es im Maße seiner Kräfte leben können, ohne die ständige Gefahr vor Augen zu haben, sich trotz aller Sicherungsversuche auszubluten. Dann wird Deutschland die Mentalität des umstellten und in die Enge getriebenen Mannes verlieren. Dann besteht für Frankreich keine Notwendigkeit mehr, den unzeitgemäßen und geschichtswidrigen Kampf gegen ein einiges Deutschland zu führen.

Die Gedanken, die ich in diesem frühen Artikel niedergeschrieben hatte, waren mein Kompaß, als ich nach dem Kriege das erste Mal nach Paris kam. Ich war erregt und aufgewühlt. Alles zog wieder herauf, die ganze schreckliche, blutige Geschichte, die furchtbaren Irrtümer, die verratenen Freunde, der Glanz großer Ereignisse, großer Persönlichkeiten in ihrem Triumph und in ihren Niederlagen. Wie würden meine Freunde mir begegnen? Ich war unsicher, aber doch auch zuversichtlich. „Wenn Sie die Debatte fortsetzen wollen", hatte mir Max Brusset schon 1948 geschrieben, „ich bin bereit."

So waren die ersten Besuche in Paris beglückend und furchterregend zugleich. Ich traf die neue Mannschaft in der Politik, in der Wirtschaft, in der Publizistik. Ich traf jene, von denen ich wußte, daß sie im Widerstand gearbeitet hatten, kühn, todesmutig. Ich traf jene, die klug und vorsichtig sowohl Widerstand geleistet als auch kollaboriert hatten. Ich traf jene, die in gutem Glauben mit uns gearbeitet hatten und die nun im Schatten standen, gerade aus den Gefängnissen entlassen worden waren.

Das Wiedersehen mit den überlebenden jungen Freunden war sehr bewegend und löste einen Sturm widerstreitender Gefühle aus. Verzweiflung und Scham darüber, daß die zwischen den beiden Weltkriegen gewachsene Einsicht, es dürfe nie wieder zu einem europäischen Bürger- und Bruderkrieg kommen, dem Größenwahn eines Diktators geopfert wurde. Erbitterung darüber, daß das tiefe Verlangen nach einer Aussöhnung zwischen Deutschen und Franzosen von Hitler und seinen Gehilfen mißbraucht und verraten wurde, um Franzosen und Deutsche zu täuschen und sie in Verbrechen zu verstricken. Trauer um die Kameraden und Freunde, die gefallen waren in dem kurzen und dennoch blutigen Krieg, der besonders Frankreich wieder einen Aderlaß seiner Eliten gekostet hatte. Verzweiflung darüber, daß es unmöglich schien, Gerechtigkeit zu üben, zu erkennen, daß Pétain und Laval keine Verräter waren, sondern versucht hatten, Frankreich zu schützen. „De Gaulle das Schwert, Pétain der Schild Frankreichs", so wie es André François-Poncet gesagt hat, als er nach Pétains Tod dessen Platz in der Académie Française einnahm. Und tiefe Scham darüber, daß wir uns in der letzten blutigen Schlußphase der Besatzung und des Krieges befleckt und besudelt hatten.

Das Glück, die Genugtuung, als unsere Freunde in Frankreich uns trotz allem wieder in die Augen sahen und uns wieder die Hände reichten, die sich mit den unseren in stillem Einverständnis in einem Gelöbnis vereinten. Nie wieder.

Paris war unversehrt geblieben. Das war der Wehrmacht zu verdanken. An den Hauswänden gab es Spuren, welche die Kugeln aus Infanteriewaffen hinterlassen hatten, Plaketten hier und da, wo Widerstandsleute im Kampf mit den deutschen Soldaten gefallen waren. Aber Paris atmete, lebte.

Auch die Pariser Gesellschaft, dieses komplizierte Geflecht von Macht, Geld, Leidenschaft, Kunst, Witz, Charme, Verworfenheit und Pathos fügte sich wieder zusammen. Die Freiheit des Geistes, der Mut zur Meinung waren allenthalben anzutreffen. So nahmen mich meine bewährten Freunde wieder auf und fingen da wieder an, wo wir aufgehört hatten. Ich fand auch wieder, was ich in Bonn so vermißt hatte. Die Mischung von Politik und Kultur, eine Gesellschaft mit Leuten von Qualität aus allen Bereichen. Wir gingen in die Theater, lasen und diskutierten die neuesten Bücher, hörten die Sänger und Sängerinnen, die geistreichen Spaßmacher in den Kabaretts.

Wir machten Besuche, die fest in der Erinnerung geblieben sind. So mit Jacques Coutant bei Coco Chanel, die wieder ein Appartement in der Rue Royale hatte. Sie trug – natürlich, ist man versucht zu sagen – eines jener Kostüme, die sie berühmt gemacht haben. Schwarz diesmal. Sie hatte bittere Erfahrungen gemacht. Sie hatte während der Besatzungszeit für eine Weile einen deutschen Freund, so hieß es. Das wurde ihr nun angekreidet. Sie erzählte von den Verhören, im nachhinein mit einer gewissen Genugtuung. So einfach war es eben doch nicht, Coco Chanel zu demütigen. Am Schluß sahen die Herren Inquisitoren schlechter aus als sie selbst.

Schön auch der Abend beim Herzog von Luynes zu Dritt in seinem Stadtpalais. Einfach, vom Besten war alles, was bei Tisch angeboten wurde. Der alte, weißhaarige Diener war langsam in seiner Bewegung, die Hände aber immer noch sicher. Er hatte seinen Herrn schon als kleinen Jungen gekannt, und so gingen sie vertraut und gleichzeitig respektvoll miteinander um. Bei Tisch und nachher waren Krieg und Frieden immer wieder die großen Gegenstände des Gesprächs. Es war notwendig, darüber zu sprechen, man konnte nicht genug darüber reden, denn jetzt ging es darum, gemeinsam zu überlegen, was getan werden sollte und was gelingen konnte, denn wir waren keine Phantasten, sondern dachten an das, was unter den gegenwärtigen Umständen in Frankreich und Deutschland, was sich in der aktuellen weltpolitischen Konstellation verwirklichen ließ.

Eigenartigerweise waren viele meiner Freunde politisch rechts von der Mitte anzutreffen. Sie waren leidenschaftliche Republikaner und Demokraten, fast ausnahmslos drinnen oder draußen in der Résistance gewesen. Dennoch fanden wir sie noch nicht in der Regierung. Der Umgang mit ihnen verhalf zu einer genaueren Einsicht in die französische Politik. Das kam auch unserer diplomatisch-politischen Arbeit zugute. Wir konnten, abgesehen davon, die eine oder andere Verbindung nutzen, um unseren Politikern, Adenauer an der Spitze, Türen aufzumachen, die sonst noch eine Weile geschlossen geblieben wären. So brachte Gérard Girard es fertig, Adenauer am 12.12.53 eine Einladung zum ersten Frühstück bei Kardinal Feltin und Erzbischof Fongerat zu verschaffen. Die Freunde, die solches bewirkten, waren in vielen Fällen Männer, die nicht ganz im Rampenlicht standen. Es war eine Art neuer Club der Oberarbeiter.

Paris wäre nicht mehr Paris gewesen, wenn nicht sogleich wieder eine neue Mischung aus Politikern, Literaten, Künstlern, Alt- und Neureichen, dem Adel und der Schickeria anzutreffen gewesen wäre, die sich auf den alten schönen Plätzen der Metropole tummelte. Wenn der Bundeskanzler oder der Außenminister selbst die deutschen Delegationen führten, wohnten wir im „Le Bristol" im Faubourg St. Honoré, das bald zum Stammquartier der Deutschen wurde, spöttisch Bristolischer Hof genannt, oder frivol Hotel zum kleinen Busen. Das Bristol war ein erstklassiges Hotel, das durch die stilvolle und kostbare Einrichtung der Zimmer bestach. Wir gewöhnten uns an, für den Chef des Presse- und Informationsamtes und den Sprecher des Auswärtigen Amtes zwei Zimmer zu nehmen, zwischen denen ein Salon lag, der als Büro und kleines Konferenzzimmer diente. Für größere Treffen mit der Presse nahmen wir entsprechende Räume neben der Halle im Erdgeschoß.

Wir hatten auch hier bald unsere französische, englische und amerikanische Stammkundschaft, ergänzt und belebt durch andere europäische Journalisten, vornehmlich aus Italien und den Benelux-Ländern. Die deutschen Journalisten teilten sich in ansässige und mitreisende Korrespondenten. Wir informierten uns gegenseitig und haben alle zusammen Politik gemacht. Die professionellen Historiker erfassen diesen Vorgang immer noch unzulänglich. Es würde sich lohnen, die Frauen und Männer etwas genauer zu beschreiben und natürlich sie auch in ihrem Temperament, in ihrer Begabung, ihrem Ernst und ihrem Leichtsinn darzustellen. Wen interessiert heute, wer Paul Medina war? Ernst G. Paulus, Harold King, Stéphane Roussel, Gaston Coblentz, Cyrus Sulzberger, Ian Frazer, Jim Bell oder der große Albert Müller von der *Neuen Zürcher Zeitung*? Wenn man sie vergißt, werden die Journalisten keine Vorbilder mehr haben und weniger sorgfältig arbeiten.

Albert Müller war ein Mann, der akribisch genau arbeitete und so abgewogen schrieb, als müsse er selber die Entscheidungen treffen. Er rief mich in Paris eines Nachts gegen zwei Uhr an, entschuldigte sich umständlich und sagte dann, er habe leider keinen Text des EVG-Vertrages zur Hand, wolle aber nicht falsch zitieren. Er vermute, daß ich das Dokument in meinen Handakten habe, wenn ja, bäte er mich nachzusehen. Ich konnte mit der Textstelle dienen und war nicht ärgerlich über die Störung der sowieso kurzen Nachtruhe, sondern beeinruckt von der Arbeitsweise dieses großen Journalisten. Hin und wieder außen wir zusammen einige Dutzend Austern mit einem guten Chablis oder Sancerre und besprachen unter vier Augen die Lage. Albert Müller war ein glänzender Analytiker und deshalb auch ein guter Ratgeber. Nie hat er das gewährte Vertrauen mißbraucht, und das galt auch für alle anderen im Kreise des großen internationalen Journalismus.

Gelegentlich war es geboten, um eine Entscheidung oder einen Ablauf verständlich zu machen, etwas zu sagen, was empfindlich und vertraulich war, was man nicht schreiben konnte. Ich habe dies immer wieder getan, weil der betreffende Journalist ein tieferes, besseres Verständnis unserer Absichten gewann.

Einmal wurde mir beim Aufwachen im Hotelbett klar, daß ich, ohne es zu wollen, eine gefährliche Indiskretion begangen hatte, nur weil ich vergessen hatte, dem betreffenden amerikanischen Journalisten zu sagen, daß dieses Stück Information „off the record“ war. Ich versuchte sofort, ihn telefonisch zu erreichen. Er war schon aus Paris abgereist, auf dem Weg in die USA. Ich erwischte ihn noch in London. Ich sagte ihm, was passiert war. Er erwiderte: „Keine Sorge, geht in Ordnung.“

Schattenwelt

In dem glänzenden Paris und allenthalben in Frankreich gab es eine Schattenwelt. Vorsichtig suchte der eine oder andere französische Freund wieder Kontakt, der während des Krieges mit uns zusammengearbeitet hatte. Das Wort Kollaboration hatte einen ominösen Klang. Es war zum glühenden Eisen geworden, mit dem Männer und Frauen gebrandmarkt wurden, die auf unserer Seite gestanden hatten. Sie waren alle schuldig, auf die eine oder andere Weise, die besten unter ihnen waren aber nicht ehrlos geworden. Doch diese Kategorie kennt die Justiz nicht, schon gar nicht, wenn sie zum Racheengel wird. So traf ich auch Freunde wieder, die gerade ihre Freiheit wiedergewonnen, aus den Gefängnissen entlassen worden waren.

Stanislas de Larochefoucault war einige Zeit mit der rumänischen Schauspielerin Alice Cocea verheiratet. Er sagte, er habe sie geheiratet, weil ein Freund, der damalige Pressechef des französischen Außenministeriums, die Schwester von Alice geheiratet und gemeint habe, es sei doch eigentlich ganz lustig, wenn er Alice heiraten würde. Das fanden er und Alice auch. Die beiden gaben schrecklich viel Geld aus, weil sie den Fehler gemacht hatten, eine Wohnung in dem Hause zu mieten, in dem oben das Restaurant Tour d'Argent die Pariser Lebewelt verwöhnte. Es war so praktisch, eben mit dem Fahrstuhl nach oben zu fahren. Die Ehe scheiterte aber schließlich nicht an ihren Kosten, sondern an Lippenstift auf Stanislas' Taschentuch.

Der Herzog hatte während der Besatzungszeit hin und wieder in Dienststellen des französischen Informationsministeriums gearbeitet und wurde vor Gericht gestellt. Das war an sich schon fragwürdig, denn er war ein amüsanter Bonvivant, der niemandem einen Schaden zugefügt hatte. Aber er war witzig und auch scharfzüngig, was im Umgang mit Untersuchungsrichtern und Staatsanwälten nicht sehr hilfreich ist. So sah es nicht gut aus in seinem Prozeß. Dann trat einer unserer Freunde, ein ausgewiesener Widerstandskämpfer, als Entlastungszeuge auf. Er sagte nach einer launigen Charakterisierung des Angeklagten, der Herzog habe überhaupt kein politisches Urteilsvermögen, sei sich über sein Tun und Lassen nicht im klaren. Er sei, darin gipfelte die Aussage, überhaupt nicht sehr intelligent, politisch ein völliger Trottel. Larochefoucault wurde zwar verurteilt, erhielt aber doch einen Nachlaß von fast zwei Jahren auf die vom Staatsanwalt geforderte Strafe. Als er entlassen wurde, besuchte er unseren gemeinsamen Freund, der annahm, er wolle sich bedanken. Statt dessen brach der Herzog in eine massive Beschimpfung aus und sagte unserem Freunde, er habe ihn öffentlich bloßgestellt und entehrt.

Max Brusset, Abgeordneter der Charente-Maritime, hatte die Besatzungszeit lebendig überstanden. Ganz zum Schluß wäre er doch noch um ein Haar an die Wand gestellt worden, aber die Amerikaner waren schneller, und unsere Leute räumten fluchtartig das Gefängnis. Dieses Gefängnis wurde von deutscher Feldgendarmerie bewacht, so glaubte er wenigstens. Unter den Soldaten war einer, der eine schöne Stimme hatte und sich die Zeit damit vertrieb, daß er Opern- und Operettenarien sang. Das paßte wenig zum Ort, wurde aber von unserem Freund als entspannend empfunden.

Frankreich wurde befreit, unser Freund Abgeordneter in der französischen Nationalversammlung. Als solcher ist er Mitglied einer Parlamentarierdelegation, die einen Besuch in Wien macht. Zum Programm gehört auch eine Galavorstellung in der Wiener Oper. Merkwürdig, denkt der Abgeordnete, die Stimme kenne ich doch? Er zögert noch, aber dann kommt die Gewißheit: Das ist er, der Chanteur de Vienne. Er erzählt die Geschichte dem französischen General Bethonard, der gleich aufbraust und zur Tat schreiten will. Brusset wiegelt ab und sagt: „Wir besuchen ihn in der Pause." So geschieht's. Der Sänger wird leichenblaß. Unser Freund beruhigt ihn, beglückwünscht ihn zu seiner Kunst.

Ein anderes Ereignis gegen Ende unserer Besatzungszeit ließ sich nicht in Wohlgefallen auflösen. Im Schloß Epône lag eine deutsche Nachrichtenkompanie. Bei der eiligen Räumung blieb, so versuchten wir gemeinsam den Hergang zu rekonstruieren, wohl keine Zeit, die Funkeinrichtungen auszubauen und abzutransportieren. Sie wurden gesprengt. Dabei ging auch das halbe Schloß mit in die Luft. Nur die Stallungen, der Mühlenturm und die Leutehäuser blieben stehen und wurden später komfortabel ausgebaut.

Eines schönen Tages, ein gutes Jahrzehnt später, kommt der Gärtner zum Hausherrn und sagt, eine Familie habe gefragt, ob sie das

Anwesen besichtigen dürfe. Es seien Ausländer, wahrscheinlich Deutsche. Der Patron sagt: „Wir lassen doch keine Besichtigungen zu." Der Gärtner kommt zurück, insistiert und sagt, der Mann gebe zu verstehen, er wolle seiner Familie den Ort zeigen, wo er im Kriege gewesen sei. Die Mitteilung weckt das Interesse. Um es kurz zu machen: Der Mann war der deutsche Offizier, der das Schloß hatte sprengen lassen. Es hätte ihm sehr leid getan, Befehl sei Befehl.

Max Brusset und ich haben hin und wieder darüber gesprochen, was der Mann sich eigentlich dabei gedacht hat, als er seiner Frau und seinen Kindern den Ort seines Wirkens zeigte. Jedenfalls habe ich bewundert, daß die Familie unseres Freundes den Vorgang mit einiger Gelassenheit registrierte.

Es versteht sich, daß in der ersten Nachkriegszeit das französische Innenministerium, die Geheimdienste, die Justiz und die Polizei alle Hände voll zu tun hatten, um Licht in das Dunkel zu bringen. In diesem Dunkel lag auch die eigentliche Pariser Unterwelt, jenes faszinierende Konglomerat von schweren Jungs und leichten Mädchen. Durch einen meiner französischen Bekannten wurde ich bald mit den besten Restaurants und den besten Nachtlokalen vertraut gemacht. Dabei kam mir zugute, daß Jacques Coutant eine sehr interessante Aufgabe im Innenministerium übernommen hatte. In seine Zuständigkeit fiel auch die sogenannte Brigade mondaine, die sich mit Falschspiel, Drogen und Mädchenhandel beschäftigte.

„Nun", so fragte er, „was wollen wir unternehmen? Ich habe so ziemlich alles im Angebot." Eines Tages, als ich ihn nach meiner Ankunft anrief, sagte er: „Wir müssen unbedingt heute Abend ausgehen. Sie müssen sich freimachen. Heute morgen nämlich hat es einen großen Überfall auf einen Geldtransport gegeben. Kein Tropfen Blut, nicht einmal einen Kratzer an den Autos, und sage und schreibe 12 Millionen neue Francs Beute. Da es sich um Geld der Sozialversicherung handelt, fühlt sich niemand bestohlen. Das wird unter Garantie heute im Pariser Milieu gefeiert. Da sollten wir dabeisein."

Wir waren dabei. Ich habe höchst lehrreiche Einblicke in die Arbeit der französischen Polizei und der Nachrichtendienste gewonnen. Bei der Bekämpfung des Terrorismus und politisch motivierter Verbrechen versicherten sich das Innenministerium und der Nachrichtendienst der Mitarbeit der Berufsverbrecher. Die Lokale, in denen die organisierten Verbrechergruppen verkehrten, entsprachen überhaupt nicht den üblichen Vorstellungen vom Gangsterlokal. Im Gegenteil. Alles war untadelig. Schneeweiße Tischwäsche, gutes Porzellan und Besteck, gediegene Einrichtung. Auch die Damen waren keineswegs als Gangsterbräute aufgedonnert, sondern mit dem Ring am Finger, gutbürgerlich, hin und wieder mit einem kleinen Schuß Extravaganz gekleidet.

Und doch, als ein Herr mit dunklem Teint in das Restaurant hereinkam und zu der Bar hinüberging, sagte mein Freund zu mir: „Vorsichtig, es kann sein, daß es gleich knallt. Dann sofort auf den Tisch steigen. Das Schlimmste sind die recochierenden Kugeln. Steht man oben, geht's nur in die Krampfadern, aber bleibt man sitzen, geht's ins Buffet." Dabei klopfte er sich auf die Brust. Der Neuankömmling war der Chef einer korsischen Bande, den sich die algerischen Konkurrenten gegriffen und ihm die Fußsohlen versengt hatten. Er kam nun allein in das Hauptquartier der Algerier und sah sich um. Kalt und herausfordernd. Es geschah nichts. Er bezahlte seinen Drink und ging wieder. Jacques erklärte mir, daß die Nordafrikaner dabei seien, die Korsen wegzubeißen. Sie seien härter, brutaler, skrupelloser, die Korsen seien bereits auf dem Rückzug.

In der nächsten Brasserie erschien ein Mann an unserem Nebentisch, der eine kurze Unterhaltung mit einem der Gäste führte. Wir hörten, daß er sagte: „Louis erwartet dich draußen. Er ist unbewaffnet. Er möchte dich dringend sprechen. Wahrscheinlich ist es gesünder für dich, wenn du kommst." Der so Angeredete antwortete knapp: „Nein, kein Interesse, sag ihm das." „Wie du meinst!" antwortete der Mann und ging hinaus, um kurz darauf wiederzukommen. „Es ist besser, du kommst jetzt nach draußen, ehrlich. Wenn du willst, kannst du dich begleiten lassen." Das schien den Ausschlag zu geben, also gingen sie.

Einmal sind Jacques und ich sofort wieder verschwunden. Wir waren in eine Bar im ersten Stock eines Hauses gegangen, und als wir uns in dem dämmrigen Raum etwas umsahen, sagte Jacques: „Stellen Sie sich mit dem Rücken zur Wand, wir nehmen einen Pernod und verduften." Er begründete seine befehlsartige Weisung damit, daß zwei führende Leute der Pariser Unterwelt sich gerade in dieser Bar besprachen. „Sie nehmen möglicherweise an, jemand habe mich über diesen Treff informiert, mir einen Tip gegeben. Dies stimmt zwar nicht, ist aber gefährlich und behindert weitere Kontakte."

Sehr aufschlußreich war ein Abend bei Manouche, der Braut des großen Gangsters Carbone. Roger Peyrefitte hat ihr ein Buch gewidmet. Ich habe sie nur einen Abend erlebt. Manouche hatte nach dem Tod von Carbone, der nicht im Kampf mit der Polizei oder Rivalen, sondern bei einem Eisenbahnunglück umgekommen war, versucht, sich aus dem Gangstermilieu zu lösen und sich eine Art von bürgerlicher Existenz aufzubauen. So gründete sie in der Nähe der Champs Élysées ein Restaurant. Dort hatte Jacques einen Tisch bestellt, und wir aßen hervorragend zu Abend.

Manouche wollte offensichtlich etwas mit meinem Partner besprechen, wußte aber nicht recht, wie sie mich einordnen sollte. Einen fragenden Blick, den sie auf mich und dann auf Jacques richtete, beantwortete er: „Du kannst ruhig reden, das ist ein Freund." Sie trug ihr Sorgen vor. Sie kam aus dem Bannkreis des Verbrechens nicht heraus. Zwei Gäste waren schon in ihrem Lokal erschossen worden. Sehr unangenehm. „Das hinterläßt böse Erinnerungen", meinte sie. Ihr neuer Freund war gerade wieder verhaftet worden. Es handelte sich um einen großen Schmuggler und Schwarzhändler, der über das Mittelmeer mit eigenen Schnell- und Landungsbooten zumeist amerikanische Ware aus Heeresbeständen nach Frankreich gebracht und damit sehr viel Geld verdient hatte. Nun hatte ihn das große Heimweh gepackt. Er war nach Frankreich zurückgekommen, hatte sich der Justiz gestellt, lebte dank einer hohen Kaution in Freiheit und wartete auf seinen Prozeß.

Dummerweise war dann ein ganz großer Coup gelandet worden, ein Einbruch in einer der großen Villen in St. Cloud, wo Millionenwerte an Schmuck, Kunstgegenständen und Bildern geraubt worden waren. Die Spuren führten zu Manouches Freund als einem der Drahtzieher des sehr professionell geplanten und ausgeführten Raubes. Der Freund wurde verhaftet und saß nun in Versailles im Gefängnis. Sie schwor, daß er in der fraglichen Nacht in ihrem Bett gewesen sei, gab zu, daß er Dummheiten gemacht, in letzter Zeit zuviel Geld ausgegeben habe, auch für sie. Das habe aber mit dem Raub nichts zu tun. Er habe eben Geld, zum Teil seit längerem gut angelegt. Nun sei er ausgerechnet in diesem schmutzigen Gefängnis in Versailles, wo sie ihn anstandshalber jede Woche besuchen müsse. Sie erklärte mir, daß die Regeln der sentimentalen Verhältnisse im Milieu sehr strikt sind. Die Braut eines Gangsters, der einsitzt, darf während dieser Zeit keinen anderen Liebhaber nehmen. Sie wird streng überwacht und hart bestraft, wenn sie die Regel verletzt.

So war es verständlich, daß sie bei dem Herrn aus dem Innenministerium versuchte herauszubekommen, mit welcher Strafe ihr Freund rechnen müsse. „Bei seinem Stammbaum", meinte dieser, „zehn bis 15 Jahre." Sie verlor die Fassung. „Das ist ja grauenhaft. Stellen Sie sich vor, jetzt hinter den Gittern wird er auch noch sentimental. Er hat mir vorgeschlagen, wir sollten heiraten. Kann man denn gar nichts machen?" Mein Freund sagte vorsichtig: „Du weißt, daß wir in der Sache xy nicht weiterkommen. Wenn er sich da als nützlich erweisen würde, könnte ich vielleicht einmal mit dem Staatsanwalt sprechen."

Sie hatte verstanden. Die Berufsverbrecher wollten mit den politischen Terroristen nichts zu tun haben. Es gab in den frühen Stadien jeder Unternehmung Kontakte, wenn es galt, die ersten Waffen, die ersten falschen Pässe oder ähnliches zu beschaffen. Ihr Liebhaber hatte natürlich nie etwas damit zu tun gehabt, aber er könnte vielleicht seine Freunde fragen.

Manouche lebte ein wenig auf. An der Bar hatte die ganze Zeit ein Mann gestanden, der offensichtlich darauf wartete, Manouche sprechen zu können und schließlich die Zeichensprache in Anspruch nahm. „Ach was", sagte sie laut, „komm doch her, wenn du was sagen willst." Der Mann, so hörte ich, war im Kriege ein großer Schwarzhändler gewesen, hatte Feind und Freund bedient und sehr viel Geld gemacht. Er hatte die Kurve gut genommen und einen großen Catering-Service für Luftlinien gegründet. Jetzt hatte er ein kleines Problem. Ein wichtiger Mann der amerikanischen Linie, die er bediente, hatte sich in Paris angesagt, und er brauchte, wie er sagte, eine wirklich elegante Begleiterin für ihn. „Nicht so ein gewöhnliches Flittchen", sagte er. „Was Schickes, mit guten Manieren."

Manouche war die Sache peinlich. „Du weißt doch", sagte sie, „daß ich mich mit so etwas überhaupt nicht beschäftige. Ich kann dir nicht helfen." Der Mann sah sie etwas verblüfft an. Jacques klopfte

Manouche auf den Arm und meinte: „Laß gut sein, sag's ihm." Sie blieb fest und sagte: „Tut mir leid, aber ich gebe dir eine Telefonnummer, da hilft man dir weiter." Mit dieser tröstlichen Gewißheit zog der Cateringmann von dannen.

Beobachter in Berlin

Am Sonnabend, dem 23. Januar 1954, flog ich mittags nach Berlin. Ich wohnte, wie die ganze deutsche Beobachtergruppe für die alliierte Viererkonferenz, im Hotel am Zoo. Abends aß ich mit Blankenhorn und Böker. Wir fragten uns, was wir auf dieser Viererkonferenz zwischen Frankreich, Großbritannien, den Vereinigten Staaten und der Sowjetunion, an der die Bundesrepublik nicht teilnahm, zu suchen hatten und was wir ausrichten konnten.

Die Konferenz der vier Mächte, die durch ihre Außenminister vertreten waren, sollte den Versuch machen, losgelöst von den übrigen Konflikten und Problemen der Nachkriegswelt, sich auf Europa zu konzentrieren. Konkret ging es darum, einen Friedensvertrag mit Österreich zu schließen und einen Friedensvertrag mit Deutschland vorzubereiten. In nicht weniger als 260 Sitzungen hatten die vier den Text eines Friedensvertrages mit Österreich so gut wie fertiggestellt. Nach unserer Einschätzung bestand angesichts dieser Vorarbeit gute Aussicht dafür, die Sache zu einem Ende zu bringen. Ganz anders sah es mit irgendeiner Art von Einvernehmen über die Zukunft Deutschlands aus. Analysierte man den gegenwärtigen Stand der internationalen Debatte dieses großen Themas, so konnte man bestenfalls mit einem gegenseitigen Abtasten rechnen, einem Aufklärungsunternehmen, das Wege und Mittel suchen und beschreiben würde, die zu einer friedensvertraglichen Lösung hinführen könnten.

Für uns war höchst unbefriedigend, daß diese Beratungen ohne die Beteiligung desjenigen stattfinden würden, über dessen politisches Schicksal entschieden werden sollte. Sehr zugespitzt gesagt, hatten wir kein Interesse am Erfolg einer Konferenz, bei der uns selbst die Mitsprache versagt blieb. Die westlichen Alliierten hatten schon im Vorfeld der Konferenz verschiedentlich erklärt, daß der Friedensvertrag mit einer Regierung ausgehandelt werden müsse, die ganz Deutschland vertrete.

Ungewiß war zu diesem Zeitpunkt allerdings, wie diese ganz Deutschland vertretende Regierung zustande kommen sollte. Auf Grund freier Wahlen, natürlich, aber das hatte man für Polen, in der ČSSR, in Ungarn, Bulgarien und Rumänien auch vereinbart. Wir selbst hatten noch vor Augen und mehr noch in den Knochen, wie es zur Teilung Berlins und der Machtübernahme in der sowjetisch besetzten Zone Deutschlands gekommen war.

Die Stellung der deutschen Beobachterdelegation war schwach. Wir standen vor der Tür. Wir saßen nicht mit am Tisch. Wir mußten versuchen, wenigstens im nachhinein zu erfahren, was am Konferenztisch besprochen und beschlossen worden war. Danach würden wir versuchen, wenn irgend möglich auf die nächste Phase der Beratungen Einfluß zu nehmen. Wir beschlossen, nicht auf den Korridoren herumzulungern, auch keinen Fuß in die Tür zu setzen. Das war schon physisch nicht möglich, weil es sehr schwer war, in das Kontrollratsgebäude in West-Berlin oder in die sowjetische Botschaft in Ost-Berlin hereinzukommen, in denen abwechselnd getagt wurde. Wir beschlossen, mit der deutschen und der internationalen Presse eine Nebenkonferenz zu eröffnen, auf der alles, was auf der Hauptkonferenz geschah, ausführlich debattiert und kommentiert wurde.

Leiter der Beobachterdelegation waren Wilhelm Grewe und Herbert Blankenhorn, aber der Spiritus rector der ganzen taktischen Behandlung des Vorgangs war Felix von Eckardt. Er verfiel auf den Gedanken, im Hotel am Zoo sozusagen permanent eine Bar offen zu halten, wo sich alles traf, um die „Sprachregelungen", die gültigen Bewertungen der Konferenzetappen durch die Weltöffentlichkeit im ständigen Gespräch zu erarbeiten. Eine kleine Vorbedingung des Erfolgs war, daß alle Getränke und anderen Stärkungen unseren Gästen kostenfrei zur Verfügung standen.

Das ganze Unternehmen war für von Eckardt, von Lilienfeld, Krapf und mich sehr anstrengend, weil wir in jeder Beziehung unseren Mann stehen, aber außerdem noch uns selbst informieren und an den Berichten nach Bonn mitarbeiten mußten.

Die Alliierten merkten schnell, daß auch sie ein Interesse daran hatten, sich um diese Nebenkonferenz zu kümmern, indem sie erschienen, um mitzumischen. Die ganze Institution erwies sich als allen dienlich und zweckmäßig. Außerdem war sie sehr bequem, weil sie viele Ortsbewegungen und Verabredungen überflüssig machte. Es gab extreme Fälle. Ein von London angereister amerikanischer Journalist hat die Bar nach dem zweiten Tag der Konferenz überhaupt nicht mehr verlassen. Er war, wie wir vom Barmann hörten, auf den Konsum von Fernet Branca spezialisiert. Es sollte hier zur Erklärung angemerkt werden, daß es während der Konferenztage in Berlin bitterkalt war. Nach eines Tages Mühe stellten Georg von Lilienfeld und ich uns die Frage, ob wohl die Ciro-Bar noch existiere. Die Antwort des Portiers war positiv, und so machten wir uns auf den Weg durch die kalte Winternacht. Kiplings Spruch „Never cross old tracks" erwies sich wieder einmal als richtig. Wir waren sehr enttäuscht und sprachen uns Trost mit scharfen Getränken zu. Als wir gegen drei an der Ruine der Kaiser-Wilhelm-Gedächtniskirche vorbei nach Hause ins Hotel strebten, fror es Stein und Bein. Außerdem schneite es dünn, und es wehte ein eisiger Wind. Dennoch hielten drei Mädchen auf der Straße aus, hofften auf die Beiprodukte einer großen Konferenz. Georg, gut gelaunt, fand, die drei sollten wenigstens etwas Ansprache haben und sagte im Vorbeigehen: „Na, Mädchen, ihr wartet wohl auf die Straßenbahn?", worauf er zur Antwort bekam: „Nee, Kleener, uffen Schlitten!"

Die deutsche Einmischung ins Konferenzgeschehen über die Presse war ein uns vertrautes Mittel, das auch dem Schwachen zur Verfügung steht, wenn er damit umzugehen weiß. Wir hatten aus den Jahren 1949–52 einige Übung in diesem Verfahren und wandten es erneut an. Diesmal war es verhältnismäßig leicht, weil die drei Westalliierten die deutschen Interessen, alles in allem genommen, standhaft und überzeugend vertraten. Sie halfen uns, und wir ihnen.

Herauszufinden, was die Sowjets wirklich wollten, war schwieriger. Zunächst galt es, sich an das zu halten, was sie sagten. Molotow hatte nicht ungeschickt an die Zeit erinnert, als alle vier noch gemeinsame Sache gemacht hatten, und die Beschlüsse von Jalta und Potsdam als die fortbestehende Grundlage auch einer künftigen Zusammenarbeit bezeichnet. Er stellte aber die Hauptgegenstände der Konferenz, nämlich Österreich und Deutschland, an das Ende seiner einführenden Rede und zog die asiatischen Probleme nach vorne. Er beklagte die Abwesenheit der Volksrepublik China und schlug vor, unter Einschluß Chinas eine Fünferkonferenz einzuberufen. Nun war dieser Vorschlag nach dem Ende des Korea-Krieges und angesichts der neuen Kämpfe in Kambodscha wenig geeignet, die Debatte über die Hauptthemen in Gang zu bringen. Die Alliierten wollten sich aber nicht in Verfahrensfragen verstricken und nahmen Molotows Vorschlag für eine Tagesordnung an, die lautete: Erstens: Maßnahmen zur Milderung der Spannungen in den internationalen Beziehungen und Einberufung einer Konferenz der Außenminister Frankreichs, Großbritanniens, der USA, der Sowjetunion und der Volksrepublik China. Zweitens: Die deutsche Frage und die Aufgaben der Gewährleistung der europäischen Sicherheit. Drittens: Der österreichische Staatsvertrag.

Die Diskussion des ersten Punktes war ein Scheingefecht. Die drei Westmächte wollten sich nicht vom Hauptthema weglocken lassen. Der sowjetische Vorschlag einer Fünferkonferenz wurde abgelehnt, Gegenvorschläge für eine spätere Diskussion gemacht, um die Tür nicht ins Schloß zu schlagen. Mit großem Eifer wurde dagegen die deutsche Frage beraten. Molotows Formulierung des Tagesordnungspunktes verband die „Gewährleistung der europäischen Sicherheit" mit dem Deutschlandproblem. Es kam ihm darauf an, Deutschland zu kontrollieren, seine Handlungsfähigkeit über den Weg der Neutralisierung einzuschränken und unter allen Umständen die Eingliederung in ein von den Westmächten geführtes Sicherheitssystem, konkret: die Europäische Verteidigungsgemeinschaft, zu unterbinden. So war es nur logisch, daß Molotow die Pläne für die Europäische Verteidigungsgemeinschaft scharf kritisierte und ihre Verwirklichung als unüberwindliches Hindernis für eine deutsche Wiedervereinigung darstellte.

Den sowjetischen Plänen haftete etwas Altmodisches, Reaktionäres an. Sie schienen nicht für die Zukunft gemacht, es sei denn, sie sollten die Absicht verhüllen, irgendwann die Gunst der Stunde zu nutzen und ganz Deutschland zu einem sowjetischen Satelliten zu machen.

Georges Bidault, Anthony Eden und John Foster Dulles dagegen richteten den Blick nach vorne. Es sei unsinnig, den Versuch machen zu wollen, ein großes Volk durch Kontrollen zu fesseln.

Für uns Deutsche war sehr aufschlußreich und erfüllte uns mit Genugtuung, daß die Alliierten mehrmals in ihren Plädoyers darauf hinwiesen, daß der Diktatfrieden von Versailles mitverantwortlich für den dramatischen Zusammenbruch der Weimarer Republik und für das Entstehen des Nationalsozialismus gewesen sei. Besonders packend war die Rede von Dulles, der unverhüllt sagte: „Molotow rief den Geist des Hasses und der Rache hervor, der den verhängnisvollen Frieden von Versailles kennzeichnete." Er brachte die Beschlüsse von Jalta in Erinnerung. „Es war in Jalta, wo die Zerstückelung Deutschlands, die Beraubung Deutschlands von allen beweglichen Gütern und deutsche Zwangsarbeit gefordert wurden. Diese Beschlüsse, an welchen meine eigene Regierung mitwirkte, waren im Zusammenhang mit der damaligen Zeit verständlich. Der deutsche Krieg war damals noch in voller Wucht, und Kriege werden nicht durch den Geist der Toleranz gewonnen. Es ist aber traurig, daß heute, neun Jahre nach dem deutschen Waffenstillstand, einer der Partner der Jaltakonferenz den Versuch unternimmt, die Bitterkeit und den Haß dieser Tage wiederzubeleben sowie die grausamen Beschlüsse, die durch diesen Haß und diese Bitterkeit hervorgerufen wurden. Ich hatte einen Anteil an der Pariser Konferenz, die den Vertrag von Versailles schuf. Es ist für mich leicht, mir den Geist dieser Konferenz wieder zu vergegenwärtigen. Wir glaubten damals, daß der Weg, um das Böse aus dem deutschen Geist auszutreiben, darin besteht, Deutschland zu besetzen, zu entmilitarisieren und Deutschland erniedrigende Diskriminierungen aufzuerlegen, so daß Deutschland stets eine Nation für sich bliebe, offen gebrandmarkt mit dem Stigma des Kain. Aus diesem Experiment haben jene, die wahrhaft und weise den Frieden suchen, gelernt, daß keine große Nation dadurch unschädlich gemacht werden kann, daß man sie Diskriminierungen unterwirft, so daß sie nicht gleichberechtigt in der Familie der Nationen leben kann. Beschränkungen, wie wir sie durch den Vertrag von Versailles auferlegten und wie sie in den gestrigen sowjetischen Vorschlägen enthalten sind, stiften ein Volk von Kraft und Mut nur zu dem Bemühen an, die Ketten zu brechen."

Für die deutschen Beobachter war auffällig, daß die Sowjets versuchten, die französischen Ängste vor einem deutschen Revanchismus zu beleben und sie den sowjetischen Absichten dienlich zu machen. Das war insofern nicht völlig abwegig, weil es in Frankreich politische Kräfte gab, denen die sowjetischen Argumente einleuchtend erschienen. Eden und Dulles bemühten sich, in erster Linie an die Adresse Georges Bidaults und Frankreichs gewandt und erst danach an Molotow und den Kreml gerichtet, dieser sowjetischen

Taktik zu begegnen, indem sie den französischen Großmut und die französische Zukunftsvision herausstrichen. Beides war tatsächlich in Bidaults Anführungen zu entdecken, wenn man genau hinsah. So unterstrich auch er, daß nur eine frei gewählte gesamtdeutsche Regierung Partner in den Verhandlungen über den deutschen Friedensvertrag sein könne und daß sie frei in ihren Entscheidungen sein müsse.

Es war an Eden, die große Skizze des Friedensvertrages vorzulegen. Der englische Außenminister beschrieb erneut die Etappen. Er hatte einleitend gesagt, die deutsche Frage sei der Kern der Differenzen und Schwierigkeiten in Europa. „Es wäre eine gefährliche Illusion anzunehmen", so fuhr er fort, „daß eine kraftvolle Nation von fast siebzig Millionen endlos geteilt bleiben kann. Solange die Deutschen künstlich geteilt bleiben, kann es keine Einheit und Stabilität in Europa geben. Andrerseits würde eine friedliche Wiedervereinigung Deutschlands und der Abschluß eines deutschen Friedensvertrages dem europäischen Kontinent Stabilität verleihen. Dies würde die internationale Spannung in der ganzen Welt mildern.

Deshalb hat Ihre Majestät Regierung so lange darauf bestanden, daß freie Wahlen in ganz Deutschland der wesentliche erste Schritt sind. Nur durch solche Wahlen kann eine gesamtdeutsche Regierung gebildet werden, die die erforderliche Autorität hat, im Namen des deutschen Volkes zu sprechen und zu handeln, und einen Friedensvertrag zu verhandeln und anzunehmen. Die Westmächte haben einen detaillierten Plan zur Diskussion bereit. So müssen wir zum Beispiel das Wahlgesetz diskutieren und darüber, wie wir angemessene Garantien zur Sicherung voller Freiheit bei den Wahlen sowohl in Ost- als auch in Westdeutschland schaffen können. Es wird sicherlich eine angemessene Überwachung der Vorbereitung der Wahlen, des Wahlverfahrens und der Wahlzählung geben müssen. Daneben werden auch Maßnahmen getroffen werden müssen, um eine Unterdrucksetzung zu verhindern.

Aus freien Wahlen würde eine gesamtdeutsche Nationalversammlung hervorgehen. Ihre erste Aufgabe wäre die Vorbereitung einer Verfassung, dazu bestimmt, die baldige Bildung einer gesamtdeutschen Regierung zu erleichtern. Die Verwaltung in der Bundesrepublik und in Ostdeutschland muß bestehen bleiben, mindestens bis eine gesamtdeutsche Regierung gebildet ist. Sobald die Verfassung angenommen und gebilligt ist, würde die gesamtdeutsche Regierung gemäß ihren Bestimmungen gebildet werden. Nach unserer Auffassung sollte die gesamtdeutsche Regierung die Freiheit haben, jedwede internationalen Rechte und Verpflichtungen jedes der beiden bisherigen Regime zu übernehmen. Der Friedensvertrag sollte mit dieser repräsentativen gesamtdeutschen Regierung verhandelt werden, die das grundlegende Recht aller freien demokratischen Nationen haben muß, sich mit anderen Nationen zu friedlichen Zwecken zu vereinen. Das Inkrafttreten des Vertrages wird das Ende der Autoriät kennzeichnen, die von den vier Mächten in Deutschland ausgeübt wird. Ein Friedensvertrag, der von den vier Mächten entworfen und Deutschland aufgenötigt würde, wäre neun Jahre nach Beendigung der Feindseligkeiten völlig unpassend und für die deutsche Nation unannehmbar. Darum bestehen wir auf freien Wahlen als erstem wesentlichem Schritt. Die Frage der Freiheit ist untrennbar vom Problem der Wahlen. Das ist das Grundprinzip unserer Gedanken, bezüglich dessen es keinen Kompromiß gibt."

In der Beobachterdelegation waren wir nicht nur zufrieden, sondern fest davon überzeugt, daß die Deutschen das Ziel Einheit in Freiheit in naher oder ferner Zukunft erreichen würden, wenn wir die nötige Standfestigkeit und Ausdauer bewiesen. Diese Meinung wurde nicht von allen geteilt. Starke politische Kräfte in der Bundesrepublik vertraten die Auffassung, daß die beabsichtigte Eingliederung in ein europäisches Sicherheitssystem die Teilung Deutschlands besiegeln werde. Auch ging eine Denkschule so weit zu sagen, daß eine Neutralisierung Deutschlands, so wie die Sowjetunion sie zur Diskussion stellte, annehmbar sei, falls sie zur Wiedervereinigung führe. Auch ein demilitarisiertes Gesamtdeutschland unter alliierter Kontrolle stelle eine erträgliche, ja mit vielen Vorteilen ausgestattete Lösung dar. Letztlich resümierte sich die ganze große Debatte in der Frage Freiheit vor Einheit oder Einheit vor Freiheit.

Um sie beantworten zu können, war es notwendig, auch die Konsequenzen dessen zu wollen, was man wollte. Es war erlaubt anzunehmen, ein geeintes Deutschland werde stark genug sein, auch in einer auferlegten Neutralität und entwaffnet seine Freiheit zu gewinnen und zu erhalten. Im Vergleich mit einer Freiheit, die nur im

Verein mit anderen, mächtigen Verbündeten zu gewinnen oder zu schützen war, also auch einen Verlust an Souveränität oder wenigstens eine Einschränkung der freien Selbstbestimmung voraussetze, schien die diktierte Neutralität als das geringere Übel. Auch der Nationalsozialismus wirkte in dem Sinne fort, als manchen ein aufgeklärter nationaler Sozialismus, ja selbst Kommunismus, der insbesondere für das intellektuelle Milieu kein Schreckgespenst darstellte, nicht als unter allen Umständen verwerflich erschien.

Die Verfechter der Neutralitätstheorie führten, wenn auch selten in der Öffentlichkeit, zusätzlich Argumente ins Feld, die nicht pazifistisch eingefärbt waren. Sie ließen in ihren Überlegungen eine deutsche Wiederbewaffnung zu, wenn nötig sogar ein hochgerüstetes Land nach dem Modell der neutralen Schweiz, wenn die Streitkräfte allein unter deutschem Befehl gestanden hätten. Gerade die Fremdbestimmung der deutschen Landesverteidigung war ihnen ein Dorn im Auge. Wenig später trafen wir auf ähnliche Erscheinungen bei den Gegnern einer atomaren Bewaffnung. Sie waren a priori gegen jede atomare Rüstung, brachten aber gelegentlich auf eine enthüllende Weise ein, daß sich über atomare Waffensysteme reden lasse, wenn sie wenigstens unter deutscher nationaler Verfügungsgewalt stünden.

Adenauer selbst schätzte die Sogwirkung der Neutralitätsidee verhältnismäßig hoch ein, weil er mit Recht davon ausging, das unerfüllte Verlangen nach Einheit werde ständig zunehmen und die Bereitschaft vergrößern, um der Wiedervereinigung willen Risiken einzugehen, welche die freiheitliche demokratische Struktur eines geeinten Deutschlands gefährden und das größere Deutschland aus dem Kreis der demokratisch verfaßten Staaten entfernen könnten.

Während der Berliner Konferenz machten sich Adenauers Sorgen sehr handfest bemerkbar. Er gab Blankenhorn zu verstehen, daß er erwarte, in der Berichterstattung über den Konferenzverlauf müsse sehr deutlich herausgestellt werden, wie gefährlich und daher unannehmbar die sowjetischen Vorschläge seien. Blankenhorn und unsere Mannschaft waren sich darin einig, daß man diesen Anregungen nur sehr begrenzt folgen konnte. Dieses gelegentliche, aber spürbare Spannungsverhältnis zwischen der Zentrale und der Delegation ließ es als geboten erscheinen, nicht die ganze Zeit in Berlin zu sitzen und sich auf Telefon und Kuriere zu verlassen, sondern sich auch selbst in Bonn zu zeigen und in die dortigen Überlegungen unsere Gedanken einzubringen. So flogen wir abwechselnd nach Bonn, ich am 31.1. und 1.2. nach der ersten Konferenzrunde sowie erneut vom 4. bis 10. Februar; im letzteren Falle, um auch schnell noch beim Besuch des kanadischen Premierministers mitzuwirken.

Die Notwendigkeit, zwischen Bonn und Berlin jederzeit und unabhängig von alliierten Fluglinien oder Sondermaschinen hin- und herfliegen zu können, hatte das Presseamt effizient gelöst. Wir hatten, auf die Initiative von Eckardts hin, eine kleine englische Privatmaschine mit englischem Piloten gechartert, eine De Haviland-Dove, wenn ich mich nicht irre, die bald den Vornamen ihres geistigen Vaters erhielt, „the flying Felix".

Eine willkommene Begleiterscheinung der Winterkonferenz war die Entfaltung des kulturellen Lebens in Berlin. Die Stadt nutzte die Gelegenheit eines bedeutenden politischen Ereignisses, um ihre kulturelle und geistige Vitalität zu zeigen. Hindemith dirigierte die Berliner Philharmoniker. Es gab eine großartige Aufführung der „Zauberflöte" und des „Don Giovanni" mit Fischer-Dieskau, schließlich das „Abraxas-Ballett", an das man sich in Berlin leichter gewöhnte als im prinzipienfesten München.

In Berlin verdichteten sich die Kontakte mit den Delegationen der westlichen Alliierten und nahmen praktisch die Form von Konsultationen an. In der Delegation bereiteten wir, verhältnismäßig gut gerüstet, bereits die Texte vor, „Thesen" nannten wir sie, die nach Abschluß der Konferenz die Ergebnisse und die Schlußfolgerungen der Öffentlichkeit verdeutlichen sollten.

Molotow machte es schließlich der deutschen Seite leicht, den neutralistischen Sirenenklängen zu widerstehen. Es stellte sich nämlich heraus, daß die sowjetischen Vorschläge darin gipfelten, für fünfzig Jahre Deutschland mit den zwei deutschen Staaten geteilt zu halten, die beide unter alliierter Kontrolle neutralisiert und demilitarisiert werden sollten. Nachdem so selbst die Versuchung, die Einheit um den Preis der Neutralisierung und Demilitarisierung sofort oder in naher Zukunft zu gewinnen, von den Sowjets selbst ausgeräumt wurde, blieb die Übereinstimmung am Grunde der deutschen und alliierten Politik erhalten.

Molotow finassierte auch in Sachen österreichischer Staatsvertrag so lange, bis die Alliierten ihn schließlich mit einem kühnen Zuge matt setzten. Sie erklärten sich mit der Regelung aller noch strittigen Punkte nach den sowjetischen Vorstellungen einverstanden. Es zeigte sich dann, daß Molotows Änderungsvorschläge nur gemacht worden waren, um einen Abschluß des österreichischen Staatsvertrages, ob er nun Österreich neutralisierte oder nicht, zum jetzigen Zeitpunkt überhaupt zu verhindern, denn er holte dann neue Änderungswünsche aus der Schublade.

So gab es keine greifbaren Resultate der Winterkonferenz, der österreichische Staatsvertrag wurde nicht unterzeichnet. In der internen Beratung unserer Beobachterdelegation kamen wir dennoch zu dem Schluß, daß eine Einigung über den österreichischen Staatsvertrag nicht mehr lange auf sich warten lassen würde. In der deutschen Frage dagegen gab es überhaupt keine Fortschritte, aber man wußte nun, woran man war, und das war auch ein großer Gewinn der Konferenz, wie sich in den nächsten Monaten zeigen sollte.

Aus meiner Sicht gab es aber doch eine schwache Stelle in der westlichen Argumentation. Wir gingen selbst, und gerade gegenüber der Sowjetunion, davon aus, daß die Europäische Verteidigungsgemeinschaft eine beschlossene Sache sei und noch in diesem Jahre zustande kommen werde. Deshalb war das Vertragswerk auch, wie es schien, unlösbar mit der Neuordnung der Beziehungen der westlichen Alliierten zur Bundesrepublik verbunden worden, die nun in die Souveränität entlassen werden sollte. Die alliierten, auch nach diesem neuen Vertrag noch verbleibenden Vorbehaltsrechte waren befristet und sollten zu gegebener Zeit aufgehoben werden. Diese Vorbehalte bezogen sich insbesondere auf das Gebiet der Sicherheits- und Außenpolitik.

Es gab also praktisch gegenüber der Sowjetunion keine Manövriermasse mehr. Nach meiner Beurteilung war dies für den Dialog über die Substanz mit den Sowjets unerheblich, denn diese selbst führten nur Scheingefechte. Die Sowjets konnten aber sagen, sie würden vor vollendete Tatsachen gestellt und sie würden daraus ihrerseits ihre Konsequenzen ziehen. Für mich blieb erstaunlich, wie selbstsicher wir in der Überzeugung auftraten, es sei alles geregelt, und im Gefolge dieser Überzeugung die Rolle des französischen

Außenministers Georges Bidault überschätzten, der, wie ich zu wissen glaubte, schon Blei in den Flügeln hatte.

Das Schlußkommuniqué vom 20. 2. endete lakonisch: „Die vier Minister hatten einen vollständigen Meinungsaustausch über die deutsche Frage, die Probleme der europäischen Sicherheit und über die österreichische Frage; sie waren jedoch nicht imstande, sich in diesen Fragen zu einigen."

Adenauer war im Grunde erleichtert. Die Gefahr, daß die Großmächte sich auf unsere Kosten einigen könnten, war wieder einmal gebannt. Nun würde man weitersehen. So erschien er selbst am 23. Februar in Berlin und hielt ausgerechnet in der Ostpreußenhalle am Funkturm eine flammende Rede an die Deutschen in der sowjetisch besetzten Zone: „18 Millionen leben in der Knechtschaft. Die Eltern bangen um das Geschick und die Zukunft ihrer Kinder, die Jugend sieht einem menschenunwürdigen Dasein entgegen, das Alter gibt allmählich die Hoffnung preis, sein Leben in Freiheit zu Ende leben zu können. Und doch wage ich zu sagen, so ernst die Lage ist, sie ist nicht verzweifelt, sie ist nicht hoffnungslos ... (Die Konferenz) hat gezeigt, daß die Sowjetunion heute zu Zugeständnissen in der Deutschlandfrage nicht bereit ist. Molotow wollte unter keinen Umständen eine Verständigung. Diese Unnachgiebigkeit kommt aber nicht aus Stärke. Moskau fürchtet für sein Satellitenreich in Europa. Es fürchtet, daß Unabsehbares ins Rutschen kommen könnte ... Wir müssen der Sowjetunion klarmachen, daß das Regime Pieck-Grotewohl nicht die mindeste Aussicht hat, sich in die gesamtdeutsche Zukunft hinüberzuretten und Deutschland das Schicksal der Satellitenstaaten zu bereiten ... Seid wachsam, zäh und geduldig! Wir in der Bundesrepublik fühlen mit Euch und werden Euch helfen, das Los zu ertragen. Wenn wir heute in der Bundesrepublik unsere wirtschaftlichen und politischen Kräfte entfalten, so soll das, was wir erreichen, einmal ganz Deutschland und damit Euch zugute kommen ... Wir bleiben bei der Politik, die mit allen Mitteln, auf allen Wegen und auch den notwendigen Umwegen auf die Wiedervereinigung Deutschlands in Freiheit und Frieden gerichtet ist."

Bereits in Berlin hatten wir in der Beobachterdelegation Bausteine für eine Erklärung der Bundesregierung vor dem Deutschen Bundestag zusammengestellt. Uns war nicht besonders deutlich, daß wir während dieser Arbeit, die in einem Klima kollektiver Intelligenz geleistet wurde, uns gegenseitig stimulierten und den Gedanken einen, wie sich später herausstellte, gültigen, richtungsweisenden Ausdruck gaben. Der Begriff „Europäische Friedensordnung“ wurde nun fest eingeführt. Ebenso der Begriff „Entspannung“, die darauf fußte, daß man die Ursachen der Spannung beseitigen wollte und mußte. Der Ausdruck Friedensordnung war und blieb insofern bestimmend, als er deutlich machte, daß wir mit dieser Ordnung nicht die gegenwärtigen Verhältnisse meinten. Wir meldeten also eine Revision der bestehenden, in unserer Bewertung unhaltbaren Zustände an, in einer Sprache, die keine Besorgnisse über einen deutschen Revanchismus nähren konnte. Es wurde auch bereits von einem kollektiven Sicherheitssystem gesprochen, das die Sowjetunion veranlassen könne, die sowjetisch besetzte Zone aus ihrem Machtbereich zu entlassen.

Entspannung wurde richtig als eine Politik definiert, die darauf gerichtet war, die Ursachen der Spannung zu beseitigen, und nicht etwa als ein Beruhigungsmittel, das dazu bestimmt war, sich mit der imperialen Gewaltpolitik, die sich auf die kommunistische Ideologie stützte, abzufinden.

Wir waren auch unter einem heilsamen Zwang, unsere eigenen nationalen Ziele noch einmal in einer Form vorzustellen, die ihr die Zustimmung der demokratisch regierten Völker und darüber hinaus der Dritten Welt sicherte, in einer Form, die es unseren Verbündeten ermöglichte, die Verwirklichung unserer Ziele zu ihrer eigenen Sache zu machen.

Die Arbeitsweise, die ich mit Nutzung kollektiver Intelligenz versucht habe zu umreißen, war sehr charakteristisch für das Lebensgefühl und das Arbeitsethos, welches uns leitete. Die großen Entwürfe wurden meist in Blankenhorns recht kleinem, rechts von der Treppe oben im Palais Schaumburg gelegenen Zimmer skizziert. Blankenhorn saß an seinem Schreibtisch, wir im Halbkreis um ihn herum. Wir, das waren Felix von Eckardt, Alexander Böker, Franz Krapf und ich, gelegentlich in wechselnder Besetzung. Bei der Behandlung bestimmter Sachfragen holten wir besonders qualizierte Kollegen hinzu. Die Damen aus Blankenhorns Vorzimmer, Frau Schild und Fräulein von Sailern, nahmen unsere Eingebungen auf.

Ich sage Eingebungen, weil jeder eine Passage diktierte, die von einem anderen aufgegriffen, weiterentwickelt wurde. So fügte sich der Text zusammen. Wenn dann Felix von Eckardt unterbrach und sagte: „Freunde, und jetzt noch der warme Cello-Ton!“, dann hörten wir in unserer Vorstellung schon den Beifall, den unser Redner bekommen würde.

Adenauer selbst war nicht immer einverstanden mit dem, was wir anboten, auch gelegentlich unlustig und widerspenstig, sich von uns führen zu lassen, aber der im Umgang mit Adenauer erfahrene Blankenhorn überzeugte ihn schließlich doch meistens zeitgerecht, das Notwendige zu tun. Gelegentlich wurde es knapp, nur noch 48 Stunden bis zur angesetzten Rede im Bundestag und keine Äußerung des Kanzlers zu unserem Entwurf. Wir ahnten, er hatte ihn noch nicht einmal gelesen. Blankenhorn setzte dann die großen Mittel ein. Er ließ Adenauer einen mit der Hand geschriebenen kurzen Brief vorlegen, der in einer subtilen, ebenso energischen wie devoten Sprache darlegte, daß er nun seine verdammte Pflicht und Schuldigkeit tun müsse. Wir saßen wartend in Blankenhorns Zimmer. Er sah auf die Uhr und sagte: „In etwa zehn Minuten wird er anrufen.“ So geschah es. Adenauer unwillig, Blankenhorn extrem geschmeidig, gefügig, zu jeder gewünschten Änderung erbötig, jeder Kritik aufgeschlossen. Adenauer zusagend, er werde den Text lesen. Es geschieht nichts, jedenfalls nicht nach unserem Eindruck, und Adenauer liest schließlich „unsere“ Erklärung im Bundestag vor, bekommt schon während der Rede und am Schluß starken Beifall. Er steigt vom Rednerpult hinunter und wirft uns, die wir bescheiden, wie es sich gehört, in der dritten Reihe der Regierungsbänke sitzen, einen Blick aus den Augenwinkeln zu und sagt halblaut zu uns herüber: „Jute Rede, meine Herren, wat?“ Wir hätten ihn umbringen können und waren doch hochzufrieden.

Am 25. Februar 1954 trug der Bundeskanzler dem Deutschen Bundestag eine Erklärung der Bundesregierung zur Berliner Konferenz vor, die über weite Strecken unseren Entwürfen folgte. Adenauer selbst verschärfte dabei die Kritik an der Sowjetunion. So sagte er, ihre Pläne ließen befürchten, daß die Sowjetunion den Status quo zu gegebener Zeit zur Basis eines weiteren Vordringens in Westeuropa machen werde. „Das letzte Ziel ist die sowjetische Vorherrschaft in Europa." Das war eine jener wirksamen Vereinfachungen, welche die Stärke der Adenauerschen Rhetorik ausmachten. Der Bundeskanzler richtete den Blick weit nach vorn. Er wollte nicht, daß die Einheit Deutschlands mit der Auflösung der Bindung an die Gemeinschaft der demokratisch verfaßten Staaten bezahlt werden sollte. So schloß er mit den Worten: „Nicht nur wird jede Regierung der Bundesrepublik Deutschland alles tun, um ganz Deutschland in der im Bonner und Pariser Vertrag gegebenen Form in die Gemeinschaft der freien Völker führen, sondern, wenn die Stunde der Wiedervereinigung gekommen ist, wird das ganze deutsche Volk diese Entscheidung zu der seinigen machen. Inzwischen gilt es, meine Damen und Herren, die deutsche Einheit zu erhalten, mit der Kraft des Geistes, des Opfers und der Liebe. Es gibt nur ein einziges deutsches Vaterland. Wir werden nicht ruhen und rasten, bis es seine Einheit wiedergefunden hat in Frieden und in Freiheit."

In der sich anschließenden, im ganzen eindrucksvollen, ja großartigen Debatte sprach für die Sozialdemokraten Erich Ollenhauer. In seiner sorgfältig vorbereiteten Rede waren die Grundlinien sozialdemokratischer Politik zu erkennen. In gewisser Weise war die SPD, die als einzige Partei ihre Wurzeln noch im Kaiserreich hatte, konservativer als die neuen Parteien. Die SPD verfolgte eine deutschnationale Politik. So sehr sie einer in Friedenssehnsucht gekleideten Kompromißbereitschaft huldigte, um günstige Voraussetzungen für eine Wiedervereinigung zu finden, so sehr wehrte sie sich dagegen, sich durch die geplanten Sicherheitssysteme und Allianzen in der deutschen Entscheidungsfreiheit einschränken zu lassen. Notstands- und Vorbehaltsrechte der Verbündeten wurden mit großem Mißtrauen analysiert, und immer wieder schlug durch, daß Deutschland nach der Wiedervereinigung volle Selbstbestimmung erhalten müsse, auch die Freiheit, sich aus Bündnisverpflichtungen zu lösen. Deshalb wurde die „forcierte Integrationspolitik" kritisiert, die Ablehnung der Europäischen Verteidigungsgemeinschaft erneut vorgetragen. Andererseits machte Ollenhauer sehr deutlich, daß die SPD eine Politik „der militärischen Sicherheit für unser Volk", wie es formuliert wurde, bejahte. Die Sozialdemokraten setzten ihre Hoffnungen auf ein europäisches Sicherheitssystem, das in die Vereinten Nationen eingebaut werden sollte. Es war zu erkennen, daß die beiden Komponenten, die nationale und die internationale, nicht in Einklang zu bringen waren, wenn es darum ging, konkrete Politik zu treiben und sie jetzt und hier zu entscheiden.

Diese Kritik an dem SPD-Konzept trug Thomas Dehler als Sprecher der Freien Demokraten in der Form konziliant, aber in der Sache schneidend vor, indem er das Hin- und Hergerissensein, das Unvereinbare im sozialdemokratischen Denken aufzeigte.

Am Ende des Tages gab es doch eine vom ganzen Bundestag einstimmig angenommene Entschließung, die zwischen den Fraktionen ausgehandelt worden war. Brentano trug sie vor. Sie lautete:

> Der Deutsche Bundestag bedauert auf das Tiefste, daß die Berliner Konferenz keine Lösung der Deutschlandfrage gebracht hat. Aus den Stellungnahmen des sowjetischen Außenministers geht eindeutig hervor, daß die Sowjetunion heute nicht willens ist, die Wiedervereinigung Deutschlands in Freiheit zuzulassen.
>
> Der Deutsche Bundestag dankt den Außenministern der Westmächte, daß sie sich mit großer Entschiedenheit für die Wiedervereinigung Deutschlands in Freiheit eingesetzt haben. Der Deutsche Bundestag verpflichtet sich von neuem, als die einzige in Freiheit gewählte Vertretung des Deutschen Volkes alles, was in seiner Macht steht, zu tun, um den in Unfreiheit lebenden Deutschen beizustehen und die Wiedervereinigung mit ihnen in Frieden und Freiheit herbeizuführen.
>
> Der Deutsche Bundestag begrüßt es, daß die Berliner Konferenz die Voraussetzung für weitere Verhandlungen geschaffen hat. Er hofft, daß diese Verhandlungen zu einer allgemeinen Entspannung führen und damit neue Möglichkeiten zur Wiedervereinigung Deutschlands eröffnen.
>
> Der Deutsche Bundestag ist willens, dieses Ziel in der Gemeinschaft der freien Welt und in unverbrüchlicher Solidarität mit den anderen freien Völkern Europas zu verfolgen.

Eine große Debatte, die dem ganzen Deutschen Bundestag Ehre machte, war zu einem guten Ende gebracht worden.

Wie sagen wir's dem Volke?

Nach und während den großen Konferenzen habe ich viel gesprochen und geschrieben. Gesprochen mit den Journalisten von morgens bis abends und in der Nacht. Diese Notwendigkeit, sich mitzuteilen, war eine äußerst nützliche Vorbereitung für die Abfassung der schriftlichen Texte in der Folge einer Konferenz. Man konnte sprechend die Formulierungen erproben, sie bewußt oder instinktiv abwandeln und verbessern. Ging es dann ans Schreiben, stand im Kopf vieles schon in einer brauchbaren, gelegentlich gültigen Form bereit.

Die Arbeit mußte nahezu immer unter großem Zeitdruck geleistet werden. Ich arbeitete mit kleinformatigen Ringbüchern, in die ich meine Notizen eintrug, oft nachher schwer zu entziffern, weil sie dem Tempo der Interventionen der verschiedenen Akteure folgen mußten. Dann nahm ich anhand dieser Notizen die mündlichen Unterrichtungen vor. Bei den Entwürfen für ein Kommuniqué war ebenfalls meist wenig Zeit. Oft zogen sich die Konferenzen lange hin, die Presse war ungeduldig und zeigte ob des langen Wartens erste Reizungen. Bei den multilateralen Konferenzen mußte aber doch das Einverständnis aller Teilnehmer zum Kommuniqué oder anderen amtlichen Mitteilungen eingeholt werden. Selbst die wichtigsten mündlichen Aussagen, so die ersten Sätze in einer Pressekonferenz oder einem Informationsgespräch, wurden, wenn irgend möglich, untereinander abgestimmt. Verständlicherweise setzte jede Delegation ihre Akzente, unterstrich die eigene Position und richtete das Licht auf die eigenen Verdienste beim Zustandekommen guter Ergebnisse. Auch hier fand so etwas wie ein Wettlauf mit der Zeit statt. Die Delegation, die als erste an die Presse heranging, bestimmte oft die Richtung der internationalen Berichterstattung, besonders wenn sie die Schlußzeiten der verschiedenen Medien im Auge behielt.

Mit Ausnahme von Adenauer und Blankenhorn hatten unsere Professoren und hohen Beamten für derartige Probleme nur wenig Gespür, und oft mußten wir Presseleute massiv dazwischengehen, um zu sichern, daß eine brauchbare Informationspolitik gemacht werden konnte.

Es war vernünftig, daß die für die Information Verantwortlichen schon vor Beginn einer Konferenz gemeinsam den Versuch machten, mutmaßlichen Ablauf und die Konferenzergebnisse in einem Entwurf für eine Presseverlautbarung darzustellen. Strittiges ließ man beiseite, weil man nicht wußte, was die Konferenz ergeben würde. Im Normalfall konnte man aber ohne großes Risiko zwei Drittel des Textes niederschreiben und nachher verwerten. Die großen Ausnahmen sind in die Geschichtsbücher eingegangen und signalisieren Scheitern oder Durchbruch.

Noch in der Schlußphase eines innen- oder außenpolitischen Entscheidungsprozesses begann die Arbeit unter dem Motto: Wie sagen wir es dem Volke? Dies hatte mir Martinus Emge unter ein schönes Blatt von A. P. Weber geschrieben, auf dem der Fürst und sein Narr durch den Garten wandeln, nachdenklich, wenn nicht sorgenvoll.

In nächtlichen Hotelzimmern, in der Eisenbahn, später mehr und mehr im Flugzeug schrieb ich die ersten Entwürfe für Regierungserklärungen, Reden und Interviews sowie diplomatische Korrespondenzen. In der Kladde steht dann: erster Entwurf, zweiter Entwurf, dritter Entwurf. Irgend etwas gefiel mir selbst nicht mehr, oder ich hatte den Text unter der Einwirkung und Mithilfe kluger Kollegen verändert. Manchmal bekam ich einen Zettel von Adenauer, mit Bleistift beschrieben, in seiner gotischen Schrift, mit Stichworten, Begriffen und halben Sätzen, die ich zu interpretieren versuchte. Die Zettel kamen, ähnlich wie Alexander von Humboldts Briefe, aus dem Feldlager, sie waren kreuz und quer beschrieben, enthielten abrupte Einwürfe, Wortstücke, deren Umfeld sich dann wie bei einer Ausgrabung rekonstruieren ließ. Da war zu lesen: „Gefährdung der Bundesrepublik viel stärker“ oder: „Verteidigungskosten soziale Aufgaben nicht hindern, bester Schutz gegen innere Unterminierung“; oder: „WEU, nicht militärische Zielsetzung hervorheben“. Meist ahnte ich, was Adenauer sagen wollte, wenn nicht, halfen Blankenhorn und Hallstein bei der Interpretation.

Diese Art der Arbeit verhalf zu zusätzlichen aufschlußreichen Einblicken in Adenauers Denk- und Handlungsweise. Bei einem Text über ein System kollektiver Sicherheit machte der Kanzler Anmerkungen, die scheinbar gegensätzlich waren. Er vergröberte in seiner Argumentation, die sich nach innen richtete, auf die deutsche und alliierte Öffentlichkeit zielte, und schwächte ab, wenn er der sowjetischen Aufmerksamkeit sicher sein konnte. Ein Beispiel: Ich hatte geschrieben: „Die Regierungen der freien Staaten müssen darauf bedacht sein, daß sie keine Vereinbarungen treffen, die die Gewaltherrschaft des Kommunismus in den osteuropäischen Staaten befestigten. Das kommunistische Regime ist in diesen Staaten unter eindeutigem Bruch der sowjetischen Verträge mit den Westmächten an die Macht gelangt. Die Sowjetunion darf nicht erwarten, daß diese Vertragsverletzungen von der westlichen Welt offiziell sanktioniert werden. *Schon die Zusage der Nicht-Einmischung in die inneren Angelegenheiten der Satellitenstaaten ist im Grunde problematisch und nur der Verzicht auf jede gewaltsame Änderung des bestehenden Zustands kann bedenkenlos ausgesprochen werden.* In gleicher Weise steht auch die Wiedervereinigung Deutschlands in einem Zusammenhang mit der Bildung eines europäischen Sicherheitssystems. Die Wiedervereinigung ist für die Welt draußen der deutsche Aspekt dieses ganzen Problemkreises. Mit anderen Worten: Wir müssen der Gefahr begegnen, daß ein Sicherheitssystem auf der Grundlage des Status quo zustande kommt und der gegenwärtige, völlig untragbare Zustand der Teilung auf absehbare Zeit verewigt wird." Meine Formulierung zur Frage der Nicht-Einmischung war Adenauer zu scharf. Ich wollte andererseits über seine Erklärungen vom 4. September 1952 und vor dem National Press Club in Washington hinausgehen. Ich schrieb: „Da wir unsere Sicherheit nicht gefährden dürfen und nicht unter die Vormachtstellung der Sowjetunion geraten wollen, müssen wir unser eigenes Sicherheitssystem, wie es die Pariser Verträge vorsehen, verwirklichen. Dieses System sollte dann als Ganzes mit der Sowjetunion und den anderen Satellitenstaaten *Sicherheitsabsprachen treffen, die in Nicht-Angriffsgarantien, vielleicht aber auch in Beistandsverpflichtungen bestehen könnten.* Das Zustandekommen einer derartigen Vereinbarung würde wesentlich erleichtert werden, wenn die Ostblockstaaten sich bereit finden würden, innerhalb ihres eigenen militärischen Systems ähnliche Kriterien anzuwenden, wie sie die Brüsseler Gemeinschaft und den Nordatlantikpakt bestimmen. Ich meine die Begrenzung der Effektivstärken und die Kontrolle der Rüstung." Dieser Versuch der Konkretisierung von Nicht-Angriffsgarantien und Beistandsverpflichtung ging Adenauer zu weit. Er blieb bei der allgemeinen Aussage

„... vertraglich zu regelnde Beziehung zum Ostblock treten, die allen Beteiligten Sicherheit vor einer Aggression bietet."

Die Zahl der unter diesen Umständen in diesen Jahren geschriebenen Worte ist Legion. Sie verstreuten sich. Je sème à tout vent – die Devise des Dictionnaire Larousse war auch zu meiner geworden. Ich band sie mit dem trockenen Wappenspruch meiner Frau zusammen: et alteris utilis, auch anderen nützlich.

Eine Anmerkung zu Hallsteins Art und Weise, sich zuarbeiten zu lassen, ist hier angebracht. *Foreign Affairs*, die große amerikanische Zeitschrift, hatte ihn um einen Artikel gebeten. Er trug mir auf, ihm einen Entwurf zu schreiben. Das tat ich auch, er las ihn, er gefiel ihm ganz gut, aber er hätte ihn gerne nach seiner Art verändert und verbessert. Er hatte aber wenig Zeit. Ich sagte ihm, er solle mir sagen, was ihm nicht gefiele, und er erwiderte: „Er gefällt mir schon, das ist eben die Schwierigkeit, ich würde ihn nur im Ganzen anders anlegen."

Der Zeitpunkt der Drucklegung kam. Schließlich sagte Hallstein: „Also, was solls, wir geben ihn so hin, wie Sie ihn entworfen haben." So geschah es. Nach einiger Zeit erhielt er ein recht ansehnliches Honorar in Dollar. Er ließ mich zu sich kommen und sagte: „Es ist ja Ihr Artikel, und nun habe ich das Honorar dafür bekommen; auf der anderen Seite hätten Sie nicht ein so hohes Entgelt erhalten. Also, wissen Sie was, wir teilen uns die Sache." Dies ist das einzige Mal, das mir etwas Derartiges widerfahren ist. Wohlgemerkt, ich hatte auch nicht damit gerechnet, und es stand mir in gewisser Weise auch nicht zu, denn schließlich bekam ich ja mein Gehalt, um im Presse- und Informationsbereich tätig zu sein. Der Vorfall zeigt indessen, wie gut Hallstein innerlich verfaßt war.

In einer Phase unserer Nachkriegsgeschichte, in der die junge Republik und ihre Führer darauf bedacht sein mußten, Aufmerksamkeit zu finden, als die veröffentlichte Meinung und das Nachrichtenwesen zu den wichtigsten Vermittlern unserer Absichten, Wünsche, Forderungen und Ziele gehörten, weil wir einstweilen noch ohne ein eigenes Netz von passiven und aktiven Institutionen im Ausland auskommen mußten, hatte die Informationspolitik eine in vieler Hinsicht entscheidende Bedeutung gewonnen. Dies ließ sich auch daran erkennen, daß die zahlenmäßige Besetzung des Informationsbereichs in den deutschen Delegationen, zum Beispiel auf den Genfer Konferenzen, viel stärker war als in den späteren Jahren, von der Qualität der entsprechenden Leute ganz zu schweigen, die eben von den Spitzenjournalisten der Weltpresse als ebenbürtige Partner empfunden wurden.

Mir selbst ist in diesen Jahren bewußt geworden, welche Rolle das Informationswesen in der modernen Welt spielt, und ich habe das nicht vergessen.

Dies hat mich nicht gehindert zu sagen, daß die Informationspolitik ihren Mutterstoff aus der Politik selbst bezieht, ergo auch die beste Informationspolitik nichts bringt, wenn sie sich auf eine schlechte Politik stützen muß. Sie kann vorübergehend einen Rauchschleier schießen, in dessen Schutz man eine Schwächeperiode übersteht, das ist aber auch alles.

Nichtsdestoweniger setzt eine wirksame Informationspolitik eine solide Kenntnis des Medienwesens voraus, die den Kennzeichen und Eigenarten der gedruckten und der audiovisuellen Medien Rechnung trägt, die sich die direkte Ansprache der Öffentlichkeit durch Kundgebungen, Reden und Anzeigen vorbehält. Die direkte Ansprache ist eine Art Auslöser für die indirekten Reflexe und in dieser Funktion unentbehrlich. Wichtig ist eine gute Kenntnis des in der Medienwelt tätigen Personals. Sehr oft findet man Persönlichkeiten, Männer und Frauen, zu denen man Vertrauen faßt, was so gut wie immer mit Vertrauen erwidert wird. Die Politiker selbst beobachten diesen Umgang oft mit einem leichten Unbehagen oder Mißtrauen. Dies ist in dem Sinne begründet, daß die ersehnte ständige Glorifizierung des großen Mannes auf die Dauer einem politischen Dialog zwischen verständigen und intelligenten Menschen banale Züge verleiht und zu seiner Entwertung führt. Das ist natürlich auch den führenden Leuten in Regierung und Parlament bewußt, aber ein klein wenig irritiert die Vorstellung doch, daß in einem Gespräch eingeräumt werden könnte, der Kanzler oder wer auch immer habe an diesem Tage keine besonders glückliche Hand bewiesen. Selbst der Zusatz „ganz im Gegensatz zu sonst“ würde wohl nicht als heilend empfunden werden.

Die Sachzwänge reduzieren allerdings diese Empfindsamkeiten auf ein erträgliches Maß. In einer Demokratie kann der Politiker eben nicht im stillen wirken, wenn er gewählt werden, also durch gültig begründete Zustimmung der Wähler eine Berechtigung erhalten will, Politik zu treiben. In einer Diktatur besteht der Kunstgriff des Tyrannen darin, durch vorgetäuschte, vom System mehr oder weniger kunstvoll selbst produzierte Zustimmung die demokratische Legitimation zu ersetzen. Seit Politik gemacht wird, hat sich an diesen Grundsituationen nicht viel geändert. Die Möglichkeiten sich mitzuteilen, für die gute Sache und natürlich auch für den Verfechter der guten Sache zu werben, hatten sich allerdings nach dem Kriege im beginnenden elektronischen Zeitalter in einer Weise vergrößert, die demonstrierte, daß die Voraussicht auch phantasievoller und imaginativer Köpfe begrenzt war.

Von den vielen Voraussetzungen, die der Politiker mitbringen muß, um Erfolg zu haben, sich durchsetzen zu können, war inzwischen mediengerechtes Verhalten zu einer der wichtigsten geworden. Können und Versagen auf diesem Gebiet entschieden weitgehend über Sieg oder Niederlage. Dies war einem Mann wie Adenauer bewußt, und so widmete er der Informationspolitik viel Zeit und schenkte auch den Leuten, die sie betrieben, eine gewisse Aufmerksamkeit. Wir versuchten klarzumachen, daß die Wahl des Zeitpunkts, zu dem die Botschaft des Politikers verkündet werden sollte, sehr wichtig sei. Mit dieser Aussage berührten wir einen zentralen Punkt. Viele, wenn nicht die meisten Politiker geben Interviews, wenn sie darum gebeten werden. Natürlich bleibt die Entscheidung, ob sie einem bestimmten Journalisten zu Willen sind oder in einer bestimmten Sendung auftreten wollen, in ihrer Hand. Aber, so wie die Dinge sich entwickelt hatten, war es in den meisten Fällen keine freie Entscheidung, weil das inzwischen entstandene Beziehungsgeflecht zwischen den Medien und der Politik eine Ablehnung systemwidrig erscheinen ließ und negative Folgen für den sich Verweigernden haben konnte. Damit er das auch begriff, wurden ihm diese Folgen hin und wieder im Klartext angedroht. Der Vorgang war, beiläufig angemerkt, ein Hinweis auf den Prozeß der Veränderung, der den repräsentativen Charakter unseres parlamentarischen Systems durch das Plebiszit ablösen will, wobei die Kunstfigur des mündigen Bürgers in Anspruch genommen wird.

Auch in Kenntnis all dieser Umstände bleibt übrig, daß der Politiker den Journalisten in gewisser Weise benutzt. Der Journalist ist sich dessen bewußt, und er läßt sich auch benutzen.

Nicht nur eine dialektische Betrachtungsweise, sondern auch die praktische Erfahrung gibt Hinweise darauf, daß in Umkehrung der Journalist auch den Politiker benutzen kann. Zu Beginn erfolgreicher Versuche dieser Art steht die für den Journalisten oft bittere Erkenntnis, daß die Öffentlichkeit für seine großartigen Gedanken oft nur ein geringes Interesse aufbringt, während sie bereit ist, denselben Überlegungen und Vorschlägen, wenn sie von einem angesehenen Politiker vorgetragen werden, eine gewisse Aufmerksamkeit zu schenken. Der Publizist stellt im besten Fall seine Eitelkeit im Dienste höherer Ziele zurück und ersetzt sie durch die stille Genugtuung. Er bittet also um ein Interview, legt schriftlich nicht nur die Fragen vor, sondern liefert auch gleich die Antworten dazu. Ernst Friedländer hat seine großen Interviews mit Konrad Adenauer, die er so oft in den Dienst der europäischen Einigung stellte, so an den gut ausgewählten Mann gebracht. Diese Interviews haben Friedländer und ich gemeinsam vorbereitet. Wir formulierten die Fragen und auch die Antworten. Wir ahnten, was Adenauer wollte, und, deshalb war es so schwierig nicht, die Antworten zu entwerfen. Vom Stil her war Friedländer nicht immer so trocken und nüchtern wie Adenauer meist formulierte, aber daran nahm er keinen Anstoß und die Leser schon gar nicht. Unser Ehrgeiz und unser Vergnügen bestand nun darin, den Kanzler mit den ihm vorgegebenen Antworten dazu zu bringen, eine seiner Absichten zu verdeutlichen, seine Gedanken voranzutreiben und ihnen eine bestimmte klare Richtung zu geben. Natürlich bildeten wir uns nicht ein, Adenauer zu etwas drängen oder zwingen zu können, was ihm nicht paßte. Der Politiker selbst fühlte sich aber keineswegs als Opfer einer solchen Methode. Oft weiß er es zu schätzen, daß jemand klar formulieren kann, was er selbst bisher nur als Vorstellung mit sich herumgeschleppt hat. Er hatte sich immer vorgenommen, darüber einmal genauer nachzudenken, aber der Druck der Tagesgeschäfte ließ ihm dazu keine Muße. Nun erkennt er plötzlich, wie hochfliegend seine Gedanken waren, wie konstruktiv die in die Zukunft weisenden Pläne erscheinen.

Ich bin manchmal gefragt worden, welche Empfindungen ich

hegte, wenn meine eigenen Worte vom Kanzler, vom Minister oder vom Staatssekretär verkündet wurden. Das war einfacher und unkomplizierter, als die meisten annahmen. Meine eigenen Äußerungen waren uninteressant. Sie stießen in dem Maße auf Interesse, als man hinter ihnen die Ansichten und Absichten der Regierung vermutete. Nur wenn meine Gedanken von den Politikern angenommen wurden, bekamen sie Gewicht, beeinflußten sie den Lauf der Dinge. Dies blieb mir immer bewußt. Ich freute mich ohne Nachgeschmack, wenn eine Politik, die ich formuliert und zu einem Teil konzipiert hatte, proklamiert und dann auch noch verwirklicht wurde. Meine Freunde und ich empfanden uns ohne Aufhebens als Staatsdiener.

Heute in diesen Entwürfen zu stöbern, ist in dem Sinne aufschlußreich und zugleich überraschend, weil von Beginn an der rote Faden anzutreffen ist, der über die Jahre nie verloren geht. Freiheit vor Einheit, Befriedigung des sowjetischen Sicherheitsbedürfnisses als Voraussetzung der Wiedervereinigung. Fester Verbund mit der Europäischen und Atlantischen Gemeinschaft. Keine Einigung der ehemaligen Kriegsgegner auf Deutschlands Kosten, keine Neutralität. Was im nachhinein besonders erstaunt und überzeugt, ist, wieviel Arbeit und Sorgfalt wir darauf verwandt haben, ein europäisches Sicherheitssystem zu entwerfen, das auch den legitimen Ansprüchen der Sowjetunion Rechnung trug.

Die grosse Illusion

Einen Teil der Sommerferien des Jahres 1954 hatte ich mit meiner Familie in Royan im Südwesten Frankreichs verbracht. Max Brusset war Bürgermeister von Royan und Abgeordneter im Département Charente-Maritime. Die Gegend von Bordeaux bis zur Mündung der Gironde ist ein gesegnetes Land. Die Weine sind vorzüglich, die Austern stets frisch, das Fleich des Bœuf Charôlais gehört zum besten, und die Butter ist besonders gut. Im Sommer ist es tagsüber angenehm warm, aber nicht zu heiß. Man findet immer noch einen Strich Strand, wo man fast allein ist, manchmal stößt man auf einen alten Bunker des Atlantikwalls, einen jener unnützen, auch militärisch verfehlten Großbauten, mit denen wir geglaubt hatten, uns vor einer Invasion schützen zu können. Der vertraute Umgang mit unseren französischen Freunden, die überwiegend Gaullisten waren, machte eine Vorahnung zur Gewißheit. Wir in der Bundesrepublik waren dabei, mit dem Ende einer anderen Illusion konfrontiert zu werden. Die europäische Verteidigungsgemeinschaft, dieses in langen Verhandlungen erarbeitete Vertragsgebäude, hatte keine Aussicht, in der französischen Nationalversammlung gebilligt zu werden.

Die knappe Zusammenfassung Max Brussets lautete: „Mon pauvre ami! Ça ne passera pas!“

Es ist im nachhinein schwer, sich den Grad der Borniertheit zu erklären, der das Verhalten einiger Leute in der deutschen politischen Führung bestimmte. Eigentlich wußten alle, die zum politischen Milieu gehörten, daß die Bundesrepublik, und insbesondere Adenauer selbst, schon seit 1950 Deutschland den Zutritt zur NATO offenhalten wollten. Die Mitgliedschaft in der Europäischen Verteidigungsgemeinschaft war der Fuß in der Tür zur NATO. Deshalb hatte Adenauer immer wieder darauf gedrängt, die EVG in einer möglichst festen vertraglichen Form an die NATO zu binden. Wir bissen uns so in einer Sache fest, die wir unter dem Druck der Notwendigkeit akzeptiert hatten, daß wir nicht-deutsche Kritiker und Gegner des EVG-Projekts als unsere Feinde betrachteten. In Wahrheit konnten sie unsere Verbündeten und Hilfstruppen werden, wenn wir mit weniger Eifer unser Geschäft betrieben.

Zur Illustrierung mag dieser Vorfall dienen. Theodor Blank, der „Beauftragte des Bundeskanzlers für die mit der Vermehrung der alliierten Truppen zusammenhängenden Fragen", wie die seine wirkliche Aufgabe verdeckende Amtsbezeichnung hieß, hatte im Zusammenhang mit dem Besuch unseres französischen Freundes Max Brusset am 7. Mai 1954 einen Brief an Staatssekretär Hallstein geschrieben, in dem es hieß, ich, Diehl, „wolle in einem Augenblick, in dem der Herr Bundeskanzler erneut mit allem Nachdruck auf die Einhaltung der bisherigen Linie hingewiesen" habe, eine „von der Bundesrepublik verworfene Politik fördern".

Ich mochte Theodor Blank persönlich gut leiden. Wir hatten uns bei den mit seinem Auftrag zusammenhängenden Pariser Verhandlungen näher kennengelernt. Er war rauh und ruppig in seinen Umgangsformen, aber aufrichtig in seinen Überzeugungen und seinem Verhalten. Er kam aus seiner Gewerkschafterhaut allerdings nicht heraus. Ich erinnere mich, daß wir den Nachtzug am Pariser Nordbahnhof nahmen, um nach Bonn zurückzufahren, und ich meine beiden Koffer einem Gepäckträger übergeben hatte. Blank sagte zu mir: „Finden Sie das nicht anstößig, daß sie diesem Mann zu einer Art Sklavenarbeit benutzen. Ich trage meine Koffer selbst." Ich sagte: „Ich nehme an, daß der Gepäckträger gewerkschaftlich organisiert ist und mein Verhalten als sozialverträglicher ansieht als ihres." Wir mußten beide lachen.

Um so ärgerlicher war der Stoß, den Blank nun mit seinem Brief führte. Ich wurde aufgefordert, mich dienstlich zu äußern, und erklärte zunächst einmal, daß der Besuch von Brusset durch Herrn von Eckardt initiiert worden war, weil Brusset das Amt des stellvertretenden Vorsitzenden des Informationsausschusses der französischen Kammer innehatte. Der ganze Besuch beschäftigte sich mit konkreten operativen Problemen der deutsch-französischen Zusammenarbeit auf dem Gebiet des Pressewesens, insbesondere des Rundfunks und des Fernsehens. Daß das Thema europäische Verteidigungsgemeinschaft behandelt wurde, lag schon angesichts des Besuchstermins nahe, war aber nur eine Nebenfrage. In der Aufzeichnung, die von Eckardt über den Besuch gemacht hatte, hieß es am Schluß: „Herr Brusset zählt zu den Gegnern der EVG, befürwortet aber einen deutschen Verteidigungsbeitrag und tritt für eine

Alternativlösung ein. Er hat seine Anwesenheit hier dazu benutzt, um ein kurzes schriftliches Exposé seiner Gedanken zu dieser Frage zu übergeben, die er mündlich noch erläuterte. Dank der Unterhaltungen, die mit ihm geführt wurden, hat Herr Brusset schließlich geäußert, daß er im Falle, daß eine brauchbare Alternative zur EVG nicht in Sicht komme, seinem Gewissen folgen und notfalls auch im Gegensatz zur Mehrheit seiner Fraktion für die EVG stimmen werde." In meiner Stellungnahme fügte ich folgendes hinzu:

Soweit über die EVG gesprochen wurde, geschah es von deutscher Seite in der Absicht, Herrn Brusset entweder für die EVG zu gewinnen, oder ihn wenigstens soweit sachlich zu beeinflussen und menschlich zu binden, daß a) seine eigene Argumentation gegen die EVG nicht zu einer Argumentation gegen die deutsche Wiederbewaffnung oder gegen das Zusammengehen mit Deutschland überhaupt ausartet; b) er nach einer Ratifizierung der EVG durch Frankreich sich an eventuellen Sabotageversuchen der Rechten nicht beteiligt.

Es versteht sich, daß man Herrn Brusset in einem solchen Gespräch zubilligen muß, auch seine Auffassung zu vertreten. Herr Brusset hat schließlich unter dem Eindruck der Argumentation von Herrn Botschafter Blankenhorn die in der Aufzeichnung des Herrn Bundespressechefs erwähnte Äußerung getan. Es war die Absicht, die deutsche Beweisführung für die EVG dadurch überzeugender zu machen, daß sie im Gespräch auch von Herrn Abgeordneten Blank und von Herrn General a.D. Heusinger vorgetragen wurde, zumal ausführliche Unterredungen, die Herr Blank kurze Zeit vorher mit dem Herrn Abgeordneten Frugier, der der Billotte-Gruppe angehört und Bonn besucht hatte, offenbar die gewünschte Wirkung getan hatten. Die Herren Blankenhorn und Heusinger sind deshalb von Herrn von Eckardt zuerst gemeinsam, dann aus Terminschwierigkeiten getrennt zu Essen mit Herrn Brusset, Vertretern des Bundespresseamtes und Abgeordneten des Bundestages eingeladen worden. Herr General a.D. Heusinger, der zugesagt hatte, erschien nicht, weil Herr Blank ihm irrtümlicherweise hatte mitteilen lassen, das Essen sei um einen Tag verschoben worden. Herr Blank, der zu dem Essen mit einigen Abgeordneten zugesagt hatte, blieb ohne weitere Nachricht fern.

Herr Blank hat meines Wissens gegenüber Journalisten, darunter Herrn Lescrenier, über den Vorfall gesprochen und sein Verhalten als besonders wachsam bezeichnet, da man ihn auf den Leim locken und zu einer Alternativlösung habe verführen wollen. Durch entsprechende Pressemeldungen ist später auch Herrn Brusset der demonstrative Charakter des Fernbleibens von Herrn Blank klargeworden.

Die Unterhaltung von Herrn Brusset mit Herrn Heusinger ist doch zustande gekommen, um, abgesehen von früher erwähnten sachlichen Motiven für ein derartiges Gespräch, für alle Beteiligten den Eindruck zu vermeiden, der General sei aus Unhöflichkeit oder in einer politischen Absicht einem Essen ferngeblieben, zu dem er zugesagt hatte. Das „Memorandum", daß Herr Brusset Herrn Heusinger nach einer Frage, ob ihm eine Zusammenfassung seiner Argumentation zur Europäischen Verteidigungsgemeinschaft interessiere, auf die bejahende Antwort hin übergab, wurde von Herrn Brusset als eine Arbeit bezeichnet, die niemanden engagiere als ihn selbst. Er glaube aber, daß sie im großen Ganzen auch den Standpunkt von Marschall Juin wiedergebe. Herr Heusinger bemerkte dazu, daß Marschall Juin im Gespräch mit ihm bereits vor einem Jahr die Auffassung dargelegt habe, die er jetzt öffentlich vertrete. Das Memorandum läßt an der Art der Beweisführung erkennen, daß es für den inneren französischen Gebrauch verfaßt wurde.

Am 22. August 1954 sollte die entscheidende Konferenz in Brüssel stattfinden. Ich fuhr über Paris direkt zum Konferenzort und meldete mich am Vorabend bei Professor Hallstein. Ich fragte ihn, ob ich ihn allein sprechen könnte. Ich hätte eine, wie mir schiene, wichtige Information aus Frankreich mitgebracht. Hallstein lehnte ab und sagte, ich könne meine Mitteilungen in der morgigen Delegationsbesprechung machen. Mein Wunsch, Hallstein alleine zu sprechen, war von der Rücksichtnahme bestimmt, nicht in Gegenwart Dritter dem Staatssekretär sagen zu müssen, daß er die politische Lage in Frankreich nicht nur in dieser oder jener Einzelheit, sondern im ganzen falsch einschätzte. Ich überlegte, was ich machen sollte. Schließlich sagte ich mir, daß die Sache zu gravierend sei, um sie auf Grund opportunistischer Erwägungen sich selbst zu überlassen.

In der Besprechung, an der Hallstein, Krapf und Berndt von Staden teilnahmen, berichtete ich kurz. Das EVG-Projekt habe in der französischen Nationalversammlung keine Mehrheit. Jeder, der zählen könne, komme zu diesem Ergebnis. Pierre Mendès-France sei der einzige, der vielleicht die fehlenden Stimmen auf der französischen Linken zusammenbringen könne, wenn man ihm entgegenkomme. Dazu sei notwendig, den hochintegrierten, supranationalen Charakter der Europäischen Verteidigungsgemeinschaft, so wie sie geplant sei, abzuschwächen. Es müsse neu verhandelt werden. Ob dieses Entgegenkommen zum Erfolg führen werde, sei ungewiß. Dennoch sei es geboten, einen Versuch zu machen. Bestehe man auf einer Ratifizierung des Vertrages in der gegenwärtigen Form, sei die Europäische Verteidigungsgemeinschaft, auf deren Zustandekommen wir aus guten Gründen soviel Mühe verwandt hätten, meiner Meinung nach endgültig gescheitert.

Hallstein ging auf meinen Bericht nicht ein, sondern sagte kühl und knapp, man dürfe dem Pferd keine Möglichkeit zum Ausbrechen lassen, sondern es an das Hindernis heranführen, dann werde es auch springen. Ich merkte halblaut an: „Oder man findet sich im Graben wieder ..."

Die Konferenz unter dem Vorsitz von Paul-Henri Spaak verlief wie erwartet. Beide Seiten machten Änderungsvorschläge, diejenigen von Mendès-France wurden von Adenauer, Bech, Beyen und Piccioni verworfen. Die Bemühungen des amerikanischen Botschafters David Bruce, der eifrig hinter den Kulissen tätig war, um zu retten, was zu retten war, hatten kein Ergebnis. Die Konferenz endete mit einer maßlosen Enttäuschung. Im Kommuniqué hieß es trocken: „Trotz einer langen Erörterung der Änderungen, die nach Auffassung der französischen Regierung an dem Vertrag vorgenommen werden sollten, konnten sie (die Vertreter der sechs Regierungen) hierüber keine Einigung erzielen."

Konrad Adenauer selbst war tief getroffen und lastete Mendès-France die Verantwortung für das Scheitern der Konferenz an. Mehr noch ärgerte ihn, daß er sich so gründlich getäuscht hatte. Dies einzusehen, brauchte nicht nur bei Adenauer Zeit.

Schon in der Nacht vom 30. zum 31. August beschloß die französische Nationalversammlung mit 319 zu 264 Stimmen, den Vertrag ohne Debatte von der Tagesordnung abzusetzen. Das ganze Gebäude krachte mit großem Getöse zusammen.

Die internationale und auch die deutsche Presse beschäftigte sich in den folgenden Tagen ausführlich und kritisch mit dem Ereignis und seinen Folgen. In der deutschen Presse wurde angemerkt, daß die Bundesregierung immer erklärt habe, es gäbe keine Alternative zur Europäischen Verteidigungsgemeinschaft. In einem Pressegespräch, das ich für Professor Hallstein mit den außenpolitischen und diplomatischen Korrespondenten der wichtigsten deutschen Medien im Presseklub arrangiert hatte, fragte denn auch Dr. Strobel den Staatssekretär, wie er, der immer die Existenz einer Alternative geleugnet habe, nun weiterverfahren wolle, um aus der Sackgasse herauszukommen. Hallstein sagte ein wenig zu gönnerhaft: „Lieber Herr

Dr. Strobel, wir hatten nicht nur eine, sondern zwölf Alternativen vorbereitet." Worauf Strobel fragte, ob er richtig gezählt habe. Der Rest des Gespräches war dann schwierig, und die großen Blätter blieben bei ihrer zum Teil wohlfundierten Kritik.

Wenig später wurde ich zum Leiter der Personalabteilung bestellt, Herrn Löns. Er war ein Vertrauensmann von Globke und damit von Adenauer und gehörte zu den Seilschaften der katholischen Studentenverbände, die in allen wichtigen Ressorts anzutreffen waren und ein relativ stabiles Netzwerk zustande gebracht hatten. Sie waren im allgemeinen von nahezu unbedingter Loyalität gegenüber Adenauer, und eben deshalb saßen sie überall da, wo Personalpolitik gemacht wurde. Dagegen war wenig einzuwenden, wenn die betreffenden Herren einigermaßen kompetent waren. Das war nicht immer der Fall. Löns war tüchtig, hatte aber keine Erfahrung in dem großen Felde der auswärtigen Beziehungen. Ob er verstand, was die veröffentlichte Meinung bedeutete und wie sie zustande kam, blieb zweifelhaft.

Als ich vor Löns saß, sah ich, daß auf seinem Schreibtisch verschiedene Zeitungsausschnitte lagen, die ich unschwer als die Berichte und Kommentare erkannte, in denen mit der Bundesregierung ins Gericht gegangen worden war. Löns marschierte eine Weile um den heißen Brei herum und äußerte schließlich die Vermutung, die Kritiken seien von mir inspiriert worden, zumal einige von ihnen Einzelheiten enthielten, die nur Eingeweihten bekannt gewesen seien. Meine eigene im Amt bekannte Einstellung und Bewertung der ganzen Vorgänge schlage in vielen der Berichte durch.

Ich merkte an, es könne nicht verwundern, wenn die Presse einen auch in den Augen der Bundesregierung dramatischen Fehlschlag lebhaft diskutiere und danach frage, woran es gelegen haben könnte, daß ihr so kapitale Fehleinschätzungen unterlaufen seien. Dazu bedürfe es keiner Ermutigung durch Dritte. Nach meiner Meinung gehe die Presse eher schonend mit der Bundesregierung um. Dies könne ich mir zu einem Teil zugute halten. Was die Darstellungen interner Auseinandersetzungen innerhalb der Bundesregierung, zum Beispiel in der Berichterstattung der *Frankfurter Allgemeinen Zeitung*, anbetreffe, die er, wie ich sähe, vor sich liegen habe, so könne ich ihm die Quelle bezeichnen, wenn er mich danach frage. Ich müsse ihm dann allerdings einen Bundesminister nennen. Löns vermied es zu fragen, kam statt dessen wieder auf meine eigene Arbeit zurück. Ich sagte rundheraus, man könne eine glatte Fehleinschätzung nicht als Erfolg aufputzen. Statt unsere Zeit zu verschwenden, sollten wir lieber zusehen, wie wir aus der Sackgasse herausfinden könnten.

Ich fügte dann hinzu, ich sei mir über die Art unserer Unterhaltung nicht im klaren. Wenn sie aus seiner Sicht einen förmlichen, disziplinarrechtlichen Charakter habe, dann würde ich sie lieber jetzt abbrechen und erst in Gegenwart eines Anwalts meiner Wahl fortsetzen. Dies werde aller Wahrscheinlichkeit nach der Abgeordnete Kurt Georg Kiesinger sein. Löns brach dann ab und sagte, er werde von sich hören lassen.

Wir trennten uns. Ich war voller Erbitterung und Zorn. Die Gefühle wurden in den nächsten Tagen von kühleren Überlegungen verdrängt. Ich hatte wenig Vergnügen daran, daß ich recht behalten hatte. Ich war zu einer lebenden Anklage geworden. Wenn meine Prognose nach drei Monaten oder gar einem Jahr später bestätigt worden wäre, sich als richtig herausgestellt hätte, wäre dies vermutlich ohne Folgen geblieben. Aber schon nach zehn Tagen in einer hochkapitalen Angelegenheit die für die Außenpolitik Verantwortlichen und alle Welt daran zu erinnern, daß sie sich gründlich getäuscht hatten und – obwohl gewarnt – in ihrem Irrtum gefangen geblieben waren, mußte bei manchem Unlustgefühle auslösen. Sie hätten aber eigentlich mehr Grund gehabt, ihre Gefühle unter Kontrolle zu halten als ich.

Im Anschluß an einen Routinevortrag bei Hallstein fragte ich ihn, ob er Löns beauftragt habe, mich vorzuladen oder ob er davon gewußt habe. Nach einigen ausweichenden Äußerungen sagte er schließlich, er habe davon gewußt und die Einleitung einer Untersuchung nicht verhindert. Ich bedankte mich für die Offenheit. Später, als Heinrich von Brentano im September 1955 Außenminister geworden war, brachte ich die ganze Geschichte zur Sprache. Ich sagte, mein Vertrauensverhältnis zu Hallstein sei nachhaltig gestört und werde sich, was mich anbetreffe, so bald nicht wiederherstellen lassen. Meine erste Loyalität gelte ihm, Brentano, die Hallsteins dem Bundeskanzler. Meine eigene Stellung im Gefüge des Auswärtigen Amts sei zwar stärker als meine protokollarische Einordnung als

Legationsrat Erster Klasse, aber viel zu schwach, um in einem ständigen Spannungsfeld noch sinnvoll arbeiten zu können. Er möge deshalb Verständnis dafür haben, wenn ich um eine andere Verwendung nachsuchte.

Brentano erwiderte, er rate dazu, den Vorfall nicht zu dramatisieren. Er lege Wert darauf, mich in Anbetracht der gerade jetzt sich auftürmenden Probleme noch eine Weile an seiner Seite zu haben. Er werde mit Hallstein reden. Irgendwann später könne ich ja ins Ausland gehen.

Ich besprach mich mit meinen Freunden in der Nähe Brentanos und Hallsteins. Wir kamen zu dem Resultat, daß ich ausharren sollte. Ich mußte auch unter diesen Umständen bei Brentano bleiben und meine Arbeit als Sprecher des Auswärtigen Amtes fortsetzen. Es wäre unanständig gewesen, sich jetzt aus der Zentrale wegzuschleichen.

Die Rettung

Bei unseren künftigen Verbündeten hatte das Scheitern der Europäischen Verteidigungsgemeinschaft Bestürzung ausgelöst, die aber erstaunlich schnell in entschlossenes Handeln einmündete. Die EVG wurde zunächst fast ohne Reue zu den Akten gelegt. Im nachhinein wurden auch die Schwächen des Projekts deutlicher gesehen. Die Verteidigungsgemeinschaft hatte keinen Platz für England gelassen, die deutsche Verbindung zum Nordatlantischen Bündnis und damit zu den Vereinigten Staaten war institutionell schwach geblieben.

Anthony Eden und John Foster Dulles faßten einen kühnen Entschluß. Sie wollten die Bundesrepublik in die Northatlantic Treaty Organisation aufnehmen. Eine deutsche NATO-Mitgliedschaft hätte in der Tat nahezu alle Probleme gelöst, sowohl diejenigen militärischer als auch diejenigen politischer Natur. Die Lösung bot insbesondere für die Bundesrepublik Deutschland viele Vorteile. Sie sicherte Deutschland Gleichberechtigung, mehr Souveränität, als die EVG sie geboten hätte, die doch nie ganz verhüllen konnte, daß sie Deutschland als militärische und politische Potenz einbinden, ja, kontrollieren wollte. Deshalb hatte wohl auch Churchill trocken zu Adenauer gesagt: „Ich gratuliere Ihnen dazu, daß die EVG kaputt ist." Er soll den Ausdruck kaputt gebraucht haben, der während des Zweiten Weltkrieges von unserer in die Soldatensprache unserer Gegner übergegangen war.

Es war verständlich, daß die Besorgnis, Deutschland könne mit seinem Verlangen nach Wiedervereinigung, mit seinen ungelösten territorialen Problemen im Osten, nicht nur eine revisionistische, sondern eine revanchistische Politik treiben, nicht mit einem Schlage verschwunden war. Diese Befürchtungen waren im Nachhall des Krieges und angesichts der deutschen, auf die Zukunft gerichteten politischen Ziele keineswegs grundlos. Es ging zunächst einmal darum, Frankreich für die neue Lösung zu gewinnen. Mendès-France war in einer sehr schwierigen Lage. Wenn Frankreich schon die Europäische Verteidigungsgemeinschaft nicht akzeptiert hatte, wie sollte sich dann in der Nationalversammlung eine Mehrheit für eine deutsche gleichberechtigte Mitgliedschaft in der NATO finden? Einmal zeigte sich, daß die französische Rechte weniger Bedenken gegen die deutsche nationale Wiederbewaffnung hatte als vielmehr gegen die Einschränkungen der französischen Souveränität, welche die EVG zur Folge gehabt hätte, zum andern wurden die Befürchtungen in naher oder ferner Zukunft sich mehr oder weniger alleine einem erstarkten Deutschland gegenüber zu finden, dadurch ausgeräumt, daß die englische, die amerikanische und die kanadische Regierung bindende Zusagen für eine starke Truppenpräsenz auf dem Kontinent und in der Bundesrepublik in Aussicht stellten.

Die Bundesregierung ihrerseits erklärte sich mit einer Beschränkung der Effektivstärken ihrer Streitkräfte und deren Ausrüstung einverstanden. Nicht zuletzt gab die Bundesregierung schon im Vorfeld der Entscheidungen ihre Absicht bekannt, auf Produktion, Besitz und Einsatz von atomaren, biologischen und chemischen Waffen zu verzichten. Für die Bundesrepublik war Eile deshalb geboten, weil der Vertrag über die Verteidigungsgemeinschaft mit dem Deutschlandvertrag gekoppelt war, welcher der Bundesregierung die Souveränität zurückgab und im Artikel Sieben die Gegenleistung der Alliierten für den deutschen Wehrbeitrag als vertraglich festgelegtes, gemeinsames Ziel nannte: die Wiederherstellung der deutschen Einheit.

Unsere Verpflichtung bestand darin, die Lasten und die Risiken zu teilen, falls ein Mitglied der Allianz Opfer eines Angriffskrieges werden würde. Dann hätten auch wir wieder zu den Waffen greifen müssen. Dies war nach Krieg und Nachkrieg eine Entscheidung, die allen, den Politikern und den Leuten auf der Straße, sehr schwerfiel.

„Soll Deutschland wieder Waffen tragen?“, hatte ich als Schlagzeile auf die erste Seite des *Hamburger Abendblattes* gesetzt, als wir über die beginnende Diskussion der Wiederbewaffnung berichteten. Als ich in der frühen Dämmerung nach Hause ging, hing die Zeitung schon an den Kiosken, und mehr als gewöhnlich hatten sich viele Menschen um die Stände versammelt, die sich die Schlagzeile ansahen, viele Männer darunter, die auch wie ich von der Arbeit kamen und die den braun eingefärbten Wehrmachtsmantel trugen, weil es im Alltag nichts Besseres gab.

Damals hatte ich für mich geprüft, ob ein neutrales Deutschland nicht die beste Grundlage für die Lösung unserer künftigen Probleme hätte bieten können. Ich war zu dem Ergebnis gekommen, daß – nach der nationalsozialistischen Gewaltherrschaft und angesichts der gegenwärtigen kommunistischen Diktatur in dem von der Sowjetunion besetzten Deutschland und in Osteuropa – die Freiheit, konkret die Freiheit selbst zu entscheiden, wie wir leben und unseren Staat einrichten wollten, Vorrang haben mußte. Sie zu schützen und notfalls auch mit der Waffe zu verteidigen, war die wichtigste Entscheidung am Grunde. Ein neutrales Deutschland hätte sich bis an die Zähne bewaffnen müssen, wollte es diese Freiheit garantieren. Auch dann noch hätten die großen Blöcke nicht davon ablassen können, den Versuch zu machen, uns auf ihre Seite zu ziehen. Deutschland war zu klein, um allein die Kräfte um uns herum im Gleichgewicht halten zu können, und zu stark, um unsere Nachbarn und die Welt gleichgültig zu lassen. Die Frage, wo Deutschland im Gefüge Europas und der Welt stand, konnte nicht unbeantwortet bleiben.

Es galt jetzt, 1954, wenigstens Teillösungen für die Bundesrepublik zu finden, die so angelegt waren, daß sie die Zukunft offenhielten und die Regelung der deutschen Frage vorbereiteten. Nach dem Zusammenbruch der EVG-Pläne mußte neu angetreten werden, um den großen Entwurf doch noch auf andere, nach meiner Meinung bessere Weise festzuschreiben. Während der Londoner Konferenz vom 28. 9. bis zum 3. 10. 1954 fanden alle diese Bemühungen einen gültigen Ausdruck, was mich mit großer Genugtuung erfüllte.

Die deutsche Delegation wohnte im Hotel Claridge. Vor, während und nach den Konferenzsitzungen hielt ich dort Informationsgespräche mit den Vertretern der großen Medien aus Europa und Amerika ab. Die englische Presse hatte den Heimvorteil, blieb aber dennoch an unseren Ansichten und Absichten lebhaft interessiert. Die Amerikaner und die Franzosen waren die anderen großen Akteure. Kingsbury-Smith und Stéphane Roussel durften nicht fehlen. Bei uns war es Lothar Rühl vom *Spiegel*, der im nachhinein einen festen Platz in der Geschichte der Londoner Konferenz gewonnen hat. Ich kam abends ins Hotel zurück und sah, als ich durch die Halle ging, Rühl alleine an einem kleinen Tisch sitzen, mit einem Manuskript beschäftigt. Ich war auf dem Wege in die Bar, um zu sehen, ob dort noch Kundschaft anzutreffen war. Ich ging zu Rühl herüber und war etwas überrascht, als er sichtlich bemüht war, mich so schnell wie möglich wieder loszuwerden. Ich ließ ihn allein. Vielleicht, sagte ich mir, war er gerade in einer besonders guten Verfassung und wollte dies für seine Schreibe nutzen, wollte nicht gestört werden, um den Gedankenflug nicht unterbrechen zu müssen. Die Lösung fand sich dann in der nächsten Nummer des *Spiegel*. Von mir unbemerkt, hatten hinter der Säule vor der Ruhl schrieb, Adenauer, Bech und Spaak gesessen und sich unterhalten. In diesem Gespräch hatte Adenauer seiner tiefen Skepsis gegenüber seinen eigenen Landsleuten einen ungeschminkten Ausdruck verliehen.

„Ich bin fest überzeugt", sagte Adenauer zu Bech und zu Spaak, „hundertprozentig überzeugt davon, daß die deutsche Nationalarmee, zu der uns Mendès-France zwingt, eine große Gefahr für Deutschland und Europa werden wird. Wenn ich einmal nicht mehr da bin, weiß ich nicht, was aus Deutschland werden soll, wenn es uns nicht doch noch gelingen sollte, Europa rechtzeitig zu schaffen." Adenauer hatte sich so in seinen Vorstellungen von einer europäischen Verteidigungsgemeinschaft festgebissen, daß er selbst die berechtigten Einwände von Bech und Spaak, aus denen mehr Vertrauen in die politischen Fähigkeiten der Deutschen sprach, als Adenauer sie selbst bezeugte, nicht gelten lassen wollte.

„Es ist ein großer Irrtum, auf Frankreich zu zählen, wenn das Spiel der europäischen Nationalstaaten wieder beginnt. Die französischen Nationalisten sind ebenso wie die Deutschen bereit, allen bösen Erfahrungen zum Trotz die alte Politik zu wiederholen. Denen ist Deutschland mit einer Nationalarmee lieber als Europa, wenn sie nur ihre eigene Politik mit den Russen machen können. Und die deutschen Nationalisten denken genauso; sie sind bereit, mit den Russen zu gehen."

Auch Spaaks Hinweis darauf, daß CDU und SPD zusammen eine starke demokratische Macht in Deutschland darstellten und eine sichere Garantie für die westeuropäische Bündnistreue Deutschlands böten, wollte Adenauer nicht recht gelten lassen. „Wenn nur Schumacher noch lebte", sagte er, „er war eine Garantie für die nationale und pro-westliche, ja europäische Politik der SPD, wenn er auch ein Gegner meiner Politik war, aber ohne ihn ist die SPD führerlos und treibt in der Opposition den Russen zu." „Nutzen Sie die Zeit, so lange ich noch lebe. Mein Gott, ich weiß nicht, was meine Nachfolger tun werden, wenn sie sich selbst überlassen sind, wenn sie nicht an Europa gebunden sind.“ Und dann machte er doch noch Pläne: „Was wir jetzt hier machen, darf nichts als eine Übergangslösung sein. Wir dürfen nicht vor dem Nationalismus kapitulieren. Wir müssen den Brüssel-Pakt als Ansatzpunkt für die Europäische Verteidigungsgemeinschaft, als Ausgangsposition für eine politische europäische Gemeinschaft sehen und jede Möglichkeit nutzen, unserem Ziel, der Einigung Europas, näher zu kommen. Es bleibt uns nicht mehr viel Zeit. Die Gefahr ist groß, größer als je. Wenn wir jetzt aufgeben, ist Europa gescheitert, und alles war und bleibt vergebens. Alles wird dann wieder von vorn anfangen, mit der Rivalität und den Intrigen der Nationalstaaten gegeneinander, von denen nur Moskau profitieren wird.“

Die Konferenz ging am dritten Oktober zu Ende, und wir ahnten, daß ihre Resultate von großer Bedeutung waren. Im nachhinein bestätigte sich unser Eindruck: Die Londoner Neun-Mächte-Konferenz erwies sich als eine der wichtigsten Nachkriegskonferenzen überhaupt. So ist es richtig, ihre Teilnehmer noch einmal zu nennen. Es waren Belgien, Kanada, Frankreich, Deutschland, Italien, Luxemburg, die Niederlande, Großbritannien und die Vereinigten Staaten. Die Führer der einzelnen Delegationen bildeten schon für sich genommen eine fähige und in jeder Weise potente politische Mannschaft. Da war Paul-Henri Spaak aus Belgien anzutreffen, Lester Pearson aus Kanada, Beyen aus den Niederlanden, Bech aus Luxemburg, Martino aus Italien, von der Natur des Verhandlungsgegenstandes her waren die Hauptakteure Anthony Eden, John Foster Dulles, Pierre Mendès-France und Konrad Adenauer. Im Schlußkommuniqué hieß es lapidar und richtig, die Konferenz habe die wichtigsten Probleme der westlichen Welt behandelt. Die Konferenz, so hieß es weiter, prüfte die Frage, wie die volle Assoziierung der Bundesrepublik Deutschland mit dem Westen und wie der deutsche Verteidigungsbeitrag gewährleistet werden könnte. Die Regierungen der drei westlichen Besatzungsmächte gaben eine richtungweisende Erklärung ab: „In der Überzeugung, daß dieses große Land nicht länger der Rechte beraubt bleiben darf, wie sie einem freien und demokratischen Volk von Rechts wegen zustehen und in dem

Wunsche, die Bundesrepublik Deutschland als gleichberechtigten Partner mit ihren Bemühungen um Frieden und Sicherheit zu assoziieren, wünschen die Regierungen Frankreichs, des Vereinigten Königreichs und der Vereinigten Staaten von Amerika das Besatzungsregime so bald wie möglich zu beenden." Deutschland und Italien wurden aufgefordert, dem Brüsseler Vertrag beizutreten, wie der Vertrag über die Westeuropäische Union im Kommuniqué genannt wurde. Dazu hieß es lapidar: „Die Bundesrepublik Deutschland und Italien werden aufgefordert werden, dem Vertrag beizutreten, der in geeigneter Weise geändert wird, um dem Ziel der europäischen Einheit Nachdruck zu verleihen; die beiden Staaten haben sich zu diesem Beitritt bereit erklärt, das System der gegenseitigen automatischen Beistandsleistung im Angriffsfalle wird damit auf die Bundesrepublik Deutschland und Italien ausgedehnt."

Der Text regelte dann ausführlich die Rüstungsbeschränkungen, insbesondere das Verbot der ABC-Waffen, die der Bundesrepublik auferlegt wurden. Die USA, Großbritannien und Kanada kündigten an, daß sie weiterhin Streitkräfte auf dem europäischen Festland unterhalten würden. Damit wurden die Voraussetzungen geschaffen, die unsere Mitgliedschaft in der NATO auch für Frankreich akzeptabel machte. Der Abschnitt vier begann: „Die auf der Konferenz anwesenden Mitgliedstaaten der NATO vereinbarten, bei dem nächsten Ministertreffen des Nordatlantik-Paktes zu empfehlen, daß die Bundesrepublik Deutschland unverzüglich aufgefordert werden soll, Mitglied zu werden."

Im nächsten Artikel wurde eine Erklärung der Bundesrepublik Deutschland festgehalten, daß sie sich dazu verpflichte, eine Wiedervereinigung Deutschlands nur mit friedlichen Mitteln zu verfolgen. Auf Grund dieser Verpflichtung erklärten die USA, Großbritannien und Frankreich, daß sie „die Regierung der Bundesrepublik Deutschland als die einzige deutsche Regierung betrachten, die frei und rechtmäßig gebildet wurde und daher berechtigt ist, für Deuschland als Vertreter des deutschen Volkes in internationalen Angelegenheiten zu sprechen."

Sie erklärten weiter, „daß eine zwischen Deutschland und seinen früheren Gegnern frei vereinbarte friedensvertragliche Regelung für Gesamtdeutschland ein wesentliches Ziel ihrer Politik bleibt. Die endgültige Festlegung der Grenzen Deutschlands muß bis zum Abschluß einer solchen Regelung zurückgestellt werden. Die Schaffung eines völlig freien und vereinigten Deutschlands durch friedliche Mittel bleibt ein grundsätzliches Ziel ihrer Politik." Die drei Mächte forderten die übrigen NATO-Mitglieder auf, sich dieser Erklärung anzuschließen.

Es war unglaublich, was in den wenigen Tagen zustande gebracht wurde. Allen fiel nicht nur ein Stein vom Herzen, weil der Zusammenbruch der ganzen alliierten und deutschen Politik hatte vermieden werden können, sondern alle wurden von einem Gefühl tiefer Genugtuung erfaßt, weil es gelungen war, ein Gebäude aufzurichten, die feste Burg, der Deutschland und das freie Europa bedurfte.

Anthony Eden leitete die Konferenz mit der Autorität und der Routine des erfahrenen Mannes. Er hielt sich mit Kleinigkeiten nicht auf. Frank Roberts wollte ihn auf ein – seiner Meinung nach – korrekturbedürftiges Detail im Text der Schlußdokumente aufmerksam machen. Eden winkte ab, er wollte keine Zeit mit der Diskussion von Quisquilien verlieren. Er hatte allerdings übersehen, daß die Leute in den Tonkabinen, in der Annahme, er wolle etwas sagen, sein Mikrofon eingeschaltet hatten, und so hörte der ganze Saal, wie er sagte: „Es spielt keine Rolle, es wird sowieso kein Mensch das Zeug lesen."

Mendès-France konnte von diesem Hang zur Gelassenheit profitieren. Er trug alle Beschlüsse tapfer mit. Zu Hause stellte er am 12. Oktober die Vertrauensfrage und sicherte sich mit 350 gegen 113 Stimmen, bei 152 Enthaltungen, die Zustimmung zu den Londoner Beschlüssen. Ein heimlicher Triumph auch für mich und meine Freunde.

Die Pariser Debatte verlief spiegelbildlich zur Behandlung der Londoner Beschlüsse im Deutschen Bundestag am 5. und 6. Oktober. Was der französischen Opposition zuviel war, erschien der Deutschen Sozialdemokratischen Partei als zu wenig: die Verpflichtung zur Wiedervereinigung Deutschlands.

Mendès-France

Nachdem auf der Londoner Konferenz die Karten neu gemischt worden waren, begann eine zielgerichtete Aktivität.

Es ging von einer Konferenz zur nächsten, von einem Treffen zum anderen. Ich war mitten dazwischen, weil es viel zu formulieren gab, in den Texten selbst, aber mehr noch in den Kommuniqués, den Verlautbarungen, die von einer höchst wachsamen, empfindlich reagierenden Öffentlichkeit genau registriert wurden.

Besonders im deutsch-französischen Verhältnis mußte eine Reihe von Fragen soweit geklärt werden, daß sie den Ministerpräsidenten Mendès-France bei der Ratifizierung der neuen Abkommen durch die Nationalversammlung nicht behinderten.

Am 17. Januar 1955 traf sich Adenauer mit Mendès-France in Baden-Baden. Diesmal, eine Ausnahme, war auch Professor Erhard zur Stelle. Mendès-France war in elegischer Stimmung. Er ahnte wohl, daß er seine beste Zeit hinter sich hatte und andere darauf warteten, ihn abzulösen. Das kam seiner Verhandlungsführung zugute, denn er konnte wahlweise fest oder kompromißbereit sein. Für den Fortgang seiner politischen Karriere war dies unerheblich. Ein anderes Kennzeichen dieses Treffens war die Intimität des Umgangs, die durch die räumliche Enge noch begünstigt wurde. Die französische und die deutsche Delegation arbeiteten weitgehend gleichzeitig und zusammen in denselben Räumen. So formulierten wir die Kommuniqués gemeinsam, gingen selbst an die Schreibmaschinen. Ich sehe noch Roland de Margerie zu später Stunde mühsam tippen und handfest à la Rabelais seine Kollegen mit Flüchen bedenken, weil diese sich schon unter allerhand Scherzen ein Glas Champagner genehmigten. Die Getränke spielten diesmal eine besondere Rolle. Mir fiel auf, daß in der immer großen Zahl der deutschen Zitzer und Schweifwedler stets ein Mann im grünen Lodenmantel und Jagdhut anzutreffen war. Ich erkundigte mich nach der Person und hörte, daß es sich um den Chef der örtlichen Molkerei handele. Er sei deshalb zum Troß gestoßen, weil Mendès-France Milchtrinker sei. Der Herr Molkereidirektor habe die Aufgabe, dafür zu sorgen, daß – wo auch immer – für den Ministerpräsidenten ein frisches Glas erstklassiger deutscher

Milch zu Verfügung stehe. Mendès-France nahm halb ärgerlich, halb amüsiert zur Kenntnis, daß er ständig ein Glas Milch vor sich hatte.

Ein anderer Akteur hat mich mehr beeindruckt. Einer der amerikanischen Star-Fotografen von LIFE, Ralph Crane, war im engen Treppenhaus hinter die hinabsteigende Gruppe mit Adenauer, Mendès-France und Erhard geraten. Er versuchte vergeblich, diese zu überholen, um von vorn ein Bild machen zu können. Daraufhin flankte er kurzentschlossen mitsamt seiner Ausrüstung über das Geländer, landete einen Stock tiefer auf dem Treppenabsatz, wo er knapp vor den hohen Herrschaften ankam und sein Bild schoß. Der Mann war nicht nur ein passionierter Fotograf, sondern auch ein durchtrainierter Athlet.

Mendès-France und Adenauer hatten mit einer Diskussion der weltpolitischen Lage begonnen, die überwiegend unter vier Augen geführt wurde. Es ging dabei um die Vorbereitung einer gemeinsamen, konzertierten Aktion in Richtung auf eine Entspannung zwischen Ost und West, die von uns als Voraussetzung für eine Behandlung der Wiedervereinigung angesehen wurde. Wir meinten, daß die Russen von ihrer Besatzungszone nichts herausgeben würden, solange sie an die Möglichkeit eines Dritten Weltkrieges glaubten. Also keine Verhandlung vor der Ratifizierung des Deutschlandvertrages, keine Verhandlung ohne Diskussion der Wiedervereinigungsfrage. Schon jetzt, sagte ich den Journalisten, wird das sowjetische Angebot a) konkreter und b) besser. Ohne Ratifizierung der Verträge gebe es für die Russen keinen Anlaß, sich um die Sache zu kümmern. Auch Mendès-France war der Meinung, daß die Hinnahme des Status quo keine Grundlage einer Einigung sein könne. Beide Seiten waren sich darin einig, daß diese Probleme nicht allein bilateral, sondern im Verbund mit Amerikanern und Engländern angepackt werden müßten.

Im bilateralen Bereich wurde das Saar-Abkommen behandelt, der kulturelle Austausch, die wirtschaftliche Zusammenarbeit und eine gemeinsame Rüstungsproduktion. Dieser letzte Punkt signalisierte eine neue Phase der Kooperation. Man stimmte darin überein, daß es wirtschaftlich sinnlos und bei der heutigen Verflechtung in einem Bündnis auch nahezu undurchführbar wäre, wenn jeder versuchte, sich selbst autonom auszurüsten. Wenn das stimmte, dann war es richtig, sich frühzeitig über die diesbezüglichen nationalen Planungen zu informieren und die Produktion so weit wie möglich zu harmonisieren. Den anderen Partnern sollten die Grundzüge eines deutsch-französischen Memorandums früh vorgelegt werden. Mir war bewußt, daß es nun erbitterte Kämpfe der verschiedenen Interessengruppen geben würde, um Einfluß zu nehmen und sich möglichst große Stücke aus dem Kuchen herauszuschneiden. Dem war nur vorzubeugen, wenn man gemeinsam Waffen und Waffensysteme entwickelte und dann jeder der Teilnehmer, der wollte, diese Geräte baute; sei es für den nationalen oder den internationalen Bedarf. Die Regierungen haben sich, wie sich später zeigte, dem Druck der Interessengruppen gebeugt. Dabei kamen absurde Lösungen heraus, nämlich, daß man getrennt national entwickelte, um dann das beste Gerät für alle auszuwählen. Nun können wir alle in Europa gute Sturmgewehre oder Geschütze bauen, so daß es überwiegend politische Entscheidungen oder gar keine gab. So ist denn auch der Rüstungspool steckengeblieben.

Als wir an die Saar-Frage gerieten, artete die Konferenz wieder einmal zu einer Nachtschlacht aus. Das Saar-Abkommen war noch nicht ratifiziert, und so wurde im Kommuniqué vorsichtig formuliert, um nicht in letzter Minute Widerstände zu mobilisieren. Genugtuung und Freude waren dennoch die Stichworte. Die schwache oder gemäßigt lockere Sprache ist, so sagte ich, für Leute, die glauben, sehr viel Urteil in auswärtigen Angelegenheiten zu haben, das eigentlich Unverständliche an den Baden-Badener Ergebnissen gewesen. Sie hatten den Wechsel in der Qualität der deutsch-französischen Beziehungen nicht recht erfaßt.

Während der Konferenz habe ich mir Mendès-France lange angesehen. Seine südliche Herkunft war unübersehbar. Das dunkle Haar, der starke Bart, am Nachmittag bläulich schimmernd, die kräftige Nase und vor allem die Augen faßten Araber, Juden und Christen zusammen. Scharfe Intelligenz, ihre Umsetzung gemildert durch die wehmütigen, abgeklärten Erfahrungen der Absonderung, der Diaspora, des Ghettos. Ob ihm das bewußt war, oder ob er seine Existenz auslebte in ihrer Alchimie?

Entscheidung

Nach dem Scheitern des Projekts der Europäischen Verteidigungsgemeinschaft galt es, im Bereich der Sicherheitspolitik einen neuen Rahmen für den Einschluß der Bundesrepublik in das alliierte Verteidigungssystem zu finden. Die Eckpunkte waren in London gesetzt worden. Wir sollten Mitglied der NATO werden. Die strenge Einbindung und Kontrolle eines deutschen militärischen Potentials war in der NATO nur in Grenzen möglich. Um dies zu ändern, hätte es neuer Bestimmungen bedurft, denen sich zu unterwerfen, die alten Mitglieder keine Veranlassung hatten. Die Aufnahme neuer, nur die Bundesrepublik betreffender Vorschriften hätte einen die Deutschen diskriminierenden Charakter gehabt. Eine derartige Diskriminierung wollte niemand, und wir konnten sie auch jetzt nicht mehr akzeptieren. Daher wurde, um die Besorgnis unserer europäischen Nachbarn auszuräumen, die Westeuropäische Union, bis dahin Brüsseler Pakt genannt, in ihrer Struktur so umgebaut, daß die Bundesrepublik Mitglied werden konnte. Der Brüsseler Pakt war eigentlich ein gegen Deutschland gerichtetes Bündnis gewesen, das seine Mitglieder vor einem künftigen deutschen Abenteuer schützen sollte. Die Veränderung der Großlage zeigte sich auch hier. Nun wurden wir selbst ein Partner in diesem Bündnis, die Zielsetzung wurde geändert. Die WEU war ein Schutz- und Trutzbündnis aller seiner Mitglieder gegen Angriffe Dritter. Allerdings ließen unsere Partner nicht aus dem Auge, daß sie uns durch diese Mitgliedschaft binden und kontrollieren wollten. Das störte uns nicht besonders, denn in London hatten wir schon alle denkbaren Garantien gegeben. Wir verfolgten keine aggressiven machtpolitischen Ziele.

Der Deutschlandvertrag wurde den neuen Gegebenheiten angepaßt. Die alten, auf die EVG bezogenen Textstellen wurden ersatzlos gestrichen oder durch Neufassungen ersetzt. Die längst überfällige Ratifizierung des Vertragswerkes konnte nun vorbereitet werden. Die Bundesregierung konnte mit Genugtuung verzeichnen, daß die im Deutschlandvertrag von den USA, Großbritannien und Frankreich übernommene Verpflichtung, sich für die friedliche Wiedervereinigung Deutschlands einzusetzen, nun auch von allen Mitgliedern des NATO-Bündnisses übernommen wurde.

Bald nach der Londoner Konferenz sah man in Paris und Bonn, daß es keinen Sinn hatte, ja gefährlich war, die Ablehnung der EVG als ein Zeichen französischer Reserve oder gar Mißtrauens gegenüber der Bundesrepublik zu werten. Adenauer und Mendès-France machten eine erfolgreiche Anstrengung, ihre gegenseitige Abneigung zu überwinden und eine Beziehung herzustellen, die eine sachliche Zusammenarbeit erlaubte. Dies war, abgesehen von den großen Projekten der alliierten und europäischen Zusammenarbeit, auch bilateral notwendig. Es galt nämlich die Saarfrage zu lösen.

Die Verhandlungen hatten sich als äußerst schwierig erwiesen. Das war kein Wunder, weil die De-facto-Annektion der Saar durch Frankreich der einzige greifbare Preis des Sieges war, den auch Frankreich über das Hitlerreich errungen hatte. Gerade weil man in Paris sehr wohl wußte, daß Frankreichs Anteil am Sieg der Alliierten ein bescheidener Anteil war – trotz aller Bravour, mit dem die einzelnen französischen Verbände gefochten hatten –, war es psychologisch schwer, zuzusehen, daß die Sowjetunion und Polen dabei waren, ein Viertel des deutschen Territoriums von 1937 zu schlucken, und Frankreich völlig leer ausgehen sollte. Die französischen Regierungen lebten im Widerstreit zwischen ihren Grundsätzen und der praktischen Tagespolitik. Die Deutschen sollten bezahlen, wenn schon nicht alles, so doch wenigstens mit der Saar. Das war eine simple volkstümliche Forderung.

Auf deutscher Seite war zu erkennen, daß Adenauer selbst sich wohl mit einem autonomen Status der Saar zufriedengegeben hätte, der die Saar auf allen wichtigen Gebieten über kurz oder lang zu einem Teil Frankreichs gemacht haben würde. Er vertraute auf ein sich bereits abzeichnendes Europa offener Grenzen, wo die territoriale Zugehörigkeit zu dem einen oder anderen Staat nicht mehr von ausschlaggebender Bedeutung für die Bürger einer Region sein würde. Die Franzosen fanden auch im Saargebiet selbst Leute, die bereit waren, mit ihnen zu kollaborieren, in der nicht völlig abwegigen Annahme, an der Saar werde es sich – unter dem Schutz oder sogar als Teil Frankreichs – besser leben lassen als in der Bundesrepublik, einem deutschen Teilstaat.

Adenauer wurde scharf beobachtet, weil man ihm die alten rheinbündlerischen Neigungen ankreidete und annahm, daß er selbst in einer kurzen unruhigen Phase der Weimarer Republik ähnliche Überlegungen angestellt hatte. Er mußte vorsichtig sein.

Er wollte sich nicht in die Karten gucken lassen, und so wurden die Verhandlungen von unserer Seite mit großer Diskretion geführt. Rüdiger von Wechmar, der damals für eine amerikanische Nachrichtenagentur arbeitete, pflegte vor Beginn jeder größeren internationalen Verhandlung einen Vorausbericht zu schreiben und dabei den mutmaßlichen Verlauf der Konferenz zu skizzieren. Er gab nie eine Quelle an. Seine Berichte waren meist zutreffend, weil er mit Recht davon ausging, daß keine Regierung in einer Konferenz etwas sagen oder tun würde, was in völligem Gegensatz zu dem stand, was sie in den Tagen und Wochen zuvor amtlich und nicht-amtlich zu dem Gegenstand hatte verlauten lassen. Vor einer der Pariser Saarverhandlungen machte Wechmar den verzeihlichen Fehler zu sagen, „wie er von einem Delegationsmitglied" erfahren habe ... Die Meldung erschien am Vorabend des Konferenzbeginns. Auf persönliche Weisung Adenauers wurden alle Delegationsmitglieder befragt, ob sie mit Wechmar gesprochen hätten. Alle verneinten, außer Botschaftsrat Strohm, der ohne Zögern sagte, er habe Wechmar informiert. Der veröffentlichte Text sei korrekt und könne keinen Schaden anrichten, im Gegenteil. Adenauer ließ durch Freiherrn von Welck aus der Personalabteilung des Auswärtigen Amtes Strohm mitteilen, daß er nicht mehr zur Delegation gehöre und beurlaubt sei. Welck suchte Strohm in dessen Wohnung auf, um ihm die Nachricht persönlich zu bringen. Strohm war gerade dabei, seine Koffer zu packen, um den Nachtzug nach Paris nehmen zu können.

Professor Hallstein stieß erst in Paris zur Delegation. Ich fuhr zum Flughafen, um ihn zu unterrichten. Ich sagte ihm auch, daß wir alle in der Delegation die Behandlung Strohms als unfair empfänden. Wir bäten ihn, beim Kanzler vorstellig zu werden und ihn zu bewegen, die Entscheidung rückgängig zu machen. Nichts dergleichen geschah. Hallstein mißbilligte Adenauers Entscheidung, aber er wußte, daß es sinnlos gewesen wäre, jetzt den empfohlenen Vorstoß zu machen. Der Vorfall blieb natürlich den Franzosen nicht verborgen, und François-Poncet kommentierte genüßlich: „Wohl eine kleine Stromstörung."

Adenauers Mißtrauen setzte für einige Wochen einen unserer fähigsten Leute matt, bis wir ihn gemeinsam wieder in den Kreislauf zurückgebracht hatten. Strohm selbst nahm die Maßregelung äußerlich mit Ruhe auf und verhielt sich sehr diszipliniert. Er war in solchen Situationen vorbildlich. Zu später Stunde setzte er sich in den leeren Büros an die Schreibmaschine, und wenn wir die Unzulänglichkeiten unserer Obrigkeit beklagten, sagte er nur: „Nicht räsonnieren, Jungs, arbeiten!" und spannte einen neuen Bogen ein.

Nicht nur die Opposition, allen voran Carlo Schmid, sah Adenauer in der Saarfrage auf die Finger. Der Kanzler mußte sich auch mit den Parteifreunden vorsehen. Er war klug genug zu erkennen, daß er den Bogen nicht überspannen durfte. Die Lösung, die er schließlich aushandelte, hat die Rückkehr der Saar zu Deutschland möglich gemacht. Ohne die Grundsatztreue von Pierre Mendès-France allerdings wäre das Wunder an der Saar nicht möglich gewesen. Indem der französische Ministerpräsident die letzte Entscheidung dem Volk an der Saar zubilligte und dafür die Zustimmung des französischen Parlaments gewann, bewies er erneut Frankreichs geistige Kraft.

In den zwei Monaten zwischen Oktober und Dezember 1954 wurden alle notwendigen Korrekturen und Neufassungen des Vertragspakets gebilligt und paraphiert. Die Neufassung des Deutschlandvertrages und der mit ihm zusammenhängenden Abkommen wurde in Bonn verhandelt. Die Änderungen und Ergänzungen am Brüsseler Vertrag wurden in London ausgearbeitet. Die Aufnahme Deutschlands in die NATO und die Verstärkung der Vollmachten des obersten NATO-Befehlshabers in Europa wurden in Paris beraten.

Das NATO-Hauptquartier lag noch in Frankreich. So führten mich die ersten Erkundungsgespräche über unsere zukünftige Mitgliedschaft im Atlantischen Bündnis wieder nach Paris. Wir waren Aufklärer, sollten uns umsehen, um unsere eigene Verwaltung auf die internationalen Kommando- und Verwaltungsstrukturen vorbereiten und über die Hierarchie, die Befehlswege informieren zu können. Wir waren eine kleine Gruppe, zu der auch Hans Schirmer und ich gehörten. Wir wurden sehr gut und professionell von unseren alliierten Kollegen eingewiesen. Wir wurden hochrangig begrüßt, und zwar durch den stellvertretenden Oberkommandierenden Sir

Basil Embry, Chief Air Marshall der Royal Air Force. Er hatte den Spitznamen The Great Evader, weil er als Soldat besonders erfolgreich gewesen war, wenn es galt, sich aus einer hoffnungslos erscheinenden Lage zu befreien. Er hatte einen Ruf als kühner Fallschirmspringer und als Führer zahlreicher Kommandounternehmen.

Als Sir Basil uns empfing, trug er schlichte Felduniform, nichts glitzerte. Er sagte, er freue sich, endlich die Deutschen begrüßen zu können. Er habe die ganze Zeit darauf gewartet. So wolle er uns gleich sagen, was er seit langem auf dem Herzen habe. „Sie haben den Ersten Weltkrieg verloren, meine Herren, weil Sie nicht begriffen haben, was Seemacht ist. Sie haben den Zweiten Weltkrieg verloren, weil Sie nicht begriffen haben, was Luftmacht ist. Den Dritten werden Sie gewinnen, weil Sie an unserer Seite kämpfen." Das war gut zusammengefaßt, nur mit der Teilnahme an einem Dritten Weltkrieg hatten wir es nicht so eilig.

Die Bundesregierung entschloß sich, das ganze Paket der Verträge nicht aufzuschnüren, sondern es dem Bundestag geschlossen, mitsamt dem Vertrag über das Saarstatut, als eine Einheit vorzulegen. Am 14. Dezember kam es zu der großen Debatte, die den Schlußstrich zog. Von Regierung und Opposition wurden keine wirklich neuen Argumente für oder gegen die Eingliederung der Bundesrepublik in die Gemeinschaften der westlichen Demokratien vorgebracht. Es war alles schon einmal gesagt worden. Die Debatte stand dennoch hoch über den routinemäßigen Auseinandersetzungen, weil diesmal allen bewußt war, daß nicht mehr diskutiert, sondern entschieden wurde, entschieden über den künftigen Weg der Bundesrepublik Deutschland, über unsere Einbindung in eine Wertegemeinschaft, die uns, indem wir ihr dienten, Wohlstand, Sicherheit und Freiheit bot und uns die Aussicht eröffnete, mit Hilfe unserer Partner und Verbündeten die Einheit Deutschlands wiederzuerlangen, um dann, mit etwas Glück, dem ganzen Land und allen seinen Bürgern Wohlstand und Sicherheit, Frieden und Freiheit gewinnen zu können.

Die von Herbert Wehner, Erich Ollenhauer und Carlo Schmid eloquent und mit großem inneren Engagement vorgetragene Auffassung der Sozialdemokraten lief darauf hinaus, den Abschluß der Verträge, die Deutschland in die WEU und in die NATO führen sollten, aufzuschieben. Diese Verträge, so sagten sie, machten eine Wiedervereinigung auf absehbare Zeit, wenn nicht für immer, unmöglich. Sie wollten Freiheit und Sicherheit Deutschlands dadurch verwirklichen, daß das ganze Deutschland einem europäischen Sicherheitssystem im Rahmen der Vereinten Nationen eingegliedert werden sollte. Die Anträge gipfelten in der Forderung, die Beschlußfassung über die Vertragsgesetze bis zum Abschluß von neuen, auf die von der SPD genannten Ziele gerichteten Verhandlungen auszusetzen. Ollenhauer stellte die Fragen sehr deutlich. „Wir haben zu prüfen", sagte er, „ob die Verträge mit den Interessen einer Politik der Entspannung und Befriedung in der Welt und mit den Interessen einer Politik der Wiedervereinigung vereinbart werden können." Bisher habe die Integration in den Westen immer den Vorrang vor der Wiedervereinigung gehabt.

Herbert Wehner sagte in einer seiner Interventionen: „Wir Sozialdemokraten möchten der Tendenz entgegenwirken, daß man im Westen, auf dessen Hilfe das Volk in seinem Bemühen um die friedliche Wiedervereinigung und den Abschluß des Friedensvertrages angewiesen ist, sich der Auffassung hingibt, die Entspannung der internationalen Gegensätze, auf die wir sehnlich hoffen, lasse sich unter Umgehung der deutschen Frage erreichen. Ein friedliches Nebeneinanderleben der Staaten mit verschiedenen Regimen und Gesellschaftsordnungssystemen kann nicht auf dem zerschnittenen Volks- und Staatskörper eines Volkes begründet werden. Die Bundesregierung", sagte Wehner, „und der Herr Bundeskanzler selbst sollten unsere Anträge als Gelegenheit begrüßen und begreifen, um den Eindruck zu korrigieren, als ließen sie einer Entwicklung ihren Lauf, die der Beibehaltung des Status quo des geteilten Deutschlands den Vorrang gibt."

Adenauer hielt eine für seine Verhältnisse lange Rede, die starke Reaktionen auf allen Seiten auslöste. Einmal geriet er in Gefahr. Mit dem Blick auf den Wiederaufbau hatte Adenauer gesagt: „Trotz der riesigen Lasten, die der Krieg und seine Folgen dem Staat auferlegt haben, konnten wir sozial gesunde Verhältnisse herstellen, konnten wir die wirtschaftlich Schwachen, die Opfer der Diktatur und des Krieges schützen." Als sich Widerspruch bei der SPD erhob, sagte Adenauer: „Ja, meine Damen und Herren, ich behaupte ja gar nicht, daß sie dabei mitgewirkt haben." Die Empörung war entsprechend: Pfui, unerhört, infam, unverschämt, Provokation der Arbeiter, usw. Es gelang Gerstenmaier nicht, die SPD-Fraktion mit dem Hinweis zu beschwichtigen, sie habe jede Möglichkeit, in der Debatte ihren Protest zum Ausdruck zu bringen. Fritz Erler stellte Adenauer direkt mit einer Frage. Der Kanzler bequemte sich schließlich zu sagen: „Daß Sie, meine Damen und Herren, mitbemüht waren, diese sozialen Gesetze zu verabschieden, das ist doch ganz klar."

Der Kanzler fing sich wieder und schloß seine Rede, indem er sagte:

> Mit dem Abschluß der Pariser Verträge wird die Bundesrepublik eine sichere Basis gewinnen, von der aus sie die Politik der Wiedervereinigung mit Zuversicht führen kann. Daß wir dabei schon heute der Hilfe aller NATO-Mächte sicher sein dürfen, ist ein Unterpfand für das Gelingen unserer Arbeit für ein freies, ungeteiltes Deutschland. Die Verwirklichung der Verträge gewährleistet der Bundesrepublik Wohlfahrt, Freiheit und Sicherheit. Sie schaffen die Voraussetzung dafür, daß ganz Deutschland auf friedlichem Wege einen ehrenvollen Platz in der Gemeinschaft der freien Nationen gewinnen kann. Die Verträge und Abkommen von Paris sind ein wirksames Mittel zur Erhaltung und Festigung des Friedens in Europa und in der Welt.
>
> Die Pariser Verträge vermögen noch mehr. Sie können eine neue Epoche in der Geschichte Europas einleiten. So wie England und Frankreich nach Jahrhunderte währenden Fehden und Kriegen ... ihr Verhältnis zueinander tiefgehend gewandelt haben ..., so können die neuen Verträge Deutschland und seine Nachbarn aussöhnen und einen dauernden Bund der europäischen Völker begründen. Die Einheit Europas war ein Traum von wenigen. Sie wurde eine Hoffnung für viele. Sie ist heute eine Notwendigkeit für uns alle. Sie ist notwendig für unsere Sicherheit, für unsere Freiheit, für unser Dasein als Nation und als geistig-schöpferische Völkergemeinschaft ... Die Geschichte richtet eine Frage an uns. Sie stellt sie vielleicht, meine Damen und Herren, nur einmal. Geben Sie, die Sie verantwortlich sind für das Geschick des deutschen Volkes, eine Antwort, die wir vor Deutschland und vor der Welt vertreten können.

Adenauer hatte am Ende seiner Rede starken Beifall bekommen, der immer wieder anschwoll, von Bravo-Rufen unterbrochen. Die Abgeordneten der Regierungskoalition gingen in dem sicheren Gefühl auseinander, daß sie die Schlacht gewonnen hatten.

Auch die Sozialdemokraten ahnten, daß die Entscheidung gefallen war. So fiel es ihnen nicht allzu schwer, sich Jahrzehnte später mit dieser Politik auszusöhnen. Am 15. Dezember 1954 fuhr der Zug ab, der 1990, nach einer langen Fahrt auf manchen Umwegen, in der deutschen Einheit ankommen sollte.

Wenige Tage später, am 22. Dezember 1954, schrieb mir Herbert Blankenhorn diesen Brief:

Lieber Herr Diehl! Lassen Sie mich Ihnen aus Anlaß des Weihnachtsfestes sagen, wie dankbar ich die vertrauensvolle Zusammenarbeit der letzten Jahre empfinde. Ich glaube, es muß einmal festgestellt werden, in wie vorbildlicher Weise Sie an der Gestaltung zahlreicher schriftlicher und mündlicher Äußerungen der Bundesregierung mitgewirkt haben.

Als Zeichen meines freundschaftlichen Gedenkens darf ich Ihnen dieses Buch von Duff Cooper verehren, das ich mit zu den besten Memoiren zähle, die in den letzten Jahren erschien sind. Duff Cooper war nicht nur ein guter Botschafter, er war auch ein hervorragender Schriftsteller – wenn Sie nur die letzten Seiten dieses Werkes als eine Probe seines Könnens lesen wollen.

Mit meinen besten Wünschen zum Weihnachtsfest,
stets Ihr Herbert Blankenhorn

Ein Herr

Als man vor und nach den Wahlen zum Ersten Deutschen Bundestag die personelle Zusammensetzung der ersten Bundesregierung diskutierte, wurde der Gedanke, der Bundeskanzler solle sich auch um die auswärtigen Angelegenheiten kümmern, eigenartigerweise wenig erörtert. Es zweifelte nämlich niemand daran, daß die Bundesregierung, vielleicht im Rahmen des Bundeskanzleramtes, eines Organs bedurfte, um die Beziehungen mit der übrigen Welt sinnvoll zu gestalten. Als Chef dieser Einrichtung, als Pseudo-Außenminister sozusagen, wurden im Vorfeld der Regierungsbildung Dr. Spieker, Dr. Friedrich W. von Prittwitz-Gaffron und Dr. Hermann Pünder genannt. Dabei blieb es, denn Adenauer selbst kümmerte sich um die Außenpolitik und übernahm drei Jahre später, nach der teilweisen Aufhebung des Besatzungsstatuts, auch formal das Amt des Außenministers an der Spitze des neu gegründeten Auswärtigen Amts.

Der Bundestag beobachtete dies mit unverhohlenem Mißvergnügen. Schon im Frühjahr 1950 brachte die Opposition einen Antrag ein, der den Bundeskanzler aufforderte, unverzüglich einen Staatssekretär für Auswärtige Angelegenheiten zu ernennen und ein Bundesamt für Auswärtiges einzurichten. Adenauer war diesem Antrag entgegengetreten. Die Besatzungsmächte hätten sich die Führung der auswärtigen Politik vorbehalten, daher müßte die ganze Frage außerordentlich delikat behandelt werden. Er sei nicht in der Lage, sie in aller Öffentlichkeit vor dem Bundestag zu beantworten(!). Gern aber wolle er dem Oppositionsführer einmal in den vier Wänden seines Zimmers im Bundeskanzleramt Rede und Antwort stehen.

Der SPD-Antrag wurde dem Außenpolitischen Ausschuß des Bundestages überwiesen, etwas überarbeitet, und zur allgemeinen Überraschung einstimmig angenommen. Er kam noch einmal vor das Plenum und wurde auch dort mit überwältigender Mehrheit angenommen. Nur die Kommunisten stimmten dagegen.

Selten hatte ein derart hochwichtiger Gegenstand die Hürden der parlamentarischen Strecke so glatt genommen. Opposition und Regierungsparteien waren sich völlig einig, daß die deutsche Außenpolitik auf eine solide Grundlage gestellt werden mußte, die sie aus dem Bannkreis allzu spontaner Entschlüsse herausnahm. Dahinter stand die Erkenntnis, daß nichts so gewissenhaft, oft in geradezu langweiliger, minutiöser Arbeit erkundet werden muß wie die Möglichkeiten außenpolitischer Aktivität. Der Bundeskanzler bekam ein verschleiertes Mißtrauensvotum gegen seine Führung der außenpolitischen Geschäfte. Der Bundestag zeigte dem Kanzler eigentlich erstmals die Zähne. Aber Adenauer ritt den Sturm ab. Er lasse sich nicht in die Exekutive hineinreden, ließ er verlauten.

Tatsächlich räumte der Kanzler erst fünf Jahre später, im Juli 1955, den Stuhl des Außenministers. Unter seinen Freunden bestritt niemand, daß er die großen Entscheidungen getroffen und sie auch durchgesetzt hatte, aber er hatte auch Fehler gemacht. Weder Außen- noch Sicherheitspolitik ließen sich sozusagen im Nebenberuf erledigen. Am 7. Juni wurde Dr. Heinrich von Brentano, der Führer der CDU-Fraktion im Bundestag, zum Außenminister ernannt und vereidigt. Gleichzeitig wurde Theo Blank Verteidigungsminister.

Heinrich von Brentano di Tremezzo, wie er mit seinem vollen Namen hieß, stammte aus einem alten, schon 1282 erwähnten Adelsgeschlecht der Lombardei, das im 14. Jahrhundert vier Linien begründet hatte; eine davon waren die von Tremezzo. Im 17. Jahrhundert kamen Brentanos Vorfahren nach Hessen und wurden dort seßhaft. Die wohl bedeutendste Persönlichkeit des deutschen Zweiges war Clemens von Brentano, eine zentrale Figur der deutschen Romantik. Das literarische Talent der Familie zeigte sich auch bei Heinrich von Brentanos Bruder, Bernard von Brentano, der 1933 in die Schweiz emigrierte. Sein Roman „Thomas Schindler" hat viele autobiographische Züge und gibt gute Einblicke in Gesinnung und Gesittung der Familie Brentano. Heinrich selbst hatte Jura studiert und war Anwalt geworden, lebte als Junggeselle eher zurückgezogen und trat erstmals nach dem Kriege als Mitbegründer der CDU in Hessen an die Öffentlichkeit.

Die Art und Weise, wie er den Vorgang erzählte, war kennzeichnend für sein Wesen und seinen Charakter. Er sagte mir, daß er eigentlich keine politische Berufung verspürt habe und überrascht gewesen sei, als Freunde ihn aufforderten, die Parteigründung mitzutragen. Er habe sie gefragt, warum sie ausgerechnet auf einen apolitischen Mann wie ihn verfallen seien. Ihre Antwort sei entwaffnend gewesen: „Weil du nicht in der Partei warst." Es sei damals außerordentlich schwierig gewesen, honorige, unbelastete Leute zu finden, die gegenüber den Alliierten den Antrag auf Zulassung der Partei hätten unterschreiben können. Er habe seine Freunde nicht enttäuschen wollen, und so sei er in die Politik geraten.

Brentanos Familie und er selbst waren in der Tat darauf bedacht gewesen, Distanz zum Nationalsozialismus zu halten. Er hatte einfach nicht mitgemacht. So kam es, daß er in der Öffentlichkeit und auch in der Presse dem Widerstand zugerechnet wurde. Dies wäre jedem Politiker in den fünfziger Jahren als ein Geschenk des Himmels erschienen. Als Brentano Außenminister wurde und ich als sein Pressereferent und Sprecher des Auswärtigen Amtes der Öffentlichkeit auch seine Person nahebringen wollte, sagte er mir: „Bringen Sie doch dies mit dem Widerstand aus den Zeitungen. Die Nazis waren mir widerlich und ekelhaft, deshalb habe ich mich von ihnen ferne gehalten und keine gemeinsame Sache mit ihnen gemacht. Das nenne ich nicht Widerstand." Ich habe meinen Hut gezogen vor diesem Herrn. Sein Anstand und seine Vornehmheit sollte sich bei vielen anderen Gelegenheiten zeigen. Bonn war, wie jede andere Hauptstadt auch, in jenen Jahren voll von schmutzigen kleinen oder großen Intrigen, in die viele Leute verwickelt waren. Brentano hielt sich fern, weil er der Meinung war, daß, wer Dreck anfaßt, auch selber schmutzig wird.

Heinrich von Brentano wirkte vermutlich deshalb auf viele der Mitspieler wie ein reiner Tor; zu sanft, zu weich, dazu vorherbestimmt, mißhandelt und geopfert zu werden. Wenn man aber registriert, daß er dennoch von 1949 bis 1955 und wieder von 1961 bis 1964 Vorsitzender der CDU-Fraktion im Bundestag und von 1955 bis 1961 Außenminister war, so kommt man zu dem Schluß, daß er so weltfremd und naiv, wie manche glaubten, nicht gewesen sein konnte. Brentano war ein guter Jurist, er hatte klare Vorstellungen von der Führung und Verwaltung großer Staatsangelegenheiten. Er hatte überdies eine, vom persönlichen Anstand bestimmte Art des Umgangs mit seinen Mitarbeitern. Er war ausnehmend höflich, dabei doch entschieden und fest.

Seine über das gewöhnliche Maß hinausgehende Höflichkeit

zeigte sich in einem kleinen Vorfall. Sein älterer Bruder Clemens war der erste Botschafter der Bundesrepublik in Rom und meldete sich zum Besuch bei seinem neuen Vorgesetzten, dem jüngeren Bruder Heinrich, im Auswärtigen Amt an. Als die Pforte den Besucher im Vorzimmer meldete und der Minister informiert wurde, machte er sich sogleich auf den Weg und ging dem älteren Bruder auf der Treppe entgegen, um ihn zu begrüßen. Als er ihn sah, umarmte er ihn und sagte dann: „Du siehst ja verboten aus." Der Bruder hatte einen Aufzug gewählt, der eher zu einem fahrenden Scholaren paßte. Er erschien in einem weiten Mantel und mit Schlapphut. Bleibt festzuhalten, daß nicht der Minister seinen Bruder zum Botschafter gemacht hatte, sondern Adenauer, der zu dem Zeitpunkt vermutlich nicht daran dachte, Heinrich von Brentano könne einmal Außenminister werden.

Brentano konnte, wenn der Ort und die Zeit zusammenpaßten, fröhlich und ausgelassen sein, wobei ihm das Sitzfleisch des Junggesellen zugute kam. Er war ungewöhnlich trinkfest. Er war Kettenraucher mit einem Verbrauch von vier bis sechs Packungen Zigaretten täglich. Er war tabaksüchtig. Aus Rücksichtnahme auf Adenauer, der immer Probleme mit Hals und Lunge hatte, rauchte Brentano nicht in der Nähe des Kanzlers und litt dabei entsetzliche Qualen. Bei längeren Sitzungen mit Adenauer verließ Brentano kurz den Raum, um auf dem Flur hastig und gierig eine Zigarette zu rauchen.

Peter Limbourg und ich sahen, wie der Mann sich zugrunde richtete, und versuchten, vorsichtig Abhilfe zu schaffen. Das hatten natürlich auch schon andere versucht, vergeblich. Einmal, nach einem Diner, als ich mir eine Zigarre angesteckt hatte, sagte ich zu dem Minister, ob er statt der vielen Zigaretten nicht auch einmal eine Zigarre rauchen wolle. Er zuckte nur die Achseln. Einige Tage später, wieder nach einem Abendessen, sah ich meinen Minister eine Zigarre rauchen. Ich konnte eine spontane Regung nicht unterdrücken, ging zu ihm hinüber und sagte, wie es mich freue, ihn mit dieser vorzüglichen Zigarre zu sehen. „Sie soll der Teufel holen mit Ihren Ratschlägen. Ich rauche genauso viele Zigaretten wie vorher und jetzt außerdem noch zwei Zigarren pro Abend. Ich werde das wieder lassen."

Heinrich von Brentano ist an einem Raucherkrebs gestorben.

Peter Limbourg und ich waren dabei, als er zu Grabe getragen wurde. Wir konnten beide die Tränen nicht zurückhalten und haben uns nicht geschämt.

Seine Reden, die Sitzungsprotokolle, die Stenogramme seiner Pressekonferenzen, seine Briefe liegen in den Archiven und werden allen zugänglich sein. Ich möchte hier dem Mann einen Kranz flechten.

Brentano war treu und beständig in seinen Zuneigungen und Freundschaften. Das konnte er sein, weil er sich nicht verschwendete. Ich hatte nie den Eindruck, daß er Adenauer vergötterte. Er sah deutlich seine Schwächen, auch diejenigen des Charakters. Aber er verteidigte ihn mit Zähnen und Klauen, wenn der Kanzler angegriffen oder auch nur kritisiert wurde. Er, von Geburt und Charakter vornehm, stellte sich ganz in Adenauers Dienst. Er ging nicht nur höflich mit ihm um, sondern unterwarf sich auch dann seinem Urteil, wenn er dessen Begründung als fragwürdig empfand. Nur dann, wenn sein Ehrgefühl Gefahr lief, vom Kanzler strapaziert zu werden, leistete er unauffällig Widerstand. Er sah in Adenauer einen Mann, der selbst strenge Grundsätze hatte, nichts Unehrenhaftes dachte und tat. Die Tatsache, daß Adenauer im politischen Kampf in der Wahl seiner Mittel nicht zimperlich war, beeinträchtigte Brentanos Hochachtung des Kanzlers in keiner Weise. Vielleicht beneidete er Adenauer um diese Fähigkeit; ihm selbst war sie nicht gegeben. Er bildete sich nichts darauf ein.

Brentanos Denken und Handeln war sehr auf die Person Adenauers ausgerichtet. Er war zeitweilig auf ihn fixiert. Auf einer Schiffsreise von Amerika über den Atlantik sagte ich dem Minister beim Mittagessen, ich hätte in den Nachrichten gehört, daß der Kanzler an einer Grippe erkrankt sei. Brentano fragte scharf: „Seit wann wissen Sie das?“ Ich antwortete: „Seit heute morgen.“ „Warum haben Sie mir das nicht sofort gemeldet?“ Meine Antwort war, daß ich, wissend, ich würde ihn bei Tisch treffen, geglaubt hätte, dies sei früh genug, um ihn zu unterrichten, zumal nichts zu veranlassen sei. Ich wurde so zurechtgewiesen wie bei keiner anderen Gelegenheit, wo mehr Grund bestanden hätte, mich zu rügen.

Kurz nach seiner Amtsübernahme wurde Brentano nach Mürren in die Schweiz zu Adenauer bestellt, der dort über die Genfer Viererkonferenz wachte, auf der unsere Beobachterdelegation, zu der ich gehörte, sich bemühte, unsere Standpunkte zur Geltung zu bringen. Adenauer wollte seinen Außenminister gegen vier Uhr nachmittags sehen, nach seinem Mittagsschläfchen, nota bene. Brentano, Peter Limbourg und ich aßen zusammen zu Mittag. Das Essen war gut, der Wein war gut. Nach Tisch fragte Brentano den Wirt, ob er einen respektablen Obstbrand habe. Der Wirt sagte jawohl, etwas ganz Besonderes, hausgebrannt, einen Mirabellenschnaps. Her damit. Der Wirt schenkte ein und wollte die dreiviertel volle Flasche wieder mitnehmen. „Bitte lassen Sie die Flasche hier“, sagte Brentano freundlich, „das erspart Ihnen die Lauferei.“ Limbourg und ich hielten dreimal mit, dann paßten wir. Brentano trank die Flasche leer, während wir die Pläne der Alliierten für Deutschlands Zukunft kritisch Revue passieren ließen. Als es Zeit war, stand Brentano auf, luzide, alert, im Vollbesitz seiner geistigen und physischen Kräfte, steckte sich noch eine Zigarette an und ging davon, seinen Kanzler zu sehen.

Die verschiedenen Genfer Konferenzen der Alliierten waren für Adenauer jedesmal ein Gegenstand großer Sorge. Er wurde das Mißtrauen nicht los, die Alliierten könnten sich auf Kosten Deutschlands einigen. Auf Kosten Deutschlands bedeutete für Adenauer in erster Linie jede Regelung, die der Sowjetunion die Möglichkeit eröffnete, aus ihrer Besatzungszone heraus, mit Hilfe eines kommunistisch regierten Satellitenstaates ganz Deutschland zu neutralisieren und seine Integration in das Lager der Demokratien zu verhindern. Damit wäre seiner Meinung nach die Voraussetzung dafür gegeben, im Zuge einer weiteren Entwicklung ein geeintes Deutschland auf die sowjetische Seite zu ziehen und schließlich den großen Traum zu realisieren, Europa unter der Flagge des Marxismus-Leninismus zu einen. Die sowjetische Diplomatie bot den Deutschen als Lockspeise die Aussicht auf Wiedervereinigung an. Die war aber nur dann zu haben, wenn das geeinte Deutschland vom Westen und seinen Bündnissen abgelöst werden würde, womöglich durch eine vertragliche Sperre so gebunden werden könnte, daß ihm auch künftig die Koalitionsfreiheit genommen werden würde.

Freiheit vor Einheit blieb Adenauers Losung. Er wollte die Einheit nur in Freiheit. Unsere Partner im Westen teilten diese Grundüberzeugung, aber Adenauer hielt nach den Erfahrungen der letzten

Kriegs- und frühen Nachkriegszeit die westlichen Staatsmänner für zu naiv, um den sozialistischen Verführungskünsten gewachsen zu sein. Adenauers Sorge war insofern nicht völlig unbegründet, weil es im deutschen Lager immer wieder und immer noch genügend Leute, insbesondere in der Sozialdemokratie, aber nicht nur dort, gab, die meinten, wenn man erst die Einheit habe, werde man im Inneren genügend Freiheit gewinnen können, um einen demokratischen Rechtsstaat einrichten und verteidigen zu können. Die außen- und sicherheitspolitischen Einschränkungen wurden nicht als gravierend angesehen und als ein vertretbarer Preis für die Einheit gewertet. Natürlich blieben diese politischen Tendenzen auch den Alliierten nicht verborgen, zumal sie lautstark und hin und wieder intelligent artikuliert wurden. Die Sowjets selbst inszenierten das Theater oft ganz ungeniert.

Das Adenauersche Mißtrauen während der ganzen Phase der Genfer Konferenzen im Juni 1955 und im Sommer 1959 ist nur vor diesem Hintergrund zu erklären. Es gab allerdings auch einen Umstand, der konkreten Anlaß zur Nervosität bot. Die Alliierten verhandelten allein, ohne unsere und die Beteiligung Ostdeutschlands. Das hatten wir aus den bekannten Gründen so gewollt, aber diese unsere Abwesenheit beinhaltete ein Risiko. „Les absents ont toujours tort", lautete die Warnung. Es gab also Grund zur Wachsamkeit.

So erschienen wir, während Adenauer hoch in den Schweizer Bergen residierte, unten in Genf, nach bewährter Manier mit einer starken Truppe, deren erstes Ziel es war, die öffentliche Meinung für unsere Sache zu mobilisieren. Nie wieder hat die Bundesregierung solche Anstrengungen unternommen und einen solchen Aufwand an qualifiziertem Personal im Bereich der Information getrieben, wie in jener Phase bis zum endgültigen Abschluß der großen Vertragswerke, welche die junge Republik an den Westen banden und in seine Gemeinschaften integrierten. Mindestens fünf bis sechs hohe, in diesem Felde erfahrene Beamte kümmerten sich in Genf um die Presse, gaben und sammelten Informationen, waren tagsüber in unzähligen Informationsgesprächen und Pressekonferenzen im Einsatz. Abends und bis spät in die Nacht wurden in Restaurants und, anstrengender noch, in den Bars, wieder und wieder die Tagesereignisse, die Entwicklungen auf der Konferenz, die Veränderungen in den Haltungen der verschiedenen Delegationen und die Großlage diskutiert. Am Abend entstand jeweils die interessanteste Mischung aus Delegierten aller Kategorien, Hilfskräften, Journalisten, Nachrichtendienstlern und Sicherheitsbeamten verschiedenster Nationen, die sich einträchtig an der Bar versammelten. Wenn die Sicherheitsleute auf dem Hocker saßen und sich nach vorne beugten, um sich das Glas nachfüllen zu lassen, gaben die Jacken die Läufe der schweren Revolver und Pistolen frei, die auch bei geselligem Treiben nicht abgelegt wurden. Die Senioren unter den Großen des internationalen Journalismus erinnerten sich an die Zeit der Genfer Konferenzen zwischen den beiden Weltkriegen oder wußten gute, lehrreiche Geschichten zu erzählen, die sie bedeutenden Kollegen aus jener Zeit verdankten. Die Arbeitsweisen hatten sich drastisch verändert. War damals der wohlinformierte, mitdenkende, politische Absichten verfolgende Kommentator die bestimmende Persönlichkeit, so gewannen heute die Nachrichtenleute an Bedeutung, die in erster Linie schnell sein mußten und wollten. Mehr und mehr traten neben den Fotografen auch die Kameraleute ins Bild, wenngleich noch wenige an der Zahl und noch nicht sich gegenseitig filmend.

Geneviève Tabouis, eine der ersten großen Journalistinnen, deren Glanzzeit zwischen den beiden Weltkriegen lag, inzwischen eine betagte Dame, blieb tapfer auf dem Schlachtfeld und erfrischte uns mit ihren überraschenden Erklärungen zu den Verfallserscheinungen in unserem alten Europa. „Seitdem die Syphilis verschwunden ist, gibt es keine Genies mehr", sagte sie zu Hans Stercken. Wir frischten die alten Geschichten von Jules Sauerwein wieder auf, dem Genf in der Zeit des Völkerbundes ein vertrautes Gelände war, seine Sittenbilder aus dem damaligen Konferenzbetrieb, die in brillanter Raffung komplizierte Verhältnisse plastisch, allerdings nicht ganz jugendfrei wiedergaben.

Wir im Pressereferat hatten nur wenig Geld, es reichte für Essen und Trinken. Das muß einige alte Kunden der Wilhelmstraße überrascht haben. Jedenfalls wußte Frau Elfriede Horchler, die schon in der Presseabteilung des Auswärtigen Amtes in Berlin gearbeitet hatte, nach dem Besuch des einen oder anderen in der Wolle gefärbten Demokraten spitz anzumerken, daß es sich um einen wohlbekannten Kostgänger handelte. Man sollte übrigens nicht allzusehr moralisieren. Friedrich von Gentz ließ sich seine Polemiken gegen Napoleon gut bezahlen, gleich doppelt vermutlich, vom Königreich Preußen und vom Kaiserreich Rußland. Er bestritt das nicht, sagte aber mit Stolz, er habe nie eine Zeile gegen seine Überzeugung geschrieben.

Chauchat vom *Œuvre* hatte sich jahrelang um den Hilfsfonds der französischen Journalisten gekümmert und machte um die Neujahrszeit seine Runde bei den großen Unternehmen, um den Scheck abzuholen. Er schilderte, wie er auf der Vorstandsetage der Galéries Lafayette einen Augenblick lang warten mußte und aus dem Fenster sah. Draußen regnete es ein wenig, unten lief der Verkehr, stoppte bei Rot, kam bei Grün wieder in Bewegung. Er ließ den Blick an der gegenüberliegenden Häuserwand hinaufklettern und stieß auf eine Reihe großer Messinglettern, die er nach und nach zu Worten ordnete. Da stand „Banque de Paris et des Pays-Bas". Chauchat war wie vom Blitz getroffen. „Verdammt", sagte er sich, „die habe ich ja völlig vergessen." In diesem Augenblick wurde er hereingebeten und bekam seinen Scheck, bedankte sich und eilte danach spornstreichs über die Straße, meldete sich in der Direktion der Bank an und ließ seine Karte hereingeben. Die Herren, so berichtete er, müssen genau das Gleiche gedacht haben: „Oh je, den haben wir ja die ganzen Jahre vergessen." Jedenfalls brauchte er, als er vorgelassen war, gar nichts zu erklären. „Der Scheck war schon vorbereitet, und nach einigen Höflichkeiten schieden wir im besten Einvernehmen."

Etwas wehmütig hörten wir, wie die seinerzeit nicht immer gut bezahlten Journalisten ihr Einkommen durch kleine oder große Subventionen aufbesserten, die ihnen erleichterten, die Politik der jeweiligen Regierungen besser zu verstehen und infolgedessen auch besser darzustellen. Wir freuten uns über den französischen Autor, der seinem Außenminister unverblümt gesagt habe, die von ihm geführte Außenpolitik sei so kompliziert geworden, daß es schon etwas mehr koste, sie zu erläutern und dem Publikum schmackhaft zu machen.

Alles in allem zog unsere deutsche Delegation wiederum aus dem Umgang mit der Presse großen Nutzen, und die Presse war auch mit uns meistens zufrieden. Der eigentliche Nutznießer unserer Arbeit war Adenauer selbst.

In den späteren Jahren hat die Bundesregierung ihre Taktik geändert. Die großen Delegationen umgaben sich zwar mit einem Troß von Journalisten und Kameramännern, aber Zahl und Qualität derjenigen, die mit ihnen umgingen, nahm drastisch ab. Sie hatten auch immer weniger zu sagen und mitzuteilen. Die handelnden Personen traten jetzt selbst an die Rampe. So war es schwer, ihnen Deckung zu geben, wenn sie diese dringend brauchten.

Nach Moskau

Im Westen war nun für's erste alles geregelt und alles im Lot. Der Preis bestand in der Stabilisierung des kommunistischen Regimes in der sowjetischen Zone Deutschlands. Es lag nahe zu überlegen, ob und wie wir der sowjetischen Führung unsere Absichten erklären und verständlich machen konnten. Zunächst einmal war es notwendig, klar und deutlich, in einer Form, die keinen Zweifel zuließ, zu sagen, daß die Deutschen sich nicht mit der Teilung abfinden und ihr Recht auf Selbstbestimmung geltend machen würden. Das zweite, nicht minder wichtige Ziel bestand darin, der sowjetrussischen Führung zu verdeutlichen, daß die Sicherheit und das Wohlergehen der UdSSR dann nicht nur nicht gefährdet, sondern besser und auf Dauer gewährleistet sein würden als bei einer Fortdauer der gegenwärtigen Verhältnisse.

In Moskau hatte man viele Gründe, im Umgang mit uns vorsichtig zu sein. Der Preis des Sieges war die Herrschaft über Osteuropa, die Absicherung des Vorfeldes. Polen, die Tschechoslowakai, Ungarn, Bulgarien, Rumänien und Jugoslawien kamen unter die kommunistische Herrschaft und ganz vorne, als Speerspitze, die neugegründete DDR. Der kommunistisch regierte Teil Deutschlands verkörperte die Hoffnung, vielleicht sogar die sichere Erwartung Moskaus, ganz Deutschland eines Tages dem demokratischen Westen streitig machen, in die Neutralität führen oder gar dem kommunistischen Vertragssystem einfügen zu können. Was also konnten wir bieten, Gleichwertiges oder Besseres? Wir nahmen an, daß den Russen, selbst im Hochgefühl der neuen Machtfülle, nicht ganz wohl war in ihrer Haut. Sie wußten sehr gut, daß sie den Krieg gegen das nationalsozialistische Deutschland gewonnen hatten, weil die Vereinigten Staaten und faktisch die ganze Welt an ihrer Seite gekämpft hatten. Sie mußten sich sagen, daß es möglicherweise ein Fehler gewesen war, die Bolschewisierung Osteuropas gegen alle Absprache mit den Westalliierten zu betreiben, denn, bei Licht betrachtet, stand nun die Sowjetunion gegen den Rest der Welt. Da war neben den osteuropäischen Satelliten auch noch China. Ein Freund gewiß, aber auch ein Rivale.

Stalin war tot. Man hatte aufgehört, die politischen Widersacher zu erschießen. Sie wurden eliminiert, aber nicht mehr liquidiert. Dies war für uns im Westen nicht sofort in seiner ganzen Bedeutung zu erfassen, ein entscheidender Wandel, der die Risikofreudigkeit nur beleben konnte.

Dann lebten auch in Moskau die Erinnerungen an gute alte Zeiten, als die Reichswehr mit der Roten Armee zusammenarbeitete, als die beiden Habenichtse sich zusammen gegen die Sieger des Ersten Weltkriegs wehrten, sich gegenseitig versicherten, daß sie sich nicht an einem Krieg Dritter gegen das Deutsche Reich oder die Sowjetunion beteiligen würden und auch nicht an Wirtschaftssanktionen. Waren nicht auf dem Rhein und auf der Elbe die Schiffe der DERUTRA, der deutsch-russischen Transport AG, gefahren und hatten nicht die Tankstellen der DEROP, der deutsch-russischen Öl- und Petroleumgesellschaft, den Sprit aus Rußland verzapft?

Nicht nur die Russen und die Deutschen hatten ihre Erinnerungen, auch die Alliierten hatten ein Gedächtnis. Selbst über die Allianz zwischen Hitler und Stalin lohnte es sich nachzudenken. Eine komplizierte Lage, die es zu erkunden und zu bewerten galt. Das taten wir in den Bonner Amtsstuben und draußen vor Ort. Das Ergebnis legte eine taktisch und strategisch begrenzte Zielsetzung nahe.

Ein konkretes Ziel war, die deutschen Kriegsgefangenen aus der Sowjetunion zurückzuholen. Wir waren in diesem Punkte zuversichtlich. Seit der Kapitulation des Deutschen Reiches war ein Jahrzehnt vergangen, es war wirklich an der Zeit, die Gefangenen zurückzugeben. Ein schlichtes, aber dennoch kräftiges Argument zugunsten unserer Zuversicht war die Tatsache, daß die gefangenen Österreicher, welche in der Deutschen Wehrmacht Dienst geleistet hatten, inzwischen wieder zu Hause waren. So lebten wir nicht in der Vorstellung, die Rückkehr der Gefangenen müsse mit besonderen Gegenleistungen erkauft werden.

Die anderen Aspekte der künftigen deutsch-sowjetischen Beziehungen waren wesentlich vielschichtiger und steckten voller Schwierigkeiten. Es schien notwendig und so gut wie selbstverständlich zu sein, diplomatische Beziehungen zur Sowjetunion herzustellen, der Weltmacht, die einen Teil Deutschlands besetzt hielt und von deren politischer Grundeinstellung zur deutschen Frage es abhängig war, ob Deutschland geteilt bleiben würde oder wann und unter welchen Umständen es wiedervereinigt werden konnte. Die Wiedervereinigung war ein mit aller Kraft anzustrebendes Ziel, ihre Verwirklichung sahen wir in naher Zukunft, nicht in der Ferne eines künftigen Jahrhunderts. Die Bundesregierung betrachtete sich als rechtmäßige Vertreterin der deutschen Interessen, als einziger vom Volkswillen legitimierter Sachwalter des deutschen Volkes und wollte und konnte deshalb das Scheinregime der DDR nicht anerkennen.

Gerade auf dessen Existenz als kommunistisch geführter Staat hatte die Sowjetunion sich aber festgelegt. War dies ein Hindernis, mit der Sowjetunion formell diplomatische Beziehungen aufzunehmen und damit den Weg freizumachen für die ganze Breite eines intensiven Verkehrs zwischen alten Partnern?

Die vorgegebenen Haltepunkte auf sowjetischer Seite waren deutlich zu sehen. Das geeinte Deutschland würde kommunistisch sein oder neutralistisch. Dies konnte und wollte man selbst in Moskau nicht unverblümt sagen, und eben darin lag ein kleiner Ansatz für eine Argumentation und – aus ihr sich ableitend – eine politische Zielsetzung, welcher die Sowjets nicht offen widersprechen konnten. So war unsere Vorstellung, uns in Moskau mit der sowjetischen Führung darüber zu verständigen, daß eine Kommission eingerichtet werden sollte, deren Aufgabe darin bestehen würde, die Modalitäten und Voraussetzungen zu klären, unter denen die Wiederherstellung der diplomatischen Beziehungen erfolgen sollte. Je nach dem Ausgang dieser Verhandlungen sollten dann die vollen diplomatischen Beziehungen hergestellt werden oder auch nicht. So lautete auch die Absprache mit den drei westlichen Alliierten, den Siegermächten, die inzwischen zu Schutzmächten geworden waren. Im Zuge dieser Verhandlungen würden sie uns begleiten, fest an die Hand nehmen, wenn sie es für notwendig hielten.

Die materiellen Vorbereitungen für den Besuch in Moskau wurden sehr umsichtig geplant. Als Transportmittel wurden zwei Superkonstellations der Lufthansa in Aussicht genommen. Es war lange her, daß deutsche Flugzeuge nach Moskau geflogen waren, und so waren genaue Vereinbarungen mit den sowjetischen Luftsicherheitsbehörden notwendig. Die Routen wurden festgelegt und der Einsatz sowjetischer Navigatoren vereinbart. Es wurde aber auch ein Sonderzug der Bundesbahn vorbereitet. In diesem Zuge sollte das schwere Gerät für die Nachrichtenverbindungen mitgeführt werden, um unabhängig vom sowjetischen System mit der Bundesrepublik verkehren zu können. Wichtiger vielleicht noch war der Bau eines abhörsicheren Wagens, der als Konferenzraum für die deutsche Delegation dienen sollte. Wir gingen davon aus, daß wir überall und jederzeit abgehört und auf andere Weise überwacht werden würden. Die Sowjets wurden über alle unsere Vorkehrungen genau unterrichtet. Wir waren ja von ihrer Zustimmung abhängig. Sie machten keine Einwände. Vermutlich haben die Männer im Kreml mit Vergnügen und mit einem gewissen Respekt verzeichnet, wie die Deutschen ihnen begegneten.

Intern wurde in Bonn darüber beraten, wie die deutsche Delegation zusammengesetzt sein sollte. Daß wir erstklassige Dolmetscher brauchten, verstand sich von selbst, aber wir brauchten auch Leute, die darüber hinaus Rußland und die Sowjets kannten. Zwangsläufig zählten dazu Männer, die in der Zeit des Dritten Reiches in Krieg und Frieden mit der Sowjetunion zu tun gehabt, dort gearbeitet, gekämpft und gelitten hatten. Dies schien die Sowjets nicht zu stören. Sie hatten im Grunde keine moralisierende Betrachtungsweise. Die Geschichte war nun einmal so, keine Angelegenheit für zarte Gemüter.

Ich zählte zu denjenigen in der Delegation, die Rußland und die Sowjetunion nicht kannten. Weder im Krieg noch im Frieden war ich dort gewesen. 1941 hatte ich schon einen Erlaß in der Tasche, der mich nach Moskau und darüber hinaus schickte, aber da Moskau nicht von uns genommen, sondern von den Russen gehalten wurde, wurde nichts aus der Sache. Ich habe den Erlaß nicht mehr, aber es stand sinngemäß darin, daß ich – allein – ein sowjetisches Kurzwellenzentrum in der Nähe von Moskau übernehmen und von dort aus den Völkern hinter dem Ural versichern sollte, daß das Dritte Reich ihnen die Freiheit bringen wolle und ganz allgemein nur Gutes mit ihnen im Sinn habe. Zur Durchführung dieses Unternehmens stand mir ein PKW mit Fahrer zur Verfügung. Es klingt verrückt. Es war verrückt.

Jetzt gehörte ich als Pressereferent des Auswärtigen Amtes zu jenem Teil der Delegation, die unter Führung von Außenminister Brentano vom Auswärtigen Amt gestellt wurde und der so gewichtige Leute wie Professor Hallstein, Blankenhorn, Albert Hilger van Scherpenberg und Professor Grewe angehörten. Für die Presse hatte sich Adenauer außerdem wieder Felix von Eckardt geholt, als Sonderbeauftragten gewissermaßen, denn er hatte ihn gerade nach New York geschickt, dann den stellvertretenden Pressechef Dr. Dvořák, der neben von Eckardt nicht recht zum Zuge kam. Gebhardt von Walther gehörte ebenfalls zur Delegation und auch Hans von Herwarth, zwei Männer also, welche die Russen aus der Vorkriegszeit kannten, dazu Experten wie Boris Meissner und von Trützschler. Wir waren gut gerüstet.

Politisch bedeutsamer war aber eine andere Entscheidung über die Zusammensetzung der Delegation. Der Bundeskanzler wollte sich gegenüber dem Bundestag absichern. So bat er Karl Arnold, Kurt Georg Kiesinger und Carlo Schmid, Mitglieder der Delegation zu sein. Dies war gut überlegt. Nach innen hin stellte der Kanzler damit klar, daß er keine „einsamen Entschlüsse" fassen wollte, daß es sich nicht um eine Delegationsreise wie viele andere handelte, sondern um eine schicksalhafte Begegnung. Adenauer gab auch der Führung im Kreml ein unmißverständliches Signal. Auch ihr gegenüber zeigte er, wie hoch und bedeutsam er diese Verhandlung einschätzte. Er gab zugleich zu erkennen, daß, was immer auch beschlossen werden würde, in Deutschland einer breiten Absicherung bedurfte, wenn es Bestand haben sollte. Schließlich, und das sollte sich in Moskau zeigen, hatte er mit Schmid und Kiesinger auch zwei Männer gewählt, die dank ihrer physischen Statur Eindruck machten, von ihrem vollblütigen Charakter ganz zu schweigen. Das große Beispiel hat in der künftigen Geschichte der deutschen Verhandlungsdiplomatie keine Schule gemacht. Es hat sich in dieser Form nicht wiederholt. Zwar sind die Delegationen, mit denen sich deutsche Politiker auf ihren Auslandsreisen begleiten lassen, immer zahlreicher geworden, aber sie bestehen weitgehend aus Statisten und Claqueuren, sie sind Zitzer, die leise mit der Zunge schnalzen, wenn der große Rebbe Wunder tut.

Der Ablauf der Moskauer Konferenz vom 8. bis zum 14. September 1955 ist in verschiedenen Publikationen, auch von Adenauer selbst, geschildert worden. Anläßlich des 30. Jahrestages der Konferenz sind eine Reihe von Beschreibungen und Bewertungen zumeist von Historikern und Politologen veröffentlicht worden. Als ich sie las, war ich überrascht zu sehen, was ich als Teilnehmer nicht gewußt oder bemerkt und was ich vergessen hatte. Eines fehlte allerdings diesen Arbeiten. Da die Autoren nicht dabeigewesen waren, kam das Sinnliche zu kurz. Die Abstrahlung der verschiedenen, allesamt starken Persönlichkeiten, die Atmosphäre, das Drum und Dran waren eigentlich in den journalistischen Berichten, die unter dem Zwang zur aktuellen Berichterstattung verfaßt worden waren, besser eingefangen worden. Sie waren in dem Sinne dichter an der Wahrheit oder an der Wirklichkeit, wie man will.

Ich gehörte zu der Gruppe, die in der ersten Maschine flog, wir waren schon zur Stelle, als etwa eine halbe Stunde später der Kanzler mit seiner Maschine eintraf. Wir hatten also die sowjetischen Würdenträger schon flüchtig kennengelernt, die zur Begrüßung des Besuches erschienen waren. Betrachtet man heute die alten Fotos, wundert man sich darüber, wie einförmig wir alle gekleidet waren. Der sogenannte Homburg gehörte zur deutschen Standardausrüstung.

Die Journalisten und Fotografen wurden zwar nicht herumgeschubst, aber doch mit fester Hand am kurzen Riemen geführt. Das sah man gleich. Die Akteure waren keinem bedrängenden Gerangel ausgesetzt. Bemerkenswert das Ehrenbataillon: die Uniformen äußerst aufwendig, alle bis zum letzten Mann gut herausgeputzt. Die Offiziere mit blanken Waffen, nicht mit dem Degen, sondern mit dem Pallasch ausgerüstet.

Adenauer trat aus der Türe der Maschine, aufrecht und groß kam er die Treppe herunter, gefolgt von anderen großen und schweren Männern. Das Bataillon wurde ihm gemeldet, nach alter russischer Sitte wünschten ihm die Soldaten langes Leben und Gesundheit. Der Kanzler schritt die Front ab, alles klappte wie am Schnürchen. Die Fotografen waren unzufrieden, als die Gruppe direkt auf die Wagen zusteuerte. Er möge doch zu ihnen herüberkommen, riefen sie ihm zu. Adenauer, sich des Einverständnisses von Bulganin versichernd, zog diesen mit und ging in Richtung auf die Fotografen zu, ließ sich einige hundert Mal mit Bulganin ablichten.

Das kommunistische Regime hat ein großes Talent, die Privilegierten zu korrumpieren. Schon auf der Fahrt in die Stadt bemerkte ich, daß wir auf einem Mittelstreifen fuhren, der für den übrigen Verkehr offenbar gesperrt war. Auf meine Frage bekam ich zur Antwort, daß er für Polizei, Feuerwehr und Krankenwagen freigehalten werde und, so wurde nachgeschoben, natürlich auch für hochgestellte Persönlichkeiten. Während der ganzen Konferenzzeit fuhren wir auf diesem Mittelstreifen, immer mit hoher Geschwindigkeit. Der Fahrer fuhr unbekümmert auf die Fahrbahn kreuzende Fußgänger zu, ohne den Fuß vom Gashebel zu nehmen. Ich war betreten zu sehen, wie ein mit Orden reichlich geschmückter Oberst sich wie ein Hase in langen Fluchten in Sicherheit brachte, als er realisierte, daß der Fahrer ihn nicht zur Kenntnis nahm. Schon am zweiten Tag der Konferenz mußte ich mich zur Ordnung rufen, weil ich anfing, diese Einrichtung der dritten Fahrbahn für recht zweckmäßig zu halten.

Nirgendwo sind die Unterschiede so kraß wie in der klassenlosen Gesellschaft. Die Rangordnung ist überall und ständig mit Vorrechten verbunden. Im Hotel Sowjetskaja sah das so aus, daß der Bundeskanzler, die Minister und die Parlamentarier große Appartements hatten, die – abgesehen von pompösen Bädern – mit einem Rundfunkgerät, einem Fernseher und mit einem Klavier ausgestattet waren. Das Instrument gab zu denken. Offenbar ging man in Rußland davon aus, daß der hochstehende Politiker und Funktionär musikalisch gebildet und begabt ist, daß er seine innere Harmonie im Reich der Töne wiederfindet. Die Herren Staatssekretäre und Ministerialdirektoren hatten Fernseher und einen Rundfunkempfänger, in meiner Kategorie gab es nur Radios, die allerdings auch nützlich waren, weil man sie – abgesehen von den Wasserhähnen – auch laufen lassen konnte, wenn man sich unterhielt, in der möglicherweise zutreffenden Annahme, daß dies den Abhörvorgang erschwere. Die Ausstattung mit Seifen und Parfums dagegen war durchgehend üppig. So stand in meinem Bad eine Halbliterflasche des Toilettenwassers „Cuir de Russie“. Nun parfümiere ich mich so gut wie nie und ließ die Flasche ungeöffnet stehen. Als ich sie nach dem ersten Tag nicht angebrochen hatte, wurde ich von dem Zimmermädchen nachdrücklich, in Wort und Gestik, aufgefordert, sie doch zu öffnen. Das tat ich dann und brauchte ihr zuliebe ein paar Tropfen. Die Flasche wurde daraufhin sofort ausgetauscht und durch eine neue ersetzt. Genauso wurde mit den geistigen Getränken verfahren, die uns immer zur Verfügung standen. Allerdings bedurfte es in diesem Bereich keiner besonderen Ermunterung, die Flaschen zu öffnen.

Wenn wir von den opulenten Diners ins Hotel zurückkamen, wurden wir vor ein phänomenales Buffet geführt, beladen mit den köstlichsten Dingen, nach der Devise „Kaviar mit dem großen Löffel". Wir machten zunächst den Fehler, uns zu bedanken und zu entschuldigen. Wir seien dank der großzügigen Gastfreundschaft mehr als gesättigt und voll des süßen Weines. Wir könnten nicht mehr essen und trinken. Wir wurden dann genötigt, doch wenigstens hier und da ein Häppchen zu uns zu nehmen und ein Schlückchen zu trinken. Damit war es dann auch genug. Es reichte aus, sozusagen das Siegel zu brechen. Es wurde alles abgeräumt, auf die Rechnung gesetzt und weiterverkauft. Wie sagte Hans Schirmer: „In der Diktatur ist die milde Korruption eine Form der Freiheit."

Unter den Leuten, die sich besonders um unser leibliches Wohl bemühten, stets höflich und herzlich nachfragten, ob auch alles nach unsern Wünschen verlief, war auch jemand, den wir schwer einordnen konnten. Er war uns gegenüber beflissen, hatte aber im sowjetischen System offenbar große Autorität, war gewohnt zu befehlen und sich Respekt zu verschaffen. Der Mann interessierte uns. Wir hatten so etwas wie einen wissenschaftlichen Apparat über die uns bekannten sowjetischen Funktionäre mitgebracht und sahen darin nach. Der Mann war ein schrecklicher Blutsäufer, der besonders bei der Niederschlagung des Widerstandes in den baltischen Staaten traurige Berühmtheit erlangt hatte.

Im Kreml

Als Pressereferent des Auswärtigen Amtes gehörte ich nicht zu den eigentlichen Akteuren. So habe ich außer höflichen Belanglosigkeiten kein Wort mit Nikolai Bulganin, Nikita Chruschtschow oder Wjatscheslaw Molotow gesprochen. Mein direkter Partner war Leonid Iljitschow, der Sprecher des sowjetischen Außenministeriums, außerdem noch Andrej Gromyko, damals Staatssekretär, und Wladimir Semjonow. Ich war also auf gute Quellen und meine Beobachtungsgabe angewiesen. Ich mußte meine Informationen und Eindrücke so verarbeiten, daß sie in erster Linie den deutschen Journalisten dienlich waren. Diese Funktion als Beobachter im zweiten Glied hatte auch Vorteile. Ich war nicht in die zum Teil heftigen und hitzigen Diskussionen mit der russischen Seite verstrickt. Ich war nicht gezwungen, auf der Stelle und spontan zu taktieren, reagieren, stand nicht unter dem Druck zu wissen, daß ein falsches Wort gewichtige, vielleicht irreparable Konsequenzen haben würde. Ich hatte Zeit, manchmal nicht viel Zeit allerdings – weil auch die Presse drängte und ihr Recht geltend machte –, um die Eindrücke zu sortieren und zu überlegen, wie ich Nachrichten anbieten oder besser noch nichts über die Entwicklung der Verhandlung sagen sollte.

Es war sehr spannend, denn Eckardt, Dvořák und ich agierten ja nicht allein. Die Sowjets taten das Nötige, um ihre Varianten der Darstellung gut ins Spiel zu bringen. Wir hatten aber, wie man billigerweise sagen muß, keine großen Probleme. Es wurden keine unfairen Tricks angewandt. Iljitschew, der später auch zu Rang und Würden kam, war, wenn man den latent vorhandenen Konfliktstoff in Rechnung stellte, ein angenehmer und kompetenter Mitspieler. Er hatte natürlich noch mehr Probleme als wir zu erfahren, was wirklich geschah.

Es war in Moskau für die Journalisten nicht so einfach wie in Bonn, an die Hauptdarsteller heranzukommen, weil die verschiedenen Gebäude so abgeschirmt waren, daß nur Delegationsmitglieder Zutritt erhielten. Es gab aber besondere Pressetermine und größere gesellschaftliche Veranstaltungen, zu denen auch alle oder einige Journalisten eingeladen wurden.

Die Spannung der Abläufe, vor allen Dingen der kritischen Zuspitzungen, übertrug sich auch auf unsere Journalisten. Einige waren dem Druck nicht gewachsen und verloren die Nerven. Ein erfahrener Mann reiste vorzeitig ab, weil er nicht sicher zu sein glaubte, im Falle eines Scheiterns der Konferenz Deutschland je wiederzusehen.

Das Konferenzgebäude, der Spiridonow-Palast, war den Journalisten verschlossen, und so verbrachte ich verhältnismäßig viel Zeit außerhalb dieser Enklave, um an anderem Ort die Journalisten treffen zu können. Während dieser Zeit erfuhr ich nicht, wie es auf der Konferenz weiterging. Dies beinhaltete angesichts der schnell wechselnden Lage und Atmosphäre ein gewisses Risiko. Wenn ich in das Konferenzgebäude zurückkam, ging ich deshalb zunächst in den Raum, wo unsere Stenographen den Sekretärinnen kontinuierlich das Konferenzprotokoll reihum diktierten. Eine schnelle diagonale Lektüre brachte einen dann wieder auf den neusten Stand. Oft verriet die veränderte Stimmung im Büro, daß etwas Unerwartetes eingetreten war. So, als es aussah, als ob die Konferenz wegen der Auseinandersetzung zwischen Adenauer und Chruschtschow über die Kriegsgefangenen zu scheitern drohte und als nach einem schnellen Wechsel der Lage Brentano, Hallstein und Grewe Sorge hatten, der Alte könne in der Hochstimmung des sich abzeichnenden Erfolges alles vergessen, was mit den Alliierten vereinbart worden war und zum eisernen Bestand unserer Politik gehörte.

Von meinem Beobachter- und Zuhörerposten erschienen mir Adenauer und Chruschtschow als die beiden interessantesten Gestalten dieser Konferenz. Sie waren in ihrem ganzen Wesen und Auftreten ungewöhnliche Leute. Auch die übrigen Akteure waren gewiß keine Dutzendware. Ihr Einfluß auf den Entscheidungsprozeß war beträchtlich. Dies galt wohl auch für Bulganin und andere Mitglieder der Spitzenmannschaft, selbst für Molotow. Aber mich faszinierten vor allem diese beiden Männer, Adenauer und Chruschtschow. Adenauer hatte den großen Vorteil des Alters. Ich habe das selten so stark empfunden wie in Moskau. Ein alter, erfahrener Mann kann Dinge sagen, die man einem jüngeren nicht durchgehen lassen würde. Er verschaffte sich auch dank des natürlichen Anstands, den jeder gesittete Mensch einem alten, würdigen Menschen entgegenbringt, einen gewissen Vorteil. Man faßte ihn nicht so rauh an; jedenfalls spielte Adenauer die Vorteile des „elder Statesman“ voll aus. Er kleidete die gelegentliche Härte auch hin und wieder in väterliche Freundschaft und Fürsorge gegenüber seinen sowjetischen Gesprächspartnern ein, obwohl diese allesamt gestandene Männer waren und einiges hinter sich gebracht hatten.

Nikita Sergejewitsch erinnerte in seinen zu großen Anzügen noch an einen Naturburschen, der er auch tatsächlich einmal gewesen war. Er spielte diese Rolle taktisch geschickt, wenn er sich dafür entschuldigte, in der Welt der Diplomatie nicht zu Hause zu sein und um Nachsicht für seine krasse Ausdrucksweise und drastischen Vergleiche bat. Der Mann steckte voller Energie und verband scharfen Intellekt mit Bauernschläue. Er verkörperte schon äußerlich den einerseits aufbrausenden, andererseits gefühlvollen Russen, den die großen Schriftsteller so packend dargestellt haben. Dieses Bild paßte nicht mehr zu seiner Stellung und auch nicht zu seiner Machtfülle, aber eher oft als selten kam der Urgrund zum Vorschein.

Am zweiten Tag der Verhandlungen kam es nachmittags zu dem Zusammenstoß zwischen Adenauer und Chruschtschow, als die Russen erklärten, sie hätten alle Kriegsgefangenen längst zurückgegeben. Sie hielten nur noch nach den Regeln verurteilte Kriegsverbrecher in ihrem Gewahrsam. Chruschtschow schilderte dann die Greueltaten, welche die Deutschen begangen hätten und steigerte sich, während er sprach, in echte Empörung und Erbitterung. Adenauer ging darauf ein, erinnerte aber daran, daß auch die sowjetischen Truppen beim Einmarsch in Deutschland schrecklich gehaust hätten. Ich habe nicht verifizieren können, ob er tatsächlich gesagt hat, sie hätten sich nicht benommen wie kleine Engelchen. Natürlich ist dies nicht schriftlich festgehalten worden, aber er muß etwas in der Nähe dieser Formulierung Liegendes gesagt haben. Chruschtschow sagte daraufhin erregt und mit rotem Kopf, Adenauer habe die Rote Armee beleidigt, das könne er nicht zulassen. Dank verschiedener Interventionen – auch von Carlo Schmid – beruhigte sich die Situation, aber es sah nicht so aus, als sei noch ein Ausgleich möglich, in dessen Gefolge unsere Gefangenen hätten zurückkehren können.

Zu meiner Überraschung erschienen die Russen als Gastgeber bei der großen Gala im Bolschoitheater am gleichen Abend, als sei nichts gewesen. Das Bolschoi-Ballett tanzte „Romeo und Julia“ nach der Musik von Sergej Prokofjew. Es war eine herrliche Aufführung. Die Musik, die Tänzer, die Ausstattung, das Dekor und die Inszenierung waren nahezu perfekt, fast märchenhaft. Ich war besonders beeindruckt von der Primaballerina Galina Ulanowa, die sich mit unglaublicher Leichtigkeit bewegte, zum Beispiel aus der Tiefe der hinteren linken Bühne, wie im Fluge sich vom Boden lösend, Sekunden später ganz vorne rechts an der Rampe erschien und ihr Solo tanzte. Ich habe nur bei Solange Schwarz von der Pariser Oper etwas Ähnliches an Verbindung von Grazie und Straffheit gesehen.

Der Aufwand an Kostümen und Dekorationen auf der Bühne war phänomenal und kontrastierte deutlich mit der für unsere Verhältnisse eher bescheidenen Garderobe des Moskauer Publikums. Das ist ein Kennzeichen der autoritären Herrschaft. Dem Volk wird der Glanz und die Größe des Landes im vollem Lichte gezeigt, um das eigene Elend vergessen zu machen, oft mit Erfolg, wie auch wir wußten.

Die Moskauer Bürger hatten uns an den Eingängen zum Theater freundlich, hin und wieder herzlich begrüßt. Es sah so aus, als sei diese Zuneigung nicht verordnet, sondern echt und ursprünglich. Wir sollten Freunde sein, uns verstehen, hieß es. Auch das Publikum in dem großen Theatersaal war hochgestimmt und bedachte die deutsche Delegation – besonders den Kanzler – mit großem Beifall, als dieser den etwas verdutzten Bulganin bei der Hand nahm und mit hocherhobenen Armen diesen Handschlag der Menge zeigte.

In einer der Logen in meiner Nähe saßen die Vertreter der Deutschen Demokratischen Republik, die demonstrativ eingeladen worden waren. Dies war für das sowjetische Protokoll und die sowjetische Politik unumgänglich gewesen. Es wurden die Nationalhymnen gespielt. Als das Deutschlandlied erklang, an diesem Ort und zu dieser Zeit, nach allem was geschehen war, nach den Strömen von Blut, die auf beiden Seiten geflossen waren, kämpfte ich mit den Tränen. Ich sah auch herüber zu den Leuten der DDR, die sich stehend unser Lied anhörten. Ich dachte mir, jetzt und hier, wo alles zusammenschießt, werden sie erkennen, daß ihre Sache schon verloren ist. In diesem Augenblick war ich dessen sicher, so oft ich später gezweifelt habe.

Gelegentlich wurden auch kleine Komödien aufgelegt. Nicht alles und jedes war von einer dramatischen und tragischen Atmosphäre eingefärbt. Mir hat beispielsweise der Einfall Respekt abgenötigt und Vergnügen bereitet, unsere Delegation in einer Sitzungspause in den Garten des Palais zu führen, wo wir ohne Vorankündigung mit einem merkwürdigen auf dem Rasen ausgebreiteten Gebilde konfrontiert wurde, das sich als eine Ballonhülle entpuppte. Bulganin und Chruschtschow erklärten uns, dies sei ein von den Amerikanern auf dem Gebiet der Bundesrepublik gestarteter Ballon, der Propagandamaterial in die Sowjetunion transportiert habe. Nach einer gewissen Flugzeit werde ein Mechanismus ausgelöst, der die Flugblätter freigebe. Etwaige Zweifel, die wir durch stummes Spiel ausdrückten, wurden schnell beseitigt. Man zeigte uns das Uhrwerk, welches den Ablauf steuerte. Es wies die Markenzeichen und die Herstellungsnummer einer amerikanischen Firma auf.

Chruschtschow kommentierte die Sache dahingehend, daß es ihm völlig gleichgültig sei, wenn die Amerikaner solches Zeug über der Sowjetunion abwürfen. Die Sowjetbürger seien viel zu gebildet und urteilsfähig, um sich von Propaganda beeinflussen zu lassen. Durch diese Ballons werde aber der Luftverkehr gefährdet, und das könne man nicht hinnehmen. Da die Ballons, wie man sicher wisse, vom Gebiet der Bundesrepublik aus gestartet würden, seien wir verantwortlich und müßten diese Aktivität unterbinden. Adenauer sagte, er wisse von diesen Ballonflügen nichts, was vermutlich auch zutraf. Er wolle sich zur Zweckmäßigkeit von Propagandamaßnahmen nicht äußern. Es sei aber einleuchtend, daß eine Gefährdung der Verkehrsfliegerei vermieden werden müsse. Er versprach, sich zu informieren und bei den US-Behörden, wenn sie diejenigen sein sollten, welche die Ballonflüge veranstalteten, für Abhilfe zu sorgen.

Adenauer seinerseits konnte Punkte bei kleinen humoristischen Einlagen buchen. Bulganin hatte zu Konferenzbeginn Adenauer einige Bemerkungen über die Geschichte des Konferenzorts, des Spiridonow-Palais gemacht und dabei erzählt, Herr Spiridonow sei in der Zarenzeit ein sehr reicher Zuckerindustrieller gewesen. Er habe, nach dem, was man wisse, dieses große Haus eigentlich für seine Mätresse bauen lassen und dabei eine Riesensumme in Goldrubel ausgegeben. Die sozialkritischen Untertöne waren sehr diskret angeklungen, aber Adenauer fragte trocken: „Was haben Sie denn für das Haus bezahlt?" Bulganin quittierte den Treffer mit einem Augenblick der Verwirrung und sagte dann tapfer, das Haus sei Volkseigentum. Alle lachten, die Russen eingeschlossen.

Kühn war Adenauers Frage an Chruschtschow, warum er Molotow nicht leiden könne. Die Frage wurde im Schlußteil eines opulenten Diners gestellt, wo alle von den vielen Trinksprüchen schon ein wenig rote Ohren hatten, aber sie war trotzdem an der Grenze des Zulässigen. Chruschtschow wehrte ab, ganz im Gegenteil, Molotow habe große Verdienste, sei ein bewährter Kommunist und so fort. „Das ist sicher alles richtig", meinte Adenauer, „aber Sie können ihn trotzdem nicht gut leiden." So war es auch. Molotow fand sich am Ende seiner Karriere als Botschafter in der Äußeren Mongolei wieder. Das ahnten wir nicht, und ich ahnte am allerwenigsten, daß auch ich gut 20 Jahre später als Botschafter in Japan auch für Ulan-Bator zuständig sein würde.

Die Trinksprüche waren übrigens sehr bemerkenswert, einmal, was ihre Zahl anbetraf, zum andern aber auch im Hinblick auf die Bildhaftigkeit der Aussagen. So sagte Chruschtschow bei einem seiner Toasts: „Gepriesen seien die Schuhe, die Euch in unser Haus getragen haben!"

Die Verhandlungen selbst waren mühsam, wie man weiß, aber bei den Treffen, die den Rahmen für die Konferenz abgaben, bei den Ausflügen, den Empfängen und Diners wurde oft sehr kühn gesprochen, wurden weite Perspektiven aufgezeigt. Mich hat dabei die Behandlung der sowjetisch-chinesischen Beziehungen besonders nachdenklich gemacht. 1955 war – alles in allem genommen – das russisch-chinesische Verhältnis intakt. Die Russen ließen auch in den Gesprächen nicht erkennen, daß sie darüber besorgt seien, dies könne sich einmal drastisch ändern. Es war aber zu spüren, daß die sowjetische Führung die Volksrepublik China mit ihren Massen und Energien als eine Größe bewertete, die man im Guten wie im Bösen nur schwer handhaben konnte. Auch hier half Chruschtschows plastische Sprache zum Verständnis. „Die Chinesen", sagte er, „haben einen unglaublichen Durst. Diesen gewaltigen Durst können wir alleine nicht stillen. Das wäre etwas, was wir gemeinsam versuchen sollten." Er skizzierte die große Kooperation, wobei die Sowjetunion als der ehrliche Makler auftreten könnte, der uns in China einführe und uns eine privilegierte Stellung sichere. In einem koordinierten Programm würden wir gemeinsam China aufbauen und die chinesischen Bedürfnisse befriedigen. Alleine, das war die stille Schlußfolgerung, ist das für die Sowjetunion zu anstrengend. „Wenn ihr mitmacht, hat eure Industrie auf Jahrzehnte ausgesorgt und braucht sich um andere Märkte nicht mehr zu bemühen."

Man konnte nur freundlich und verbindlich zuhören. Die Gespräche waren insofern symptomatisch, als die tieferliegenden Besorgnisse sichtbar wurden. China war ein Rivale, der sowjetische Anspruch auf die geistige und politische Führerschaft der kommunistischen Welt wurde von China stillschweigend in Frage gestellt. Es konnte aber keine zwei roten Sonnen geben. Das schlechte Gewissen, nach dem Kriege imperial, ja kolonial in Ost-und Zentralasien aufgetreten zu sein, belastete die Leute im Kreml, und sie ahnten, daß China dieses nicht vergessen würde. Wir konnten daraus schließen, daß wir direkt auf China zugehen sollten. Der Weg über die Sowjetunion war ein Umweg. Bei solchen Überlegungen dachte ich weniger an wirtschaftliche als an politische Möglichkeiten, nicht zuletzt im Hinblick auf die Wiederherstellung der deutschen Einheit. Wir hatten sowjetische Verbände in Deutschland stehen, keine chinesischen Truppen.

Das Drama näherte sich dem Höhepunkt. Die Russen wollten die Kriegsgefangenen nicht herausgeben, gleichwohl wollten sie diplomatische Beziehungen ohne Wenn und Aber. Wir würden also unverrichteterdinge nach Hause fahren müssen. Felix von Eckardt wandte den alten Kunstgriff an, über das offene Telefon die Flugzeuge einen Tag früher als vorgesehen für den Rückflug anzufordern.

Die russische Staatsführung gab am Montag, dem 12. September, einen großen Empfang im Kreml, im Georgsrittersaal. Es war wie im Zelt des großen Khan. Nur die Spitzen der Delegationen saßen an einem großen Tisch an der Stirnseite quer zum Saal. Sie hatten kein Gegenüber. Wir konnten sie alle betrachten, und so war es auch gedacht. Alle anderen Gäste, gleich welchen Alters und welchen Ranges, mußten stehen. Es wurden reichlich Getränke angeboten, und in der Längsrichtung des Saales standen mehrere als Buffet hergerichtete große Tische. Der in seinen Proportionen sehr schöne Saal mit den Wappen und Namen der Georgsritter bot ein buntes Bild. In meiner Nähe unterhielten sich einige mit Orden nahezu völlig bedeckte hohe Offiziere, Marschälle der Sowjetunion. Semjonow ging auf sie zu, und die Herren begrüßten ihn unisono auf Deutsch mit „Guten Abend, Herr von Semjonow!" Der so begrüßte lachte, er galt als Kenner Deutschlands, und es war leicht, sich vorzustellen, daß er gelegentlich auf Grund seines Verständnisses für unsere Angelegenheiten auch eine gewisse Sympathie verriet, sich unseren legitimen Ansprüchen gegenüber aufgeschlossen zeigte. Er mußte vorsichtig sein. Das System, in dem er arbeitete, war immer noch alles andere als ungefährlich. Die scherzhafte Begrüßung enthielt auch eine kleine Warnung.

Unter den Gästen waren nur wenige Damen. Ich ließ mich der Primaballerina Ulanowa vorstellen. Sie war sehr diskret angezogen. Sie hatte sich, obwohl sie sich ihren fünfzig Jahren näherte, einen jugendlich wirkenden, fast scheuen Charme bewahrt. Sie war, überraschend genug, unerfahren im Umgang mit Fremden. Ich sagte, daß ich mich glücklich schätze, sie auf der Bühne in einer großen Rolle gesehen zu haben, erzählte ein wenig von der Pariser Oper und dem Sadler-Wells-Ballett. Sie sagte vorsichtig und ohne Bitterkeit, sie sei noch nie in Europa oder Amerika gewesen und habe leider nichts von der Arbeit anderer Bühnen gesehen, außer in Filmen und auf Fotos. Daraufhin erzählte ich etwas ausführlicher von der einen oder anderen Aufführung, die ich gesehen hatte. Auf Schritt und Tritt wurde man selbst im Feenreich des Balletts daran erinnert, was Rußland sich angetan hatte.

Während des Empfangs behielt ich den großen Quertisch im Auge und sah in einem bestimmten Moment, daß irgend etwas zwischen Adenauer und Bulganin lebhaft diskutiert wurde, Adenauer abwehrte und Bulganin insistierte. Kurz darauf veranlaßten einige im Saal befindliche Herren alle Gäste, zur Seite zu treten und die Längsachse auf einer gewissen Breite frei zu machen. Diesen Weisungen kam die ganze Gesellschaft widerspruchslos nach. Die Herren waren offenbar Sicherheitsbeamte. Was war geschehen? Adenauer hatte eine Bemerkung über diesen schönen Saal gemacht, die harmonischen Raumverhältnisse gerühmt und hinzugefügt, dies alles wäre wahrscheinlich deutlicher, offensichtlicher, wenn nicht so viele Menschen die Perspektive verstellten. Bulganin winkte einen seiner hinter ihm stehenden Beamten heran und gab ihm den Auftrag, die Saalmitte vorübergehend räumen zu lassen. Als Adenauer begriff und Einhalt zu gebieten versuchte, war es schon zu spät. Wir wurden an die Seiten expediert, Adenauer genoß die Perspektive, und dann ging das Fest weiter. Es war eindrucksvoll und furchterregend zugleich.

Der Empfang neigte sich dem Ende zu, die Stimmung am Haupttisch schien zu meinem und auch anderer Gäste Erstaunen immer besser zu werden. Ich fragte mich, aus welchem Grund. Zum Jubel bestand kein Anlaß. Die Trinksprüche kamen. Adenauer stand auf und sagte sinngemäß, wir seien hier alle Zeuge eines bedeutenden Vorgangs geworden. Er trinke auf das Wohl der Sowjetunion und die gedeihlichen Beziehungen zwischen unseren beiden Staaten. Ich startete sofort nach vorne. Was bedeutete „Zeuge eines bedeutenden Vorgangs"? Eine Redensart, möglich, aber eher unwahrscheinlich. Ich versuchte, einen unserer Dolmetscher zu fassen. Er sagte: „Ich habe nicht für Adenauer gedolmetscht. Ich habe nur gehört, wie Bulganin im Vorbeigehen zu Molotow sagte: ‚Wir sind uns einig'." Einig worüber? Wir fuhren zu unserem Zug, in das geschützte Abteil.

Bulganin hatte Adenauer buchstäblich zwischen zwei Gängen gesagt, wir könnten die Kriegsgefangenen haben, aber wir müßten jetzt sofort diplomatische Beziehungen aufnehmen. Adenauers Antwort: „Einverstanden."

Es war ganz einfach und eigentlich nicht überraschend. Wenn die Bundesrepublik alleine mit der Sowjetunion verhandelte, saßen die Leute im Kreml am längeren Hebel. Adenauer hatte das Schicksal von zehntausend Kriegsgefangenen in der Hand. Was wogen da die völkerrechtlichen Spitzfindigkeiten, die Zusagen an die Alliierten? Nicht viel.

Einigen Leuten in unserer Delegation lief es kalt den Rücken herunter. Was wäre Adenauers Antwort gewesen, wenn ihm Bulganin die Wiedervereinigung gegen die Neutralisierung geboten hätte? Ich weiß es nicht, ich weiß es auch heute noch nicht. Nur eines habe ich festgehalten: Ein deutscher Alleingang ist höchst gefährlich, weil wir dem größeren Gewicht der Sowjetunion nichts Gleichwertiges entgegenzusetzen haben. Wir operieren besser im Verbund, wenn andere uns und wir andere festhalten. Adenauer verteidigte in der

Delegation seine Entscheidung. Ich hielt sie für richtig, das machte mir die Interpretation gegenüber der Presse leichter. Immerhin galt es jetzt, unseren Alliierten zu versichern und zu beweisen, daß wir nicht von der Fahne gegangen waren. Die Reaktion der alliierten Diplomaten vor Ort in Moskau, besonders der amerikanischen Botschaft, war kühl. Aber Eisenhower telegrafierte an Adenauer, was immer er tue, er könne sich auf den Präsidenten verlassen. Wir haben nicht herausfinden können, ob dieses Telegramm schon in Kenntnis oder in Erwartung der Entscheidung abgesandt wurde.

Für die Juristen in der Delegation gab es jetzt viel Arbeit. Wir mußten den Alleinvertretungsanspruch absichern und den Weg zur Einheit offenhalten. Die Sowjets nahmen unsere Erklärung an, ohne sie schriftlich zu bestätigen; sie wiesen diese aber auch nicht zurück. Der Form war gerade noch Genüge getan.

Es galt ein Kommuniqué zu verfassen. Es wurde eine kleine, gemischte Kommission gebildet, zu der auf sowjetischer Seite Gromyko, Semjonow und Iljitchow gehörten, auf unserer Seite Grewe, von Eckardt und ich.

Einer der strittigen Punkte war, daß wir einen Passus einbauen wollten, wonach das ganze Abkommen der Zustimmung des Bundestages bedürfe. Die Sowjets fanden das geradezu komisch. Wir waren uns doch einig. Wer sollte da noch dreinreden? Gromyko tat zunächst so, als habe er uns nicht verstanden. Dann hatte er verstanden, zeigte sich aber zu keiner befriedigenden Änderung des Textes bereit. Wir glaubten einen Augenblick an Schwächen des Dolmetschers, baten ihn noch einmal klar und deutlich zu übersetzen. Gromyko fand schließlich keinen Ausweg mehr und sagte, er könne nicht entscheiden, der Fall müsse vor die Chefs gebracht werden. Vermutlich nahm er an, wir würden uns scheuen, das zu tun, schon aus Zeitgründen und vielleicht auch aus Angst davor, gemaßregelt zu werden. Wir bissen in den sauren Apfel. So gingen wir in den benachbarten Saal, wo die ganze große Gesellschaft schon am Ende des üppigen Soupers angekommen und in Hochstimmung war. Ich sah, wie Gromyko sich bemühte, die Aufmerksamkeit von Chruschtschow und Bulganin auf den strittigen Punkt des Kommuniqués zu lenken, aber damit sichtlich Schwierigkeiten hatte. Schließlich bedeuteten die beiden Gromyko freundlich, er solle sie in Ruhe lassen.

Danach gingen wir wieder ins benachbarte Sitzungszimmer, einigten uns schnell und versuchten, das Souper noch beim letzten Zipfel zu erwischen.

Der Druck war vorbei. So feierten wir am Vorabend der Abreise in Kiesingers Salon das ganze Unternehmen. Peter Limbourg, Rolf Pauls und Hans Schirmer, an dem ein begnadeter Jazzpianist verlorengegangen ist. Er spielte unentwegt auf dem offiziellen Klavier, das Kiesinger zustand, und zeigte mir am nächsten Morgen, daß die Fingernägel ins Fleisch gedrungen waren. Wir sangen bei offenem Fenster, die Posten unten freuten sich und schüttelten wohl den Kopf über die Leute aus dem großen slawischen Brudervolk. Kiesingers Wodka-Vorräte reichten nicht, und so schwärmten wir aus, um in den anderen Salons, soweit unbewacht, die übriggebliebenen Flaschen zu stehlen.

Carlo Schmid erzählte später, er sei gegen drei Uhr morgens angerufen worden, und eine weibliche Stimme habe auf deutsch gefragt: „Kann ich jetzt kommen?" Er habe positiv geantwortet, es sei aber niemand erschienen. Die Jemandin hatte sich vermutlich in der Telefonnummer geirrt.

Adenauer wurde bei seiner Rückkehr im Triumph empfangen. Eine nüchterne Bewertung des ganzen Unternehmens zeigte, daß es gerade noch gutgegangen war. Unser Erfolg war meines Erachtens darauf zurückzuführen, daß auch die sowjetische Regierung sich ein Scheitern der Konferenz nicht leisten konnte. Auch sie stand unter Erfolgszwang. Sie konnte nicht vor den Augen der ganzen Welt dieses Spektakel mit großem Aufwand durchführen, an dessen Ende eine Kommission herausgekommen wäre, die über die Bedingungen verhandeln würde, unter denen diplomatische Beziehungen aufgenommen werden sollten. Nein, wenn schon, denn schon. Das hatten wir unterschätzt, und das galt es im Gedächtnis zu behalten. Da die Sowjets das Faustpfand der Gefangenen einsetzen konnten, stand der Ausgang, wenn man es im nachhinein überlegte, von vornherein fest. Es war richtig und gut, von nun an volle diplomatische Beziehungen zur Sowjetunion zu haben. Wir haben sie dann fast zehn Jahre links liegen lassen.

Standfest

Unsere Verhandlungen in Moskau, mit der überraschenden Vereinbarung, diplomatische Beziehungen aufzunehmen, verlangten danach, den Verbündeten erläutert zu werden. Dies war einer der Gründe, wenn auch nicht der einzige, der Außenminister von Brentano veranlaßte, schon Ende September 1955 eine Reise in die Vereinigten Staaten zu unternehmen. Es war sein erster Amerikabesuch als Außenminister. Er wurde von Walter Hallstein, Rolf Pauls, Peter Limbourg, Heinz Weber und mir begleitet. Wir sollten einen der ersten Direktflüge von Köln/Bonn nach New York benutzen. Die erste Zwischenlandung erfolgte bereits in Brüssel. Ein kleines Problem mit den Motoren, hieß es. Die nächste Zwischenlandung brachte uns in das irische Shannon. Diesmal dauerte die Überprüfung der Maschine etwas länger. Wir vertrieben uns die Zeit damit, unsere Unterhaltung durch den guten irischen Whisky zu beleben. Als wir nach mehreren Stunden wieder an Bord gingen, waren wir so hochgestimmt, daß wir gleich in die Bar des Clippers zogen. Wir blieben auch dort, selbst Brentano, der oben ein Bett hatte. Hallstein war der einzige, der vernünftig genug war, nach einer Weile die Koje aufzusuchen, die man um die geringe Summe von zusätzlich $ 100 mieten konnte. Der Barmann erklärte nach einer guten Weile, als der Morgen schon graute, er bedaure sehr, aber er habe keinen Whisky mehr. Möglicherweise stimmte es sogar. Vielleicht hatte er aber auch den Eindruck, wir hätten nun genug. Die Stimmung wurde noch umflorter, als wir aus dem Cockpit hörten, wir müßten noch einmal eine Zwischenlandung machen; diesmal in Gander in Neufundland. Wir landeten in einem Schneesturm auf einem Flugfeld, das für eine Landung einer Maschine dieses Typs nicht vorbereitet war. Wir stiegen aus; ein eisiger, mit Schnee und Hagel durchsetzter Wind frischte uns auf, als wir zu Fuß über das Rollfeld auf die im Nebel schlecht beleuchteten Hallen zueilten. Wir standen in einem Hangar herum und froren, wurden dann in ein kleines Büro gebracht, wo wir eigentlich guter Dinge auf den Weiterflug warteten. Bei Tageslicht flogen wir nach New York und gewannen eine erste Vorstellung von diesem großen Amerika.

In der riesigen Stadt verkleinerte sich unsere Bedeutung. New York nahm von der Anwesenheit des deutschen Außenministers keine Notiz. Daran war nichts Feindseliges oder Boshaftes. Im Gegenteil, wir waren willkommen. Wir wurden höflich und zuvorkommend behandelt. Der Minister suchte sich sein Publikum und seine Einzelpersonen und erläuterte unsere Probleme und Standpunkte vor verschiedenen Gremien und in Unterhaltungen mit einzelnen meinungsbildenden Persönlichkeiten. Er fand aufmerksame Zuhörer und Gesprächspartner, aber das große, wilde Amerika war in erster Linie mit sich selbst beschäftigt. Wir mußten uns anstrengen, um Aufmerksamkeit zu finden. Die amerikanische Presse hatte, nach der Aufnahme diplomatischer Beziehungen zwischen der Bundesrepublik und der Sowjetunion, in einiger Ausführlichkeit die Frage diskutiert, ob dieser Schritt einen Kurswechsel, eine Umorientierung der deutschen Politik ankündige. Eisenhower, der Präsident, und Dulles, der Außenminister, hatten sich zurückgehalten, aber es war doch anzunehmen, daß die in der Publizistik geäußerten, überwiegend besorgten Meinungen auch innerhalb der amerikanischen Regierung anzutreffen waren.

In New York, dem publizistischen Zentrum der Vereinigten Staaten, konzentrierte Brentano seine Bemühungen darauf, vor meinungsbildenden Gremien und Persönlichkeiten unsere Position zu erläutern. Wir waren zu der Ansicht gelangt, daß unser Moskauer Alleingang die westlichen Alliierten dazu veranlassen könnte, nun ihrerseits, in direkter Verhandlung mit Moskau, die Dinge wieder in die Hand zu bekommen. Dabei hätten sie selbst die volle Kontrolle über den Gang der Ereignisse zurückgewonnen, einschließlich der Kontrolle dessen, was sich vielleicht künftig zwischen den Deutschen und den Russen anbahnen könnte. Außerdem könnten sie uns zeigen, daß sie, wenn sie nur wollten, immer noch bessere Möglichkeiten des Verkehrs mit der Sowjetunion hatten als wir. Dies traf besonders auf die Vereinigten Staaten zu, aus dem einfachen Grunde, weil diese allein über die Machtmittel verfügten, welche die Sowjets respektieren, ja fürchten mußten.

Adenauer war im Zuge solcher Überlegungen äußerst mißtrauisch geworden und sah mit Sorge, wie die Vorbereitungen für eine weitere Vierer-Konferenz über Deutschlands Zukunft getroffen wurden und schon abzusehen war, daß diese Konferenz zustande kommen würde. Besonders gefährlich und gravierend war, daß diese Konferenz ohne deutsche Beteiligung stattfinden würde. Wir saßen insofern in der Zwickmühle, als eine Beteiligung vielleicht zu erreichen gewesen wäre, wenn auch die DDR mit am Tisch gesessen hätte. Dies wollten wir aber nicht.

Die Befürchtung, es könne bei dieser Vierer-Konferenz so etwas wie ein Diktat herauskommen, war nicht völlig unberechtigt. Jedenfalls wäre es sehr schwierig gewesen, eine zwischen den vier Mächten vereinbarte Regelung der deutschen Frage von deutscher Seite rundweg abzulehnen.

Brentano verfolgte eine geschmeidige Taktik. Er ging davon aus, daß die Konferenz zustande kommen würde. Es war infolgedessen richtig, den Versuch zu machen, unsere eigenen Verbündeten bei der Stange zu halten, sie zu verpflichten, unsere Interessen standfest zu vertreten. Voraussetzung dafür war, überzeugend deutlich zu machen, daß dies auch im Interesse unserer westlichen Alliierten selbst lag. So war es richtig, in jeder Gesprächsführung, in jeder Rede zunächst einmal unsere eigene Standfestigkeit nachzuweisen und die Besorgnis über einen deutschen Sonderweg zu zerstreuen. Brentano legte großen Wert darauf zu begründen, daß die Wiederherstellung Deutschlands als Einheit mit der Schaffung eines europäischen Sicherheitssystems gekoppelt werden müsse, nicht zuletzt, um mögliche Besorgnisse aller unserer Nachbarn zu zerstreuen, aber auch, um Deutschland selbst Sicherheit zu bieten.

Der andere Punkt der Argumentation war eine Forderung. Das gesamte, wiedervereinigte deutsche Volk müsse über die in einer Vierer-Konferenz erarbeiteten Pläne und Entwürfe völlig frei selbst entscheiden können. Es dürfe kein Diktat nach dem Modell von Versailles geben. Dies müsse der Ausgangspunkt der Verhandlungen und auch ihr Ziel sein. Um gut begründeten Einwänden gegen eine totale Entscheidungsfreiheit des früheren Kriegsgegners zu begegnen, erklärte Brentano, wie die Bundesrepublik schon bewiesen habe, sei sie bereit, Beschränkungen zuzustimmen, die innerhalb eines europäischen Sicherheitssystems vereinbart werden könnten.

Brentano ging sehr weit, indem er sagte, die freie Entscheidung müsse und werde akzeptiert werden, ganz gleich, wie sie ausfalle, ob man sich „in dieses oder jenes System" einordne, wenn auch er und seine politischen Freunde alles daransetzen wollten, daß die richtige Entscheidung getroffen werde.

Derartige Bemerkungen, die auch in der Öffentlichkeit gemacht wurden, ließen zu Hause Freund und Feind aufhorchen. So schrieb der SPD-Pressedienst nach unserer Rückkehr Anfang Oktober: „Die Fronten beginnen sich zu lockern." Das hat Adenauer auch gelesen, darf man annehmen.

Wir hatten in New York schon eine kleine Vertretung, wo Carl von Mutius sich um die Presse kümmerte. Brentano und Hallstein taten abends noch Dienst, aber wir Jüngeren gingen spät doch einmal in den Savannah-Club oder in einen Jazz-Keller, der gerade en vogue war. Im Club traten die Savannah-Peaches auf, und auch Miss Vibration, die ihren Künstlernamen zu Recht trug. Steffi Mutius sagte am nächsten Vormittag, sie habe fast Komplexe bekommen, aber dann vor dem Spiegel etwas geübt und dabei gesehen, daß sie mithalten könne. Wir erzählten Brentano vom Savannah-Club, und er erklärte mit Entschiedenheit, die Show müsse er auch sehen. Nun gab es damals noch keinen weltweiten Terrorismus, aber das FBI hatte doch einen Sicherheitsbeamten abgestellt, der auf den Minister aufpaßte und die jeweiligen Ortsbewegungen mit der Polizei abstimmte. Ihm sagten wir, daß Herr von Brentano den Savannah-Club besuchen wolle. Er informierte sich und sagte dann kurz und bestimmt, das gehe nicht. Der Club gehöre einem Gangster, und eine mit diesem verfeindete Gang pflege ihn zwei-, dreimal im Jahr zu überfallen und alles kurz und klein zu schlagen. Leider sei die Polizei nicht so gut informiert, daß sie vorhersagen könne, an welchem Tag der Überfall stattfinde. Jedenfalls könne man keine Garantie für die persönliche Sicherheit des Ministers geben. So hat Brentano weder die Peaches noch Miss Vibration je gesehen.

Wir flogen nach Washington hinüber und fanden dort eine ganz andere Atmosphäre vor. Es war, bei allem Respekt, mehr Bonn als Berlin ähnlich. Eine Regierungs-, eine Verwaltungs-, eine Universitätsstadt. Mit kräftigen Einschüssen von Musik, Theater, Literatur und bildender Kunst, aber dies mehr als Dekorum der politischen Zentrale angelegt.

Der deutsche Außenminister fand hier Aufmerksamkeit und

wurde auch formal sehr gut wahrgenommen. Ich hatte viel zu tun, denn die Presse war neugierig. Wie war das gewesen, in Moskau, mit den Russen? Welche Aufgabe würden die deutschen Streitkräfte übernehmen? Hatte die Integrationsidee nach dem Zusammenbruch der Europäischen Verteidigungsgemeinschaft noch eine Chance?

Brentano und unsere kleine Mannschaft waren durch die Arbeit in New York gut vorbereitet. Der Umgang mit der eigentlichen Regierung verlangte, im Hinblick auf konkrete, operative Folgen bei der Vorbereitung der nächsten Schritte hin zu einer neuen Deutschland-Konferenz, große Sorgfalt. Brentano, im Verkehr mit Dulles und dessen ersten Mitarbeitern, wiederholte im großen unsere Argumentation und fand zu seiner und unserer Genugtuung keine Gründe für die meisten der Bonner Besorgnisse. Brentano war sich mit Dulles einig, daß eine zu erwartende Konferenz von der Seite des Westens mit einem konkreten Vorschlag, der Wiedervereinigung und Sicherheitssysteme unlösbar miteinander verbinde, eröffnet werden sollte. Brentano fügte dem Katalog unserer Wünsche noch hinzu, Deutschland könne keiner Regelung zustimmen, in der ihm ein Verzicht abverlangt werde. Wohl – und das hätten wir ja auch schon erklärt – könnten und wollten wir den Gewaltverzicht erneuern, und zwar sowohl im Hinblick auf die Wiedervereinigung als auch auf eine Veränderung der Grenzen. Die Bewahrung des Friedens sei das höchste Ziel. Deshalb seien wir auch keine Gegner der sogenannten Entspannung. Im Gegenteil. Entspannung werde aber nur möglich sein, sagte er hartnäckig und mit Nachdruck, wenn man die Ursachen der Spannung behebe. Eine Politik, die diese Einsicht mißachte, könnten wir nicht mittragen. Wir würden dann „warnend danebenstehen".

Dulles gab Brentano ein Mittagessen im Blaire-House, dem schönen Haus des früheren Postmaster General, das nun als Gästehaus genutzt wird und in dem ich später auch einmal wohnen durfte. Das Essen verlief sehr angeregt, in einer fast herzlichen Atmosphäre. Mich beunruhigte allerdings zu sehen, daß Dulles in gewissen Abständen kleine Papierstreifen vorgelegt wurden, die er schnell las und dann schweigend in die Tasche steckte. Als Pressereferent professionell interessiert, nahm ich an, daß dem Verantwortlichen für die Außenpolitik der großen Weltmacht in einer ganz konzentrierten Form die neueste Nachrichtenlage übermittelt werde. Ich überlegte schon, ob ich meinen amerikanischen Kollegen danach fragen sollte, wie das System funktioniere, ob es sich vielleicht unseren Verhältnissen anpassen ließe. Dann, gegen Ende des Essens, wurde Dulles wieder ein Zettel hingeschoben. Er las ihn, und diesmal sagte er laut: „Na, Gott sei Dank, die Yankees haben gewonnen.“ Er hatte sich die ganze Zeit die Zwischenergebnisse durchsagen lassen. Er sagte erklärend und entschuldigend, wenn das (Baseball-) Spiel verloren worden wäre, wäre die ganze Spannung aus der Liga gewichen. Jetzt dagegen werde es wieder Aufregung geben.

Als wir Washington verließen, war es erlaubt zu sagen, daß es Brentano und seiner kleinen Mannschaft gelungen war, etwaige Besorgnisse über mögliche deutsche Fehltritte auszuräumen. Es lag in der Logik unserer Politik, der Sowjetunion keine Zugeständnisse zu machen, die unsere oder unserer Verbündeten Freiheit und Sicherheit hätten gefährden können. Wir waren im Grunde erstaunlich sicher, daß wir standhalten würden, daß es der Führung im Kreml nicht gelingen werde, uns ihren Willen aufzuzwingen. Wir waren im Gegenteil davon überzeugt, daß eher früher als später für die Sowjetunion die Stunde der Wahrheit kommen würde. Konkrete Anhaltspunkte für diese Vision gab es nur wenige, aber die amerikanische Zuversicht, daß man immer das Richtige tun werde, daß man einem großen Auftrag folge, strahlte auf uns ab, weil dieses Sendungsbewußtsein von einer enormen materiellen Leistungsfähigkeit abgestützt wurde.

Brentano hatte sich dafür entschieden, nach getaner Arbeit mit dem Schiff zurückzureisen, mit der „Queen Mary“. Wir alle wollten uns, wenn auch nur kurz, ein wenig entspannen, nach der Hektik der letzten Wochen und Monate. Da kam aus Bonn ein Telegramm des Inhalts, daß Hallsteins Anwesenheit dringend erforderlich sei, er müsse zurückfliegen. Wir waren nicht völlig überrascht, weil wir das Telegramm eigentlich schon erwartet hatten.

Brentano gelang es, Hallstein davon zu überzeugen, daß nur er die anstehende wichtige Arbeit erledigen könne, und so flog er, vermutlich in seinem Selbstgefühl gestärkt, davon. Die Rückreise an Bord des großen englischen Luxusschiffes verlief sehr angenehm. Das Schiff war allerdings etwas zu schnell. In knappen vier Tagen waren wir wieder in Europa. Das Wetter, wie in dieser Jahreszeit nicht anders zu erwarten, war unfreundlich, teilweise sehr stürmisch. Der Minister und unsere kleine Gruppe aßen zusammen zu Mittag und zu Abend, ansonsten tat jeder, was ihm beliebte. Mit Maßen konnte man ein wenig Sport treiben.

Das Schiff hatte auf dem obersten Deck eine elegante Bar mit dem schönen Namen Starlight Roof. Dort wurde zur Musik einer leidlich guten Kapelle auch getanzt. Nach Tisch erkundete der Minister in unserer Begleitung das Terrain. Es stürmte an diesem Abend gewaltig, und das Schiff rollte in der schweren See. Die Schiffsbauer hatten vorgesorgt und die runde Tanzfläche in den Boden eingelassen, außerdem noch mit einer Reling versehen, so daß man sich abfangen konnte, wenn sich das Schiff überlegte und das ganze Völkchen auf der Tanzfläche haltlos von einer Seite auf die andere wogte. In die Seiteneinfassung waren mit Lampen bestückte Glasscheiben eingelassen worden, und deren eine wurde Peter Limbourg zum Verhängnis. Als er nämlich, mit einer reizenden blonden Sylphe im Arm, in schwerer See in voller Fahrt auf die Reling zu rauschte, hob er seinem männlichen Schutzbedürfnis folgend, ein Knie an, um seine Partnerin vor dem Aufprall zu bewahren, ging durch die Scheibe, und schnitt sich unterhalb des Knies die Hose seines Smokings und das Bein auf. Er blutete ziemlich stark. Ich insistierte, wir müßten nach dem Arzt verlangen. Nun war auf einem Dampfer dieser Art die Krankenstation rund um die Uhr besetzt. Ich begleitete Peter, und wir trafen auf eine sehr adrette Krankenschwester, in das damals beliebte weiße Nylonblüschen gekleidet. Der Arzt kam wenig später, Peter wollte sich freimachen. Nein, es genüge, wenn er das Hosenbein hochschiebe. Der Arzt besah sich den Schaden, dann warf er einen Blick auf Peter und auf mich. Er befand, daß eine lokale Betäubung nicht notwendig war, nähte „four stitches" und pappte ein Pflaster auf den Schmiß. Wir bedankten uns artig und kletterten wieder hinauf ins Starlight Roof.

Dort war die Stimmung inzwischen noch besser geworden. An einem Nachbartisch hatte sich ein Mann in den besten Jahren mit einer wesentlich jüngeren Frau eingefunden, ein interessantes Paar. Aus der Sicht von Rolf Pauls verdiente sie besondere Aufmerksamkeit. Der Herr stand auf und kam zu unserem Tisch herüber. Ich bereitete mich auf allerlei Unerfreuliches vor. Ich hatte mich getäuscht. Der Mann war offensichtlich ein ganz erfahrener Platzhirsch. Er fragte Rolf, ob er nicht an seinen Tisch kommen wolle. Alle Achtung. Brentano, der den Vorgang verfolgt hatte, griff ein. Er bitte darum, ihm die Ehre zu erweisen, der Gentleman und die gnädige Frau seien an seinem Tisch hochwillkommen. Die Einladung wurde angenommen. Der Herr war ein aus der Levante stammender Amerikaner, der in Europa und Kleinasien Tabak einkaufte; sie eine attraktive Frau, vermutlich mit einem kleinen Schuß orientalischen Bluts. Brentano ließ uns alle nicht dürsten. Unser neuer Bekannter wollte sich revanchieren und hielt sich offensichtlich nicht mit Kleinigkeiten auf. Ich höre noch seine Stimme, wie er mit starkem Akzent und rollendem R, dem Kellner sagte:

„Waiterr, thrree morre bottles of Heidsieck Champaign."

Ein denkwürdiger Abend, das Leben trotz allem schön, irgendwie würde alles, das meiste jedenfalls, gelingen, im Kleinen und im Großen.

Der englische Kapitän ignorierte den deutschen Außenminister vollständig. Er lud distinguierte Reisende an den Kapitänstisch ein, schnitt uns aber konsequent. Der Minister bekam eine Einladung zu Drinks vom Purser des Schiffes, die er nicht annahm. Es war kein großer Gegenstand in unseren Gesprächen, aber als wir in Le Havre anlegten und die Passagiere von Bord gehen wollten, bedeutete der französische Hafenkommandant, es dürfe niemand das Schiff verlassen. Der Grund, der französische Präfekt und der örtliche Befehlshaber der französischen Marine würden zunächst den deutschen Außenminister an Bord begrüßen und dann an Land begleiten. Danach könnten die übrigen Passagiere das Schiff verlassen. So geschah es. Wir beobachteten dieses französisch-englische Zwischenspiel mit einem gewissen Vergnügen. Lehrreich war es allemal.

In die Ferne

Das Frühjahr 1956 zog herauf. Die Sache war entschieden: Ich sollte als zweiter Mann an die Botschaft in Santiago de Chile gehen und wurde damit zum jüngsten Botschaftsrat befördert. Adenauer hatte meine Versetzung bei Brentano bereits angemahnt. Mir war das recht, aber noch wurde ich nicht aus dem Spiel genommen. Die Ereignisse folgten dicht auf dicht.

In den ersten Tagen des Monats März hatte es einige sehr lebhafte und interessante Pressekonferenzen gegeben. Im deutsch-französischen Verhältnis standen immer noch die Saarfrage und die Moselkanalisierung auf der Tagesordnung der Verhandlungen, mit den Alliierten waren die Stationierungskosten zu beraten, zudem machten wir die ersten schwierigen Schritte in Moskau. Was würde in der Deutschlandpolitik geschehen? Taten wir selbst genug, konnten wir uns auf die Alliierten verlassen? Wie so oft war die veröffentlichte Meinung hin- und hergerissen, verdächtigte die eigene oder die alliierten Regierungen, registrierte jede nüchterne oder skeptische Äußerung im Ausland und wollte hören, was wir dazu dächten.

Am 30. Januar war im Zusammenhang mit einem Briefwechsel zwischen Bulganin und Eisenhower und im Hinblick auf die Prager Konferenz der Ostblockstaaten wieder einmal Gelegenheit, deutlich zu sein. Ich wiederholte, daß die Bundesregierung stets den Standpunkt vertreten habe, die gefährliche Spannung zwischen der freien Welt und den Staaten des Ostblocks könne beseitigt werden, wenn ihre *Ursachen* behoben würden. Das Programm für künftige Verhandlungen, dessen Verwirklichung einen dauerhaften Frieden garantieren würde, sei:

- die Wiederherstellung der staatlichen Einheit Deutschlands im Rahmen eines europäischen Sicherheitssystems,
- die Wiederherstellung des Rechts der Völker auf Selbstbestimmung,
- die Einrichtung einer internationalen Kontrolle, die Überraschungsangriffe unmöglich machte,
- die Abrüstung und der nachfolgende Einsatz der dadurch freiwer-

denden produktiven Kräfte zur Besserung der allgemeinen Wohlfahrt der Völker, vornehmlich in der Dritten Welt,
- und schließlich der freie Austausch von Nachrichten, Informationen und geistigen Gütern.

Auf Befragen sagte ich, es sei keine substantielle Änderung in der Haltung der Sowjetunion zu erkennen.

Auf einer Pressekonferenz am 2. März fragte mich Rüdiger von Wechmar: „Halten Sie es für notwendig, im gegenwärtigen Zeitpunkt zu handeln?" Ich antwortete: „Was ich für notwendig halte, ist irrelevant, aber die Sache liegt so: Es gibt eine Reihe von Faktoren, die für die Wiedervereinigung wichtig sind, die wir nicht oder nur zu einem geringen Maße verändern können, weil sie nicht unserem Einfluß unterliegen, und andere, die wir verändern können. Da, wo wir sie verändern können, sind wir unablässig an der Arbeit. Bei den anderen kann man Veränderungen, die nicht unter unserer Einwirkung erfolgen, nur beobachten, registrieren, vielleicht nutzen, übrigens, um Ihrer Frage nicht auszuweichen und nicht zu kneifen: Ich glaube nicht, daß man im Augenblick etwas tun könnte."

Zunächst galt es, die Verhandlungen mit den Niederlanden unter Dach und Fach zu bringen. Ich sollte nach Brentanos Wunsch noch dabei sein. Das war insofern verständlich, als der Umgang mit den Niederländern damals mehr noch als heute eine delikate Sache war.

Deutsche und Niederländer haben eine gemeinsame Geschichte, eine gemeinsame Sprache. Viele deutsche Kaiser sind in den niederländischen Kathedralen beerdigt. Die Wege haben sich getrennt. Weil sie uns so nahe verwandt und so ähnlich sind, müssen die Holländer alles, was sie von uns unterscheidet, betonen und vergröbern. Sie müssen sogar eine gewisse Feindschaft kultivieren, um nicht in den Sog der größeren Massen und Energien Deutschlands zu geraten. Wenn man das einmal begriffen hat, und als Kölner und Rheinländer hatte ich diese Erfahrungen hinter mir, reizen einen die Unfreundlichkeiten und Grobheiten unserer Nachbarn nicht mehr, weil man weiß, daß dieses Verhalten für ihre seelische Hygiene notwendig ist.

Man kommt schnell dahinter, daß unsere Nachbarn sehr tüchtige und einfallsreiche Leute sind, dazu alles andere als steif und muffig

Bei unserem Besuch gab sich die niederländische Regierung große Mühe. Brentano und seine Delegation wurden in jeder Weise höflich und korrekt wahrgenommen.

Damals herrschten noch gute Sitten. Die offiziellen Diners fanden in Frack mit Orden statt. Das niederländische Protokoll gab uns einen diskreten Hinweis, wir möchten bitte darauf verzichten, Tapferkeitsauszeichnungen aus dem Zweiten Weltkrieg zu tragen. Die Sache wurde vor Brentano gebracht. Nun war Brentano selbst nie Soldat gewesen und in seinem ganzen Habitus der Zivilist in Reinkultur. Er sagte: „Also gut, wir können die Bitte schlecht abschlagen. Das ändert nichts daran, daß sie anmaßend ist. Die Lösung ist einfach: Wir werden überhaupt keine Orden tragen."

So geschah es. Die Gastgeber erschienen reich geschmückt, wir mit den nudités diplomatiques, wie Bismarck sagte, nackt. Natürlich verloren wir kein Wort darüber, aber unsere holländischen Freunde hatten verstanden.

Bei einem sehr intimen und fröhlichen Mittagessen gaben sich Luns und Beyen von ihrer besten Seite. Beide waren Außenminister, was die Folge der immer höchst schwierigen Mehrheitsbildung mit unzähligen Parteien war. Luns erklärte die Doppelbesetzung so. Da Holland so klein sei, sei logischerweise das Ausland um so größer. Deshalb benötigte das Königreich zwei Außenminister, um mit der Fülle der Materie fertigzuwerden. Das leuchtete uns ein.

Beyen, der lange Zeit als Geschäftsmann in New York gelebt hatte, erzählte eine der schlimmsten antiamerikanischen Geschichten, die ich je gehört habe. Er sagte, bei der Überprüfung seiner Bar habe er kurz vor Ankunft der Gäste festgestellt, daß er keinen Portwein mehr vorrätig gehabt hätte. Daraufhin sei er spornstreichs in den nächsten Laden gegangen und habe eine Flasche alten Port gekauft. In der Wohnung angekommen, habe er beim Öffnen der Flasche einen Aufkleber entdeckt, auf dem groß und deutlich zu lesen stand: „Before serving, shake the bottle".

Wer sich unsere Tafelrunde besah, hätte meinen können, daß alte, gute Freunde, ohne Schatten auf ihren Beziehungen, Freude an ihrem Zusammensein hatten, bereit zu neuen Taten. Das war nicht weit weg von der Wirklichkeit, denn bei der Lösung der zum Teil empfindlichen, weil territorialen Probleme hatten beide Seiten sich einsichtig und vernünftig verhalten. Das Essen war übrigens ein Herrenessen, so daß wir auf den Anblick der besonders schönen Frau Beyen mit ihrem echten tizianroten Haar verzichten mußten.

Auf der letzten Pressekonferenz vor meiner Ausreise nach Chile, am 17. März 1956, habe ich über den Besuch in den Niederlanden gesagt: „Die anstehenden Probleme sind in der Mehrzahl strittig, aber sie sind allesamt nicht sehr gravierend. Wollte man jedes der Probleme isoliert lösen, könnte dies schwierig werden. Faßt man sie zusammen, wird ein Ausgleich im Geben und Nehmen leicht sein. In vielen Fällen sind sie einer Lösung sehr nahe." Ich nannte das Luftfahrtabkommen, das Kulturabkommen, den Steinkohlen- und Kreditvertrag, die Traktatländereien, selbst die Gebietsfragen Elten und die Selfkant, die Dollart-Ems-Frage. „Wenn man alle Posten auf der Soll- und Habenseite anführt, kann man den Saldo glattstellen." Das sei keine Floskel, so hätten wir unter guten Freunden die Lage gesehen und besprochen.

Als ich mich zehn Tage später von den Journalisten verabschiedete und für die sechs Jahre der guten Zusammenarbeit dankte, sagte ich: „Unsere Berufe, Ihrer und der meinige, sind eine Garantie dafür, daß wir uns wieder begegnen werden, und da wir, wie ich glaube, auf derselben Wellenlänge gearbeitet haben, wird es auch immer wieder funken, hier oder in Berlin!"

Es schien so, als hätte ich in den sechs Jahren eine Spur hinterlassen. Ich sah verwundert, was die sonst so kritische Presse von sich gab. In der *Außenpolitik* schrieb H. G. von Studtnitz:

> Nicht ohne Bedauern sieht die in Bonn akkreditierte Presse den langjährigen Sprecher des Auswärtigen Amtes, Legationsrat Günter Diehl, scheiden. Diehl ist an die deutsche Botschaft in Santiago de Chile versetzt worden. Wie sein früherer Chef, der gegenwärtige Vertreter der Bundesrepublik bei den Vereinten Nationen, Felix von Eckardt, besaß Diehl das uneingeschränkte Vertrauen der Journalisten und damit einen politischen Kredit, der für die Bundesregierung Goldes wert war. Vertrauen wird nicht umsonst erworben. Dieses erlangte er durch eine Summe von Eigenschaften, die im heutigen Deutschland nicht mehr häufig anzutreffen sind. Er verfügt über eine detaillierte Kenntnis außenpolitischer Fragen, vor allem des komplizierten deutsch-französischen Problems, zu dessen besten Kennern im Auswärtigen Amt er gehört. Mit französischer Mentalität war er so vertraut, daß er sich in allen entscheidenden Phasen, die die Beziehungen zwischen Bonn und Paris angingen, zumal in den Aus-

sichten der EVG, nie geirrt hat. Daß ihm seine realistische Einschätzung der Lage in Konflikte zu Vorgesetzten brachte, die das Verweilen in Illusionen vorzogen, ist bekannt. Wie Felix von Eckardt errang Diehl das Vertrauen der Presse auch dadurch, daß er den Journalisten vertraute. Er zählte nicht zu jenen Pressereferenten, die vorgeben, nichts zu wissen, wenn sie etwas wissen.

Einer der intelligentesten und zugleich loyalsten Interpreten der Adenauerschen Außenpolitik, sprach er mit Freimut über politische Anliegen und genierte sich nicht, Hintergründe aufzuhellen. Denn er war sicher, daß seiner Bitte, Diskretion über Dinge zu wahren, deren Publikationsreife ausstand, entsprochen werden würde. Weil Diehl die Journalisten nicht täuschte, wurde er auch von ihnen nicht getäuscht. Dem Bundesaußenminister Dr. von Brentano den Rückhalt in der Presse und die Publizität verschafft zu haben, deren Brentano als Fraktionsführer der CDU so sehr entbehrte, war ein Verdienst Günter Diehls. Der Bundesaußenminister muß daher neben der Bonner Presse als der Hauptleidtragende des Weggangs von Diehl angesehen werden.

Die Kölnische Zeitung schrieb: „Mit der Versetzung Diehls nach Südamerika verliert das Bonner diplomatische Parkett einen seiner Besten. Diehl gehören nahezu uneingeschränkt die Sympathien der In- und Auslandspresse, seit den ersten Jahren der Bundesrepublik. Er zählte zu den vertrautesten Mitarbeitern, die mit dem Bundeskanzler und dessen engsten außenpolitischen Ratgebern, Brentano, Dr. Blankenhorn und von Eckardt in den ersten kritischen Jahren bis zum Abschluß der Westverträge und der Aufnahme der diplomatischen Beziehungen zur Sowjetunion, die Schritte der deutschen Diplomatie mitbestimmten.

Diehl war bei fast allen entscheidenden Verhandlungen Bonns in den letzten Jahren zugegen. Er blieb selten eine Antwort schuldig. Seine Kenntnisse und Fähigkeiten wird er an seiner neuen, fernen Wirkungsstätte an den Ufern des Pazifik kaum einsetzen können.

Es stimmt nicht, wenn gesagt wird, Diehl habe versetzt werden müssen, weil er zu viel wußte oder zu beliebt bei den Journalisten war. Die Tips, die er jahrelang in der unermüdlichen Kleinarbeit der persönlichen Gespräche erteilte, haben sich für die Außenpolitik des Bundeskanzlers durchweg glänzend ausgezahlt. Die Presse in Bonn wünscht Diehl eine erfolgreiche diplomatische Laufbahn."

Die *Stuttgarter Zeitung* am 12. April 1956:

Am Montag hat der bisherige Legationsrat erster Klasse, Günter Diehl, der mehr als fünf Jahre lang Sprecher des Auswärtigen Amtes war, die Bundeshauptstadt verlassen. Er ist als erster Botschaftsrat und stellvertretender Botschafter an die deutsche Botschaft in Santiago de Chile versetzt. Mit vierzig Jahren ist er einer der jüngsten Botschaftsräte im Auswärtigen Dienst. Vielleicht reichen die Lebensjahre Diehls noch nicht dazu, ihm ein Kränzlein zu binden. Aber den Presseleuten muß es sozusagen in eigner Sache erlaubt sein, dem jungen Botschaftsrat ein anerkennendes Wort zu sagen. Denn noch kein Sprecher irgendeines Bonner Ministeriums – abgesehen vom früheren Bundespressechef von Eckardt – hat ein ähnlich hervorragendes Talent im Umgang mit der Presse. Die bewegten und interessanten Jahre der Bonner Außenpolitik hat er mit einer erstaunlichen Kenntnis der außenpolitischen Zusammenhänge, den dreihundert Bonner in- und ausländischen Korrespondenten nähergebracht. Er war ein kluger, gewandter Sprecher, freilich nicht einer von denen, deren Namen der großen Menge der Zeitungsleser und Rundfunkhörer bekannt wurde. Die Wirkung des in kritischen Augenblicken geschriebenen oder gesprochenen Wortes ist sich Diehl immer klar. Er ist ein leichter Meister der improvisierenden Rede und Antwort, ein Mann der die Journalisten auch in vertraulichen Informationsgesprächen ins Bild zu setzen verstand. Er versteht die Kunst des Journalismus, denn von 46 bis 50 war er selber Redakteur. Bundeskanzler Adenauer und später Außenminister von Brentano hat er auf fast allen Auslandsreisen begleitet. Man geht nicht fehl, wenn man annimmt, daß dieser kluge, hervorragende Mann – die Journalisten sagen es nicht ohne Eigennutz – einmal wieder in die Bonner Zentrale des Auswärtigen Amtes zurückkehren wird.

Kaum war ich in Santiago de Chile, las ich im Mai in der *Bildzeitung*, Felix von Eckardt sei bereit, seinen früheren Posten als Chef des Bundespresseamtes wieder zu übernehmen. Er habe Bedingungen gestellt. „Er möchte die führenden Stellen in seinem Amt nach eigenem Ermessen besetzen. Außerdem will er als außenpolitischen Sprecher den Legationsrat Diehl zurückholen."

In der *Neuen Zürcher* war ebenfalls schon im Mai 1956 zu lesen: „Wieder einmal ist es soweit, daß die Regierung Adenauer ihren Pressechef, den Informationsminister ohne Ministerrang über die Klinge springen läßt. Gegenwärtig dürfte ein kaum mehr unterschreitbarer Tiefpunkt der öffentlichen Information über die Politik der Bundesregierung erreicht sein. Zum Teil liegt das an einigen der bestellten Regierungssprecher, die wöchentlich dreimal ihre vollkommene Hilflosigkeit im Umgang mit der Presse demonstrieren, zum Teil wohl auch an der höheren Orts betriebenen Personalpolitik, der zum Beispiel der qualifizierteste Sprecher und Interpret für die auswärtige Politik, Günter Diehl, auf undurchsichtige Weise vor kurzem zum Opfer gefallen ist. Wie weit der gegenwärtigen Misere auf diesem Gebiet durch einen Wechsel an der Spitze abzuhelfen sein wird, bleibt abzuwarten."

Ich las diese Nachrichten mit gemischten Gefühlen und gab deutliche Signale nach Bonn, daß ich zunächst einmal in Santiago de Chile zu bleiben wünschte.

Feldpost

Vier Jahre später waren von der Heimatfront wieder besorgte Stimmen zu hören. Wie immer wurde die schlechte Stimmung auch und nicht zuletzt auf eine mangelhafte Informationspolitik zurückgeführt. Das ist eine der bequemsten Ausreden; immer wenn eine Regierung in Schwierigkeiten kommt, wird sie benutzt. Gelegentlich allerdings ist die Kritik berechtigt. Da ich weit weg war, hörte ich mit Verzögerung Nachrichten und Gerüchte, die mich betrafen. Die Presse wußte schon Bescheid, ich sollte zurück und die Leitung der Auslandsabteilung im Presse- und Informationsamt übernehmen. Felix von Eckardt hatte sich mit Brentanos Hilfe durchgesetzt. Eckardt mußte sich auf die Innenpolitik konzentrieren. Bei seinen Vorlieben für die Außenpolitik hieß das nicht, daß er sich völlig abstinent verhalten würde, aber er wollte sicher sein, daß er sich nicht um alles kümmern mußte, und er hoffte darauf, daß die in- und ausländische Presse meine Rückkehr mit Wohlwollen registrieren würde.

Die Abschiedsphase in Chile war sehr strapaziös. Im Laufe der 28 Abschiedsessen zu meinen Ehren, bei denen Wild und der chilenische Rotwein eine wichtige Rolle spielten, bekam ich einen für einen Mann meines Alters ehrenvollen Gichtanfall, der mich nahezu matt setzte. Es gab aber Professor Müller, einen deutsch-chilenischen Chirurgen, der mir nach entsprechender psychologischer Vorbereitung bei vollem Bewußtsein ein kleines angeschliffenes Rohr aus nicht rostendem Stahl quer durch das Kniegelenk schlug, zur allgemeinen Verblüffung, ohne einen Knochen zu treffen. „Heraus quoll's wie nichts Gutes." Ich hatte sofortige Erleichterung und kam mit Hilfe eines zur Distinktion der werten Person beitragenden Stockes gut in die Zielgerade. In der Flut der Ereignisse war die Sache bald vergessen.

Wenn ich zurückblickte auf die nahezu vierjährige Arbeit in Chile, so war die Bilanz uneingeschränkt positiv. Ich hatte wieder eine Bestätigung dafür gefunden, daß die Tätigkeit im Auswärtigen Dienst zwar besondere Anforderungen stellt, dafür aber auch ein Maß an Befriedigung bereithält, welches außer im großen Journalismus und in den künstlerischen Berufen anderswo nur schwer zu finden ist. So glaubte ich wenigstens.

Ein anderer Gewinn an Erfahrung trat zu dem vorhandenen Bestand. Die Hälfte der Zeit hatte ich die Botschaft geleitet. Daraus ergaben sich Pflichten und Arbeiten, die notwendigerweise nur vom Chef der Behörde übernommen werden konnten. Darüber hinaus war ich aber frei, mich für alles zu interessieren, was wichtig oder reizvoll erschien. Außen-, Sicherheits- und Wirtschaftspolitik, das gehörte zum festen Bestand, aber da lag die ganze Welt ausgebreitet und wartete darauf, erforscht, erlebt, genutzt zu werden. Religion, Geisteswissenschaften, Naturwissenschaften, angewandte Technik, Land- und Forstwirtschaft, Ackerbau und Viehzucht, Fauna und Flora, Erziehung, Soziologie und Sport, alles und jedes reizte dazu, angepackt zu werden und belohnte den Eifer mit neuen Erkenntnissen und Erfahrungen, mit einem gesteigerten Lebensgefühl. Meine Frau und die vier Kinder teilten diese Einschätzung unserer chilenischen Zeit. Am 3. Dezember 1959 gingen wir in Buenos Aires an Bord, am 4. feierten wir auf der „Conte Grande" unseren 20. Hochzeitstag auf der Höhe des Lebens.

Die Seereise bot Gelegenheit, die Lage an der Heimatfront zu bedenken und Pläne für die eigene Arbeit zu machen. In gewisser Weise war meine Rückkehr nach Bonn bei der Ausreise im Frühjahr 1956 vorprogrammiert. Einige Briefe verdeutlichen, wie die große Geschichte sich mit den persönlichen Geschichten verflocht, und sie sind auch im nachhinein Zeugnisse für die politische Kultur jener Jahre, wo sich Ernst und Heiterkeit verbanden. Das ist der Republik nicht schlecht bekommen.

Schon am 19. März 1956 hatte Felix v. Eckardt mir aus New York geschrieben:

Sehr betrübt bin ich durch die Nachricht, daß Sie schon am 1. April Europa verlassen und ich daher kaum Hoffnungen habe, Sie noch zu sehen. Jetzt kann ich nicht auf Urlaub gehen und ein dienstlicher Anlaß zeigt sich auch nicht am Horizont. Obwohl hier nicht das Geringste los ist, muß ich ja hier hocken. Besonders verdrießlich ist, daß nun noch das einzige reale, interessante Stück Fleisch meiner politischen Aufgabe hier, die Abrüstung, nach London verlegt ist. Wie Sie ganz richtig schreiben, ist die Abrüstung wahrscheinlich der Angelpunkt der internationalen Politik, wenigstens für die nächsten Monate. Nun ist das UN-Sache, und ich sitze hier mit lauter Kleinkram und unsere Botschaft in London hat die Abrüstung. Sie wissen, daß ich meist nicht gerade wild darauf bin, mir schwierige Dinge an den Hals zu holen, aber bei der absoluten Flaute hier ist es doch etwas erbitternd. Ich wollte Sie nun bitten, falls zu irgendeinem Zeitpunkt der Gedanke auftauchen sollte, einen Beobachter nach London zu schicken, daran zu denken, daß die Abrüstung mein Job ist. Was steht eigentlich in den Kanzlerbriefen? Ich weiß wie immer von nichts.

Was Sie über die Vorgänge in Deutschland schreiben, deckt sich sehr weit mit meiner mehr gefühlsmäßigen Einstellung. Ich glaube auch nicht, daß diese Revolte sehr tiefgreifende politische Umwälzungen bringen wird. Die jungen Leute wollen eben ran, und die SPD nicht weniger. Mag sein, daß die Entwicklung doch schließlich auf eine große Koalition hinsteuert, und das wäre ja noch kein Unglück. Sorgen macht mir dabei nur der Gedanke, wir könnten dann wieder eine ziemlich hemmungslose „nationale Opposition" bekommen. Besonders auf den Saar-Schneider sollte man gut aufpassen. Mit dem Gedanken, die SPD in den Ländern zu befriedigen, habe ich mich auch schon beschäftigt und es stecken da Möglichkeiten drin, besonders wenn keine verfassungsändernden Gesetze in absehbarer Zeit behandelt werden müssen. Sicher ist es am Gesundesten, wenn eine bürgerliche Koalition beisammenbleibt, denn, s. o. „nationale Oppositionen" jagen mir Angst ein. Es rührt sich schon sowieso zuviel davon.

Was nun die anderen Dinge angeht, so glaube ich, daß die beste Konstruktion für das Auswärtige Amt in einem Staatssekretär und zwei Unterstaatssekretären läge. Man sollte den Flaschenhals möglichst weit konstruieren, damit nicht alles bei zwei oder drei Leuten hängt. Es müssen auch genügend verhandlungsfähige Leute dasein, denn der zu behandelnde Stoff wächst schließlich mit jedem Tag. Was sich Br [Brentano] denkt, weiß ich nicht. Wie ich höre, will er Ende April kommen, aber Kr [Krekeler] baut schon vor und sagt, er käme nur nach Washington, dann würde wenig oder gar kein Gespräch für mich dabei herauskommen. Ich hatte so sehr gehofft, Sie würden diese Reise noch mit ihm machen.

Sie in Santiago zu besuchen wird schwierig sein, vor allem sehr teuer, denn das Flugbillet ist so teuer wie nach Europa. Leider ist hier finanziell auf keinen grünen Zweig zu kommen. Ich mußte eine langgeplante Osterreise nach Mexiko wieder abblasen, weil es zu teuer ist. Na ja, das nur nebenbei.

Noch ein Sprung zurück zur Politik. Ich habe kürzlich an Lilienfeld geschrieben, da man mir ein Telegramm von Kr schickte, indem er über ein Gespräch mit Adlay Stevenson berichtet, den er auf die Schwierigkeiten einer Grenzregelung im Osten bei Wiedervereinigung aufmerksam gemacht hat. Ich finde nicht, daß man das tun sollte, denn es kann die Amerikaner nicht anregen, für die Wiedervereinigung tätig zu werden. Dazu habe ich auch an Limbourg geschrieben, wegen des Erhard'schen Planes meiner Südamerikareise. Ich schrieb Ihnen schon, daß ich mich ganz neutral verhalten will, aber ich muß nun

Erhard mal eine Antwort geben, nach sieben Wochen. Ich möchte ihm gegenüber nicht unhöflich sein.

Dann kam vom Staatssekretär eine Rundfrage über allgemeine Stimmung gegenüber Bundesrepublik. Ich habe recht sorgfältig geantwortet und auch so einiges zwischen die Zeilen gearbeitet.

Morgen besuche ich den Generalsekretär mal wieder und hoffe, einiges von ihm über den vorderen Orient zu hören, eventuell auch über Abrüstungsfrage. Vielleicht ergibt das Gespräch ein besseres Telegramm. Ich telegraphiere sonst ziemlich wenig, denn ich habe bei der Lektüre der Riesser-Telegramme (wenn keine Vollversammlung war) festgestellt, daß fast alles, was er von den UNO-Kollegen im Gespräch über die allgemeine politische Situation erfuhr und dann kabelte, falsch war, meist reine Spekulationen. Also was soll's?

Nachtrag: New York ist seit zwei Tagen völlig eingeschneit, alle Technik versagt und mich amüsiert das ungemein!

Am 4. Mai 1956 hatte ich an Eckardt geschrieben:

Bereits auf der Anreise hierher fand ich in Rio de Janeiro einen Brief meiner Frau vor, mit dem sie mich auf die Meldung in der Welt von 18. April „Eckardt soll wieder Pressechef werden" aufmerksam machte. Ich möchte natürlich nun gerne hören, ob es stimmt. Vielleicht finden Sie Zeit, mir darüber ein paar Zeilen zu schreiben. Aus den übrigen deutschen Zeitungen sehe ich, daß die Diskussion über das Verhältnis Presse-Regierung wieder sehr lebhaft in Gang gekommen ist, und daß man Ihnen und an Ihrer Seite auch mir frischen Lorbeer geflochten hat. „Zu spät", sprach dumpf der General, wenigstens was mich anbetrifft, denn nachdem wir nun den ganzen Trubel des Umzugs und der Versetzung auf uns genommen haben, möchte ich doch gut und gerne meine drei Jahre hier bleiben ...

Der Stuttgarter Parteitag scheint ja interessant gewesen zu sein. Es ist ganz gut, daß man den Vorstand etwas vergrößert hat. Ob mit den richtigen Leuten, ist noch die zweite Frage, immerhin sieht die Sache jetzt schon besser aus als vorher, einmal mußte man anfangen, sonst wird der Schock später zu groß. Nicht ganz deutlich ist mir geworden, wie Kiesinger auf dem Parteitag abgeschnitten hat ...

Herr v. Campe fährt Mitte des Monats auf Europaurlaub und kommt Anfang September wieder. Ich hoffe sehr, daß Helga mit den Kindern in zwei Monaten hier ist und ich bis dahin ein Haus gefunden habe. Das Leben allein ist doch schrecklich fade. In diesem Zusammenhang bitte ich Sie, mich Ihrer lieben Frau zu Füßen zu legen ...

Eckardt schrieb am 24. Mai zurück:

Also, vor etwa drei Wochen bekam ich einen Brief von Brentano, in dem er mich im Auftrag des Kanzlers fragte, ob ich bereit sei, das Amt wieder zu übernehmen. Er selbst schloß sich sehr heftig dieser Anfrage an. Ich habe ihn dann zuerst allein in Paris während der Nato-Tagung gesprochen und später noch mehrmals sehr ausführlich und allein in Bonn. Kurz und gut, ich habe angenommen! Es blieb mir auch kaum eine Wahl, da sich Brentano so sehr dafür aussprach. Der Kanzler, mit dem ich zwei lange Aussprachen hatte, war ungewöhnlich herzlich und schien doch sehr froh, daß ich ihm keine Absage erteilte. Alle Personalwünsche wurden erfüllt, unter anderem auch Krüger als Stellvertreter. Ich kenne seine Schwächen sehr genau, will ihn aber zurückhaben, weil keine Zeit mehr für Experimente ist. Mai und Oldag kommen raus. Damit wäre im Amt erstmal wieder Ordnung geschaffen. Daß Sie nicht dasein werden, ist allerdings hart. In dieser Richtung eine Forderung zu stellen, wäre aber sinnlos gewesen und sicher auch nicht in Ihrem Interesse. Hoffentlich geht es mit Jaenicke einigermaßen. Dvořák enttäuschte mich in einigen Gesprächen sehr. Er ist doch sehr viel weniger klug, als ich früher annahm.

Natürlich hatte ich zahllose Gespräche in Bonn. Mit Kiesinger, Krone, Gerstenmaier, Bundespräsident, usw. Überall finde ich eine sehr positive Einstellung zu meiner Rückkehr. Auch mit Lenz hatte ich eine eingehende Aussprache. Er gibt nun unter dem Druck der Verhältnisse nach und sagte mir sogar die Unterstützung von Vogel zu. Ich verlangte von ihm nicht mehr als ein Zweckbündnis bis zu den Wahlen und ich glaube, er wird es einhalten, eben aus Angst vor den Wahlen. Globke strahlte geradezu, wohl auch in der Hoffnung, wieder etwas aus der Schußlinie zu kommen. Etwas bedrückend ist nur, daß sich alle Welt im Regierungslager Wunder von meiner Rückkehr verspricht, Erwartungen hegt, die sich gar nicht erfüllen lassen. Es herrscht in Bonn eine abgrundtiefe Malaise und das Wichtigste ist wohl, frischen Wind in die ganze Situation zu blasen.

Für mich selbst habe ich nichts verlangt, denn ich glaube nicht, daß es klug gewesen wäre, die bestehende Notlage zu Rangerhöhungen auszunutzen. Ich bin mehr dafür, die Wahlen abzuwarten und mir auch nicht selbst den Weg in den Auswärtigen Dienst unnötig zu verbauen. Auf jeden Fall habe ich allerlei Pläne, Aktivität in das Bonner Milieu zu bringen, weil ich glaube, daß die Wahlen zu gewinnen sind, wenn die Regierung sich dazu aufraffen kann, wieder wirklich zu regieren. Jedenfalls habe ich mir in allen Personalfragen und in den Finanzdispositionen völlige Freiheit verschafft. Es muß gelingen, eine Majorität zwischen SPD und Dehler-FDP zu verhindern. Das verstehe ich unter Wahlen gewinnen. Alle anderen Kombinationen sollen mir wurscht sein ...

Hier beginnt bald ein gräßlicher Umzugsrummel. Das Haus war so nett geworden und nun muß alles wieder eingepackt werden. In Godesberg ist auch noch kein Haus in Sicht, die äußeren Umstände der Rückkehr sind also denkbar scheußlich. Dazu natürlich Finanzkämpfe mit Löns, denn wer soll die finanziellen Verluste tragen, Vorschüsse des AA für Einrichtungskosten usw. Hoffentlich regelt sich das irgendwie, sonst habe ich einen privaten Verlust von etwa 25.000 Dollar. Das zu Ihrem Trost.

Noch ein Wort zu Kiesinger. Ich habe mit ihm allein gefrühstückt und sehr eingehend gesprochen. Er sagte mir jede Hilfe in der Fraktion zu, auch, wenn es nötig sei, gegen Lenz–Vogel, deren Einfluß weit überschätzt werde. Sorge macht mir Br [Brentano], weil ich nicht herausbekommen konnte, ob er die Kanzlernachfolge anstrebt oder nicht. Ich fände es besser, wenn er ein paar Jahre Außenminister bliebe. Ich will ihn in dieser Richtung bestärken. Hinzu kommt, daß er unbedingt ein Team braucht und einen guten Mann, der nicht herumreist, sondern immer im Amt ist. Er selbst reist auch viel zu viel. Hallstein macht natürlich ein saures Gesicht über meine Rückkehr, aber ich glaube nicht, daß ihm das viel hilft. Persönlich war er liebenswürdig. Gerade bekomme ich einen Artikel aus der deutschen Korrespondenz – Lenz – der ganz ungewöhnlich positiv zu meiner Rückkehr ist. Man hält also vorläufig das Abkommen.

... Schreiben Sie mir doch häufig ... Wenn die Wahlen glattgehen, ist, glaube ich, die Zeit gekommen, die Steine neu zu stellen.

Meine Antwort ging am 1. Juni heraus:

Ich hatte inzwischen schon aus den Zeitungen erfahren, daß Sie nach dem Gespräch mit dem alten Herren angenommen haben. Wie Sie ganz richtig sagen, blieb, nachdem die Dinge sich soweit entwickelt hatten, auch kaum eine andere Wahl. Ich meine, ich hätte Ihnen schon früher geschrieben, daß tatsächlich noch nichts verloren, bzw. wenn Sie lieber wollen, noch alles drin ist; die richtigen Männer können jetzt die Sache noch zum Guten wenden. Ich gehe mit Ihnen dahin einig, daß eine Koalition von FDP–SPD verhindert werden muß, und daß alle anderen Kombinationen uns nur recht sein können. Ich bin allerdings auch nach wie vor der Meinung, daß, solange die bürgerlichen Parteien nach dem Auszählen der Mandate zusammen noch eine Mehrheit haben, sie auch die Regierung bilden sollten. Alles andere ist im Grunde Unsinn und hat seine Ursachen nur in persönlichen Stänkereien.

Ich bin bei dieser Gefechtslage froh, daß Sie wieder nach Bonn gehen, nur ist mir wie Ihnen klar, daß es diesmal weit schwerer sein wird als 1953.

Ich war sehr beruhigt zu hören, daß Sie so umsichtigerweise die Deckung im Parlament verstärkt haben. Das ist nicht nur wichtig, sondern notwendig. Hoffentlich halten auch Lenz und Vogel die Absprache. Ich würde jedenfalls in dieser Richtung die Augen gut offenhalten. ...

Sehr wichtig ist, daß Brentano mitzieht. Sie schrieben mir, daß Sie nicht ganz klar erkennen konnten, wie er in der Frage der Nachfolge steht. Ich kann dazu das Folgende sagen: Ich habe, als der alte Herr sehr krank war und die Presse anfing, das Problem der Nachfolge öffentlich zu diskutieren, Brentano gesagt, ich müsse, um die Leute nicht in eine falsche Richtung laufen zu lassen, wissen, was er wolle. Er hat geantwortet, daß er, wenn jetzt (vorigen Winter) ein Unglück passiere, es vorziehen würde, das Außenministerium noch einige Jahre zu behalten, um Schäffer die Nachfolge zu überlassen. Sollte das Ereignis in der kommenden Legislaturperiode eintreten, so werde er sich einer Kandidatur nicht entziehen. Das schien mir damals ganz vernünftig und deckt sich ja auch mit dem, was Sie selbst für gut hielten, nur hat, soweit ich die Dinge von hieraus übersehen kann, Schäffer wohl keine Chance.

Was das Presseamt selbst angeht, so ist es gut, daß Sie personellen Ballast abwerfen konnten, denn, wie Sie selbst sagen, ist jetzt keine Zeit mehr für Experimente. Ich bin leider mit Ihnen auch darin einig, daß Dvořák bei weitem nicht gehalten hat, was wir uns von ihm versprachen und das ist noch höflich ausgedrückt. Was wird aus ihm? Kayser ist außerordentlich zuverlässig und grundanständig, es wäre wahrscheinlich das Beste, ihn als Abteilungsleiter Ausland zu belassen, aber Sie müßten sich selbst doch ein wenig um die Dinge kümmern und ihn immer wieder anstoßen, denn er hat überhaupt keinen Drive mehr.

Beiläufig bemerkt sehe ich mit Sorge, wie die Berichterstattung selbst so guter Freunde, wie James Bell und Mike Handler es sind, immer kritischer wird. Selbst wenn es nur die beiden allein mit *Time* und *New York Times* wären – und das ist ja leider nicht der Fall –, kann das auf die Dauer nicht ohne schwere nachteilige Folgen sein. Die Labilität unserer Verhältnisse ist selbst bis hierher spürbar.

Ich würde meinen, daß Jaenicke die richtige Einstellung zu Ihnen finden wird, es kann ja doch in dieser Lage nur eine Zusammenarbeit geben. Es ist wirklich nicht der Moment für kleine Reibereien und Eifersuchtsszenen.

Ich hätte an Ihrer Stelle auch keine Rangfragen aufgeworfen. Wir wissen ja, was wir wert sind, auch ohne Abzeichen. Ich würde nur versuchen, den Botschaftertitel zu behalten und unter allen Umständen den Weg ins Auswärtige Amt offenhalten. Das Ganze muß verwaltungstechnisch nicht als Ausscheiden, sondern als Abordnung oder zeitweise Überstellung aufgezogen werden; sollen die Juristen sehen, wie sie das hinkriegen.

Ich weiß nicht, wie sich Ihre Frau in New York in letzter Zeit gefühlt hat, aber selbst wenn sie gerne nach Bonn zurückgeht, was ich nicht für ausgeschlossen halte, so tut sie mir doch leid, wenn ich daran denke, was ihr nun alles wieder bevorsteht, mit Umzug, Wohnung und Neueinrichtung. Legen Sie mich ihr zu Füßen, oder besser noch, wenn es nicht allzu ungezogen ist, geben Sie ihr in meiner Stellvertretung einen vorsichtigen Kuß.

An Bord des Schiffes der United States Lines, das ihn nach Europa zurückbrachte, schrieb Eckardt mir am 26. Juni – wie immer mit der Hand:

... es tat uns nun doch sehr leid, das hübsche Haus zu verlassen, das sich allmählich noch verschönt hatte. Zum Schluß sah es wieder aus wie im Türkenkrieg. Gottlob haben wir ein anscheinend sehr schönes Haus in Honnef bekommen, mit ziemlich großem Garten. Wir haben es telegraphisch gemietet und hoffen nun auf eine möglichst positive Überraschung. Morgen früh sind wir in Le Havre und dort geht's dann mit Nürnberg zurück in den Trubel in Bonn.

Die Tage mit dem Kanzler in den USA verliefen recht gut und besonders nützlich in Wiederanknüpfung der persönlichen Beziehungen. Der alte Herr war geradezu reizend, überhöflich und herzlich und ich glaube, daß er sich auch persönlich über unsere Rückkehr freut. Darüber hinaus gab er mir für viele Dinge freie Hand, so auch für eine großangelegte Aktion der Propaganda vom Bund in die Zone hinein. Man muß da jetzt viel tun, da auf dem Vier-Mächte-Level kaum etwas zu erwarten ist. Ich möchte bis zu den Wahlen die Menschen bei uns ständig in der Wiedervereinigungsfrage beschäftigen, d.h. den eisernen Vorhang so weit wie möglich von unserer Seite aufziehen. Dazu internationale Aktionen, eventuell eine innerhalb der UN, an der ich seit längerer Zeit arbeite!

Schrecklich scheinen mir die Verhältnisse in der CDU selbst. Das Verhältnis zu Erhardt-Schäffer ist miserabel und das zu Br. auch anscheinend ziemlich schlecht. Es wird natürlich von unserem Freund (Hallstein) noch angeheizt. Am 1.Juli fliegen wir nach Rom für vier Tage, Br. ist diesmal dabei und ich will alles denkbare tun, um Br. dem Buka wieder näherzubringen. Ich glaube, daß die Wahlen entscheidend davon abhängen, daß die wichtigen Personen in der CDU/CSU wieder Frieden machen. Dazu müßte das Kabinett in Ordnung gebracht werden. Es ist jetzt ohne jede Schlagkraft und so kann man keinen Wahlkampf führen. Sehr hoffe ich darauf, daß uns die SPD hilft durch überradikale Wiedervereinigungsparolen, (soziale Errungenschaften in der Zone!), die die FDP nicht mitmachen kann. Damit wäre viel gewonnen.

Meine persönlichen Dinge sind noch nicht geordnet. Wegen des Stellenplanes wird es schwer sein, im AA zu bleiben. Br. hat mir aber angekündigt, daß ich einen Brief über Wiederverwendung im AA bekomme, für die Auslandsarbeit wäre die Beibehaltung des Botschaftertitels sicher gut. Na, man wird sehen!

Unserer Freund (Hallstein) war übrigens eitel Liebenswürdigkeit in den USA. Hoffentlich hält es an. Meist hält er sich ja an die herrschende Strömung.

Bald nach meiner „Machtergreifung“ melde ich mich wieder aus Bonn.

In meiner Antwort vom 7. 9. stand:

Wir sind hier draußen ohne die Ergebnisse der Meinungsumfragen. Aus den Informationsdiensten hört man so Einiges, insbesondere, daß SPD und CDU ungefähr gleichgezogen haben. Was mich an der Sache beschäftigt ist nun, was Sie seinerzeit aus New York schrieben, nämlich die unerwünschte, aber nicht ausgeschlossene Kombination von SPD mit allen anderen gegen die CDU, während eine Kombination CDU–SPD das kleinere Übel wäre. Am vernünftigsten scheint mir immer noch zu sein, daß wenn die Addition der bürgerlichen Stimmen eine Mehrheit ergibt, sie auch die Regierung bilden sollten, aber – und nun kommt das große Aber –: gewisse Anzeichen sprechen dafür, daß abseits aller bewußten Faktoren das Un- oder Unterbewußte auf eine Veränderung drängt. Ich glaube nach wie vor, daß der '53er-Erfolg im Wesentlichen darauf zurückzuführen ist, daß die Leute nicht wollten „daß sich etwas ändert". Wenn im kommenden Jahr eine Grundeinstellung da ist, bei der im Gegenteil die Leute wollen, daß sich etwas ändert, dann ist dem mit Vernunfts- und politischen Gründen sehr schwer beizukommen. Ich meine jedenfalls, man müßte der Beobachtung dieses Phänomens große Aufmerksamkeit zuwenden. Man kann und soll natürlich versuchen darzustellen, das Kontinuität etwas Gutes ist, zumal vermutlich doch bei den meisten Menschen eine starke Abneigung gegenüber allen politischen und wirtschaftlichen Abenteuern besteht. Aber wichtiger, entscheidend scheint mir, daß man dem Wunsch nach Veränderung entgegenkommt. Vergleichsweise könnte man auf die Taktik einer klugen Ehefrau verweisen, die weiß, daß der Göttergatte an sich den Trouble mit Freundin und so auch scheut und ganz gern bei der Stange bleibt, eben wenn sie sich selbst was Neues einfallen läßt. Mit anderen Worten, die Regierung oder die Koalition oder wie immer Sie die gegenwärtig tragenden Kräfte nennen wollen, müßte beweisen, daß sie zu Revolutionen fähig ist. Ich weiß sehr wohl, und natürlich wissen Sie es auch, daß die Hauptschwierigkeit in einer Personenfrage liegt. Aber das sollte doch kein Grund dafür sein, die Sache überhaupt nicht zu versuchen.

Es ist von hier aus schwer zu sehen, was man konkret machen könnte. Aber man kann doch auch neue politische Wirklichkeiten schaffen, durch Phantasie und Vorstellungskraft. Sie erinnern sich, wie wir mangels Ergebnissen am Vorabend der Wahl 1953 durch ein Wort, nämlich unser „Manifest" so etwas wie eine politische Realität schufen. Die ganze Sache ist deshalb so wichtig, weil die Menschen nun einmal emotional bestimmte Wesen sind, und gerade von hier draußen wird es sichtbar, daß die Bundesregierung, der Staat die Zeichen einer zwar ausgezeichneten, aber doch nur „Verwaltung" trägt. Muß ich sagen, daß ich keineswegs unterschätze, was geleistet worden ist? Aber wirtschaftlicher Wiederaufbau, Prosperität, Eingliederung Vertriebener usw., usw., sind alles großartige Dinge, nur ist es schwer ihnen einen Glanz zu geben, der die emotionale Seite, die nun einmal in jedem Menschen, beileibe nicht nur im Deutschen steckt, anspricht. Europas Idee und Gestalt war eine Zeitlang so etwas wie ein Ersatz, aber der Elan ist doch stark abgebremst. Vielleicht wäre es möglich, mit dem, was getan worden ist, im Inneren und auch im europäischen Feld, wieder etwas frischen Lorbeer zu schneiden und ihm zu einer höheren Sinngebung zu verhelfen, indem man immer wieder knapp beschreibt und in die großen Zusammenhänge stellt, was im Einzelnen gemacht wurde.

Bei einer Umschau bietet sich leider keine Fülle von Themen oder Themenkreisen an. Ein auf Anhieb etwas skurril aussehender Gedanke wäre, im Feld der geistigen Leistung nachzusuchen, etwa in dem Sinne, daß die Bundesregierung, besser Deutschland, in dieser Zeit, abgesehen davon, daß der Mercedes 300er zu einem weitverbreiteten Automobiltyp wurde, auch Deutschland als geistige Gestalt wiedergeschaffen hat. Ich erinnere mich an die große und nachhaltige Wirkung, die die Gedenkrede des Bundespräsidenten (Heuss) am 20. Juli in Berlin gehabt hat. Das, was ich gerade versuche tastend zu umschreiben, könnte ein Thema für ihn sein bei einer großen Rede. Ich denke, Sie mißverstehen mich nicht, wenn ich als äußeres Symbol so eine Sache wie die Stuttgarter Musikhalle ansehe, oder auch eine Gesamtleistung wie etwa die Dankspende. Sicher wäre auch an den Universitäten noch etwas auszugraben.

Diesen Erscheinungen nachzugehen, nochmals, vielleicht eingeleitet von Heuss selbst, würde auch noch ein Anderes bewirken: wir haben oft darüber gesprochen, daß schon seit geraumer Zeit, das, was wir gemacht haben, bei den Intellektuellen kaum noch gegriffen hat; und wir waren uns darüber im Klaren, daß über kurz oder lang, diese Erscheinung sich auch politisch auswirken müßte. Inzwischen ist es soweit. Dagegen ist eigentlich so gut wie gar nichts geschehen, wenn man davon absieht, daß hin und wieder einmal ein paar wohlwollende Worte gesprochen wurden, es müsse etwas für die Förderung des Nachwuchses getan werden. Wobei zu allem Überfluß auch meist nur das rein materialistische Argument gebraucht wurde, daß wir sonst wirtschaftlich in der Auseinandersetzung mit anderen Völkern ins Hintertreffen geraten könnten. Vielleicht bedenken Sie es einmal.

Ich bekam eine flotte Karte von Georg Lilienfeld und Peter Limbourg anläßlich des Treffens mit Kanalowitsch in London, die mir viel Spaß gemacht hat. Vorgestern haben wir hier die völlig erschöpften Henkels, Scholz, Wagner usw. wieder ins Flugzeug gesetzt. Gelegentlich haben wir miteinander empfunden, daß die ganze Geschichte etwas Unwirkliches an sich habe, so 15.000 km entfernt von Bonn hier zusammenzusitzen wie einst im Mai. Nebenbei bemerkt, als Pressechef kommen Sie natürlich nach wie vor wenig dazu, Zeitung zu lesen. Der im Augenblick in der *Frankfurter Allgemeinen* abgedruckte Roman „Am grünen Strand der Spree“ von Hans Scholz ist eine Wolke auf Rädern. Ich meine, er müßte gerade Ihnen großen Spaß machen. Er ist sicher auch als Buch aufzutreiben. ...

Zwei weitere Briefe an v. Eckardt aus dem Jahre 1957 beleuchten den Fortgang der Dinge. Am 13. Mai schrieb ich:

... Nun kommt zu allem Überfluß noch die Auseinandersetzung über die Frage der Atomwaffen hinzu, die es ja tatsächlich in sich hat. Ich habe leider immer noch Zweifel, daß es auf der Abrüstungskonferenz in London zu einem brauchbaren Ergebnis kommen wird. Daß eine Sache vernünftig wäre, ist leider noch keine Garantie dafür, daß sie auch tatsächlich zustande kommt.

Ich war, wie Sie wissen, immer ein Feind von Düsterkeitspropaganda, aber der Ausblick auf die nächsten Jahre ist wirklich nicht besonders erfreulich. Natürlich wäre es außerordentlich wichtig zu einem Abkommen über die Atomwaffen zu gelangen. Die Dinger haben trotz aller beruhigender Erklärungen ja doch etwas Existenzgefährdendes für die ganze Welt. Aber was unsere nationalen Probleme angeht, so würden sie im Anschluß an ein derartiges Abkommen keineswegs sozusagen automatisch gelöst werden können. Einmal wird nach einem Bann der Atomwaffen der „kleine, dreckige" Krieg wieder möglich, und zum anderen ist man dann in der Frage der Wiedervereinigung vielleicht genauso schlau wie vorher.

Wir hören hier, daß man die Pläne, die Frage der Wiedervereinigung vor die UNO zu bringen, einstweilen aufgegeben hat. Ich halte das für bedauerlich. Auch wenn nicht unmittelbar greifbare Ergebnisse dabei herausspringen würden, so wäre doch die ganze Frage wieder einmal ins Bewußtsein der Öffentlichkeit gedrungen. Außerdem ist es immerhin nicht völlig ausgeschlossen, daß so etwas wie eine Studienkommission, mit etwas Glück unter Vorsitz von Hammerskjöld, zustandegekommen wäre, die den Druck auf die Sowjets und die Ostzonenleute verstärken könnte.

Nicht gerne vernimmt man die ersten Töne von Kraftmeierei in der militärischen Spielform aus Deutschland. Es wäre wirklich verheerend, wenn wir wieder eine „first class military power" würden, wie unser alter Freund Luftmarschall Sir Basil Embry so gerne wollte, als Hans Schirmer und ich ihn in Fontainebleau besuchten. Deshalb bin ich mehr denn je dafür, daß wir wirtschaftlich und politisch mit unseren Nachbarn in Europa so weit gemeinsame Sache machen, wie nur eben möglich. Daß ich nach den Erfahrungen mit der EVG mehr zu Erhards Auffassung neige, und selbst gerne unser altes Projekt des politischen europäischen Direktoriums schnell verwirklicht sehen möchte, ist nur zu verständlich. Ich entnehme dem Kommuniqué über den MacMillan-Besuch, daß man die Vielfalt der europäischen Organisationen etwas in Stromlinie bringen will. Vielleicht wäre da ein Plätzchen für das „Direktorium".

Hier in Südamerika machen sich die Leute über den gemeinsamen Markt eine Menge Sorgen. Es ist zu hören, daß klassische Handelsdreieck Europa, Südamerika, Nordamerika werde gesprengt werden und die überschüssige wirtschaftliche Kraft Europas nach Afrika gehen. Nun ist es so, daß meiner Meinung nach – wenn die Vereinigten Staaten nicht eine Revision ihrer Südamerika-Politik vornehmen – mit großen Projekten unsererseits hier in absehbarer Zeit überhaupt nur noch sehr schwer zu landen ist, denn die Nordamerikaner sehen offenbar Lateinamerika in zunehmendem Maße als Chasse Gardée an. Dennoch bleibt Südamerika, abgesehen von seiner politischen Bedeutung in den großen Organisationen, immer noch ein hervorragender Markt und sollte schon deshalb gepflegt werden, weil die politischen Unsicherheiten in Afrika ja nicht von Pappe sind. Ihre eigenen Erfahrungen und die anderer befreundeter Mächte in der UNO haben ja gezeigt, wie wichtig es ist, die Lateinamerikaner mit sich zu haben. …

Die Vereinigten Staaten ziehen wie überall auch sehr viele tüchtige junge Leute aus ganz Südamerika nach den USA, um sie dort auszubilden, mit großzügigen Stipendien, einschließlich Frau und Kindern, usw. Aber die Leute die hier tiefer zu blicken im Stande sind, sehen doch, daß die Jungs, die nach den Staaten gehen, für ein Land wie Chile praktisch verloren sind. Sie lernen in den USA Arbeits- und Forschungsmethoden kennen, die sie hier nie anwenden können, oder, wenn sie sehr begabt sind, bleiben sie gleich dort und kehren Chile den Rücken. Die Art, wie in Europa wissenschaftlich gearbeitet wird, streng, genau und arm, ist den Verhältnissen hier sehr viel mehr angemessen. Ganz davon abgesehen, daß in den geistigen Disziplinen das eine oder andere Interessante zum Glück doch noch in Europa gedacht wird.

... Brentano schrieb mir, wenn er nach den Wahlen wieder im gleichen Amt sei, trüge er sich mit dem Gedanken, eine Südamerikareise zu machen. Wie wär's, wenn Sie sich hintendrauf stellten? Es wäre schon gut, wenn man bei einer derartigen Reise einem Begleiter Zeit und Gelegenheit geben würde, sich am Grunde und ohne sich mit Details aufzuhalten, mit der Frage unserer kulturellen und informatorischen Tätigkeiten in Südamerika zu befassen. Es liegt manches im Argen. Einige der Schwierigkeiten sind vielleicht haushaltsrechtlich begründet, aber es ist oft weniger die effektive Höhe der Mittel als vielmehr das offensichtliche Fehlen eines strategischen Planes, was die Arbeit so unergiebig macht und den Erfolgen etwas zufälliges gibt.

Am 19. Juni schickte ich Eckardt einen kürzeren Brief hinterher:

Den Gazetten entnehme ich, daß „Ramses" das Zeitliche gesegnet hat. Es ist nicht zu sagen, wie diese Nachricht mit einem Schlage eine ganze Welt von sehr lebendigen Erinnerungen heraufgeführt hat, so wie manchmal ein Geruch oder eine Melodie ganze Jahre wieder vergegenwärtigen können. Eigentlich sollte man den lieben Damen ja Vorwürfe machen, wenn es wahr ist, daß er an Lungenentzündung gestorben ist. Wahrscheinlich hat er mal einige Zeit im Zug gestanden, der Arme. Am Schönsten fand ich ihn ja, wenn er sich als kleiner Narziß im Spiegel betrachtete und dabei sanft mit sich selbst redete.

Von drüben und aus aller Welt bricht gegenwärtig eine Flut von gewichtigen Nachrichten auf den mehr oder weniger hilflosen Zeitgenossen herunter ...

Mir ist in der letzten Zeit mehrfach bewußt geworden, wie unglaublich das Individuum überfordert wird, da es durch die moderne Nachrichtentechnik jeden Tag mit einer Fülle von Nachrichten und Vorgängen konfrontiert wird und, das ist das Schlimmste, auch zu allem noch eine Meinung haben soll. Selten ist das Geschäft des Diplomaten und des Politikers so fast das menschliche Maß übersteigend schwierig geworden wie in der Gegenwart. Dies habe ich eben Brentano zu seinem Geburtstag geschrieben. Er hat's, weiß Gott, nicht leicht.

Beiläufig ein kleiner Hinweis. Offenbar sind in der letzten Zeit sehr viele Äußerungen oder Reden Prominenter auf Pressekonferenzen und Veranstaltungen, wo frei gesprochen wurde, ganz wörtlich ins Bulletin oder in den Informationsfunk übernommen worden. Manches, was in freier Rede gesprochen noch wirken mag, ist im Druck, wo das Fluidum des Augenblicks und der Persönlichkeit fehlt, nicht immer angenehm zu lesen. Ein bißchen Redaktion könnte da nicht schaden.

Mit Genugtuung hatte ich schon im Herbst 1956 verzeichnet, daß Herbert Blankenhorn wieder in die aktive Arbeit zurückgekehrt war. Ich schrieb ihm am 23. Oktober:

Dieser Tage meldete der Informationsfunk Ihren Besuch beim Bundeskanzler und bemerkte dazu, daß Sie nach längerer Krankheit wieder Ihre Dienstgeschäfte übernommen haben. Die gute Nachricht veranlaßt mich, Ihnen zu schreiben. Ich hatte schon durch Kessel und Krapf gehört, daß Sie sich in der Schweiz in Behandlung begeben hatten, die, wie mir Krapf gerade schrieb, sehr erfolgreich ausgegangen ist.

Es war schade, daß Sie ein paar Monate nicht aktiv sein konnten, aber andererseits sollte die Verbundenheit mit den öffentlichen Angelegenheiten doch da ihre Grenze finden, wo sie existenzgefährdend wird. Ich selbst genieße gegenwärtig, was die großen Angelegenheiten anbetrifft, die Rolle des reinen Beobachters, aber die Position verleitet doch dazu, viele Dinge wenigstens mitzudenken. Über den einen oder anderen Punkt bin ich auch mit meinen Freunden im Briefwechsel geblieben.

Hier in Chile in einem begrenzten Feld ist auch einiges zu tun, das, um es zu vollenden eine gewisse Zeit fordert, und ich hoffe deshalb sehr, die normalen drei Jahre hierbleiben zu können. Hinzu kommt, daß die Beschäftigung mit ganz anderen Gegenständen, die Perspektive aus einem anderen Teil der Welt, wo weder die europäische Atomgemeinschaft noch die Moselkanalisierung die Leute in Extase versetzen, außerordentlich nützlich ist. Dennoch bleibt man nicht wunschlos, was den Fortgang der Dinge zu Hause anbetrifft und deshalb habe ich mit Genugtuung gelesen, daß Sie wieder in die Arena getreten sind. Es ist von hier nicht genau zu erkennen, aber ich habe den Eindruck, daß ein Verlangen nach Veränderung groß geworden ist; die Kunst dürfte nunmehr darin bestehen, ihm zu entsprechen, ohne dabei Richtiges und Bewährtes gleich im Überschwang über Bord zu werfen. Die Verbindung von Standfestigkeit und politischer Phantasie ist nicht eben häufig und daher hoffe ich sehr, daß Sie Sekurs finden, zur Rechten wie zur Linken, denn ganz allein ist wenig auszurichten.

Blankenhorn sagte in seiner Antwort:

Ich brauche nicht besonders zu betonen, daß mich die außenpolitische Entwicklung mit großen Sorgen erfüllt. Ich hoffe, daß sich die Sowjets durch ihre außerordentlichen Schwierigkeiten im Satellitenraum nicht zu einer Kraftprobe mit dem Westen veranlaßt sehen, denn wir kennen ja das Bedürfnis totalitärer Mächte, innere Schwierigkeiten durch kriegerische Maßnahmen zu überwinden. Hoffentlich wird die kommende NATO-Ministerratssitzung dazu beitragen, die Einheit des Westens wieder herzustellen. Man vermag allerdings heute noch nicht zu erkennen, ob die Vereinigten Staaten auch nur den Ansatz einer außenpolitischen Konzeption für den Mittelmeerraum besitzen. Die Ereignisse in Ungarn haben zweifellos dazu beigetragen, die Verteidigungsbereitschaft zu erhöhen. Es war aber auch höchste Zeit, denn, wie es im Englischen heißt, pacific coexistence und new look, haben das prosperitätsgeladene Deutschland stark aufzuweichen begonnen.

Eckardt und ich denken oft an die gemeinsame Arbeit und wünschten, Sie wären schon wieder einige Kilometer der Bundeshauptstadt näher.

Mein Verkehr mit dem Außenminister, Dr. Heinrich v. Brentano, entsprach der anderen Art von Beziehung zwischen einem Minister und einem seiner vielen Beamten. Dennoch ließ die Stimmungslage seiner Briefe erkennen, daß die Vertrautheit des Umgangs miteinander durch die räumliche Trennung nicht verlorengegangen war. Ich hatte mich bald nach meiner Ankunft in Chile gemeldet:

Heuer schreibe ich Ihnen schon von meinem neuen Posten. Ich habe in letzter Zeit oft gedacht, wie anstrengend die jüngsten Reisemonate für sie gewesen sein müssen und das bringt mich dazu, zuallererst eine gute, solide Gesundheit zu wünschen. Das andere, was ich sehr stark für Sie erhoffe, ist, daß der Erfolg Ihnen treu bleibt. Ich weiß sehr wohl, daß Arbeit und nochmals Arbeit die Grundlage für ein Gelingen ist, aber außerdem gehört doch auch die glückliche Hand dazu.

Obwohl Chile fast 15.000 km von Deutschland entfernt liegt, ist die Versorgung mit Nachrichten ausgezeichnet. Das Amt ist allerdings verhältnismäßig schweigsam. Ich selbst empfinde dies nicht besonders stark, weil die Lektüre der Kommuniqués und sonstigen öffentlichen Verlautbarungen eigentlich das Wichtigste erkennen läßt.

Ich war sehr froh zu sehen, daß die deutsche Presse sich nach wie vor sehr umsichtig für die außenpolitischen Anliegen, die Sie vertreten haben, eingesetzt hat, selbst in solchen delikaten Fragen wie etwa der der Stationierungskosten. Auch scheint sie mir, soweit ich das von hier aus beurteilen kann, in der Auseinandersetzung über die Wirtschaftspolitik ungewöhnlich vernünftig zu berichten und sich nicht von Interessentengruppen auf der einen oder anderen Seite ins Bockshorn jagen zu lassen.

Ich bin im Briefwechsel mit Herrn von Eckardt und weiß so von seiner Rückkehr und den damit zusammenhängenden Plänen. Es ist zweifellos sehr gut, daß er zurückkommt, auch war es der zeitlich letztmögliche Moment, wenn seine Arbeit noch für die Wahlen zum Tragen kommen soll. Ich glaube, daß er es aus vielerlei Gründen schwerer haben wird, als bei der Vorbereitung der '53er Wahlen. Deshalb, meine ich, bedarf er dringend Ihrer Unterstützung im Parlament und in der Regierung. Selbst wenn man tüchtig und lebensklug ist wie er, kann man ein so groß angelegtes Unternehmen nicht allein zum guten Ende bringen. ...

Trotz des allgemeinen Wohlwollens, das Deutschland hier entgegengebracht wird, was sich zum Beispiel darin äußert, daß alle unsere Wünsche um Unterstützung deutscher Anliegen bereitwillig erfüllt werden, darf man aber nicht übersehen, daß der deutsche Einfluß meines Erachtens in Chile langsam zurückgeht. Es liegt in der Natur der Sache, daß der Einfluß der USA mehr und mehr zunimmt und auch in der Armee und in den Universitäten an Boden gewinnt. In der Auslage einer wissenschaftlichen Buchhandlung findet man unter vier- bis fünfhundert Titeln, wenn man Glück hat, einen oder zwei deutsche. Im Lesesaal des Club de la Union, dessen Mitgliedschaft obligatorisch ist für jeden, der etwas auf sich hält, liegen 17 französische Zeitschriften aus, darunter vier bis fünf sehr anspruchsvolle, wie die *Revue des Deux Mondes* und ähnliches; Deutschland ist durch *Quick* und die Kurzeitung von Baden-Baden vertreten.

Der deutsche Einfluß ist auf das kleine und mittlere Bürgertum beschränkt, an der Spitze nimmt er zweifellos ab. Immerhin ist das allgemeine Klima noch so gut, daß unser Ansehen durch den Einsatz verhältnismäßig geringer Mittel und im wesentlichen sogar schon dadurch zu erhalten und zu steigern ist, daß man überhaupt Interesse an Chile nimmt.

Auch hier in Chile sind die Schwierigkeiten und Veränderungen zu spüren, denen die große Politik unterliegt. Es war zum Beispiel ein leiser Widerstand in der hiesigen deutschen Gemeinschaft zu überwinden, als wir die Gedenkfeier des 17. Juni vorbereiteten. Tatsächlich haben die Leute hier keine rechte Vorstellung davon, was in der Sowjetzone vorgeht, und man kann hier und da hören, daß die Deutschen im Ausland doch die Heimat als ein Ganzes sehen und sich überlegen müßten, ob man nicht auch die DDR in der einen oder anderen Weise ansprechen sollte. Es sind nur ganz feine Spuren, aber man darf nicht nachlässig sein und muß versuchen, die Menschen hier mit der realen Lage in Deutschland vertraut zu machen.

Interessant ist auch, daß Chile, das weder mit der Sowjetunion noch mit den Satellitenstaaten diplomatische Beziehungen unterhält, jetzt dabei ist, ein Generalkonsulat in Prag einzurichten, eine Maßnahme, die wohl weitere Schritte nach sich ziehen wird. Sie wird begründet mit der Ausweitung des Handels zwischen Chile und der Tschechoslowakei.

Land und Leute in Chile haben sehr liebenswerte Züge. Die Chilenen haben als natürliches Erbe die Geistigkeit fast aller europäischer Kulturnationen mitbekommen. Die Menschen hier sind sehr freiheitsliebend und persönlichkeitsbewußt. Die wirtschaftliche Lage ist nicht gut, aber die Reserven des Landes sind so groß, daß man trotz der nun schon sich Jahre hinziehenden Krise nicht das Gefühl hat, die Leute könnten wirklich umschmeißen. Wie überhaupt die Daseinsangst, die in Europa doch immer und überall zu spüren ist, hier so gut wie völlig fehlt.

Zivilisatorisch gesehen ist das Land eine Mischung von ultramoderner Ausrüstung, die man einführt aber nicht behandeln kann, und sehr primitiven Zuständen, die schon in 20 km Entfernung von der Hauptstadt einsetzen. Das

Leben draußen auf dem Lande hat sich kaum verändert, jedenfalls sieht man noch wundervoll ursprüngliche Verhältnisse. Die restriktive Einfuhrpolitik der Regierung hat dabei etwas mitgeholfen, denn es gibt nur wenige Traktoren und landwirtschaftliche Maschinen, dagegen findet man allenthalben oft sehr gute Pferde.

Ich hoffe sehr, daß die Reisetätigkeit für Sie in den nächsten Monaten ein wenig abnimmt, ich könnte mir auch denken, daß das Amt selbst Ihrer Anwesenheit bedarf. Wenn es schon eine große Reise sein soll, dann bitte nach Südamerika.

Knapp zwei Jahre später schrieb ich noch einmal einen ausführlichen Brief an den Bundesminister:

Aus dem Informationsfunk sehe ich, daß sie den Bundespräsidenten auf dem privaten Teil seiner Amerikareise allein gelassen haben und nach Bonn zurückgekehrt sind. So kann dieser Brief, der sonst nach Washington gegangen wäre, doch nach Bonn adressiert werden. … Sie können sich denken, mit welcher Anteilnahme und Spannung ich den Ablauf des äußeren und inneren Geschehens in den letzten Monaten verfolgt habe.

Um mit dem Äußeren zu beginnen: Ich glaube nicht, daß der Zeitpunkt für eine Gipfelkonferenz günstig ist; sie ist meines Erachtens gegenwärtig und für einige Zeit nicht wünschbar. Ich kann beim besten Willen nicht sehen, welche für Deutschland nützlichen Ergebnisse dabei herauskommen sollten. Man sollte keine Sowjetaktien mitten in der Hausse kaufen. Auch das nicht enden wollende Abrüstungsgespräch hat etwas Unwirkliches. Ich glaube, daß auch ohne entsprechende Vereinbarungen die Möglichkeit, daß Atombomben eingesetzt werden, sich zunehmend verringert. Gefährlich bleiben sicherlich die nächsten fünf Jahre, später wird bei dem immer noch rasanten technischen Fortschritt die Anwendung großer Atomwaffen praktisch unmöglich sein. Die Atomarsenale heben sich ja heute bereits gegenseitig auf.

Daraus folgert auf dem Gebiet die Rüstung meines Erachtens, daß ein Land unserer Größe und geographischen Lage sich nicht zu sehr auf die Atombewaffnung versteifen, sondern in Abstimmung mit den verbündeten Atommächten das Gewicht auf eine solide, „konventionelle" Bewaffnung legen sollte. Im Augenblick, wo sicher ist, daß die Atombomben nicht mehr angewendet werden, wird der Krieg nämlich leider wieder möglich.

Diplomatisch, meine ich, sollte man gegenüber der Sowjetunion getrost im Angriff bleiben, das ganze Gesäusel verändert die Realitäten nicht im Geringsten. Es versteht sich – dies war von je her meine Überzeugung –, daß man ständig und auf zivile Weise mit den Sowjets im Gespräch bleiben muß, um zu erkennen, wann irgendein Arrangement für sie höheren Wert hat, als der Besitz der Zone. Zu der diplomatischen Aktivität und Aggressivität gehört nicht zuletzt die Arbeit an den Nebenfronten im vorderen und Nahen Osten, sowie hier in Lateinamerika. Südamerika ist ganz offensichtlich in den letzten Wochen das erklärte Angriffsziel der Sowjetunion geworden.

Ich glaube nicht, daß die wirtschaftliche Unterstützung, so wichtig sie ist, der entscheidende Faktor in der westlichen Politik in den genannten Gebieten sein kann. Nixons Reise hat es gezeigt, und alle Regeln der Psychologie erhärten es, daß, wer einen Armen oder Minderbemittelten mit Geschenken überhäuft, in dem Beschenkten, der genau weiß, daß er sich nie auch nur annähernd wird revanchieren können, auf die Dauer einen Haßkomplex erzeugt.

Das ist ein weites Feld. Ich sehe aus einem Telegramm, daß in den nächsten Tagen Richard Hottelet nach Chile kommt. Vielleicht kann ich ihn mit unseren Auffassungen über die Lage hier etwas vertraut machen.

Was Frankreich angeht, so möchte ich meinen, daß es sich bei den gegenwärtigen Vorgängen um einen, wenn auch teilweise mit hohem Fieber verlaufenden Gesundungsprozeß handelt, der die vor einigen Monaten in einem Bericht der Pariser Botschaft so gut dargestellte wiedererwachende Vitalität, Verjüngung und physische Kraft des französischen Volkes ausdrückt. Ich weiß wohl, wie problematisch die Persönlichkeit de Gaulles ist, aber er ist auch nur ein Ausdruck der Entwicklung, die jetzt begonnen hat. Der Stil de Gaulles, der etwas Ähnlichkeit mit dem von Mendès-France hat, wird die Verhandlungen nicht immer leicht machen, aber unlösbar dürften die Probleme nicht sein. Ich halte dafür, daß, auch wenn de Gaulle wieder abtritt, eine neue Ära begonnen hat. Ich erinnere mich noch gut, was nach dem Sturz von Mendès-France in Paris zu hören war: er war wie der Blitz in der Nacht. Mendès-France war eine Enttäuschung, aber schon damals war das Verlangen nach einem neuen politischen Stil sehr stark. Es ist jetzt noch stärker geworden und wird sich immer mehr manifestieren, bis es auf dem Wege der Verfassungsreform Befriedigung und einen Ausgleich gefunden hat.

Im Inneren hatte die Neuorganisation und das große Revirement im Amt selbst für mich etwas Befreiendes. Daran kann die Kritik nichts ändern. Die Sache ist in der Anlage richtig, daran ist kein Zweifel. Es ist von hier aus nur schwer zu verstehen, warum der Haushaltsausschuß und in ihm wiederum auch die CDU-Leute sich so störrisch zeigen. Ich glaube, wir haben Herrn Vogel zu gut behandelt.

Ich fühle, daß es im Zuge dieser Auseinandersetzungen für Sie manche Bitterkeit zu schmecken und manche persönliche Enttäuschung zu erfahren gab. Der Rat ist natürlich leicht zu geben, aber ich sage, daß Sie sich nicht tiefer verwunden lassen sollten. Die eigentliche Genugtuung liegt in der Arbeit selbst. Ich habe mit Vergnügen gelesen, daß Sie sich in Bonn und im Odenwald Ihre Häuslichkeit geschaffen haben. Dort, so bin ich sicher, kommen auch die heiteren Götter zu ihrem Recht.

Ich habe mit einigem Ärger gesehen, wie scharf die Presse in mancher Hinsicht geworden ist. Ich habe aus naheliegenden Gründen gezögert, diese Bemerkung zu machen. Dennoch, verständlich bleibt mir dieser Wechsel im Ton nicht, denn es ist im großen und ganzen nichts geschehen, was sich nicht mit einer guten Argumentation vertreten ließe. Mag sein, daß es aus der Distanz unmöglich ist, alle Faktoren, die im Spiel sind, zu erfassen.

Es geht in der Welt ja noch immer so unruhig zu, daß es schwer ist zu hoffen, Sie würden in nächster Zeit hier nach Südamerika kommen, obwohl, wie ich höre, wieder über das Projekt gesprochen wird. Es wäre in keiner Weise eine unnütze oder gar Vergnügungsreise, sondern sie hätte einen eminent politischen Sinn. Im Ganzen wird Südamerika bei uns etwas unterbewertet (es wäre auch falsch, es zu überschätzen, es hat meines Erachtens in absehbarer Zeit nicht die große Zukunft, von der manche reden). Es ist politisch als große Gruppe in den kapitalen Streitfragen und Auseinandersetzungen, die friedlich entschieden werden, für uns doch von großer Bedeutung, auch wird in diesem Abstand der Blick für manche Notwendigkeiten und Schwächen des Dienstes schärfer. Meine Zeit hier geht mit Ablauf der drei Jahre im kommenden Frühjahr wohl zu Ende. Das ist sicherlich kein bestimmender Grund, aber es wäre doch schön für mich, wenn Ihre Südamerikareise bald zustande käme, und ich zum Gelingen beitragen könnte.

Es ist ein langer Brief geworden, aber da er mit Rücksicht auf das frühere Monitum nicht mit der Hand, sondern mit der Maschine geschrieben wurde, ist für Sie Zeit gewonnen worden. Seien Sie nachsichtig mit dem, der weit hinter den Bergen wohlfeile Meinungen verkündet.

Ans Werk

Zu Beginn des Jahres 1960 übernahm ich mein neues Amt: die Leitung der Auslandsabteilung im Presse- und Informationsamt der Bundesregierung. Innerhalb des Amtes hatte die Auslandsabteilung, gestützt und angefeuert von Parlament und Regierung, zu Beginn des Jahres 1959 eine große, erfolgreiche, „Berlin-Aktion" genannte Kampagne gestartet, um die durch Chruschtschow im November 1958 ausgelösten Angriffe auf Berlin propagandistisch abzufangen. Es wurden Geld und Stellen bewilligt. In Schlüsselländer der Dritten Welt wurden spezielle Pressereferenten entsandt. Ohne die Bereitschaft einiger qualifizierter Journalisten wie Hans Klein, Egon Bahr, Gerhard Löwenthal, Carl Weiss, Hans Kubatz und anderer, der Regierung wenigstens für einige Zeit auszuhelfen, hätten die neuen Aufgaben nicht bewältigt werden können.

Die Auslandsabteilung war, im ganzen gesehen, dabei, innerhalb der Bundesregierung eine wichtige strategische Funktion zu übernehmen und konnte diese Position fortan auch behaupten, nicht zuletzt weil unter meinen Nachfolgern zwei so hervorragende Männer wie Dr. Hans Schirmer und Dr. Werner Ahrens waren.

Auch an diesem neuen Platz machte ich eine nüchterne Einschätzung zur Grundlage meiner eigenen Pläne und Vorhaben, nämlich, daß eine Regierung in einem frei verfaßten Staatswesen nur sehr begrenzt Informationspolitik treiben kann. Sie wirkt in den meisten Bereichen an der Meinungsbildung mit, aber sie bestimmt den Ablauf und die Richtung außerhalb des eigenen Bannkreises nur in äußerst seltenen Fällen.

Die Informationen, Meinungen und Wertungen über Deutschland im Ausland unterliegen naturgemäß nur sehr schwach der deutschen Einwirkung. Die ausländische Presse selbst, insbesondere die in Deutschland arbeitenden Korrespondenten ausländischer Medien, bestimmen durch ihre Berichterstattung das Bild.

Viele der Korrespondenten, mit denen ich als Pressereferent und Sprecher des Auswärtigen Amtes zusammengearbeitet hatte, waren noch in Deutschland. Meine Rückkehr wurde freundlich kommentiert. Aber auch in diesem Bereich hatte sich personell und sachlich einiges verändert, und es war geboten, erneut eine Art Bestandsaufnahme und Lagebeschreibung vorzunehmen.

In den knapp vier Jahren meiner Abwesenheit von Bonn hatte sich das Fernsehen explosionsartig ausgebreitet und die Medienlandschaft völlig verändert. Der Umgang der Regierung und ihrer Vertreter mit dem neuen Phänomen war ungewohnt und ungeübt. Das galt in gewisser Weise auch für die Journalisten selbst. Bald entwickelte sich ein neuer Typ, der Fernsehjournalist, mit Eigenschaften, die ihn vom schreibenden Korrespondenten und sprechenden Hörfunkreporter unterschieden. So zählten Günter Müggenburg, Friedrich Nowottny, Rudolf Wolter, Peter Hopen, dann Ernst Dieter Lueg und Reinhard Appel zu den in der breiten Öffentlichkeit bekanntesten deutschen Journalisten überhaupt. Die Studios wurden auch für die Politiker und die Sprecher zu einem vertrauten Arbeitsplatz.

Die Vereinigten Staaten marschierten auf diesem Feld wieder an der Spitze des Fortschritts. Die amerikanischen, englischen und französischen Fernsehberichterstatter in der Bundesrepublik nahmen mehr und mehr Einfluß auf die Entwicklung des Deutschlandbildes in der Welt. Nach kurzer Zeit unterhielten alle wirtschaftlich potenten Staaten Fernsehteams in der Bundesrepublik und in Berlin.

Die Deutschen selbst hatten oft den Eindruck, daß die Darstellung deutscher Verhältnisse in der ausländischen Publizistik unfair war und daß die öffentliche Meinung des Auslandes die Deutschen ungerecht behandelte. Das war, wenn man die Sache so generell nahm, ein Irrtum, dessen Art die Deutschen allerdings mit vielen anderen Völkern teilten. So litten beispielsweise auch die Amerikaner und die Russen darunter, daß sie ihrer Auffassung nach unter ihrem Verdienst beurteilt wurden. Was Deutschland anbetraf, und das galt nicht nur im Jahre 1960, so war der objektiv falsche, aber seit langem bestehende Eindruck, man werde schlecht behandelt, nicht ohne Folgen für die deutsche Politik und bis zu einem gewissen Grade auch für den deutschen Nationalcharakter geblieben. Das Gefühl, bei allen guten Absichten ständig mißverstanden zu werden, schaffte eine leichte Neurose, verlieh dem eigenen Handeln und Auftreten etwas Gespanntes und fiel der Umwelt gelegentlich lästig. Es wurde und wird manchmal überkompensiert durch besonderen Schneid und eine gewisse Wucht auch dort, wo der Einsatz größerer Kräfte gar nicht erforderlich wäre.

Das Bild Deutschlands in der Welt hatte sich im ganzen genommen seit dem Kriege stetig verbessert, wenn es auch noch weit davon entfernt war, überwiegend positiv zu sein. Die Deutschen waren und sind als Volk nicht sonderlich beliebt, aber sie sind – und das wurde in Deutschland oft übersehen – auch nicht wesentlich unbeliebter als andere Völker. Es ist ein weitverbreitetes menschliches Verhalten, daß man sich selbst besonders gut findet. Mit positiven Äußerungen über andere sind auch die Völker sehr sparsam.

Unsere Nachbarn haben die Deutschen über die Jahrhunderte hinweg als ein unruhiges, dynamisches Volk erlebt. Sie haben daher im allgemeinen ein Deutschlandbild, das von Mißtrauen geprägt ist. Im Norden und Nordwesten hat die kritische Einstellung gegenüber den Deutschen häufig moralische, von Puritanismus geprägte Vorzeichen, die schon in Frankreich nur eine geringe Rolle spielen und im südlichen Europa fast ganz fehlen. Dort wird die relative Abneigung dadurch begründet, daß die Deutschen ihrem Wesen nach als fremdartig empfunden werden. Bemerkenswert ist, daß in Frankreich die wohlhabende und gebildete Schicht deutschfreundlicher ist als sonst üblich.

Die Nachbarn Deutschlands haben ihrerseits wieder Nachbarn, typische Beispiele sind Spanien, Portugal und die Türkei. Hier ist aus der natürlichen Interessenlage heraus das Deutschlandbild meist positiver. Die Eigenschaften, die von den unmittelbaren Nachbarn eine negative Bewertung erfahren, werden in weiter entfernten Gebieten eher geschätzt.

Unser Bild in den USA und Kanada hatte sich inzwischen kräftig verbessert. Allerdings bestimmten meist nur Gründe der politischen und wirtschaftlichen Zweckmäßigkeit die Einschätzung Deutschlands. Ähnlich lagen die Verhältnisse in der englischen Publizistik.

Das Deutschlandbild in Afrika und Asien wurde wesentlich von den Auseinandersetzungen mit dem Kolonialismus beeinflußt und war durchweg nicht unfreundlich. Es wurde dort negativ verändert, wo die Oberschichten ihre Erziehung in Ländern erfahren hatten, die Deutschland kritisch gegenüberstanden. Die Versuche der kommunistisch geführten Länder, das Deutschlandbild der Afrikaner und

Asiaten negativ zu formen, waren zwar nicht völlig ohne Wirkung geblieben, hatten aber trotz eines großen Aufwandes keine dauerhaften Veränderungen der Einstellung gegenüber Deutschland erzeugen können. Die Haltung Lateinamerikas zu Deutschland war positiver als in anderen Teilen der Welt. Sie erklärte sich einmal aus der von den geistigen Mutterländern, Spanien und Portugal herrührenden traditionell freundschaftlichen Einstellung. Ferner waren die deutschen Leistungen bei der Einrichtung der lateinamerikanischen Staaten nach ihrer Unabhängigkeit noch im Bewußtsein der Völker.

In der kommunistisch geführten Welt war zu Beginn der sechziger Jahre die Einstellung gegenüber Deutschland weiterhin negativ. Doch schien sie sich in der Bevölkerung verbessert zu haben. Innerhalb der kommunistischen Staaten waren verschiedene Varianten anzutreffen, so das Mißtrauen der unmittelbaren Nachbarn, aber doch auch die im Grunde eine Zusammenarbeit mit Deutschland stimulierende Nähe Rußlands, und schließlich das ursprünglich nahezu spannungsfreie Verhältnis zwischen China und Deutschland. Diese natürlichen Gegebenheiten kamen aber nicht zum Tragen, weil die Ideologie die Deutschen als ein reaktionäres, militaristisches und kapitalistisches Volk darstellte. Ein Unterschied zur puritanischen Einstellung, die dazu neigt, die Deutschen als für immer „verworfen“ anzusehen, war die dem Kommunismus innewohnende Überzeugung, daß die Deutschen „gerettet“ werden könnten.

Alles in allem hatte Deutschland in der Welt nicht zuwenig Freunde. Das Problem lag mehr darin, daß es nicht immer die richtigen Freunde hatte. Die Schicht der Wohlhabenden und Gebildeten war im allgemeinen eher skeptisch gegenüber Deutschland eingestellt. Dies galt auch für jene Kreise, die man gemeinhin als „Intelligenz“ bezeichnet. Die Gründe für diese Erscheinung waren vielgestaltig. Der wichtigste schien zu sein, daß Deutschland weitgehend als ein konservatives, ja reaktionäres Land empfunden wurde.

Eine wichtige Folge dieses Phänomens war, daß die veröffentlichte Meinung über Deutschland oft negativere Züge trug als die öffentliche Meinung selbst, weil das Milieu, in dem Bücher, Zeitungen und Zeitschriften, Rundfunk und Fernsehen gemacht wurden, eben keine von vornherein günstige Disposition zu Deutschland und den Deutschen hatte.

Trotz aller Sympathien und Antipathien stand die Publizistik der Welt unter dem professionellen Zwang, über Deutschland zu berichten. Als wirtschaftliche, als politische und als geistige Kraft war Deutschland nicht nur für seine Nachbarn und Europa, sondern für die ganze Welt von mehr oder weniger großer Bedeutung. Das war der Grund dafür, daß die Berichterstattung über Deutschland ihrem Volumen nach erstaunlich groß geworden war. Sie übertraf um ein Vielfaches die Informationen, welche die Deutschen selbst über sich an das Ausland gaben. Die ausländische Berichterstattung über Deutschland war, abgesehen von ihrem Volumen, auch in ihrer Wirksamkeit den deutschen Mitteilungen in den meisten Fällen überlegen, weil der Ausländer sich über die ihm vertrauten Medien informierte, denen er ein verhältnismäßig hohes Maß an Glaubwürdigkeit zubilligte.

Die wichtigste Quelle der Berichterstattung waren die mehr als 300 in der Bundesrepublik Deutschland hauptberuflich arbeitenden ausländischen Korrespondenten, 200 in Bonn, Köln und Düsseldorf, 90 in Berlin und 20 in Frankfurt, Hamburg, München und so weiter. Daneben gab es noch eine Vielzahl von in Deutschland tätigen Ausländern, die regelmäßig oder gelegentlich für Zeitungen oder Rundfunkgesellschaften ihrer Heimatländer Beiträge lieferten. Dies galt vor allem für Medien in devisenschwachen und weit entfernten Gebieten.

Eine gewisse Bedeutung hatte auch die Berichterstattung reisender ausländischer Korrespondenten über Deutschland. Manche Redaktionen versuchten, den Mangel an kontinuierlicher Berichterstattung dadurch zu überbrücken, daß sie regelmäßig einen erfahrenen Korrespondenten nach Deutschland entsandten, sei es zu einem besonderen Anlaß oder zu einer allgemeinen Beobachtung der Lage. Auch Redaktionen, die ständige Korrespondenten in Deutschland unterhielten, sandten gelegentlich ein Mitglied der Zentralredaktion, meist von hohem Ansehen, dessen politische Reiseberichte dann starke Beachtung fanden.

Die Arbeitsverhältnisse für die ausländischen Korrespondenten waren in der Bundesrepublik denkbar angenehm. In der Tat gab es keine Hauptstadt, in der es leichter war, interessante Verbindungen zu knüpfen und wichtige Informationen zu erhalten, als in Bonn. Für die Akkreditierung eines Korrespondenten genügte ein Schreiben seiner Redaktion, das ihn als hauptberuflichen Journalisten auswies. Mit seiner Pressekarte hatte er dann Zugang zu allen Pressekonferenzen, insbesondere zu der „Selbstverwaltungsorganisation" der Journalisten in Bonn, der Bundespressekonferenz.

Das deutsche Verfahren kannte keine besondere Zulassung für das Parlament oder die Auswahl einer Gruppe von „diplomatischen Korrespondenten". Die gegenseitige Durchdringung von Journalismus und Parlament war noch stärker und kräftiger geworden, und selbst ein Korrespondent, der sich darauf beschränkte, seinen Arbeitstag im Restaurant des Bundeshauses zu verbringen, konnte immer noch eine beachtliche Ausbeute nach Hause melden. Auch die deutschen Ministerien und Ämter waren im Vergleich zu anderen Ländern im allgemeinen im Umgang mit der ausländischen Presse besser als ihr Ruf.

Bei der Bewertung der ausländischen Berichterstattung über Deutschland mußte man in Rechnung stellen, daß der ausländische Journalist sich in hohem Maße der deutschen Publizistik als Quelle für seine eigene Berichterstattung bediente. Lob und Tadel, Wahrheiten und Irrtümer der deutschen Publizistik strahlten sehr stark auf die Nachrichten und Kommentare der ausländischen Korrespondenten ab. Geklagt wurde auch schon damals in Bonn gelegentlich über die mangelhaften technischen Verbindungen, insbesondere telefonischer Art, die ihre Ursache in dem schnellen Wachstum der provisorischen Hauptstadt hatten. Anfänglich wurden die allgemeinen Lebensverhältnisse als unbefriedigend bewertet. Wohnungs- und Büroraummangel stellten vor allen Dingen den einzelnen Korrespondenten oft vor schwierige Probleme, die er nur im Laufe der Zeit lösen konnte. Die Deutschlandbüros der Agenturen, Sendegesellschaften und größeren Zeitungen waren denn auch dazu übergegangen, eigene Büroräume und Wohnhäuser zu mieten oder sogar zu kaufen. Es verstand sich, daß die Journalisten zu dem Kreis von Personen gehörten, die am meisten das Fehlen einer wirklichen Hauptstadt bedauerten. Sie brauchten die Atmosphäre einer Metropole, einer Gesellschaft, in der Kunst, Wissenschaft, Publizistik und Politik in enger Gemeinschaft leben. Unter dem Nichtvorhandensein der großen Stadt schienen vor allen Dingen die Romanen besonders zu leiden, während die Angelsachsen und die Leute aus dem Norden oft ihre Tröstungen in den von Bonn aus leicht zugänglichen Schönheiten der Natur, dem Reiz eines Lebens, das sich nahezu auf dem Lande abspielte, fanden.

Der Lebensrhythmus der Auslandskorrespondenten war demjenigen der Diplomaten ähnlich, mit denen sie manche Arbeitsweise gemeinsam hatten. Die Journalisten mußten allerdings mit dem Nachteil fertig werden, daß man ihren Bericht in der Öffentlichkeit sofort lesen konnte, und nicht erst dann, wenn die Publikation der diplomatischen Akten freigegeben worden war. Die Mehrzahl der ausländischen Korrespondenten hielt sich im Durchschnitt drei Jahre in Deutschland auf, es gab aber auch Spezialisten, die begannen, im Lande Wurzeln zu schlagen. So zählten zu den Auslandskorrespondenten in Deutschland etwa 20 Herren und Damen, die seit mindestens 15 Jahren aus Deutschland berichteten.

Eine besondere Stellung unter den Korrespondenten nahmen die Vertreter der großen Nachrichtenagenturen ein. Die Agenturen versorgten die meisten Medien, aber auch Regierungen und Behörden der ganzen Welt kontinuierlich mit einem breiten Strom von Nachrichten über Deutschland. Für diejenigen Redaktionen, die keine eigenen Korrespondenten in Deutschland hatten, waren die Agenturmeldungen und Agenturkommentare die wichtigste Quelle über Deutschland überhaupt. Selbst die großen Sendegesellschaften und Zeitungen, die eigene Berichterstatter in Deutschland unterhielten, bezogen den Nachrichtenstoff zumeist aus dem Agenturmaterial. Daran hat sich in der Zwischenzeit wenig geändert. Ähnlich wie der Diplomat kann auch der ausländische Korrespondent bei seiner Berichterstattung davon ausgehen, daß das Ereignis selbst, was seinen Tatsachengehalt angeht, bereits durch die in ihrer Schnelligkeit nicht zu schlagende Arbeit der Nachrichtenagenturen in der Zentrale bekannt ist. Von ihm wird eine wertende, die Hintergründe und Auswirkungen der Vorgänge beleuchtende Darstellung erwartet. Das wöchentliche Volumen der Berichterstattung der Agenturen über Deutschland war sehr schwer zu schätzen. Wir glaubten, daß es damals in der Nähe von 10 Millionen Wörtern pro Woche lag.

Mit wenigen Ausnahmen blieb die Arbeit der Agenturkorrespondenten gegenüber der Außenwelt anonym. Die Summe der Qualität aller Mitarbeiter baute über die Zeit hinweg das Prestige der Agentur auf. So waren trotz ihrer enormen publizistischen Bedeutung die Agenturvertreter häufig außerhalb des eigenen Milieus nicht so bekannt wie die Korrespondenten von Blättern mit Weltgeltung oder einer großen Sendegesellschaft, deren meist starke Persönlichkeit in der Berichterstattung Ausdruck fand.

Von den rund 300 Auslandskorrespondenten, die seinerzeit in Bonn arbeiteten, kamen etwa 135 aus Westeuropa. Die stärksten Vertretungen hatte England mit 30, Frankreich mit über 20, die Schweiz mit 18, Italien mit 13 und die Niederlande mit 12 Journalisten. Osteuropa war mit rund 50 Korrespondenten vertreten, von denen die Hälfte aus der Sowjetunion stammte.

Eine Zeitlang lebte die Gruppe der osteuropäischen Korrespondenten in selbstgewählter Isolierung. Dies hatte sich ein wenig verändert, und sie begannen, korrekte, ja oft freundschaftliche Beziehungen nicht nur zu ihren anderen ausländischen, sondern auch zu ihren deutschen Kollegen und Gesprächspartnern aufzubauen. Die Artikel, die aus der Feder dieser Korrespondenten stammten, schienen sehr oft von der Notwendigkeit bestimmt zu sein, das Soll zu erfüllen. Sie standen jedenfalls in deutlichem Gegensatz zu den interessanten und anregenden Gesprächen, die ich mit ihnen führen konnte. Immerhin mußte sich das Bild Deutschlands im Ostblock auch durch die stärker Tatsachen und Realitäten beschreibende Berichterstattung der eigenen Publizistik verbessert haben, denn das lesende und hörende Publikum wollte den oft verzerrten Wertungen nicht immer folgen. Diese eigenartig gespaltene Erscheinung war möglicherweise ein Ausdruck der allgemeinen Diskrepanz, in der die Realitäten zu den Doktrinen standen.

Aus dem Fernen Osten arbeiteten gut 20 Korrespondenten in Deutschland, darunter zehn oder mehr aus Japan. Die Volksrepublik China überlegte noch, ob sie eine Vertretung der amtlichen Nachrichtenagentur Xinhua in Bonn einrichten sollte.

Die größte nationale Gruppe stellten die Korrespondenten der Vereinigten Staaten von Amerika mit über 70 hauptberuflichen Vertretern. Die übrige Welt wurde von 25 Korrespondenten abgedeckt, davon acht aus Lateinamerika.

Alle diese Korrespondenten, so hatte eine Umfrage ergeben, gaben etwa 4000 Wörter pro Woche an ihre Redaktionen. Es wurden also zwischen 1,2 und 1,5 Millionen Wörter wöchentlich über Deutschland geschrieben. Zum Leidwesen der Korrespondenten wurde nicht alles gedruckt, was sie an ihre Zentralen berichteten. Immerhin, dafür gab es statistische Hinweise, lag der Abdruck bei gut 80 Prozent.

Die meisten Korrespondenten konzentrierten sich auf kommentierende Berichte und Features, gaben aber auch Nachrichten, besonders dann, wenn sie von besonderer Bedeutung für ihr Heimatland waren. Dieses waren oft Nachrichten, die ihrem Kaliber nach nicht ohne weiteres Eingang in die Berichterstattung der Weltnachrichtenagenturen finden konnten.

In der Berichterstattung hatten die politischen Themen Vorrang, an zweiter Stelle standen die wirtschaftlichen Vorgänge. Kulturelle Geschehnisse wurden mit einer Häufigkeit behandelt, die bei knapp zehn Prozent des Gesamtvolumens lag.

An sich – und dies trifft unter normalen Umständen auch für Deutschland zu – ist es für ein Land keineswegs wünschenswert, sich ständig in den Schlagzeilen wiederzufinden, denn ein wenig journalistische Wahrheit steckt in der Formel: „Schlechte Nachrichten: gute Nachrichten!“ Wo es friedlich zugeht, wo die Dinge wohlgeordnet sind, gibt es nicht viel zu berichten.

Das Volumen und die Intensität der Berichterstattung über Deutschland waren ein Zeichen dafür, daß die Welt Deutschland als ein beunruhigendes Phänomen begriff. Sorge, Wachsamkeit und Mißtrauen, gemischt mit einem Schuß Respekt und Bewunderung, bestimmten denn auch die Berichterstattung über ein unruhiges, dynamisches, politisch unbefriedigtes Volk. Diese Berichterstattung war, von der kommunistischen Presse abgesehen, im ganzen genommen nicht unfair.

Der Journalist, der von seiner Redaktion nach Deutschland geschickt wurde, wurde nur in den seltensten Fällen gezwungen, nach Deutschland zu gehen. Meist bewarb er sich um den Posten. Er hatte seine Entsendung nach Deutschland gewünscht oder war zumindest damit einverstanden, d. h., er interessierte sich für Deutschland, die Deutschen und ihre Probleme. Er befand sich also in einer günstigen Disposition auch dann noch, wenn er kritisch eingestellt war.

Die Greuel der nationalsozialistischen Gewaltherrschaft wurden zu einem Zeitpunkt bekannt, als die Kommunikationsdichte in der Welt ihren höchsten Grad erreicht hatte. Dieses Wissen belastete alle Vorstellungen und Urteile über Deutschland und die Deutschen. Diese Tatsache spiegelte sich zwangsläufig in der Redaktionspolitik der großen Medien wider. Fast alle Korrespondenten werden, wie überall in der Welt, das schreiben, was die Redaktion von ihnen erwartet. Man darf annehmen, daß der Korrespondent einer Zeitung in den meisten Fällen mit deren Generallinie übereinstimmt.

Es gab bei der Vielzahl der Spiegelungen des Deutschlandbildes in den Augen von 300 Korrespondenten keinen generellen Trend in der Berichterstattung. Gerade die Vielfalt und die Farbigkeit der Bilder machte den Reiz meines ständigen Umgangs mit der Weltpresse aus. Eines ließ sich aber doch sagen. Deutschland wurde als ein Land empfunden, das schwer wog in der Waagschale der Welt. Man glaubte zu erkennen, daß Deutschland von seiner wirtschaftlichen Kraft einen wohlverstandenen Gebrauch machte, dagegen noch nicht zum Bewußtsein seines politischen Gewichts gekommen war und es infolgedessen auch nicht einzusetzen verstand. Die Journalisten sahen, daß der in die Augen springende Materialismus nicht das sein konnte, was die Deutschen wirklich wünschten und was sie beschäftigte. Manche begnügten sich mit dieser Feststellung, andere versuchten eine Antwort auf die Frage zu finden, was die Deutschen eigentlich wollten und worauf sie ihre Hoffnungen und Sehnsüchte richteten. Die Frage wurde oft mit einer gewissen Besorgnis gestellt, auch von denen, die uns wohlgesonnen waren. Sie horchten lange nach Deutschland hinein, hörten aber keine Antwort, und manchmal wurden sie des angestrengten Hörens müde und wandten sich anderen Dingen zu.

Wir selbst sahen, daß Deutschland in bahnbrechender Weise bemüht war, eines der großen Probleme der Zeit zu lösen, nämlich soziale Gerechtigkeit zu verwirklichen. Wir sahen auch, daß in Kunst, Wissenschaft und nicht zuletzt in den Geisteswissenschaften starke schöpferische Kräfte am Werk waren, die versuchten, dem einzelnen Menschen in der Industriegesellschaft Freiheit und Würde zu bewahren oder wieder zu erringen. Unsere Antworten auf diese Probleme und die Lösungen, die wir anzubieten hatten, erweckten hohes Interesse.

Unsere politische Aussage dagegen schien verworren zu sein. Offensichtlich hatte die Publizistik relativ häufig Schwierigkeiten, uns zu interpretieren. In der Berichterstattung wurde uns zugute gehalten, daß die großen nationalen Fragen alle ungelöst waren und daß sie nicht von den Deutschen gelöst werden konnten. Die Lage in Deutschland wurde als ein Ausdruck der Verworrenheit in der ganzen Welt verstanden.

Wir mußten, so schien es, kräftiger unterstreichen, daß die Deutschen in ihrem für die Umwelt oft beunruhigenden Streben nach Wiedervereinigung ein den Frieden nicht gefährdendes, sondern stabilisierendes politisches Wollen beseelte. Wenn wir selbst klar sprachen, deutlich artikulierten, würde man feststellen, daß die Berichterstattung des Auslandes nicht nur genau wiedergab, sondern auch begriff, was gemeint war.

Die Gruppe der Auslandskorrespondenten jedenfalls, jene 300 Männer und Frauen, stellten insgesamt ein Gremium von hoher kollektiver Intelligenz dar. Sie waren eine Gruppe von einer geistigen Lebendigkeit und Aufgeschlossenheit, die keine Vergleiche zu scheuen brauchte. Ich blickte immer mit Gewinn in diesen Spiegel der deutschen Gegenwart. Selbst die eine oder andere Verzerrung konnte nicht den Wert der Erkenntnisse für die eigene nationale Existenz vermindern, die in der ausländischen Publizistik zu finden waren.

Wie konnte man der Fülle des Stoffes Herr werden, wie konnte man ihn mit Nutzen für die eigene politische Meinungsbildung und für die operative Arbeit verwerten? Die Unterrichtung der eigenen Regierung zu gewährleisten, war verhältnismäßig einfach. Die Arbeit war bereits gut organisiert und wurde im Presse- und Informationsamt von kompetenten Leuten erledigt. Sie erfolgte täglich schnell, umfassend, zuverlässig, in dem Sinne, daß nichts geschönt wurde. Bei besonderen Anlässen wurden in den Sonderreferaten der Abteilung analytische Aufzeichnungen gefertigt, denen eine gewisse operative Bedeutung insofern zukam, als sie bei der Manöverkritik, z. B. großer Konferenzen und im Hinblick auf weiteres Vorgehen, berücksichtigt wurden.

Die Auslandsabteilung war personell ausgezeichnet besetzt. Es gab keine Dutzendware. Die Herren und die Damen hatten jeder ihr eigenes Profil, ihre eigenen Fähigkeiten, meist verbunden mit Erfahrung, jener durch nichts anderes zu ersetzenden Qualität. Es war eine Lust, inmitten dieser kongenialen Gruppe zu arbeiten, die unermüdlich mit Passion am Werk war, keine feste Arbeitszeit kannte und dabei fröhlich, geistreich und immer zu Späßen aufgelegt blieb. Es war oft anstrengend, angesichts dieser Ballung von Intelligenz und Energie mitzuhalten, ja, auch noch führen zu sollen.

Meine Freunde und Kollegen sahen bald, daß ich mir einiges vorgenommen hatte und wir die günstige Konstellation an der Amtsspitze nutzen wollten. Wir gingen zunächst daran, uns die Werkzeuge für die Arbeit zu beschaffen. Es war bewundernswert, was in den wenigen Jahren seit 1949 bereits geleistet worden war. Es galt aber, das Netz der Funkfernschreiber auszubauen, so daß schließlich alle Vertretungen mit diesen damals modernen Geräten ausgerüstet werden konnten. Damit war die Möglichkeit gegeben, sofort, ohne bürokratische oder hierarchische Hindernisse, offenes Material an die Vertretungen durchzugeben, mit dem sie informationspolitisch sowohl bei der Regierung des Landes als auch gegenüber den Medien oder einzelnen gesellschaftlichen Gruppen arbeiten konnten. Wir entschieden über die Auswahl der Meldungen selbständig. Es war erstaunlich, was täglich an wertvollem Material anfiel. Alle öffentlich gemachten Erklärungen, Reden und Interviews wurden verarbeitet und auszugsweise oder in voller Länge gesendet. Draußen wußte man auch, daß gewisse, besonders gekennzeichnete Texte sprachregelnden Charakter hatten. Bei öffentlichen Äußerungen des Kanzlers, der Bundesminister und führender Parlamentarier verstand sich von selbst, daß sie richtungweisende Bedeutung hatten.

Der Dienst hatte einen Mangel: Er wurde nur in Deutsch gesendet. In Lateinamerika gingen also 20 oder mehr Vertretungen daran, ins Spanische zu übersetzen, was ihnen jeweils brauchbar erschien. Das war eine ungewöhnliche Verschwendung von Zeit und Arbeitskraft. Also unterblieb in vielen Fällen schon der Versuch. Die Lösung war einfach. Wir mußten in Bonn einmal übersetzen, was uns wichtig erschien. Dann konnte das Material draußen sofort verwertet werden. Wir richteten zunächst englische, französische und spanische Blocks im Informationsfunk ein. Später degenerierte der Informationsfunk, er wurde nicht mehr als Arbeitsmittel der Informationspolitik begriffen, sondern als eine Dienstleistung für durchreisende Politiker, denen jeweils nach Interessenlage spezielle Probleme ihrer innenpolitischen Auseinandersetzungen übermittelt wurden, bis hin zu der Wiedergabe von Fernsehsendungen, in denen sie erwähnt oder nicht erwähnt wurden. Die belanglosen Informationen blockierten dann die Leitungen und verhinderten die Erfüllung des eigentlichen Zwecks der Einrichtung. Das Presseamt hatte nicht mehr genügend Einfluß, um selbst über Sinn und Zweck seiner Arbeitsmittel zu entscheiden.

Als nächstes gingen wir daran, die Deutsche Presseagentur dazu anzuhalten, einen Dienst aufzubauen, der sich im Ausland verkaufen ließ. Das war schwieriger, als man hätte annehmen können. Die dpa war nämlich eine Genossenschaft deutscher Zeitungsverleger, die sich das löbliche Ziel gesetzt hatten, abgesehen von den Vorgängen in Deutschland möglichst billig und schnell auch Nachrichten aus dem Ausland zu beschaffen. Dazu hatte die Agentur nach und nach ein weltweites Korrespondentennetz aufgebaut, mit hauptamtlichen Vertretern an wichtigen und gelegentlichen Mitarbeitern an weniger wichtigen Plätzen.

An einer Verbreitung von Nachrichten über Deutschland und aus deutschen Quellen im Ausland hatte die dpa genaugenommen kein Interesse, weil sich damit nichts verdienen ließ. Man mußte einräumen, daß unsere Niederlage im Kriege auf einem Nebenschauplatz die Folge gehabt hatte, daß wir als Anbieter von Nachrichten vom Markt verschwunden waren und die großen ausländischen Agenturen das Feld völlig beherrschten. Wir kamen wieder, als der Kuchen schon verteilt war. Dies war aber in vielen anderen Bereichen ähnlich. Wir mußten eben neu antreten. Aber im Gegensatz zu unserer Wirtschaft fehlte dpa ein wichtiges Agens, die Aussicht auf Gewinn. Wir versuchten dpa in vielen Verhandlungen mit dem damaligen Geschäftsführer Dr. Wolfgang Weynen klarzumachen, daß es so etwas wie eine nationale Pflicht gäbe, die Flagge zu zeigen. Das wurde nicht bestritten, aber auch im Klartext gesagt, wenn die Bundesregierung eine Präsenz im Ausland wünsche, dann müsse sie dpa den zusätzlichen Aufwand bezahlen. Also zahlten wir für die dpa-Abonnements, die amtlich bezogen wurden, sehr hohe Preise, zudem finanzierten wir die Ausstattung der Außenposten mit Fernschreibern, und wir subventionierten auch die technische Ausrüstung meist schwacher kleiner nationaler Nachrichtenagenturen, die bereit waren, mit dpa einen für sie günstigen Liefervertrag zu schließen. Das war alles nichts Böses und unterschied sich auch nicht wesentlich von den Praktiken einiger anderer Regierungen, aber eigenartigerweise war die dpa immer besorgt, ihre Jungfernschaft zu verlieren, wenn sie zuviel Geld vom Presse- und Informationsamt bekam. Da sie es aber doch haben wollte, wurden allerlei Kunstgriffe praktiziert, um die Zuschüsse unter dem Tisch annehmen zu können. Das Amt zeigte sich verständnisvoll, und die Probleme konnten gelöst werden.

Die Deutsche Presseagentur hätte sich meiner Meinung nach auf deutsche Nachrichten spezialisieren müssen, „deutsch" auch in dem Sinne, daß diese Auswahl europäische und internationale Nachrichten einschloß, die einen direkten oder indirekten Bezug auf Deutschland hatten. In diesem Feld wäre es möglich gewesen, besser zu sein als andere, und mit dem steigenden Interesse an deutschen Angelegenheiten hätte sich womöglich ein erster kommerziell verwertbarer Erfolg eingestellt. In der dpa-Führung aber richtet man den Aufbau der Dienste an der Annahme aus, daß es irgendeine Zeitung oder irgendeinen Sender gäbe, der keine andere Nachrichtenquelle als dpa habe. Die Zeitung oder den Sender gab es nicht. Es war unsinnig, up, Reuter oder AFP an allen Fronten schlagen zu wollen. dpa brachte es auch nicht fertig, zu Zeiten zu senden, die trotz der Zeitverschiebung zum Beispiel an Japan interessantes Material angeboten hätten, welches noch rechtzeitig vor Redaktionsschluß angekommen wäre. Dabei sollen gewerkschaftliche Auflagen über die Arbeitszeit eine Rolle gespielt haben.

Trotz dieser Beschränkungen fanden wir es sinnvoll, dpa zu unterstützen, so wie auch viele andere Akteure, die ohne die direkte oder indirekte Hilfe der öffentlichen Hand nicht auskamen. Die Zusammenarbeit mit Dr. Weynen in der Zentrale und den dpa-Journalisten war drinnen und draußen völlig unbefangen, kollegial und oft freundschaftlich.

Die Großlage auf dem Nachrichtenmarkt machte es notwendig, den Vertretern der fremden Nachrichtenagenturen, die bei uns in der Bundesrepublik arbeiteten, besondere Aufmerksamkeit zu schenken. Diese Binsenwahrheit hatte ich schon als Pressereferent und

Sprecher des Auswärtigen Amtes begriffen. Der Umgang mit den Starjournalisten der Weltblätter war ein großes intellektuelles Vergnügen, aber die größere Breitenwirkung hatten die Nachrichtenleute, von denen so viele, die glaubten, sich in Informationspolitik auszukennen, nicht einmal die Namen wußten.

In den Büros der großen Agenturen in Deutschland arbeiteten auch deutsche Mitarbeiter. Es war naheliegend, dieses Potential zu nutzen, und die Agenturen der Besatzungsmächte fingen an, deutsche Dienste auf dem deutschen Markt zu verkaufen, die auch über innerdeutsche Vorgänge berichteten. Sie nahmen auf diese Weise an der innenpolitischen Diskussion teil. Die Präsentation oder Kommentierung der Nachrichten ließ gelegentlich die politische Zielvorgabe des Verfassers erkennen. Ich fragte mich, was in Amerika, Frankreich oder England geschehen würde, wenn dpa einen ähnlichen Dienst mit innenpolitischem Material betrieben hätte. Später habe ich die Frage auch öffentlich gestellt, mit wenig Glück.

Gründerzeit

Im gleichen Zeitraum, also von 1960 an, überprüften wir auch das für das Ausland bestimmte gedruckte Material, die im Vergleich zu den Nachrichten langsamen Medien. Die Tages- und Wochenblätter, die Zeitschriften erschienen in deutsch, waren also, abgesehen von einigen spezialisierten Personen und Organisationen, dem Ausland nicht zugänglich. Klaus Mehnert, einer der führenden deutschen Journalisten, besuchte mich nach einer ausgedehnten Weltreise und beklagte unsere völlige Abwesenheit im internationalen Konzert. Er schilderte anschaulich, wie er in den Vorzimmern und Amtsstuben der Würdenträger, die er auf seinen Reisen besuchte, amerikanische, englische und französische Publikationen in Hülle und Fülle antraf, vom *Economist* hin bis zu den *Foreign Affairs*. Es gebe keine Informationen aus deutscher Quelle. Selbst in den Instituten, die sich mit Außen- und Sicherheitspolitik sowie Weltwirtschaft beschäftigten, finde man überwiegend nur den *Spiegel* und den *Stern*.

Wir waren uns schnell einig, daß wir versuchen sollten, eine deutsche Zeitschrift in Fremdsprachen herauszubringen, wenn möglich eine Wochenzeitschrift, vielleicht nach dem Muster des *Manchester Guardian Weekly*, der damals viel Erfolg hatte, und außerdem eine anspruchsvolle Vierteljahreszeitschrift nach dem Vorbild der *Foreign Affairs* oder der *Revue des Deux Mondes*. Wir ließen es nicht bei theoretischen Überlegungen, sondern gingen an die Arbeit. Es stellte sich heraus, daß es schwierig, ja unmöglich war, hervorragende Federn, professionelle erstklassige Journalisten für Publikationen zu gewinnen, die nur für das Ausland geschrieben werden würden und in Deutschland selbst praktisch unbekannt bleiben müßten. Hier zu schreiben, würde kein Ansehen bringen, weil man im eigenen Vaterland die Leistung nicht zur Kenntnis nehmen würde. Außerdem ergab ein Sich-Umschauen, daß soviel gutes Material nicht im Angebot war.

So kamen wir bald auf eine Lösung, die viele Vorteile hatte. Wir stellten eine Wochenzeitschrift aus Artikeln zusammen, die bereits in den verschiedensten deutschen Publikationen erschienen waren. Man konnte sich das Interessanteste aussuchen, konnte Innenpolitik und Außenpolitik, Wirtschaft, Kultur und Sport behandeln. Wir nahmen mit angesehenen Blättern Kontakt auf, um deren Zustimmung für einen Nachdruck in englischer, französischer und spanischer Sprache zu erhalten. Der Ansatz zur Lösung des Problems hatte auch einen großen materiellen Vorteil: Die Honorare für den Nachdruck waren wesentlich niedriger als die Gehälter für eine eigene Redaktion. Die Verleger und Chefredakteure zögerten zunächst, weil sie besorgt waren, ihre eigene, im Ausland verkaufte Auflage könne sinken. Die Bedenken waren bald ausgeräumt, und nach und nach fand das Projekt allgemeine Zustimmung. Einer der Gründe war auch, daß die deutschen Publikationen durch die Nachdrucke und die weite Streuung im Ausland international einen höheren Bekanntheitsgrad erreichten. Die Lösung hatte noch einen weiteren Vorteil. Es war zunächst eingewandt worden, die Texte in den deutschen Blättern seien für Deutsche geschrieben, setzten zuviel voraus, Kenntnisse, über die der ausländische Leser nicht verfüge. Man müsse daher auf jeden Fall die Originalartikel redigieren. Ich trat dem mit einiger Heftigkeit entgegen. Auch wenn wir von Amts wegen fest entschlossen waren, nicht in die Redaktion und deren Auswahl einzugreifen, hätte uns eine Überarbeitung der Artikel mit Sicherheit den Vorwurf eingetragen, es handele sich um eine, wenn auch begründete und fast erlaubte, aber eben doch um eine Manipulation. Die Anziehungskraft der neuen Publikation bestand gerade darin, daß sie Berichte und Kommentare ungekürzt und unverändert so wiedergab, wie sie in der deutschen Presse erschienen waren. Wer regelmäßig las, würde sich bald auch in den „Germanismen" zurechtfinden.

Wir gewannen den Reinecke-Verlag in Hamburg für das Vorhaben: So wurde die *German Tribune* und die *Tribune d'Allemagne* geboren. Das Ganze war einer unserer besten Einfälle. Viele andere Regierungen oder öffentliche Einrichtungen haben die Idee kopiert, variiert und verbessert, so mit dem vorzüglichen und anspruchsvollen *Japan-Echo*. In Bonn sind 1993 die *German Tribune* und ihre Schwestern nach mehr als drei Jahrzehnten aufgegeben worden. Irgendwann wird diese krasse Fehlentscheidung wieder korrigiert werden müssen.

Das Modell der *German Tribune* ließ sich auch auf eine anspruchsvolle Vierteljahreszeitschrift übertragen. Es zeigte hier seine Vorzüge noch deutlicher. Die Zahl der fundierten Beiträge, die man im Gedächtnis behält oder sich aufhebt, ist – auch über das ganze Jahr verteilt – nicht sehr groß. Das läßt sich an der Mühe ermessen, welche die Herausgeber und Redakteure guter periodischer Zeitschriften haben, Beiträge von hoher Qualität zusammenzutragen. Wir waren indessen sicher, daß das Material ausreichte, um eine Vierteljahreszeitschrift von rund 120 Seiten Umfang ohne größere Mühe und bis zum Ende aller Zeiten produzieren zu können. Gesagt, getan, wir brachten bei Reinecke auch die *German Tribune Quarterly* heraus. Wir machten einen zunächst harmlos aussehenden Fehler, für den ich mich mitverantwortlich fühle. Um Bindearbeit und besonders Porto zu sparen, ließen wir diese Vierteljahreszeitschrift auf Luftpostpapier im Zeitungsformat drucken. Dies hatte zur Folge, daß sie nicht wie eine klassische Zeitschrift in Bibliotheken und Instituten abgestellt und archiviert werden konnte. Die Schnelligkeit des Transports spielte bei einer Vierteljahreszeitschrift im Grunde nur eine untergeordnete Rolle. Der Fehler hätte sich leicht beheben lassen, aber in einem Augenblick, in dem die Haushaltsreferenten den Charakter des Presseamtes als politische Behörde erfolgreich und für viele Jahre gebrochen hatten, wurde die *Quarterly* ganz eingestellt. So hat es die große Bundesrepublik bis heute nicht fertiggebracht, eine Zeitschrift in englischer Sprache herauszubringen, welche die Welt mit dem Denken der deutschen Intelligenz vertraut macht. Seit Jahren wird darüber hin- und hergeredet. Die Entscheidungsschwäche hatte zur Folge, daß selbst im Augenblick der Einheit nichts geschah. Dabei wäre die Lösung ganz einfach. Einige entschiedene und verständige Männer könnten sie in einer halben Stunde finden. Sie würde auf nahezu unbegrenzte Zeit halten.

Im Angebot, das wir der interessierten Welt machen wollten, fehlte eine ansprechende, leicht lesbare, aber vom Inhalt her nicht flache Illustrierte. Große Vorbilder waren die *Berliner Illustrierte* und *Life*. Auch diese neue Publikation sollte in mehreren Sprachen erscheinen und marktfähig sein, das heißt, einen kommerziell kalkulierten Preis haben, auch wenn ein Teil der Auflage von Amts wegen angekauft und an überlegt ausgewählte Empfänger verteilt werden sollte. Wir sahen uns um und wurden mit dem Societäts-Verlag in Frankfurt einig, wo Werner Wirthle, aus dem Hause Ullstein kommend, uns sachverständig beriet und das Projekt zu dem seinigen machte. Wie sollte das Kind heißen? Es wurde viel überlegt, geredet und experimentiert. Schließlich wurde der Name gefunden: *Scala*. Der Titel war ein Treffer, weil er in allen Sprachräumen verstanden wurde und Spann- und Bandbreite signalisierte. Im Januar 1961 erschien die erste Nummer. Der Erfolg ließ sich an der hohen Zahl der verkauften Exemplare ermessen. *Scala* hat, auch wenn sich die Form hin und wieder veränderte, dreißig Jahre lang durchgehalten, bis sie 1992 dem Reformeifer der Leute, die an die Spitze des Presse- und Informationsamtes gelangt waren, zum Opfer fiel.

Schließlich leisteten wir uns mit Albert Theile den Luxus zweier bildschöner Zeitschriften für Kenner und Liebhaber, die in die Geschichte der Publikationen eingehen werden: *Humboldt* für die hispanische, lateinamerikanische Welt und *Fikrun wa fan*, die sich an die Eliten der arabisch sprechenden Völker richtete.

Das Geheimnis der Qualität und damit des Erfolges all dieser Publikationen lag darin, daß nach meinem Willen die Ämter sich nicht einmischten, die Redaktionen gewähren ließen. Das war möglich, weil wir Männer von hoher beruflicher Qualität und persönlicher Integrität mit der Arbeit betraut hatten. Wir trafen uns im Kreis meiner Mitarbeiter mit den Herausgebern und Redakteuren, besprachen die Generallinie und ließen im übrigen gewähren. Da die Leute in den Redaktionen nach meinem Wunsch keine Dutzendware waren, sondern kräftige Profile hatten, waren sie auch eigenwillig und kamen unter das Feuer der Kritik, gelegentlich auch der Regierung und des Parlaments. Ich habe immer meine Hand über sie gehalten und sie geschützt, hin und wieder vorsichtig ermahnt, berechtigter Kritik Rechnung zu tragen.

Die gleiche Politik, nämlich so wenig wie möglich in den Ministerien und Ämtern selbst von und mit Beamten zu produzieren, sondern die notwendigen Entscheidungen zu treffen, die organisatorischen und personellen Voraussetzungen zu schaffen, dann die politischen Zielvorgaben und danach die Kämpfer auf sich selbst gestellt in die Arena zu schicken, verfolgte das Amt unter Felix von Eckardt und danach unter Karl-Günther von Hases Leitung auch in dem größeren Aktionsfeld, dem Grenzbereich zwischen informationspolitischen und kulturpolitischen Aktivitäten. Ich hatte den Versuch einer unterscheidenden Definition gemacht, indem ich sagte: „Informationspolitische Medien dienen der schnellen Unterrichtung, sind auf unmittelbare Wirkung aus, während die Kulturpolitik auf langsame Veränderung abzielt." Die Informationspolitik ist kurzfristig, meinetwegen oberflächlich, die Kulturpolitik in den besten Fällen tiefergehend. Natürlich sind diese Grenzlinien fließend, berühren und durchdringen sich die beiden Bereiche. Deshalb hatte zum Beispiel die amerikanische Regierung die Informations- und Kulturpolitik unter einem Dach angesiedelt, der United States Information Agency. Ähnlich lagen die Dinge in England. In Frankreich hielt das Außenministerium, der Quai d'Orsay, die Zügel fest in der Hand, war für beide Bereiche zuständig.

Bei uns, wie wir wissen, lag die kulturpolitische Zuständigkeit beim Auswärtigen Amt, die informationspolitische Zuständigkeit ressortierte beim Presse- und Informationsamt, dessen oberster Chef der Bundeskanzler selbst war. Die Konstruktion begünstigte ein gefährliches Neben- und Gegeneinander, wenn ehrgeizige und intrigante Leute am Werke waren. Dem wollten wir wehren. So hatten wir im BPA schon früh Inter Nationes als Verein gegründet. Dr. Horst Mönnich war der eigenwillige, dickköpfige erste Chef von Inter Nationes und blieb es für viele Jahre. Uns war er gerade recht, wenn wir uns auch oft mit ihm herumstritten. Einig waren wir uns alle darin, daß die Behörden nicht die Leute hatten, die gute Texte schreiben, gute Layouts machen, allein in Fragen der künstlerischen Qualität, des Geschmacks bestimmen konnten oder gar sollten. Zum Glück hatten wir genügend Leute mit Urteilsvermögen auf all diesen weiten Feldern auch in den Ämtern, aber wir entschieden uns rigoros dafür, nicht alles selbst in den Amtsstuben produzieren und auch noch verpacken und versenden zu wollen. Wir haben das lange durchgehalten und praktiziert, weil wir bis in die siebziger Jahre hinein einen bestimmenden Einfluß hatten. Dann kam, vielleicht nicht von ungefähr, in der sozialliberalen Ära der Trend auf, doch soviel wie möglich an sich zu ziehen, selbst zu produzieren. Ein äußeres Signal war die Tatsache, daß der finanzielle Anteil des BPA am Etat von Inter Nationes drastisch zurückging, während derjenige des Auswärtigen Amtes konstant anstieg.

Eine Erfahrung der Jahre in Chile war, daß die junge Bundesrepublik ein starkes Interesse daran haben mußte, Publizisten aus aller Welt eine Möglichkeit zu geben, das neue Deutschland aus eigener Anschauung kennenzulernen und darüber berichten zu können. Nur die wenigsten Zeitungen, Agenturen und Sendeanstalten der Welt hatten in den sechziger Jahren die finanziellen und personellen Mittel, ständige Korrespondenten in Deutschland zu unterhalten. Wir brauchten den Weltblättern, den großen Rundfunk- und Fernsehanstalten nicht zu helfen, aber alle anderen, und das war bei weitem die Mehrzahl, bedurften einer Ermutigung. So kam das Einladungsprogramm zustande. Wir luden auf Vorschlag der Botschaften und Konsulate Journalisten zu einem Besuch der Bundesrepublik ein. Die Botschaften wurden angewiesen zu sagen, daß wir nicht nur keine Bedenken dagegen hätten, sondern unsere Gäste geradezu ermutigten, bei ihrer Reise auch Deutschlands Nachbarn zu besuchen oder in Brüssel die Einrichtungen der Europäischen Gemeinschaft oder des Nordatlantischen Bündnisses kennenzulernen. Wir sagten uns, daß gerade bei den Gästen aus Übersee der Aufwand möglichst sinnvoll genutzt werden sollte. Das Programm wurde auch administrativ und organisatorisch verfeinert. Am Anfang mußten die Botschaften in jedem einzelnen Fall einen Antrag stellen, über den dann in der Zentrale entschieden wurde. Jetzt und zukünftig stellten wir den Vertretungen eine gewisse Anzahl von Reisen zur Verfügung, die quartalsmäßig aufgegliedert waren. Über diese Quoten konnten die Vertretungen selbst frei verfügen. Es genügte die Anmeldung. In der Zentrale behielten wir eine kleine strategische Reserve zu unserer Verfügung.

In diesem Zusammenhang stellte sich die Frage, nach welchen Kriterien die Quoten bemessen werden sollten. Nicht nur die Antwort auf dieses Problem, sondern jede Zuteilung von Geld oder Arbeitsmitteln warf die Frage auf, wie wir den Wert, das Gewicht des betreffenden Landes ermitteln konnten. Da wir auch bei der Zuteilung der sogenannten Zweckmittel stark dezentralisierten, erhielten die Botschaften auf Antrag Mittel, über die sie im generellen Rahmen ihrer Anträge selbständig verfügen konnten. Wir versuchten eine „Meßlatte“ einzurichten. Dieses Hilfsmittel, das ständig überprüft und erneuert wurde, ist mir und meinen Mitarbeitern in den sechs

Jahren in der Auslandsabteilung, später im Planungsstab des Auswärtigen Amtes und danach als Chef des Presse- und Informationsamtes, zu einer wichtigen Entscheidungshilfe geworden. Die klugen jungen Damen in meinem Büro stellten für jedes Land eine Reihe von Grunddaten auf, z.B. Fläche, Bevölkerung, Bruttosozialprodukt, Streitkräfte, Ein- und Ausfuhr allgemein, im Verkehr mit Deutschland speziell, Mitgliedschaft in Bündnissen und internationalen Einrichtungen usw. Wir kamen so zu einer Rangordnung der Staaten, mit der wir den Einsatz unserer personellen und materiellen Mittel verglichen. Wir sahen, daß über die Jahre hinweg große Ungleichgewichte entstanden waren. Die Ursachen waren mannigfaltig, hielten aber einer Prüfung nicht immer stand. Wir brachten Korrekturen an und versuchten allmählich, maßgerechte Zuteilungen und Leistungen festzusetzen. Bei den Reisequoten war das verhältnismäßig einfach. Harald Zühlsdorff verfügte über ein gutes organisatorisches Talent, verbunden mit politischer Urteilskraft. Mit den für Länder und Regionen zuständigen Referatsleitern konnte er Ordnung in das System bringen.

Die Betreuung der Gäste übertrugen wir Inter Nationes, das an einigen stark frequentierten Plätzen der Bundesrepublik kleine Besucherbüros einrichtete. Wir überließen die Betreuung und Begleitung keinen professionellen Reiseführern, sondern jungen Leuten, vornehmlich Studenten, die mit den sehr verschiedenartigen Gästen durch die Gegend zogen, sie auch bei wichtigen Gesprächen begleiteten und sich dabei selbst auf eine interessante Weise bildeten und mannigfache Einblicke erhielten, die sie sonst so leicht nicht gewonnen hätten. Die Gäste wiederum waren meistens damit zufrieden, junge Begleiter zu haben, mit denen kein vorsichtiger, protokollarisch geregelter Umgang erforderlich war und die selbst frisch von der Leber weg redeten und unorthodoxe Meinungen anboten. Das Quotensystem und der Besucherdienst haben jetzt vier Jahrzehnte lang gehalten, weil sie in der Anlage richtig organisiert waren.

Eine generell gültige Einsicht wurde während des Aufbaus unserer auswärtigen Informationspolitik gewonnen. Wenn Mängel auftreten, muß man prüfen, ob sie in einer fehlerhaften Organisation, einer falsch angelegten Struktur begründet sind oder ob sie auf schwaches, unzulängliches Personal zurückgehen. Es kann sein, daß ein System leidlich funktioniert, obwohl es fehlerhaft angelegt ist, weil die Leute, die in diesem System zu arbeiten gezwungen sind, durch ihre Qualität die Fehler ausgleichen, so daß diese wenig in Erscheinung treten. Umgekehrt kann es sei, daß eine Sache, die richtig angelegt ist, trotzdem nicht funktioniert, weil das Personal, das mit der betreffenden Angelegenheit betraut ist, unzulänglich ist und sich den Anforderungen nicht gewachsen zeigt. Derjenige, der die Schwächen beseitigen soll und muß, sollte darauf achten, daß er im letzteren Fall nur die Leute auswechselt, während er im ersteren Fall das System reformieren und die Leute behalten muß.

Um das Programm zu vervollständigen, galt es, eine Dokumentation über Deutschland aufzubauen, die in handlicher Form, als Taschenbuch also, *Tatsachen über Deutschland* vermittelte. Das Werk kam vom Aufbau her dem eines Nachschlagewerkes gleich, in dem zu den großen Stichworten sachverständige, weniger Meinungen als Berichte und Tatsachen vermittelnde Arbeiten enthalten waren. Formal wurde das Handbuch so angelegt, daß neben dem Band mit dem gesamten Inhalt jedes einzelne Kapitel auch allein gedruckt, geheftet und als Broschüre publiziert werden konnte. Diese „Tatsachen" erschienen nach und nach in allen Weltsprachen. Die einzelnen Teile wurden fortlaufend überarbeitet und auf den neuesten Stand gebracht. Die Art der Publikation erlaubte es auch, einzelne Kapitel neu anzupacken, ohne das Ganze in Verzug zu bringen. Dieses große Unternehmen, dessen Wert nicht hoch genug eingeschätzt werden kann, wurde von Professor Helmut Arntz koordiniert, der sich vom Text, dem Zahlenwerk über die Illustrationen, die Übersetzungen bis hin zum Druck und der äußeren Gestalt unablässig um die Publikation bemühte.

In der Gruppe der Übersetzer waren hochgebildete Leute. Es gab oft Gezerre, weil Deutsche, die zu Recht glaubten, sie könnten vorzüglich Englisch, Französisch, Arabisch oder Spanisch, an den Übersetzungen herumkritisierten. Besonders gereizt reagierte unser englischer Übersetzer, Oberst G. A. Colville, ein englischer Offizier, der aus irgendwelchen Gründen in Deutschland verblieben war. Er sprach und schrieb ein wundervolles, sehr hochgestochenes Englisch und verwandte wiederum viel Talent darauf, seine Kritiker abzubürsten. Es hieß, er stamme aus einer erstklassigen Familie und habe gute

Beziehungen zum englischen Hof. Das wurde freundlich zur Kenntnis genommen, aber auch nicht unbedingt geglaubt. Erst sehr viel später wurde mir klar, daß er ein sehr naher Verwandter von John Colville war, dem Sekretär von Winston Churchill, der eines der besten Memoirenbücher überhaupt geschrieben hat, *The fringes of power*, und eine Hofdame der Königin geheiratet hatte.

Professor Arntz war, abgesehen von seiner weitgefächerten Bildung und seinen praktischen Talenten, einer der größten Weinkenner im Lande. Er veranstaltete denkwürdige Wein- und Sektproben, wobei er unsere eigene Kennerschaft durch Proben mit verdeckten Flaschen testete. Ich erinnere mich an einen Abend, als wir durchweg deutschen Sekt für französischen Champagner hielten und umgekehrt. Wegen seiner großen Kenntnisse auf önologischem Gebiet verliehen wir ihm den Titel „Bundeskorkenwart", eine einmalige, nicht wieder vergebene Auszeichnung.

In den ersten zwölf Monaten konnte ich fast alles auf den Weg bringen, was zu einer informationspolitischen, effizienten Arbeit für und im Ausland erforderlich war. Die Verwirklichung einiger Pläne verteilte sich über einen längeren Zeitraum, vor allem immer dann, wenn wir nicht allein auf dem Kampfplatz erschienen, sondern vorher intern im Hause, im Bundeskanzleramt, im Auswärtigen Amt, hin und wieder im Kabinett und im Bundestag, die Meinungsbildung und schließlich die Entscheidung zu unseren Gunsten bewirken mußten. Das kostete eine Menge geistiger und physischer Anstrengungen. Es war aber richtig, das Wichtigste gleich zu Anfang auf die Hörner zu nehmen. Denn wenn der Rahmen gezimmert und festgefügt war, hatte man von da an den Kopf frei für die höhere Aufgabe, Konzepte zu entwickeln, klare Gedanken zu fassen und ihnen einen gültigen Ausdruck zu geben. Gerade weil wir das Haus gut bestellt hatten, konnten wir uns dem eigentlichen Gegenstand voll widmen, der dem Presse- und Informationsamt aufgegeben war. Die sachliche und persönliche Nähe zum Bundeskanzleramt, zum Auswärtigen Amt, zu den führenden Abgeordneten aller Parteien erlaubte uns, ein einigermaßen deutliches Bild der politischen Hauptströmung zu gewinnen, die Einflüsse der wichtigsten Akteure im großen und ganzen richtig einzuschätzen. Es wäre sinnlos gewesen, große Energien darauf zu verwenden, politische Konzepte zu entwickeln, die keinerlei Aussicht hatten, auch nur zur Kenntnis genommen, geschweige denn verwirklicht zu werden. Es galt vielmehr, dort, wo der Kurs auch nach strenger Prüfung richtig war, die Argumentation zu verstärken, ihn wo nötig zu verteidigen. Es galt aber auch, Korrekturen anzubringen, den Kurs zu berichtigen und schließlich auch einmal ein neues Element einzuführen, das zukünftige Entwicklungen beförderte und abstützte, statt sie zu behindern.

Das erste und vornehmste Mittel war das Gespräch und danach die schriftlich formulierten Texte, die im eigenen Recht als Sprachregelungen und Weisungen herausgingen oder, wichtiger noch, der Regierung als Vorlagen für Regierungserklärungen, Reden und Interviews dienten. Es ist reizvoll zu vergleichen, was von den Entwürfen und Vorschlägen in die großen Reden und Verlautbarungen eingegangen ist. Meine Freunde und ich leisteten behutsam, ohne die Basis unserer Außenpolitik zu verlassen, Pfadfinderarbeit, die hin und wieder unseren Politikern half, auf den Wegen zu bleiben, die schließlich – auch weil das Glück auf unserer, der deutschen Seite war – in die deutsche Einheit und die großen Veränderungen der Welt führten.

Unser bester Mann

Als ich Inventur machte, sah ich, daß unser bester Mann an der Informationsfront immer noch Konrad Adenauer war. Unablässig und unermüdlich nutzte er die Medien, um seine Auffassungen bekannt zu machen und mit genau gezielten Aussagen in die weltpolitische Diskussion einzugreifen. Die klugen Journalisten wußten, daß er sie zur Verfolgung seiner Ziele benutzte, aber sie anerkannten uneingeschränkt, daß hier ein Staatsmann an der Arbeit war, der die Bedeutung des richtigen Augenblicks bei einer Aussage im Hinblick auf den geographischen Ort, die Gelegenheit und die Zielgruppe immer sicher erfaßte. Er war insofern ein idealer Partner der Journalisten und wurde mit Interview-Wünschen überhäuft. Es war dringend geboten, Ordnung in die Abläufe zu bringen, und so erließ ich schon bald eine Verfügung an die Referate der Auslandsabteilung über das Verfahren bei Informationsgesprächen und Interviews mit dem Bundeskanzler. Es hieß darin u. a.:

„Wenn entschieden worden ist, daß dem Wunsch eines Journalisten nach einem Informationsgespräch oder einem Interview mit dem Herrn Bundeskanzler entsprochen werden soll, so bitte ich, nach Möglichkeit bereits in die Vorlage die Themenkreise oder die Fragen, die besprochen werden sollen, aufzunehmen.

Bei Informationsgesprächen soll die stenografische Aufzeichnung des Gesprächs im Regelfalle *nicht* ausgehändigt werden. Ausnahmen bedürfen, wenn sie nicht von der Amtsleitung angeordnet sind, meiner Genehmigung. Bei Interviews kann der zuständige Referent anhand der stenografischen Aufzeichnungen mit dem betreffenden Journalisten den Text vergleichen. Gelegentlich, wenn keine besonderen Bedenken bestehen, können den Journalisten auch Auszüge aus dem Stenogramm überlassen werden."

Die Regeln wurden strikt eingehalten, und die Zahl der Pannen blieb verhältnismäßig klein. Es gab hin und wieder Mißverständnisse, die aber meist in dem Gespräch mit dem Kanzler selbst angelegt waren.

Adenauers Thematik war die gleiche geblieben. Nach wie vor bestand seine Hauptsorge darin, die Alliierten könnten sich über unseren Kopf hinweg mit den Sowjets in einer Form einigen, die eine Neutralisierung ganz Deutschlands nach sich ziehen würde. So verfolgte er alle Pläne für alliierte Viererkonferenzen mit der größten Sorge. Es war jedoch taktisch schwierig, die Konferenzen rundweg abzulehnen, weil dann die Gefahr bestand, daß Adenauer als latenter Störenfried erschien, der dem Ausgleich, der Ruhe, nach der sich alle sehnten, im Wege stand. Also begrüßte der Kanzler die Zielsetzung, zählte aber gleichzeitig in aller Öffentlichkeit die Bedingungen auf, die er für einen Erfolg der Konferenzen als unerläßlich ansah. Adenauer sorgte dafür, daß diese seine Auffassungen immer schon rechtzeitig vor Beginn der Konferenzen, auf denen die Bundesregierung nicht vertreten war, an die große Glocke gehängt wurden. Sein Ziel war kühn und in gewisser Weise dreist: den westlichen Alliierten die Leitlinien vorzugeben. Das löste auch Reizungen aus, aber die deutschen Vorgaben waren so formuliert, daß es schwer war, sich offen von ihnen zu distanzieren.

Im Frühsommer 1960 war es wieder so weit. In Paris sollte am 16. und 17. Mai erneut eine Viererkonferenz der Großmächte stattfinden. Adenauer griff wenige Tage vorher mit Rundfunk- und Fernsehansprachen ein und gab außerdem Interviews zum Thema Viererkonferenz. Die Texte dazu vermitteln eine konkrete Vorstellung von Adenauers politisch-diplomatischer Arbeitsweise, so wie wir sie glaubten zu verstehen.

Adenauer sagte unverblümt: „Ich möchte Sie vor der Gipfelkonferenz mit der Haltung der deutschen Bundesregierung in den wichtigsten Fragen, die auf der Konferenz behandelt werden, noch einmal vertraut machen.“ Die Sowjetunion habe dieses Gipfeltreffen seit langem gefordert, er halte es nicht für ausgeschlossen, daß die sowjetischen Führer wirklich einem Verlangen des russischen Volkes entsprächen, wenn sie erklärten, sie wollten die internationale Lage entspannen und die Verhältnisse normalisieren. „Herr Chruschtschow glaubt aber allem Anschein nach, er könne Entspannung dadurch erreichen, daß er die freie Welt dazu bringt, sich mit der gegenwärtigen Lage abzufinden. Die Spannung ist dabei eine Folge der sowjetischen Politik, und es wird völlig unmöglich sein, zu einer internationalen Entspannung zu kommen, wenn die Sowjetunion nicht bereit ist, ihre Politik zu ändern.

Auf die deutsche Frage bezogen, bedeutet diese Feststellung, daß es ausgeschlossen sein wird, die deutsch-sowjetischen Beziehungen zu normalisieren, solange die Sowjetunion dem deutschen Volk das Recht auf Selbstbestimmung verweigert. Die Situation hat eine Verschärfung dadurch erfahren, daß die Sowjetunion sich nun nicht mehr damit begnügt, den bisherigen Zustand in Deutschland aufrecht zu erhalten, sondern daß sie ihn in Berlin zu ihren Gunsten verändern will. Daraus ergibt sich für uns folgende Konsequenz: Solange den Deutschen in der sowjetisch besetzten Zone die Selbstbestimmung verweigert wird, wollen wir wenigstens keine Verschlechterung der Situation in Berlin." Und dann legt er die Verbündeten fest: „Die Alliierten haben in der Tat keine Veranlassung, auf ihre Rechte in Berlin ganz oder teilweise zu verzichten. Sie sind nur dann bereit, diese Rechte aufzugeben, wenn gleichzeitig eine Regelung der deutschen Frage vereinbart wird, die auf dem Wege über die freie Selbstbestimmung des ganzen deutschen Volkes zustande kommt.

Ich zweifle nicht daran, daß das russische Volk in gutem Einvernehmen auch mit den Deutschen leben möchte. Man weiß auch, daß einige sowjetische Politiker das Ulbricht-Regime als ein wesentliches Hindernis auf dem Wege zu der von ihnen erwünschten Entspannung ansehen, aber ich halte es für meine Pflicht zu sagen, daß ich gegenwärtig keine Anzeichen erkennen kann, die den Schluß erlauben würden, die Sowjetunion sei zu einer Änderung in ihrer Deutschlandpolitik bereit." Das Verdikt: „Wenn also nicht etwas völlig Unerwartetes geschieht, wird die Gipfelkonferenz keine Fortschritte in der deutschen Frage bringen. Sollte die Sowjetunion in Paris versuchen, ihre Lösung des Berlin-Problems und den Abschluß eines Teilungsvertrages gewaltsam durchzudrücken, dann wird es zu einer ernsten Krise kommen, die nur durch die Einheit und Standfestigkeit unserer Verbündeten überwunden werden könnte." Dann wurde etwas abgewiegelt: „Meines Erachtens bestehen auf dem Gebiet der Abrüstung Möglichkeiten, zu einem Erfolg zu gelangen. Die Entwicklung der Atom- und Raketentechnik verlangt geradezu gebieterisch nach einer Vereinbarung, wenn man die Welt nicht in einen rauchenden Trümmerhaufen verwandeln will. Aber auch hier gilt, daß ein Abkommen nur zu erreichen ist, wenn auch die Sowjetunion bereit ist, Zugeständnisse zu machen." Dann gleich wieder eine Warnung: „Auch die Verhandlung über die Abrüstung ist nicht frei von Risiken. Wenn man in der deutschen Frage nicht weiterkommt, könnten die Gesprächspartner versucht sein, eine Absprache auf anderen Gebieten zu treffen, nur damit die Konferenz nicht ergebnislos bleibt. Da kommt es dann darauf an, wer die besseren Nerven besitz." Nach dieser Ermahnung unserer Verbündeten geht es weiter: „Sicherlich werden die Sowjetunion und die Kommunisten in aller Welt während der Konferenz wieder mit Hilfe ihrer Propagandamaschine verbreiten, die Bundesregierung und die Deutschen versuchten, die Entspannung zu verhindern. Der deutsche Revisionismus und der Wille für den verlorenen Krieg Revanche zu nehmen, so wird es heißen, stellten eine Bedrohung des Friedens dar. Der Wortschatz stammt, ebenso wie der Kommunismus selbst, aus dem vergangenen Jahrhundert; beide passen nicht mehr in unsere Zeit.

Die Bundesregierung hat alle ihre Probleme mit ihren westlichen Nachbarländern friedlich auf dem Wege freier Vereinbarungen gelöst, und dasselbe wird auch im Osten geschehen, wenn wir frei mit unseren östlichen Nachbarn, die ebenso Europäer sind wie wir, verhandeln können, um gemeinsam einen dauerhaften Frieden zu begründen, in dem alle frei von Furcht die Früchte ihrer Arbeit genießen können." Zum Schluß ermahnte Adenauer die deutsche Öffentlichkeit: „Ich hoffe, daß die Deutschen in den Tagen der Konferenz einen neuen Beweis ihrer politischen Einsicht geben werden. Wir müssen unseren Verbündeten mit Klugheit und Festigkeit helfen, den rechten Weg zu finden. Wenn es um die Zukunft unseres Vaterlandes, wenn es um den Frieden in der Welt geht, muß jeder Irrtum teuer bezahlt werden. Wir werden uns von der einen grundlegenden Erkenntnis leiten lassen: Es gibt keinen Frieden ohne die Freiheit."

Im gleichen Zeitraum, d.h. wenige Tage vor der Konferenz, gab der Kanzler noch ein Interview, das zur allgemeinen Verwendung frei war. Hier antwortete er auf Fragen und variierte seine vorherige Ansprache. Das Ziel des Gipfeltreffens, sagte er, sei, die internationale Spannung zu vermindern. Die Hauptursache dieser Spannung liege in der aggressiven Politik der Sowjetunion. So wurde nach dem Zweiten Weltkrieg zahlreichen Völkern gegen deren ausdrücklichen Willen und unter Bruch internationaler Verträge ein kommunistisches Regime aufgezwungen: „Wer dies vergessen haben sollte, der darf ich nur an den Aufstand in Berlin und Mitteldeutschland und die ungarische Tragödie erinnern."

Er wurde gefragt, ob er in den Pariser Verhandlungen eine Gefahr für den Westen sehe. Er meinte dazu, gefährlich könne es werden, wenn man über Details das Ganze vergäße und aus optischen Gründen zu irgendeinem Ergebnis kommen wollte, das in seinen Auswirkungen Freiheit und Sicherheit gefährden würde. Die Gefahr sei aber gebannt, wenn man sie erkenne. Angesichts der sowjetischen Haltung gebe es zur Zeit in der deutschen Frage wenig Aussicht auf eine Regelung, die aufs Ganze gehe. Chruschtschow scheine aber, so wurde gefragt, die Berlin-Frage forcieren zu wollen und erkläre, er strebe mit dem Abschluß eines separaten Friedensvertrages eine Normalisierung der Verhältnisse in Berlin an. Der Kanzler sagte dazu, die Sowjets meinten, wenn sie Normalisieren sagten, im ganzen den Status quo erhalten und ihn in Berlin zu ihren Gunsten verändern. Im höchsten Grade anomal sei die Teilung Deutschlands. Das Wort sei im Grunde sehr schwach, um den ungeheuerlichen Tatbestand zu bezeichnen, daß ein Land durch eine Gewaltherrschaft gespalten und 17 Millionen eines großen Volkes geknechtet würden. Die Sowjets wollten eines der Symbole beseitigen, das aller Welt das Unrecht verkünde, nämlich das freie Berlin. Sie wollten die freie Welt dazu bringen, die Knechtschaft und die Lüge als normal zu empfinden.

Nach dem Verhandlungsziel befragt, kam die Antwort, wir wollten die Selbstbestimmung; solange dieses Ziel nicht erreicht werden könne, wollten wir wenigstens keine Verschlechterung der gegenwärtigen Verhältnisse. Eine Frage lautete, die Sowjets sagten, das Selbstbestimmungsrecht dürfte nicht zu einem Mittel des Revisionismus werde, auch im westlichen Lager könne man die Ansicht hören, daß der deutsche Revisionismus eine Gefahr für den Frieden in Europa sein könne. Antwort: „Zunächst, Selbstbestimmung hat mit Revisionismus gar nichts zu tun. Eine Wandlung der Verhältnisse in Mitteldeutschland müssen die sowjetischen Führer über kurz oder lang sowieso ins Auge fassen, denn der Terror, den die Vulgärmarxisten der Zone, um einmal einen sowjetischen Ausdruck zu gebrauchen, ausüben, ist eines der Haupthindernisse für die Entspannung, die wir wünschen und die die Sowjetunion vielleicht braucht.

Der Ausdruck Revisionismus könnte sich also nur auf die Frage der Grenzziehung im Osten Deutschlands beziehen. Ich darf in Ihre Erinnerung zurückrufen, daß die Bundesrepublik Deutschland alle ihre Grenzprobleme auf friedlichem Wege und in bestem Einvernehmen mit ihren Nachbarländern geregelt hat. Nicht anders würde es sein, wenn in hoffentlich naher Zukunft unsere östlichen Nachbarn in freien Verhandlungen mit dem wiedervereinigten Deutschland einen dauerhaften Frieden begründeten."

Wir konnten dem Kanzler am 17. Mai melden, daß sowohl die Fernsehaufnahme als auch das Interview weltweit verwertet worden waren.

Die Pariser Ost-West-Gipfelkonferenz platzte schnell. Das lag nicht an Adenauer und der Bundesrepublik. Am 1. Mai war eine U-2-Aufklärungsmaschine der amerikanischen Luftwaffe über der Sowjetunion in der Nähe von Swerdlowsk abgeschossen worden. Chruschtschow verlangte vor Beginn der Konferenz, Eisenhower solle sich dafür entschuldigen, das Luftaufklärung über der UdSSR betrieben werde. Dies lehnte Eisenhower mit Entschiedenheit ab. Daraufhin wurde die Konferenz abgeblasen. Immerhin versicherte Chruschtschow, daß der Status von Berlin bis zu einem neuen Gipfeltreffen nicht angetastet werden sollte.

Adenauer war mit dem Ausgang nicht unzufrieden. Fürs erste war die Gefahr gebannt.

Dies hier als Beispiel angeführte Eingreifen in die Beziehungen der Großmächte untereinander war charakteristisch für Adenauers Arbeitsweise. In Zeiten politischer Hochspannung gingen jede Woche mehrere Vorgänge, die den Umgang des Kanzlers mit prominenten Journalisten betrafen, über meinen Tisch. Wenn im Rahmen eines Staatsbesuches namhafte Journalisten den betreffenden Regierungschef und Präsidenten nach Deutschland begleiteten, so nutzte Adenauer in der Regel die Gelegenheit, diese Gruppe zu sehen. Ich gebe zu, daß wir auch bemüht waren, seinen Appetit zu nutzen. So sagten wir ihm, auch dann, wenn wir annähmen, daß er vermutlich den Antragsteller nicht empfangen könne, müßten wir ihn in den Fällen, wo es sich um Journalisten von Ansehen handele, wenigstens davon unterrichten, daß die Bitte geäußert worden sei, ihn zu sprechen. Die Journalisten würden Verständnis dafür haben, daß ihren

Wünschen nicht immer entsprochen werden könne. Diese Taktik führte in vielen Fällen dazu, daß der Kanzler darauf bestand, den betreffenden Journalisten selbst zu sehen. Natürlich empfing er jemanden wie den großen amerikanischen Verleger William Hearst und ließ auch dessen Begleiter zu. Französische Journalisten waren immer willkommen. Im Laufe der Zeit hatte Adenauer tragfähige Beziehungen zu bedeutenden Kommentatoren und Publizisten in fast allen Ländern entwickelt. Dazu gehörten die Berichterstatter der großen Agenturen wie Wellington Long von United Press International, Harold King, der Reuter in Paris vertrat, Sidney Gruson von der *New York Times*, Henry Luce von *Time-Life*. Unter den schreibenden Damen war ihm Flora Lewis besonders lieb und vertraut. Sie war die Frau von Sidney Gruson und hat unter anderem den denkwürdigen Artikel „Das Rezept für Adenauers Vitalität" in der Sonntagsbeilage der *New York Times* vom 21. August 1960 geschrieben.

Selbst recht bissige englische Blätter, wie der *Daily Express*, konnten schließlich nicht widerstehen und brachten einen Beitrag: „Was sollte der Westen jetzt tun?" Die Antwort gab natürlich Konrad Adenauer.

Dankbarkeit

Theodor Heuss hatte die „Dankspende des Deutschen Volkes“ ins Leben gerufen. Die Deutschen, das war der Gedanke am Grunde, wollten denen, die ihnen in den dunkelsten Jahren der Nachkriegszeit geholfen hatten, ein bleibendes Zeichen des Dankes geben. So wurden Kunstwerke von hoher Qualität erworben und in der ganzen Welt an Regierungen, Organisationen oder Personen als Geschenk übergeben. Ich hatte in Santiago de Chile dafür gesorgt, daß die lebensgroße Bronzeplastik einer stehenden Frau von Gerhard Marcks an prominenter Stelle, am Fuße des Cerro San Christóbal, aufgestellt worden war.

Am 27. November 1951 war die Initiative von Heuss und anderen Notabeln in Bonn gegründet worden. Der Bundespräsident sagte aus diesem Anlaß: „Danken können, ist eine schöne Eigenschaft.“ Adenauer meinte: „Dies Werk wird uns zur Ehre gereichen.“

In dem anläßlich der Gründung verbreiteten Aufruf hieß es:

> Es wäre heute in Deutschland schlimm um uns alle bestellt, wenn uns in den Jahren der bittersten Not nicht so viele Völker der freien Welt aus freien Stücken hilfreich beigestanden hätten. Wir werden und dürfen nicht vergessen, daß die Geldspenden und all die Gaben in Millionen von Liebespaketen den Hunger von der Schwelle jagten, unzähligen Menschen, jung und alt, das Leben retteten, daß sie Schmerzen stillten, Mutlose neuen Mut fassen ließen. Im Geiste dieser brüderlichen Taten, die uns von unbekannten Männern und Frauen in nahen und fernen Ländern erwiesen worden sind, fanden wir uns alle miteinander besser und leichter zurecht. Wege, die in große Dunkelheiten, ja nicht selten in den Tod zu führen schienen, erhellten sich. Heimatvertriebene schöpften neue Hoffnung. Kriegsgefangenen wurden neue Wege in eine bessere Zukunft bereitet. Nicht zuletzt konnten die Kinder wieder fröhlich sein und spielen. Das alles geschah an uns Deutschen in großer Menschlichkeit. Wir ließen uns in unserer Not beschenken und ein wenig glücklicher machen, und da bloße Worte des Dankes die allermeisten von uns zu billig dünkten, wollte wohl in vielen das Gefühl dankbarer Beschämung nicht weichen. Wenn heute, nach sechs Jahren, auch längst noch nicht alle Not geschwunden ist, so sind es die Klagen nicht, welche sie wenden könnten. Sorgen um die Zukunft schlägt noch am ehesten Dankbarkeit in die Flucht. Wer hätte größeren Grund zur Dankbarkeit als der deutsche Mensch! So rufen wir denn zu einer Dankspende des deutschen Volkes auf und sind gewiß, daß wir von jedermann so verstanden werden, wie die Hilfe der Welt

gemeint war. Sie wurde geleistet ohne politische Meinung, im Geiste jenes Friedens, der im Herzen der Menschen gegründet ist.

Aus den Spenden, um die wir freundlichst bitten, sollen Werke zeitgenössischer Künstler erworben werden. Den Völkern, die uns beschenkt haben, sollen diese Kunstwerke ein Gruß des Dankes sein. Wohl wissen wir, daß wir damit nur ein Geringes tun. Doch können vielleicht diese Zeichen sagen, was uns seit langem erfüllt, und daß wir nichts sehnlicher wünschen als den Frieden von Haus zu Haus, von Land zu Land.

Der Aufruf fand ein breites und bewegendes Echo. Es gab unzählige Spenden von zwei, drei oder fünf Mark. Eine Flüchtlingsfamilie schickte drei Mark und schrieb: „Wir geben's gern, obwohl allnächtlich noch auf Strohsacks Rücken." Der Deutsche Gewerkschaftsbund in Berlin unterstützte den Aufruf des Bundespräsidenten bei seinen Mitgliedern mit diesen Worten: „Kaum jemand ist so wie die Berliner Arbeitnehmerschaft in der Lage, die Dankspende aus vollem Herzen zu bejahen, weil sie in der Zeit des direkten sowjetischen Einflusses und der damit verbundenen ungeheueren Not sowie in den leidvollen Erfahrungen während der Blockade von der Welt tatkräftige Hilfe erfahren hat. In tiefer Dankbarkeit übermitteln wir den Spendern aller Völker unser Gelöbnis, mit ihnen weiterhin im Ringen um Freiheit und Humanität vereint zu bleiben. Wir werden bemüht sein, unseren Kindern das Gefühl der Dankbarkeit gegenüber solchen Handlungen in die Herzen zu pflanzen."

Dieses ganze in jeder Weise schöne Programm und seine Verwirklichung war schon dabei, vergessen zu werden, als ich aus Lateinamerika zurückkam, aber ich blieb davon überzeugt, daß es ein Gebot des Anstandes war, Dankbarkeit zu zeigen, besonders denen gegenüber, die allen Grund gehabt hätten, keinen inneren Frieden mit Deutschland zu machen. Dazu zählten nicht zuletzt die verfemten Künstler und Wissenschaftler, die Deutschland nach 1933 verlassen hatten.

Hin und wieder bot sich eine Gelegenheit, ein Beispiel zu geben. Bei vielen galt ich als konservativ. Ich selber habe mich eher als progressiv, unorthodox empfunden. Jedenfalls habe ich immer Gefallen daran gefunden, die Nähe von Menschen zu suchen, die nicht in irgendein Schema paßten und für die in unserer vorgeformten Gesellschaft nur schwer ein Platz zu finden war.

Dazu gehörte auch Dr. Hubertus Friedrich Prinz zu Löwenstein-

Wertheim-Freudenberg. Aus einem Hause mit geschlossener Krone stammend, hätte er sich in der Zeit der Gewaltherrschaft soweit anpassen können, daß er glimpflich davongekommen wäre. Er zog es vor, in die Emigration zu gehen. Von 1937 bis 1946 lehrte er Geschichte und Staatsrecht an amerikanischen Universitäten. Er war durch und durch Demokrat, aber da er zum rechten Flügel zählte, wurde wenig Aufhebens von seinem Widerstand gemacht. Schon während der Emigration hatte er in Amerika und England versucht klarzustellen, ein gerechter Frieden sei nur zu finden, wenn man anerkannte, daß Deutschland und der Nationalsozialismus nicht ein und dieselbe Sache waren. 1946 kehrte er nach Deutschland zurück und ließ sich in Bremen wiedereinbürgern. Er war als FDP-Abgeordneter Mitglied des Zweiten Bundestages. Er war kompromißlos in seinen Auffassungen, die er zwar höflich, aber oft mit großer Heftigkeit vertrat. So fand der Gedanke, ihn in den Auswärtigen Dienst zu übernehmen, wozu er nach seinem Vorleben gut gepaßt hätte, wenig Gegenliebe. Auch der Umstand, daß er ein Mann ungestümer Tat war, beunruhigte die braven Beamten und Politiker in Bonn. Sie zögerten nicht, ihm Beifall zu klatschen und ihn zu bewundern, aber wenn möglich aus der Ferne. Zu den spektakulärsten Aktionen zählte die „Besetzung" Helgolands durch Löwenstein und eine Handvoll beherzter Freunde im Januar 1951. Die Engländer nutzten die geräumte Insel als Bombenziel. Verschiedene Versuche, sie davon abzubringen, hatten nichts gefruchtet. Löwenstein zwang die Engländer, aufzuhören oder in Kauf zu nehmen, daß die Besetzer den Tod fanden. Der Prinz erreichte sein Ziel.

Ein anderes Husarenstück war die Zerstörung der Schlagbäume an der Grenze zwischen der Bundesrepublik und dem unter französischer Verwaltung stehenden Saargebiet.

Schließlich war er sofort in Budapest zur Stelle, als die sowjetischen Truppen den Aufstand der Ungarn in Strömen von Blut erstickten und ihre Führer hinrichteten. Er konnte nichts bewirken, weil der Westen mit verschränkten Armen zuschaute, aber Löwenstein hat doch ein großes Zeichen gesetzt, ein Signal für eine Hoffnung, die sich nach seinem Tode erfüllt hat.

Viele hielten Löwenstein wegen seiner effektvollen Demonstrationen für einen Mann vom Schlage des Gardeoffiziers, der in guter

Laune eine Wette eingeht, die zu gewinnen etwas Schneid erfordert. Um die Zeit, als er in dem gesprengten Flak-Bunker auf Helgoland hauste, kam seine „Deutsche Geschichte" heraus, die in einem Bande den Bogen von den frühen Zeiten unseres Volkes bis zur Gegenwart spannte. Löwensteins Sicht der Geschichte war die eines katholischen Christen: Die Geschichte ist Gottes Weltregierung. Einer der großen Pläne dieser Weltregierung ist das Abendland. Das Deutsche Reich begriff er als unseren Beitrag zur Verwirklichung dieses Planes. Die Haltung der Alliierten gegenüber Deutschland im und nach dem Zweiten Weltkrieg wurde mit der Kraft eines klarblickenden, furchtlosen Geistes bewertet, der auch die Sieger unter das Gesetz stellte.

Damals, um die Jahreswende 50/51, war mir Löwenstein aufgefallen, ich hatte über ihn geschrieben. Nun traf ich ihn in Bonn. Ich habe versucht, für Prinz Löwenstein außerhalb Deutschlands ein Feld zu finden, indem ich ihn mit einem quasi-diplomatischen Status zu informationspolitischen Missionen entsandte, in deren Verlauf er Informationsgespräche führte, Interviews gab, Vorträge hielt, Wissen vermittelte. Auf Grund seines Titels und seines Kampfes gegen die nazistische Gewaltherrschaft fand er Zugang zu den Eliten, die ihn als eine Art deutschen Sonderbotschafter einordneten. Es war nicht immer leicht, diese seine Arbeit auch materiell abzusichern; es ist aber über viele Jahre hinweg gelungen und hat dem Prinzen erlaubt zu wissen, daß auch jemand wie er, mit einem unverwechselbaren Profil, in diesem neuen Deutschland einen geachteten Platz fand.

Am anderen Ende des Spektrums stand Hans Richter, der Dada-Künstler, der, wie konnte es anders sein, wie alle seine Freunde in den stürmischen zwanziger Jahren mit den Kommunisten sympathisiert hatte.

Hans Richter war ein Bruder von Frau Dora Rukser, deren Mann Udo zusammen mit Albert Theile von Santiago de Chile aus in der Emigration die *Deutschen Hefte* publiziert hatte. Richter war sehr vielseitig begabt. Er hat sensationelle Kurz-Filme gemacht, war aber auch ein einfallsreicher Objekt-Künstler, Maler und Grafiker.

In Rolandseck bei Bonn nun war Johannes Wasmuth seit Anfang der sechziger Jahre dabei, den Bahnhof zu einem Musentempel umzufunktionieren, eine verrückte, aber großartige Idee. Immer in Geldnöten, mit der Bettelschale unterwegs, brachte er es fertig, das Nötigste zusammenzukratzen. „Bei Wasmuth ist selbst das Essen auf dem Tisch in Gefahr, gepfändet zu werden“, soll Helmut Kohl gesagt haben, der schließlich den Bahnhof Rolandseck rettete, indem er ihn unter die Fittiche des Landes Rheinland-Pfalz nahm. Soweit war es aber noch nicht. Wasmuths Interesse an Arp führte zu Kontakten mit Hans Richter. Wasmuth veranstaltete anläßlich Richters achtzigstem Geburtstag eine große Retrospektive seiner Arbeiten im Bahnhof Rolandseck, die am 6. 3. 68 mit einem glanzvollen Festakt eröffnet wurde. Klaus Scheufelen hatte den von ihm gestifteten Kulturpreis an Richter verliehen. Ich war gebeten worden, die Auszeichnung zu begründen und versuchte, seine Arbeit als Maler, Bildhauer, Regisseur und Schriftsteller zu würdigen. Er stand zu unrecht im Schatten von Hans Arp, Max Ernst, Paul Klee und Man Ray, die zu diesem locker gefügten Dadaisten-Club gehört hatten. Die Veranstaltung und die nachfolgende Presseberichterstattung rückten Hans Richter besser ins Licht.

Richter war an Jahren ein alter Mann, aber lebendiger und feuriger als mancher von den müden Jünglingen, die – von Zukunftsängsten geplagt – unsere Universitäten und Ateliers bevölkerten. Er wußte, daß ich hin und wieder ein kleines Bild malte, und schlenderte gern mit mir durch Ausstellungen moderner Kunst. Als ich vor einem – wie mir schien – schwachen Œuvre von Lucio Fontana stand und herablassend sagte, das könnte ich auch, lachte er und merkte an: „Ja, nachdem Sie’s gesehen haben.“

Die Spontanität, die seine Filme kennzeichnete, bestimmte immer noch seine Aktionen und Reaktionen. Wir sprachen auf einem Spaziergang im Schnee nicht über die Kunst und das Leben, sondern über Bandscheibenprobleme. Ehe ich ihn hindern konnte, hatte er sich mitten auf dem Bürgersteig bereits auf alle Viere niedergelassen, um mir einige – wie er beteuerte, vorzügliche – Übungen zu zeigen. Die Spaziergänger waren wohl leicht verblüfft, zumal die Bewegungen möglicherweise gewisse Assoziationen auslösten.

Natürlich hatte Richters Kunst nach 1933 hierzulande als entartet gegolten. Er war emigriert, hatte sich durchschlagen müssen. Ich habe nie ein bitteres oder wehleidiges Wort von ihm gehört. Dankbarkeit war meine Empfindung dafür, daß es ihn gab, so wie er war. Ich war froh, daß meine Freunde und ich ihm das zeigen konnten, seine Lebensleistung öffentlich anerkannten. Später habe ich seine Arbeit auch in Indien und Japan bekannt gemacht.

In Erinnerung an die Dankspende hatte ich als Chef des Presseamtes versucht, für unseren Dank eine dauerhafte Form zu finden, die damit auch eine Auszeichnung verband. In der Diskussion möglicher Lösungen entstand der „Inter-Nationes-Preis". Vom ersten Einfall bis zur Verwirklichung einer solchen Idee vergeht notwendigerweise in einem demokratisch geordneten System mit vielen Kontrollen auch Zeit. So war ich froh, daß wir am 19. Juni 1969 den ersten Inter-Nationes-Preis dem amerikanischen Historiker und Soziologen Hajo Holborn überreichen konnten.

Kurt Birrenbach, seit langem mit Holborn befreundet, sprach die Laudatio. Ich überbrachte die Glückwünsche des Kanzlers und der Bundesregierung und übergab die Urkunde. Sie lautete: „Inter Nationes verleiht durch Beschluß der Mitgliederversammlung vom 16. Mai 1969 zum erstenmal den aus Anlaß des zwanzigjährigen Bestehens der Bundesrepublik Deutschland gestifteten Inter-Nationes-Preis Herrn Professor Hajo Holborn in dankbarer Anerkennung seiner Verdienste um die Verständigung der Völker."

Ich hatte angekündigt, daß wir Auszüge aus Holborns wichtigsten Schriften in den großen Weltsprachen veröffentlichen würden. Das taten wir auch. Was wir im Augenblick der Verleihung nicht ahnten, war, daß wir mit dem kleinen Werk schon einen Toten ehren würden. Holborn verstarb einen Tag nach der Verleihung, keine 24 Stunden, nachdem er zu uns gesprochen hatte.

Der tragische Tod löste große Betroffenheit aus. War es der letzte Augenblick gewesen, Holborn zu ehren, hatte die Genugtuung ihn begleitet auf dem Gang durchs dunkle Tor? Wäre es richtiger gewesen, ihm den Preis in Amerika, seiner geliebten neuen Heimat zu überreichen, ihm die Reise zu ersparen? Nein, er wollte ihn in Deutschland entgegennehmen, in dem Land, in dem er geboren worden war, das sich an ihm versündigt und dem er dennoch die Treue gehalten hatte.

Ein weites Feld

Anfang 1961 wollte Außenminister von Brentano eine Asienreise machen. Der Zweck der Reise war, mit einer großen Geste vor Ort die Ernsthaftigkeit unserer Absichten und das Ausmaß unserer Bemühungen für das Wohl der „Dritten Welt“ unter Beweis zu stellen. Wir präsentierten unsere Art von Entwicklungshilfe. Die Delegation wurde bei diesem Pionierunternehmen sorgfältig ausgewählt, sie umfaßte, abgesehen vom Minister, Ministerialdirektor Georg-Ferdinand Duckwitz, Karl-Günther von Hase als Pressereferent des Auswärtigen Amtes, Horst Dumke vom Bundeswirtschaftsministerium, mich selbst als Leiter der Auslandsabteilung im Presse- und Informationsamt.

Die Bundesregierung verfügte noch nicht über eine eigene Flugbereitschaft. So wurde eine Lufthansa-Maschine gechartert. Unsere deutsche Fluglinie war noch nie in Ostasien geflogen. Im Rückblick erhellt gerade dieser Umstand, welch ein Wagnis es war, nach dem Krieg wieder hinauszugehen, zu sagen, hier sind wir. Wir wollten, nachdem wir zu Hause das Nötigste hinter uns gebracht haben, uns nun um die Welt kümmern. Wir mußten sie neu entdecken, buchstäblich. So heuerte die Lufthansa einen amerikanischen Piloten als Navigator an, einen ehemaligen Offizier der amerikanischen Luftwaffe, der in und nach dem Kriege in Asien die verschiedensten Routen geflogen war und sich auskannte.

Kurz bevor es losgehen sollte, stürzte Brentano beim Verlassen des Restaurants „Erbprinz“ und brach sich den Arm. Er fiel aus, und da die langgeplante Reise nicht mehr abgesagt werden sollte, sprang Bundesminister Hans-Joachim von Merkatz als Leiter der Delegation ein. Am 22. Januar 1961 flogen wir los, mit einer Propellermaschine, einer Superkonstellation.

Der Flug war lang. Es wurde unterwegs viel gearbeitet und einiges getrunken. Nach einer Zwischenlandung kamen wir, mit dem letzten Liter Sprit, in der Dunkelheit in Rangun in Burma an. Die Türen gingen auf, wir stiegen die Gangway herunter, aus der klimatisierten, kühlen Kabine in die Tropennacht. Ein Schwall von heißer, mit schweren Gerüchen beladener Luft kam uns entgegen. Überraschend, die vielen starken Parfums von fast unscheinbaren Blüten, die im Dunkeln besonders intensiv duften, in der mit Feuchtigkeit geschwängerten Luft. Rudyard Kipling und Joseph Conrad haben dies meisterhaft in ihre Romane und Geschichten eingeflochten.

Wir versammelten uns nach der offiziellen Begrüßung im Haus unseres Gesandten, eines erfahrenen Kenners Asiens, der uns erzählt, was er weiß und was er erfahren hat. Wir können nicht genug hören. Es wird ziemlich lange debattiert, vor allem die Schlußphase des kolonialen Zeitalters. Zu später Stunde dürfen wir einen Blick auf die beachtliche Sammlung erotischer Kunst asiatischen Ursprungs werfen.

In den Quartieren lebte das englische Imperium fort, mit der nahezu lautlosen, unauffälligen Bedienung, dem Early-Morning-Tea, den sparsam mit leichten Möbeln möblierten Räumen, dem Moskitonetz, der Waschschüssel und der Badewanne. Unbestimmtes Rauschen draußen, wohl die Palmen, in der Frühe Vogelgezwitscher.

Bei Licht besehen, dominieren grün und weiß. Die üppige Flora strotzt vor Vitalität, alles scheint zusehends zu wachsen. Vor den weißen Häusern stehen an der Straße kleine Schüsseln mit gekochtem Reis, und jeder, der vorübergeht, kann davon nehmen. So finden nicht nur Bettler und Arme, sondern auch die Mönche immer ein Mahl. Wir sind in einem buddhistischen Land. Das Christentum und seine Kirchen sind Import aus dem Westen. Die Schewadon-Pagode dominiert die Stadt, ein in der klassischen Pagodenform errichtetes Bauwerk, steil aufragend, nur barfuß zu betreten. Die starken Zeichen, teils gegenständlich, teils abstrakt, wirken auch auf den Mann aus dem Westen mit ihrer magischen Kraft. Wir werden von den Pilgern zur Kenntnis genommen, aber in einer Weise, die nach wenigen Augenblicken in ein Übersehen mündet. Mit bloßen Füßen zu gehen, kostet uns Überwindung. Der Boden ist alles andere als sauber, besonders der ausgespuckte Bethelsaft bedeckt große Flächen, und da man durch immer neue, faszinierende Bilder davon abgehalten wird, ständig auf den Boden zu blicken, läßt sich nicht vermeiden, daß es zu ekelhaften Berührungen kommt. Mönche und Pilger füllen alle Stufen der großen Pagode, sie verführen zu der Illusion, hier in Burma, vielleicht in Asien überhaupt, sei die geglaubte Welt wichtiger als die wirkliche, real existierende. Der Anblick und der Umgang mit den leichtgewichtigen, geschmeidigen Menschen, die aber offensichtlich außerordentlich ausdauernd und zäh sind, regt die Neugierde an, von ihnen zu erfahren, wie sie die Welt sehen, wie sie ihr eigenes Leben definieren.

Die Mehrzahl der uns begegnenden Frauen waren zart gebaut, sie schienen in ihren Bewegungen und Gesten, mit der Sprache ihrer Augen eine Verkörperung von Anmut schlechthin zu sein. Die Gemütsregungen wurden offenbar gebändigt, umgeformt in Zurückhaltung und Vornehmheit.

Die Arbeit holte uns zurück in die prosaische Wirklichkeit. Gerade war eine chinesische Delegation abgereist. Wir gaben uns die Klinken in die Hand. Man hatte reichlich mit Geschenken vorgesorgt, und so waren auf den kleinen Silberdosen, die uns zur Erinnerung mit Widmung geschenkt wurden, noch die Daten des chinesesichen Besuchs eingraviert. Verständlich, denn so prall war der Staatssäckel nicht gefüllt.

Buddhismus hin, Buddhismus her, es war viel Blut geflossen, und die politischen Auseinandersetzungen waren von großer Brutalität gekennzeichnet. Wir besuchten einen Friedhof, wo eine komplette Regierung, sämtliche Mitglieder des Kabinetts, in Reih und Glied beigesetzt worden sind, die alle am gleichen Tage und zur gleichen Stunde im Kabinettsaal niedergeschossen wurden. Ich machte ein Foto vom Grab des Informationsministers, um es Felix von Eckardt mitzubringen, zum Trost versteht sich, denn er konnte daraus ersehen, daß er vermutlich glimpflicher davonkommen würde.

Ein Ergebnis unseres Besuches – und nicht einmal das Geringste – war die Rangerhöhung unserer Gesandtschaft in eine Botschaft. Der Zug der Zeit war nicht aufzuhalten, denn eigentlich war eine Gesandtschaft viel vornehmer als eine Botschaft, weil seltener. Die Botschafterinflation begann schon nach dem Ersten Weltkrieg und ist inzwischen am Ziel angekommen. Selbst in xy – wir wollen niemanden beleidigen – haben wir jetzt Botschaften und Botschafter, die Excellenzen sind wie ihre Kollegen in London oder Moskau. Allerdings werden sie nicht so gut besoldet. Die Franzosen haben wie so oft die Unterschiede auf eine elegante Weise sichtbar gemacht. Die großen Botschafter werden irgendwann Ambassadeur de France auf Lebenszeit, so wie die Marschälle von Frankreich. Den Zusatz a. D.

kennt man nicht. Wir helfen uns, indem wir spaßeshalber im Jargon den Großbotschafter eingeführt haben. So erlebten wir in Rangun eine der letzten Metamorphosen in der Geschichte der modernen Diplomatie.

Wir machten aber nicht nur schöne Gesten, sondern brachten auch solide greifbare Ergebnisse zustande. Wir sagten eine Gewerbeschule zu, ein Sägewerk mit einem holzbiologischen Institut und wollten außerdem im Bergbau, bei der Zementherstellung und bei der Fertigung von Möbeln helfen. Den Burmesen war das recht.

Politisch waren beide Seiten vorsichtig. Da sind die kulturellen Beziehungen als Füller immer willkommen. Die Worte Ökologie und Umwelt gehörten noch nicht zu unserem Sprachgebrauch. So konnten sie auch noch kein langwieriges, diffuses Gerede verursachen. Noch wußten alle, welche materiellen und immateriellen Reichtümer die Natur bot, in den Tropen so gut wie zu Hause, und wie man sie nutzen und damit auch schützen konnte. Meine chilenischen Erfahrungen in der Forstwirtschaft hatten mich ermutigt, und deshalb half ich mit dabei, daß forstwirtschaftliche Vorhaben in die Projektlisten eingereiht wurden, möglichst oben.

Andere Vorschläge waren problematisch. Ein Stahlwerk auf Schrottbasis konnte in einem schwach industrialisierten Lande eigentlich nicht funktionieren, denn der Schrott, den der „großasiatische Krieg“ übriggelassen hatte, so reichlich er war, konnte auf die Dauer keine Rohstoffbasis ersetzen.

Wir hatten noch keine große Erfahrung im Entwurf und in der Durchführung von „Entwicklungshilfe“, wie man ungeniert sagte. Wir hatten einen permanenten Überschuß in unserer Handelsbilanz, und unter den Möglichkeiten, einen Ausgleich zu schaffen, war die Entwicklungshilfe politisch und wirtschaftlich eine gute Wahl. Uns war bewußt, daß die Hilfe auch ein neokoloniales Element enthielt. Nicht notwendigerweise, aber im praktischen Ablauf kam es dazu, daß die Interessen der Donor-Countries mehr zu Buche schlugen als die der Recipient-Countries. Wir wollten auch verkaufen, und unsere Industrie war immer bereit, einem Nehmerland etwas anzudienen, was es eigentlich nicht brauchte. So galt es sicherzustellen, daß der Bedarf in einem Verfahren ermittelt wurde, in dem die Bedürfnisse des Empfängers, des Partners die Definition des Projekts bestimmten. Wir haben uns Mühe gegeben, dies deutlich zu machen, indem wir stereotyp wiederholten, die Gastgeber sollten uns selbst Projekte vorschlagen. Wir wollten dann diejenigen, von denen wir glaubten, daß gerade wir mit unseren Kenntnissen und Erfahrungen sie erfolgreich anpacken könnten, zur Verwirklichung auswählen.

Wir hatten eine Trumpfkarte im Ärmel. Wir boten ungebundene Kredite an. Dies bedeutete, daß Aufträge zur Realisierung der Projekte ganz oder teilweise an nichtdeutsche Unternehmen vergeben werden konnten. Das war eine mutige, ja revolutionäre Entscheidung der Bundesregierung. Sie war sinnvoll, auch wenn die deutsche Industrie diese Politik mit gemischten Gefühlen aufnahm. Wenn man die unausgeglichenen Handelsbilanzen mit den meisten unserer Partnerländer kompensieren wollte, so geschah dies am besten über die Leistungs- und Zahlungsbilanzen. Unser Geld konnte also vom Empfängerland auch in Frankreich, England, in der Schweiz, in den USA oder sonstwo ausgegeben werden, wenn die dortigen Unternehmen im Wettbewerb der Angebote den Zuschlag erhielten. Die Politik der „untied aid“ wurde allenthalben freudig begrüßt, die politischen und psychologischen Wirkungen waren durchweg positiv.

Wirtschaftlich gesehen, hatten die ungebundenen Kredite wenig Nachteile für deutsche Anbieter. Die deutschen Unternehmer waren, wie sich in der Folgezeit zeigte, so wettbewerbsfähig und leistungsstark, daß sie sich den Löwenanteil der bilateren Hilfe sichern konnten. Nachdem die multilateralen Hilfsprogramme z. B. der Weltbank angelaufen waren, gelang es der deutschen Industrie auch in diesem Rahmen, den einen oder anderen großen Auftrag zu buchen. Das meiste von dem, was wir an Krediten bereitstellten, kam in Form von Aufträgen an die deutsche Industrie zurück.

Die ungebundene Hilfe hatte für die Empfängerländer einen großen Vorteil, der ihre weltweite Beliebtheit erklärte. Sie mußte nicht für Großprojekte ausgegeben werden, sondern konnte, wenn dies zweckmäßig erschien, zur Finanzierung unzähliger kleiner und mittlerer Aufträge verwandt werden. Man konnte eine einzelne Maschine, eine Reihe von Motoren und systemorientierten Gruppen von Geräten kaufen. Der Nachteil für uns bestand darin, daß auf diese Weise keine spektakulären Großanlagen zustande kamen, die mit dem deutschen Namen verbunden waren.

In den Gesprächen in Burma wurde deutlich, daß unsere Stärke in der Ausbildung lag, und zwar weniger auf akademischem Niveau als vielmehr in der qualifizierten Fortbildung von Facharbeitern und Handwerkern, von Gesellen und Meistern. Es zeigte sich, daß wir zu Hause etwas besaßen, das wir als nahezu selbstverständlich ansahen, etwas, das wir allen anderen voraushatten, nämlich die berufliche und menschliche Qualifikation unseres Mittelstandes.

Wir lernten noch etwas anderes. Wir sahen alle Anzeichen einer schwierigen Häutung. Das englische Kolonialsystem hatte eine sehr gute administrative und technische Infrastruktur aufgebaut. Burma war von Indien aus verwaltet worden, war Teil des British Empire gewesen. Man hatte die Burmesen in allem weitgehend in Ruhe gelassen, was ihre Religion, ihre Sittlichkeit und ihre Zivilisation anbetraf. Wie überall war das ganze System mit einer Handvoll Engländer in Gang gehalten worden, weil man klug die einheimischen Eliten für sich gewonnen hatte. Nun war die Kolonialherrschaft eingestürzt, die britische Fessel zerbrochen worden. Das Gehäuse war aber intakt geblieben, und die Maschine lief wie eh und je. Die eigene Souveränität, die Selbstbestimmung hatte dem politischen Leben neue Inhalte gegeben, neue Ziele gesetzt.

Es fehlte nicht viel, und man hätte glauben können, sich im festen Gefüge des British Empire zu bewegen. Das wirkte beruhigend und wohltuend. Die Wahrheit war ganz anders. Die Kolonialmächte unter den Siegern des Zweiten Weltkrieges hatten samt und sonders ihre Kolonien verloren. So gesehen, hatten die Japaner als Besiegte eines ihrer Kriegsziele in Asien erreicht. Diese Einsicht begann zu wachsen und schlug mich mit jedem Tag der großen Reise mehr in ihren Bann. Das lieferte viel Stoff zum Nachdenken. Gewiß, in Europa waren, so schien uns, mit dem Ende des Zweiten Weltkrieges Veränderungen von wahrhaft weltbewegender Breite und Tiefe eingetreten. Es dämmerte uns aber, daß es einen zweiten Krieg in Asien gegeben hatte, der nicht minder gewichtige, weit in die Zukunft wirkende Ergebnisse gezeitigt hatte. Das war offensichtlich den Europäern nur schwach oder gar nicht bewußt. Waren diese konvulsiven Erschütterungen des alten kolonialen Gefüges für uns weniger wichtig, oder machten wir schlicht einen Fehler; einen verzeihlichen Fehler, gewiß, denn sich aus der Niederlage herauszukämpfen, beanspruchte alle Kräfte und die ganze Aufmerksamkeit, aber eben doch einen Fehler. Jedenfalls, so schien uns, hatten wir gute Gründe, eine Verpflichtung sogar, die Augen offen zu halten, um sie auch anderen öffnen zu können.

Bei den Einladungen der Gastgeber wurden wir mit Tänzen und Musik erfreut. Die grazilen Tänzerinnen in ihren aufwendigen Kostümen bezauberten durch das subtile, ausdrucksvolle Spiel ihrer Hände und Arme, den stillen Liebreiz der Gesichter, die fast unbewegt blieben. Es gab kein expressives Schauspielern in unserem Sinne. Die Musik, angenehm fürs Ohr, aber einfach angelegt in ihrer Komposition, blieb, so schien mir, hinter unserer Musik zurück, weil sie nicht den Einfallsreichtum aufwies, diese Durchdringung der Gefühlswelt mit Intelligenz.

Die festlichen Abende gelingen oft den Machthabern in undemokratisch regierten Staaten sehr gut. Vielleicht, weil die streng ordnende Hand die Abläufe perfekt gestaltet und der künstlerische Gehalt der Darbietungen politikfrei bleibt; nicht immer freilich.

Anregend waren die späten Gespräche in den Tropennächten auf den Gartenterrassen. Es wurde wenig über Politik gesprochen. Die Abende waren so schön; warum ihren Reiz brechen mit Vorahnungen von Gewalt und Blut?

Die nächste Etappe unserer Reise war Bangkok, die Hauptstadt Thailands. Wieder ein Wechselbad. Der junge König Bhumibol mit der auch im Westen bewunderten Schönheit Sirikit an seiner Seite garantierte Stabilität in der permanenten Revolution. Der Begriff Revolution traf in seiner Eindeutigkeit die Vorgänge nicht ganz genau. Es war mehr eine nahezu permanente Umwälzung, die aber die eigentliche Substanz des Thai-Lebens nicht wirklich veränderte, wohl aber immer wieder durchmischte, die einen nach unten, die anderen nach oben brachte. Auch das ging nicht ohne Blutvergießen ab, aber im Vergleich mit den parallel laufenden Entwicklungen in anderen Teilen der Welt, einschließlich Europas, verlief der politische Prozeß in Thailand zivilisiert.

Die Thais hatten dem Kolonialismus widerstanden, es gab eine lange eigene Geschichte. Unverfälschte nationale Identität und Selbstbewußtsein waren allenthalben zu spüren. Wir wurden sehr freundlich aufgenommen, Merkatz sogar vom König empfangen. Der Premierminister gab ein glänzendes Diner mit Damen, das auch Gelegenheit gab, die berühmten thailändischen Schönheiten nicht nur flüchtig zu betrachten. Die Frauen sind tatsächlich, wenn sie schön sind, sehr liebreizend und verführerisch. Sie haben eine natürliche Anmut, die durch Erziehung und Ausbildung verfeinert und vornehm überhöht wird. Sie bleiben dank ihrer durch die Rasse bedingten Körperlichkeit lange jung, jedenfalls in unseren europäischen Augen. Meine Tischdame war eine ansehnliche, schon ältere Frau, die gut französisch sprach und in einer höfischen Tradition erzogen, mühelos durch die Konversation steuerte. Sie hatte bemerkt, daß ich der Thai-Dame, die mir bei Tisch gegenübersaß, hin und wieder einen aufmerksamen Blick angetragen hatte, sehr diskret, wie ich glaubte. Meine Nachbarin war aber offenbar sehr wachsam, denn sie fragte mich unvermittelt, die Frage mit einem kleinen Lächeln begleiten: „Was schätzen Sie, wie alt die Dame ist, die Ihnen gegenübersitzt?“ Ich war verlegen. Hatte ich meine Nachbarin vernachlässigt? Sie hatte ohne erkennbare Reizung ein wenig spitzbübisch gefragt. Vorsichtig geworden, gab ich einige Jahre mehr an, als ich ungefragt geschätzt hatte. Ich sagte: „Ende 20, vielleicht Anfang 30.“ Sie lachte vergnügt und sagte leise: „Sie hat sieben Kinder.“ Ein größeres Kompliment konnte man nicht machen.

Wir erfaßten im Ablauf unserer Verhandlungen, daß es keine besonderen Schwierigkeiten zu erwarten gab. Wir sprachen über ein Kapitalschutzabkommen, denn es schien so, daß unsere Industrie sich mit eigenem Kapital in Thailand engagieren wollte. Die Thais hatten Interesse an unserer Fernmeldetechnik. Wir wollten eine entsprechende Gewerbeschule einrichten.

Bei den politischen Gesprächen spielten China und die Sowjetunion eine zentrale Rolle. Thailand hatte allen Grund zur Wachsamkeit. Die Thais waren sehr selbstbewußt und bauten auf ihre Tapferkeit, jedenfalls waren sie fest entschlossen, sich nicht in die Zange nehmen zu lassen. Mir fiel auf, daß selbst in Thailand Bürger chinesischer Abstammung wichtige Staatsämter innehatten. Im Augenblick war ein Chinese Ministerpräsident.

In unserer Gruppe waren zum Glück altgediente „Asiaten“ wie Duckwitz, der als Kaufmann im Fernen Osten gearbeitet hatte. Im

Verein mit unseren Kollegen vor Ort federte er die Wucht der Eindrücke etwas ab, denen wir ausgesetzt waren. Bangkok mit seinen Palästen, Tempeln wird von Klonks durchzogen, jener Mischung von Boulevard und Dorfstraße auf dem Wasser. Die Ufer dichtbesetzt mit Häusern, Hütten, Läden und Schuppen, die Kanäle voll mit Booten, die Menschen und Waren aller Art, vornehmlich aber Früchte und Blumen befördern. Am und im Wasser wird gewaschen und gebadet. Man vertraut darauf, daß die starke Umsetzung der Wassermassen die Hygiene garantiert.

Das harmonische, gelegentlich idyllische Bild täuscht und hat auch nicht genügend Kraft, die latente Spannung zu verdecken, von der man in bestimmten Augenblicken glaubt, daß sie sich explosiv entladen müsse, eine Spannung, die aus dem Zusammenprall von aggressivem, westlich orientiertem Fortschritt und asiatischer Lebensweise, Religiosität und Philosophie erwächst. Die Thais sind keineswegs unbefangen. Sie sehen die Probleme, dieses Zerrissenwerden und Gespaltensein sehr wohl. Sie vertrauen darauf und machen große Anstrengungen, damit es früher oder später gelingt, einen Ausgleich zu schaffen, der mit Hilfe des Fortschritts allen einen gewissen Wohlstand sichert und doch die seelischen Bedürfnisse stillt. Selbst die Planer in Thailand hoffen das, inmitten ihres Wusts von Statistiken und Grafiken. Gibt die Religion die gültigen Antworten?

Unsere nächste Station war Singapur. Hier machten wir keinen offiziellen Besuch, führten aber doch einige Gespräche, jeder für sich nach seiner Interessenlage. Singapur war eine sehr angenehme Stadt, so schien es auf den ersten Blick. China, das große Mutterland, war überall gegenwärtig. So hätte China selbst sein können, wenn es nicht den Kommunisten in die Hände gefallen wäre, angeführt von in ihrer Art einmaligen Leuten wie Mao Tse-tung. Was hatte ihn eigentlich getrieben? Patriotismus, Freiheitswille, Gerechtigkeitssinn? Ich war bereit, ihm zuzubilligen, daß er große Vorstellungen von sich und seiner Aufgabe hatte, aber die psychopathischen Züge, die Menschenverachtung, der Durst nach Blut gehörten auch zu seinem Bild.

Singapur zeigte dieses nahezu idyllische Trugbild eines denkbaren anderen China *en miniature*. Trugbild, weil der Rahmen englisch war. Das hatte sich gut zusammengefügt. Wir wohnten im Raffles

Hotel, jener Hochburg des Weißen Mannes in Ostasien. Die Weißen waren nicht mehr allein, aber der Übergang war offensichtlich ziemlich glatt vollzogen worden.

Alles war angenehm, weil es Bedienung gab. Bei uns galt es als verächtlich, ja anstößig, einem anderen Menschen zu dienen, und erst recht ihn zu bedienen. Welch ein folgenschweres, tiefgreifendes Fehlurteil. Wir im Staatsdienst waren ja alle Diener. Wir dienten dem Staat als Idee, als Einrichtung. Wir dienten Menschen, Personen, die in von der Verfassung abgesteckten Verfahren in hohe Ämter gekommen waren, um zu führen, zu regieren. Wie konnte es verächtlich sein, ihnen zu dienen? Adenauer und Brentano zum Beispiel, aber auch den „Vorgesetzten", Eckardt, Blankenhorn, die wie wir dienten, die Dank ihres Alters schon oder noch auf einer höheren Stufe der Hierarchie standen. Wie war es mit dem Bedienen? Mit die interessantesten und schönsten Berufe sind, wie es in der technischen Sprache heißt, im Dienstleistungsbereich zu finden, weil sie die Menschen miteinander verbinden, enger zusammenbringen.

Im Raffles Hotel beeindruckte der diskrete Stolz auf gute Arbeit, auf absolute Zuverlässigkeit. Ich gab Hemden und Unterzeug zum Waschen, und die Zeit war knapp. Unsere Maschine startete früh am nächsten Morgen. So sagte ich dem freundlichen chinesischen Wäscher, der die Stücke abholte, er müsse mir die fertige Wäsche pünktlich um sieben Uhr morgens liefern, weil ich wenig später zum Flughafen gebracht würde. „Das läßt sich machen, ich werde um sieben Uhr hier sein." Er schrieb seine Liste, nahm die Sachen und schickte sich an zu gehen. Ich glaubte, ihn noch einmal daran erinnern zu sollen, daß er pünktlich sein müsse. Er antwortete freundlich, aber sehr bestimmt: „Ich sagte sieben Uhr, mein Herr!" Eine Minute vor sieben klopfte er an der Türe und übergab mir die makellos gebügelten Hemden und das übrige Zeug.

In Singapur hatten wir etwas mehr Zeit für uns selbst und durchstreiften die Stadt. Es gab elegante Läden und auch elegante Damen zu sehen. Der chinesische Damenanzug hat, da eng, einen langen Seitenschlitz, der, um Bewegung zu erlauben, bis hoch auf den Oberschenkel reichen muß. Er ist diskret, jedenfalls diskreter als ein tiefer Ausschnitt, aber die Wirkungen sind dennoch nicht zu unterschätzen. Wir hätten beinahe ein wertvolles Mitglied unserer Delegation verloren, das beim Überqueren einer Straße plötzlich wie festgenagelt stehen blieb. Bremsen kreischten, unser Mann kam mit knapper Not davon. Er hatte, als er zur Seite blickte, um sich zu vergewissern, wie der Verkehr lief, dabei im Profil gesehen, wie eine Chinesin in einen Omnibus stieg. Das hatte ihm den Atem verschlagen. Wir fragten ihn, ob es nicht ein schöner Tod gewesen wäre, wenn es ihn im Augenblick der subtilen Freude hinweggerissen hätte. Er konnte sich nicht entscheiden.

Bei unseren Spaziergängen fanden wir auch, von kundigen Freunden geführt, einige gute Galerien und Antiquitätenhändler. Sie waren reichlich versorgt mit Kunstgegenständen aus dem alten China. Da wir mit einer eigenen Maschine flogen, mußte man sich nicht unbedingt auf kleine Gegenstände beschränken. Der Umgang mit den Besitzern und Händlern war höflich und wohltuend. Keine falschen Töne. Geschäftstüchtig, gewiß, aber nicht betrügerisch. Ich war nicht sehr sachverständig, aber gut beraten, und vom Instinkt geleitet, entschloß ich mich schnell. So waren alle zufrieden, und ich bin es heute noch, denn was ich gekauft habe, hält den Vergleich mit den vielen Asiatica, die Wilhelm Joest um die Jahrhundertwende von seinen ausgedehnten Reisen mitgebracht hat und die in der Familie meiner Frau geblieben sind, einigermaßen aus.

Von Singapur ging es hinüber nach Kuala Lumpur, der Hauptstadt von Malaya. Die Federation of Malaysia existierte 1961 noch nicht. Die Stücke, die der Auseinanderfall des British Empire hinterlassen hatte, sollten wie in einem Puzzlespiel neu zusammengesetzt werden, möglichst so, daß sie paßten. Malaya und Singapur wollten sich zu einem Staat zusammenschließen, das war beschlossene Sache, als wir in Singapur und Kuala Lumpur waren. In Malaya lebten überwiegend Malaien, in Singapur gab es eine chinesische Mehrheit von über 70 Prozent der Bevölkerung. Trotzdem, geographisch und administrativ erschien der Zusammenschluß vernünftig.

In Kuala Lumpur trafen wir den Tunku (Prinz) Abdul Rahman. Der Mann, ganz und gar britisch geformt, machte einen ausgezeichneten Eindruck. Er war zugleich Premierminister und Außenminister, zeitweise auch noch für „Information and Broadcasting" zuständig, kannte also auch mein Geschäft.

Die ethnischen Spannungen in dem frisch in die Unabhängigkeit geratenen Land waren enorm. Abdul Rahman und seine politischen Freunde hofften, diese latenten Konflikte bannen zu können, und zwar in einem föderativen System, das Raum ließ für die Entfaltung regionaler, ethnischer und religiöser Eigenart. Förmlich wurde die malayische Föderation im September 1963 geschlossen, die neben Singapur und Malaya die nördlichen Teile von Borneo umfaßte, auf die Indonesien Anspruch erhob. Singapur verließ bereits 1965 den Bund und machte sich selbständig, weil sich die Spannungen zwischen Chinesen und Malaien nicht überbrücken ließen. Die Trennung ging nahezu gewaltfrei vor sich, im Einvernehmen aller Partner, aber 1969 kam es zu schweren blutigen Unruhen zwischen Malaien und Chinesen.

Es war nicht leicht zu erkennen, daß hinter der Fassade der Ordnung, dem Anschein eines gut geführten Gemeinwesens bereits die Sprengsätze lagen, die wenig später gezündet werden würden.

Ich sprach mit den für Informationspolitik zuständigen Leuten. Wir hatten schon Pläne, eine Relaisstation für die Kurzwellendienste der Deutschen Welle einzurichten. Die Engländer hatten es gut. Die BBC konnte ihre Programme nahezu in aller Welt und ganz gewiß in Ostasien über ihre Relais im alten Kolonialreich ausstrahlen, die ihnen niemand streitig gemacht hatte. Wir hatten unsere Kolonien, in vieler Hinsicht rechtzeitig, verloren, aber das hatte nicht nur Vorteile gebracht. Es sah nicht so aus, als seien die Engländer gewillt, Deutschlands Stimme zu einem Echo zu verhelfen. Damit hatte ich im Grunde auch nicht gerechnet. Es war zuviel verlangt, aber die in die Unabhängigkeit entlassenen jungen Staaten hätten vielleicht Interesse zeigen können, denn wir boten Gegenleistungen an. „Noch nicht", war das Kürzel für die Sondierung.

Ein vergnügliches Nebenprodukt dieser Besprechungen war der Einblick in die alte englische Verwaltung. Die Bürogebäude waren große, luftige Schuppen, solide gebaut mit schönen Dächern und wenig Wänden. Es war lehrreich zu sehen, wie in den Amtsstuben Plakate dafür warben, nicht englisch, sondern malayisch zu sprechen. Im Erdgeschoß waren die Büros ohne Decke, darüber mehrere Stockwerke mit unendlich erscheinenden Reihen von Regalen gefüllt, auf denen die Akten lagen. Keine Hefter, sondern Mappen, die fein säuberlich mit heraushängenden Zetteln beschriftet und mit

Schnüren zusammengebunden waren. Hier war er, endlich handgreiflich, dem wir bis dato nur vom Hörensagen und Redensarten begegnet waren, der *red tape*, das Markenzeichen der englischen Bürokratie. Boys in weißen oder khakifarbenen Bürouniformen kletterten auf großen Leitern umher, um das Gesuchte zu holen oder nach getaner Arbeit wieder zu verstauen. Mein Gott, dachte ich, mußte das eine Fundgrube sein, ein Paradies für Geschichts- und Geschichtenschreiber.

Weiter nach Indonesien. Dort regierte Sukarno. Seine Herrschaft hielt nicht allen anspruchsvollen Kriterien eines freiheitlichen Rechtsstaates stand. Wir konnten und wollten unsere Vorstellungen nicht zum geeichten Maßstab der ganzen Welt erheben. Es war offensichtlich auch in Indonesien schwierig, in der Nachfolge der europäischen, niederländischen Kolonialherrschaft zu regieren. Indonesien spielte in der Gruppe der ungebundenen Nationen in der Dritten Welt eine zentrale Rolle. In Bandung, inzwischen eine Großstadt geworden, hatte vom 18. bis 24.4.1955 die Konferenz von 29 meist jungen Staaten stattgefunden, auf der die Blockfreiheit, das Non-alignment in die Weltpolitik eingeführt wurde, als dritte Kraft, wie ihre Väter wollten. Jawaharlal Nehru und Tschou-En-lai waren die dominierenden Persönlichkeiten dieser Konferenz gewesen, an der die Sowjetunion nicht teilnehmen konnte. Einige der Zielsetzungen, die feierlich propagiert wurden, ließen sich mit der Moskauer Politik nicht in Einklang bringen. Das Selbstbestimmungsrecht und die atomare Abrüstung waren für die Leute im Kreml „Steine im Schuh", wie Chruschtschow unbequeme Probleme zu nennen pflegte. Die Sowjetunion wurde aber nicht als Kolonialmacht gewertet, weil sie ihre Kolonien nicht im grellen Licht der Weltgeschichte in spektakulären Unternehmungen über See errungen, sondern sie, von der übrigen Welt lange Zeit nahezu unbemerkt, über Land in Zentral- und Ostasien erobert hatte. Außerdem verkündeten die sowjetischen Theoretiker und Propagandisten, Kommunismus und Kolonialismus ließen sich nicht miteinander vereinbaren, schlössen sich aus. Der Zerfall der Kriegsallianz der Westmächte mit der Sowjetunion sicherte der Sowjetunion weitere Vorteile; es ergab sich eine auf den ersten Blick wohl zu begründende Nähe zwischen der Sowjetunion und den Ländern der Dritten Welt.

Unsere eigene, die deutsche Position war auf eine andere Weise eigenständig und ließ sich für die Länder der Dritten Welt nicht ohne weiteres in eines der gängigen Klischees einordnen. Die kommunistische Propaganda, angeführt von Ost-Berlin, bemühte sich zwar nach Kräften, die Bundesrepublik als kapitalistisch und imperialistisch darzustellen und fügte dort, wo es Erfolg versprach, noch neonazistisch, faschistisch oder militaristisch hinzu. Dem konnten wir in schöner Gelassenheit entgegenhalten, daß wir unsere Kolonien bereits im Ersten Weltkrieg verloren hatten, daß es keine relevante politische Strömung in Deutschland gab, die neue Kolonien erwerben oder alte zurückgewinnen wollte und daß die Bundesrepublik generell keine machtpolitischen Ziele in Asien, Afrika oder Lateinamerika verfolgte. Sie betrieb selbst in Europa keine revanchistische, sondern eine revisionistische Politik, weil sie das Selbstbestimmungsrecht durchsetzen wollte und sich auf der Basis der gegenwärtigen Verhältnisse keine dauerhafte Friedensordnung aufbauen ließ. Wir hatten also keinerlei politische Maximen oder Interessen, die einer Zusammenarbeit mit den blockfreien Staaten entgegenstanden.

Die Stärke unserer Argumentation bestand darin, daß sie schwer zu widerlegen war. Wir meinten, was wir sagten. Viele der politischen Führer in der Dritten Welt verstanden unsere Haltung, auch wenn sie hin und wieder, zum Beispiel in den Vereinten Nationen, der Sowjetunion sekundierten. Die ganze Diskussion gab unserer Delegation gute Gelegenheit, die deutsche Frage ohne Haß und Eifer zu präsentieren.

In Indonesien hatten wir keine besondere Mühe, den eigentlichen Gegenstand unserer Mission, die wirtschaftliche Zusammenarbeit, zu verhandeln. Als wir wieder unterstrichen, daß wir ungebundene Kredite geben würden, fragte der Dolmetscher zurück. Er glaubte, nicht richtig gehört zu haben. So verrückt konnte doch niemand sein. Als wir unsere Absichten bekräftigten und das auch uns dienliche Verfahren erläuterten, lösten wir zunächst ungläubiges Staunen aus, dem die Anerkennung und Lobpreisung unserer Politik unmittelbar folgte.

Die Schwierigkeiten im Umgang mit Indonesien lagen nicht zuletzt in der Person Sukarnos begründet. Jakarta wollte zeigen, daß man keine ferngesteuerte Kolonie und auch kein geducktes Kolonialvolk war. Ein großes Land mit einem großen Führer. Die Niederländer hatten nach dem Kriege zwei Versuche gemacht, sich Indonesien wiederzuholen, hatten aber klein beigeben müssen. Das alte niederländische Gefängnis in Batavia bietet ein besonders abstoßendes Beispiel kolonialer Herrschaftsmethoden. Das Untergeschoß ist ein großer eiserner Käfig, in dem bei Flut das Wasser so hoch stieg, daß es den Eingekerkerten bis zum Hals stand.

Sukarno, der während des Krieges mit den Japanern kollaboriert hatte, setzte sich durch, wurde Staatsoberhaupt, Regierungschef und Oberbefehlshaber der Streitkräfte in einer Person. Um blutigen innenpolitischen Wirren ein Ende zu machen, hatte er erst vor zwei Jahren den Begriff „Gelenkte Demokratie" erfunden, was eine schönrednerische Umschreibung für einen permanenten Ausnahmezustand war. Gleichzeitig suchte er außenpolitisch den Schulterschluß mit der Volksrepublik China. Dazu zwang ihn auch der Machtzuwachs, den sich die Kommunisten in Indonesien erkämpft hatten. Als wir ankamen, zeichnete sich die Verschärfung des Konflikts zwischen der Sowjetunion und Rotchina deutlich ab. Zwei rote Sonnen standen am Himmel, und sie sengten auch das Band an, das die Blockfreien zusammenhielt. Das konnte man während unserer Tage in Jakarta schon riechen. Bandung zwei, eine Wiederholung der Konferenz, für 1965 in Algier geplant, fand nicht mehr statt.

Sukarno hatte ein bewegtes politisches Leben hinter sich, manchen Strauß ausgefochten und manche Probe bestanden. Der Mann glaubte zu wissen, was er wert war. Wegen einiger Deutscher, die jetzt kamen, um Geld anzubieten, um viel Geld zu machen, würde man nicht Stolz und Ehre verkaufen. So wurden wir zu Beginn höflich, aber nicht besonders aufmerksam behandelt. Dietrich Freiherr von Mirbach, unser vorzüglicher Botschafter, riet uns, kühl zu bleiben. Es gab ein gewisses Hin und Her, ob Sukarno Herrn von Merkatz empfangen würde oder nicht. Sukarno war auf Bali und vergnügte sich mit seinen Damen, wie es hieß. Wir ließen erkennen, daß es dem Minister fernläge, ihn mit Belanglosigkeiten wie Entwicklungshilfe zu behelligen, wir kämen auch so zurecht, und wir würden wie geplant abfliegen.

Die Gastgeber wurden zunehmend freundlicher und respektvoller. Es gab herrliche Feste und reizvolle Ausflüge über Land, auch durchs Gebirge nach Bandung. Schließlich hieß es, der Präsident wolle den Bundesminister doch gerne sehen, er werde daher etwas früher als geplant nach Jakarta zurückkehren. Es gab ein flugtechnisches Problem. Wenn Merkatz den Termin wahrnehmen wollte – und sitzenlassen wollte er Sukarno auch nicht –, dann mußten wir später als vorgesehen abfliegen und konnten vermutlich nicht mehr bei Tageslicht in Colombo auf Ceylon landen. Ich bekam den Auftrag, unsere Lufthansa-Crew und vor allem den amerikanischen Navigator ausfindig zu machen, die sich in einem schönen Luftkurort in den Bergen ausruhten. Ich fand den Piloten am Schwimmbad und erklärte ihm, um was es ging. Er holte ein dickes Handbuch, in dem alle Flugplätze samt ihrer technischen Ausstattung exakt beschrieben waren. Er schlug Colombo auf und begann halblaut zu lesen, Länge und Breite der Landebahn, keine Nachtbeleuchtung, kein Funkfeuer, Sümpfe vor und hinter dem Rollfeld. Ich wartete auf sein Verdikt und rechnete damit, daß er sagen würde, tut mir leid, aber das geht nur bei Tageslicht. Zu meiner Verblüffung sagte er aber: „I think, we can make it." Mit dieser Nachricht fuhr ich zur Delegation zurück. Über die Einzelheiten schwieg ich mich aus. Bei der Landung in Colombo war ich ein wenig unruhig. Es ging alles glatt.

Unsere Verhandlungen mit der indonesischen Regierung setzten einen Rahmen für die Finanzhilfe. In der technischen Hilfe konzentrierten wir uns wieder auf die Ausbildung von Werkmeistern und zu meiner Freude auf den Aufbau eines Forstingenieurinstituts in Bogor. Ein konkretes Mitbringsel bestand in einer eisernen Lunge, wohl der ersten, mit der die indonesischen Ärzte fortan arbeiten konnten.

In und neben den Verhandlungen stießen wir auf eine Reihe beeindruckender indonesischer Persönlichkeiten. Auffällig war ihre Sicherheit im Gespräch über philosophische Probleme. Der Umgang mit den niederländischen Universitäten hatte den Eliten eine Kenntnis der europäischen Geistesgeschichte und Denksysteme vermittelt. Auch das Christentum war ihnen vertraut. Sie setzten dem ohne missionarischen Eifer ihre eigenen Auffassungen und Einsichten selbstsicher entgegen. Die Bewohner sowohl Malayas als auch Indonesiens waren ganz überwiegend Muslime. Indonesien war nach der Bevölkerungszahl wohl das größte Land der islamischen Welt. Es wurde aber, so schien es, ein „sanfter“ Islam praktiziert, ohne aggressive fundamentalistische Tendenzen. Immerhin waren auch besorgte Töne zu hören. Man wußte, daß diese tolerante Art der Religionsausübung dem Islam nicht eingeboren ist, sondern eine indonesische Ausprägung der Religion. Dies konnte man auf die Abstrahlung des Hinduismus und des Buddhismus zurückführen, der in vorchristlicher Zeit Wurzeln geschlagen hatte, dessen schöne Früchte die Inseln Bali und Lombok heute noch zieren.

Spannungen anderer Art wurden allenthalben durch die starke chinesische Präsenz verursacht. Die Chinesen mit ihrem Fleiß und ihrer Intelligenz bildeten geschlossene, im Vergleich zu ihrer Umgebung sehr erfolgreiche Gruppen, die Neid und Mißgunst herausforderten. Schon zu den Zeiten der niederländischen Herrschaft wurden sie vor den Toren Batavias mit zeitlichen Abständen mehrerer Jahre in großen Massakern umgebracht. Die Anhänglichkeit der Chinesen an die alte Heimat, das Mutterland wird durch das Wissen um das in China herrschende Regime nicht durchgreifend verändert. Auch die kommunistische Führung in Peking versuchte, diese Disposition der Auslandschinesen zu nutzen. So gab es ständig Loyalitätskonflikte im einzelnen, aber auch im großen, die sich in blutigen Auseinandersetzungen entluden. Die regionalen Vereinbarungen und Zusammenschlüsse, die später den großen und ineffizienten Rahmen der Blockfreien ablösten bzw. ausfütterten, haben die Unruhen und Kriege bändigen können. Jedenfalls schlugen in den Gesprächen eine große Lebenserfahrung und viel Weisheit durch. Später sind wir einigen der Männer wiederbegegnet, mit dem gleichen Gewinn.

Ein besonderer Reiz ging von der bei aller Dramatik des intensiven Lebens, das auf den Inseln gelebt wird, schönen Gelassenheit aus, dem eleganten, von der Sitte kontrollierten Sich-gehen-lassen, das in den Gesten und Bewegungen sichtbar wird. Das galt in gleicher Weise für Männer und Frauen, sie zeigten die „erlaubte Lockerung“.

Unterdessen hatte es zu Hause Ärger gegeben. Adenauer war gereizt, wieder einmal unzufrieden mit Brentano, und Hase sollte irgend etwas falsch gemacht haben. Kein verständiger Mensch wäre auf den Gedanken gekommen, deshalb den Pressereferenten des Auswärtigen Amtes von einer Asienreise nach Bonn zurückzubeordern, aber es geschah dennoch. Ein weiteres winziges Signal dafür, daß nicht mehr alles stimmte. Hase verließ die Delegation und flog zurück. Es ging um eine Bagatelle, die schnell vergessen wurde. Bei der Ankunft in Colombo hatten wir einen Mann weniger.

Die Delegation wurde von Theodor Auer begrüßt, unserem Botschafter, der sich wirklich zu freuen schien, daß ihn jemand aus Bonn besuchte, der nicht nur Farbsteine einkaufen wollte. Er sagte strahlend, es sei alles köstlich bereitet und leer trinken könnten wir seinen Keller nicht. Ich war derjenige in der Delegation, der Auer am längsten kannte. Es war immer eine Freude, ihn lebendig zu sehen, weil er bei Kriegsende in letzter Minute dem Tode durch den Strang entgangen war. Auer stammte aus Köln, wo seine Familie große Mühlen betrieb. Aurora hieß die Marke, welche die Mehltüten zierte, die ich als Kind beim Kaufmann besorgt hatte. Theodor Auer gehörte zum Auswärtigen Dienst und hatte während des Krieges unter anderem das Generalkonsulat in Casablanca geleitet, wo Adolf Sonnenhol sein Vertreter war. Durch Sonnenhol wußte ich, daß Auer die ganze Nazi-Clique verachtete. Das hatte in erster Linie politische Gründe. Hinzu kam, daß Auer ein sehr großer Ästhet war, ein eingefleischter Junggeselle mit einschlägigen Neigungen. Die Nazis waren ihm zu plebejisch. In Vichy hatte er uns während des Krieges auf dem Weg von Nordafrika nach Paris und Berlin einmal besucht, und wir waren zugleich erfreut und besorgt zu hören, wie er ungeschützt über die führenden Persönlichkeiten des Regimes, einschließlich des Ministers Ribbentrop, eine Mischung von beißendem Spott und sachlicher Kritik ausgoß. Er formulierte boshaft und witzig zugleich. Wir machten uns Sorgen. In unserem kleinen Kreis war er sicher und geschützt, aber es hätte genügt, daß auch nur einer unvorsichtig war, ohne böse Absicht vielleicht, und er hätte ein schlimmes Ende genommen.

Da Auer ein fähiger Diplomat war und gute Kenntnisse der nordafrikanischen Verhältnisse hatte, wurde er nach der alliierten Landung in Nordafrika an die Botschaft Paris versetzt. Dort bekam er Kenntnis von einer streng geheimen Liste, in der diejenigen prominenten Franzosen aufgeführt waren, die im Augenblick einer alliierten Landung in Frankreich selbst verhaftet werden sollten. Diese Liste, ein Produkt der Schergenmentalität, enthielt auch Namen von sehr bekannten französischen Persönlichkeiten, die Deutschland wohlgesonnen waren und den Nationalsozialismus als politische Doktrin beachtenswert gefunden hatten. Auer sah auf der Liste den Namen von Jacques Benoist-Méchin, dem Schriftsteller und Historiker, der unter anderem eine großartige Biographie von dem Stauferkaiser Friedrich II. geschrieben hat.

Auer war mit Benoist-Méchin befreundet und wollte diese unglaublich törichte und hinterhältige Untat verhindern. Er sagte also in der üblichen konspirativen Weise, er fände, die Pariser Luft bekäme Benoist-Méchin nicht besonders gut. Ob er nicht für eine Weile aufs Land gehen wollte, „sans laisser d'adresse“. Benoist-Méchin hatte verstanden, fand aber die Idee, daß die Deutschen einen ihrer wenigen Freunde aus dem intellektuellen Milieu festsetzen würden, so absurd, daß er bei der nächsten Gelegenheit den Chef der deutschen Polizei in Frankreich, Knochen, ansprach und fragte, was eigentlich los sei. Knochen, ein erfahrener Polizist, antwortete: „Ich verstehe nicht, wo denken Sie hin, wir kennen doch Ihre Auffassungen“, und so fort. Benoist-Méchin sagte schließlich: „Na, dann bin ich beruhigt, ich konnte es mir auch nicht denken, aber Auer hatte mir eine Andeutung gemacht.“

Kurz darauf wurde Auer verhaftet, der Fall war eindeutig. Die Zahl der Personen, welche die Liste kannten, war sehr klein, er hatte sie gelesen und die Kenntnisnahme quittiert. Es stellte sich dann heraus, daß die Gestapo seit langem eine dicke Akte über Auer angelegt hatte, in der viele seiner defätistischen Äußerungen und die Umstände, wann und wo er sie getan hatte, verzeichnet waren.

Auer wurde nach Berlin in das Gefängnis Plötzensee gebracht, ein Verfahren wegen fahrlässigen Landesverrats eröffnet. Er war praktisch schon tot. Ribbentrop ärgerte sich über diesen neuen Fall von Verrat im Auswärtigen Amt. Vermutlich war ihm das Schicksal von Auer ziemlich gleichgültig, aber er wußte, daß Goebbels und Himmler die Affäre benutzen würden, um ihn bei Hitler wieder in Verruf zu bringen. So setzte er durch, daß das Auswärtige Amt in die formale Prüfung der Schuldfrage einbezogen wurde. Der Kronjurist des Auswärtigen Amtes, Friedrich Gaus, kein Parteigenosse, fertigte das Gutachten und trat dem Vorwurf des fahrlässigen Landesverrats bei. (Beiläufig bemerkt: Gaus diente im Nürnberger Wilhelm-Straßen-Prozeß als Gehilfe der Anklage.) Er lieferte ihn mit seiner Feder an den Galgen. Zwei sogenannte alte Nazis machten ihm einen Strich durch die Rechnung. Staatssekretär Freiherr Steengracht von Moyland, Träger des goldenen Parteiabzeichens, besprach sich mit dem Legationsrat Sonnenhol, Träger des Blutordens, SS-Sturmführer, was man machen könnte, um die Vorlage des Papiers beim Minister zu verhindern. Beide konnten als Juristen Gaus vermutlich nicht das Wasser reichen, aber der Staatssekretar ließ Gaus wissen, die juristische Argumentation sei nicht überzeugend, er könne sie in dieser Form nicht weitergeben. Sonnenhol schrieb eine eigene entlastende Stellungnahme. Auer blieb in Haft, es kam aber nicht mehr zu einem Verfahren. Inzwischen war Berlin eingeschlossen, Auer wurde von den Russen befreit.

Einige Monate später hat Auer beim Bürgermeisteramt des Berliner Bezirkes Wilmersdorf zu tun und trifft auf dem Flur Karl-Heinz Gerstner, einen Kollegen aus dem Wirtschaftsbereich, den er an der Pariser Botschaft immer mit dem Parteiabzeichen gesehen hatte. Er fragt Gerstner, was er hier mache. Gerstner antwortet, er sei einer der stellvertretenden Bürgermeister. Das ist Auer zuviel. Gerstner wird verhaftet und in ein Lager gebracht. Dort packt nun Gerstner aus. Es gelingt ihm und seiner tüchtigen Frau nachzuweisen, daß er Mitglied des Nationalkomitees Freies Deutschland war und während seiner Zeit in Frankreich laufend die Kommunistische Partei Frankreichs informiert und gewarnt hat. Er kommt schließlich frei und macht in der späteren DDR eine Karriere als Journalist und Fernsehkommentator.

Gerstner hat aber auch Auer angeschwärzt. Auer war ein ebenso erbitterter Gegner der Nazis wie der Kommunisten. Auer wird ebenfalls festgenommen. Er kommt nicht frei. Er wird in einem Scheinprozeß zu 25 Jahren Haft verurteilt. Er verbringt sieben lange Jahre im Lager, unter anderem zusammen mit Heinrich George, dem Schauspieler. Er wird schließlich, inzwischen gibt es eine Bundesregierung, von der Familie über den stellvertretenden DDR-Ministerpräsidenten Nuschke freigekauft, wie später so viele andere.

Auer hatte nun gehofft, er würde im neuen Auswärtigen Amt wieder mit Freuden aufgenommen werden. Dem war nicht so. Seine homoerotischen Neigungen waren bekannt. Er verbarg sie auch nicht. Ein weiteres Hindernis war seine Gewohnheit, sarkastische, bissige Bemerkungen über Personen und Sachen zu machen. Als Angehöriger einer angesehenen Kölner Familie wußte er gut über Adenauer und seine Bürgermeisterzeit Bescheid. So gab er auch dem Bundeskanzler die Ehre, von ihm verspottet zu werden. Das war nicht gerade hilfreich, aber Adenauer hatte genügend Größe, Auer einen, wenn auch nicht sehr bedeutenden Botschafterposten zu geben. So war Auer nach Colombo gekommen, zu seinem und zu unserem Glück.

Ceylon oder Sri Lanka, wie es seit der Unabhängigkeit hieß, war ein Überbleibsel der englischen Kolonialherrschaft und wies ähnliche latente Spannungen auf wie andere Teile des Imperiums. Ceylon war von Indien her verwaltet worden, jetzt war es unabhängig, aber ein Blick auf die Karte zeigte, daß es von Indien abhängig blieb. Die Bevölkerung bestand aus Tamilen, einer Völkerschaft, die in Südindien zu Hause war. Die Singalesen stellten die andere Hälfte der Bevölkerung Ceylons. Wir kamen zu einem Zeitpunkt nach Colombo, als zum erstenmal eine Frau an die Spitze der Regierung gelangt war, Madame Sirimawo Bandaranaike. Ihr Mann Solimon, Führer der für die Unabhängigkeit kämpfenden Freedom-Party, war im September '59 ermordet worden, und sie hatte dann seine Nachfolge angetreten. Der eigentliche Drahtzieher, die graue Eminenz in der Regierung, war der Vetter Felix Bandaranaike. Politisch war mit Frau Bandaranaike auch jener diffuse Sozialismus mit nationalen Einschüssen weitergeführt worden, der zum Saatgut der London School of Economics gehörte.

Das Protokoll wollte es, daß ich bei dem Essen, welches sie unserer Delegation gab, links neben ihr saß. Ich versuchte einen Eindruck von dieser eher still und zurückhaltend wirkenden Frau zu gewinnen. Sie war zunächst scheu, das Amt war ihr ungewohnt, ein Umgang mit Ausländern, bei dem sie im Mittelpunkt stand, verursachte ihr offensichtlich Unlustgefühle, die sie mit Freundlichkeit zu neutralisieren versuchte. Ich bemühte mich, ein Gesprächsthema zu finden, daß sie in Gang setzen würde. Politik, Wirtschaft, Gesellschaft, Religion, Kunst, Natur, sie blieb lakonisch, sagte so gut wie nichts. Schließlich machte ich eine Bemerkung über das Essen, die ceylonesische Küche. Daraufhin wurde sie lebhaft, und wir unterhielten uns angeregt über Rezepte, Speisen und Getränke im bilateralen Vergleich.

Der äußere Rahmen war wohlanständig, aber bescheiden. Madame

Bandaranaike hatte nach dem Dessert eine Überraschung bereit, die vermutlich nur wenige Gastgeber eines offiziellen Abendessens bieten können. Es wurde ein kleiner Elefant hereingeführt, ein richtiges Baby, wenige Monate alt. Er war sehr drollig in seinen Bewegungen, untersuchte mit seinem Rüssel unsere Jackentaschen, vermutlich um etwas Eßbares zu finden. Er machte die Runde, wollte alle kennenlernen. Frau Bandaranaike ließ ihm einen großen Eimer mit Milch bringen. Er tauchte seinen Rüssel in die Milch und mit einem kräftigen saugenden Zuge machte er den Eimer leer.

Als ich Frau Bandaranaike gut 10 Jahre später in Indien wiedersah, war sie immer noch im Amt. Von Scheu und Befangenheit war nichts mehr zu spüren.

In den Sachgesprächen fanden wir, daß auch im Falle Ceylons technische Hilfe den größten Nutzen stiften konnte. Es kam zu einer Vereinbarung über eine Lehrwerkstatt, in der in erster Linie Kraftfahrzeugmechaniker ausgebildet werden sollten. Für unsere Kapitalhilfe erwarteten wir Vorschläge.

Bei den für Information zuständigen Dienststellen wurden auch die Pläne für den Ausbau der Deutschen Welle angeschnitten. In Ceylon dachte man daran, eigene Sender zu bauen, um sich von den kolonialen Gewohnheiten zu lösen und dem Übergewicht der indischen Nachbarschaft zu entrinnen. Ich sah einen Ansatzpunkt, den wir weiterverfolgten. Wir konnten mit technischer Hilfe eine Relaisstation einrichten, die später im Bürgerkrieg, der in Ceylon wütete, eine traurige Berühmtheit erlangte.

Die Regierung hatte soeben ein großes Verstaatlichungsprogramm verkündet und mit seiner Durchsetzung begonnen. Sri Lanka empfahl sich damit nicht besonders als Partner eines Landes, welches die freie Marktwirtschaft auf das Panier geschrieben hatte. Die Beamten bemühten sich, uns zu beruhigen. Theorie und Praxis fielen wie immer auseinander. Frau Bandaranaike machte aber ernst und setzte selbst nach dem Scheitern des ersten später noch ein zweites, gleichartiges Verstaatlichungsprogramm durch.

Außenpolitisch trafen wir in Ceylon eine Variante der Blockfreiheit an, die unter der Flagge der Neutralität starke Vorlieben für die kommunistisch regierten Staaten zeigte. Solange Ceylon in Fragen, die unsere Deutschlandpolitik betrafen, keine feindselige Haltung einnahm, mußte diese Einstellung uns nicht beunruhigen, aber die Balance der Kräfte im Indischen Ozean, diesem für die Versorgung der freien Welt mit lebenswichtigen Gütern bedeutenden Weltmeer, wurde dadurch noch prekärer. Die Beamten versicherten uns immer wieder, wir würden keine großen Probleme mit Sri Lanka haben. Es bliebe immer Raum für pragmatisches, also vernünftiges Verhalten. Das war vermutlich richtig. Jedenfalls gab es keinen durchschlagenden Grund, Sri Lanka abzuschreiben.

Ein eigenartiger Einfall der neuen Regierung bestand darin, den Nationalfeiertag wechselnd an verschiedenen Orten zu begehen. Diesmal sollte in Kandy gefeiert werden, einem schönen Platz in den Bergen. Die Fahrt hinauf war deshalb reizvoll, weil sie gute Einblicke in das Landleben vermittelte. Wir sahen eine üppige tropische Vegetation, die doch die ordnende, gestaltende Hand des Menschen erkennen ließ. Die großen Teeplantagen, ganze Täler füllend, Rückgrat der Agrarwirtschaft, waren eine Garantie des Wohlstandes. An einem Fluß wurde eine Schar Elefanten in die Schwemme geritten, große und kleine mit ihren Führern und Pflegern. Es ging friedlich und gemächlich zu, eine Illusion von der schönen Idylle in der tropischen Natur vermittelnd. Kandy ist eine Art Luftkurort, der diesmal mit einer Parade und feierlichen Reden zum Unabhängigkeitstag ausgezeichnet wurde. Das diplomatische Corps war geladen. Das Kabinett und andere Würdenträger waren zur Stelle. Es war sehr heiß, und im Laufe der langandauernden Feierlichkeiten gerieten die Stuhlreihen, auf denen wir plaziert worden waren, aus dem Schatten ins pralle Sonnenlicht. Wir Jüngeren hatten befunden, daß es genügte, wenn Merkatz und Duckwitz im Gehrock erschienen, und hatten uns korrekt, aber leicht angezogen. Auer trug mit Eleganz seinen weißen Tropenanzug. Merkatz und Duckwitz hatten die schweren Cutaways mit. Nur wegen dieser einen Reise lohnte es nicht, eine leichte Variante schneidern zu lassen. Die Hitze sog sich in dem schwarzen Zeug fest, und wir sahen aus der zweiten Reihe, wie die Schweißtropfen sich zu Rinnsalen verdichteten, die in die Krägen flossen. Die Häupter liefen rot an, glühten, und die immer wieder benutzten Taschentücher waren nur noch nasse Putzlappen. Wir machten uns Sorgen, einen der Herren oder beide werde der Schlag treffen. Es kam nicht soweit.

Die Wechselbäder waren kräftig. Als wir am 6. Februar auf dem

Rückflug in Teheran Station machten, war es bitterkalt. Wir wurden freundschaftlich von Botschafter Reinhold von Ungern-Sternberg aufgenommen. Die zu jener Zeit recht umständlichen Formalitäten bei der Ein- und Ausreise im Iran erledigte ein tüchtiger Beamter der Botschaft. Er mußte sich die Pässe aufmerksam angesehen und seinen Botschafter mit einigen persönlichen Daten versorgt haben. Wir sollten am 8. sehr früh losfliegen. Ich war gerade dabei, mich zu rasieren und dachte darüber nach, daß ich fern der Heimat 45 Jahre alt geworden war, als es klopfte. Ich war in meinem Négligé nicht gerade besonders erfreut über die Störung, machte auf und vor mir stand Ungern-Sternberg und sagte: „Herzlichen Glückwunsch zum Geburtstag, und hier ist ein Pott Kaviar, zur Feier des Tages." Ich freute mich, dankte ihm und sagte: „Woher wissen Sie denn, daß ich Geburtstag habe?" Er antwortete: „Der Konsulatssekretär hat sich die Pässe angeguckt und mir gesagt, Diehl hat morgen Geburtstag." Diesmal war ich der Gegenstand dieser wachsamen Beobachtungen, aber allgemein war der Schluß erlaubt, daß an dieser Botschaft die Leute auf Draht waren.

Die auf der Reise gewonnenen Eindrücke konnten bald weitergegeben und auch in das größere politische Konzept eingearbeitet werden. So schrieb ich am 10. April '61 den folgenden Vermerk:

„Eine Analyse der Lage vermittelt den Eindruck, daß es nützlich wäre, bei den Verhandlungen mit Präsident Kennedy die Frage der Entwicklungshilfe von uns aus anzupacken. Wir sollten uns die Hilfe nicht widerstrebend entreißen lassen, sondern sie im Gegenteil zu unserer Sache machen. Eine starke deutsche Entwicklungshilfe ist eine Leistung, die nicht verdächtigt werden kann und praktisch bei unseren Partnern so gut wie keine Unlustgefühle weckt. Erbringen wir diese Leistung, so werden wir auf eine glatte und nahezu reibungslose Weise in den engeren Kreis der Alliierten kommen. Es versteht sich, daß dort dann auch Politik gemacht werden kann, ja zwangsläufig gemacht werden muß.

Ein derartiges Vorgehen braucht nicht zu bedeuten, daß man darauf verzichtet, im „Atomclub" auch ein Mitspracherecht zu erhalten. Es stellt aber meines Erachtens einen erfolgversprechenden zweiten Kanal dar, um im Maße unseres politischen Gewichts Gehör und Einfluß zu finden."

Deutsche und andere Wellen

Im Zweiten Weltkrieg hatten die kriegführenden Parteien die Bedeutung des Rundfunks erkannt und genutzt. So wie die deutsche Rundfunkpropaganda zu Beginn des Krieges dazu beigetragen hatte, die Bevölkerung in Polen, in Frankreich, Belgien und den Niederlanden zu demoralisieren und deren kämpfende Truppen zu entmutigen, so war es in der zweiten Kriegshälfte der alliierte Rundfunk, der trotz aller deutschen Störversuche und Strafbestimmungen eine tiefgreifende Wirkung in den besetzten Gebieten und in Deutschland erzielte. Besonders die BBC vollbrachte eine technisch gut organisierte und inhaltlich eindrucksvolle, intelligent gemachte Propagandaleistung. Mit dem Kennsignal und der simplen, einprägsamen Ansage: „Hier spricht London" gab sie sich weltweit zu erkennen.

Der Konflikt zwischen den früheren Verbündeten führte nach 1945 praktisch nahtlos zu einer Fortsetzungt des Ätherkrieges mit anderen Fronten. Wir standen in Europa im Mittelpunkt dieses Konflikts, indem wir auch unsere eigene deutsche Position bekanntmachen und verteidigen, später im Gegenzug durchsetzen wollten. So kam es ziemlich reibungslos zur Gründung des Deutschlandfunks und der Deutschen Welle. Als Leiter der Auslandsabteilung im Presseamt wurde ich stellvertretender Vorsitzender des Verwaltungsrats der Deutschen Welle.

Die Hauptschwierigkeiten waren technischer Natur. Wir hatten keine Frequenzen und keine Sender. Wir brauchten starke Kurzwellensender, deren Leistungsfähigkeit und Standort die Garantie dafür boten, die wichtigsten Zielgebiete in der ganzen Welt zu erreichen. Das war eine damals fast unlösbare Aufgabe. Auch nach der Aufhebung des Besatzungsstatutes, also ab 1952, kamen wir nur sehr mühsam voran. Eine Lösungsmöglichkeit bestand darin, auf dem eigenen Territorium große, leistungsfähige Sendergruppen aufzustellen. Es war aber klar, und dies ging auch aus einer uns zugänglichen Studie der Voice of America hervor, daß es ohne Relaisstationen unmöglich war, eine einigermaßen flächendeckende Abstrahlung zu erzielen. Die früheren Kolonialmächte und die Vereinigten Staaten hatten es relativ leicht, sie konnten auf die bestehenden Netzwerke zurückgreifen. Wir mußten neue Wege suchen. Wir konnten den frisch in die Unabhängigkeit entlassenen Staaten der Dritten Welt anbieten, ihnen beim Aufbau ihrer eigenen Rundfunkstationen technische Hilfe zu leisten und dabei als Gegenleistung eine gewisse Sendezeit auf den von uns errichteten Anlagen zu erhalten. Dieser Versuch zur Lösung des Problems war in einer ganzen Reihe von Fällen erfolgreich, wenn auch die Verhandlungen sich als sehr komplex herausstellten. Gerade die jungen Staaten waren auf die Achtung ihrer Souveränität bedacht, und wir konnten nicht immer damit rechnen, daß sozusagen in vollem Vertrauen auf die Integrität unserer Programme uns Sendezeit zugebilligt wurde. Wir mußten viel Überzeugungskraft aufwenden, um eine Art Zensur oder Mitspracherecht bei der Gestaltung der Sendungen zu vermeiden. Es gelang aber schon relativ früh, in Ruanda, in Kigali, eine Station zu errichten und einen diesbezüglichen Staatsvertrag abzuschließen.

Die Möglichkeiten, solche Verträge abzuschließen, waren begrenzt, und deshalb sahen wir uns auch nach anderen Gelegenheiten um. Diese boten sich in der Nutzung von den in der Welt noch allenthalben bestehenden Privatsendern. Die Nachkriegszeit war aber der Ausbreitung von privaten Sendegesellschaften nicht besonders förderlich. Im Gegenteil, eine ganze Reihe von Regierungen hatten die Gelegenheit der Neuordnung benutzt, um Privatsender zu schließen und den Rundfunk unter staatliche Kontrolle zu bringen. Immerhin war dies nicht überall gelungen, und wie so oft veränderten sich im Lauf der Jahre die Grundströmungen. Nach einer Weile gab es wieder alte und neue Privatsender.

Der Zufall wollte es, daß ich schon in meiner Studienzeit in Frankreich durch Jean Masson die Leute im Pariser Studio von Radio Luxemburg kennengelernt hatte. Von ihnen erfuhr ich, daß es in Frankreich eine ganze Reihe von privaten Rundfunksendern gab, die von der Werbung lebten. Einer der aktivsten Manager in dem Bereich war Jacques Tremoulet, der die Mehrheiten wichtiger Sendergruppen hielt. Ich lernte ihn im Kriege bei der Gründung von Radio Monte Carlo kennen, wo er die französischen Interessen vertrat.

Die erste Nachkriegszeit war auch in Frankreich keine gute Zeit für Privatsender. Aber Radio Andorra, Radio Monte Carlo, Radio

Luxemburg und andere Sender vor den Toren Frankreichs entzogen sich dem Zugriff. Jacques Tremoulet nahm schon in den fünfziger Jahren den Kontakt zu mir wieder auf. Er konnte sich vorstellen, was unsere Absichten und unsere Schwierigkeiten waren. Er bot seine Hilfe an, zu fairen Bedingungen. Ich brachte ihn mit dem Intendanten der Deutschen Welle, Hans Otto Wesemann, zusammen. Es entwickelte sich eine intensive, erfolgreiche Zusammenarbeit, die zum Bau und Betrieb mehrerer Relaisstationen führte. Wir wären ohne Trémoulets Erfahrungen wahrscheinlich schon im Vorfeld der Verhandlungen hängengeblieben. Ein wichtiger Durchbruch gelang dank Trémoulet in Portugal. Die Verhandlungen dauerten fast zwei Jahre. Meinen ersten Besuch beim portugiesischen Informationsminister machte ich 1962. Als ich mit Bundespräsident Heinrich Lübke 1964 in Brasilien war, kam endlich das Telegramm, welches den Abschluß des Abkommens meldete. Die Traktationen brachten mich mehrfach nach Madrid und Lissabon. Nach Madrid, weil eine von Trémoulets Gesellschaften ihren Sitz in Madrid hatte, und der politisch einflußreichste Teilhaber niemand anderes war als Ramon Serrano Suñer, der Schwager Francos und frühere Außenminister. Ich kannte ihn schon, wenn auch nur flüchtig und sollte ihn mehrmals wiedersehen, so zuletzt bei dem Staatsbesuch Bundeskanzler Kiesingers in Spanien im Jahre 1969. Der Minister war eine ganz und gar europäische Erscheinung mit den Qualitäten, die Herkommen, Erziehung und eine alte Zivilisation verleihen. Er hatte immer noch großen Einfluß, den er auch im Nachbarland Portugal auf eine diskrete, vornehme Weise zu unseren Gunsten einzusetzen verstand. Er war von großer Liebenswürdigkeit, ruhig und besonnen in seinem Urteil, bestimmt, aber ohne Schärfe und Eifer. Wir sprachen, wenn wir unsere Geschäfte diskutiert hatten, über Spanien während des Bürgerkrieges und im Zweiten Weltkrieg. Dafür gesorgt zu haben, daß Spanien von dem großen Weltenbrand verschont blieb, war eine diplomatische Meisterleistung, die man um so mehr bewundern mußte, als sie im Gegensatz zu manchen anderen Praktiken zum Beispiel der „neutralen" Staaten nicht mit fragwürdigen Zugeständnissen an die kriegführenden Parteien und mit dem Verrat der Freunde ermöglicht wurde.

Serrano Suñer unterhielt angenehme Familienbeziehungen zu

Franco, hatte aber politisch einen gewissen Abstand zu dem Generalissimus genommen. Er fand, daß Franco nach dem Bürgerkrieg mehr für die innere Versöhnung hätte tun müssen und den Interessen der Arbeiterschaft in Stadt und Land besser Rechnung hätte tragen sollen. Ein nationaler Sozialist? Nicht doch. Er war konservativ, im besten Sinne, dazu gehörte seiner Meinung nach die Verpflichtung, die Hand über die Schwachen zu halten und ihren Stolz zu achten.

Trémoulet gab uns ständig Hinweise auf sich bei den verschiedensten Privatsendern eröffnende Möglichkeiten, wobei ihm vorschwebte, die deutsche Industrie oder die deutschen Verleger müßten ein natürliches, auch politisches und finanzielles Interesse an dieser Art von Aktivität haben, zumal am Horizont das Fernsehen sichtbar wurde. Es galt auch da, rechtzeitig zur Stelle zu sein. Es waren höchst interessante Hinweise, zum Beispiel auf Europe 1 und selbst auf Radio Luxemburg. Es gelang aber nicht, irgend jemanden bei den deutschen Großbanken und den Großunternehmen für diese Gedanken zu erwärmen. Trémoulet verstand das nicht. Wir selbst hatten schon resigniert und verfolgten notgedrungen unsere Ziele mit den Mitteln des Staates.

Die Arbeit war deshalb erfrischend und belebend, weil sie greifbare, sichtbare Resultate brachte. Mit besonderem Vergnügen betrachtete ich die Fotos vom Fortschritt der Bauarbeiten, mit denen Sendeanlagen, Sendetürme, Sendestudios an exotischen Plätzen errichtet wurden. Ohne meine diplomatische Vorarbeit, ohne mein Netzwerk an internationalen Verbindungen, das Zusammenwirken mit erprobten Freunden hätte sich die deutsche Stimme im Ätherwald nur mühsam Gehör verschaffen können. Mit den Intendanten der Deutschen Welle, mit Wesemann, dann Steigner, mit Fellhauer und dem technischen Leiter Rösler hatten wir es ohne großes Aufsehen geschafft, international mitzuhalten. Wir schafften es sogar, in Antigua auf den Kleinen Antillen eine Station einzurichten, die die beiden Amerikas abdeckte.

Was draußen gelang, war drinnen unmöglich. Das zeigte sich am Schicksal der Deutschland Fernsehen GmbH, deren Gründung am 28.2.1961 vom Bundesverfassungsgericht als verfassungswidrig und bundesfeindlich eingestuft wurde. Durch eine einstweilige Verfügung wurde die Aufnahme der Sendetätigkeit untersagt. Danach erklärte Felix von Eckardt vor der Presse lakonisch und kühl, damit seien die Bemühungen der Bundesregierung, der Bevölkerung zu einem zweiten Fernsehprogramm zu verhelfen, gescheitert. Das Bundeskabinett werde sich mit dem Gegenstand nicht mehr befassen. Die Entscheidung, ob und wie ein zweites Programm zustande kommen könne, liege jetzt bei den Regierungen der deutschen Bundesländer.

Das war hoch gepokert, denn der Bund hatte schon mindestens 27 Millionen DM für die Ausrüstung der Deutschland Fernsehen GmbH ausgegeben. Als Eckardt im Auftrage der Bundesregierung die entsprechenden Aufträge vergeben hatte, fragte ihn Adenauer, ob er eigentlich kein ungutes Gefühl habe, so hohe Verpflichtungen mit seiner Unterschrift abzudecken. Eckardt erwiderte, wenn es sich um 10000 Mark gehandelt hätte, wäre er sehr vorsichtig gewesen. Bei 20–30 Millionen sei das persönliche Risiko praktisch gleich null. So war es auch.

Die Länderregierungen waren nun unter den Druck der öffentlichen Meinung geraten. Auch die von der SPD geführten Länder, die die Verfassungsklage erhoben hatten, wollten den Schwarzen Peter nicht behalten. Schon am 6. Juni wurde das Zweite Deutsche Fernsehen (ZDF) als Anstalt der deutschen Länder aus der Taufe gehoben. Die Landesregierungen schlossen an diesem Tage einen entsprechenden Staatsvertrag. Nach einigem internen Gerangel konstituierten sich die Organe des ZDF am 6. Februar 1962 unter dem Vorsitz von Kurt Georg Kiesinger, dem Ministerpräsidenten von Baden-Württemberg. Die Länder hatten nun das rechtliche und administrative Gehäuse, aber sie hatten keine Technik und keine Gebäude. So brachte der immer freundliche und kooperative von Eckardt die Sieger im Prozeß nun in die Rolle der Bewerber, die um die Überlassung der Technik baten. Es war nämlich nicht so leicht, kurzfristig eine komplexe Ausrüstung zu kaufen, dazu Grundstücke zu erwerben, um Bauten und Sender errichten zu können. So verkaufte die in Liquidation befindliche Deutschland Fernsehen GmbH für 14 Millionen technisches Gerät, für 10 Mio DM „Filmvermögen“ in einem Volumen von rund 300 Stunden Sendezeit und außerdem noch ein Grundstück für 2,5 Mio DM. Eckardt gab diesen Fundus nicht in

Bausch und Bogen weg, sondern in Etappen, wohl wissend, daß das ZDF schließlich keine echte Wahl mehr hatte und die fehlenden Elemente der Technik nur bei ihm kaufen konnte. Die Verluste hielten sich in engen Grenzen, wenn auch Eckardts fröhliche These, er habe noch ein Geschäft gemacht, vielleicht doch nicht ganz stimmte.

Der ganze Vorgang war alles andere als eine Bagatelle und lehrreich dazu. Schon Mitte der fünfziger Jahre wurde in der Bundesregierung und in den Regierungsparteien überlegt, wie man das Monopol der ARD brechen könnte. Ein Teil der angeführten Gründe war durchaus honorig. Es war wirklich fragwürdig und dem demokratischen Selbstverständnis der jungen Republik zuwiderlaufend, die Bevölkerung den Sendungen nur einer, wenn auch regional gegliederten Anstalt auszusetzen. Es gab aber auch politische Gründe, die auf der fragwürdigen Annahme beruhten, man könne die Auffassungen und Leistungen der Regierung mit einer fester an den Bund angelehnten Anstalt in der Bevölkerung besser zur Geltung bringen.

Diese Bemühungen liefen parallel zu Plänen, den Regierungsparteien auch andere Einrichtungen anzudienen, die Öffentlichkeitsarbeit für die Regierung und ihre Koalition machen sollten. Die Organisationen in der Form von Firmen oder Vereinen sollten in der Regel mit Steuermitteln finanziert werden. Die Pläne wurden von Leuten verfolgt, wie zum Beispiel Staatssekretär Otto Lenz, die über jeden Verdacht einer unzulässigen Manipulation erhaben waren. Der Wille aber, die Macht zu halten, verführte dazu, sich in Ideen zu versteigen, die mit der Staatsräson nicht zu vereinbaren waren. Was sollte bei einem Regierungswechsel geschehen, der die jetzige Opposition an die Macht brachte? Die Frage war nicht zu beantworten. Meine Freunde und ich dagegen achteten darauf, daß die Instrumente, die wir schufen, jeder rechtmäßig im Amt befindlichen Regierung die zweckmäßige Erledigung informationspolitischer Aufgaben garantierten. Wir haben uns damit auch durchsetzen können. Letztlich bei allen von der CDU gestellten Bundeskanzlern. Jedenfalls haben wir uns kein das Presse- und Informationsamt als parteiisch bloßstellendes Urteil des Bundesverfassungsgerichts eingehandelt. Das blieb der sozialliberalen Koalition vorbehalten.

Die nicht vollzogene Ehe

In einem zentralen Bereich fand ich bei meiner Rückkehr 1960 im Vergleich zu 1956 eine völlig veränderte Lage vor. Adenauer hatte de Gaulle entdeckt. Seit dem ersten Treffen in Colombey-les-deux-Eglises am 14. und 15. September 1958 war ein tiefgreifender Wandel eingetreten. Adenauer und de Gaulle beeindruckten sich gegenseitig, fanden sich zueinander hingezogen, in einer Art Wahlverwandtschaft verbunden. Dies war eine höchst positive Entwicklung. Sie half Adenauer, Frankreich besser zu verstehen.

Ich war einerseits erfreut, aber auch belustigt, weil meine Freunde und ich, die wir uns seit Jahren bemüht hatten, in der deutschen Politik mehr Kenntnisse über die französische Rechte und auch Verständnis für das Phänomen des Gaullismus zu wecken, sich scharfer Kritik ausgesetzt gesehen hatten und gemaßregelt worden waren. Nun auf einmal wurden wir vom alten Herrn in voller Fahrt rechts überholt. Der Vorgang war für Adenauers Charakter und auch für seine Arbeitsweise kennzeichnend. Er zeigte erneut, daß, bei aller Festigkeit in den Grundsätzen, er immer fähig war, schnell das Ruder herumzureißen. Daß diese kurz entschlossenen, abrupten Aktionen auch ihre Risiken hatten, war uns oft vor Augen geführt worden.

Es ist nie unbedenklich, die Beziehungen zwischen Staaten an die Beziehungen von Personen zu binden. Den positiven Wirkungen derartiger persönlicher Verhältnisse stehen negative entgegen, oft überwiegen sie sogar. Die Arbeit der professionellen Diplomatie besteht nicht zuletzt darin, krasse Ausschläge nach oben und unten abzufangen.

So fand ich mich in der eigenartigen Lage wieder, eine Entwicklung, die ich gefördert hatte, nun so kanalisieren zu wollen, daß sie sich nicht störend, ja zerstörerisch, auf unsere Gesamtbeziehungen zu den europäischen Partnern und insbesondere zu den Vereinigten Staaten auswirkte. Adenauer selbst ist das nicht ganz gelungen, weil er immer wieder seinem Temperament freien Lauf ließ. Deshalb konnten wir nur einen sehr begrenzten Erfolg erzielen. Es kam zu den bekannten Rivalitäten, insbesondere mit England und den Vereinigten Staaten, die zum Teil bizarre Formen annahmen. War nun Kennedy der Liebling der Deutschen oder de Gaulle? Die Deutschen Kommentare im Zusammenhang mit Kennedys Rede in der Paulskirche bei seinem Besuch im Sommer 1963 gaben eine Vorstellung von diesen Eifersüchteleien und Prestigekämpfen auf der Bühne.

Am 25. Juni 1963 hatte Eugen Gerstenmaier als Präsident des deutschen Bundestages in der Paulskirche gesagt:

„Das deutsche Volk ist vom Grund seines Herzens dankbar dafür, daß ihm die Gnade der Verständigung und das Wunder der Versöhnung mit vielen Völkern und Menschen zuteil wurde. Deshalb haben wir Deutschen dem Staatspräsident Frankreichs einen spontanen herzlichen Empfang bereitet und deshalb schlugen dem Präsidenten der Vereinigten Staaten von Amerika hier die Herzen stürmisch entgegen."

Willy Brandt sagte dazu zwei Tage später: „Es ist nicht ganz richtig, wenn die Kommentare, was die Paulskirche angeht, so überwiegend davon gesprochen haben, es sei eine Anti-de-Gaulle-Rede gewesen. Wenn man sie sich genau anguckt, dann sieht man doch, daß in einem wichtigen Punkt eine Weiterentwicklung der Auffassungen Kennedys festzustellen ist, denn jetzt sagt er in der Paulskirche, was wir Amerikaner möchten, ist, daß ihr Europäer, ohne daß wir uns einmischen, dafür sorgt, daß Europa eine Weltmacht wird. Und zwischen dieser Weltmacht und Nordamerika soll die Partnerschaft gestaltet werden."

Ernst Lemmer meinte: „Hier sind wir endlich einmal in der deutschen Diplomatie und Politik vor eine große Aufgabe gestellt. Die Kunst wird sein, es nicht zu einer Alternative kommen zu lassen." Kurt Georg Kiesinger erklärte nach dem Besuch Kennedys und vor dem Besuch de Gaulles Anfang Juli, es gebe für die Bundesrepublik kein Entweder-Oder, sondern nur ein Sowohl-Als-auch gegenüber diesen beiden Mächten und ihren Konzeptionen.

Der Bundesminister des Auswärtigen, Dr. Gerhard Schröder, sagte drei Tage nach der Paulskirchenrede: „Wir wissen, daß wir keine unserer Aufgaben allein lösen können, sondern nur zusammen mit unseren Freunden und Verbündeten. Unsere Außenpolitik muß also bemüht sein, die Einigkeit unter den Verbündeten zu erhalten und zu festigen. Unsere Ziele sind, jeden Angriff auf uns und unsere Freiheit zu verhindern, das Recht der Selbstbestimmung unserer Landsleute in der Sowjetzone durchzusetzen, ein wirtschaftlich geeintes, zu gemeinsamem politischen Handeln fähiges freies Europa zu schaffen, die engste Bindung zu den Vereinigten Staaten von Amerika zu halten und zu festigen. Es ist in der letzten Zeit oft über Meinungsverschiedenheiten zwischen Deutschland und Frankreich im Bereich der europäischen und atlantischen Politik gesprochen worden. Aber die durchaus breite Zustimmung, die der deutsch-französische Vertrag in beiden Ländern findet, zeigt, daß der Wille zur Zusammenarbeit – und im übrigen auch die Erkenntnis von der Notwendigkeit der Zusammenarbeit – tief fundiert ist. Das gibt die Gewähr, daß die Meinungsverschiedenheiten unter Freunden offen behandelt und überwunden werden."

Diese in Anbetracht des Gegenstandes sehr abgewogenen, maßvollen Äußerungen machten deutlich, daß sich Adenauers mit großer Emphase betriebene Politik mit dem französischen Staatspräsidenten nicht mehr spannungsfrei in den Gesamtrahmen unserer Bündnispolitik einordnen ließ. Dies galt sowohl innenpolitisch als auch außenpolitisch.

So kam es unter anderem dazu, daß die „Atlantiker" die Präambel zum deutsch-französischen Vertrag durchsetzten, die de Gaulle später zu der Bemerkung veranlaßte, wir hätten geheiratet, aber die Ehe sei nie vollzogen worden.

Adenauer selbst hat versucht, sich zu entlasten, indem er, so auch in seinen Erinnerungen, berichtete, de Gaulle habe ihn bei der entscheidenden Sitzung in Rambouillet mißverstanden. Davon konnte keine Rede sein. Auch die andere Möglichkeit, daß Adenauer de Gaulle mißverstanden hätte, muß man ausschließen. De Gaulle hat nämlich, vermutlich wissend oder ahnend, daß es sich um gravierende Beschlüsse handelte, Adenauer Punkt für Punkt die Elemente der Übereinkunft vorgelesen und Adenauer nach jedem Absatz gefragt: „Est-ce que nous sommes d'accord?", und der Kanzler hat jedesmal geantwortet: „Jawohl."

Bei diesem Treffen habe ich die Informationsseite abgedeckt und meine Instruktionen von Adenauer und Blankenhorn direkt erhalten.

Die Geschichte des deutsch-französischen Vertrages ist ein weite-

oben
1948 in der Redaktion des „Hamburger Abendblattes“. Eva Fischer, Rolf von Bargen und Diehl mit dem Redaktionshut, einem Wanderpreis, der demjenigen verliehen wurde, der an diesem Tag den besten Beitrag geschrieben hatte.

rechts
Axel Springer und Ernst Rowohlt bei der Taufe des „Hamburger Abendblattes“, 1948.

nächste Seite
Das Interview mit Adenauer, dem Präsidenten des Parlamentarischen Rates, vom 30. Juli 1949 vor der Wahl zum Ersten Deutschen Bundestag.

In rheinischem Tonfall

Abendblatt-Interview mit Dr. Adenauer

Von unserem nach Bonn entsandten Redaktionsmitglied

d. Bonn, 30. Juli

Im Zusammenhang mit den Bundeswahlen veröffentlichen wir eine Serie von Interviews mit den Repräsentanten der Parteien. Nach Professor Heuß (FDP), Dr. Schumacher (SPD), Heinrich Hellwege (DP) und Max Reimann (KPD), behandeln wir heute den ersten Vorsitzenden der CDU, Dr. Konrad Adenauer.

Der rheinische Tonfall ist nicht angelernt. Dr. Konrad Adenauer ist hier zu Hause. Eben bei der Begrüßung, ehe wir uns setzten, konnten wir durch die großen Fenster auf den Rhein und die sommerlich grünen Sieben Berge sehen. Nun fängt der Blick sich an den Wänden, denn die Fensterbrüstung ist sehr hoch. Die einstigen Insassen der Pädagogischen Akademie, die bisher den Parlamentarischen Rat und zukünftig den Bundestag beherbergt, sollten ebenso wie wir jetzt nicht durch den freundlichen Ausblick von der Arbeit abgelenkt werden.

Wir erwähnen zu Beginn des Gesprächs, daß Jakob Kaiser von der Berliner CDU, vor wenigen Tagen die Forderung erhob, in der Bundesregierung ein eigenes Ministerium oder Amt für die Wiedervereinigung Deutschlands zu schaffen. Der Präsident, wie Dr. Adenauer hier im Parlamentarischen Rat genannt wird, erklärt dazu, daß er Kaisers Forderung unterstützen werde, um klar zum Ausdruck zu bringen, daß die Einheit Deutschlands oberstes politisches Ziel auch des Westdeutschen Bundes sein muß.

Auch die Wahl von Bonn als vorläufigem Bundessitz diene dem Gedanken der deutschen Einheit. Bonn werde naturgemäß immer stärker den Charakter eines Provisoriums tragen als Frankfurt, dessen historische Tradition als Kaiserstadt des alten Römischen Reiches Deutscher Nation wohl in der Lage wäre, Berlin den Rang abzulaufen. Auch müsse die Bundesregierung wirklich einen neuen Anfang setzen. Die Bundesminister würden, auf die Frankfurter Behörden aufgepfropft, gleich untergehen in einer ausgedehnten und an schlechten Gewohnheiten reichen Bürokratie.

Dr. Adenauer hält es zumindest für möglich, daß, wenn Westdeutschland erst einmal im Europäischen Rat vertreten ist, es auch in das System des Atlantik-Pakt eingeschlossen werden könnte. Unsere Anmerkung, daß die Pariser Zeitung „Le Monde" einmal schrieb, der Atlantik-Pakt trage die deutsche Wiederbewaffnung in sich, wie das Ei den Keim, kommentiert er so: „Das Problem wird auf uns zukommen, ob wir wollen oder nicht. Wenn es schon sein muß, dann wäre mir eine deutsche Beteiligung an einer gesamteuropäischen Wehrmacht lieber, als eine eigene deutsche Wehrmacht. Das würde zu viel wieder aufwecken, was man besser ruhen ließe."

Zum inneren Aufbau der CDU meint ihr Vorsitzender, der gelegentlich laut gewordene Verdacht, die Protestanten spielten nur die Rolle des Zubringers, sei entkräftet worden. Auch die evangelische Geistlichkeit und andere aktive Protestanten nähmen mehr und mehr Anteil an der Arbeit der CDU. Alle protestantischen Kandidaten seien „an sicherer Stelle" placiert worden.

Wir erwähnen, daß evangelische Kreise oft an der Kulturpolitik Anstoß nehmen, die gelegentlich dort geübt wird, wo die CDU regiert. Dr. Adenauer: „Wenn allein das Publikum entscheidet, kommt es wieder so weit wie nach dem ersten Weltkrieg, daß der Beischlaf auf offener Bühne gezeigt wird. Im Abraxas-Ballet, gegen das Dr. Hundhammer einschritt, war man schon nicht mehr weit davon entfernt." Er findet es so bedauerlich, daß die Jugend abgestumpft wird. Besonders unsere jungen Mädchen und Frauen sollten doch wissen, daß sie zugleich mit dem Schamgefühl ihre feinste Weiblichkeit verlieren. „In der Ostzone gibt es keine pornographische Literatur. Das ist ein Zeichen von Stärke und Gesundheit, ebenso wie die allgemeine Zügellosigkeit ein Merkmal der Dekadenz ist."

•

Der Mann, den wir eben verließen, hat ein intimes Verhältnis zur politischen Macht. Sie schreckt ihn nicht, weil er ein Leben lang mit ihr umgegangen ist. Sehr viel Erfahrung hat ihn dazu gebracht, mißtrauisch zu sein. Er weiß, daß man sich auf niemand ganz verlassen kann. Aber dieses Wissen ist ohne Bitterkeit. Er hat keine Parteimaschine, keinen „Apparat" und fast zu wenig Organisation.

Dr. Adenauer ist 73 Jahre alt. Man spürt die Sorge, ob er noch unter Dach und Fach bringt, was er sich vorgenommen hat. Er hat mit seiner ledernen Haut, seinem zähen Körper, seinen sparsam-vornehmen Gesten, mit der Mischung aus Weisheit und Mißtrauen etwas von einem alten Indianer an sich. „Große donnernde Wolke" nannte ihn ein Mann aus seiner Nähe. Kein schlechter Name für einen mächtigen Häuptling.

oben
Paul Bourdin 1950 mit den großen alten Damen des französischen Journalismus, Geneviève Tabouis (links) und Dominique Auclerc.

unten
In Luxemburg auf der ersten Minister-Konferenz der Europäischen Gemeinschaft für Kohle und Stahl, 9. September 1952. Von links: Alcide de Gasperi (Italien), Robert Schuman (Frankreich), Diehl, von Eckardt, Adenauer, Hallstein, Dr. Josef Bech (Luxemburg).

unten
Die Ermekeil-Kaserne, zweiter Standort des Presse- und Informationsamtes.

oben links
Während des Presseballs 1952: Ian Frazer (Reuters), Frau von Eckardt, Felix von Eckardt.

oben rechts
Die erste Bleibe des Presseamtes in der Drachenfelsstraße, jetzt Kurt-Schumacher-Straße. Im Souterrain lagen die Büros des „Chefs vom Dienst“.

Mitte
1953 auf der Regierungsbank des Bundestages. Von links: von Hassel, Diehl, Pauls, Dehler, Hallstein, Dreher, Blankenhorn, Adenauer, Kilb, Ehlers.

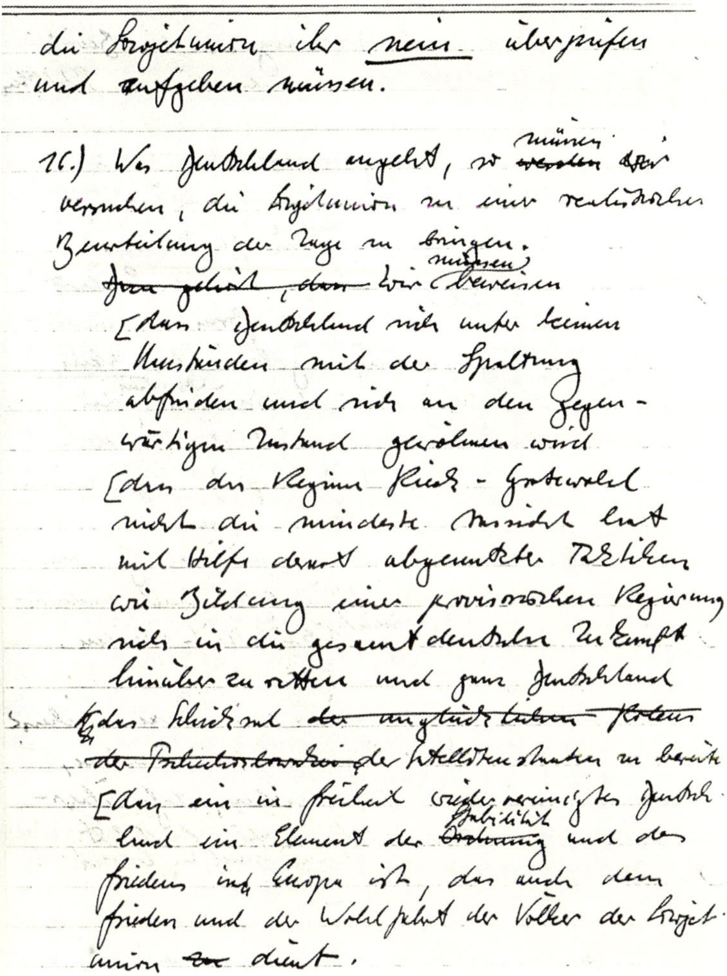
die Sowjetunion ihr nein überprüfen und aufgeben müssen.

16.) Was Deutschland angeht, so ~~werden~~ müssen wir versuchen, die Sowjetunion zu einer realistischen Beurteilung der Lage zu bringen.
~~Dazu gehört, dass~~ wir müssen beweisen
[dass Deutschland sich unter keinen Umständen mit der Spaltung abfinden und sich an den gegenwärtigen Zustand gewöhnen wird
[dass das Regime Pieck-Grotewohl nicht die mindeste Aussicht hat mit Hilfe derart abgenutzter Taktiken wie Bildung einer provisorischen Regierung sich in die gesamtdeutsche Zukunft hinüber zu retten und ganz Deutschland
[das Schicksal ~~der unglücklichen Kolonien der Protektoratsländer~~ der Satellitenstaaten zu bereiten
[dass ein in Freiheit wiedervereinigtes Deutschland ein Element der ~~Ordnung~~ Stabilität und des Friedens in Europa ist, das auch dem Frieden und der Wohlfahrt der Völker der Sowjetunion ~~so~~ dient.

Aus meinem Entwurf vom 18. Februar 1954 zu Adenauers Rede vom 23. desselben Monats in Berlin.

oben
Bundespräsident Theodor Heuss, der Schah von Persien und Kaiserin Sorayah mit Helga und Günter Diehl auf dem Petersberg. Hinten links Bott, rechts Schulze-Boysen.

Mitte
Das Palais Schaumburg. Oben links mit offenem Fenster Blankenhorns Büro. Im Erdgeschoß rechts unten Hallsteins Zimmer.

unten
Mit Joseph Kingsbury Smith und Stéphane Roussel im Hotel Claridge während der Londoner Konferenz, am 29. September 1954.

oben
Im Georgsrittersaale des Kreml am 13. September 1955. Von links: Carlo Schmid, Karl Arnold, Chruschtschow (verdeckt), Adenauer, Bulganin, von Brentano, Molotow, Kiesinger.

Mitte
Am 5. Mai 1955 wird die Bundesrepublik souverän. Im Palais Schaumburg unterrichtet Adenauer die Öffentlichkeit. Von links: François-Poncet, von Tschirchky, Weber, Adenauer, Hallstein, von Wechmar, Mohr, Hottelet, Diehl.

unten
In Moskau, 8.–14. September 1955. Mit Marion Gräfin Dönhoff, Hugo Grüssen und Leonid Ilijtschow, dem Pressesprecher des sowjetischen Außenministeriums.

oben links
Chruschtschow schüttelt „Großdeutschland", wie er Carlo Schmid anzüglich titulierte, die Hand.

oben rechts
Deutsche Pressekonferenz in Moskau mit von Brentano, Adenauer, Kiesinger.

unten
Im Oktober 1965. Bundeskanzler Ehrhard ist nach dem Fernsehinterview mit sich zufrieden.

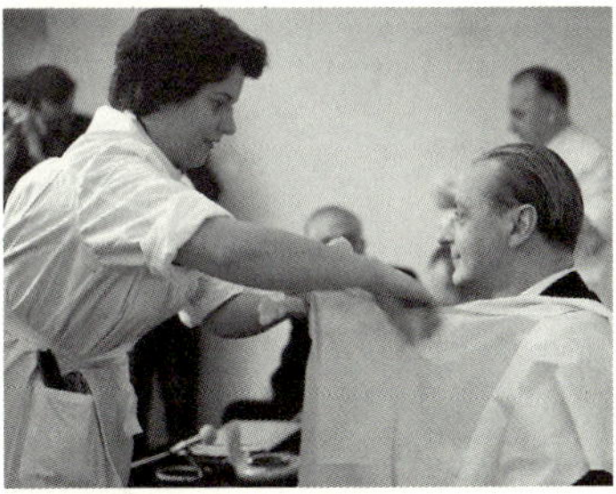

oben
Pressekonferenz mit Morarji Desai, dem damaligen indischen Finanzminister und späteren Ministerpräsidenten, am 24. Juni 1960. Kusterer, Desai, Diehl.

Mitte links
In seltener Eintracht: De Gaulle, Erhardt, Adenauer. Dahinter: Kusterer, Bebermayer, Osterheld, Graf Welczek.

Mitte rechts
Von Brentano wird für einen Fernsehauftritt hergerichtet.

unten
Pressekonferenz mit dem niederländischen Ministerpräsidenten de Jong und Außenminister Josef Luns am 19. September 1968.

oben
Wachwechsel im Presseamt am 14. November 1967. Von links: Diehl, Kiesinger, von Hase, Ahlers, Bergzog, Kaps.

links
Mit Bundespräsident Heinrich Lübke.

rechts
Mit Franz Burda auf der Jagd.

oben links
„Der Spiegel". Titel vom 14. Oktober 1968.

oben rechts
„Und am Tisch sitzt Mackie Messer, dem man nichts beweisen kann." Dr. Hans Schirmer, Kiesingers Kundschafter in Moskau.

Mitte links
Im Gespräch mit Karl Theodor Freiherrn von und zu Guttenberg.

Mitte rechts
Am 24. November 1968 interviewt A. Wolfmann von „Yedioth Ahronoth" Bundeskanzler Kiesinger im Kanzlerbungalow. Von links: Wolfmann, Neusel wacht im Hintergrund, Kiesinger mit Dackel, Diehl.

unten
Die Gäste haben das Palais Schaumburg bereits verlassen. Willy Brandt beginnt eine gute Geschichte. Von links: Jahn, Brandt, Ritzel, Diehl, Rüte.

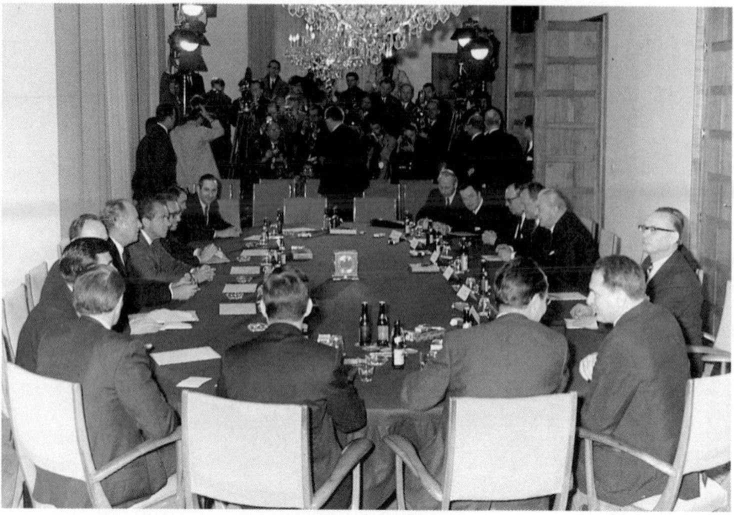

oben
Richard Nixon in Bonn am 26. Februar 1969 im Kabinettssaal. Links Nixon, flankiert von Kissinger und Rogers. Am Ende Ron Ziegler, der Pressechef des Weißen Hauses. Rechts Rüte, Pauls, Duckwitz, Brandt, Kiesinger, Carstens (verdeckt), Diehl, vor Kopf Osterheld und Weber.

Mitte
Fliegendes Büro:
Mit Carstens, dahinter Duckwitz, Pauls und Schnippenkötter auf dem Weg nach Washington.

unten
Im Bierkeller der Bayerischen Landesvertretung in Bonn. Ich fotografiere Hilmar Pabel. Dieter Vogel sieht zu.

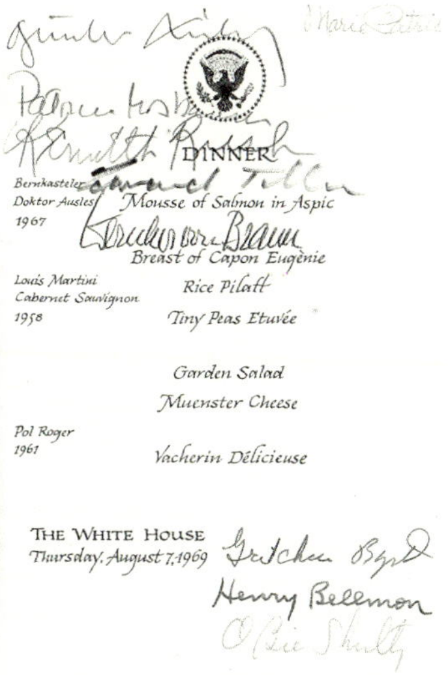

oben links
Präsident Johnson und Botschafter Hillenbrandt begrüßen den Kanzler und Frau Kiesinger in Washington.

oben rechts
Abendessen am 7. August 1969 im Weißen Haus. Meine Menukarte mit den Unterschriften von Edward Teller, Wernher von Braun, Kenneth Rush, Patricia Mosbacher, Marie Patrick, Gretchen Byrd, Henry Bellmon und O'bie Shultz.

unten
Nebenschauplatz diplomatisches Parkett: mit Madame Ben Ayed, der Frau des tunesischen Botschafters.

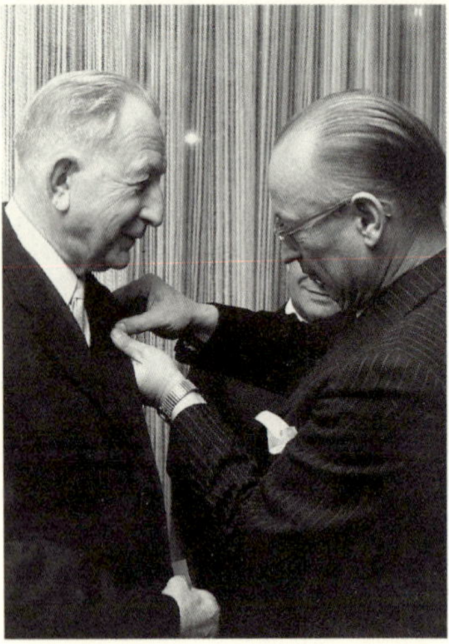

oben
Nach der Audienz bei Papst Johannes XXIII. am 3. Februar 1969 mit dem Ehrenkämmerer Alberto Sebastiani.

rechts
Kiesinger in Rom: Hier machen alle eine gute Figur.

links
Dr. Robert Strobel erhält das Große Bundesverdienstkreuz.

oben
Informationsgespräch in der römischen Villa Almone. Vor dem Gobelin: Kiesinger, Diehl, von Herwarth.

rechts
Die Bildpresse ist im Begriff, Franco und Kiesinger aufzunehmen. Kleidung und Ausrüstung sind gleichermaßen beachtenswert. Von links: Rohwedder, Popp, Henning, Sanden, Underberg, Pabel.

unten
Am 29. Oktober im Escorial: Kiesinger und Franco.

oben
Nachlese: Die Pressekonferenz ist vorbei, aber viele Journalisten wollen noch mehr wissen.

unten
Bundeskanzler und Ratgeber.

res Beispiel für die Wirkung des Zufalls, der soviel Gutes gestiftet hat. Weder de Gaulle noch Adenauer hatten, als sie versuchten, die Substanz der deutsch-französischen Beziehungen zu definieren, einen Vertrag im eigentlichen Sinne des Wortes im Auge. Ein Protokoll, ja, eine feierliche Erklärung, eine Charta vielleicht, aber keinen völkerrechtlich wirksamen, bindenden Vertrag. In der deutschen Politik gab es selbst gegen eine solche Festschreibung Widerstand. Um das Projekt zu Fall zu bringen oder zu entleeren, wurde angeführt, derartig weitreichende Absprachen könnten nicht ohne Zustimmung der Parlamente getroffen werden. Es bedürfe einer Ratifizierung. Die Wirkung dieser Argumentation war ganz anders, als ihre Urheber angenommen hatten. Adenauer und de Gaulle sagten, nun gut, wenn dem so ist, und es läßt sich nicht bestreiten, daß beide Seiten der geplanten Übereinkunft, in welcher Form auch immer, große Bedeutung beimessen, dann schließen wir einen förmlichen Vertrag.

Der Gegensatz zwischen deutsch-französischer Kooperation, getragen auch von starken gefühlsmäßigen Impulsen, zur atlantischen Konzeption, mit ihrer amerikanisch-angelsächsischen Komponente, konnte von Adenauer nicht aufgelöst werden. Er blieb ein strittiges Thema. Ich habe versucht ihn aufzulösen, ihn in eine fruchtbare Spannung zu bringen, und immer wieder Texte und Formulierungen in die Aussagen unserer politischen Führung eingespeist, die diesem Ziel dienten. Den Ausgleich hat aber erst Kiesinger in der großen Koalition geschafft. Die Ironie der Entwicklung lag darin, daß gerade Adenauer das deutsch-amerikanische Verhätnis gepflegt und fortentwickelt hatte wie kein anderer deutscher Politiker vor ihm. Er strapazierte diese Beziehung durch seine Forcierung der deutsch-französischen Zusammenarbeit. Allerdings hatte auch Adenauer seine Gründe, die ihn zu einer Überprüfung der deutsch-amerikanischen Beziehungen führten. Er traute im Grunde Kennedy und seiner liberalen Politik nicht recht, auch wenn er klug genug war, seine Abneigung zu kontrollieren. Zudem ließ er uns freie Hand, ein von den Sympathien und Antipathien der führenden Leute auf allen Seiten unabhängiges, stabiles Netzwerk sowohl in der Allianz als auch in den bilateralen Beziehungen einzurichten und intakt zu halten.

Meine Arbeit zwang mich dazu, das atlantische Bündnis und auch den Ostblock im Auge zu behalten. Es war überraschend zu sehen, wie negativ der deutsch-französische Vertrag in den kommunistisch regierten Staaten bewertet wurde. Offenbar gab es eine Moskauer Sprachregelung, aber sie wurde nicht zögernd befolgt, sondern zusätzlich mit nationalen Zutaten ausgeschmückt. In Moskau hieß es, der Vertrag verankere „formgerecht die militärische Achse Bonn–Paris". Er sei nicht ein „Friedens-, sondern ein Kriegsvertrag", er sei darauf gerichtet, „die westdeutsche Militärmaschinerie zur Stoßkraft gegen das sozialistische Weltsystem zu machen". Die leitenden Staatsmänner Frankreichs und der Bundesrepublik wollten „Europa als ein Militärlager mit gegeneinander gezielten Kampfraketen sehen". Aber „im Feuer eines Atomkriegs wird derjenige verbrennen, der ihn zu entzünden gedenkt". Die französische Regierung begünstige das Bestreben der westdeutschen Militaristen, sich in den Besitz von Kernwaffen zu setzen. Die Sowjetunion mit den Ländern des sozialistischen Lagers werde gezwungen sein, entsprechende Maßnahmen zu ergreifen.

In Prag verlautete, die gemeinsamen französisch-deutschen Atomwaffen sollten die Grundlage für den politischen Einfluß Adenauers und de Gaulles in der imperialistischen Welt sein. In Rumänien wollte man von Geheimklauseln wissen, die sich auf die Atombewaffnung der Bundeswehr bezögen. In Belgrad war zu hören, Adenauers und de Gaulles identische Ansichten über das Problem der nuklearen Bewaffnung seien die Hauptgrundlage ihrer Zusammenarbeit. Sie wollten das amerikanische Atommonopol brechen. Frankreich öffne der Bundesrepublik das Tor zur atomaren Bewaffnung. Es hieß, die ewigen Feinde hätten sich nicht deshalb versöhnt, weil sie sich wirklich gewandelt hätten, sondern um anderen ihre Pläne aufzuzwingen. Die Bundesrepublik habe die de Gaullesche Konzeption einer dritten europäischen Atommacht „als die gegenwärtig realste Chance zur Verwirklichung der Ambitionen ihrer nationalen Politik angenommen".

Auch Polen stimmte in das Konzert ein. Die Bundesrepublik erhalte durch die enge Zusammenarbeit mit Frankreich für ihre Techniker und Militärs Atomkapazitäten. Die Rüstung der Bundeswehr werde durch die Achse weiter verstärkt. In Warschau schrieb man

„Das Ziel der deutsch-französischen Zusammenarbeit ist durchaus nicht die Normalisierung der politischen Lage in Europa oder die friedliche Koexistenz, sondern die Stärkung des deutschen politischen und militärischen Potentials in Europa".

Im ganzen, so lautete die durchlaufende Kommentierung, richte sich der Vertrag gegen den Frieden in Europa und in der Welt. Er stelle eine ernsthafte Gefahr für die ganze Menschheit dar. In Ungarn hieß es, Frankreich habe sich nun „offiziell für die revanchistischen Forderungen Bonns erklärt".

Mit Genugtuung wurde hervorgehoben, der Vertrag habe die „Legende von der westlichen Einheit ausgemerzt". Es begännen sich bereits die Umrisse eines Konflikts zwischen dem europäischen und dem amerikanischen Flügel der NATO abzuzeichnen und zwar auch auf wirtschaftlichem Gebiet. Der Vertragsabschluß, so konnte man in Sofia hören, sei eine offene Demonstration beider Länder, vor allem aber Frankreichs gegenüber der amerikanischen Politik. „Die Achse Paris–Bonn läßt Befürchtungen in Washington und London und einigen EWG-Hauptstädten aufkommen. Sie ist gegen die USA und Großbritannien gerichtet."

Im ganzen Ostblock wurde scharf kritisiert, daß der Vertrag sich auch auf Westberlin erstreckte. Dies sei vorsätzlich provokatorisch und könne keinerlei internationale Rechtskraft haben. Der Vertrag ermutige die Hauptbestrebungen „der herrschenden Kreise der Bundesrepublik, die politischen und territorialen Ergebnisse des Zweiten Weltkrieges zu beseitigen". „Im Grunde genommen bedeutet der Pariser Vertrag also eine Stärkung der westdeutschen revanchistischen Kräfte, die gegenüber Polen und anderen Staaten Forderungen erheben, die gegen ihre territoriale Unversehrtheit gerichtet sind. Das muß verständliche Besorgnis in Polen hervorrufen. Das dürfte auch der französischen Regierung nicht gleichgültig sein", kommentierte Radio Warschau.

Eine Ausnahme machten die Chinesen, die lediglich von einer bereits existierenden französisch-westdeutschen Achse sprachen, die durch den Vertrag bestätigt werde.

Da saßen wir nun und besahen uns die Weltkarte. Nach dem Abschluß des Vertrages war es im Gefüge der Allianz schwer geworden, die Balance zu halten. Deutschland mußte zwei Freier ruhigstellen.

Insgesamt hatte sich trotz der Kritik unsere Ausgangsposition für die Regelung der großen anstehenden Fragen verbessert.

Wer konnte sich den mächtigen Gemütsbewegungen entziehen, wenn in Paris und in Bonn die großen Flaggen wehten, die Trikolore und Schwarz-Rot-Gold, jedem Lufthauch folgend, lebendig wallend oder steif im Winde stehend. Frankreich und Deutschland, mein Gott, der alte Traum unserer jungen Jahre war in Erfüllung gegangen.

Gnade der Versöhnung

Am 23. Mai 1960 war Adolf Eichmann in Argentinien entführt und nach Israel verbracht worden. Elf Monate später begann der Prozeß. Das Presseamt entsandte besondere Beobachter, um die alles dominierende Informationsseite abzudecken, Dr. Hans Stercken und Rolf Vogel. Die Ost-Berliner Agenten, Rechtsanwalt Friedrich Karl Kaul an der Spitze, hatten die Stirn, diesen Prozeß für eine Hetzkampagne gegen die Bundesrepublik zu nutzen, und hielten vor Ort große Pressekonferenzen ab. Wie gewohnt, war ein Teil der linksliberalen Publizistik in der ganzen Welt – und auch in Deutschland – der DDR-Propaganda zu Diensten.

Wir mußten damit rechnen, daß eine berechtigte Empörung und Erbitterung wiederbelebt wurde. Das Grauen und das Entsetzen über die Untaten, zu denen Deutsche fähig gewesen waren, erschütterten jeden, der durch den Prozeß erneut mit der Wirklichkeit konfrontiert wurde, uns eingeschlossen. Was wir aber nicht wollten, war, daß dieser Prozeß in eine Zurückweisung oder auch nur Schwächung unserer großen nationalen Anliegen einmündete. Die Teilung durfte nicht als gerechte Strafe für die Greuel der Hitler-Diktatur ausgegeben und hingenommen werden. Wir wollten auf die Selbstbestimmung nicht verzichten, nicht auf unser Verlangen, uns wieder aufzurichten, uns selbst wieder zu finden. Die zwölf Jahre durften nicht zum Maßstab für die allgemeine Bewertung einer langen Geschichte und Zivilisation werden. Das gelang, aber verlangte den für unsere Informationspolitik Verantwortlichen eine ständige Wachsamkeit und hohe Sensibilität ab. Ein falsches, ein mißverstandenes Wort konnte großen Schaden anrichten, ebenso wie das feige Kuschen vor durchsichtigen Unverschämtheiten. Rolf Vogel hat in seiner Arbeit „Der deutsch-israelische Dialog“ die sich fortentwickelnde Debatte im Zuge des Eichmann-Prozesses ausführlich dokumentiert.

Der Umgang der jüdischen Gemeinschaften in aller Welt mit Deutschland und den Deutschen war und blieb ein komplexer Vorgang. Es lag in der Natur der Sache, daß Gefühle und Leidenschaften die kühlen Erwägungen matt setzten.

Unser tiefer Wunsch nach Versöhnung wurde nicht erfüllt. Aber er blieb die treibende Kraft hinter vielfältigen Versuchen, sich begreiflich zu machen, sich zu verstehen. Die deutschen Juden und die zahllosen Deutschen, die über viele Geschlechter hinweg jüdisches Blut in ihren Adern hatten, waren diejenigen, die, ohne den Glauben an die Gnade der Versöhnung zu verlieren, unverzagt die Nähe der jüdischen Glaubensbrüder suchten.

Ich war bald zu der Ansicht gekommen, daß der Staat in diesem Bereich am besten schwieg. Er sollte juristisch und materiell Probleme, die sich aus der Judenverfolgung ergaben, gerecht und großzügig regeln, aber von Amts wegen nicht in die fortdauernde geistige und religiöse Auseinandersetzung eingreifen.

Wir haben immer wieder geprüft, ob diese Abstinenz richtig war. Sie war überwiegend gerechtfertigt.

Als wir in der Bundesrepublik das Thema der Verjährungsfrist zu regeln versuchten und dabei waren, diplomatische Beziehungen mit Israel aufzunehmen, gab es wieder einmal eine große Diskussion mit antideutschen Vorzeichen in den Vereinigten Staaten. Wir sahen darin einen ausreichenden Grund, die amerikanische Öffentlichkeit noch einmal zu erforschen. Zu diesem Zweck reiste ich eigens in die USA und schrieb nach meiner Rückkehr einen Vermerk, in dem auch die Rolle der amerikanischen Juden im Prozeß der Meinungsbildung angeschnitten wurde, freimütig und im ganzen wohl zutreffend.

Die besten Ratgeber bei einer Bemühung, sich in dieser Sache kundig zu machen, waren unsere jüdischen Freunde in Amerika. Sie waren Amerikaner in der zweiten oder dritten Generation. Die meisten kamen aus Europa, viele aus Deutschland. Andere waren noch in Europa geboren worden und hatten in Amerika Zuflucht gefunden. Unser Umgang miteinander war ein kostbares Gut. In unseren Unterhaltungen blitzte der jüdische Scharfsinn auf, und der jüdische Witz fügte eine Prise Salz hinzu. Wie schön war das Leben in Berlin gewesen. Was war da alles zu Bruch gegangen. Welch ein Wahnsinn! Es war ein Wunder, eine Gnade, daß man miteinander lachen konnte.

Mit den Journalisten der großen Blätter, durchweg jüdischer Abstammung, verband uns ein sachliches Interesse, das Distanz ebenso erlaubte wie vertrauensvolle Zusammenarbeit. Ohne ihre Ratschläge, die auf einer genauen Kenntnis der verschiedenen Strömungen in der amerikanischen Publizistik und auch im amerikanischen Judentum beruhten, war es unmöglich, zu einem ausgewogenen Urteil zu kommen.

Ich fand, daß nicht Verjährungsfrist und Nah-Ost-Krise das deutsch-amerikanische Verhältnis verschlechtert hatten, sondern die bereits seit längerer Zeit strapazierten deutsch-amerikanischen Beziehungen hatten die Schärfe der anti-deutschen Kampagne zu beiden Themen provoziert. Diese Kampagne wurde von einer einflußreichen Minderheit organisiert, die allerdings die große amerikanische Öffentlichkeit nur wenig beeindruckte. Sie wirkte dagegen im Kongreß und im Senat und strahlte von da aus auf die Regierung ab.

Die Verlängerung der Verjährungsfrist und die Aufnahme diplomatischer Beziehungen zu Israel, so glaubte ich, würden der öffentlichen Debatte bald die Aggressivität nehmen und sie schließlich beenden. Damit war jedoch noch nicht viel gewonnen. Die Interessenlage der jüdischen Gemeinschaft machte es ihr nahezu unmöglich, sich überzeugen zu lassen.

Wichtiger schien mir, dem Auseinanderstreben der deutschen und amerikanischen Politik auch mit informationspolitischen Mitteln zu steuern. Diese Mißklänge hatten zwei Ursachen. Einmal die störende Wirkung der deutschen Anliegen auf die „Entspannungspolitik" und zum anderen den wachsenden Einfluß aller links von der Mitte stehenden Kreise.

Wir mußten die positiven Zielsetzungen der deutschen Politik herausstellen und uns aus der ewigen Kontra-Position befreien. Dabei kam dem europäischen Bestandteil der deutschen Politik wesentliche Bedeutung zu. Deutschland mußte sich heute und morgen als freiheitsliebend, fortschrittlich und schöpferisch erweisen.

Zu den Markenzeichen der „liberalen" Einstellung gehörten viele antideutsche Elemente, und dies nicht nur im engeren politischen Bereich. Die deutsche Politik wurde von vielen als ein störender Block in der Landschaft der alliierten Politik angesehen. Bei dem Kräfteverhältnis zwischen den USA und Deutschland lag darin eine Gefahr für uns. Auf die Frage, ob sich die amerikanische Außenpolitik auf dem richtigen Wege befinde, konnte man kein uneingeschränktes Ja zur Antwort geben. Ich empfahl, eine gründliche Studie in den USA durchzuführen. Unsere letzte Meinungsumfrage zum Deutschlandbild lag fast drei Jahre zurück, und sie war nicht von der gleichen erfolgreichen Systematik bestimmt, die wir in der Zwischenzeit entwickelt hatten.

Ich glaubte, ohne die Ergebnisse der Studie abzuwarten, sagen zu können, daß eine speziell sich an die jüdischen Gemeinschaften in den USA richtende informationspolitische Anstrengung keine, vielleicht sogar eine negative Wirkung haben würde. Die Informationsarbeit sollte sich darauf beschränken, Anfragen schnell und zutreffend zu beantworten, sachlich falsche Behauptungen zu widerlegen, nicht aber in einen Streit der Meinungen eintreten.

Interessant war, daß mehrere jüdische Vertreter mir unabhängig voneinander gesagt hatten, die Diskussion habe auch den Zweck, das Judentum in den USA darauf vorzubereiten, daß es selbst wieder stärkere finanzielle Opfer für Israel bringen müsse. Die Wortführer der Kampagne gegen uns seien die zionistischen Gruppen. Die anderen Juden, vor allem, wenn sie europäischer und insbesondere deutscher Abstammung seien, hätten sich sehr zurückgehalten. Die Anstrengungen richteten sich jetzt darauf, die amerikanische Regierung dazu zu bewegen, selbst Waffen an Israel zu liefern. Offenbar werde auch erwogen, die in den USA von den zionistischen Organisationen gesammelten Gelder eventuell für Waffenkäufe zu verwenden. Die Tatsache, daß wir mit den Waffenlieferungen die Kastanien für die amerikanische Regierung aus dem Feuer geholt hätten, sei heute in der informierten amerikanischen Öffentlichkeit allgemein bekannt.

Die Botschaft, das German Information Center und unsere Vertretung bei den Vereinten Nationen waren übereinstimmend der Auffassung, daß die Bundesregierung die Berichte von nationalsozialistischen Greueltaten, wie sie in den Prozessen zutage traten, nicht amtlich verbreiten sollte. Es verstehe sich, daß die deutsche und ausländische Berichterstattung über diese Prozesse und ähnliche Komplexe ihren Fortgang nehmen müsse. Sie spreche für sich selbst.

Es werde darauf ankommen, neue Bezüge herzustellen. Dabei stehe an erster Stelle eine Information, die Deutschland und Europa gleichsetze; „Germany in Europe“ sollte das Leitmotiv einer Kampagne auf vielen, nicht nur den politischen Gebieten sein. Ferner sei die Darstellung des gegenwärtigen und des zukünftigen Deutschlands vordringlich. Viele deutsche Darstellungen, auch solche, die eigens für das Ausland gesprochen, gedruckt und aufgenommen würden, behandelten unsere Vergangenheit mehr als die Gegenwart. Man dürfe nicht übersehen, daß ausländische Kritiker sehr oft deutsche Autoren zitierten. Es verstehe sich auch hier, daß wir Auskunft geben müßten, wenn wir gefragt würden. In der Geschichtsschreibung müsse das Phänomen des Nationalsozialismus in unserem eigenen Interesse weiterhin gründlich behandelt werden. In der aktuellen Informationspolitik dagegen sollte es keine vorrangige Rolle spielen. Sie sollte sich mit einer deutschen politischen Strategie für Frieden, für soziale Gerechtigkeit und Wohlstand in der Welt befassen. Die Tatsache, daß die deutsche Politik auch einmal nein sagen müsse, werde dann eingebettet in einen insgesamt positiven Strom von Informationen. Es sei ungeschickt, sich ständig in einer Kontra-Stellung zu präsentieren. Eine weitere Linie sollte das amerikanische Interesse an einem Engagement in Europa und in Deutschland unterstreichen und wachhalten.

Nach der Aufnahme der diplomatischen Beziehungen zu Israel ist die Diskussion in den folgenden Jahren und Jahrzehnten in ruhigeren Bahnen verlaufen. Vor allem im Verkehr mit den Regierungen und dem Volk Israels sind fruchtbare Beziehungen gewachsen. Auch im persönlichen Umgang miteinander haben Deutsche und Israelis die Gnade der Versöhnung erfahren. Eine Gnade, die ihre Kraft auch daraus gewinnt, daß beide Seiten nicht vergessen können und wollen. Wir werden weiterhin die Last unserer Untaten tragen. Das gilt für alle, die schuldig werden.

Die Mauer

Im Zuge der Konsultationen über unsere informationspolitische Zusammenarbeit war der Direktor der United States Information Agency, Ed Murrow, im August 1961 nach Deutschland gekommen. Es hatte sich bewährt, diese Verhandlungen nicht am Regierungssitz, sondern irgendwo vor den Toren in der Stille zu führen. Karl-Günther von Hase hatte sich für den Giersberg in Münstereifel entschieden.

Murrow war schon zu seinen Lebzeiten eine legendäre Gestalt im amerikanischen und internationalen Journalismus geworden. Im Kriege hatte er von London aus berichtet. Nach dem Kriege war er bei CBS zu einem der führenden Kommentatoren geworden, dem eine große, gelegentlich entscheidende Wirkung auf die amerikanische Politik zugeschrieben wurde. Sicher war, daß er McCarthy den publizistischen Todesstoß gegeben und die von dem Senator ausgelöste Hexenjagd auf alles, was nicht ganz rechts angesiedelt war, gestoppt hatte.

Murrow entsprach bis hin zu seiner Kleidung dem Bild des Amerikaners, das uns die großen Filme vermittelt haben. Er erinnerte mich immer an Humphrey Bogart. Er war sehr erfahren, hatte in seinem Leben die Politik und die Politiker genau beobachtet. Er sprach ruhig und abgewogen; seine Beurteilungen waren klar und entschieden. Wenn wir über unsere gemeinsame Arbeit sprachen, über Informationspolitik und Öffentlichkeitsarbeit in der Welt, hielt er sich nicht mit diffusen Sprüchen auf. Er war ein von großen Ideen und Erfahrungen gesteuerter Praktiker.

Er hatte ein Laster, war ähnlich wie Brentano ein unheilbarer Kettenraucher. Er war damals schon sehr krank und wußte vermutlich, daß er Lungenkrebs hatte. Mag sein, daß die Gewißheit des nahen Todes seine Stimmungen beeinflußte. Jedenfalls berührte ihn die rauhe Schönheit der Wälder und Berge in der Eifel. Man spürte, wie er die trotz allem Elend schöne Welt noch einmal ganz in sich aufnahm, weil er ahnte, daß ihm nicht mehr viel Zeit bleiben würde.

Murrows Nachfolger wurde Carl Rowan. So war die United States Information Agency die erste Oberste Bundesbehörde in den

USA, die von einem Afro-Amerikaner geleitet wurde. Ich lernte Rowan bald nach seiner Amtsübernahme kennen. In seiner Person verkörperte er bereits den auf breiter Front einsetzenden Wandel im Verhältnis der weißen zu den farbigen Amerikanern. Rowan war gebildet, begabt und hatte keine Komplexe, die ihn hinderten, ein bedeutendes Amt mit vielen weißen Untergebenen zu führen. Er erzählte, daß er an einem Wochenende – in Jeans und T-Shirt gewandet – vor seinem Hause in einem Washingtoner Wohnviertel den Rasen gemäht hatte. Eine vorübergehende Dame fragte ihn, ob er Zeit und Lust hätte, auch bei ihr im Garten zu arbeiten. Rowan sagte ja, warum nicht, mal sehen. Die Dame erkundigte sich dann, was er hier als Lohn bekomme. „Ich schlafe mit der Hausfrau“, war die Antwort.

Nach Abschluß unserer Tagung auf dem Giersberg flogen Murrow und ich nach Berlin. Er wollte sich vor Ort umsehen, sich kundig machen über den großen Gegenstand, der auch einen wichtigen Platz in unseren Beratungen eingenommen hatte. Wir kamen am 15. August 1961 morgens an und fuhren sofort zur Sektorengrenze. Am 13. war die Ankündigung des Mauerbaus erfolgt, und am 14. war mit dem Bau der Sperren begonnen worden. Wir liefen in die Bauarbeiten hinein, sahen, wie die Stacheldrahtrollen gelegt, die ersten Steine zur Mauer zusammengesetzt wurden. Amerikanische Soldaten in gepanzerten Fahrzeugen und deutsche Polizei standen auf unserer Seite und sahen zu.

Ich traf in unserem Besucherbüro die stündlich wachsende, erregte Schar der ausländischen Journalisten, gab unsere Erklärungen und hörte ihre Kommentare. Nachmittags ging es ins Rathaus, dann zusammen mit Ed Murrow zum amerikanischen Stadtkommandanten. Er bat mich, ihn allein zu lassen. Er telefonierte mit dem Weißen Haus. Er hat mit dazu beigetragen, daß Kennedy seinen Vizepräsidenten Lyndon B. Johnson und General Lucius Clay unverzüglich nach Berlin entsandte.

Es war ein Zufall und doch ein Glücksfall, daß ein Mann das Geschehen in Berlin miterlebte, der unter all den Amerikanern, die zu diesem Zeitpunkt in Berlin, ja in Deutschland waren, die persönlichste, intimste Verbindung zu Präsident Kennedy hatte. Murrow hatte mit den geschulten Augen des Reporters selbst gesehen, was sich abspielte, die Ungeheuerlichkeit des ganzen Vorgangs sicher erfaßt. Er war außer sich angesichts der Passivität des Westens und verlangte nach einem aller Welt sichtbaren Zeichen. Ich nehme an, daß die amerikanischen Soldaten in Berlin Murrow klargemacht haben, wie ihre Befehle lauteten: West-Berlin unbedingt halten, wenn nötig mit Waffengewalt, aber keine Anwendung von Gewalt über die Sektorengrenze, über die Zonengrenze hinweg.

Am Vormittag des folgenden Tages, des 16., jagte eine Besprechung die andere. In Bonn war man äußerst vorsichtig, Adenauer von der Sorge geleitet, es könne zum Kriege kommen. Adenauer hatte den sowjetischen Botschafter Andrej Smirnow auf dessen Wunsch hin empfangen und ihm versichert, daß die Bundesregierung keine Schritte unternehmen werde, welche die Beziehungen zwischen der Bundesrepublik und der UdSSR belasten und die internationale Lage verschärfen könnten. Smirnows Auftrag war offensichtlich gewesen, abzuwiegeln und zu beruhigen, aber wir waren doch wie vor den Kopf geschlagen zu erfahren, wie kleinlaut Adenauer angesichts der ungeheuerlichen Provokation geblieben war. Auch war nichts von einem Besuch des Kanzlers in Berlin zu hören.

Am Nachmittag strömten gut und gerne 250 000 Menschen vor dem Schöneberger Rathaus zusammen, um gegen den Mauerbau zu protestieren. Auch Murrow und ich waren zur Stelle. Die Menge war von Zorn und Enttäuschung aufgeladen. Auf den Transparenten stand: „Werden wir vom Westen betrogen? Verrat an Berlin! Papierne Proteste gegen Tanks!“ Eine andere Parole hieß: „München ’38 = Berlin 1961“. Dieses Spruchband griff in knapper Form den Vergleich auf, den Willy Brandt in seinem durch eine Indiskretion bekannt gewordenen Brief vom gleichen Tage an Kennedy angestellt hatte.

Der Regierende Bürgermeister hielt eine große, die Massen bewegende Rede. Wir alle waren uns der Dramatik und Tragik des Geschehens bewußt.

Mit Erbitterung im Herzen und Plänen im Kopf flogen wir am Abend zurück, Murrow nach Washington, ich nach Bonn.

Am 18. fand eine Sondersitzung des Bundestages statt, in der Adenauer und Brandt sprachen. Johnson kam am gleichen Tage mit General Clay nach Bonn und flog anschließend nach Berlin. Die Botschaft war einfach. Jetzt Ruhe, keine Provokation. Wir bereiteten uns auf den nächsten Angriff vor. Johnson appellierte an die Deutschen, in ihrem Vertrauen zu den USA nicht zu wanken.

Der Appell tat seine Wirkung. Das Vertrauen blieb gerechtfertigt, ohne Zweifel, wie auch die Lösung der deutschen Frage letztlich bewiesen hat. Dennoch, bei Willy Brandt hat die westliche Reaktion auf den Mauerbau die Meinung befestigt, daß die Alliierten den Besitzstand halten, aber keine offensive Politik betreiben wollten. Ich bin davon überzeugt, daß der Mauerbau einen entscheidenden Anstoß zur Ostpolitik Brandts gegeben hat, nicht den alleinigen, gewiß. Es gab ein Bündel von schwachen und starken Motiven, aber die Reaktion der Vereinigten Staaten und vielleicht auch diejenige Adenauers haben Brandts Bedenken weggeräumt. Das Kalkül seiner Ostpolitik wurde dadurch nicht einleuchtender, blieb im Logischen auch falsch, weil man hoffte, die Entspannung werde die Ursachen der Spannung beseitigen. Umgekehrt wurde ein Schuh draus.

Das Jahr 1961 hatte es in sich. Schon im April war die von den USA unter ihrem neuen Präsidenten Kennedy geförderte Invasion Kubas gescheitert. Am 5. Juni hatten sich Chruschtschow und Kennedy in Wien getroffen, wo Chruschtschow wieder den Separat-Friedensvertrag mit den deutschen Teilstaaten auf den Tisch legte, die Beendigung des Besatzungsregimes in West-Berlin forderte und die Kontrollen aller Verbindungswege in die Hand der DDR geben wollte.

Im Juli und im August schossen die Amerikaner bemannte Missionen ins Weltall. Ende August zündeten die Russen eine große Kernwaffenexplosion und setzten mit deren Knall der laufenden Genfer Abrüstungskonferenz ein Ende.

Nach dem Bau der Berliner Mauer begann eine intensive außenpolitische und sicherheitspolitische Aktivität. Die Grenze der Zugeständnisse war erreicht worden. Bis hierher und nicht weiter, mußte das Leitmotiv sein. Die Russen hingegen setzten wie immer auf das alte Erfolgsrezept. Nachdem der Coup gelungen war, betonte man das Interesse an Verhandlungen, an der Sicherung des Friedens und zählte auf die Vergeßlichkeit der Menschen überhaupt und diejenige der ermüdeten lustlosen Bürger der demokratisch verfaßten Staaten im besonderen.

Erneut war der Bundesrepublik vorgeführt worden, daß sie nicht in der Lage war, ihre ureigensten politischen Anliegen selbst in die Hand zu nehmen. Es blieb wieder nur, wie so oft vorher und nachher, das Wort. Die Hauptlast der öffentlichen, weltweiten Auseinandersetzung lag bei der Informationspolitik, bei uns.

Götterdämmerung

Die von Adenauer geführte CDU hatte 1957 zusammen mit der CSU die Bundestagswahlen mit einem ungewöhnlich guten Resultat gewonnen. Mit unserem Wahlsystem eine absolute Mehrheit zu erlangen, war so gut wie ausgeschlossen, und doch hatte die CDU es geschafft. Der Vorgang war einmalig, denn nie vorher und nie nachher hat irgendeine Partei in der Bundesrepublik eine absolute Mehrheit bei der Bundestagswahl erringen können.

Dennoch war im Frühjahr 1960 in Bonn von großer Selbstsicherheit und Zuversicht wenig zu spüren. Im Zentrum der teils offen, aber überwiegend verdeckt geführten Diskussion stand die Frage: Wie lange kann „der Alte" es noch machen? Dabei spielte Adenauers Lebensalter primär keine Rolle, denn er hatte zu einem Zeitpunkt angefangen, große Politik zu betreiben, wenn andere sich zur Ruhe setzen. Die sekundären Alterserscheinungen häuften sich aber doch, wobei im Grunde altbekannte und vertraute Charakterzüge des Bundeskanzlers jetzt deutlicher hervortraten. Eine Fähigkeit, die man normalerweise bei einem führenden Politiker hoch schätzt, auch dann, wenn sie keine Sympathien weckt, nämlich verschiedene Strömungen zu neutralisieren, indem man die Leitfiguren gegeneinander ausspielt, wurde zum Laster. Schröder warnte er vor Kiesinger, Brentano und Franz Josef Strauß und Gerstenmaier, Kiesinger vor Schröder und Strauß und so fort. Ludwig Erhard wurde generell angeschwärzt. Adenauers mündliche und schriftliche Äußerungen nahmen an Schärfe zu. Wenn sie noch durchschlagend gewirkt hätten, so wäre dies als Zeichen der ungebrochenen Führungskraft gewertet worden, aber mehr und mehr wurden die Adenauerschen Interventionen nur noch zur Kenntnis genommen. Hinzu kam, daß Adenauer anfing, Fehler zu machen, an denen er beharrlich festhielt. Alles in allem genommen, waren Unsicherheiten und Fehlreaktionen in Adenauers Verhalten zu verzeichnen, die schneller als erwartet genutzt wurden, um die gewohnten Bahnen zu verlassen und Neuland zu erkunden.

In meinem Briefwechsel mit Brentano und Eckardt war das Thema schon angeklungen. Die Zeichen standen auf Veränderung. Brentano und Eckardt hatten meine Rückkehr betrieben und meinen gestaltenden Einfluß ermöglicht. Brentano gab bereits 1961 nach den Bundestagswahlen das Außenministerium ab und übernahm wieder den Vorsitz der CDU/CSU-Fraktion im Deutschen Bundestag. Felix von Eckardt hielt bis Juni 1962 durch und ging dann als Bundesbevollmächtigter nach Berlin. Hallstein wurde Präsident der EG-Kommission und rückte nach Brüssel ab. 1963 trat Adenauer zurück. Seine Kandidatur für das Amt des Bundespräsidenten und der anschließende Gesinnungswandel beschleunigten seinen Abschied von der politischen Bühne.

Man macht es sich zu einfach, wenn man annimmt, es habe sich um einen natürlichen, biologischen Prozeß gehandelt, das unvermeidliche Altern eines großen Mannes. Selbstverständlich unterlag Adenauer wie jeder andere den Gesetzen der Natur, von Geburt und Tod, von Werden und Vergehen. Sein Abschied aus der Arena signalisierte aber auch die Ausschau nach weiter gesteckten Zielen, das Verlangen nach einer neu gefaßten, neu vorgeführten Politik. Dies kam nicht von ungefähr. Der Anstand und die Wahrheitsliebe gebieten es, festzuhalten, daß so gut wie alles, was nach Adenauers Abschied angepackt wurde, von ihm und mit ihm schon gedacht, ausgesprochen und aufgeschrieben worden war. Aber viele der Gedanken und Pläne waren nur gespeichert, nur im Ansatz oder gar nicht in die Tat umgesetzt worden. Ein mir befreundeter französischer Botschafter pflegte seine Mitstreiter, die ihm ein faszinierendes Projekt vorschlugen, immer zu fragen: „Est-ce bien le moment?" Den richtigen Zeitpunkt zu treffen, ist eine große Kunst. Der Instinkt entscheidet oft mehr und besser als der Verstand. Wenn man sich ernsthaft fragen muß, ob man etwas tun oder lassen sollte, dann ist es in der Regel besser, es zu lassen, sagen die chinesischen Weisen.

Umsicht und Vorsicht hatten Adenauer oft dazu gebracht, seine Politik und sein immer gefährdetes Land nicht unzeitigen Risiken auszusetzen. Die Adenauerforschung wehrt sich dagegen, die außenpolitische Risikobereitschaft Adenauers anzuerkennen, ja, auch nur zu beschreiben, wohl in der Annahme, dem Bild des weisen Staatsmannes zu schaden. Weise? Vielleicht. Kühn? Ganz gewiß.

Die zweite Jahreshälfte 1961 leitete eine andere folgenschwere Entwicklung ein, die mit Adenauers Abgang parallel lief. Die FDP rückte nach links. Rein äußerlich saßen ihre Abgeordneten noch rechts von der CDU im Bundestag, aber die den Vorgang verschleiernde suggestive Wirkung der Sitzordnung ließ nach.

Am 17. September 1961 zeitigten die Wahlen zum Vierten Deutschen Bundestag aufschlußreiche Ergebnisse. Die FDP schlug sich gut, bekam 12,8% der Stimmen und hatte 67 Sitze im neuen Parlament. Die CDU verlor erwartungsgemäß die absolute Mehrheit. SPD und FDP hatten zusammen eine Mehrheit von 15 Stimmen. Das war nicht viel, aber es hätte gut und gerne gereicht. Die FDP zeigte sich wieder zur Koalition mit der CDU/CSU bereit, was einer so konstruierten Regierung die deutliche Mehrheit von 309 Stimmen gegenüber 190 Stimmen der Sozialdemokraten brachte.

Die Koalitionsverhandlungen waren außerordentlich mühsam und schleppten sich bis Mitte November hin. Das neue Kabinett wurde erst am 14. November vereidigt.

Die FDP wollte unter allen Umständen einen Fuß in die Tür des Auswärtigen Amtes setzen. Sie griff Brentano auch persönlich an und brachte ihn dazu, am 30. Oktober seinen Verzicht auf das Außenministerium und jedes andere Ministeramt in der zu bildenden Bundesregierung zu erklären. Er hatte begriffen, daß Adenauer bereit war, ihn zu opfern. Wie immer wurden Kiesinger, Gerstenmaier und Gerhard Schröder als mögliche Nachfolger genannt. Adenauer selbst versuchte Hallstein ins Spiel zu bringen. Der verzichtete klugerweise mit der Begründung, er wolle seine Arbeit als Präsident der Kommission der Europäischen Gemeinschaft nicht aufgeben. Hallstein hätte vermutlich auch keine Chance gehabt, weil die FDP ihn noch weniger erträglich fand als Brentano. Es gelang der CDU aber, das Außenministerium zu halten. Dr. Gerhard Schröder wurde Außenminister, eine Entscheidung, die selbst innerhalb der CDU, vor allem in Berlin, kritisiert wurde.

Bei Brentanos Verzicht spielte vermutlich mit, daß er glaubte, annehmen zu können, seine Absichten, die Nachfolge Adenauers als Bundeskanzler anzutreten, ließen sich besser im Bundestag, in der Fraktion verfolgen als in einem Kabinett unter Adenauers Führung. Tatsächlich gelang es Brentano, sich den Fraktionsvorsitz zu sichern.

Brentano war nun nicht mehr formal mein Vorgesetzter, und wir führten fortan einen etwas vertrauteren Umgang miteinander. Meine

Frau und ich freuten uns, wenn er als Gast in unser Haus kam. Er blieb mir freundschaftlich gesonnen und hörte meinen und meiner Freunde Rat.

In dem Gerangel buchte die FDP wichtige Punkte, indem sie ein besonderes Entwicklungsministerium durchsetzte, an dessen Spitze Walter Scheel trat. Damit war ein zunehmend an Bedeutung gewinnender Bestandteil der Außenpolitik der CDU entglitten. Das Manöver gelang. Es war folgerichtig, daß Scheel später in der ersten sozialliberalen Koalition unter Willy Brandt dann Außenminister wurde.

Die mit der Bildung des neuen Kabinetts einsetzende Entwicklung hatte gravierende Folgen. Die FDP wurde Mehrheitsbeschaffer und nutzte diese Schlüsselfunktion kaltblütig aus. Das war nicht zu beanstanden, denn unser Wahlsystem eröffnete ihr diese Möglichkeit. Eine kleine Partei ohne eine entsprechende Legitimation durch die Wähler bestimmte weitgehend Form und Inhalt der deutschen Außen- und Sicherheitspolitik, obwohl sie nicht ein einziges Direktmandat erringen konnte. Die FDP, deren Stärke in den folgenden Wahlen zusehends verfiel, so daß sie ständig bangen mußte, unter fünf Prozent zu fallen und damit aus der Bundespolitik zu verschwinden, besetzte sowohl das Außen- als auch das Wirtschaftsministerium. Bei ihrem knappen Personalbestand bekamen auch geschmeidige Leute eine Chance, deren politische Aktionen sich im Verbalismus, im Umgang mit Worten erschöpften, die in der Wirklichkeit keiner echten Belastung standhielten. Es wurde allgemein angenommen, daß die FDP diese beiden großen Ministerien nicht wieder freigeben würde. Infolgedessen interessierte sich in den großen Parteien keine starke, kenntnisreiche Persönlichkeit für Außenpolitik oder Wirtschaftspolitik.

Das forsche Auftreten der FDP änderte nichts daran, daß sie eine kleine, schwache Partei war, die in der Folgezeit von den Grünen überholt wurde. Sie mußte infolgedessen auch im Kabinett Entspannungspolitik betreiben. Das Auswärtige Amt, welches unter CDU-Führung seinen Rang im Kabinett immer verteidigen konnte, wurde zusehends in seinen Zuständigkeiten beschnitten und in seiner Autorität in Frage gestellt. Alle und jeder glaubte sich berufen, Außenpolitik zu treiben. Ein natürliches Spannungsfeld entstand auch zwischen dem Außenminister und dem Kanzler, der mühsam versuchte, sich die Richtlinienkompetenz für die alles entscheidende Außen- und Sicherheitspolitik zu erhalten.

Das unübersehbare Zeichen an der Wand war, daß Adenauer in jenem Spätherbst 1961 seine erneute Kanzlerschaft der FDP mit der schriftlichen Zusage abkaufen mußte, er werde vor Ablauf der Legislaturperiode zurücktreten. Diese Ankündigung war fatal. Selbst Adenauer, dem es immer noch einmal gelang, jene Autorität zu demonstrieren, die das Kennzeichen seiner Regierungskunst war, konnte die allen dämmernde Wahrheit nicht verdecken. Das Ende war nahe. Die Regierung blieb nicht einmal ein Jahr im Amt. Die *Spiegel*-Affäre wurde zum Anlaß ihres Verfalls und unrühmlichen Endes.

„Besser draussen als drinnen“

Am 29. Oktober 1962 vormittags versammelte sich auf dem Flughafen Köln-Wahn eine Gruppe von Angehörigen des Auswärtigen Dienstes, angeführt von Außenminister Dr. Gerhard Schröder, um in einer Sondermaschine nach Entebbe zu fliegen. Dort, in Uganda, sollte eine mehrtägige Konferenz der deutschen Botschafter in Afrika stattfinden. Als wir uns auf dem Flugplatz trafen, waren gerade die Nachrichten über die Polizeiaktion gegen den *Spiegel* bekanntgeworden, die in der Nacht vom 26. auf den 27. Oktober angelaufen war. Mit einem riesigen Aufgebot von Staatsanwälten, Richtern und Polizisten waren die Redaktionsräume des *Spiegel* nächtens durchsucht und gleich sechs *Spiegel*-Redakteure, darunter Rudolf Augstein und Claus Jacobi, verhaftet worden. In der gleichen Nacht war auch Conrad Ahlers in Torremolinos in Spanien festgesetzt worden. Als Grund für die Aktion wurde der in der Hauptsache von Conrad Ahlers verfaßte Artikel „Bedingt einsatzbereit“ genannt, dessen Inhalt landesverräterisch gewesen sein sollte.

Die Meldungen waren naturgemäß das Gesprächsthema schon auf dem Flugplatz und während des Fluges. Ich wurde viel befragt, denn man wußte, daß ich mit Ahlers befreundet war. Außerdem war ich auf Grund meiner Arbeit derjenige, der die *Spiegel*-Redaktion und ihre Arbeitsweise recht gut kannte. Schließlich war mir das ganze Medienmilieu vertraut, und endlich kannte ich mich auch im Presserecht aus. Da die abenteuerlichen Umstände der Verhaftung von Ahlers in Umrissen schon erkennbar waren, wagte ich die Bemerkung, daß die Bundesregierung über diese ganze Nacht-und-Nebel-Aktion zu Fall kommen könnte.

Es sprach so gut wie alles dafür, daß die deutsche und die internationale Presse sich mit dem *Spiegel* solidarisieren und die Bundesregierung innerhalb kürzestes Zeit ins Kreuzfeuer geraten würde. Es war zu vermuten, daß der *Spiegel* geschütztes Material verwertet hatte. Oft wurde es der Redaktion gratis von Leuten angeboten, die Überzeugungstäter waren, die entweder der Sache oder einer persönlichen Fehde wegen glaubten, ihre Ziele zu erreichen und ihre

Wünsche befriedigen zu können, indem sie, wenn möglich unerkannt, den Stoff für eine öffentliche Diskussion lieferten.

Der *Spiegel* war aggressiv, aber nicht leichtsinnig. Wenn man heiße Eisen anfaßte, sprachen die Hausjuristen mit. Es war also anzunehmen, daß man sich abgesichert hatte.

Es gab einen anderen Grund, mit dem Urteil vorsichtig zu sein. Einige der *Spiegel*-Redakteure unterhielten sehr gute Beziehungen zu den westlichen Nachrichtendiensten. Das galt auch für Conrad Ahlers, der selbst im Verteidigungsministerium gearbeitet hatte. Er pflegte nach Qualität und Quantität sehr intensive Kontakte zur amerikanischen Central Intelligence Agency CIA. Ein Mißbrauch derartiger Beziehungen führt erfahrungsgemäß zu sofortigem Abbruch. Ahlers und seine Kollegen beim *Spiegel* hatten vermutlich nichts geschrieben, was der alliierten Sache, der Verteidigung des Westens wirklich gravierenden Schaden hätte zufügen können.

Entscheidend für meine Einschätzung war die Überzeugung, daß Ahlers keinen Verrat üben würde. Dazu, so glaubte ich, kannte ich ihn zu gut. Gewiß war man beim *Spiegel* nicht zimperlich, wenn es darum ging, heiße Informationen zu beschaffen. Ich erinnere mich, daß ich spät abends Conny in der Nähe des Bundestages traf und fragte, woher er noch zu später Nachtstunde käme. Er sagte trocken: „Ich habe noch etwas besorgt, es war billiger, als ich dachte."

Je länger man nachdachte, desto mehr wuchs die Besorgnis, daß diese Sache mit einer Niederlage der Regierung enden würde. Aus dieser meiner Meinung machte ich am Rande der Botschafterkonferenz keinen Hehl. Meine Bemerkungen kamen dem Außenminister zu Ohren, und er sah sich veranlaßt, zu Beginn einer der Arbeitsbesprechungen zu sagen, er höre, daß hier die Ansicht vertreten werde, das Vorgehen gegen den *Spiegel* sei ein schwerer Fehler und werde für die Regierung böse ausgehen. Derartiges Gerede sei wenig hilfreich, und er bäte darum, sich zurückzuhalten. Schröder war so diskret, mich nicht zu nennen, aber alle wußten, wer gemeint war, nicht zuletzt ich selbst.

Als wir aus Afrika zurückkamen, saß Ahlers schon in einem deutschen Gefängnis und las Zeitungen, aus denen alles herausgeschnitten worden war, was sich auf seinen Fall bezog. Seine Frau Heilwig war auf freiem Fuß, und von ihr ließen wir uns den Ablauf des ganzen Theaters in Spanien schildern.

Die *Spiegel*-Affäre war nicht nur ein banaler Zwischenfall, der bald und mit Recht wieder in Vergessenheit geraten würde. Der ganze Ablauf hatte einen Vorhang weggezogen, und dahinter zeigte sich, daß einige Leute in der Regierung ein sehr gespanntes Verhältnis zur Verfassung hatten. Hermann Höcherl hatte einmal kurzab gesagt, er könne nicht den ganzen Tag mit dem Grundgesetz unterm Arm herumlaufen. Das war einmal unbestreitbar richtig, und zum anderen äußerte sich da eine praktische, handfeste Auffassung von Politik und von Politikern. Das hat in seinem Fall die breite Öffentlichkeit verstanden, und die an sich brisante Bemerkung hat dazu beigetragen, Höcherl volkstümlich zu machen.

Die Beflissenheit aber, mit der die Exekutive bei einem höchst fragwürdigen Unternehmen zu Diensten war, ließ aufhorchen und machte stutzig. Es wurden unangenehme Erinnerungen wach. Jedenfalls kam die Kombination Adenauer–Strauß in den Geruch der konspirativen und skruppellosen Machtausübung.

Bedenklich war auch die plötzliche Entblößung der eigentlichen Einstellung gegenüber der Presse und des Verständnisses von Pressefreiheit.

Ich war an Kontroversen mit der Presse gewöhnt und hatte sie – wenn nötig – nicht gescheut. Aber für mich bestand kein Zweifel an der zentralen Bedeutung der Presse- und Meinungsfreiheit für ein demokratisch verfaßtes Gemeinwesen. Mir war auch klar, daß jeder Angriff auf die Pressefreiheit in Deutschland bei unseren Verbündeten, und zwar bei den Regierungen und mehr noch in der Öffentlichkeit, sehr kräftige Reaktionen auslösen würde, die uns in ihrer Gesamtheit Schaden zufügen mußten.

Bundeskanzler Adenauer selbst führte sich in den Debatten des Bundestages am 7., 8. und 9. Oktober in einer alarmierenden Weise auf. Es schien, als habe er jede Selbstbeherrschung verloren. Als sich wenig später herausstellte, daß er selbst der eigentliche Regisseur dieses Kriminalstücks gewesen war, erschienen seine Äußerungen im nachhinein als in hohem Maße polemisch und sachlich unverantwortlich. „Ein Abgrund von Landesverrat“ und: „Holen Sie mal einen aus Tanger heraus“, waren Formulierungen, die hängenblieben. Seine Versuche, in Informationsgesprächen mit der ausländischen Presse die Wogen zu glätten, waren für einen Staatsmann seines Zuschnitts von einer peinlichen Primitivität.

Die Entwicklung beschleunigte sich. Ein Geflecht von groben Lügen und widersprüchlichen Behauptungen wurde sichtbar. Der später am 4.2.1963 unter der Regie des nächsten Kabinetts veröffentlichte sogenannte *Spiegel*-Bericht liest sich wie eine Räuberpistole. Am 19. November kippte die Regierung, weil zunächst die FDP-Minister und dann die CDU/CSU-Minister ihren Rücktritt erklärten.

Staatssekretär von Hase als Sprecher der Bundesregierung kam in Bedrängnis. Wir berieten uns oft. Ich bestärkte ihn in seiner Absicht, sich nicht selbst mitschuldig zu machen. Das alles war nicht selbstverständlich, denn Adenauer fing an, um sich zu schlagen. Ich wiederholte intern meine Warnungen, bemühte mich aber auch, Ahlers zu helfen und ihn aus dem Gefängnis zu holen.

Einen Tag, nachdem die alte Regierung abgedankt hatte, schrieb ich einen Brief an Hase, der meine Auffassungen zusammenfaßte:

Es steht zu befürchten, daß der ersten folgenschweren Fehleinschätzung des Spiegel-Falles nach der Überwindung der gegenwärtigen Koalitionskrise weitere, verhängnisvolle Irrtümer folgen werden. Der im In- und Ausland entstandene Schaden könnte auf das gegenwärtige, schon höchst gefährliche Ausmaß begrenzt werden, wenn die neue Regierung in der Öffentlichkeit behutsam den Weg zu den folgenden Positionen in der Spiegelsache fände:

1. Es wäre denkbar, daß die militärpolitischen Artikel des Spiegel aus subjektiv echter Besorgnis über den Zustand unserer Landesverteidigung geschrieben wurden.

2. Die im fraglichen Spiegel-Artikel propagierte militärpolitische Konzeption ist derjenigen ähnlich, die von der NATO und von unserem wichtigsten Verbündeten, den USA, vertreten wird.

3. Es besteht dennoch dringender Tatverdacht, daß durch die Veröffentlichung dem Gegner Tatsachen bekannt geworden sind, die objektiv Geheimnisse waren. Ein solcher Sachverhalt würde den Informanten stärker belasten als die Journalisten. Die Schuldfrage kann erst durch das Urteil beantwortet werden.

4. Die Bundesregierung muß ankündigen, daß sie die gesetzlichen Vorschriften über den Landesverrat, deren Unzulänglichkeit sich herausgestellt hat, überprüfen und dabei die Abgrenzung zum Prinzip der Pressefreiheit (insbesondere zum sogenannten literarischen Landesverrat) sichtbarer machen.

Intern müssen ferner zwei Komplexe geregelt werden:

a) Die Bundesanwaltschaft hat sich mit ihrem Vorgehen vermutlich gerade noch im Rahmen der geltenden Gesetze und Verordnungen gehalten. Sie hat sie jedoch mit einem bedauerlichen Mangel an Weltkenntnis und Verständnis für die Bedeutung der Pressefreiheit angewandt. Die Bundesanwaltschaft ist mitverantwortlich für den auf lange Zeit nicht wiedergutzumachenden Schaden, den das deutsche Ansehen im Ausland erlitten hat, indem sie der Welt den Eindruck eines nur mangelhaft demokratisch kontrollierten Obrigkeitsstaates gab. Die Bundesregierung muß ihre Dienstaufsicht ernst nehmen, um weiteres Unheil zu verhüten.

b) Die Bundesregierung muß die Tätigkeit der verschiedenen Nachrichtendienste und Ämter genau definieren und einer stärkeren Kontrolle des Gesamtkabinetts und des Parlaments unterwerfen.

Die Gewalten im Staate, die unter dem Schutz der Geheimhaltung das ihnen Anvertraute, vermutlich unter Verletzung der Grundrechte mißbrauchen, müssen personell überprüft und auf ihre eigentliche Aufgabe – die militärische Aufklärung und Abwehr gegnerischer Erkundung – festgelegt werden.

Es versteht sich, daß die Veränderung der Stellung vor allem gegenüber der Öffentlichkeit nicht schlagartig erfolgen kann. Das ist auch nicht notwendig. Beharrt auch die neue Regierung jedoch auf den bisherigen Positionen, wird sie in Kürze, spätestens im Frühjahr 1963, eine Erschütterung erfahren, an der die Koalition zerbrechen und die den Ausgang der Bundestagswahlen bestimmen wird.

In den Tagen zwischen dem Rücktritt der Regierung und der Bildung des neuen, veränderten Kabinetts am 14. Dezember ’62 wurde nach und nach nicht ein Abgrund an Landesverrat, sondern ein Abgrund an Konspiration und Intrigen sichtbar. Allein die Vorgänge um die Verhaftung von Ahlers in Spanien reichten aus, um ein Schmierenstück zu füllen.

Adenauer konnte sich noch einmal retten und bewies sein taktisches Geschick. Es wurde eines seiner letzten Glanzstücke. Interessant war, was zunächst auch den Zeitgenossen verborgen blieb, das Adenauer eine verdeckte Verhandlung mit der SPD über die Bildung einer großen Koalition führte, die am 4. 12. in ein offenes Treffen mit Ollenhauer, Wehner und Erler einmündete. Die FDP witterte die Gefahr und wurde zahm. Es kam zu einer neuen CDU/CSU–FDP-Regierung, nota bene ohne Beteiligung von Strauß. Aber der so oft angekündigte, herbeigeredete und immer wieder verschobene Schlußakt der Ära Adenauer hatte begonnen.

Inzwischen saßen die meisten *Spiegel*-Redakteure noch im Gefängnis, und einige andere Informanten des *Spiegel* waren verhaftet worden. Die Voruntersuchungen waren offenbar zeitaufwendig. Ich hörte zunächst überrascht, daß der *Spiegel* zwar gut recherchiert, aber dann tapfer und frisch drauflosgeschrieben hatte. Die Frage nach der Schutzbedürftigkeit der Mitteilungen war vernachlässigt worden, eigentlich auch zu recht, da nichts wirklich Neues veröffentlicht worden war, was der Republik hätte Schaden zufügen können. Das berühmte *Spiegel*-Archiv zeigte aber dann, was es zu leisten vermochte und was die Freunde in den fremden Nachrichtendiensten zustande bringen konnten. Es gelang der Nachweis, daß so gut wie alles, was der Artikel „enthüllt“ hatte, schon irgendwo in der Welt publiziert worden war. Man mußte also, um es zu wissen, keinen Geheimnisverrat und schon gar keinen Landesverrat begehen. Die Ironie des Schicksals bestand darin, daß die Herren Redakteure, als sie schrieben, dies so genau nicht wußten und die Entlastung erst post festum gelang.

Weihnachten war in Sicht, und es ging auf das Jahresende zu. Ahlers war immer noch in Haft. Seine Anwälte rieten dazu, für einen Haftprüfungstermin Erklärungen zur Person abzugeben. Sie hofften, ihren Mandanten vor Weihnachten aus dem Gefängnis herausholen zu können.

Am 16. November schrieb ich für die Verwendung im Prozeß folgende Erklärung:

Herrn Conrad Ahlers bin ich zuerst 1948 in Hamburg begegnet. Ich wohnte damals einige Zeit im Hause seiner Mutter. Während dieser Zeit habe ich in vielen Gesprächen in Herrn Ahlers einen bei aller Weltoffenheit vaterländisch gesinnten Mann kennengelernt, der versuchte, die Lehren aus dem verlorenen Krieg zu ziehen und Möglichkeiten zu erforschen, die Deutschland einen angesehenen Platz in der Völkerfamilie sichern und die Wiederherstellung der Einheit des Landes bewirken konnten.

Herr Ahlers fühlte sich zum Journalismus hingezogen, weil er es als eine Aufgabe der Presse ansah, durch eine fundierte Berichterstattung zur Meinungsbildung über die Probleme der deutschen Politik beizutragen. Ich habe Charakter und Begabung von Conrad Ahlers so hoch geschätzt, daß ich seit dieser Zeit mit ihm in Verbindung geblieben bin. Herr Ahlers hat sich in der Folgezeit im Bundesdienst und als Journalist durch ein kontinuierliches Studium der politisch-wissenschaftlichen Literatur und dem Gedankenaustausch mit Persönlichkeiten des öffentlichen Lebens im In- und Ausland gründliche und vielseitige Kenntnisse der politischen und sozialen Gegenwartsprobleme erworben. Seine Art zu diskutieren war unpolemisch, immer bemüht, auch denen, die gegenteilige Ansichten vertraten, Gerechtigkeit widerfahren zu lassen.

Ich war deshalb überrascht, als ich Ende 1961 hörte, Herr Ahlers erwäge, trotz seiner früheren Enttäuschungen, erneut in die Redaktion des Spiegel einzutreten. Ich habe ihn daraufhin in Frankfurt angerufen und ihm dringend abgeraten. Er erwiderte, er hoffe, gemeinsam mit den Herren Jacobi und Engel den Spiegel auf eine seriöse Linie bringen zu können; auch dürfe man die soziale Funktion des Spiegel nicht übersehen.

Zu Beginn des Jahres 1960, als ich Herrn Ahlers nach vierjähriger Unterbrechung wiedersah, sagte er mir, daß er sich zunehmend wehrpolitischen Fragen zuwende, die in der deutschen Publizistik vernachlässigt würden. Er vertrat mit Entschiedenheit seine Überzeugung, daß die Konzeption und Verwirklichung unserer Verteidigungspolitik von entscheidender Bedeutung für die Freiheit und Sicherheit der Bundesrepublik sei. Im Frühjahr 1962 äußerte er seine Besorgnis über den Gegensatz der amtlichen deutschen zu den Auffassungen der Regierung der Vereinigten Staaten. Er bezeichnete deren Forderungen nach einer Verstärkung der konventionellen Streitkräfte als richtig und für die Erhaltung des Friedens notwendig.

Gegenwärtig ist die Bundesregierung öffentlichen Erklärungen zu Folge dabei, nach den Erfahrungen der Kuba-Krise ihre Konzeption den amerikanischen Vorstellungen anzugleichen.

Ich halte es nach meiner Kenntnis der Persönlichkeit von Herrn Ahlers für ausgeschlossen, daß er auch nur eine Zeile mit der Absicht veröffentlicht haben könnte, die Sicherheit der Bundesrepublik zu gefährden. Ich bin im Gegenteil davon überzeugt, daß es die Sorge um die Sicherheit Deutschlands und den Bestand des westlichen Bündnisses war, die den fraglichen Artikel verursacht hat. Deshalb steht für mich auch fest, daß Herr Ahlers nicht daran gedacht hat, noch daran denkt, sich seiner Verantwortung zu entziehen.

Günter Diehl, Vortragender Legationsrat 1. Klasse.

Ich bemühte mich, hochstehende Persönlichkeiten zu ähnlichen Erklärungen zu bewegen und sie möglichst postwendend Frau Ahlers zu übersenden.

Besonders eindrucksvoll war die Stellungnahme von Dr. Hans Berger, unserem Botschafter in Kopenhagen, einem konservativen Katholiken, der zudem noch ein anerkannter Jurist war.

Kopenhagen, den 22. 11. 1962.

Ich lernte Herrn Conrad Ahlers 1946 im Hause des damaligen Chefredakteurs der Hamburger Allgemeinen Zeitung, Dr. Karl Silex, kennen. Zu dieser Zeit war Herr Ahlers Student und Vorsitzender der Hochschulgruppe der CDU an der Universität Hamburg. Nach meinem Weggang aus Hamburg hörten diese Beziehungen auf.

Soweit ich mich erinnere, war es 1955, als ich Herrn Ahlers gelegentlich eines im Auswärtigen Amt in Bonn gegebenen Presseempfangs wiedertraf. Seit dieser Zeit stehen wir in Kontakt miteinander.

Unsere gemeinsamen Interessen liegen auf politischem Gebiet. Ich schätze Herrn Ahlers deshalb besonders, weil er ein ursprüngliches Verhältnis zur Politik hat und zu politischen Fragen eine durchaus selbständige Stellung einnimmt. Unsere gemeinsame Sorge galt in zahlreichen Unterhaltungen der Wiedervereinigung Deutschlands und der Begründung einer echten Staatsautorität.

Häufiger Gegenstand unserer Gespräche war die deutsche Rußlandpolitik. Wir waren einig, daß Deutschland von dem expansionistischen Kommunismus Rußlands lebensgefährlich bedroht ist und daher angemessener eigener Stärke bedarf, um standhalten zu können. Beide bejahten wir die Notwendigkeit der NATO, nur unterschieden wir uns in der Auffassung darüber, ob Rußland von deutscher Seite Konzessionen angeboten werden sollten, oder solche rebus sic stantibus nutzlos und im Hinblick auf unsere Selbstbehauptung gefährlich seien.

In der Innenpolitik wünschten wir beide eine stärkere Institutionalisierung und eine Abkehr von der Haltung, die persönliche Interessen ungebührlich in den Vordergrund rückt. Wir waren uns darin einig, daß es gelte, zu einem den Bürger verpflichtenden Staatsethos, das heute durch ein allgemeines Wohlfahrtsempfinden ersetzt ist, zurückzufinden.

Ich habe niemals einen Hehl daraus gemacht, daß ich den *Spiegel* ablehne. Teilweise hat Herr Ahlers meine Einwände anerkannt, andererseits auf die Notwendigkeit der Kontrolle gegenüber willkürlichen Regierungshandlungen hingewiesen.

Selbstverständlich kann ich zu dem zur Untersuchung stehenden Komplex des Landesverrats keine Stellung nehmen. Dies um so weniger, als ich früher hohe richterliche Stellungen (Richter am obersten Gericht der britischen Zone in Köln und Landgerichtspräsident in Düsseldorf) bekleidet habe. Ohne auf den konkreten Fall irgendwie einzugehen, kann ich jedoch feststellen, daß mir Herr Ahlers immer als eine Persönlichkeit erschienen ist, die ernstlich um das politische Geschick des deutschen Volkes besorgt war. Zum Kommunismus hatte er weder innere noch äußere Beziehungen. Jedenfalls bejahte er von Anfang der deutschen Wiederaufrüstung an ein starkes deutsches Heer. Hinzufügen darf ich, daß er in den Jahren, in denen wir uns kennen, niemals auch nur den leisesten Versuch gemacht hat, sogenannte geheime oder auch nur vertrauliche Mitteilungen zu erhalten. Sein Interesse galt ausschließlich der Diskussion der großen politischen Probleme, und ich hatte den Eindruck, daß er mich aufsuchte, um seine eigenen politischen Auffassungen in diesen Diskussionen abzuklären.

Sollte der beanstandete Artikel des Herrn Ahlers wirklich geheime Nachrichten enthalten, was ich hier nicht zu beurteilen vermag, so bin ich doch der festen Überzeugung, daß Herr Ahlers bei seiner positiven Grundhaltung gegenüber der Bundesrepublik nichts hat bekanntgeben wollen, was dieser hätte schaden können. Da Herr Ahlers mir gegenüber noch Pfingsten dieses Jahres die Notwendigkeit einer starken konventionellen Rüstung der Bundesregierung betonte, so könnte er sehr wohl beabsichtigt haben, die deutsche Öffentlichkeit über Mängel unserer Wehrverfassung zu dem Zwecke zu informieren, unsere Abwehrbereitschaft zu erhöhen.

Bei der ganzen, mir seit Jahren bekannten Einstellung von Herrn Ahlers, halte ich es jedenfalls für völlig ausgeschlossen, daß er seinen Artikel mit dem Vorsatz oder auch nur im Wissen der Preisgabe militärischer Geheimnisse zum Nachteil unseres Volkes abgefaßt hat.

Berger.

Es versteht sich, daß diese Interventionen von Bediensteten des Bundes im Bundeskanzleramt mit Mißvergnügen verzeichnet wurden. Wir hatten das in Kauf genommen, wohl wissend, daß Adenauer anfing, seinen Sinn für Maß zu strapazieren, hatte er doch allen Ernstes – wenn auch vergeblich – versucht, General Reinhard Gehlen, den Chef des Bundesnachrichtendienstes, im Bundeskanzleramt festnehmen zu lassen.

Conrad Ahlers wurde am 22. Dezember aus der Haft entlassen und konnte Weihnachten mit seiner Familie feiern. Am 31. 12. kamen er und seine Frau wie gewohnt zu unserer Sylvesterfeier nach Oberwinter. Er schrieb ins Gästebuch: „Draußen ist's besser als drinnen."

Die Sache endete, wie man weiß; das Verfahren wurde eingestellt. Es war kennzeichnend für einen Mann wie Ahlers, daß er später ohne Bitterkeit auf die *Spiegel*-Affäre zurückblickte, auch ohne Haß auf diese oder jene Person. Zu Franz Joseph Strauß gewann er bald wieder eine handfeste, auf bajuwarische Art freundschaftliche Beziehung. Auch mit Adenauer entwickelte sich ein verschmitztes Einverständnis. Sie glaubten sich beide zu kennen.

Einen neuen Gipfel der Unbefangenheit erstieg Adenauer, als er bei einem Besuch, den Ahlers später dem Altbundeskanzler abstattete, das Gespräch mit der Frage begann: „Sagen Sie mal, Herr Ahlers, waren Sie wirklich im Gefängnis?"

Glück gehabt

Als Adenauers Kanzlerschaft sich ihrem Ende näherte, faßte Daniel Schorr, der das Columbia Broadcasting System (CBS) in Deutschland vertrat, den Entschluß, noch zu des Kanzlers Lebzeiten ein großes Fernsehinterview mit ihm zu machen, wo zwar die Aktualität noch Platz fand, aber insbesondere ein Bild der Persönlichkeit und ihres Wirkens in der Zeit gezeichnet werden sollte. Schorr, von massiger Gestalt, war ein begabter und gebildeter Journalist. Dazu war er ein sehr sorgfältiger Arbeiter. Der persönliche Umgang mit ihm war sehr anregend, er hatte auch ein Auge für die heiteren oder unfreiwillig komischen Augenblicke im politischen Getriebe. Adenauer zog ihn als Persönlichkeit an, er schätzte dessen Qualitäten hoch ein, ohne ihn zu idealisieren. Er gefiel ihm so, wie er war. Schorr machte von Anfang an klar, daß er für sein Unternehmen Zeit brauchte;an mehreren Tagen jeweils zwei bis drei Stunden. Er wollte auch an verschiedenen Schauplätzen drehen. Wir redeten dem Kanzler zu, und man sah, daß das Projekt ihn reizte. Da ich ein gutes Verhältnis zu Schorr hatte, wurde die Verwirklichung des Planes mir anvertraut.

Die Ausrüstung für Fernsehaufnahmen dieser Art war noch schwer und unhandlich. Mit Handkameras ließ sich eine solche Produktion nicht bewerkstelligen. Es mußten Schienen für schweres Gerät gelegt, komplexe Scheinwerfergruppen aufgestellt werden. Mit besonderer Sorgfalt wurden die Lichtverhältnisse und die Akustik in den in Frage kommenden Räumen ausgemessen. Es war klar, daß dies nicht das Arbeitszimmer des Kanzlers sein konnte, weil seine Dienstgeschäfte nicht für drei Tage unterbrochen werden konnten. So wurde der sogenannte kleine Kabinettsaal im ersten Stock des Palais Schaumburg ausgewählt, zu dem Adenauer aus seinem Büro und seinem Ruheraum unmittelbaren Zugang hatte. Die Vorbereitungen wurden ohne den Kanzler mit Sorgfalt getroffen. Wenn die technischen Arbeiten abgeschlossen waren, wurde der Kanzler verständigt und kam dann schnell dazu.

Bei diesen Vorbereitungen im Palais Schaumburg war immer ein Beamter der Sicherungsgruppe zugegen. Schorr mokierte sich ein wenig und fragte ihn: „Haben Sie Sorge, daß wir etwas mitnehmen?" Unser Mann antwortete prompt: „Im Gegenteil, ich achte darauf, daß Sie nichts dalassen." Schorr genoß die Pointe.

Adenauer kam gut gelaunt herein und wollte gleich anfangen. Ich ging dann wie immer hinter die Kamera. Schorr und Adenauer bei der Arbeit zu sehen, war ein intellektuelles Vergnügen. Die beiden vergaßen über große Strecken, daß sie einen Film machten. Schorr lobte Adenauers schauspielerische Talente, als er ihm in einer Drehpause versicherte, der Kanzler könne in Hollywood immer sein Geld verdienen, als Chargenschauspieler „distinguished elderley gentleman". Honorar 100–200 Dollar pro Tag. Am zweiten Tag der Aufnahme, als wir den kleinen Kabinettsaal wieder für die Aufnahme herrichteten, fiel Schorr ein, daß er vergessen hatte, Adenauer zu sagen, er möchte im selben Anzug und mit derselben Krawatte erscheinen. Der Kanzler kam herein, genau gewandet wie am Vortage. Als Schorr ein diesbezügliches Kompliment machte, winkte Adenauer ab. „Was dachten Sie denn?"

Schorr, der sich gut vorbereitet hatte, fragt vor laufender Kamera Adenauer, ob er eigentlich als Kölner Oberbürgermeister sehr populär gewesen sei. Adenauer: „Ja, sehr; sehr anerkannt und beliebt." Schorr holte dann eine Kölnische Zeitung heraus, in der zu lesen stand, daß Adenauer nur äußerst knapp als Oberbürgermeister wiedergewählt worden war. Adenauer ließ sich das Blatt zeigen und sagte: „Tatsächlich. Da haben die Kölner aber Glück gehabt."

Als wir am letzten Tag in Rhöndorf drehten, stellte Adenauer in seinem Garten noch einmal die Szene nach, wie er die amerikanische Panzergranate habe kommen sehen und in Deckung gegangen sei. Die Panzer waren gegenüber, oben auf der Rheinhöhe erschienen und hatten die rechte Seite unter Beschuß genommen. Vielleicht hatte ein Panzermann im Glas den großgewachsenen Beobachter drüben gesehen. Die Fachleute hatten mit großer Bestimmtheit gesagt, es sei völlig ausgeschlossen, ein hochrasantes Geschoß mit den Augen zu erfassen. Adenauer blieb dabei, er habe es gesehen. Schließlich wurde eingeräumt, daß er zwar nicht das Geschoß selbst habe sehen, aber doch möglicherweise den Luftwirbel als optische Erscheinung habe wahrnehmen können, den das um seine Achse rotierende Geschoß erzeuge. Na also, meinte Adenauer.

Die Arbeit von Schorr, in der Adenauers ganzes Leben eingefangen wurde, ist eine der besten Dokumentationen über Adenauer überhaupt. Sie wurde weltweit mit großem Interesse und viel Anerkennung aufgenommen. In der Sendung hatte Schorr Adenauer auch zu der alten Kontroverse vernommen, die vor allem mit England und Amerika über Adenauers Einschätzung de Gaulles entstanden war. Schorr hatte, so wie wir es ausgemacht hatten, mir den geschnittenen Film noch einmal gezeigt, und ich hatte nicht nur keine Einwände erhoben, sondern Schorr gratuliert. Schorr hatte aber, abgelöst von dem Interview, eine eigene Schlußbetrachtung angefügt, in der er Adenauers Bindung an de Gaulle sehr kritisch beleuchtet hatte. Schorr sagte seine Meinung. Ich sah keine Veranlassung, zu diesem Text ein amtliches Votum abzugeben oder den, sicherlich vergeblichen, Versuch zu machen, ihn zu zensieren. Unsere Absprache bezog sich nur auf das, was der Kanzler in dem Interview selbst gesagt hatte.

Adenauer hatte sich, nachdem er gehört hatte, wie die Sendung gelobt worden war, den Film in der Endfassung noch einmal angesehen, auch im Hinblick auf deutsche Vorhaben ähnlicher Art. Als er den Schlußkommentar sah und hörte, fühlte er sich mißverstanden und sagte, ich hätte diesen Text nicht genehmigen dürfen.

Die Sache beschäftigte ihn so, daß es zu einem reichlich anderthalb Stunden dauernden Gespräch zwischen Adenauer und Schorr in Anwesenheit von Hases kam. Der vermeintlich Schuldige, nämlich ich, wurde ferngehalten.

Adenauer sagte, wie immer sehr geschickt, zu Schorr: „Das haben Sie sehr gut gemacht, und ich wollte Ihnen noch einmal mein Kompliment dazu sagen. Nur der Schluß gefällt mir nicht. Daran sind Sie nicht schuld, Herr Schorr, sondern daran ist das Presse- und Informationsamt schuld." „Nein", korrigierte Schorr, „da bin ich schuld. Das ist meine eigene Meinung." Hase nahm mich in Schutz, aber Adenauer ließ nicht locker. „Mir ist berichtet worden, daß Herr Schorr gefragt hat, ob man damit einverstanden wäre und daß man sich damit einverstanden erklärt hätte." Schorr dann: „Das wage ich niemals, ein Presseamt zu fragen." In dem Moment hatte Adenauer begriffen, daß er sich verirrt hatte und fragte Schorr: „Wenn Sie das jetzt sehen, sind Sie dann noch mit dem Schluß einverstanden?" Schorr: „Mehr und mehr."

Es entwickelte sich dann dank der Standfestigkeit von Schorr und der Hartnäckigkeit von Adenauer eine in vieler Hinsicht erschreckend offene Unterhaltung, in der der Kanzler, seinen Rücktritt vor Augen, gezielte Bosheiten austeilte. Schorr hat sich sehr anständig benommen und die brisantesten Aussagen über andere Staatsmänner für sich behalten, die Adenauers Ansehen hätten Schaden zufügen können. Nach dem Gespräch und mit Adenauers Einverständnis hat Daniel Schorr in der *Saturday Evening Post* vom 19.10.1963 noch einen großen Aufsatz unter der Überschrift „An old warrior looks back" publiziert.

Das Interview und der Artikel zusammen mit den Stenogrammen sind ein Beispiel für Adenauers Umgang mit der Presse. Es gibt zahllose, auch andere bedeutende Zeugnisse, aber Schorrs Arbeit erhält dadurch, daß sie am Ende von Adenauers Wirken in der Weltpolitik gemacht wurde, den Charakter einer hervorragenden Zusammenschau, in der Persönlichkeit und Lebenszweck wie im Brennglas gebündelt erscheinen.

Fast 30 Jahre später habe ich in Washington Daniel gefragt, ob er wisse, wo sich sein Film jetzt befände, ob er als Dokument gesichert, ob er in den Staatsarchiven zu finden sei. Er sagte, er wisse es nicht. Alle Rechte lägen bei der CBS. Vielleicht habe man dort eine Kopie aufbewahrt.

Erhard, besser als sein Ruf

Karl-Günther von Hase, der das Vertrauen von Brentano und von Adenauer gewonnen hatte, war in schneller Folge aus dem Pressereferat heraus zum Abteilungsleiter und Ministerialdirektor im Auswärtigen Amt befördert worden. Als Felix von Eckardt sich aus Bonn abmeldete, wurde Hase sein Nachfolger als Chef des Presse- und Informationsamtes. In dieser Funktion diente er Adenauer in dessen letzter Amtszeit und blieb, auch nachdem Ludwig Erhard Bundeskanzler geworden war, Chef des Amtes und Sprecher der Bundesregierung. Das war eine gute Entscheidung, die mit dazu beitrug, die Erschütterungen, die Adenauers Abschied von der politischen Bühne auslöste, abzufangen.

Ich selbst war entschlossen, Erhard nach Kräften zu helfen, und ein gutes Verhältnis zu Karl Hohmann, der Ludwig Erhard auch ins Bundeskanzleramt begleitet hatte, erleichterte die Arbeit. Ob zu Recht oder zu Unrecht, es wurden Erhard Schwächen vor allem in der Außenpolitik nachgesagt, wofür nicht zuletzt Adenauer gesorgt hatte. Ich war deshalb bemüht, den neuen Kanzler im Hinblick auf außen- und sicherheitspolitische Themen besonders gründlich zu beraten und ausreichend mit Materialien zu versorgen. Es zeigte sich, daß Erhard wie erwartet in Fragen der Wirtschaftspolitik, die Außenwirtschaftspolitik eingeschlossen, keiner Hilfe bedurfte. Das war sein ureigenstes Gebiet. Gelegentlich rieten wir dazu, sich gegenüber anderen, für die Soziale Marktwirtschaft noch ein Buch mit sieben Siegeln war, weniger streng und nicht zu apodiktisch zu äußern, wie er dies hin und wieder in Entwicklungsländern, aber auch im alliierten Kreise tat.

Zu unserer Überraschung sahen wir, daß Ludwig Erhard – wohl von Horst Osterheld beraten – sich auch ohne unser Zutun sehr überlegt zur Außen- und Sicherheitspolitik äußerte, dankbar unsere Zuarbeiten quittierte, aber dann sehr gut alleine zurechtkam. Der neue Kanzler hatte Osterheld als Leiter des außenpolitischen Büros im Kanzleramt von Adenauer übernommen.

Mit Erhard zu arbeiten, war lohnend und angenehm. Er war manchmal brummig, in sich gekehrt, weil er mitten im lauten und dichten Getümmel nachdenken, ungestört sein wollte. Dieses Verhalten nahm manchmal sehr skurrile, professorale Züge an. Einmal, als die ganze Bundesregierung und das diplomatische Corps bei einem Staatsbesuch in Frack und Orden in dem Geschwirre und Gewirre miteinander das gewohnte Spiel spielte, stand Erhard ganz allein, groß, massig, hin und wieder mit einem Zug seine Zigarre „Deutsche Einheit“ in Gang haltend. Er sprach mit niemandem, und als zwangsläufige Folge sprach nach einer Weile auch niemand mit ihm. Mich störte das, weil ich nicht wollte, daß in dieser doch wichtigen Gesellschaft der Eindruck entstehen könnte, der Bundeskanzler sei isoliert. Das diesbezügliche Geraune wollte ja nicht verstummen, schwoll ab und an. Also ging ich zum Bundeskanzler, begann ein Gespräch und hielt solange durch, bis auch andere Gäste hinzutraten. Erhard war auf seine gutmütige Art sehr freundlich, aber ich wurde das Gefühl nicht los, daß er gerade über etwas ihm Wichtiges nachdachte und am liebsten alleine geblieben wäre.

Zusammen mit Karl Hohmann konnte ich eine Reihe großer Interviews mit der ausländischen Presse vorbereiten und abwickeln, bei denen Erhards sympatische Art, seine Bonhomie ihm halfen, die Themen, wenn nötig in aller Deutlichkeit, zu vertreten, ohne bei den Adressaten besondere Reizungen auszulösen. Diese Deutlichkeit, diese Entschiedenheit hatten viele ihm nicht zugetraut; sie war auch für uns gelegentlich überraschend. Sehr weitsichtig waren seine Auffassungen zu der Frage, ob man den kommunistisch regierten Staaten, insbesondere der SBZ, Kredite gewähren sollte. Erhard meinte, unter wirtschaftlichen Gesichtspunkten habe die Bundesrepublik Deutschland überhaupt kein Interesse daran, dem SBZ-Regime einen großen Kredit einzuräumen. Auch die humanitären Motive, die zugunsten eines solchen Kredites angeführt würden, seien nicht stichhaltig, denn leider müsse man annehmen, daß die Auswirkungen eines solchen Kredites der Bevölkerung selbst überhaupt nicht zugute kommen würden. Es sei also so, daß die Hergabe eines Kredites nur sinnvoll wäre, wenn die Zone bereit sei, ihn auch mit gewissen politischen Zugeständnissen, zum Beispiel hinsichtlich der Bewegungsfreiheit innerhalb Deutschlands, zu honorieren. Ähnliche Auffassungen vertrat er auch, wenn über Kredite an die Staaten des Warschauer Pakts gesprochen wurde. Das war nicht nur deutlich, es war auch richtig. Wir haben bis in die Gegenwart hinein Mühe, festzustellen, wo die Milliarden geblieben sind, die wir in die kommunistisch regierten Staaten geschaufelt haben. Am Ende steht dann nach einer Umschuldung der Schuldenerlaß.

Bemerkenswert auch Erhards Ansichten über die atomare Bewaffnung. Er lehnte eine deutsche Atomstreitmacht im Gegensatz zu Franz Josef Strauß entschieden ab. Aber er fand das amerikanische Projekt einer Multilateral Force unter deutscher Beteiligung trotz der sowjetischen Drohungen einer ernsthaften Prüfung wert. Erst als unsere Verbündeten in Europa, die Engländer und Franzosen, ihre Gegnerschaft signalisierten, nahm die Bundesregierung Abstand von dem Vorhaben. Ein rein deutsch-amerikanisches Unternehmen barg zuviel politische Sprengkraft in sich. So versank die MLF wieder in der Versenkung.

Ich war von Ludwig Erhard besonders angetan, wenn er mit Arbeitern zusammen war oder in größeren Versammlungen zu ihnen sprach. Den Gewerkschaftsführern mag nicht ganz wohl dabei gewesen sein, denn wer diesem Mann zuhörte, kam gar nicht auf den Gedanken, ihn als Kapitalisten, als Repräsentanten der Unternehmer einzustufen. Die Arbeiter spürten, daß hier jemand am Werke war, dem „Wohlstand für alle" keine Phrase, sondern konkretes Ziel war. Er wußte schon, und seine Zuhörer ahnten es, daß er dieses Ziel erreichen würde. Sein ganzes Wesen, seine äußere und innere Gestalt machten überdies deutlich, daß hinter seinem politischen Willen kein persönliches Verlangen nach Macht stand und daß er integer war, sich im Amt nicht bereichern, sich keine unbilligen Vorteile verschaffen wollte.

Den Dreieckskonflikt Deutschland–Frankreich–USA, den Adenauer hinterlassen hatte, konnte Erhard nicht auflösen, er nicht und auch sonst niemand. Bei dieser Ausgangslage gab es kein Mittel, die Beziehungen spannungsfrei zu halten. An der Unlösbarkeit des Problems, nicht an seiner eigenen Unzulänglichkeit ist Erhard gescheitert. Diese Bewertung läßt nicht außer acht, daß er seinem Naturell nach zu viele Skrupel hatte, um sich im Bonner Dschungel durchzukämpfen. Er war auf diesem Gebiet Adenauer nicht gewachsen. Trotz seines Scheiterns in der Kanzlerschaft gewann die Meinung in den folgenden Jahren mehr und mehr an Boden, daß Deutschlands

Wiederaufstieg nach dem verlorenen Krieg ohne Erhards Wirken sehr viel mühsamer gewesen, vielleicht sogar mißlungen wäre. Adenauer lieferte das politische Gehäuse, Erhard besorgte die Innenausstattung.

Jedenfalls hat Erhard in den bewegten Jahren seiner Kanzlerschaft, von Gerhard Schröder als Außenminister beraten und unterstützt, notwendige, in die Zukunft weisende Kurskorrekturen in der deutschen Außenpolitik vollzogen, die unter anderem in der „Friedensnote" vom 25. März 1966 einen sichtbaren Ausdruck fanden.

Der Tod eines Präsidenten

Mein Auftrag lautete, den ersten Besuch, den Bundeskanzler Erhard nach seiner Amtsübernahme in den Vereinigten Staaten abstatten wollte und der für den 25.–27. November 1963 vorgesehen war, informationspolitisch vorzubereiten. Am 20. November kam ich spät nachmittags in New York an. Am darauffolgenden Tage besprach ich mit Generalkonsul Georg Federer und Kollegen vom German Information Center die pressepolitische Seite des Besuchs. Mit Lawrence Spivak von der National Broadcasting Company erörterte ich den geplanten Auftritt Erhards in der Fernsehsendung „Meet the Press". Diese Sendung war Vorbild für viele Diskussionssendungen von Politikern mit Journalisten geworden und ist es auch geblieben. Erst 20 Jahre später ist sie von den flachen Talk-Shows abgelöst worden. Dann sah ich Dr. Josef Cohn vom Weizman-Institut und Mr. Gittelson, den Partner von Roy Bernard, unserer Public-Relations-Firma, denn der Bundeskanzler wollte unsere Beziehungen mit Israel bei seinem Besucher ansprechen, was für die amerikanische Öffentlichkeit auf jeden Fall von Interesse war.

Von New York kommend, traf ich am Morgen des 22. November in Washington ein. Der Fahrer, der mich abholte, brachte mir eine Einladung von Botschafter Karl Heinrich Knappstein zu einem Mittagessen, das er für amerikanische Freunde gab. Wir trafen uns gut gelaunt in der Residenz und fanden uns bei Tisch bald in einer angeregten Unterhaltung über die Aussichten für das kommende Jahr. Alles in allem konnten wir zuversichtlich sein.

Bundeskanzler Erhard hielt an diesem Tag eine Rede vor der Presse Diplomatique in Paris, deren Inhalt ich kannte. Er hatte dort gesagt, was auch für unsere Beziehungen mit den Vereinigten Staaten galt. Wir ließen uns von den gleichen Grundsätzen leiten, und wir waren stark genug, für diese Grundsätze einzutreten.

Wir hatten gerade den Hauptgang attackiert, als ein Diener zu Botschafter Knappstein ging und ihn leise bat, ans Telephon zu kommen. Knappstein wehrte ab: „Doch nicht jetzt, bei Tisch!" Der Mann sagte sehr bestimmt, es sei wichtig. Knappstein entschuldigte sich bei uns, stand auf, ging hinaus und kam innerhalb weniger Minuten zurück.

Wir sahen, daß er sehr erregt und kreideweiß im Gesicht war. Er sagte: „Gentlemen, es ist in Dallas ein Attentat auf den Präsidenten verübt worden. Er ist sehr schwer verletzt und in Lebensgefahr. Er ist aber nicht tot."

Wir starrten uns an. Was konnten die Motive des Täters oder der Täter sein? Wem nutzte es, in diesem Augenblick den Präsidenten der Vereinigten Staaten aus dem Weg zu schaffen?

Der Versuch, das Essen zu Ende zu bringen, wurde schnell aufgegeben. Wir gingen in das Nebenzimmer und schalteten den Fernseher ein. Wir erlebten, wie die Berichterstatter versuchten, den Hergang des Attentats zu rekonstruieren und bei den sich in Dallas entwickelnden tumultuösen Zuständen die Übersicht zu behalten. Als ich von den schweren Verwundungen des Präsidenten hörte, bemächtigte sich meiner eine grausige Vorahnung. Ich sah den verzweifelten Reporter, der – mehr zu sich selbst als zu seinen Zuhörern – sagte: „Er ist nicht tot! Er ist nicht tot!" Dann kam die schreckliche Gewißheit. Der 35. Präsident der Vereinigten Staaten, John Fitzgerald Kennedy, war um 13 Uhr seinen Verletzungen erlegen. Er war unwiderruflich und für immer tot. Wir gingen auseinander, jeder an eine neue, dringend gewordene Arbeit. Ich tat mich mit dem Gesandten Georg von Lilienfeld zusammen, einem bewährten Freund. Ich trat zum Arbeitsstab der Botschaft.

Wie schnell würde sich Amerika fangen? Es durfte keine lange Schwächeperiode geben, welche die Sowjets dazu verleiten würde, eine Kraftprobe zu versuchen. Natürlich dachten wir an Berlin, zu dem sich Kennedy mit seinem berühmt gewordenen Satz „Ich bin ein Berliner" auf unvergeßliche Weise bekannt hatte, an die immer gefährdeten Grenzen, an Osteuropa.

Die Amerikaner dachten ebenfalls an Berlin, aber auch an Mittelamerika, an Kuba, an Ost- und Südasien, an Korea, den Pazifik. Die ganze Verantwortung einer Weltmacht lastete in dieser tragischen Stunde mit ihrem vollen Gewicht auf den Schultern unserer Freunde.

Wenn auch die Nachrichten sich überstürzten und für kurze Zeit widersprüchlich waren, so wurde doch eines deutlich. Selbst unter der Auftreffwucht dieses die Welt erschütternden Ereignisses, im Tumult chaotisch anmutender Abläufe zeigten die Vereinigten Staaten ihre Größe und Stärke.

12.30 Uhr fielen die tödlichen Schüsse. Um 13.00 Uhr wurde Präsident Kennedy von den Ärzten des Parkland Memorial Hospitals in Dallas für tot erklärt. Um 14.38 Uhr wurde Vizepräsident Lyndon B. Johnson auf dem Rückflug nach Washington an Bord der Maschine von der Bundesrichterin Sarah Hughes als neuer Präsident der Vereinigten Staaten von Amerika vereidigt. Die Nation hatte wieder eine Führung.

Was war geschehen? Ein Mann hatte aus dem 6. Stock eines siebenstöckigen Ziegelbaus, der als Depot für die Schulbücherauslieferung des Staates Texas diente und in dem dieser Mann sich seit kurzem als Lagerarbeiter verdingt hatte, drei Schüsse aus einem gut 20 Jahre alten italienischen Carcano-Militärgewehr, das mit einem japanischen Zielfernrohr ausgerüstet war, abgegeben, von denen zwei Präsident Kennedy und einer den Gouverneur von Texas, John Conally, trafen. Kennedy und Conally fuhren im Augenblick des Attentats mit ihren Frauen in einem offenen Wagen mit einer Geschwindigkeit von etwa 20 Kilometern pro Stunde eine auf beiden Seiten von dichten Menschenketten gesäumte Straße entlang. Der Täter hatte mit unglaublicher Schnelligkeit und Präzision geschossen. Die erste Kugel war im Nacken des Präsidenten, rechts von der Wirbelsäule eingedrungen und aus der Brust unterhalb des Kehlkopfes wieder ausgetreten. Die zweite Kugel traf Gouverneur Conally in den Rücken, unterhalb der rechten Achselhöhle, trat an der Brust wieder aus und durchschlug noch das rechte Handgelenk. Die dritte Kugel traf Präsident Kennedy am Hinterkopf, drang in den Schädel ein und verursachte eine große tödliche Zerstörung im Gehirn. Kennedy fiel zur Seite, in den Schoß seiner ihn haltenden Frau.

Hinter dem Präsidentenwagen fuhren ein Begleitfahrzeug mit Sicherheitsbeamten und der Wagen mit Vizepräsident Johnson. Auf die Schüsse hin, und nachdem zu sehen war, daß Kennedy und Conally getroffen worden waren, fuhr die Kolonne mit hoher Geschwindigkeit zum Parkland Memorial Hospital, wo eine Ärztegruppe versuchte, den Präsidenten und den Gouverneur zu retten. Conally blieb am Leben. Der Präsident starb, ohne das Bewußtsein wiedererlangt zu haben. Der Leichnam wurde sofort nach Washington zurückgeflogen. Jacqueline Kennedy begleitete ihren toten Mann.

In Dallas selbst hatte nur zwei Minuten nach dem Attentat ein Polizist den später als Attentäter angeklagten Lee Harvey Oswald angehalten, weil er ihm verdächtig erschien, ihn aber, nachdem er als ein Arbeiter des Buchdepots identifiziert worden war, wieder gehen lassen. 45 Minuten danach erschoß Oswald auf offener Straße den Streifenpolizisten Tippit, dem er verdächtig vorgekommen war. Wiederum 25 Minuten später wurde Oswald in einem Kino verhaftet. 12 Stunden danach wurde Anklage gegen ihn erhoben, zunächst wegen des Mordes an Tippit und dann auch wegen des Attentats auf den Präsidenten.

In der Botschaft begann eine fieberhafte Tätigkeit. Alles mußte neu angepackt werden. Der geplante Besuch des Bundeskanzlers wurde zu einer Teilnahme an der Trauerfeier umgewandelt. Nichtsdestoweniger wurde ein Gespräch mit Präsident Johnson vorbereitet, das auch tatsächlich zustande kam. Gleichzeitig liefen mehrere deutsch-amerikanische Verabredungen, darunter dreitägige, informationspolitische Konsultationen, an denen ich selbst teilnehmen wollte. Noch unter dem Schock des Ereignisses setzte sich bald der Wille durch zu zeigen, daß die Führung der Vereinigten Staaten auch in diesem tragischen Augenblick in jeder Beziehung handlungsfähig war. Also sollte weitergearbeitet werden nach Plan. Entsprechende Telegramme und Telephonate mit Bonn wurden abgewickelt, in Washington Besprechungen mit den amerikanischen Partnern geführt.

Als Lilienfeld und ich hörten, daß die Maschine mit dem Leichnam des Präsidenten gegen 18.00 Uhr Ortszeit auf Andrews Airbase landen würde, sagte Lilienfeld: „Wir sollten hinfahren." Wir wurden unzählige Male kontrolliert und konnten jedesmal passieren. Wir kamen in tiefer Dämmerung auf dem Flugfeld an. Die Flutlichter und Scheinwerfer rissen immer wieder große Lichtstreifen in das Dunkel, gaben dem Ganzen einen unwirklichen Charakter. Gegen die Lichter zeichneten sich die Silhouetten von Menschengruppen ab. Beim Nähertreten erfaßten wir, daß sich die ganze amerikanische Führung versammelt hatte. Wir waren, so stellt es sich mir in der Erinnerung dar, die einzigen Ausländer, die spontan gekommen waren. Wir wurden wie selbstverständlich in den Kreis aufgenommen.

Die Maschine wurde angesagt, landete und rollte heran. Starke Scheinwerfer beleuchteten das sofort abgesicherte Air-Force-Flugzeug. An der Längsseite wurde eine große Plattform hydraulisch heruntergelassen, auf welcher der Sarg mit Kennedys sterblichen Überresten stand. Jacqueline Kennedy kam die Gangway herunter. Wir sahen in grausiger Deutlichkeit die dunklen Blutflecken auf ihrer hellen Kostümjacke und ihrem Rock, in dessen Schoß sie den Kopf ihres sterbenden Mannes geborgen hatte.

Die Tragödie ging ihrem Ende zu. Der Leichnam des Präsidenten wurde ins Bethesda-Krankenhaus gebracht und dort noch einmal untersucht. Im Bericht der Ärzte hieß es mit kalter Nüchternheit: „46 Jahre alt, 72,5 Zoll groß, 170 Pfund schwer, blaue Augen, rotbraunes Haar, muskulöser, gut entwickelter Körper, zwei Kopfwunden, eine 6×15 mm groß, die andere mit einem Durchmesser von nahezu 13 cm. Tod durch Schußverletzung."

Es war nichts mehr zu tun. Jacqueline Kennedy fuhr gegen 4.00 Uhr morgens, stark bewacht und doch allein, zurück ins Weiße Haus.

Am nächsten Tag wurden Einzelheiten über die Vorgeschichte des mutmaßlichen Mörders bekannt. Er war erst vor knapp anderthalb Jahren, im Juni 1962, aus der Sowjetunion zurückgekehrt, zusammen mit seiner russischen Frau. Diese Nachrichten setzten wilde Spekulationen in Gang, zumal ständig neue Informationen über Oswalds Kontakte mit Kommunisten und Anarchisten ans Licht kamen. Die Sowjets, die Kubaner und wohl auch die Kommunisten in den USA hatten Oswald eher als unbequem empfunden, als labil und unzuverlässig, aber direkt abgewiesen wurde er auch nicht, weil Adepten mit seiner militärischen Vergangenheit – er hatte bei den Marines gedient – so häufig nicht waren. Hatte Oswald auf eigene Faust den Präsidenten ermordet oder war er ein Werkzeug von Hintermännern, vielleicht von einer ausländischen Macht gesteuert?

Diese Überlegungen fanden neue Nahrung, als Lee Oswald von Jack Ruby, alias Jack Rubinstein, einem Nachtclubbesitzer, am 24. November um 11.20 Uhr vor unseren Augen – denn wir verfolgten wie Millionen von Zuschauern die Ereignisse am Bildschirm – im Erdgeschoß des Stadtgefängnisses von Dallas erschossen wurde. Oswald sollte in ein anderes Gefängnis überführt werden. Dies geschah mit Vorankündigung und in aller Öffentlichkeit. Als er zu dem Transportfahrzeug geführt wurde, schoß Ruby, der unter

Pressereportern stand, aus nächster Nähe mit einem Colt-Revolver Oswald in den Unterleib. Er starb 37 Minuten später, ohne das Bewußtsein wiedererlangt zu haben, in dem gleichen Parkland Hospital, in dem auch sein Opfer, Präsident Kennedy, 48 Stunden vorher den Tod gefunden hatte.

Neue Fragen. Hatte Ruby einen Auftrag? Sollte Oswald zum Schweigen gebracht werden, bevor er seine Auftraggeber nennen würde? Zweifel über Zweifel, die bis heute nicht mit letzter Sicherheit geklärt werden konnten.

Mein Eindruck war und ist, daß sowohl Oswald als auch Ruby Einzelgänger waren, das heißt jene Art von Tätern, die vor einem Attentat nur sehr schwer oder gar nicht auszumachen sind.

Die Tatsache, daß die Öffentlichkeit dank des Fernsehens direkt Anteil an den dramatischen und tragischen Vorgängen nahm, erzeugte in den Staaten eine hohe emotionale Flutwelle. Für viele war der junge Präsident mit seiner schönen Frau und gesunden Kindern die Verkörperung ihrer Wünsche und Hoffnungen, das Symbol eines sich erneuernden Amerikas. Diese Erregung und Bewegung kennzeichnete auch die Trauerfeier, wobei die Begabung des Kennedy-Clans für öffentliche Darstellung noch einmal voll zur Geltung kam.

Ich gestehe, daß ich es überzogen fand, ein Pferd im Trauerzug mitzuführen, in dessen Steigbügeln, einem alten Ritual folgend, Reitstiefel mit den Absätzen nach vorn befestigt waren. Dies kritische Überdenken dauerte nur wenige Sekunden, denn niemand konnte sich der überwältigenden Eindrücke des Trauerzuges und der Beisetzung auf dem Friedhof in Arlington entziehen.

Beim Trauerempfang im Weißen Haus kam gegen Ende die bei solchen Anlässen übliche gelockerte Stimmung auf. Über den toten Präsidenten wurden gute Geschichten erzählt. Bei einigen der Gäste hatte man Mühe, sie zu erkennen, weil man sie bisher meist in Uniform gesehen hatte. Ich sprach mit einem verhältnismäßig kleinen Herrn in Zivil, den ich nicht sofort als Hassan, den Kronprinzen von Jordanien, einordnete.

Die deutsche Delegation war wie immer zahlreich. Bundespräsident Lübke und Bundeskanzler Erhard führten sie an. Der Außenminister und der Verteidigungsminister waren ebenfalls anwesend.

Der Kanzler hatte ein Gespräch mit Johnson, in dem man übereinkam, den ausgefallenen Arbeitsbesuch bald nachzuholen.

Die National Broadcasting Corporation wollte von dem geplanten Fernsehgespräch „Meet the press“ nicht ablassen. Er hatte als Partner Lawrence Spivak, *NBC*, James Reston, *New York Times*, Marquis Childs, *St. Louis Post Dispatch*, Peter Lisagor, *Chicago Daily News*, und Ely Abel von *NBC News*, also eine hervorragende Besetzung. Die erste Frage betraf die Reaktion Europas auf den Tod von Präsident Kennedy. Erhard berichtete, daß er die Nachricht vom Tode auf dem Weg von Frankreich nach Deutschland erfahren habe, gab der Bestürzung und Erschütterung Ausdruck und sagte dann, Kennedy habe das volle Vertrauen des deutschen Volkes gehabt. Der Kanzler wurde nach Auswirkungen auf das bilaterale Verhältnis gefragt, und er erwiderte, er glaube nicht, daß sich irgendwelche Änderungen ergäben, nicht nur weil er Präsident Johnson kenne, der wiederum Deutschland kenne und Mitglied der bisherigen Regierung gewesen sei, sondern weil die atlantische Partnerschaft bestehen bleiben müsse. Je deutlicher wir das nach dem Tod von Kennedy zeigen würden, desto stärker werde die Kraft sein, die das Bündnis zusammenhalte. Erhard wurde dann gefragt, ob er diese Probleme schon mit Johnson besprochen habe. Er sagte trocken und nüchtern: „Nein, natürlich nicht vertieft.“

Die Journalisten schnitten einige Sachfragen an, so den Verkauf von Weizen an die Sowjetunion für 250 Millionen Dollar. Sie sagten, dieser Entschluß sei in Amerika kritisiert worden, weil die Sowjetunion durch die Lieferung gestärkt würde. Erhard wurde direkt gefragt: „Glauben Sie, daß das ein Fehler war?“ Er sagte dazu: „Weizen ist ein besonderes Gut, und ich glaube, der Eindruck wäre nicht gut gewesen in der Welt, wenn aus unserer Verhaltensweise geschlossen werden würde, daß wir hungernden Menschen nicht beistehen wollen. Natürlich kann man auch eine andere politische Auslegung geben, aber ich glaube, grundsätzlich war es richtig, so zu verfahren.“ Dann kamen Fragen zu unserem Osthandel und zu Krediten an die Sowjetunion, danach hieß es: „Herr Bundeskanzler, viele Amerikaner glauben, daß die Deutschen unnötig mißtrauisch sind, daß wir immer wieder neue Versicherungen geben müssen, daß die Amerikaner Europa nicht aufgeben, indem sie ihre Streitkräfte aus Europa, aus Deutschland zurückziehen. Können Sie uns erklären, warum diese Empfindlichkeit besteht? Vor allem angesichts dessen, daß Präsident Kennedy diese Zusicherung immer wieder während der letzten zwei oder drei Jahre gegeben hat, und ich glaube auch Johnson, als er Vizepräsident war, hat ebenfalls eine derartige Zusicherung gegeben."

Erhard sagte dazu: „Ich habe Verständnis dafür, daß diese Fragestellungen in Amerika allmählich mit einer gewissen Verärgerung gehört worden sind, aber auf der anderen Seite mögen Sie Verständnis dafür haben, daß diese Fragen an Amerika durchaus keinem Zweifel entspringen oder Mißtrauen bedeuten. Im Gegenteil. Es kommt darin die Überzeugung zum Ausdruck, daß wir unser ganzes Leben, unsere ganze Zukunft auf dem Bündnis mit den Vereinigten Staaten aufgebaut haben. Ich selber habe es bedauert, daß die Fragen allzuoft gestellt worden sind, und ich habe das Menschenmögliche getan, um sie zu unterdrücken. Ich glaube, wenn wir jetzt die ersten Gespräche haben und damit das Bündnis erneuert und das Zusammengehörigkeitsgefühl gekräftigt worden ist, dann wird man in Deutschland nicht mehr fragen wollen."

Logischerweise kam anschließend das Problem der Truppenreduzierung zur Sprache. Da antwortete Erhard unverblümt: „Ich glaube, das Zurückziehen von Truppen aus Deutschland würde vielleicht wieder solche Fragestellungen aufkommen lassen, ja sogar mit Sicherheit aufkommen lassen, denn die Anwesenheit amerikanischer Truppen ist eine starke Beruhigung für die deutsche Öffentlichkeit. Die Deutschen sagen, die Amerikaner in Deutschland sind neben aller Macht, die sie besitzen, vor allen Dingen in Gestalt der nuklearen Waffen, eine Sicherheit in sich, eine Sicherheit von der menschlichen Seite aus gesehen. Im Augenblick hätte ich die größten Bedenken, die Truppenstärke in Deutschland zu verringern." Da 1963 im Bündnis lebhaft die Frage diskutiert wurde, ob man Truppenreduzierungen im Ernstfall durch schnelle bewegliche Verbände ausgleichen könne, wurde Erhard gefragt, ob er nicht beeindruckt sei von der Beweglichkeit der amerikanischen Streitkräfte als Ersatz für die tatsächliche Anwesenheit in Deutschland selbst. Er sagte: „Wir haben die technische Leistung von ‚big lift' sehr bewundert, aber wir sind der Meinung, daß der potentielle Angreifer, der die Stunde bestimmen kann, wann er mit welchen Mitteln angreifen will, in einer so vorteilhaften

Position ist, daß eine Luftbrücke nicht der Ersatz sein kann für die unmittelbare Anwesenheit amerikanischer Truppen und für die Bereitschaft, die Bundesrepublik in einer Vorwärtsverteidigung schützen zu wollen."

Nachdem man ihm gesagt hatte, er sei immer für ein nach außen blickendes Europa einschließlich Großbritanniens eingetreten, wurde er gefragt: „Welche Möglichkeiten sehen Sie im Hinblick auf Ihre jüngsten Gespräche mit Herrn de Gaulle in Paris, daß Großbritannien im nächsten Jahr oder in den nächsten zwei Jahren dazukommt?" Der Kanzler antwortete: „Die Frage kann nicht allein von Deutschland oder von Kontinentaleuropa, wie ich einmal sagen möchte, beantwortet werden, sondern es wird dazu die englische Entscheidung gehören. Vor den Wahlen ist Großbritannien nicht ansprechbar. Wir treten nach wie vor dafür ein, daß über dem Europa der sechs sich das ganze freie Europa wölben muß. Wenn Europa überhaupt mehr als ein geographischer Begriff oder mehr als ein politischer Teilbegriff sein soll, dann muß das, was eben aus gleicher Gesinnung, aus gleicher Haltung, aus gleicher Kultur, aus gleicher Geschichte zusammengehört auch zum Bewußtsein einer politischen Gemeinschaft gebracht werden."

Erhard wurde dann gefragt, ob er für eine baldige Begegnung von Johnson mit Chruschtschow sei. Er sagte dazu knapp: „Die Frage kann ich nicht beantworten. Es muß von der amerikanischen Seite geklärt werden, ob überhaupt eine Aussicht besteht, irgendein besonderes, gemeinsam interessierendes Thema erfolgreich anzusprechen."

Eine heiße Frage: „England und Frankreich bestehen nun darauf, eine unabhängige nukleare Macht zu haben. Wenn das so weitergeht, könnten dann nicht in Deutschland politische Forderungen gleicher Art aufgestellt werden?" Erhard dazu: „Es gibt in Deutschland keine Forderungen nach der Entwicklung einer eigenen Atomwaffe, wohl aber die Forderung, daß wenn Deutschland angegriffen wird, es auch mit Atomwaffen verteidigt wird. Das ist eben unser Anliegen, denn hier vertrauen wir nicht allein auf die französische Force de frappe, sondern auch auf die amerikanischen Atomwaffen." Dann wurde gefragt: „Sie haben jetzt Präsident de Gaulle und Präsident Johnson gesehen. Sehen Sie als Ergebnis dieser Gespräche eine Möglichkeit, Paris und Washington wieder zu versöhnen, diese Meinungsverschiedenheit auszuräumen?“ Die Antwort war typisch Erhard: „Es würde an Größenwahn grenzen, wenn ich glauben würde, daß ein Gespräch mit dem französischen Staatspräsidenten und eine kurze Begegnung mit dem amerikanischen Präsidenten schon eine solche Wirkung oder einen solchen Effekt auslösen könnte, aber daß unsere deutsche politische Arbeit darauf gerichtet sein muß, für eine Verständigung, so gut es in unseren Kräften steht, Sorge zu tragen, das ist ganz sicher. Wir würden glücklich sein, wenn hier Erfolge erzielt werden könnten.“

Und dann das Dauerthema: „Werden Sie in dieser Runde der Zollverhandlungen in der Lage sein, den Wunsch Ihrer Bauern und den der französischen Bauern etwas dämpfen zu können, um die Zölle nicht so hoch zu halten, daß amerikanische Produkte draußen gehalten werden?“ Erhards Antwort: „Ja, das ist eine Frage, deren Diskussion einen Abend füllen würde. Zweifellos wird die Agrarpolitik zum Maßstab des guten Willens sowohl von seiten Amerikas, als auch vor allen Dingen von seiten der europäischen Völker werden. Ich kann nur sagen, was ich dazu tun kann, um, wenn nötig, auch einmal über den eigenen Schatten zu springen und das Ganze zu sehen; das will ich gerne besorgen.“

Dann kam die multilaterale Atomstreitmacht auf, eine Frage, von der die Journalisten sagten, daß besonders Präsident Kennedy an ihr interessiert gewesen sei. „Glauben Sie an eine MLF mit gemischter Besatzung auf einem Schiff mit Polarisraketen? Ist diese Idee noch lebendig? Hat sie Aussichten? Ist das noch eine Möglichkeit?“ Erhard: „Ich würde umgekehrt sagen, sie ist noch nicht tot. Soweit ich das in Europa beurteilen kann, ist Deutschland das einzige Land, das zu dieser Frage eine absolut positive Haltung eingenommen hat. Ich glaube, daß sich Italien daran interessiert zeigen wird. Frankreich ganz bestimmt nicht, und bei Großbritannien, glaube ich, sollte man warten, bis die Wahlen vorüber sind, denn aus der MLF bloß eine amerikanisch-deutsche Beziehung werden zu lassen, war jedenfalls nicht das ursprüngliche Konzept. Ich meine, die multilaterale Atomstreitmacht nur auf ein zweiseitiges Verhältnis Amerika–Deutschland zu stellen, war nicht die ursprüngliche Absicht.“ Es wurde nachgehakt: „Sie glauben nicht, daß es als eine bilaterale Sache funktionieren könnte? Dadurch würde man dem Zweck nicht gerecht werden?“ „Es wäre sicher nicht gut, wenn sie bilateral wäre. Es müssen alle Möglichkeiten ausgeschöpft werden, um sie multilateral zu organisieren.“

Erhard wurde dann auf die Berliner Mauer angesprochen: „Müssen wir das akzeptieren als etwas Permanentes, als einen permanenten Bestandteil der Karte Europas?“ Erhard, mit Emphase, antwortete: „Nein, das müssen wir sicher nicht. Obwohl niemand die Frage beantworten kann, wer die Mauer niederlegt oder wann sie niedergelegt werden wird. Es kann niemand die glückliche Stunde angeben, welche geschichtlichen Ereignisse sich vollziehen müssen oder werden, damit die Mauer verschwindet. Ich habe in meiner Regierungserklärung gesagt: ‚Um an diese Probleme heranzugehen, werde ich das deutsche Volk zu den größten Opfern aufrufen. Ich bin überzeugt, daß das deutsche Volk mir folgen würde.‘“ Zusatzfrage: „Sehen Sie irgendwelche Möglichkeiten, sozusagen Löcher durch die Mauer zu schlagen?“ Antwort: „Es sind ganz kleine Erfolge vielleicht erreichbar, aber kein Erfolg, der politisches Gewicht hätte.“

Die für die Gesprächsrunde vorgesehene Zeit wurde voll ausgenutzt. Ich war an der Vorbereitung beteiligt gewesen und während der Sendung im Studio anwesend. Es war nicht Erhards erster großer Fernsehauftritt, aber seine Teilnahme als Bundeskanzler an dieser prominenten Veranstaltung war doch eine Premiere. Ich war beruhigt zu sehen, daß er sich gut geschlagen und auch in Fragen der Außen- und Sicherheitspolitik klar und deutlich gesprochen hatte. Insofern machte ich mir auch keine Sorgen im Hinblick auf die künftigen, wie man wußte schwierigen Verhandlungen mit den Vereinigten Staaten. Wie sich später zeigte, waren diese Erwartungen zu optimistisch.

Ich hatte bei und zwischen den Trauerveranstaltungen einige amerikanische Freunde getroffen. Diejenigen, die an Kennedys Seite gewesen waren, wie Pierre Salinger, wußten noch nicht, wie es weitergehen würde. Die meisten konnten sich in diesen Tagen nicht vorstellen, nahtlos für einen anderen Präsidenten weiterzuarbeiten. Kennedys Persönlichkeit, sein Stil, sein männlicher Charme und seine Leichtigkeit waren so unverwechselbar, so eigenständig gewesen, daß es schwierig war, sich danach an einen anderen Präsidenten zu gewöhnen, so tüchtig und integer er sein mochte.

Mittelmässig

1964 sollte ich die südliche Hälfte Lateinamerikas wiedersehen. Der Präsident der Bundesrepublik Deutschland, Heinrich Lübke, machte eine geschichtlich bedeutsame Reise, die in Peru begann, dann nach Chile und Argentinien führte und in Brasilien endete. Historisch deshalb, weil noch nie ein deutsches Staatsoberhaupt Lateinamerika besucht hatte; das blieb Heinrich Lübke vorbehalten. Er wurde von seiner Frau Wilhelmine und von Bundesaußenminister Gerhard Schröder und dessen Frau Brigitte begleitet. Georg Graf zu Pappenheim aus der politischen Abteilung des Auswärtigen Amtes gehörte zum Gefolge. Pappenheims und meine Aufgabe bestand vornehmlich darin, darüber zu wachen, daß die öffentlichen Reden, Erklärungen und Interviews den Erfolg der Reise abstützten und nicht gefährdeten. Außerdem legten wir mit Hand an bei der Abfassung der jeweiligen bilateralen Kommuniqués. Pappenheim und ich waren Freunde, was der Arbeit zugute kam. Außerdem kannten wir beide Lateinamerika, fühlten uns unter Caballeros und Señoritas wohl. Wir flogen mit einer Sondermaschine der Lufthansa. Die Bundesregierung hatte immer noch keine eigenen Flugzeuge. Es wurde generell weniger geflogen, was unserer Außenpolitik eher zugute kam.

Zwei Wochen vor Antritt der Reise gab es in Brasilien einen politischen Erdrutsch, der die ganze Reiseplanung, so schien es, über den Haufen warf. Kubitschek de Olivera wurde gestürzt und von einer Militärjunta unter Führung von General Castello Branco abgelöst. Der Umsturz spielte sich verhältnismäßig gesittet ab. Es gab kein Blutvergießen und keine willkürlichen Verhaftungen. Die neue Regierung bat mit allen Zeichen dringender Bedeutung sofort darum, den seit längerem geplanten Staatsbesuch nicht abzusetzen. Damals hatten wir noch eine Bundesregierung, die sich nicht so leicht von aufgeregten alternativen Weltverbesserern unter Druck setzen ließ. Es wurde beschlossen, den Staatsbesuch durchzuführen. Dieser mutige Entschluß hat uns in ganz Brasilien zu gutem Willen und einem Ansehen verholfen, von dem wir viele Jahre zehren konnten.

Politische Reisen und Staatsbesuche in Lateinamerika sind immer mit einem gewissen Risiko behaftet, daran hat sich bis heute nichts geändert. Es kann einem widerfahren, daß, wie es uns jetzt in Brasilien geschah, die politische Führung des besuchten Landes nicht mit derjenigen identisch ist, welcher der Besuch eigentlich gelten sollte, weil sie eben kurz vorher gestürzt worden ist. Die Investition eines Besuches in eine neue Führung war im allgemeinen sinnvoll, wenn ihr eine gewisse Amtszeit beschieden sein sollte. Ärgerlich war, wenn der Besuchte und sein Regime kurz nach der Visite zu Fall kam und man wieder von vorne anfangen mußte, zumal dann, wenn der neue Mann darüber erbost war, daß man seinem Vorgänger noch die Ehre eines deutschen Staatsbesuchs erwiesen hatte.

Im allgemeinen waren die Lateinamerikaner etwas robuster konstruiert und werteten die Staatsbesuche als eine Ehrenbezeugung für ihr Land und ihr Volk. Infolgedessen wurden auch kurz nach einem nicht gerade nach lupenreinen demokratischen Spielregeln erfolgten Regierungswechsel, einem „pronunciamento“, alle Zeichen der Souveränität eines stolzen Volkes herausgestellt, wie Einholung durch berittene Wachregimenter in den Paradeuniformen, Galadiners im Frack, Sondersitzungen der verschiedenen gesetzgebenden Körperschaften und der obersten Gerichte, Ordensaustausch, alles nach den Regeln und formvollendet.

Unsere erste Station war Peru. Pappenheim und ich waren zusammen einquartiert: Wir hatten schon im Flugzeug beschlossen, uns baldmöglichst den Genuß einiger Piscos sours zu verschaffen, jenes köstlichen Getränks aus einer Art von Tresterschnaps mit dem Saft einer kleinen Zitrone, der Limon de Pica. Der Rand des Glases kann, muß aber nicht, bevor es gefüllt wird, in Streuzucker getaucht werden. Der Barmann freute sich, zwei Kenner in unserer Gruppe anzutreffen, und bediente uns aufs Beste. Wir haben jeder vier Glas getrunken, uns umgezogen und sind in bester Laune zu den ersten Lustbarkeiten des Staatsbesuchs gegangen.

Am Morgen setzte der Bundespräsident immer eine kleine Besprechung an, in welcher der vergangene Tag noch einmal beredet und gewertet sowie das Programm des jeweiligen Tages festgelegt wurde. Sodann machte er sich mit den Nachrichten aus Deutschland und dem Gastland vertraut. Zum Schluß ein Überblick über die Großlage in aller Welt. Lübke war im allgemeinen von gleichmäßig guter Laune und ausgeglichenem Temperament. An seinem Bilde wurden im Laufe der Tage kleine Korrekturen angebracht. So war die Annahme weitverbreitet, er stünde unter dem Pantoffel seiner willensstarken, lebenstüchtigen Frau Wilhelmine. Das war nur bedingt richtig. Frau Lübke erschien in einer unserer Morgenbesprechungen und legte ihrem Mann einen Scheck über 10 000 DM zur Unterschrift vor. Die Summe sollte einer lokalen Hilfsorganisation geschenkt werden. Lübke sah kurz auf den Scheck, murmelte etwas wie „Viel Geld" und sagte dann laut und deutlich: „Das unterschreibe ich nicht!" Seine Stimme mußte wohl einen gewissen stählernen Ton bekommen haben, den seine Frau kannte. Sie unternahm keinen Versuch, ihn umzustimmen.

Frau Lübke war älter als ihr Mann, und sie versuchte den Unterschied durch eine jugendlich wirkende Aufmachung auszugleichen. Das war, weil vergeblich, ein wenig mitleiderregend, aber auch rührend. Wir waren voller Verständnis, aber gelegentlich, wenn sie hochblond in einem leuchtendroten Abendkleid erschien, hatten wir Mühe, unsere Kommentare zu unterdrücken.

Da die besuchten Länder cum grano salis nach dem amerikanischen Präsidialsystem regiert wurden, waren die Gegenspieler Lübkes in einem höheren Maße verantwortlich für die Politik ihrer Staaten als der deutsche Bundespräsident. Dies hatte zwangsläufig zur Folge, daß Lübke mehr als zu Hause politische Anliegen vertreten, auch im Namen der Bundesregierung sprechen mußte. Er tat es mit großem Geschick, beraten und unterstützt von unserem Außenminister Gerhard Schröder. Pappenheim und ich kümmerten uns um die politischen Verlautbarungen, und es sollte nicht vergessen werden, wie der Bundespräsident die Sache der deutschen Einheit vertreten hat. Im ersten gemeinsamen Kommuniqué der Reise – über den Besuch in Peru – hieß es unter anderem: „Präsident Lübke überzeugte sich davon, daß das peruanische Volk und seine Regierung sich dem Streben des deutschen Volkes und seiner Regierung nach Wiedervereinigung durch Ausübung des Selbstbestimmungsrechts voll anschließen. Er dankte Präsident Fernando Belaúnde Terry und dem Premier- und Außenminister Dr. Fernando Schwalb für die wertvolle und wirksame Unterstützung, die sie diesem Verlangen gegeben hatten. Beide Präsidenten erklärten, daß ihre Länder integrierende Teile der freien Welt sind, deren Freiheit und Kultur sie verteidigen. Sie bekräftigten dabei, daß, wenn einem Mitglied der Völkergemeinschaft die Freiheit und das Selbstbestimmungsrecht vorenthalten wird, beide Länder ihre Stimmen zur Verteidigung dieser Prinzipien erheben werden."

In Chile gab es ein Wiedersehen mit den bewährten Freunden. Die politische Lage hatte sich zugespitzt, die Woge ging nach links. Die Konservativen und die Liberalen waren noch an der Macht, aber die Vorboten des Wandels klopften schon an die Türen der Moneda und des Parlaments. Ich wurde bei dem Besuch außer der Reihe hoch dekoriert. Es tat mir gut zu sehen, daß ich eine Spur hinterlassen hatte.

Es gab im Programm zwei Ruhetage; ich hatte vorgesorgt. Pappenheim und ich gingen mit chilenischen Freunden aufs Land zur Jagd auf die Tortola. Die Jagdstrecke war sehr ansehnlich. Der Schuß auf die ungemein schnell und alert fliegende Taube ist für einen Neuling sehr schwierig. Um so mehr wurde Pappenheim gepriesen, der vorzüglich abschnitt. Wichtiger war das Drum und Dran, der Asado al Palo, das Brot, die köstlichen Weine aus der Fünf-Liter-Flasche, der „Dama Juana". Das Gerede und die Scherze mit den Freunden und den Landleuten. Wir wollten uns bald wiedersehen.

Jorge Alessandri war noch Präsident. Sein Außenminister war mein Freund und Gönner Julio Philippi geworden. Mit ihm und seiner großen Familie hatten wir während meiner chilenischen Jahre freundschaftliche Beziehungen unterhalten. Er war von Beruf Anwalt, hochangesehen und einer jener Leute, die aus Pflichtbewußtsein gegenüber dem Land politische Ämter übernommen hatten. Er hatte ein Dutzend Kinder und stöhnte darüber, daß er seit 20 Jahren immer einige von ihnen an jedem Morgen in die Schule fahren mußte. Er soll einem jungen Mann, als er um die Hand einer seiner Töchter anhielt, gesagt haben: „Einverstanden, aber unter der Bedingung, daß du dich an den Schulfahrten deiner jungen Schwäger und Schwägerinnen beteiligst."

Mit jener Großzügigkeit, die das Leben in den jungen Ländern auszeichnet, hatte er uns eines Tages die Schlüssel zu seinem Haus in Farallones, einem Skigebiet in den Bergen oberhalb Santiagos, gegeben und gesagt: „Fahren Sie einmal für ein paar Tage hinauf, das wird Ihnen und Ihrer Frau guttun. Sie finden alles vor, was Sie brauchen."

Im Kommuniqué hieß es unter anderem: „Präsident Alessandri bekräftigte wiederum, daß Chile, wie schon bei früheren Anlässen, insbesondere vor den Vereinten Nationen, das Recht des deutschen Volkes unterstützt, frei über seine Zukunft und seinen Willen zur Einheit zu bestimmen." Ein anderes Thema waren die Nuklearwaffen. Chile trat für die Bildung einer kernwaffenfreien Zone in Lateinamerika ein. Beide, Chile und die Bundesrepublik, wandten sich gegen die Fortführung von Kernwaffenversuchen. Das Teststopp-Abkommen wurde als Schritt in die richtige Richtung bewertet.

Die wirtschaftliche Zusammenarbeit war ein weiterer Gegenstand. Die Chilenen benutzten die Gelegenheit, ihre Kritik an der europäischen Einstellung anzubringen, eine Kritik, die zutreffend sagte, daß wir den Freihandel proklamierten und forderten, selbst aber gegenüber Dritten einen Verhau von Hindernissen, Beschränkungen und Vorschriften errichtet hatten, der Europa zu einer Festung und den Handel in vieler Hinsicht zu einer Einbahnstraße machte.

In Argentinien nahmen die wirtschaftlichen Probleme den ersten Platz in den Verhandlungen ein. Argentinien hatte sich entgegenkommend gezeigt, als es darum ging, Entschädigungen für im Kriege konfisziertes deutsches Vermögen zu leisten. Die Argentinier drängten nun auf eine Verstärkung der wirtschaftlichen Zusammenarbeit und des Handels.

Zum Thema Wiedervereinigung in Freiheit griffen die Argentinier auf ihre eigene Geschichte zurück. Im Kommuniqué hieß es: „Unter Hinweis auf die nach dem Ersten Weltkrieg eingeschlagene Politik der unbedingten Verteidigung des Selbstbestimmungsrechts bekräftigte Präsident Arturo Illía, daß sich Argentinien auch weiterhin dafür einsetzen wird, daß dem deutschen Volk die Ausübung dieses Rechts zugestanden werde."

Der Besuch fand nicht nur im Saale statt. „Einen Höhepunkt", so der amtliche Text, „bildete die feierliche Einweihung des ‚Deutschlandplatzes', eines der schönsten Plätze von Buenos Aires, auf dem der deutsche Brunnen steht, den die in Argentinien ansässigen Deutschen zur 100-Jahr-Feier der argentinischen Unabhängigkeit gestiftet hatten. Beide Präsidenten nahmen, von einer vieltausendköpfigen Menschenmenge umjubelt, an der Einweihungsfeier teil, zu deren Gedenken Präsident Illía eine Eiche und der Bundespräsident einen

Jaccaranda-Baum pflanzten sowie den Grundstein zu dem neuen Gebäude der deutschen Botschaft legten, das auf dem Platz errichtet werden soll."

Der Besuch im größten Land Lateinamerikas, in Brasilien, war politisch empfindlich, verlief aber dennoch störungsfrei, ja harmonisch. Es wurden Brasilia, São Paulo und Rio de Janeiro besucht. Das war am Ende einer schon bis dahin anstrengenden Reise sehr strapaziös, und wir Jüngeren konnten nur das Stehvermögen von Heinrich und Wilhelmine Lübke bewundern.

Das Kommuniqué hielt gleich eingangs fest: „Präsident Branco gab der Zuversicht des brasilianischen Volkes und seiner Regierung Ausdruck, daß das Problem der Wiedervereinigung der deutschen Nation bald auf der Grundlage des Selbstbestimmungsrechtes der Völker gelöst werden wird, eines Rechts, das Brasilien immer verteidigt hat und verteidigen wird."

Die wirtschaftlichen Absprachen waren für einen Staatsbesuch verhältnismäßig konkret, die Regelung der durch die Beschlagnahme deutschen Vermögens im Kriege aufgeworfenen Fragen.

Ich war sehr gespannt gewesen, die neue Hauptstadt Brasilia zu sehen und zu erleben. Die Idee, Rio de Janeiro als Regierungssitz aufzugeben und in der Mitte des Landes, in der Wildnis, eine neue Hauptstadt zu bauen, war verrückt und großartig zugleich. Es gab nicht einmal Straßen in die Gegend, wo Brasilia entstehen sollte. Die ersten Ingenieure, Arbeiter, ihre Werkzeuge, Maschinen und Materialien wurden zur Baustelle geflogen. Ein leitender Gedanke war, an den entstehenden Verkehrswegen zur neuen Mitte Ansiedlungen von Industrien, Dienstleistungsbetrieben und Verwaltungszentren aller Art zu gründen und die dazugehörigen Menschen entlang dieser Adern seßhaft zu machen. So weit war es 1964 noch nicht.

In Brasilia selbst war die Wirkung der modernen Anlagen, der politischen und ästhetischen Gliederung der Stadt überwältigend. Das tollkühne Experiment war gelungen. Die genialen Architekten hatten sich einmal wirklich ausleben, ja austoben können. Der Staatsbesuch bot den Brasilianern eine ideale Gelegenheit, die Möglichkeiten der neuen Stadt zu erproben. Es entstand gelegentlich eine fast unwirkliche, futuristische Atmosphäre. Nur, das ganze hochentwickelte Gebilde war der Natur und dem Leben noch fern. Die Straßen waren für Fußgänger nicht eingerichtet. Es gab keine Bürgersteige. In dem auf freien Flächen wachsenden Gras waren kleine Trampelpfade entstanden. Es gab zwangsläufig keine Altstadt, natürlich nicht. Keine Kneipen, keine Läden. Es gab Kirchen, fein säuberlich nach Plan in das große Dessin eingearbeitet. Das einzig Lebendige, Menschliche, schienen Bretterbuden und Hütten am Stadtrand zu sein, wo die Leute hausten, die nichts mit der Regierung zu tun hatten, vielleicht übriggeblieben waren aus der Bauzeit. Da sah es gemütlicher aus, im Wirrwarr, im Unrat.

Wir besuchten die drei Gewalten, also auch das Verfassungsgericht. Der Präsident des Gerichts hielt eine in jeder Weise formvollendete und inhaltsreiche Rede über den Einfluß der deutschen Rechtslehre auf das brasilianische Justizwesen. Zu Beginn seiner Rede richtete er sich aber direkt an den Bundespräsidenten. Bei solchen Gelegenheiten sind die Lateinamerikaner unübertrefflich. Der Präsident würdigte Lübke als Person. Er sagte sinngemäß, Heinrich Lübke, dieser Heros, diese Lichtgestalt, dieser große Patriot, der im Ersten Weltkrieg sein Blut für das ihm teure Vaterland vergossen habe, sei dazu berufen, nach dem Zweiten Weltkrieg unter Assistenz von Männern wie Adenauer und Erhard das deutsche Volk wieder aus der Nacht zum Licht zu führen ... und so fort.

Nach der Rede trat der Bundespräsident ans Rednerpult und holte zu Pappenheims und meiner Befriedigung den vorbereiteten Text der Ansprache aus seiner Jackentasche. Er legte das Manuskript aber wieder hin, was uns beunruhigte, und hub an frei zu sprechen. Er wolle eine persönliche Bemerkung machen. Der Präsident des hohen Gerichts habe seine, Lübkes Verdienste herausgestrichen und ihn über den grünen Klee gelobt. Er danke dem Präsidenten für diese seine Freundlichkeit aufrichtig und herzlich. Er müsse aber dazu anmerken, er sei ein ganz mittelmäßiger Mensch. Sprach's, ergriff das Manuskript und hielt seine Rede.

Die Brasilianer konnten sich nicht fassen. „Das ist ein Heiliger", sagte mir der brasilianische Botschafter in Bonn, „hier sind alle Politiker groß, selbst in ihren Verbrechen." „Noch nie", ereiferte sich einer der Staatssekretäre, „hat ein brasilianischer Politiker von sich öffentlich und feierlich gesagt, er sei mittelmäßig." Ich konnte ihn beruhigen, indem ich ihm versicherte, dies sei auch in Deutschland höchst ungewöhnlich.

Auf der Reise hatte es viele glanzvolle Diners gegeben, mit dem ganzen Pomp der alten Welt, der in Lateinamerika überlebt hat. Eine Abendveranstaltung unterschied sich vom Üblichen durch ihr Beiwerk. In São Paulo gaben die Brasilianer ein Abendessen im Jockeyclub, dem dortigen Rennverein. Die Tischdekoration bestand aus über 2000 Orchideen. Die französischen Weine und der Champagner gehörten zum Besten. Eine flüchtige Kalkulation der Preise ergab schon schwindelerregende Zahlen. Die Damen trugen die letzten Pariser Modellkleider und großen Schmuck mit Farbsteinen und Brillanten. Sie unterstrichen damit ihre rassige Schönheit. Im Teint hin und wieder ein Anflug von Café au lait. Häufig diese Mischung von Nord- und Südeuropa, dunkle Haare und blaue Augen, blonde Haare und dunkle Augen. In den Innenflächen der Hände der Hinweis auf einen Schuß afrikanischen Blutes, der die Menschen nahezu immer verschönt. Die Männer sehr ansehnlich, mit jener lässigen Eleganz, die das Leben in angenehmen Verhältnissen und die Beschäftigung mit großen Angelegenheiten begünstigt.

Der Abend wurde zum Fest. Eine bemerkenswerte Variante der üblichen Tafelmusik bestand darin, daß drei Rennen gelaufen wurden, im Scheinwerferlicht, ohne Publikum, außer den Gästen des Diners. Die edlen Pferde in der fortreißenden Bewegung des Rennens zu sehen, war erregend und stimulierte die Lebensgeister. Unsere Gastgeber waren fest davon überzeugt, daß wir Brasilien mit großen Krediten helfen würden, sich zu entwickeln. Sie wurden nicht enttäuscht.

In Rio de Janeiro nahm das Volk teil an den Feierlichkeiten zu unseren Ehren. Es wurde ein Aufzug von Sambakapellen, Tänzern und Tänzerinnen arrangiert, der eine Ahnung vom Karneval in Rio vermittelte. Es gab einen Empfang in der Akademie der schönen Künste, wo ich im Strom der wohlgesetzten Worte unentwegt mit der Müdigkeit kämpfte, die sich inzwischen eingestellt hatte. Nie vorher und nie nachher habe ich einen Menschen gesehen, der so von oben bis unten mit Orden bedeckt war wie der Vorsitzende der Akademie, der seine Sterne noch am unteren Ende der Frackstöße placiert hatte.

Wir überstanden alles und kehrten wohlbehalten heim. Ich brauchte kein Blut zu spenden. Auf dem Hinflug hatte mich Lübkes Arzt eher beiläufig gefragt, ob ich bereit sei, dem Herrn Bundespräsidenten Blut zu liefern, falls ihm ein Unglück zustoßen sollte. Als ich ihn erstaunt ansah, sagte er, ich hätte dieselbe Blutgruppe. Das habe er in meinem Impfpaß gesehen. Sie sei relativ selten. Ich erwiderte, es würde mir eine Ehre sein, mein Blut für den deutschen Bundespräsidenten hinzugeben.

Wenig später machte de Gaulle seine Lateinamerika-Reise. Nun unterschieden sich Lübke und de Gaulle sehr deutlich. Der eine war klein, der andere groß, der eine handfest-bürgerlich, der andere hochfliegend, der eine durchschnittlich, der andere hochbegabt. Und doch, in Lateinamerika machte Lübke den stärkeren Eindruck. Ihm nahm man ab, daß er nichts Böses im Schilde führte, auch nichts Undurchsichtiges plante, die Lateinamerikaner nicht zu irgendwelchen riskanten Abenteuern verleiten, sie etwa gegen die USA in Stellung bringen wollte. All dies schien bei de Gaulle möglich. Man bewunderte ihn, aber er war in seiner Größe auch unheimlich. So ging, entgegen mancher Erwartung, unser kleiner weißhaariger Mann mit dem offenen Visier, von einem guten Schneider angezogen, mit blankgeputzten Schuhen, korrekt frisiert, aus diesem Vergleich, den unsere französischen Freunde verständlicherweise nie angestellt haben, als Sieger hervor.

Im Planungsstab

Wenn man lange auf demselben Stuhl sitzt, wird man nahezu automatisch in die Pläne für das nächste *Revirement* eingesetzt, und eines Tages paßt der Stein ins Mosaik. Ich hatte fast sechs Jahre die Auslandsabteilung im Presseamt geleitet, und das meiste von dem, was zu ordnen und einzurichten war, hatte geregelt werden können, nicht zuletzt, weil Eckardt und Hase mich gewähren ließen, in der Gewißheit, daß wir sich deckende Vorstellungen von Form und Inhalt der Informationspolitik hatten. Auch Werner Krüger spielte in diesem Gefüge eine bedeutende Rolle. Es war der Ankermann des Presseamtes. Er hatte sich ausgezeichnete Kenntnisse des Entscheidungsprozesses angeeignet, weil er an vielen Kabinettssitzungen und anderen Beratungen wichtiger Gremien regelmäßig teilgenommen hatte. Krüger kam aus der CDU und galt als ein loyaler Gefolgsmann. Er war dem jeweiligen Chef des Presse- und Informationsamtes eine große Hilfe, weil er ihn von mühseliger Verwaltungsarbeit freisetzte. Natürlich befriedigte dies seinen Ehrgeiz nicht, und so legte er Wert darauf, auch in der politischen Arbeit ein Wort mitzureden. Wir sind oft aneinandergeraten, weil ich meinerseits meine Auffassungen durchsetzen wollte und seine Interventionen auf Gebieten, bei denen ich mich für kompetenter hielt, als überflüssig ansah. Diese Rivalität ist dem Amt und der Arbeit gut bekommen, denn an Krügers Erfahrung und Kenntnis mußte man sich messen.

Ich gehörte keiner Partei an, weil ich der Meinung war, daß Diplomaten und Soldaten während ihrer aktiven Zeit nicht parteipolitisch gebunden sein sollten, um sich eine gewisse Unabhängigkeit im Urteil zu bewahren und auch um von dem Verdacht frei zu bleiben, sie seien nur deshalb in wichtige Ämter gekommen, weil sie das richtige Parteibuch hatten. Das war hin und wieder kritisiert worden und hatte auch meine Karriere behindert. Erwin Wickert, der mich gefragt hatte, warum ich eigentlich auf dem Vortragenden Legationsrat 1. Klasse hängenbliebe, hatte ich geantwortet, daß ich immerhin der jüngste Geheimrat im Auswärtigen Amt gewesen sei. Er merkte dazu knapp an: „Dann sieh nur zu, daß du nicht der älteste wirst." Aber irgendwie und irgendwann bekam ich immer eine Arbeit, die zu mir paßte.

Außenminister Gerhard Schröder hatte mich einmal gefragt, was mich im Auswärtigen Amt besonders interessieren würde. Ich hatte geantwortet, daß ich in der Zentrale gerne den Planungsstab oder die Kulturabteilung übernehmen würde. Der Planungsstab war erstmals unter Schröder eingerichtet worden. Ich stellte mir vor, daß ich dort meiner Neigung, Szenarios zu erstellen, künftige Entwicklungen in Kolossalfreskos, wie wir spottend sagten, an die Wand zu werfen, frönen konnte, um der politischen Führung Handreichungen zur Lösung der Probleme an die Hand zu geben. Sie sollten nicht unvorbereitet und ahnungslos in schwieriges, gefährliches Gelände laufen. In der Kulturabteilung hätte ich gerne im Bereich der auswärtigen Kulturpolitik, ebenso wie ich es gerade im Bereich der Öffentlichkeitsarbeit und der Informationspolitik gezeigt hatte, ein standfestes, zweckmäßiges Gehäuse eingerichtet, in dem sich schöne Geister hätten tummeln können.

Der Minister hat das Thema nie wieder mit mir besprochen oder auch nur beiläufig angeschnitten. In aller Stille hatte er alles geregelt, und 1966 wurde ich in allseitigem Einvernehmen zum Leiter des Planungsstabes ernannt und zum Ministerialdirektor befördert.

Es war wohltuend, wieder im Auswärtigen Amt zu sein. Meine Arbeit im Presseamt hatte mich zwar von der Natur der Sache her in ständigem engen Kontakt sowohl mit der Zentrale als auch mit den Auslandsvertretungen gehalten, aber es war doch jetzt eine Art Rückkehr ins Mutterhaus.

1947 hatte General George Marshall als Außenminister im amerikanischen State Department einen Policy Planing Staff eingerichtet. Es war kein Zufall, daß er von einem Soldaten gegründet wurde, was auch die Namensgebung bestimmte. Für die Soldaten war es besonders erbitternd gewesen zu sehen, wie nach den erfolgreich bestandenen Kriegen die Früchte des Sieges vertan worden waren. George Kennan führte dies wie viele seiner politischen und persönlichen Freunde auf das völlige Fehlen eines Konzepts, einer großangelegten Zielvorgabe für die politische Führung zurück. Die Planungsstäbe wurden aus Enttäuschung geboren.

Zehn Jahre später, 1957, richtete auch die englische Regierung im Foreign Office einen Planungsstab ein. Im Nordatlantischen Bündnis wurde die Verzahnung von politischer und militärischer Zielsetzung schon in der Definition der Aufgabenstellung der NATO angesprochen und führte am 15. November 1961 zur Gründung einer Atlantic Policy Advisory Group, APAG genannt. Dieses Gremium trat normalerweise zweimal im Jahr in einer mehrtägigen Klausurtagung zusammen und erstellte Studien und Planungen. Die Bundesregierung mußte nun entscheiden, wer die deutsche Seite in der APAG vertreten und die erforderlichen Arbeiten verrichten sollte. Im Gefolge dieser Überlegungen kam es zur Bildung eines Planungsstabes im Auswärtigen Amt, den Gerhard Schröder am 10. Januar 1963 im Auswärtigen Ausschuß des Bundestages vorstellte. Im Februar und März des Jahres wurden die administrativen und personellen Voraussetzungen geschaffen. Der Stab wurde direkt der Amtsleitung unterstellt. Es wurden fünf Stellen des höheren Dienstes und sechs Stellen des gehobenen und mittleren Dienstes bewilligt. Die Einheit war wesentlich kleiner als diejenige im amerikanischen State Department und etwas größer als die im Foreign Office. Der Stab konnte seine Arbeit beginnen.

Der erste Leiter des Planungsstabes war Dr. Herbert Müller-Roschach, dem die schwierige Aufgabe zugefallen war, erstmalig im deutschen Auswärtigen Dienst ein Planungsgremium einzurichten. In den operativen Abteilungen war man nicht durchweg davon überzeugt, daß eine solche Einrichtung nötig sei. Man fürchtete, daß am grünen Tisch, ohne die Sachzwänge der Wirklichkeit, schöne Pläne gemacht, die Amtsleitung mit eben diesen Luftschlössern verführt werden würde, die man dann in zeitraubender, mühsamer Arbeit wieder zerlegen und ad absurdum führen müßte. Schröder war, vielleicht durch seine Tätigkeit im Innenministerium geformt, der Meinung, daß es jedem großen Vorhaben dienlich war, wenn es in der Stille vorbereitet wurde. Er hielt nichts von allgemeiner, früher Diskussion, schon gar nicht, wenn es um empfindliche Gegenstände ging, bei denen die Sicherheit der Bundesrepublik berührt wurde. Der Planungsstab sollte nach seinem Willen auch im eigenen Hause seine Arbeiten nicht bekanntmachen. Außer dem Minister und den Staatssekretären sollte niemand wissen, womit sich der Planungsstab beschäftigte.

Der Stab konnte daher die Abteilungen im Hause auch nicht offen zu Rate ziehen. Immerhin nahm der Leiter des Planungsstabes an der

Direktorenbesprechung teil, dem obersten Führungsgremium des Amtes.

Es wurden eine Reihe guter Arbeiten geschrieben, die zunächst von Staatssekretär Karl Carstens gelesen wurden. Der machte seine Anmerkungen, stellte Rückfragen und behielt das Opus bei sich, bis seine Wünsche berücksichtigt worden waren. Mir fiel als erstes auf, daß die Texte 80 und mehr Seiten umfaßten. Ich hatte Zweifel, ob man Kanzler oder Minister dazu bringen konnte, sich derartige Werke genauer anzusehen und in konkrete Weisungen umzumünzen.

Ich nahm mir gleich zu Beginn vor, mich bei anderen umzuhören und wenn möglich zu lernen. So besuchte ich die Planer in Paris, London und Washington. In Frankreich war das Zutrauen zur politischen Planung gering. Einige Kollegen sagten unverhohlen: „Alles Unsinn." Planung und Aktion gehörten eng zusammen. Das erledigen wir alles in den Abteilungen, die Politik machen. Das ist ja gerade die Garantie des Erfolgs. Kein Neben- und Durcheinander. Man hatte dennoch am Quai d'Orsay einen Planungsstab eingerichtet, wohl in erster Linie, um ein Paßstück zu den Amerikanern und Engländern zu haben und um in der APAG mitreden zu können. Auch in Paris wurde nicht bestritten, daß die Zusammenarbeit mit den anderen westlichen Planungseinheiten wertvolle Ergebnisse brachte.

Die Einstellung in London und Washington war rundheraus positiv. Kleine, fähige Arbeitsgruppen, in enger Verbindung mit dem Außenminister, mit dem Premierminister und dem Präsidenten. Verhältnismäßig kräftiger Einfluß auf den Entscheidungsprozeß, im negativen wie im positiven, einmal warnend, ein andermal ermutigend. Durch ständigen Kontakt mit den anderen Abteilungen der Auswärtigen Ämter und auch weiterer Ressorts wie Verteidigung und Forschung waren die Stäbe mit den wichtigen laufenden Vorhaben vertraut und konnten sie in ihre eigenen Überlegungen einbeziehen. Es wurde viel geschrieben. In diesem Prozeß formten sich die Gedanken und danach die überzeugenden Aussagen. Das war nötig, weil die eigentliche Vorlage für den Minister von äußerster Dichte und Kürze war. „Im Idealfall", sagten die Engländer, „eine Seite, höchstens zwei Seiten, sonst kriegen Sie den Mann nicht an den Haken."

Als ich von meiner Erkundungsreise zurückkam, bekam ich das Einverständnis des Ministers dazu, einzelne Beamte des Amtes und anderer Ministerien zeitweise an unseren Arbeiten zu beteiligen. Sie wurden als Fachleute hinzugezogen und dann mit Dank wieder verabschiedet. Um das außerhalb der Bundesregierung bestehende Wissen nutzbar zu machen, gründete ich zwei Gesprächskreise; einen, der sich aus Politologen und Soziologen zusammensetzte, und einen andern, der mit Naturwissenschaftlern bestückt wurde. Die politische Runde war wenig hilfreich, wie sich bald zeigte. Die Vorstellungen der Teilnehmer vom politischen Entscheidungsprozeß waren ungenau. Sie hatten oft Mühe, die bedeutende Rolle zu erfassen und einzukalkulieren, welche die Gefühle und die Leidenschaften in der Politik spielen. Auch unterschätzten sie den Einfluß, den Charakter und Temperament einzelner Personen hatten. Der naturwissenschaftliche orientierte Gesprächskreis dagegen war uns eine große Hilfe, weil unser Urteilsvermögen über den Stand und die Bedeutung wissenschaftlicher Erkenntnisse für die Gesellschaft, das Land und die Völkergemeinschaft sehr begrenzt war.

Wir zahlten kein Honorar, und deshalb bekamen wir die besten Leute. Wenn ich in meinen einladenden Briefen gesagt hätte, es gäbe pro Sitzung 400 Mark, wäre niemand gekommen, denn die Herren bekamen fünfstellige Summen für ihre Gutachten. Es war eine Ehre, mit dem Planungsstab zu arbeiten.

Viele der akademischen Lehrer nahmen mit offensichtlichem Vergnügen an der Arbeit teil, weil die kühne Verbindung von auseinanderliegenden Forschungsbereichen, die unsere Fragestellungen zustande brachten, ihre Kreativität reizte. Auffällig war, daß hochangesehene Herren, die an verschiedenen Fakultäten, aber an ein und derselben Universität arbeiteten, sich nur flüchtig kannten, aber bei uns zueinanderfanden. Es wurde, wie konnte es anders sein, viel diskutiert und auch viel geschrieben, aber ich setzte durch, daß die Vorlagen kurz gefaßt waren. Mein Ideal, dem englischen Vorbild nacheifernd, einen klaren, überzeugenden Vorschlag auf zwei Seiten festzuhalten, haben wir allerdings nie erreicht. Immerhin lag es an der Kürze, daß unsere Texte vom Minister und gelegentlich auch vom Bundeskanzler gelesen wurden.

Die Arbeitsbedingungen des Stabes waren erstklassig. Die administrativen Arbeiten wurden von einem tüchtigen Amtsrat erledigt. Wir brauchten uns auch nicht um Geld zu streiten. Der Stab wurde hervorragend informiert. Durch entsprechende Verfügungen bekamen wir sämtliche Drahtberichte aller Geheimhaltungsgrade der Botschaften über jeden gewichtigen Gegenstand. Außerdem erhielten wir Doppel aller hausinternen Aufzeichnungen und anderen Papiere, die den Staatssekretären und dem Minister vorgelegt wurden. Ferner waren wir überall zugelassen, bei allen Besprechungen und Sitzungen, wenn uns die zu erörternden Gegenstände interessierten. Alle diese Speisen dienten nur dazu, unseren Geist zu nähren und uns zum Denken anzuregen.

Wir trugen keinerlei Verantwortung für die konkrete Arbeit. Wir trafen keine Entscheidungen, und wir führten auch keine Entscheidungen anderer aus. Es war in gewisser Weise ein idealer Zustand, wenn auch der unterbeschäftigte Täter sich gelegentlich murrend zu Wort meldete. Alles in allem glaubte ich, eine herrliche Zeit vor mir zu haben. Diese Erwartung wurde nicht enttäuscht, aber nach kurzer Zeit sah ich, daß wir eine eisige Luft atmeten. „Es geht hier um Überlegungen, die die meisten Menschen am liebsten gar nicht anstellen möchten", hatte Robert McNamara gesagt. Wir waren verpflichtet, auch das Undenkbare zu denken, uns vor keinem Szenario zu scheuen. Es sollte keine politischen Tabus geben. Da war Vorsicht geboten, besonders, wenn man aufgefordert wurde, ganz offen zu sein. Es wäre sinnlos gewesen, sich in Gedankenspielereien zu verlieren, welche die Gegebenheiten unserer politischen und wirtschaftlichen Existenz außer acht ließen. Es wäre bedenklich gewesen, dem Minister oder dem Bundeskanzler Vorschläge zu machen, für deren Verwirklichung auf absehbare Zeit keine politische Basis, keine Mehrheit beispielsweise im deutschen Bundestag zu finden war. So begleitete ich den Minister oft in den Bundestag, vornehmlich in den auswärtigen Ausschuß. Ich wurde von einem Abgeordneten gefragt: „Was suchen Sie denn hier? Sie sollen doch Pläne machen!" Ja, sagte ich, aber doch nur solche, die wenigstens eine kleine Aussicht haben, verwirklicht zu werden. Kühn ja, aber nicht weltfremd und leichtsinnig.

Eine andere Gefahr bestand in der Verstrickung in das aktuelle politische Geschehen. Oft wurden wir im Hinblick auf eine anstehende Entscheidung um Rat gefragt. Man war nur allzu gern und allzu schnell bereit, vermeintliche Lösungen anzubieten. Es war aber nicht die Aufgabe des Planungsstabes, in aktuelle Vorgänge einzugreifen. Wir sollten und wollten den Blick auf kommende Dinge richten. In der Praxis hatte ich dann oft den Eindruck, daß die zukünftigen Entwicklungen, die wir zu erkennen uns bemühten, kehrt machten und mit großer Geschwindigkeit auf uns zu rasten. Das Jahrhundert, welches uns immer schon als schnellebig erschienen war, beschleunigte noch einmal seine Schritte. Wir Planer hatten Mühe, das Tempo halten zu können. Die Gegenwart war beunruhigend, die möglichen, künftigen Entwicklungen furchterregend. Wir begriffen, daß wir Mut und Entschlossenheit brauchten, auch wenn es scheinbar nur darum ging, einen Satz zu schreiben.

„Sicherheit und Frieden für alle"

Am 4. September 1953 hatten Eckardt und Blankenhorn den Bundeskanzler dazu gebracht, am Vorabend der Bundestagswahlen eine „Erklärung des Bundeskanzlers" abzugeben, die sich, Lenins Beispiel folgend, „an alle" richtete. Wir hatten damals noch kein flächendeckendes Netz diplomatischer und konsularischer Vertretungen, und so griffen wir zu einem Behelf. Der Text der Erklärung wurde in den wichtigsten Fremdsprachen verbreitet und von einer erläuternden und kommentierenden diplomatischen Korrespondenz abgestützt.

Am gleichen Tag sprach Adenauer über den Sender RIAS die Landsleute in der sowjetisch besetzten Zone in einer Rede an, in der er mit dem kommunistischen Regime und seinen Moskauer Ziehvätern scharf abrechnete und sich keine vornehme diplomatische Zurückhaltung auferlegte.

Die Überschrift der Erklärung, die nicht vor irgendeinem Gremium abgegeben wurde, sondern genaugenommen ein Stück Papier war, lautete: „Sicherheit und Frieden für alle – Freiheit und Einheit für Deutschland". Der Text, den ich entworfen hatte und der von Eckardt und Blankenhorn überarbeitet worden war, war in einer anspruchsvollen Sprache geschrieben, hochgespannt, was an sich nicht zu Adenauers Stil paßte. Der Kanzler nahm daran keinen Anstoß. Sinn der Aktion war, einige vorwärtsweisende, in der damaligen Konstellation kühne Gedanken in die internationale Diskussion einzuspeisen. Sie sind zu einer großen, nach 40 Jahren sich erfüllenden Prophezeiung geworden, die alle Irrwege und Umwege der deutschen Politik überdauert hat. Die Erklärung begann:

> Die Welt sucht den äußeren und inneren Frieden. Seit 1914 stand das Leben von jedem einzelnen von uns unter der Wirklichkeit oder unter dem Schatten des Krieges. Millionen Menschen hat eine Kette von furchtbaren Kriegen Tod und Verderben gebracht; unsagbares Leid haben die Mütter und Frauen erduldet.
>
> Die Werke der Kunst und der Wissenschaft, so gut wie des Menschen Haus und seine Habe sind immer wieder zerstört worden. Das Streben des einzelnen und der Gemeinschaften nach Vollendung ist unerfüllt geblieben.
>
> Die Kraft, die die Menschen aufgewendet haben zu rüsten, zu vernichten,

neu aufzubauen, wieder zu rüsten, hätte die ganze Erde verwandeln, sie besser, fruchtbarer und glücklicher machen können. Die Völker der Welt sind nach einem halben Jahrhundert der Wirren erfüllt von einer tiefen Sehnsucht nach Frieden, in der Erinnerung an die Schrecken des Krieges verlangen sie nach Sicherheit. Das gilt auch und nicht zuletzt für unser deutsches Volk.

Deshalb fühlte sich die Bundesregierung, deren Aufgabe es war, Deutschland von dem unseligen Erbe des Zweiten Weltkrieges zu befreien, verpflichtet, alle ihre Bemühungen in den Dienst des Friedens zu stellen und Deutschland Sicherheit zu geben.

In der weiteren Abfolge setzte sich Adenauer dafür ein, bei einer Viererkonferenz die Beratung der Deutschlandfrage mit der Diskussion eines Sicherheitssystems zu verbinden, „das die Sicherheitsbedürfnisse aller europäischen Völker, einschließlich des russischen Volkes, berücksichtigt. Dieses System soll sich einfügen in ein System allgemeiner Abrüstung und Sicherheit im Rahmen der Vereinten Nationen."

Adenauer stellte dann die Frage, ob angesichts der Haltung der Sowjetunion der Plan zu einem umfassenden Sicherheitsabkommen verwirklicht werden könne. Er gab auch selbst die Antwort. „Ich selbst vertrete die Auffassung, daß ein allgemeines Sicherheitsabkommen und eine allgemeine Rüstungskontrolle durchaus im Bereich des Möglichen liegen."

Es wurde vorgeschlagen, die bestehenden regionalen Bündnisverträge miteinander zu verbinden, Streitigkeiten sollten durch Schiedsgerichtsbarkeit geregelt werden.

Die Sowjetunion bekämpfe die Bildung der Europäischen Gemeinschaft und die deutsche Bindung an den Atlantikpakt mit der Begründung, daß sie eine Bedrohung Sowjetrußlands darstellten. „Dazu ist zu sagen, daß der Zusammenschluß Europas ... in sich selbst sinnvoll und vernünftig ist und völlig unabhängig davon zustande kommen wird, ob Europa von der Sowjetunion bedroht wird oder nicht." Die Europäische Gemeinschaft enthalte auch keine Elemente, die die Sowjetunion bedrohten, sie enthalte vielmehr Elemente, die der Sowjetunion Sicherheit gäben. Der ganze innere und äußere Aufbau der Europäischen Verteidigungsgemeinschaft sei, wie schon ihr Name erkennen lasse, auf Verteidigung eingerichtet und mache eine Aggression gegen dritte unmöglich. Auf Grund der Tradition und der Interessenlage ihrer Mitgliedstaaten sei es völlig undenkbar, daß die Europäische Gemeinschaft einen Angriff gegen die Sowjetunion führe und etwa französische, italienische, holländische, belgische und luxemburgische Soldaten zusammen mit deutschen für einen Angriff in Osteuropa einsetzen würde.

„Gibt es aber tatsächlich ein subjektives sowjetisches Sicherheitsbedürfnis, so ist der Westen – unbeschadet der Notwendigkeit, auf seine eigene Sicherheit bedacht zu sein – bereit es zu befriedigen." Von dem Maße, in dem das Sicherheitsbedürfnis die sowjetische Politik bestimme, werde dann auch das Maß der Verständigung und Entspannung abhängen, das mit einem Angebot der freien Welt auf dem Gebiet der Sicherheit erreicht werden könne. Die Erklärung endete: „Welche Folgerungen müssen wir also ziehen?

1. Um einem etwa entstehenden sowjetischen Sicherheitsbedürfnis entgegenzukommen, kann das regionale Bündnis der Europäischen Gemeinschaft, nachdem es mit der NATO verbunden ist, im Rahmen eines innerhalb der Vereinten Nationen zu entwickelnden Oberbaus in ein vertragliches Verhältnis zu den regionalen Bündnissen des Ostblocks gebracht werden. Geeignete Verträge, auch hinsichtlich der militärischen Seite eines solchen Systems, wären in Verhandlungen zu ermitteln.

2. Da wirtschaftliche Verflechtung und politische Sicherheit Hand in Hand gehen, können die Mittel, die durch eine allgemeine Rüstungskontrolle frei werden, verwandt werden, um den internationalen Güteraustausch und den Lebensstandard aller Völker zu heben. Insbesondere könnte ein umfassender Austausch zwischen dem gemeinsamen europäischen Markt und dem Wirtschaftsbereich der Sowjetunion eingeleitet werden.

Ich glaube, daß hier für die Politiker und Diplomaten der freien Welt die Aufgabe liegt, für deren Lösung alle Kräfte eingesetzt werden sollten. Die Bundesregierung wird alles tun, was in ihrer Macht steht, um an der Lösung dieser Aufgabe mitzuwirken, denn hier liegt auch der Schlüssel zur Wiedervereinigung Deutschlands. Wir setzen uns als Ziel: Freiheit und Einheit für Deutschland – Sicherheit und Frieden für alle."

In der Erklärung wurde damit der Gedanke einer vertraglichen Verbindung zwischen den Sicherheitssystemen des Westens, also insbesondere der NATO bzw. der Europäischen Verteidigungsgemeinschaft mit dem Ostblock von dem ersten Mann der deutschen Politik in die Debatte eingeführt. Außerdem enthielt die Erklärung ein Angebot der wirtschaftlichen Zusammenarbeit zwischen der Europäischen Gemeinschaft und dem kommunistisch beherrschten Osteuropa. Das war eine frühe große Vision eines gesamteuropäischen Systems. Die dabei benutzten Wortschöpfungen wurden beibehalten und fanden sich in vielen außenpolitischen Erklärungen und Zielsetzungen abgewandelt oder unverändert wieder.

Es gab eine interne Diskussion, ob die Eröffnungszüge nicht zu riskant gewesen waren, insbesondere wurde Kritik in dem Sinne geäußert, daß sie Unsicherheit im Bündnis stiften könnten. Lange Jahre sind von deutscher Seite dann zaghafte Versuche gemacht worden, die damalige große Skizze weiterzuentwickeln und auszufüllen. Ganz aus der Diskussion verschwand sie nicht. Die Ideen schwächten sich ab oder gewannen wieder an Kraft.

Unsere Meister Blankenhorn und Eckardt waren seitdem davongezogen. Ohne es zu wollen, waren meine Freunde und ich nun selbst an der Reihe, den Kurs zu bestimmen. Vor allem die Erstarrung in der Deutschlandpolitik mißfiel uns mehr und mehr. Wir wußten sehr wohl, daß wichtige Elemente der Großlage gar nicht oder nur zu einem geringem Maße von uns zu beeinflussen waren. Andererseits erschien uns doch als sicher, daß unsere eigenen Massen und Energien ausreichend waren, um sich abzeichnende Strömungen in ihrer Richtung zu beeinflussen und zu steuern. Die Interessenlagen unserer wichtigsten Partner und Gegner glaubten wir zu kennen. Wir kamen zu dem Ergebnis, daß diejenigen, die ein, wenn auch in seiner Intensität unterschiedliches Eigeninteresse an der Wiederherstellung der deutschen Einheit hatten, zahlreicher und in der Addition ihrer Kräfte auch stärker waren als die erklärten oder stillen Gegner der Einheit und Befürworter der Teilung.

Zu unserem Unglück und zu unserem Glück, waren wir versucht zu sagen, fiel die Teilung Deutschlands mit der Teilung Europas zusammen. Es kam darauf an, das allgemeine Interesse an der Lösung des Problems wieder zu stimulieren. Dazu gehörte zunächst, in der deutschen Politik gegen die Strömungen anzukämpfen, die sich mit der Teilung abgefunden hatten oder sich in ihr so bequem eingerichtet hatten, daß der Elan, den bestehenden Zustand zu beenden, gebrochen worden war.

Wir konnten uns auf die klare Linie der deutschen Außenpolitik und einschlägige Dokumente wie zum Beispiel unsere Erklärung aus dem Jahr 1953 berufen. Zweifel an unserer Zielsetzung konnten aufgrund unzähliger Manifestationen unseres politischen Willens nicht aufkommen.

In der Konstellation Erhard, Schröder, Carstens kam der günstige Augenblick, neu anzusetzen. Der Gedanke einer Friedensnote wurde geboren. Die eigentliche Arbeit tat Erwin Wickert, der die Note entworfen und ihr die gültige Form gegeben hat. Franz Krapf, damals Leiter der zuständigen politischen Abteilung, und ich haben in meinem Hause in Oberwinter Erwin Wickert zugehört, als er uns die erste Fassung vorlas. Das Unternehmen gelang, weil im Einklang mit dem Kanzler und dem Außenminister gearbeitet wurde. Carstens hatte dabei eine wichtige Scharnierfunktion zwischen Erhard, Schröder und uns. Ich konnte von vornherein den Plan befördern, weil ich fest daran glaubte, daß man mit dem Wort konkrete politische Aktionen auslösen konnte. Schon der Begriff „Friedensnote" ließ den Erfolg ahnen. Es kam darauf an, die Initiative weltweit und schlagartig bekannt zu machen. Dazu gehörte, daß die Note mit einigem Aufwand angekündigt und von höchster Stelle, vom Bundeskanzler selbst, als eine Magna Charta unserer Friedenspolitik vorgestellt wurde. Am 25. März 1966 war es soweit. Professor Erhard gab die Note im Bundestag bekannt. Die beste Bestätigung dafür, daß der Start gelungen war, lag darin, daß weder in der Sowjetunion noch in irgend einem anderen der kommunistisch regierten Staaten des Ostblocks die Note veröffentlicht wurde. In der ganzen übrigen Welt fand die Note ein großes Echo. Das Auswärtige Amt veröffentlichte später eine entsprechende Dokumentation.

Die Friedensnote sagte gleich eingangs in ihrem ersten Abschnitt, das deutsche Volk sei bereit, für seine Wiedervereinigung auch Opfer auf sich zu nehmen, und wolle die Aufgabe nur mit friedlichen Mitteln lösen. Eine weitere zentrale Aussage bestand darin, daß die Spannungen nur dann beseitigt werden könnten, wenn zuvor ihre Ursachen ausgeräumt werden würden.

Es wurde darauf verwiesen, daß sich Deutschland mit allen Nachbarn im Westen über alle Fragen verständigt habe, die nach dem Krieg zwischen ihnen offengeblieben wären. Ein Gleiches könne auch mit den osteuropäischen Nachbarn erreicht werden, auch wenn manche diese Politik, „nach Kräften zu hintertreiben suchten". Die Ergebnisse der Versuche, die Beziehungen zwischen den Staaten und

Völkern Osteuropas zu verbessern, seien im ganzen aber doch befriedigend und ermutigten die Bundesregierung, diesen Kurs fortzusetzen. Ein besonderer Absatz war Polen gewidmet, in dem es trocken hieß, die polnische Regierung sei zwar offensichtlich an einem regen deutsch-polnischen Handel interessiert, habe aber bisher nicht erkennen lassen, daß ihr an einer Verständigung der beiden Völker gelegen sei. Sie erschwere vielmehr selbst die kulturellen Kontakte. Im Hinblick auf die Grenzfrage wurde gesagt, „wenn zu gegebener Zeit die Deutschen und die Polen über die Grenze in dem gleichen Geiste sprechen, der den Ausgleich zwischen Deutschland und seinen westlichen Nachbarn herbeigeführt hat, dann werden auch Polen und Deutsche sich einigen. Denn in dieser Frage darf weder die Leidenschaft, noch allein die Macht des Siegers entscheiden, hier muß die Vernunft siegen. Mit Bezug auf die Tschechoslowakei wurde die Frage des Münchener Abkommens, die juristisch und politisch in jeder Weise dornig war, elegant beantwortet: „Die Bundesregierung ist der Auffassung, daß das Münchener Abkommen aus dem Jahre 1938 von Hitler zerrissen wurde und keine territoriale Bedeutung mehr hat. Sie erhebt daher, wie sie mehrfach erklärt hat, gegenüber der Tschechoslowakei keine territorialen Ansprüche." Die Bundesrepublik verfolge weder eine Revanchepolitik, noch eine restaurative Politik, ihr Ziel sei eine gerechte, auf friedlichen Vereinbarungen beruhende europäische Ordnung, in der alle Völker frei und als gute Nachbarn miteinander leben können. Und dann kam der lapidare Satz: „Auch die Sowjetunion und die osteuropäischen Staaten sind Teil Europas."

Der dritte Abschnitt der Note begann: „Dieser Frieden ist nicht gesichert." Es wurden einige „eindeutige und massive Drohungen" zitiert, deren Verbreitung in der ganzen Welt den Moskauer Führern sehr unangenehm gewesen sein muß. Die Leute im Kreml hatten allen Grund, sich zu schämen.

Unserer Bekundung der Entschlossenheit, sich gegen jeden Angriff zu verteidigen, folgte die Begründung dafür, daß wir keinen Angriffskrieg führen konnten und wollten. Im fünften Abschnitt folgten dann konkrete Vorschläge, insbesondere zur atomaren Kontrolle und Abrüstung sowie zum Gewaltverzicht und zur Manöverbeobachtung. Die Note schloß: (Die Bundesregierung) „glaubt jedoch, daß alle Bemühungen um Sicherheit, Abrüstung und Rüstungskontrolle nur dann entscheidenden und dauerhaften Erfolg haben, wenn man Schritt für Schritt auch die Ursachen der Spannungen in der Welt beseitigt. In Europa heißt das vor allem, die Deutschlandfrage in gerechter Weise lösen, indem man dem gesamten deutschen Volk das Recht gewährt, frei über seine politische Lebensform und über sein Schicksal zu bestimmen."

Die von Erwin Wickert gewählte Sprache der Note war würdig und ruhig. Sie zeigte Festigkeit und Selbstbewußtsein. Sie war frei von Unterwürfigkeit, Anbiederei und Schuldbekenntnis. Sie provozierte aber auch nicht. Sie war so, wie wir im ganzen Deutschland vertreten wollten.

Im Bundestag wurde die Note sehr gut aufgenommen, auch Herbert Wehner äußerte sich zustimmend.

Die sozialliberalen Koalitionsregierungen unter den Bundeskanzlern Brandt und Schmidt sind zwar von der Friedensnote nicht abgerückt, aber sie haben den grundlegenden Fehler gemacht, erst die Entspannung zu suchen, in der vergeblichen Hoffnung, daß dann auch die Ursachen der Spannung verschwinden würden. Die Geschichte hat dann alles geregelt, im Grunde so, wie wir es in den Umrissen auf die große Leinwand der Zeit projiziert hatten.

Plan und Putsch

Nachdenken hat keine hörbare oder sichtbare Dynamik. Dieser Umstand, der beispielsweise das Nachdenken im Fernsehen erschwert, beeinträchtigt auch die Wirkungsmöglichkeiten der Planer. Sie haben Mühe, Aufmerksamkeit für ihre Arbeit zu finden, weil sie sich schlecht in Szene setzen läßt. Die Täter haben es da leichter, allerdings gehen sie auch höhere Risiken ein.

Im April 1967 fand in Griechenland eine der routinemäßigen Tagungen der Atlantic Policy Advisory Group (APAG) statt. Das übergeordnete Thema des Treffens hieß: „The problems of balance within the atlantic alliance in the seventies". In der deutschen Übersetzung hieß es ein wenig schwerfällig: „Die Verteilung der Gewichte innerhalb der atlantischen Allianz in den siebziger Jahren". Der deutsche Planungsstab war gebeten worden, für die Beratung einen Beitrag zu schreiben. Um mir einige Bewegungsfreiheit zu sichern, hatte ich auf dem Deckblatt vermerkt: „Dieses Papier ist ein Beitrag des deutschen APAG-Vertreters zur Information und zur Diskussion im Rahmen der APAG. Das Papier gibt nicht unbedingt die Auffassung der deutschen Regierung wieder." Unsere Partner nahmen zu Recht an, daß ich die beschriebenen Entwicklungen für wahrscheinlich hielt und daß meine Äußerungen durch mehrheitliche Auffassungen in der deutschen politischen Führung abgedeckt seien. Die Sprache des Papiers war diplomatisch abgewogen, aber zu diesem Zeitpunkt und in diesem Kreise wagemutig. Meine Mitarbeiter und ich waren aber der Meinung, daß es an der Zeit war, gewisse spannungsgeladene Probleme, die lange unter der Decke gehalten worden waren, nun ans Tageslicht zu bringen. Es ist erregend und fast beunruhigend zu sehen, daß eine Vorausschau gelingen kann, die ermöglicht, sich vorzubereiten, den kommenden Dingen getrost und wohlvorbereitet entgegenzugehen.

Hier unsere Aufzeichnung, die sich im Abstand eines Vierteljahrhunderts als Zukunftsroman erweist:

Die Geschichte ist oft erfinderischer als die menschliche Vorstellungskraft. Die folgende Betrachtung geht von einigen Annahmen aus, von denen bestenfalls gesagt werden kann, daß sie wahrscheinlich, aber nicht sicher sind.

Es wird angenommen, daß in den nächsten Jahren kein großer Krieg stattfindet. Es wird ferner angenommen, daß die NATO nach 1969 fortbesteht. Das Vereinigte Königreich und einige andere EFTA-Staaten sind einer Europäischen Gemeinschaft beigetreten. Die Beziehungen zwischen Frankreich und den Vereinigten Staaten haben sich verbessert. Der Krieg in Vietnam hat ein politisch erträgliches Ende gefunden. Der Warschauer Pakt ist intakt geblieben. Die Volksrepublik China wächst langsam in die Rolle einer Weltmacht hinein. Deutschland ist immer noch geteilt. Die Bundesrepublik hat diplomatische Beziehungen zu ihren osteuropäischen Nachbarn aufgenommen.

Nach einer Phase deutlicher Entspannung ist die Lage in Europa wieder schwieriger geworden, weil die Entscheidung darüber herannaht, ob die „Politik der Entspannung" den Status quo überwinden kann oder nicht.

*

Die Mitglieder des Bündnisses werden in den siebziger Jahren ständig bemüht sein, das Gleichgewicht zwischen Entspannung und Sicherheit zu finden. Der Wunsch nach Entspannung könnte angesichts einer relativ starren Haltung der kommunistischen Welt den Westen zu immer weitergehenden Angeboten treiben, die die Sicherheit der Mitglieder des Bündnisses ernstlich in Frage stellen würden. Andererseits könnte das Verlangen nach Sicherheit die Politik der Entspannung so behindern, daß man in der Ungewißheit bleiben würde, ob sie nicht hätte erfolgreich sein können, wenn man kühner gewesen wäre. Es läßt sich nicht ausschließen, daß die einzelnen Partner des Bündnisses allein oder in Gruppierungen hierzu verschiedene Vorstellungen entwickeln werden, die zu erheblichen Meinungsverschiedenheiten führen. Das Ideal, gemeinsam aus einer Position militärischer Stärke eine großzügige Politik der Entspannung betreiben zu können, wird sich nicht verwirklichen lassen.

Die Verbindungen zwischen West- und Osteuropa werden in den siebziger Jahren wieder sehr intensiv sein und zu einer Art Osmose in beiden Richtungen führen. Erste Anzeichen, in denen Signal und Antwort, Ursache und Wirkung sich unverkennbar vermischen, sehen wir bereits heute.

Der Wille, die gefährliche Konfrontation abzubauen, wird vor allem an der Peripherie des Bündnisses zunehmen. Man muß damit rechnen, daß Pläne für ein System europäischer Sicherheit Auftrieb erhalten werden, das viele Kennzeichen der Neutralisierung aufweisen würde. Dies würde besonders dann gelten, wenn die Sowjetunion ihre Bereitschaft, über eine Lösung der deutschen Frage zu verhandeln, als Köder benutzte. Derartige Pläne würden zur Auflösung des Bündnisses in seiner jetzigen Form führen.

Unter Umständen würde zeitweise ein Druck entstehen, der das Gleichgewicht zwischen Entspannung und Sicherheit so verändert, daß allen Mitgliedern – vielleicht erst anläßlich eines dramatischen Erpressungsmanövers der Sowjetunion – bewußt wird, daß ihre Sicherheit bereits gefährdet ist. Derartige Vorgänge würden den Abwehrwillen und den Zusammenhalt der Allianz wieder stimulieren und die Neigung verringern, durch Vorleistungen die Entspannungspolitik zu fördern. Die Balance würde in einer Ost-West-Politik des ‚do ut des' gefunden werden können.

Im politischen Bereich könnte es notwendig werden, ein „Gleichgewicht" zwischen der amerikanischen und der europäischen Variante der Ostpolitik zu finden. Die Sowjetunion hätte sonst die Möglichkeit, Kompromissen in Europa dadurch auszuweichen, daß sie ihre Interessen durch direkte Arrangements mit den USA befriedigt. Die sowjetische Führung könnte gleichzeitig versuchen, den europäischen Partnern der Allianz Angebote zu entlocken oder zu machen, deren Sinn es ist, die USA mit ihren europäischen Verbündeten zu entzweien.

Die Einsicht, daß ein Wettbewerb um sowjetische Gunst zur Preisgabe vitaler Interessen der ganzen Allianz führen muß, würde diese Gefahren bannen können. Es wird für die europäischen Mitglieder nicht immer leicht sein zu verstehen, daß eine begrenzte Kooperation zwischen den USA und der Sowjetunion auch im europäischen Interesse liegen kann. Frühzeitige, gemeinsame Analysen, Informationen und Konsultationen sind notwendig, wenn man vermeiden will, daß die „Ostpolitik" dem Bündnis mehr Schaden als Nutzen bringt.

*

Das Bündnis wird auch in den siebziger Jahren in erster Linie ein Verteidigungsbündnis sein, dessen vornehmster Zweck es ist, die Sicherheit seiner Mitglieder zu gewährleisten.

Das äußere militärische Bild wird möglicherweise stark verändert sein. Großflugzeuge und schnelle Schiffe werden Träger strategischer Reserven in den USA und Kanada sein, die sich in Europa auf vorbereitete Basen stützen. Die Gesamtzahl der konventionellen Truppen in Europa wird voraussichtlich sinken, allerdings wird die Zahl und vielleicht auch die Bedeutung der Reservisten steigen. Da die Wahrscheinlichkeit eines nuklearen Überfalls gering eingeschätzt wird, könnte die klassische Mobilmachung wieder zu Ehren kommen.

Versuche, mit den Sowjets Truppenreduzierungen zu vereinbaren, in die auch die deutschen Verbände auf beiden Seiten der Demarkationslinie eingeschlossen sein sollten, werden kaum spektakuläre Ergebnisse bringen. Infolgedessen wird man die Technik der Beispielgebung ausprobieren. Es werden seitens des Westens erhebliche Kürzungen vorgenommen. Das System der abgestuften Abschreckung wird Lücken erhalten, welche die angemessene Bewältigung lokaler Krisen gefährden. Die Unglaubwürdigkeit der massiven Abschreckung und die Unzulänglichkeit der konventionellen Streitkräfte könnten dazu führen, daß mehr und mehr Zweifel an der Funktionsfähigkeit des Bündnisses aufkommen. Die Eigeninteressen der Partner würden dann bereits im Vorfeld der Krisenbewältigung nur schwer zu koordinieren sein.

In den nächsten Jahren wird die Bedeutung der taktischen A-Waffen für das Verteidigungskonzept der Allianz lebhaft erörtert werden. Gedanken, ihre

Zahl zu vermindern und gegebenenfalls gewisse Gebiete von taktischen A-Waffen frei zu machen, könnten in Europa an Kraft gewinnen. Die amerikanischen Truppen würden u.U. ohne taktische A-Waffen nicht in Europa bleiben wollen. Die Europäer wiederum würden nicht in der Lage sein, ihre konventionelle Stärke wesentlich zu vergrößern. Die Bedeutung der strategischen Waffen würde dann wieder wachsen.

Man muß damit rechnen, daß politische Strömungen in den Mitgliedsländern einen Ausweg aus dem Dilemma in der „Ban the Bomb-Politik" sehen werden und damit die Grundlage der Sicherheitspolitik der nuklearen Partner in der Allianz verlassen. Da eine allgemeine atomare Abrüstung auch in den siebziger Jahren nicht zu erwarten ist, wird schließlich ein gemischtes System konventioneller, nuklearer, taktischer und strategischer Waffen alle Debatten überstehen, obwohl niemand damit zufrieden sein wird. Es kann dennoch seinen Zweck erfüllen, solange die potentiellen Gegner keinen Grund haben, daran zu zweifeln, daß die Allianz notfalls mit allen ihr zur Verfügung stehenden Mitteln einem Angriff entgegentreten wird.

*

Anfang der siebziger Jahre wird die wirtschaftliche Balance im atlantischen Bündnis schärfer und breiter diskutiert werden. Die Zusammenhänge zwischen Verteidigungskosten und Zahlungsbilanzen im Verhältnis der europäischen Mitglieder der Allianz untereinander und zu den Vereinigten Staaten müssen neu und gründlich untersucht werden.

Die Idee eines freien Handels in der Welt wird nichts von ihrer Anziehungskraft verloren haben. Zu Beginn des nächsten Jahrzehnts wird aber der Kampf um den europäischen Markt in voller Schärfe entbrannt sein und zu entsprechenden Reaktionen führen. Infolgedessen wird der Ruf nach Disziplin und Ordnung im wirtschaftlichen Bereich lauter werden. ...

Die Staaten des Bündnisses werden sich im Vergleich zur übrigen Welt ein hohes Maß an Wohlstand und sozialer Sicherheit bewahren können. In Europa wird denjenigen Mitgliedern, die einen gewissen wirtschaftlichen Nachholbedarf haben, geholfen werden müssen, an dieser allgemeinen wirtschaftlichen Entwicklung voll teilzuhaben. Die Relationen der Bruttosozialprodukte ergeben ungefähr folgendes Bild:

für 1965:	USA und Kanada 735 Mrd. Dollar
	europäische NATO-Staaten 430 Mrd. Dollar
für 1975:	USA und Kanada 1070 Mrd. Dollar
	europäische NATO-Staaten 615 Mrd. Dollar.

Die wirtschaftlichen und sozialen Kräfte der Allianz werden durch die Anforderungen der Entwicklungsländer zunehmend beansprucht, die auf Grund der schnell wachsenden Bevölkerung von dramatischen Krisen erschüttert werden. Der Glaube, daß vereinte Anstrengungen der Industrieländer diese Krisen bannen könnten, wird auf harte Proben gestellt werden. Der vergebliche Versuch, überall und auf allen Gebieten helfen zu wollen, kann im Westen zu moralischen und materiellen Erschöpfungszuständen führen. Das militärische Engagement des Westens in der Welt wird vermutlich zunächst zurückgehen. Die europäischen Mitglieder der Allianz werden ihre militärische Präsenz außerhalb Europas vorerst weiter verringern. Die USA wiederum werden sich darauf berufen, daß sie nicht zu den Aufgaben einer weltweiten Verteidigung auch noch die Hauptlast einer weltweiten verstärkten Entwicklungshilfe übernehmen können. Ein höherer Grad an Koordination bei Planung und Ausführung der Entwicklungshilfe innerhalb und außerhalb der NATO könnte die Sprengkraft der Probleme herabsetzen.

*

Zwischen 1945 und 1969 werden über zwanzig Jahre eines zwar immer gefährdeten, aber doch bewahrten Friedens im NATO-Gebiet liegen. Man kann dem atlantischen Bündnis kein besseres Zeugnis ausstellen. Die Grundlage des Erfolges war eine Politik, die davon ausging, daß das freie Amerika und das freie Europa aufeinander angewiesen sind, wenn sie sich Frieden und Freiheit erhalten wollen. Wenn das Bündnis im nächsten Jahrzehnt im Zeichen der Entspannung stehen sollte, wofür es viele Anzeichen gibt, so wird sich erweisen, daß ein Erfolg auch dieser Politik wiederum von der Stabilität des atlantischen Bündnisses abhängt. Für eine Öffnung nach Osten als einem Mittel der Friedenssicherung brauchen europäische und atlantische Partner die gegenseitige Deckung. Sie würden sonst von den größeren Massen und Energien der kommunistischen Welt überwunden.

Dies gilt besonders für den Fall, daß sich die Waage zugunsten der Errichtung eines Sicherheitssystems neigen sollte, in das die Allianz schließlich einmünden würde. Auf diesem schwierigen und unbekannten Weg würde es gerade von der Übereinstimmung im Bündnis abhängen, ob es nach einem Prozeß allmählicher Verwandlung selbst dann, wenn es schließlich in einem neuen System von Vereinbarungen und Garantien aufgehen sollte, allen seinen Mitgliedern Sicherheit und Freiheit für weitere Generationen verbürgt.

Die sich auf diesen Text stützenden Beratungen fanden wie üblich nicht in der Hauptstadt, sondern auf einer höchst reizvollen griechischen Insel statt, eine halbe Tagesreise von Athen entfernt. Wir sollten nach getaner Arbeit am Freitag, dem 21. April, nachmittags nach Athen zurückkehren. Am Sonntag früh wollte ich wieder nach Bonn fliegen. Am Freitagvormittag bemächtigte sich unserer griechischen Kollegen eine gewisse Unruhe. Die hohen Beamten wurden häufig ans Telefon geholt und berieten sich in immer erregter werdenden Gesprächen untereinander. Schließlich holten sie die ganze Gruppe zusammen und eröffneten uns, daß gegen zwei Uhr morgens die griechischen Soldaten mit einem Putsch die Macht übernommen hatten. Die Nachrichtenverbindungen seien unterbrochen, die wichtigsten Straßen gesperrt. Wir würden mit Sicherheit heute nach Athen zurückkehren können, so versicherten sie, aber es seien dazu Vereinbarungen mit den Militärs notwendig, um freies Geleit zu erhalten.

Unsere griechischen Freunde waren verstört. Zu diesem Zeitpunkt war es unmöglich zu erfahren, was eigentlich vor sich gegangen war. Ein Putsch von rechts, von links? Wo war, wo stand Konstantin, der König? In einem solchen Augenblick hochrangige Vertreter aller NATO-Mitgliedstaaten in einem griechischen, noch so schönen Provinznest in den Füßen zu haben wie Hunde in einem Kegelspiel, war eine scheußliche Situation. Alle Gäste waren voller Sympathie und erleichterten die Arbeit, in dem sie ruhig und gelassen blieben.

Das Hauptproblem schien zu sein, irgend jemanden in Athen zu finden, der in der Lage war, wiederum einen Offizier aufzutreiben, der Befehlsgewalt gegenüber der Truppe hatte, insbesondere gegenüber einem Panzerverband, der die Zugänge nach Athen abriegelte. Über den Rundfunk, der offensichtlich in der Hand der Putschisten war, erfuhren wir, daß ein striktes Ausgehverbot erlassen worden war. Nach 18.30 Uhr werde ohne Vorwarnung geschossen. Es stand schon fest, daß wir Athen nicht vor halb sieben erreichen würden. Schließlich aber verkündeten die Herren vom griechischen Außenministerium, daß unsere Gesellschaft durchkommen würde. Von der Insel ging es mit dem Boot aufs Festland. Dort wurden wir in einen Bus gepackt. Wir fuhren los über Landstraßen, die sich zunehmend entvölkerten und nach einiger Zeit menschenleer waren. Dann stießen wir auf die ersten Panzersperren. Die Soldaten und ihre Offiziere waren höflich, aber bestimmt. Die Befehle waren strikt: Es durfte niemand passieren. So setzte dann über die Funkverbindung der Truppe ein längeres Hin und Her zwischen unseren allmählich gereizt werdenden Kollegen und irgendwelchen fernen Kommandostellen ein. Einsicht und Vernunft siegten schließlich. Das Manöver wiederholte sich mehrmals. Gegen Abend kamen wir in die Athener Vorstädte. Wir begegneten einer kleinen Kolonne eleganter Fahrzeuge. Ich glaubte, Rolls Royces und Bentleys erkennen zu können. Wir waren dem König, seiner Familie und seiner Begleitung begegnet, der sich ohne militärische Bedeckung aus dem Stadtschloß zu einem Landsitz begab.

Im Stadtzentrum standen an jeder wichtigen Kreuzung gepanzerte Fahrzeuge und Doppelposten im Kampfanzug, mit Sturmgewehren ausgerüstet. Unser Bus wurde eskortiert. Unsere Gruppe paßte in keinen der ausgegebenen Befehle, kam aber dank des Schneids unserer griechischen Diplomaten in das Hotel, wo alle Teilnehmer untergebracht waren. Hier setzte eine hektische Aktivität ein, weil viele Kollegen mit ihren Botschaften telefonieren und Verabredungen für morgen treffen wollten. Wir stellten Fragen, die niemand beantworten konnte. War der Flughafen frei?

Die Griechen zeigten Galgenhumor. Die Stadt war in den letzten Tagen voller Gerüchte gewesen. Eine Offiziersgruppe mit dem stolzen Namen „Heiliger Bund hellenischer Offiziere", so hieß es, bereite einen Putsch vor, um einem von linksgerichteten Offizieren geplanten Umsturz zuvorzukommen. Diese Soldaten hatten ihrer Vereinigung den Namen „Aspida" gegeben, „Schild", wie Gymnasiasten wissen, und wurden von Andreas Papandreou geführt. Beide Seiten standen am Vorabend zu allgemeinen Wahlen in Bereitschaft, loszuschlagen. Der Heilige Bund war schneller gewesen. Zahlreiche Persönlichkeiten waren sofort verhaftet worden. Nicht jedermann im Außenministerium schien sich sicher zu fühlen. Wer das Kommando hatte, war nicht auszumachen. Der König deckte anscheinend die Putschisten, betonte aber, er sei über die Pläne nicht unterrichtet worden.

Die Spannung wich, wir tranken etwas und rissen mehr oder weniger passende Witze. Für mich war der Tag aber noch nicht zu Ende. Ich mußte noch einmal auf die Straße, quer über den Platz, ins Hôtel d'Angleterre, wo meine Frau auf mich wartete, die ihre griechischen Verwandten besucht hatte. Die einfache Absicht, über den Platz zu gehen, stieß auf große Schwierigkeiten. Es knallte hin und wieder: kurze Feuerstöße aus Maschinenpistolen oder Sturmgewehren. „Sie können in Zivil nicht über die Straße gehen. Das ist wirklich leichtsinnig, zumal sie sich mit den Soldaten im entscheidenden Moment nicht verständigen können." Wir besprachen die Sache mit einem jungen Offizier, der mit seinen Leuten das Hotel absicherte, in beiden Richtungen, versteht sich. Das Argument, daß ich zu meiner

Frau wollte, die nicht wußte, was aus mir geworden war, überzeugte ihn. Er gab mir einen Soldaten mit, der mich ins d'Angleterre bringen sollte. Dem war nur klar, daß er auf mich aufpassen mußte. Jedenfalls war er gut ausgebildet und ging mit angeschlagener Waffe hinter mir her, quer über den sonst so belebten, jetzt gespenstisch leeren Platz. Er lieferte mich an der Pforte des Hotels ab, aber dort wollte man mich nicht hereinlassen. Das Portal war von innen mit schweren Balken gesichert. Der umsichtige Hoteldirektor wollte sich vor allen denkbaren Wechselfällen schützen. Der Soldat und ich gestikulierten nun heftig, versuchten mit Zeichensprache zu erklären, was wir wollten. Irgendwie dämmerte es dann den Leuten drinnen, daß es sich um einen Sonderfall handeln mußte. Ich wurde eingelassen, und ich bedankte mich bei meinem Beschützer.

Meine Frau hatte gefaßt auf mich gewartet, auch von der Botschaft in groben Zügen gehört, was geschehen war. Jetzt sahen wir aus dem Fenster unseres eleganten Zimmers auf den Platz. Auf der gegenüberliegenden Seite kam im Dunkel ein Mann aus einem Kellereingang, verharrte eine Sekunde und spurtete dann quer durch die Anlagen mit ihren kurzen Hecken auf unsere Seite. Er mußte ein Koch oder Kellner sein, denn er hatte eine weiße Jacke an, die ihm den Charakter einer laufenden Scheibe gab. Es dauerte nur wenige Sekunden, dann knallte es von allen Seiten. Der Mann, der sofort unsere ungeteilte Sympathie hatte, tauchte laufend hinter den kurzgeschnittenen Hecken weg, war für einen Augenblick sichtbar, verschwand wieder, erschien erneut, kam dann mit einigen schnellen Sätzen über das letzte offene Stück und sprang auf unserer Seite in eine für ihn sich schnell öffnende und dann wieder schließende Tür. Irgend jemand im Dunkel und in der nun wieder eingetretenen Stille klatschte Beifall. Wir stellten uns vor, daß es einer der Soldaten war, die nicht ganz ernsthaft hingehalten hatten.

Am folgenden Morgen kam Licht in die Vorgänge des vergangenen Tages. Die Armee und die „Regierung" hatten sich nicht mit Halbheiten begnügt. Totale Zensur aller Medien war die erste Maßnahme, Versammlungsverbot die nächste. Der Ausnahmezustand erlaubte Verhaftungen, vorsorgliche Festnahmen, die zeitlich unbefristet waren. Die Freilassung gegen Kaution wurde verboten. Auf alle Zivilpersonen, die sich „nach Sonnenuntergang" in den Staßen befanden, sollte geschossen werden. Die Wertpapier- und Devisenbörsen waren sofort geschlossen worden.

Mit einem gewissen Mut hatte der neue Ministerpräsident Konstantin Kollias öffentlich erklärt, seine Regierung sei unter Verfassungsbruch zustande gekommen. Das oberste Gebot sei aber das Wohl der Nation. Er sprach von dem edlen vollkommenen Ideal der wahren Demokratie und nicht der Demokratie der Straße, des Pöbels und der Anarchie. Griechenland müsse seinen inneren Frieden wiederfinden.

Viele Griechen trauten diesem Frieden nicht recht und versuchten, wenn möglich, das Land zu verlassen. Unsere Botschaft wurde heimlich oder offen mit Bitten um Schutz und Hilfe überhäuft. Unter denen, die schon einen Flugschein nach Bonn hatten, war auch Basil Mathiopoulos, ein linksliberaler griechischer Korrespondent in Bonn, der vermutlich Grund zu der Sorge hatte, er könne verhaftet werden. War er zufällig in Athen oder hatte er von den Aspida-Plänen gewußt? Wie dem auch war, ich fühlte mich ein wenig für ihn verantwortlich, und am Flughafen blieb er in unserer Nähe, die ihm vielleicht in einem unübersichtlichen Ablauf etwas Deckung bot. Es ging alles glatt. Viele Jahre später wurde seine Tochter prominenter als er selber, als nämlich Willy Brandt über den Entschluß stolperte, sie zur Sprecherin der sozialdemokratischen Partei zu machen.

In Bonn angekommen, wurde uns im nachhinein deutlich, daß wir Zeuge des ersten größeren Militärputsches der Nachkriegszeit gewesen waren, dessen Verlauf den Planer daran erinnerte, daß, wenn man eine Bewegung auslöst, die dann folgenden Ereignisse nur schwer zu kontrollieren sind. Der König, den der Heilige Bund stützen wollte, mußte schon Ende des Jahres Griechenland verlassen, die Monarchie wurde von der Republik abgelöst. Wie hatten wir unsere Studie für das Treffen in Griechenland eingeleitet? „Die Geschichte ist oft erfinderischer als die menschliche Vorstellungskraft.“

Deutschland als Schlachtfeld

Wenn man nach vorn blickte, wurde man düster gestimmt. Für die Deutschen und ihr Land war die Welt voller Gefahren. Wir waren ein Objekt der Weltpolitik geworden, die nachfolgenden Erkenntnisse waren bitter. Die deutsche Politik war nur in sehr beschränktem Maße fähig, das deutsche Schicksal selbst zu bestimmen. Dazu fehlten ihr die erforderlichen Machtmittel. Es kam alles darauf an, unsere Interessen mit denjenigen anderer Mächte zu verklammern, ihr Schicksal mit dem unsrigen zu verbinden. Die ständigen Sorgen und Ängste Konrad Adenauers, wir könnten verraten und verkauft werden, die uns gelegentlich überzogen erschienen waren, kamen nicht von ungefähr. Ohne es zu wollen, wurden wir im Planungsstab nahezu zwangsläufig immer wieder mit den Sicherheits- und Verteidigungsfragen konfrontiert.

Die atomaren Waffen spielten bei unseren Überlegungen eine zentrale Rolle. Die Analyse eröffnete grauenhafte Ausblicke. Es war alles unlogisch und falsch, ganz gleich, ob die Waffen zum Einsatz kommen würden oder nicht. Auch der Bau von Antiraketensystemen, mit dem wir uns, lange bevor in der Öffentlichkeit von der Strategic Defense Initiative SDI gesprochen wurde, eingehend beschäftigten, veränderte unsere deutsche Lage nicht zum Besseren. Am Ende unserer Überlegungen stand die Empfehlung, so schnell wie möglich den Zivilschutz zu verstärken und soviel atomare Schutzräume zu bauen, wie wir nur konnten, eine Empfehlung, die nicht durchdrang, vermutlich deshalb, weil unsere Politiker nicht an einen Atomkrieg glaubten. Auch wir im Planungsstab nahmen an, daß er mit jedem Jahr unwahrscheinlicher werden würde. Aber wer konnte und wollte das garantieren? In einer Studie über langfristige militärpolitische und strategische Fragen schrieben wir im August 1966:

„Das atlantische Bündnis steht gegenwärtig im Zeichen der Veränderungen. Wichtige Mitgliedstaaten wie Frankreich, Großbritannien und die Vereinigten Staaten sind dabei, den Grad der militärischen Integration und der Beistandsautomatik zu verringen, um ihre eigene Handlungsfreiheit zu vergrößern. Als Begründung wird angeführt, die militärische Bedrohung durch den kommunistischen Gegner habe nachgelassen; ein Angriff aus dem Stand sei praktisch ausgeschlossen.“

Die Zahl der amerikanischen Truppen in Europa sollte bis auf eine symbolische Präsenz verringert werden, statt dessen wollte man in den USA eine Eingreifreserve bereitstellen, die mit Hilfe von bereits in Produktion befindlichen Großraumtransportern jederzeit schnell in Spannungsgebiete hätte gebracht werden können. Die nukleare Integration mit den europäischen Verbündeten sollte rückgängig gemacht werden, die nuklearen Waffen wieder unter ausschließliche amerikanische Kontrolle kommen. Das Risiko, durch europäische Verbündete in einen atomaren Konflikt verwickelt zu werden, sollte ausgeschaltet werden. Außerdem sollte die massive Vergeltung gegen die Sowjetunion nur bei einem Angriff auf die Vereinigten Staaten selbst ausgelöst werden.

Die bei einem atomaren Schlagabtausch entstehenden Verluste an Menschenleben in den USA wurden selbst bei einem wirksamen Anti-Raketen-System und einem ausgebauten Bevölkerungsschutz auf mindestens 60 Millionen Tote geschätzt.

Wir kamen zu der Schlußfolgerung, daß die schweren Belastungen, die sich aus dem Engagement der Vereinigten Staaten in Europa ergaben, in Washington immer das Verlangen wachhalten würden, die amerikanische Anwesenheit in Europa einzuschränken und sich aus der atomaren Verflechtung zu lösen. Andererseits war aber auch erkennbar, daß jede Position, die in Europa geräumt werden würde, im Falle einer sowjetischen Herausforderung unter dem Druck der Notwendigkeiten wieder besetzt werden müßte; nur würden die Opfer an Material und Menschen dann um ein Vielfaches höher sein als die Aufwendungen, die notwendig waren, um die seit langem bezogenen Positionen zu halten.

Selbst wenn man davon ausging, sechs Tage reichten aus, um stärkere amerikanische Kräfte einzufliegen – was wir bezweifelten –, so würde ein derartiges Unternehmen nur gelingen können, wenn der Gegner nicht kriegswillig war. Da er aber in der angenommenen Lage Kräfte für einen Großangriff bereitstellte, denn allein dies ermöglichte die frühzeitige Vorwarnung, konnte man nicht ausschließen, daß er zum Kriege entschlossen war. Dann würde er den amerikanischen Aufmarsch vermutlich nicht zulassen, sei es, daß er ihn mit Gewalt verhinderte oder durch atomare Erpressung gegenüber den europäischen Verbündeten der USA stoppte. Wir glaubten auch zu sehen, daß – bei einer nur symbolischen Präsenz der Amerikaner – die Entscheidung, zusätzliche Truppen zu entsenden, nicht rechtzeitig fallen konnte. So würde eine Verwirklichung der amerikanischen Gedanken den Sowjets die Möglichkeit geben, durch ein Heiß- und Kaltspiel die amerikanischen Entscheidungen nach Wunsch zu steuern und die Entschlußkraft zu schwächen.

Ein Abbau der amerikanischen konventionellen Kräfte hätte eigentlich zu einer Verstärkung des atomaren Engagements führen müssen. Das Gegenteil schien der Fall zu sein. Es entstand eine Lücke im Arsenal, die dazu führen konnte, daß, wenn die USA aus verständlichen Gründen zögerten, strategische Waffen einzusetzen, nach einem die Substanz Deutschlands verzehrenden konventionellen Krieg von etwa 45 Tagen die taktischen Atomwaffen in großer Zahl eingesetzt werden müßten, die Deutschland auslöschen würden, bevor Gebiet und Bevölkerung der angreifenden Sowjetunion in Mitleidenschaft gezogen worden wäre. Die amerikanische Politik konnte, wenn nicht Gegengewichte geschaffen wurden, einen entschlossenen Angreifer zu der Annahme verleiten, er könne den Atomkrieg auf einem begrenzten Kriegsschauplatz, einen „Theatre Nuclear War", führen.

Hieraus folgerte, daß massive Abschreckung und Flexibilität in einem ausgewogenen Verhältnis zueinander stehen mußten, also alliierte Truppenpräsenz, ein Mindestmaß an nuklearer Integration und Automatik des Beistandes unter den gegenwärtigen Umständen unabdingbare Voraussetzungen für die Erhaltung der Sicherheit der Bundesrepublik darstellten.

Anstelle der verschiedenen Verschleierungsversuche mit ständig wechselnden Zahlen über die Stärke der amerikanischen Truppen in Deutschland sollte eine gemeinsame Absprache treten, welche US-Truppen vorübergehend abrücken könnten. Uns erschien sinnvoller, geschlossene Einheiten abzuziehen und später zu ersetzen, als die 7. Armee querdurch von Spezialisten zu entblößen und ihren Kampfwert insgesamt herabzusetzen. Auch die amerikanischen Vorschläge, die Aufgaben der deutschen F 104 (Starfighter) -Verbände, anderen Atomwaffenträgern, z. B. mit Pershing-Raketen ausgerüsteten Einheiten, zu übertragen, bedurften der Aufklärung. Es war richtig, daß die Unterstützung der Truppen bei den bisherigen Manövern durch Schlachtflieger unzureichend gewesen war. Für den konventionellen Einsatz aber war die F 104 zu gut und zu teuer. Wir fragten weiter danach, ob es sich bei den vorgesehenen Pershing-Raketen um einen verbesserten Typ mit größerer Reichweite handelte. Wir hatten durch Zufall im Planungsstab erfahren, daß die Amerikaner eine Pershing II auf dem Reißbrett entwickelt hatten, deren Reichweite groß genug war, um sowjetische Aufmarschstellungen bereits in der Sowjetunion zu treffen. Sollten diese Pershing-Raketen amerikanischen oder deutschen Verbänden zugeteilt werden. Ist daran gedacht, sie in nicht integrierten Sonderverbänden aufzustellen? Wem wird die Kommandogewalt übertragen werden?

Da wir atomarer Kriegsschauplatz sein würden, forderten wir eine atomare Mitsprache zumindest für Europa. Auch meinten wir, daß die Verminderung der konventionellen Stärke durch ständige Stationierung eines amerikanischen Polaris-U-Boot-Verbandes in europäischen Gewässern oder durch Errichtung eines amerikanischen verbunkerten Mittelstreckenraketensystems auf europäischem Boden ausgeglichen werden sollte.

Wir glaubten, in Verhandlungen mit den Amerikanern unsere Standpunkte durchsetzen zu können, waren aber der Meinung, daß auch Pläne für die weitere Zukunft in zwanzig oder mehr Jahren gemacht werden müßten. Die neue Politik müßte sich unter Ausnutzung bestehender Einrichtungen stärker auf das in Europa schlummernde Potential abstützen. Zunächst könnten, je nach Möglichkeiten und Interessenlage, innerhalb der NATO zwei- und mehrseitige Vereinbarungen und Abkommen geschlossen werden, aber auch mit anderen Staaten, wie zum Beispiel Spanien. Wir wollten vermeiden, auf der Allbeteiligung aller Bündnispartner oder auf bestimmten institutionellen oder organisatorischen Voraussetzungen zu bestehen. Auch sollte man nicht von illusionären Annahmen wie der Schaffung einer europäischen Verteidigungsgemeinschaft, einer europäischen politischen Union oder dem Bau einer europäischen Atomwaffe ausgehen.

Wir machten Vorschläge für die Erhaltung und Vermehrung der

Kampfkraft im Europäischen Rahmen. Wir nannten die Vereinheitlichung der Bewaffnung durch ein gemeinsames Produktionsprogramm europäischer Bündnismitglieder, durch verstärkte Zusammenarbeit und Aufgabenteilung in Logistik, Infrastruktur und Ausbildung, durch verbesserte Nutzung des europäischen Territoriums für gemeinsamen Nachschub, Übungsplätze und Warnsysteme, durch Abstimmung einer gemeinsamen Strategie unter Einbeziehung europäischer Atomwaffen, durch gemeinsam betriebene Forschung für eine Europa schützende Raketenabwehr.

Für die Bundeswehr schlugen wir vor die Erhöhung der Effektivstärken für den Ernstfall durch a) die Umstellung auf eine Kerntruppe von Berufssoldaten und eine Territorialarmee mit verkürzter Dienstzeit oder b) die Aktivierung der Reserven nach Schweizer Muster und ihre Einplanung in ein den Vorwarnzeiten angemessenes Mobilmachungssystem.

Wir glaubten, in einer Arbeitsteilung mit den Verbündeten uns auf Waffengattungen konzentrieren zu sollen, bei denen wir über besondere Erfahrungen und Kenntnisse verfügten, wie Panzer, Panzerabwehr, Schlachtflieger und U-Boote. Wir empfahlen auch den Ausbau der nationalen Rüstungsindustrie in wirtschaftlich vertretbaren Grenzen. Wir befürworteten die Einrichtung eines nationalen Befehlszuges und schließlich die Entwicklung einer eigenen deutschen Strategie. Diese beiden letzten Punkte zielten auf eine Lage ab, in der die NATO ihren Charakter als integriertes militärisches Bündnis verändert haben könnte.

Wir meinten, daß die Wahrscheinlichkeit dafür spreche, daß auf lange Sicht das amerikanische Engagement in Europa auf Grund verschiedenster, überwiegend positiver Ursachen zurückgehen, aber in unserer Zeit nie vollständig verschwinden werde. Insofern komme den Vorschlägen, die für eine Verstärkung der europäischen Zusammenarbeit und der nationalen Verteidigungskraft gemacht wurden, langfristig auch dann noch einige Bedeutung zu, wenn für die nächste Zukunft das Einvernehmen mit den USA auf der alten Grundlage der Abschreckung und Vorwärtsverteidigung wieder völlig hergestellt werden könne.

In unserer Lage mußten uns die vorliegenden Nachrichten über Raketenabwehrsysteme besonders interessieren, denn wenn sie wirksamen Schutz boten, waren sie für ein Land, das selbst nicht über atomare Waffen verfügte, von besonderer Bedeutung. Mit unserer Arbeit lenkten wir die Aufmerksamkeit der Bundesregierung auf einen Gegenstand, von dem man wenig wußte. Auch wir mußten uns erst kundig machen. So beschrieben wir zunächst die technischen Grundlagen der Systeme und versuchten dann, die künftige Entwicklung mit ihren politisch-militärischen Folgen darzustellen. Ohne es zu ahnen, beschrieben wir den Ablauf der Auseinandersetzungen über Raketenabwehrsysteme und die diesbezüglichen Verhandlungen der beiden Großmächte in den achtziger Jahren. Die in der Erprobung befindlichen Raketenabwehrsysteme boten keinen vollständigen Schutz. Sie konnten gegenüber nuklearen Großangriffen eine gewisse Schadensminderung bewirken, die auf 30 Prozent geschätzt wurde. Das heißt, im Falle eines großen nuklearen Schlagabtausches gefährdete der trotz eines funktionierenden Raketenabwehrsystems eintretende Substanzverlust die Existenz der Nation. Dabei waren die Kosten der Einrichtung von Raketenabwehrsystemen ungewöhnlich hoch. Sie wurden für die Vereinigten Staaten mit insgesamt 20–30 Milliarden Dollar allein für die eigentlichen Raketen und ihre elektronischen Systeme angegeben, zu denen weiter 20 Milliarden Dollar für Schutzräume kamen. Der Aufbau eines Raketensystems, so sagten wir, sei nur dann sinnvoll, wenn er von einem umfassenden Programm zum Schutz der Zivilbevölkerung begleitet würde. Raketenabwehr und Bevölkerungsschutz bildeten ein unteilbares Ganzes. Ohne den Bau von Bunkern, die gegen Druck, Hitze und Strahlungsschäden schützten, sei die Einführung eines Raketenabwehrsystems zwecklos, da bei dem Wirkungsgrad atomarer Waffen dann überhaupt keine nennenswerte Schadensminderung eintreten werde.

Die Fachleute in der westlichen Welt waren sich infolgedessen darin einig, daß im Grunde die Einrichtung von Raketenabwehrsystemen eine unwirtschaftliche und militärisch fragwürdige Maßnahme war. Sie sahen selbst für den Fall, daß die Sowjetunion ein solches System aufbaute, die wirtschaftlichere und militärisch wirksamere Reaktion in einer Verstärkung der Angriffswaffen. Diese Verstärkung müßte einmal durch die Vermehrung der Waffen erfolgen, weil das schwierigste Problem der Abwehr im Erfassen und Abfangen einer großen Salve besteht, die dazu noch gleichzeitig mit Täuschungskörpern geschossen wird. Zum anderen müßten die Angriffswaffen dadurch verbessert werden, daß die Eindringhilfen weiter verfeinert und Angriffsraketen mit Mehrfach-Sprengkörpern gebaut würden.

Obwohl wirtschaftliche und militärische Gründe gegen die Einrichtung von Raketenabwehrsystemen sprachen, müßte dennoch damit gerechnet werden, daß die Vereinigten Staaten der Sowjetunion folgen und ebenfalls Abwehrsysteme bauen würden. Die Bevölkerung der Vereinigten Staaten würde vermutlich von ihrer politischen Führung verlangen, daß sie zumindest über die gleichen, wenn nicht die besseren Möglichkeiten der Abwehr verfügte wie die Sowjetunion. Auch die Stellung der USA in der ganzen Welt und die Glaubwürdigkeit ihrer Schutzgarantien würden durch die Erkenntnis, daß die Sowjetunion über Waffen gebiete, welche die Vereinigten Staaten nicht besäßen, unter Umständen erheblich geschwächt werden. Daher war zu erwarten, daß die USA erstens ihre Angriffswaffen verstärkten und verbessern, zweitens Raketenabwehrsysteme einrichten und drittens versuchen würden, mit der Sowjetunion eine Absprache zu treffen, die ein Wettrüsten auf einem neuen Gebiet verhinderte.

Wir glaubten nicht, daß das militärische Kräfteverhältnis in der Welt durch den Aufbau von Anti-Raketensystemen in der Sowjetunion und in den USA sich grundlegend verändern könne. Möglicherweise trete die Sonderstellung der beiden atomaren Supermächte noch deutlicher in Erscheinung. Das Gleichgewicht des Schreckens bliebe bestehen. Man könne daraus folgern, daß die Erkenntnis, trotz größter materieller Anstrengungen keine Veränderungen der gegenwärtigen Lage erzielen zu können, beide Seiten veranlassen müßte, den unvermeidlichen neuen Rüstungswettlauf in Grenzen zu halten.

Wir wiesen darauf hin, daß die Bedeutung der Atommächte der zweiten Kategorie beim Aufbau von Anti-Raketensystemen zurückgehen könne. Gegenüber einem schwachen Gegner, der nur über eine kleine Anzahl und dazu relativ einfach konstruierter ballistischer Flugkörper verfüge, könne ein Abwehrsystem einen hohen Wirkungsgrad erreichen und die militärische Bedrohung durch Atommächte der zweiten Kategorie nahezu vollständig ausschalten. Es sei daher denkbar, daß in den Vereinigten Staaten zunächst Anwehrsysteme gebaut werden würden, die in erster Linie die chinesische Atomrüstung mattsetzen sollten. Das Gleiche gelte theoretisch auch für die Sowjetunion im Hinblick auf die englische, französische und chinesische Atomrüstung. Eine derartige Entwicklung könne sowohl die USA als auch die Sowjetunion dazu veranlassen, sich gegenseitig die Gewißheit zu geben, daß der Aufbau der Anti-Raketensysteme sich nicht gegen die andere Großmacht richte. Auch im Zuge solcher Bemühungen würden wieder die Probleme gegenseitiger Kontrolle auftauchen.

In Europa könne angesichts der Enge des Raumes und der dichten Besiedlung beim gegenwärtigen Stand der Technik nur eine sehr geringe Schadensminderung erreicht werden. Ein Raketenabwehrsystem in Europa werde nahezu wertlos sein. Außerdem würden, solange nicht entscheidene Veränderungen in den technischen Voraussetzungen der Abwehr einträten, und damit sei für die nächsten zehn Jahre nicht zu rechnen, der Aufbau einer eigenen Raketenverteidigung den europäischen Verbündeten auch dann noch untragbare finanzielle Lasten aufbürden, wenn sie die Verteidigung gemeinsam unternehmen wollten. Es dürfte sich infolgedessen keine der europäischen Regierungen im Bündnis in absehbarer Zeit entschließen, ernsthaft den Versucht zu machen, ein Raketenabwehrsystem allein oder mit anderen aufzubauen. Daher könnte das Verlangen, von den Vereinigten Staaten erneut bindende Zugaben für den strategischen, atomaren Schutz Europas zu erhalten, dringender werden.

Wir machten allerdings eine Einschränkung. Diese Selbstbescheidung könne in dem Zeitpunkt fragwürdig werden, wenn durch neue technische Entwicklungen Systeme möglich würden, die wesentlich wirtschaftlicher und wirksamer als die gegenwärtigen seien. Dann würde ein freiwilliger oder erzwungener Verzicht auf Raketenabwehr die Allianz weiteren Belastungen aussetzen und das Kräfteverhältnis gegenüber der Sowjetunion völlig verändern. Die USA würden dann entscheiden müssen, ob sie selbst den Aufbau einer Raketenabwehr vornehmen oder eine europäische Organisation der Abwehr zulassen wollten. Die Notwendigkeit, ein Verbundsystem zu bauen und zu betreiben, könne den Zwang zur politischen und militärischen Zusammenarbeit in Europa verstärken. Da es sich bei der Raketenabwehr um Verteidigungswaffen handle, würde auch die Tatsache, daß diese Waffen mit nuklearen Sprengköpfen versehen seien, eine deutsche Beteiligung an diesem Verbundsystem nicht notwendigerweise ausschließen. Nicht nur für Deutschland, sondern auch für andere nicht-nukleare Mächte gehöre die Option, gegebenenfalls Abwehrraketen bauen zu können, zu den schutzwürdigen Interessen der nicht-nuklearen Staaten. Dies sei auch im Zuge der Bemühungen um die Nicht-Verbreitung von Atomwaffen zu berücksichtigen.

Am Schluß machten wir ein kurzes, aber dringliches Plädoyer für die Verbesserung des zivilen Bevölkerungsschutzes in der Bundesrepublik.

Im Drahtverhau

Im Zuge der zahllosen Besprechungen und Diskussionen wurde immer deutlicher, daß die Lösung der Sicherheitsprobleme eine, wahrscheinlich die wichtigste Voraussetzung für die Wiederherstellung der deutschen Einheit war. So schrieben wir im Juli 1967 eine gut dokumentierte und recherchierte Aufzeichnung über Möglichkeiten und Grenzen eines europäischen Sicherheitssystems. Zu diesem Zweck arbeiteten wir uns durch den Drahtverhau von 200 Plänen und Vorschlägen für europäische Sicherheitssysteme hindurch, die in den letzten 20 Jahren gemacht worden waren.

Wir versuchten die Bestandteile der verschiedenen vorgeschlagenen Systeme zu ordnen. Wir verglichen das Geltungsgebiet der Vereinbarungen, die Stationierung fremder Truppen, die Rüstungsbegrenzungen, die Zugehörigkeit zu Bündnissen und die Inspektionsmethoden. Radikale Vorstellungen zielten auf den Abzug aller fremden Truppen, die völlige Entmilitarisierung und die Neutralisierung Deutschlands. In der Mitte lagen Pläne für stufenweisen Rückzug der Truppen, Begrenzung der deutschen Streitkräfte nach Zahl und Bewaffnung, kernwaffenfreie Zone und entmilitarisierte Streifen entlang der Grenzen. Weitgehende Vorschläge sahen die Auflösung von NATO und Warschauer Pakt vor. Ein neues Sicherheitssystem sollte Ost und West umschließen. Neutralitätspakte und Nicht-Angriffsversprechen sollten entweder von allen europäischen Staaten untereinander ausgetauscht werden, sei es mit den USA oder der Sowjetunion als Garanten, oder aber die vier Atommächte USA, Sowjetunion, Frankreich und England sollten dem System fernbleiben, aber schützend ihre Hand darüber halten. Als illusorisch wurde die Mitgliedschaft eines wiedervereinigten Deutschlands in der NATO angesehen. Auch wir glaubten nicht, daß es realistisch sei, eine solche Lösung ins Auge zu fassen. Auf dem Wege zur Wiedervereinigung wurden entmilitarisierte Zonen beiderseits der Zonengrenze und ähnliche Behelfe vorgeschlagen.

Wir sortierten die Vorschläge nach Maßnahmen, die die innere Struktur der bestehenden Bündnisse nicht berührten und nach Abkommen, die das innere und äußere Gefüge der Allianz veränderten. Zu der ersten Kategorie zählten immerhin so bedeutsame Veränderungen wie Respektierung der Menschenrechte und Grundfreiheiten, Gewaltverzicht, Nicht-Angriffserklärung, Neutralitätsversprechen für den Fall des Angriffs durch Drittstaaten, Beistandsversprechen ebenfalls bei Angriff durch Drittstaaten und, etwas harmloser, Manöver-Beobachter.

In die zweite Kategorie setzten wir ein: Abrüstung nach Zahl und Art der Waffen, Truppenverminderungen, a) ausländischer Streitkräfte, b) nationaler Streitkräfte, Zonen mit besonderem militärischem Status und den Abzug ausländischer Truppen.

Es war schwer zu sehen, wie die an sich wünschenswerten Maßnahmen der ersten Kategorie mit konkreten Fortschritten in der Wiedervereinigungsfrage zusammengebunden werden konnten. In der zweiten Gruppe standen hohen Risiken kräftige politische Wirkungen gegenüber. Wir kamen zu folgenden Ergebnissen: Auf absehbare Zeit lag eine Auflösung der NATO eindeutig nicht im deutschen und europäischen Interesse. Absprachen mit den Staaten des Warschauer Pakts, die nicht in die Struktur des Atlantischen Bündnisses eingriffen, hatten mittelbar positive Wirkungen auf die Entwicklung der Deutschlandfrage. Abkommen, die das Gefüge der Bündnisse veränderten, waren kompliziert und risikoreich. Sie sollten dennoch in Betracht gezogen werden, wenn sie in konkreter Verbindung zu Fortschritten in der Deutschlandpolitik gehalten werden konnten.

Ein europäisches Sicherheitssystem unter Auflösung der bestehenden Bündnisse war dann vorteilhaft, wenn seine Gründung mit der Wiedervereinigung Deutschlands in einem organisierten Europa verbunden werden konnte. Voraussetzung dazu war eine Veränderung der Großlage, die nur zu einem geringen Teil unserer Einwirkung unterlag. Trotzdem galt es, sich für diese Veränderung in naher oder ferner Zukunft bereitzuhalten.

Eine europäische Sicherheitskonferenz erschien uns erst dann sinnvoll, wenn wir selber ein eigenes Konzept für die Neuordnung der Sicherheit Europas entwickelt und es mit unseren wichtigsten Verbündeten abgestimmt hätten.

Unsere Arbeiten fanden Aufmerksamkeit sowohl beim Bundesminister des Auswärtigen, Willy Brandt, als auch beim Bundeskanzler, Kurt Georg Kiesinger. Die Sache hatte nur einen Haken. Da wir gelegentlich sehr kritisch und offen die Abwesenheit von Konzepten oder den Verfall unserer Position aufgezeigt und beklagt hatten, wurden wir nun angewiesen, zu einzelnen Punkten uns genauer zu äußern und Besserungsvorschläge zu machen. So mußten wir noch eine Arbeit über die deutsche Europapolitik schreiben und über die taktischen Atomwaffen. Jetzt machte ich nicht nur Pläne, sondern Politik.

Die Aufzeichnung über die Europapolitik war durch die Beitrittsgesuche Großbritanniens und anderer EFTA-Staaten zu den Sechser-Gemeinschaften ausgelöst worden. Wir fragten, ob die Gemeinschaften geographisch ausgeweitet werden sollten, auf die Gefahr hin, in größerem Kreis einstweilen die politische Einigung nicht zu erreichen, oder ob zunächst auf die geographische Erweiterung der Gemeinschaft verzichtet werden sollte, in der Hoffnung, im Sechser-Kreis zur militärischen und politischen Einigung zu gelangen. Wir kamen zu dem Ergebnis, daß die Methode der supranationalen Integration auf absehbare Zeit weder unter den sechs noch im erweiterten Teilnehmerkreis die Gewähr biete, von der wirtschaftlichen zur politischen Einigung fortzuschreiten. Die Erweiterung der Gemeinschaften auf Großbritannien und weitere EFTA-Staaten eröffne die Aussicht, die wirtschaftliche Spaltung Westeuropas zu überwinden, für weitergehend militärische und politische Verbindungen seien diese Staaten aber ebenso wenig wie Frankreich bereit, supranationale Strukturen zu akzeptieren. Wir empfahlen ein pragmatisches Vorgehen, durch die bitteren Erfahrungen mit der Europäischen Verteidigungsgemeinschaft vor der Sprengwirkung supranationaler Regelungen gewarnt.

Wir wiesen darauf hin, daß die europäische militärische Zusammenarbeit besonders dringlich geworden sei, seitdem mit dem Ausscheiden Frankreichs die Integration innerhalb der NATO fühlbare Einbußen erlitten habe und die mangelnde Ausgewogenheit der Kräfte zwischen den USA und ihren europäischen Verbündeten immer offener zutage trete. Ohne engeres europäisches Zusammenwirken könnten diese Vorgänge den Zusammenhalt der NATO auf die Dauer ernsthaft gefährden. Wir sagten, die Initiativen sollten vermeiden, mit dem Anspruch der Gründung neuer ‚Gemeinschaften' aufzutreten, sie sollten von den Sachfragen, gegebenenfalls sogar von Einzelprojekten ausgehen. Wir sagten am Schluß, das Warten auf Veränderungen löse das Leitbild der politischen Einigung Europas langsam auf. Angesichts dieser selbst innenpolitisch nicht zu unterschätzenden Gefahr sollten die Möglichkeiten zum Handeln trotz aller Schwierigkeiten ergriffen werden. „Auch wenn sich noch einmal eine Konstellation kongenialer Staatsmänner in den wichtigsten europäischen Ländern zusammenfinden sollte, um die Einigung Europas zu vollenden, würde das Ziel nur erreicht werden können, wenn der Gedanke der europäischen Einigung in den Völkern lebendig und zwischen den Staaten wirksam geblieben ist."

Schon mit einem Fuß im Steigbügel legte ich am 13. November '67 noch eine Anmerkung zum Einsatz von taktischen Atomwaffen vor. Sie war sehr kurz, der Inhalt höchst unerfreulich. Ein nuklear geführter Weltkrieg, schrieb ich, zwischen den Vereinigten Staaten und der Sowjetunion würde mit hoher Wahrscheinlichkeit die Vernichtung beider Mächte herbeiführen. Keine Seite könnte die andere vernichten, ohne selbst vernichtet zu werden. „Die Strategie der massiven Vergeltung ist infolgedessen unrealistisch geworden und nicht wieder zu beleben."

Nicht die Schwelle zwischen dem Einsatz von konventionellen und atomaren Waffen, sondern vielmehr die Schwelle zwischen taktischem Einsatz von Atomwaffen und nuklear-strategischem Angriff auf das Staatsgebiet der beiden Führungsmächte werde als die entscheidende Eskalationsstufe angesehen. In dieser Situation, so meinte ich, würde der taktische Einsatz nuklearer Waffen in Europa, wenn er, wie vorgesehen, erst nach einer Phase erfolglos gebliebener konventioneller Verteidigung gegen einen bereits in das NATO-Gebiet tiefer eingedrungenen Feind erfolge, weder den Krieg entscheiden noch beenden können. Damit drohe die Vernichtung weiter Gebiete Mittel- und Westeuropas, ohne daß der wechselseitige Einsatz von taktischen Atomwaffen die konventionellen Kräfteverhältnisse zu Gunsten des Westens verändere. Er würde vielmehr diese Kräfteverhältnisse bestätigen, wenn nicht sogar den Westen konventionell noch schwächer machen.

Für uns müsse es darauf ankommen, die Abschreckungswirkung der nuklearen Rüstung des Westens, einschließlich der taktischen

Atomwaffen zu erhalten, die Menschen- und Substanzverluste im Falle eines Schlagabtausches dadurch zu begrenzen, daß dieser als Warnung angelegt werde. Deshalb müsse der Gegner an der relativ geringen Zahl der taktischen Waffen erkennen können, daß eine schnelle Eskalation in den Bereich der strategischen Waffen unvermeidlich ist, wenn es zum Kriege kommt.

Hier ist die Bemerkung erlaubt, daß es die sozialliberale Koalition war, die mit stiller Duldung der Opposition ganz Deutschland mit taktischen Atomwaffen vollstopfte. Zum Glück hat die Großlage verhindert, daß wir für diese Entscheidung einen hohen Preis haben zahlen müssen.

Auf Biegen oder Brechen

Am 1. Dezember 1966 war Kurt Georg Kiesinger mit 340 gegen 109 Stimmen bei 23 Enthaltungen zum neuen Bundeskanzler gewählt worden. Das Stimmenverhältnis bewies die Kraft der großen Koalition, die am 22.11. zwischen CDU/CSU und SPD gebildet worden war. Die Voraussetzung für eine Innen- und Außenpolitik, die von großen Mehrheiten im Parlament und in der Bevölkerung gestützt wurde, waren nun gegeben. Die Chance, die Erstarrung in der Deutschlandpolitik aufzubrechen, durfte nicht vorübergehen. Dabei mußten unsere Ziele so definiert werden, daß wir keine untragbaren Risiken liefen, nicht Sicherheit und Freiheit in Gefahr brachten. Unsere Absichten mußten auch verträglich sein mit den Interessen unserer Verbündeten, unserer Partner und wenn irgend möglich auch mit den schutzwürdigen Interessen unserer Widersacher. Die Arbeit im Planungsstab gewann einen anderen Charakter. Sie bekam mehr Muskeln.

Das hatte seinen wichtigsten Grund darin, daß Kurt Georg Kiesinger auf meine Mitarbeit zählte, wie er selbst sagte. Kiesinger kannte sich in der innenpolitischen Landschaft sehr gut aus. Meine Freunde und ich waren auf diesem Gebiet vergleichsweise naiv, auch wenn wir glaubten, manches Geheimnis zu kennen. Wir hatten indessen in der Deutschlandpolitik, in der Außen- und Sicherheitspolitik in den letzten Jahren mehr aktuelle Kenntnisse und Erfahrungen sammeln können als der baden-württembergische Ministerpräsident. Kiesingers allgemeine Einsichten und Vorhaben im Bereich der auswärtigen Beziehungen waren aber schon aufgrund der Tatsache, daß er Vorsitzender des Auswärtigen Ausschusses gewesen war, weit besser und fundierter als die der meisten anderen deutschen Mitspieler.

Kiesinger vertraute der kleinen Gruppe, die sich fast zufällig zu diesem Zeitpunkt in Bonn befand. Wir kannten uns aus dem alten Auswärtigen Amt und hatten uns, er als Abgeordneter, wir als Beamte jetzt wiedergefunden, von den gleichen oder ähnlichen Überzeugungen geleitet. In den dramatischen Tagen, die der Bildung der großen Koalition vorangingen, hatte Kiesinger das Verlangen, sich mit Männern beraten zu können, denen er glauben konnte, auch weil sie in keinem Wettbewerb mit ihm standen. Kiesinger wußte, was er wert war. Er hatte Zutrauen zu seinen Fähigkeiten und seinen geistigen Gaben, die ihn lebenstüchtig machten. Mit einem sehr praktischen Sinn verband er geistige Kreativität. Er war von hoher Gestalt, groß genug, um Eindruck zu machen, gebildet, ein glänzender Redner, und doch bedurfte er des Rates, ja des Zuspruchs. Immer wieder stellte er sich die Frage, ob er sich in der Zeit der nationalsozialistischen Gewaltherrschaft richtig verhalten hatte. Er wußte, und wir wußten es wie alle anderen auch, die ihn nach 1933 in Berlin erlebt hatten, daß Kiesinger kein Nazi war. Aber er wußte besser als alle anderen, daß er Kompromisse mit dem Regime geschlossen hatte. Die Frage, ob er sich immer und zu jeder Zeit richtig verhalten hatte, ließ ihn nicht los, bis ans Ende seiner Tage nicht.

Jetzt, im Augenblick, als er gefragt wurde, ob er bereit sei, Bundeskanzler zu werden, stand er letztlich allein vor dieser schwerwiegenden Entscheidung. Waren die Kriegsjahre im Auswärtigen Amt eine Belastung, die ihn in der Ausübung der Kanzlerschaft behindern würde, so daß seine Handlungsfähigkeit, seine Glaubwürdigkeit hätte eingeschränkt werden können? Dazu wollte er unsere Meinung hören, um mit sich ins reine zu kommen. Wir wußten, was kommen würde. Wir kannten allesamt durch unsere Arbeit die Techniken der kommunistischen Propaganda nur zu gut, und wir wußten auch, daß sich in der Bundesrepublik genügend Handlanger finden würden, um für Geld und gute Worte das Geschäft zu betreiben. So sagten wir ihm, womit er rechnen müßte, sagten aber auch, daß er nicht wehrlos sei, daß wir ihm helfen würden. Wir rieten ihm zu. In Wahrheit konnte Kiesinger das Angebot der großen Parteien nicht ausschlagen.

Es versteht sich, daß auch über Personalien gesprochen wurde, die Besetzung der verschiedenen Ressorts. Es wurde über Männlein und Weiblein geredet und früh sichtbar, daß, wenn zwei große Parteien ihre besten Leute ins Kabinett schicken, eine höchst kompetente und, was die Persönlichkeiten anging, profilierte Mannschaft zusammenkam.

Mit den Liberalen hatten wir wenig Mitgefühl. Die Reform des Wahlrechts würde zum Programm der großen Koalition gehören, so meinten wir.

Ich spürte bald, daß ich bei den Verhandlungen über die Regierungsbildung eine Rolle spielte, wenn man sich mit dem Presse- und Informationsamt beschäftigte. So kam ich ins Gespräch, aber die Entscheidungen waren nicht eilig, denn v. Hase wollte Kiesinger nicht im Stich lassen, die Sache nicht hinschmeißen.

Von dem Augenblick an, als ich merkte, daß es ernst wurde und ich die Leitung des Presseamtes übernehmen müßte, versuchte ich Kiesinger klarzumachen, daß ich ihm als Chef des Planungsstabes wichtige, gute Dienste leisten könnte, wichtiger möglicherweise als diejenigen, die ich an der Spitze des Presseamtes erbringen würde. Um nicht mißverstanden zu werden, schrieb ich ihm einen Brief, er möge mich da lassen, wo ich sei. Gesprächsweise versuchte ich auch zu verdeutlichen, daß es für ihn von Wert sei, einen Mann in dem nun von Willy Brandt geführten Außeniminsterium zu haben. Ich wollte den Nachweis führen, daß die Planer diesmal brauchbare, handfeste Lösungen anboten, aus denen sich Politik machen ließ. Vor allem wollten wir auf Biegen oder Brechen in der Deutschlandpolitik vorankommen, sie einbetten in das größere Gefüge einer Sicherheits- und Friedenspolitik. Ich veranlaßte neue Arbeiten und schrieb sie weitgehend selbst.

Unmittelbar nach der Weihnachtspause legte ich am 5. Januar 1967 dem neuen Außenminister Willy Brandt eine außenpolitische Bestandsaufnahme vor, als Gebrauchsanweisung, wenn man so will. Brandt, der sich viele Gedanken zur Deutschlandpolitik gemacht hatte, war neugierig, was sein Planungschef zustande brachte. Brandt und ich hatten mit Egon Bahr als Mittler in seiner Berliner Bürgermeisterzeit hin und wieder im Informationsbereich zusammengearbeitet.

Ich hatte der Aufzeichnung einige einfache, beweiskräftige Grafiken beigefügt, um die Kräfteverhälnisse zu verdeutlichen. Sie stellten einen Bezug her zwischen dem Bruttosozialprodukt, den Verteidigungsausgaben und der Bevölkerungszahl der USA, der UdSSR, Chinas, Indiens und der Bundesrepublik. Es waren nur zwei Blätter, aber sie konnten Ordnung in die Köpfe bringen. Die ganze Arbeit war nur knapp 10 Seiten lang, hatte wenig Masse, aber viel Energie.

Am 10. März brachte ich eine weitere Arbeit mit dem Titel „Außenpolitisches Aktionsprogramm der Großen Koalition“ auf den Tisch, die auf der Bestandsaufnahme vom 5. Januar fußte. Nun, in Ahnung des Kommenden, wurden konkrete Vorschläge gemacht, von denen viele in der politischen Führung Anklang fanden und – so wie sie waren oder in abgewandelter Form – in den nächsten zwei Jahren verwirklicht wurden.

Die Papiere waren geheim, aber nichts, was darin stand, würde im nachhinein bei einer Veröffentlichung den Interessen der Bundesrepublik schaden können.

Wir sagten, Ziel der Außenpolitik müsse die Aufnahme diplomatischer Beziehungen zu allen Staaten des Warschauer Paktes sein, außerdem zu Jugoslawien. Es sei zu prüfen, ob Jugoslawien nicht vorgezogen werden könnte, falls Ungarn, Bulgarien und die ČSSR sehr lange auf sich warten ließen. Sollte Polen schließlich alleine ohne diplomatische Beziehungen mit uns bleiben, so wäre eine Lösung über Absichtserklärungen beider Seiten anzustreben. Die polnische Seite könnte erklären, daß sie sich einer friedlichen Wiedervereinigung nicht widersetzen würde, die deutsche Seite könnte erklären, daß sie im Falle der Wiedervereinigung die Oder-Neiße-Linie anerkennen würde.

Wichtig sei, daß nach der Aufnahme formeller Beziehungen ein reger wirtschaftlicher und kultureller Austausch mit den betreffenden Ländern in Gang komme. In diesem Bereich könne die Bundesregierung nach eigenem Ermessen handeln. In den großen Fragen der Sicherheit und Abrüstung dagegen würden deutsche Alleingänge wahrscheinlich zu einer Verschlechterung unserer Lage in Ost und West führen. Engste Konsultation mit den Alliierten sei geboten. Mit der Sowjetunion sollten bessere Voraussetzungen für das politische Gespräch geschaffen werden, auch wenn dieses einstweilen nur klärenden Charakter haben sollte.

Wir plädierten dafür, bald Sendboten nach Rot-China zu schicken. Sollte der Vietnamkrieg bis '69 abklingen oder enden, so hätten diese Kontakte die dann fällige Errichtung einer Handelsvertretung oder die Aufnahme diplomatischer Beziehungen bereits vorbereitet.

Wir rieten dazu, die Beziehungen zur Dritten Welt auf eine neue Basis zu stellen. Wenn unsere wirtschaftliche Kraft eine großzügige Entwicklungshilfe nicht mehr zulasse, müßten die verbleibenden Mittel um so wirtschaftlicher eingesetzt werden. Zunächst sollte unsere Beteiligung an multilateralen Vorhaben reduziert werden. Es gelte, für die Dritte Welt ein deutsches Programm zu formulieren, das sich auf das Wichtigste konzentriere, nämlich auf Boden- und Meeresforschung, Land- und Forstwirtschaft, Fischerei, Düngemittelfabriken, die Energieversorgung und die Bildung. Die Wirtschaft könne überall dahin gehen, wo sie eine gute Rendite erwarte. Öffentliche Mittel sollten sich auf das „deutsche Programm" beschränken. Die politischen Beziehungen zur Dritten Welt müßten aktiviert werden. Es sollte untersucht werden, welchen Ländern für eine deutsche Politik eine besondere Bedeutung zukomme. Für diese Länder könnten Konsultationen und Delegationsreisen eingerichtet werden.

Bei den Bemühungen die arabischen Staaten zurückzugewinnen, habe sich die Methode, sowohl mit der Vereinigten Arabischen Republik als auch mit der Arabischen Liga und einzelnen Staaten gleichzeitig zu verhandeln, nicht bewährt. Wahrscheinlich sei es besser, die Liga zu vernachlässigen und entschlossen auf die VAR und einzelne Länder zuzugehen.

Zur Europapolitik glaubten wir sagen zu müssen, daß sie in ein gefährliches Stadium der Schwäche und Ratlosigkeit eingetreten sei. Dies sei besonders für uns nachteilig. Sicherheit und Wiedervereinigung würden sehr wesentlich bestimmt von unserem Verhältnis zu unseren Nachbarn, von unseren Beziehungen zu Europa überhaupt. Viele Verbindungen hätten sich deutlich und übermäßig nach den USA orientiert, Europa sei zu kurz gekommen. Wenn es nicht gelänge, England bald in die EWG zu bringen, müßten andere Formen der Kooperation entwickelt werden; zu zweit, aber auch zu dritt mit England und Frankreich, z. B. auf dem Gebiet der Rüstung. Es sei zu prüfen, ob die politische Zusammenarbeit an den Rahmen der Europäischen Wirtschafts-Gemeinschaft gebunden bleiben oder von ihm gelöst werden sollte. Ein Nahziel sollte sein, regelmäßige Außenministertreffen der EWG-Staaten einzurichten.

Auch die technologische Lücke könnte durch stärkere europäische Zusammenarbeit in Industrie und Forschung geschlossen werden. Was die Reform der NATO anbetraf, so sagten wir ziemlich brutal, eine deutsche Mitwirkung an dieser Reform setze ein deutsches Verteidigungskonzept voraus. Es müsse also erarbeitet werden. Dabei spiele die Bewertung der taktischen Atomwaffen eine besondere

Rolle. Wir glaubten nicht, daß es bis '69, also dem Ende der Regierungsperiode, zu einer europäischen Sicherheitskonferenz kommen werde. Es wäre dennoch gut, Entscheidungen vorzubereiten, welche die Stellung Deutschlands in einem Sicherheitssystem festlegten. Wir müßten das Interesse der USA an der deutschen Entwicklung pflegen und fördern; dazu gehöre die nahezu ständige gemeinsame Beratung weltpolitischer Probleme. Es gebe bisher keine fest verabredete, regelmäßige bilaterale Konsultation zwischen der Bundesrepublik und den USA. Die politischen Auffassungen hätten sich in den letzten Jahren in beunruhigender Weise voneinander entfernt. Wir müßten unsere Stellung in einer möglicherweise kooperativen Bipolarität Washington und Moskau definieren. Dazu gehöre auch die Einsicht, daß ohne eine gewisse Harmonie zwischen den USA und der Sowjetunion die friedliche Wiederherstellung der Einheit Deutschlands nicht zu verwirklichen sei.

Die Deutschlandpolitik sahen wir als den eigentlichen Prüfstein der großen Koalition an. Voraussetzung für Fortschritte sei, daß man Alleinvertretung und Alleinpräsenz trenne und außerdem dem Regime in der sowjetisch besetzten Zone eine gewisse Geschäftsfähigkeit zubillige. Am Schluß hieß es, und dies darf wörtlich zitiert werden: „Die Friedenspolitik muß alle anderen Gebiete außenpolitischer Tätigkeit umschließen. Hier ist ein kräftiger Wandel vonnöten, weil unsere Diktion und unser Verhalten oft unsere Komplexe verrät, von einem unruhigen, unausgeglichenen Volk Zeugnis gibt. Die Teilung erklärt manches, aber nicht alles. Unsere Umwelt wird nicht bereit sein, nach den gemachten Erfahrungen das kleinste Risiko mit einem wiedervereinigten Deutschland, ja sogar nicht mit seinen Teilen einzugehen, wenn der deutsche Friedenswille sich nicht in Wort und Tat manifestiert."

Adenauers Tod

Am 19. April 1967 war Konrad Adenauer gestorben. Die Nachricht kam nicht unerwartet und löste doch große Betroffenheit aus. Eine Epoche war zu Ende gegangen.

Es gab eine Flut von Kondolenztelegrammen. In ihrer Gesamtheit bildeten sie einen Lorbeerkranz, den die ganze Welt geflochten hatte. Einige sah ich mir genauer an. Nahum Goldmann telegrafierte an Kiesinger: „Darf ich Ihnen als Bundeskanzler und als Führer Ihrer Partei mein tiefstes Beileid aussprechen zum Ableben Konrad Adenauers. Ich weiß, was Deutschland an ihm, der seine Wiedergeburt nach den tragischen Jahren der Naziperiode mehr als jeder andere zuwege gebracht hat, verloren hat.

Darf ich im Namen der jüdischen Weltorganisationen, die ich vertrete, Ihnen als dem Vertreter der Bundesrepublik und des deutschen Volkes unsere Verehrung für Konrad Adenauer zum Ausdruck bringen und Sie versichern, daß im Hinblick darauf, was er für die Juden und Israel getan hat, das jüdische Volk sein Andenken immer hoch in Ehren halten wird."

Joachim Prinz, ein ehemals deutscher Rabbiner, telegrafierte: „Namens der Konferenz der ständigen Vertreter der großen jüdischen Organisationen in Amerika spreche ich Ihnen und dem deutschen Volk unsere tiefe Anteilnahme am Ableben Konrad Adenauers aus.

Er wird unserem Volk stets als der Mann in Erinnerung bleiben, der Deutschlands Aufnahme in die Völkerfamilie ermöglichte. Er forderte die moralische Erneuerung seines Volkes und glaubte an sie. Er bekannte sich zu der kollektiven Verantwortung der Deutschen und Gründung der neuen deutschen Demokratie. Die Stärke seiner moralischen Überzeugung, seine Frömmigkeit und seine Festigkeit im Glauben ließen ihn zu einem der leuchtenden Vorbilder und zur großen Verkörperung unserer Zeit werden. Das jüdische Volk wird ihn nicht vergessen."

Die Engländer sandten sehr persönlich gehaltene Botschaften. Die Königin begann: „Mein Mann und ich ..." General Brian Robertson sprach von seinem „lieben Freund" Konrad Adenauer.

Chaban-Delmas, Edward Heath und Richard Nixon las ich mit

Aufmerksamkeit, weil ich glaubte, die Männer und ihre Art zu kennen. Ungewöhnlich trocken war das Telegramm aus Moskau: „Empfangen Sie den Ausdruck des Beileids der sowjetischen Regierung zum Tode des ehemaligen Bundeskanzlers der Bundesrepublik Deutschland, Dr. Konrad Adenauer. Alexej Kossygin."

Am 22. April wurde der Sarg mit Adenauers Leichnam im Bundeskanzleramt aufgebahrt. Der Bundesgrenzschutz stellte die Totenwache. Das Defilee begann mit den Angehörigen des Bundeskanzleramtes und des Bundespresseamtes, den beiden obersten Bundesbehörden, deren Dienstherr Adenauer gewesen war. Danach kamen die Bundesregierung, das diplomatische Corps, die Mitglieder des Deutschen Bundestags und der Rat der Stadt Bonn. Am Nachmittag und während des ganzen folgenden Tages konnten die Bonner ihrem Kanzler die letzte Ehre erweisen. Am späten Abend wurde der Sarg in den Kölner Dom gebracht. Am 24. wurde der Dom am frühen Morgen für die Bevölkerung geöffnet. Rund zweihunderttausend Menschen entboten Konrad Adenauer einen letzten Gruß.

Die Trauerfeiern am 25. April waren mit größter Sorgfalt vorbereitet worden. So saßen im Deutschen Bundestag neben Adenauers leerem Abgeordneten-Platz rechts und links de Gaulle und Johnson, die beiden Eckpfeiler von Adenauers Außenpolitik symbolisierend, Frankreich in Europa, die Vereinigten Staaten in der Welt. Die Anordnung enthielt auch eine diskrete Mahnung an die beiden, im Geiste Adenauers das Trennende zu überwinden.

Bei der Trauerfeier im Deutschen Bundestag sprachen Bundespräsident Lübke, Bundestagspräsident Gerstenmaier und Bundeskanzler Kiesinger. Gerstenmaier und Kiesinger hatten sich als große Redner vielmals ausgewiesen. Das konnte man von Lübke nicht sagen. Und doch schloß der Bundespräsident mit einem bewegenden, tiefen Gedanken: „In diesen Tagen wurde oft gesagt, wir seien durch seinen Tod ärmer geworden. Aber das Glück und der Reichtum eines Landes gründen sich nicht nur auf die Lebenden und deren Pflichttreue und Leistungswillen. Auch seine großen Toten sind für das Volk ein unvergänglicher Reichtum. Ihr Vorbild und ihr Werk bleiben allen Ansporn und beständige Mahnung. Glücklich ein Volk, in dessen Erinnerung Menschen wie Konrad Adenauer fortleben."

Gerstenmaiers Rede sah ich erwartungsvoll entgegen. Der Priester und der Politiker in Gerstenmaiers Person würden sich melden. Gleich zu Beginn sagte er von Adenauers letzten Jahren: „Seine Leistung war noch so groß, daß keiner von uns auf den Gedanken kam, er sei ein Greis. Jetzt, im Sarg, sah man unverhüllt, wie sehr Konrad Adenauer seine große und kraftvolle Natur bis auf das Letzte im Dienste seiner Berufung ausgeschöpft hatte. Was seine bewußte Gelassenheit auch dem scharfen Auge meist verbarg, das lag im Angesicht des Toten offen und ungeschützt. Es war die lange getragene verzehrende Last des schwersten Amtes, das Deutschland zu vergeben hat."

Später wies er auf Adenauers Verständnis von Bildung als „geistiges Sinnbild für Freiheit und Ordnung" hin. Ich wußte bis dahin nicht, daß Adenauer das Paar genau so verstanden hatte, wie ich es oft miteinander in Beziehung setzte.

Als Gerstenmaier des toten Kanzlers Sorgen um Deutschlands Zukunft beschrieb, schienen sie vielen der deutschen Zuhörern gebannt zu sein. Ich war nicht sicher, ob dies auch für die ausländischen Gäste galt. „Er", so Gerstenmaier, „hat der politischen Tradition, in der er groß geworden ist, mit seiner Politik den Abschied gegeben. Er hat dem souveränen Nationalstaat mit seinen Rangordnungen und politischen Systemen so entschieden abgesagt, daß die Rückkehr zu ihnen in Deutschland nur noch als Folge einer völligen Verzweiflung an der Verwirklichung der europäischen Gemeinsamkeit und der Schutzgemeinschaft der freien Welt denkbar ist.

Konrad Adenauers gerader Weg hat doch das Schönste von dem gebracht, was einer Generation überhaupt zuteil werden kann, nämlich die Erfahrung von der Macht der Versöhnung ... Wir empfinden in dieser Stunde von neuem, daß auch in der Mühsal des politischen Alltags und im Wandel der Zeit und der Welt wahr ist und wahr bleibt, daß der Fluch einmal ein Ende hat und daß aus Gegnern über viele Gräber hinweg Versöhnte, Verbündete und erprobte Freunde werden und bleiben können."

Dann gegen Ende der Rede: „Konrad Adenauer war von der Überzeugung durchdrungen, daß das deutsche Volk in seiner gefährdeten geographischen Lage, mit seinem geschichtlichen Schicksal und mit den Gewalten, die in ihm hausen, einer Ordnung bedürfe, die es bejahen könne und die es nach langem Unglück auf den Weg des Heils bringe."

„Wer ist groß?" fragte Kiesinger zu Beginn seiner Rede und ließ Leopold von Ranke die Antwort geben: „Es sind originale Geister, die in den Kampf der Ideen selbständig eingreifen, die mächtigsten derselben, auf denen die Zukunft beruht, zusammenfassen, sie fördern und durch sie gefördert werden."

Den Gedanken stützend, sagte Kiesinger: „Ich werde nie mein letztes Gespräch mit ihm vergessen, auf dem der schwer Erkrankte bestanden hatte, als er mir, schon vom Tod gezeichnet, noch einmal sein großes Erbe ans Herz legte. Fast übermächtig, so mußte ich es empfinden, bewegte ihn in dieser letzten Frist die Sorge um die Zukunft, die Einigung Europas. Er, der so geduldig auszuharren verstand, wo menschliches Vermögen einen raschen Erfolg nicht erzwingen konnte, jetzt erschien er als ein Mahnender und Drängender, als wollte er, wie Moses, das gelobte Land noch mit eigenen Augen erblicken ..." Kiesinger schloß: „Konrad Adenauer hat das gelobte Land nicht mehr erreicht. Weder die Wiedervereinigung der Deutschen noch die Einigung Europas. Er hat sie uns als ein großes Vermächtnis hinterlassen."

Warum hatten alle von der Sorge des großen alten Mannes gesprochen? Von den dunklen Gewalten, die in Deutschland hausen? Warum hatten alle das Unberechenbare der politischen Zukunft beschworen? Ich dachte, daß angesichts dieses Todes kein Platz für leere Worte war. Die Stunde der Wahrheit war gekommen. So war ich unruhig und wenig zuversichtlich.

Auf dem Weg zum Trauergottesdienst traf ich vor dem Hauptportal des Kölner Doms mit Conrad Ahlers zusammen. Wir ließen die Sitzordnung des Protokolls beiseite und suchten uns gemeinsam einen Platz am linken Rand des Schiffes, von wo aus wir den Hauptaltar und die Trauergemeinde überblicken konnten.

Wieder einmal fand ich die Größe des Doms ungewöhnlich. Sie überschritt das menschliche Maß. Die Kathedrale war riesig. Selbst heute, als er prall mit Menschen gefüllt war, zeigte der Bau seine Überlegenheit über die Menge.

Die Totenfeier nahm ihren Lauf. Ich versuchte aufmerksam zu sein, weil ich erfassen wollte, was Josef Kardinal Frings sagte, der zu

Konrad Adenauer ebenso Distanz gehalten hatte wie dieser zu ihm. Die Zahl der anwesenden Würdenträger bewies, welche Wirkung der alte Mann, der nun still und stumm in seinem Sarge lag, auf die ganze Welt gehabt hatte. Er war der Führer eines besiegten und geteilten Landes gewesen, und dennoch kamen die Mächtigen der Erde, um ihm Respekt zu erweisen.

Die deutschen Minister und Abgeordneten hatten ihn aus der Nähe erlebt, seine Festigkeit, seine Gradlinigkeit in der Verteidigung der deutschen Interessen bewundert, aber auch gesehen, wie er kaltblütig in der Wahl seiner Mittel Menschen benutzte. Das große Ansehen, daß er schon zu seinen Lebzeiten in Deutschland genoß, war immer auch kritisch kommentiert worden. Nur jetzt, in diesem Augenblick, während an seinem Sarge über ihn gesprochen wurde, war mir bewußt, was dieser eine Mann zustande gebracht hatte. Im Winter des Jahres 1945 hatte ich auf dem Weg in die Ardennen und auf dem Weg zurück gesehen, wie meine, seine, unsere Stadt Köln darniederlag in Schutt und Asche, Sinnbild des Untergangs.

Heute waren sie zur Stelle, die Sieger, die uns aus der Unfreiheit erlöst und zugleich das Vaterland ins Unglück gestürzt hatten. Das eine war vom anderen nicht zu trennen. Aus der Ferne hörte ich: „Laßt sie entgehen dem Gericht der Vergeltung."

Adenauer hatte für uns alle die wiedergewonnene Freiheit genutzt, sie bewahrt und gesichert. Er hatte auch ein Gutteil der Last des Unglücks abgeschüttelt und abgetragen. Eines blieb ihm versagt. Er konnte die Teilung nicht beenden. Der Schlußstein fehlte noch. Er hinterließ den Plan für diese Meisterprüfung der deutschen nationalen Politik im 20. Jahrhundert. Es schien nicht sicher, ob der Plan gelingen würde.

Nach der Lesung aus dem Evangelium sprach Josef Kardinal Frings. „Wir trauern um ihn wie um einen Vater", sagte er. Zum Schluß redete er uns an: „Geliebte, unsere heilige Kirche hat seit uralter Zeit die Auffassung, daß die meisten Menschen nach ihrem Sterben zuerst die Läuterung durchmachen müssen, ehe sie vor das Angesicht Gottes treten. Wir kennen ja nicht die Maßstäbe der göttlichen Gerechtigkeit, auch nicht die Maßstäbe seiner unendlichen Barmherzigkeit. Wir bringen dieses heilige Messopfer dar für die Seelenruhe von Konrad Adenauer."

Es war ein sehr vorsichtiger Hinweis darauf, daß die Fülle des Lobes und der Ehrerbietung, die über den toten Kanzler ausgegossen worden war, den himmlischen Richter allein nicht beeindrucken würde. Er würde nach Liebe, Glaube und Hoffnung fragen.

„Bewahre sie vor dem Rachen des Löwen, daß sie nicht der Hölle verfallen."

„Et ne nos inducas in tentationem; sed libera nos a malo."

Und dann noch einmal die furchterregende Ankündigung des Gerichts: „Zitternd muß ich stehen und in Ängsten, wenn die Rechenschaft naht und der drohende Zorn, wann Du kommen wirst zu richten die Welt im Feuer."

Der mit der Bundesflagge bedeckte Sarg wurde auf den Vorplatz des Domes getragen. Einen Augenblick große Stille. Männer entblößten ihre Häupter, Frauen wischten die Tränen aus dem Gesicht.

Merkwürdig, daß bei Adenauers Totenfeier die Streitkräfte, einschließlich des Bundesgrenzschutzes, so überdeutlich in Erscheinung traten. Der Alte war durch und durch Zivilist, hatte nie gedient und nur eine schwache, vielleicht keine Bindung an die Soldaten und das Soldatentum. Hier ging es aber zu wie nach dem Tode eines großen Heerführers und Kriegshelden. Die Regie, wer immer sie führte, war gekonnt auf spektakuläre Wirkung angelegt. Der Einfall, den Sarg nicht über die Straßen, sondern mit dem Schnellboot „Condor" der Bundesmarine rheinaufwärts nach Rhöndorf zu bringen, war nicht alltäglich.

Das Ganze war sicherlich nach Adenauers Geschmack. Er hatte während seiner Kanzlerschaft Erkenntnisse in konkretes Verhalten umgesetzt, die er schon zwischen den Kriegen gewonnen hatte. Ein Land wie Deutschland mit seinem unruhigen Volk mußte festgehalten, eingebettet werden, aber es durfte, wenn es sich behaupten wollte, auch nicht harmlos sein. Davor, daß man nicht ernstgenommen, daß man herumgeschubst wurde, schützte die bewaffnete Macht. Das war die wichtige Funktion der Bundeswehr.

Ob die Generäle und Admiräle, die Offiziere des Grenzschutzes am Sarge wußten, wozu sie gedient hatten und noch dienen sollten, als schimmernde Wehr? Ich dachte, daß Adenauer selbst, wenn er uns zusah, jetzt, sein Vergnügen an dem Aufzug haben würde.

So eindrucksvoll die Totenfeier war, sie hatte auch erheiternde

Momente; so versuchte der Bundespräsident treuherzig, de Gaulles und Johnsons Hände ineinander zu legen zur Aussöhnung im Andenken an den großen gemeinsamen Freund Adenauer. So einfach war es aber nicht.

Auf der Fahrt nach Bonn überholten wir die Boote auf dem Rhein. An den Ufern und auf den Brücken standen viele Menschen, um ihren toten Kanzler noch einmal zu grüßen.

Als ich Konrad Adenauer zuletzt gesehen hatte, schien er erstaunt und belustigt zu sein. Den Diehl, den er schon fast vergessen hatte, gab es also noch.

Ich war erleichtert, daß Adenauer einen guten Tod gefunden hatte, wie ein alter Mann es sich wünschen würde. Ich war zufrieden, weil es keine lange Agonie gegeben hatte, bei welcher der unaufhaltsame, qualvolle Verfall einer großen Persönlichkeit für die Nächsten und die Umwelt zu einer schweren Prüfung des Glaubens wird. Der alte Kanzler war, wenn man es recht bedachte, unter den besten Umständen gestorben, so als hätte er es geplant.

Ich war dennoch erregt und erschöpft zugleich, und ich wunderte mich, daß ich anfing darüber nachzudenken, was jetzt zu tun war.

Ins Kabinett

Karl-Günther von Hase und ich besprachen draußen in Oberwinter unsere eigenen, persönlichen Pläne. Hase hatte Adenauer, Erhard und nun auch Kiesinger gedient, er hatte dem Amt des Regierungssprechers und Chefs des Presse- und Informationsamtes zu neuem Ansehen verholfen, aber das Anpassungsvermögen an verschiedene Personen war doch stark strapaziert worden. Hase wollte sich verändern und fragte sich und mich, ob er den freiwerdenden Posten des Intendanten der Deutschen Welle annehmen sollte. Die Aufgabe war reizvoll und Hase mit seinen Erfahrungen für die Stelle besonders qualifiziert. Bei den Überlegungen spielten auch materielle Probleme eine Rolle. Hases hatten fünf reizende Töchter. Ich riet dennoch vorsichtig ab. Ich fand, er solle im Staatsdienst bleiben. Wenn er das Presseamt abgeben wolle, dann würde sich über kurz oder lang eine andere Verwendung innerhalb der Bundesregierung im In- oder Ausland finden. Hase widersprach nicht, entschied sich aber bei der Güterabwägung für die Deutsche Welle. Der Vorsitzende von deren Verwaltungsrat, Bundesminister Heck, hatte mich mit einer Sondierung bei potentiellen Kandidaten beauftragt. Ich hatte Wolfgang Wagner und Graf Finckenstein gefragt, ob sie bereit seien, in einem Dreiervorschlag zusammen mit von Hase als Kandidaten für das Amt des Intendanten der Deutschen Welle genannt zu werden. Wagner hatte die Frage verneint, Finckenstein hatte sie bejaht. Dieses Ergebnis teilte ich Heck mit; von Hase wurde gewählt.

Die unmittelbare Folge war, daß Bundeskanzler Kiesinger mir sagte, ich müsse das Presseamt übernehmen. Mitte November war es soweit. Hase verabschiedete sich von der Bundespressekonferenz. Inzwischen hatte er seine Meinung geändert, er verzichtete auf den Intendantenposten bei der Deutschen Welle und nahm das Angebot von Bundesminister Dr. Gerhard Schröder an, Staatssekretär im Verteidigungsministerium zu werden.

Ich verließ den Planungsstab ungern und bedankte mich im Auswärtigen Amt mit einem Vortrag über Planung, den ich „Schwanengesang eines Planers“ nannte. Mein Nachfolger wurde Egon Bahr.

Ich war nun an die Spitze einer obersten Bundesbehörde gerückt, ich mußte diese Behörde führen und verwalten und außerdem als Sprecher der Bundesregierung die Politik der großen Koalition darstellen und begründen. Ich hatte dank der Tatsache, daß ich das Amt und seine Probleme gut kannte, auf Grund meiner Vertrautheit mit dem Journalismus keine Ängste. Ich ging, etwas zu meinem Erstaunen, frohgemut an die neue, aber in gewisser Weise doch vertraute Arbeit. Der Schwierigkeitsgrad war allerdings kaum zu überbieten. Es galt, eine Koalition zwischen Parteien zu vertreten, die bei einer gewissen Übereinstimmung in großen nationalen Fragen doch sehr verschiedene Ursprünge in der Geschichte der deutschen Demokratie hatten.

Gerade in den letzten Monaten vor der Bildung der großen Koalition hatte es bei der SPD bedenkliche Entgleisungen gegeben. Die Annäherungsversuche an die kommunistische SED im anderen Teil Deutschlands ließen außer acht, daß die politische Führung in der DDR nur über eine geborgte Autorität verfügte und kein demokratisch abgestütztes Mandat der eigenen Bevölkerung besaß. Egon Bahrs Wort „Annäherung durch Wandel“ war in seinem eigenen Verständnis doppeldeutig. Wir sollten uns auch in der Bundesrepublik wandeln. Die große Koalition kam außen- und deutschlandpolitisch gerade im richtigen Zeitpunkt zustande. Die SPD, nun in der Verantwortung, besann sich und fing sich wieder. Diejenigen, die dabei waren, die Präambel des Grundgesetzes zu vergessen, wurden eingebunden oder neutralisiert.

Die potentiell starke Regierung konnte indessen ihre Leistung immer nur nach Überwindung innerer Konflikte erbringen. Dies mußte denjenigen, der die Regierung der großen Koalition Tag für Tag öffentlich vertrat, zwangsläufig in ein Spannungsfeld bringen. Er mußte wissen, welche seiner Aussagen gerade noch abgedeckt wurden von der Übereinstimmung, die er im Kabinett und in den Parteien zu sehen glaubte und welche nicht. Er hatte auch nach innen eine große Verantwortung, denn er mußte sich hüten, durch eine parteiergreifende, forsche Sprache die mögliche Übereinstimmung zu gefährden oder zu verhindern.

In den ersten Wochen und Monaten glaubte ich, daß ich die Schwierigkeiten und Risiken überschätzt hatte. Die Regierung arbeitete spannungsfrei, ungewöhnlich erfolgreich in der Sache, viel besser, als ich angenommen hatte. Mir war, wie anderen auch, bewußt, daß sich die Meinungsverschiedenheiten sichtbar verschärfen würden, wenn es auf die nächsten Wahlen Ende 1969 zuging. Aber bei der Regelung vieler Sachfragen spielten künftige Wahlen so gut wie keine Rolle, so schien es.

Diese meine Eindrücke wurden gefestigt durch den Ausgleich im Amt selbst. Mein Stellvertreter war Conrad Ahlers. In unserer Arbeitsweise sehr verschieden, regelten wir dennoch einträchtig alles, was zu regeln war, weil wir die Parteiinteressen übergreifende Ziele verfolgten. Wir wollten auf dem uns anvertrauten Gebiet der Regierungsarbeit die Chancen nutzen, die diese große Koalition bot. Die Arbeit wurde dadurch erleichtert, daß das Amt alles in allem personell gut besetzt und vorzüglich durchorganisiert war. Man zögert, wenn man eine Behörde beschreibt, es zu sagen, aber tatsächlich wurde mit eisernem Fleiß, großem Sachverstand, mit Schwung und mit innerer Anteilnahme gearbeitet von oben bis unten, nicht zuletzt im Büro Staatssekretär, wo Dr. Heinz Schneppen zusammen mit den ebenso klugen wie ansehnlichen Damen das Regiment führte.

Unsere Abstrahlung war dementsprechend groß, und das gefiel naturgemäß nicht allen. Die Leute merkten aber, daß wir furchtlos waren. Wir wurden dennoch angegriffen, aber es sprach sich schnell herum, daß Ahlers und ich keine Watschenmänner waren, auf die man nach Herzenslust und zum eigenen Vergnügen eindreschen konnte. Um das auch sichtbar zu machen, wechselten wir uns bei der Ausübung unserer Funktionen nach festen Regeln ab. Ahlers war mein Stellvertreter, also nahmen wir die Pressekonferenzen abwechselnd wahr und teilten uns auch alle anderen wichtigen Funktionen. Wir machten nicht den später eingerissenen Fehler, die Funktion des Behördenchefs und des Sprechers zu trennen und mehrere Vertreter als Sprecher bzw. als Verwaltungschef einzusetzen. So lösten wir als Personen die der großen Koalition innewohnenden Konflikte in unserer Beziehung weitgehend auf. Dies verführte uns gelegentlich zu der Illusion, dies sei auch im großen und ganzen so.

Die Presse kommentierte meine Ernennung außerordentlich freundlich und verteilte freigiebig Vorschußlorbeer. Hans Klein veröffentlichte in der *Bunten Illustrierten* einen bebilderten zweiseitigen Bericht, der Mitteilungen über mein und meiner Frau Herkommen, über unsere Familie, geschickt mit einigen meiner politischen Aussagen verband. „Nicht arrogant, nicht unterwürfig", wollten wir Deutschland vertreten. Das wurde auch in den Wartezimmern der Ärzte und bei den Frisören gelesen.

„Günter Diehl ist eine der originellsten, kräftigsten Persönlichkeiten und künftig wohl auch, wie die Dinge liegen, als Berater des Bundeskanzlers einer der mächtigsten Männer der Bundesrepublik. Auf das Gewicht dieses einen Staatssekretärs Diehl kommt vermutlich ein gutes Dutzend seiner übrigen Staatssekretärskollegen und wohl noch ein halbes Dutzend Minister dazu. Man kann ohne phrasenhafte Verkleidung sagen, daß er die seltene Kombination von schöpferischen Ideen, Organisationstalent und Arbeitsdisziplin hat. Er ist wohl der intelligenteste aller bisherigen Bundespressechefs", schrieb Walter Henkels in der *Frankfurter Allgemeinen Zeitung*. Mir schwante, daß der Artikel in Regierung und Parlament nicht nur Sympathie und Unterstützung mobilisieren würde. Hans Gresmann glaubte in der *Zeit* vorhersagen zu können: „Diehl, der der Sprache mächtig ist wie kaum einer im offiziellen Bonn, wird ungezählten Überschriften in deutschen Zeitungen einen attraktiven Drall geben. Ein wichtiger Mann, der mit lässig hingestreuten Worten große Wirkungen erzielen kann." Wolfgang Höpker lakonisch in Bonner *General-Anzeiger*: „Ein Mann von unbestechlichem Urteil." Zuviel des Guten?

Mir blieb wenig Zeit zum Räsonnieren. Es ging gleich los. Die Arbeitsweise und der politische Stil der großen Koalition wurden von Kurt Georg Kiesinger geprägt. Er hatte als Ministerpräsident von Baden-Württemberg ausreichend Erfahrungen in der Führung großer und komplexer Arbeitseinheiten gesammelt. Seine juristische Schulung erlaubte ihm, sich schnell und gründlich mit den verschiedensten Gegenständen vertraut zu machen. Da die Diskussion und das Gespräch für ihn wichtige Mittel waren, um zu einer Erkenntnis und zu einer Entscheidung zu gelangen, wurde er von Leuten, die nicht ständig mit ihm arbeiteten, als zu gesprächig, weitschweifig und schönrednerisch angesehen. Der schmückende Beiname „König Silberzunge" sollte ihn wohl herabsetzen, aber es steckte ein Quentchen Anerkennung darin. In Wahrheit war Kiesingers Arbeitsweise ökonomisch und bei Licht besehen sogar zeitsparend. Kiesinger führte die täglichen Gesprächsrunden ein, die kleine Lagebesprechung und in größeren Abständen die große Lagebesprechung, kleine oder große Lage genannt. Bei der kleinen kamen der Chef des Bundeskanzleramtes, der Chef des Presse- und Informationsamtes, der Leiter des Kanzlerbüros, die Leiter des außenpolitischen und des wirtschaftspolitischen Büros, hin und wieder auch der Staatssekretär des Auswärtigen Amtes und der Chef des Bundesnachrichtendienstes zusammen.

Im Bundesverteidigungsrat traf sich der gleiche Personenkreis mit dem Staatssekretär des Verteidigungsministeriums und den Inspekteuren der Waffengattungen.

Alle nachfolgenden Bundeskanzler haben diese von Kiesinger eingeführten Institutionen beibehalten. Sie waren ein vorzügliches und durch nichts anderes zu ersetzendes Gremium zur gegenseitigen Unterrichtung und zur Meinungsbildung wichtiger Akteure. Sie bewährten sich als effizientes Führungsinstrument des Bundeskanzlers. Auch wenn die Beratungen sich gelegentlich hinzogen, so sparten sie insgesamt Zeit, weil sie eine Reihe von Einzelgesprächen überflüssig machten und Mißverständnisse oder Ungenauigkeiten verhinderten.

Die kleine Lage konnte praktisch zu jeder Tages- und Nachtzeit zusammentreten. Es waren keine Vorbereitungen und Tagesordnungen nötig. Alle Teilnehmer verfügten über den gleichen hohen Informationsstand und wußten, über welche Fragen zu entscheiden war. Hinzu kam, daß Kiesingers Vorlieben sich auch in den Formen der Treffen niederschlugen. Wir saßen an Feiertagen oft in den tiefen Sesseln des Kanzlerbungalows, den Kiesinger ein wenig murrend bezogen hatte, weil alle Maße, einschließlich die des Bettes, für einen Mann seiner Länge zu klein waren. Neben uns lagen die Papiere und Akten auf dem Boden, ein Glas Wein stand auf dem Tisch, wir waren bequem angezogen, Kiesinger hatte seinen Dackel auf dem Schoß und besprach mit uns die Lage. Es gab den einen oder anderen Ausflug in Philosophie, Literatur, Geschichte und Religion, immer der Analyse und der Beschlußfassung dienlich.

Zu den Mitteln, die Kiesinger brauchte, um mit sich ins reine zu kommen, aber auch um andere zu überzeugen, gehörten Gespräche zu zweit oder zu dritt, oft unter dem Motto „In vino veritas“ bis tief in die Nacht hinein. Schließlich brauchte er und nahm er sich viel Zeit, um nichts zu tun, um, wie er sagte, nachzudenken.

Das hat ihm den Ruf eingetragen, er sei faul. Das ist schlicht nicht wahr. Richtig ist vielmehr, und das hat zu dem Klischee genialischer Faulheit beigetragen, daß er wenig Verständnis dafür aufbrachte und recht unwirsch sein konnte, wenn er gedrängt wurde. Hans Neusel, der seinem Kanzler klarzumachen versuchte, daß er eine bestimmte Gesetzesvorlage jetzt und heute unterschreiben müsse, weil sie sonst keine Aussicht hätte, in diesem Jahr noch in den Bundesrat zu kommen, wurde mit dem großen Wort, er müsse jetzt nachdenken und solle ihn nicht mit solchen Bagatellen belästigen, von Kiesinger in die Schranken verwiesen. Wir trösteten Neusel dann und ermutigten ihn, sich mit Sprüchen wie: „Ich könnte ihn erwürgen“, Luft zu machen, weil ihm das erlaubte, seinen Kanzler weiterhin auf jene umsichtige, präzise Art zu dienen, die dem großen Mann das Nachdenken ermöglichte.

Ein Symbol für Kiesingers Stil war auch sein Einfall, eines schönen Tages im Sommer das ganze Kabinett samt Tischen und Stühlen unter die herrlichen alten Bäume im Park des Palais Schaumburg zu setzen. Es gibt eine Fotografie von dieser Kabinettssitzung im Grünen, die durch die eigenartige Verflechtung von Geschäftsmäßigkeit und arkadischer Lebensfreude anrührt.

Kiesinger war das Gegenteil von einem grünen Phantasten, der die Natur mißbraucht, um seine Neurosen zu unterstreichen. Kiesinger lebte mit der Natur, um sich einzufühlen in die Welt. Deshalb zog es ihn immer wieder in sein Schwaben, wo er abseits der Straßen ein Refugium suchte, so daß wir, um ihn zu treffen, auf einer Lichtung mit dem Hubschrauber des Bundesgrenzschutzes landen mußten.

Normalerweise fanden die Kabinettssitzungen natürlich unter Dach im sogenannten Kabinettssaal des Palais Schaumburg statt. Der Kanzler saß in der Mitte der Längsseite mit dem Blick über sein Gegenüber hinweg in den Park. Willy Brandt hatte seinen Platz rechts von Kiesinger. Der Chef des Bundespräsidialamtes und der Chef des Presseamtes saßen an einem Katzentisch im Erker zum Garten hin. Jahre später, so hörte ich, holte Helmut Schmidt seinen Sprecher Bölling an den eigentlichen Kabinettstisch. Wir beobachteten den Ablauf der Sitzung, und hin und wieder lästerten wir auch ein wenig. Normalerweise sagte ich nur etwas, wenn ich gefragt wurde, aber unsere leisen Kommentare fanden bei den in unserer Nähe sitzenden Ministern eine freundliche Resonanz.

In Bonn wußte man längst, daß Brandt meist muffig und grantig neben Kiesinger saß und nur das Nötigste sagte, außer wenn er selbst berichtete. Die meisten Chronisten leiteten daraus die Annahme ab, die beiden hätten sich nichts zu sagen und könnten sich im Grunde auch nicht leiden. Als Begründung wurde sogar ihr sehr verschiedenes politisches Vorleben bemüht. Meiner Meinung war die Ursache für Brandts meist mürrisches Gebaren, daß die Kabinettssitzungen in der Regel vormittags stattfanden. Vormittags war Brandt immer schlecht aufgelegt. In seinem privaten Amtssitz auf dem Venusberg hatte er einen Papagei, der Gäste dadurch etwas verwirrte, daß er stereotyp ein Geräusch von sich gab, das wie „Moin, Moin" klang. Rut Brandt sagte: „Er macht Willy nach, wenn er morgens zum Frühstück kommt." Ich kann dazu beisteuern, daß Brandt mich einmal zum ersten Frühstück einlud, weil wir etwas ausführlich besprechen wollten, wozu sich sonst keine Zeit finden ließ. Brandt sagte so gut wie nichts. Ich versuchte aufs Thema zu kommen, Brandt schwieg. Schließlich schwieg ich auch. Wir verabschiedeten uns freundlich, der Minister war offensichtlich von diesem angenehmen Frühstück sehr befriedigt.

Am Nachmittag und am Abend schien er ein anderer Mensch zu sein. Brandt war lebhaft, gesprächig, erzählte mit leuchtenden Augen sehr gute Geschichten aus seinem Leben und bot erstklassige Witze für Anspruchsvolle an. Er liebte seine Sozis, aber er kannte sie auch. Er konnte offen, zutraulich und warmherzig sein. Dennoch fragte ich mich manchmal, ob er im Grunde egozentrisch und kalt sei, so wie sich das später beim Tod von Conrad Ahlers und bei der Trennung von Rut Brandt zeigte. Ich wage nicht, ein sicheres Urteil abzugeben. Er ist selbst kalt im Stich gelassen worden, so sah er es jedenfalls. In der Politik weht nach heißen Stürmen ein eisiger Wind.

Herbert Wehner habe ich oft und lange beobachtet. Er ließ mich nicht gleichgültig. Früher im Auswärtigen Ausschuß, wo er – seine Pfeife schmauchend – unentwegt irgend etwas aufschrieb, warf er auf, paffte einige dicke Wolken und fixierte mich schweigend wie ein exotisches Tier, wenn sein Fraktionskollege Professor Meier mich altmodisch mit Herr Geheimrat anredete. Danach kritzelte er ingrimmig weiter seine Notizen.

Zu der Zeit, als Heinemanns Kandidatur für das Amt des Bundespräsidenten bekannt wurde, versuchte Hermann Höcherl als Landwirtschaftsminister wieder einmal, die Milchschwemme einzudämmen. Er erfreute das Kabinett mit der Nachricht, er habe von einer sensationellen Erfindung gehört, mit deren Hilfe man Milch in Wasser verwandeln könne. Das Verfahren sei zwar aufwendig, aber immer noch billiger als die Subventionen und Folgekosten der Milchflut.

Ich sah, daß Wehner einen Zettel schrieb, ihn zusammenfaltete, dann aufstand, an seiner Pfeife saugend um den Tisch herum zu Höcherl ging, der ihm diagonal gegenüber saß, und ihm den Zettel schweigend hinlegte. Höcherl entfaltete das Stück Papier, las und gab dann ein Zeichen stummen Einverständnisses an den auf seinen Platz zurückgekehrten Wehner. Nach dem Ende der Kabinettssitzung fragte ich Höcherl: „Was stand auf dem Zettel?“ Höcherl: „Hier, lesen Sie.“ – „Sehr verehrter Kollege Höcherl, darf ich Sie darauf aufmerksam machen, daß einer der Bewerber für das Amt des Bundespräsidenten Milchtrinker ist?“

Ein einziges Mal bin ich – zusammen mit Conrad Ahlers – in Wehners Wohnung gewesen. Das kleine Haus war bescheiden, solide eingerichtet. Es stimmte alles wie in einem guten Arbeiterhaushalt. Ein kleines, grün bezogenes Sofa mit geschwungen hölzernen Lehnen gefiel mir besonders. Frau Wehner kam herein und fragte, ob wir etwas essen oder trinken wollten. Wir verneinten dankend. Nach einer Weile kam sie, ohne ein Wort zu sagen, wieder und stellte einen Teller mit einem großen, geschälten und in Schnitze aufgeteilten Apfel auf den Tisch.

Wehner hatte viel Zeit in verschiedenen Gefängnissen zugebracht. Nach der Konfirmation von Detlev Ahlers erzählte er uns, daß er in einem tschechischen Gefängnis einen Mitgefangenen getroffen habe, der immer ausnehmend vergnügt gewesen sei. Er habe versucht den Grund zu erfahren, sich aber mit dem Mann nicht verständigen können. Ein anderer Häftling habe ihm dann auf seine Frage gesagt, der Fröhliche werde demnächst in eine andere Haftanstalt verlegt, die sehr viel besser sei. Wehner meinte, sie bleibe aber doch ein Gefängnis. Er sehe keinen besonderen Grund zur Heiterkeit. „Na, ja, richtig, aber er freut sich auch immer, wenn er daran denkt, warum er eingesperrt worden ist." Worauf Wehner erfuhr, daß der Mann im Winter, auf dem Führerstand der Straßenbahn stehend, einem Wachmann in die Tasche seines langen schweren Wintermantels uriniert hatte. Wenn er daran denke, müsse er auch im Gefängnis immer wieder lachen. So gehe es ihm, sagte Wehner, auch jedesmal, wenn ihm die Geschichte einfalle. Mir geht es jetzt genauso. Der Mann hat mit seinem ungewöhnlichen Einfall, ohne es zu ahnen, vielen eine sich erneuernde Freude gemacht.

Eine Besonderheit der großen Koalition bestand in der für sie typischen Struktur eines Männerbundes. Es gab eine gewisse freundliche Grundstimmung für den Umgang miteinander, einen Anflug von Kameraderie. Im Zentrum dieses Magnetfeldes stand Kiesinger. Er war es, dessen Selbstverständnis von politischer Arbeit und menschlichem Zusammenleben sich den meisten Kabinettsmitgliedern mitteilte. Diese Atmosphäre konnte die Gegensätze nicht auflösen, aber sie federte sie ab. Kiesinger mußte selten eingreifen, um Zusammenstöße zu vermeiden. Wenn er sah, daß eine Fortführung der Debatte im großen Kreis des Kabinetts nicht weiterhalf, dann unterbrach er die Sitzung und bat den Widersacher zu einem Gespräch unter vier Augen. Oft war Franz Joseph Strauß derjenige, dem diese Sonderbehandlung widerfuhr. Nach einer meist längeren Pause kamen die beiden wieder herein, die Kabinettssitzung nahm ihren Fortgang. Kiesinger sprach dann selbst nicht, sondern erteilte Strauß das Wort. So mußte Strauß selbst über die in dem Gespräch erzielte Einigung berichten. Er erläuterte dann, warum er jetzt zustimmte, obwohl er noch vor einer halben Stunde abgelehnt hatte. Offensichtlich hatte Kiesinger eine erfolgreiche Methode entdeckt, mit Strauß ins reine zu kommen.

Hermann Höcherl wiederum hatte dafür ein eigenes Verfahren entwickelt. Er machte in einer Sache, die nicht in seine Zuständigkeit fiel, einen unorthodoxen Lösungsvorschlag, der Franz Joseph Strauß überhaupt nicht ins Konzept paßte. Deshalb begann er, intensiv auf Höcherl einzureden. Kiesinger sagte zu Höcherl: „Herr Kollege Höcherl, ich finde Ihren Vorschlag interessant, könnten Sie ihn etwas näher erläutern.“ Höcherl, ins Gespräch mit Strauß vertieft, antwortete nicht. Kiesinger hatte die Angewohnheit, leicht mit dem Ehering auf die Tischkante zu klopfen, wenn er erhöhte Aufmerksamkeit erwartete. Glocke und Hammer waren ihm zu grob. Kiesinger klopfte noch einmal und sagte dann: „Herr Kollege Höcherl, ich hatte Sie etwas gefragt.“ „Ich bitte tausendmal um Vergebung, Herr Bundeskanzler“, beeilte sich Höcherl zu sagen, „aber ich wurde gerade von meinem Parteivorsitzenden gemaßregelt.“ Alles freute sich, selbst Strauß.

Die Beratungen im Kabinett verliefen auf hohem Niveau. So war es ein Genuß, der Diskussion eines juristischen Problems zwischen Kiesinger, Höcherl und Ehmke zu folgen. Carlo Schmid war für philosophische Höhenflüge zuständig. Georg Leber ließ sich in der Vertretung nationaler Interessen gegenüber Freund und Feind von niemandem übertreffen. Selbst die reizbaren, temperamentvollen Kabinettsmitglieder, wie Herbert Wehner und Franz Josef Strauß, kontrollierten sich wenigstens im Umgang mit den Kollegen.

Bei guter Gelegenheit fand die Hochstimmung auch sichtbaren und hörbaren Ausdruck. Zu des Kanzlers Geburtstag gab es auf der Terrasse vor dem Kabinettssaal zum Glas Sekt ein Ständchen des Musikkorps der Bundeswehr. Die Musiker-Soldaten wollten offensichtlich beweisen, daß sie auch höheren Aufgaben gewachsen waren und spielten eingangs einige Passagen aus Gershwins „Rhapsodie in Blue“. Danach trat Georg Leber zum Bundeskanzler und sagte: „Hätten Sie etwas dagegen, wenn ich denen sage, sie sollten ‚Alte Kameraden‘ spielen?“ Kiesinger hatte nichts dagegen, und so wurde schneidig musiziert, wonach ein kräftiger Anstieg des Stimmungspegels zu verzeichnen war. Carlo Schmid beschrieb uns mit funkelnden Augen, wie er als junger Leutnant seine Leute durch Cannstadt geführt und die ihn bewundernden Damen am Straßenrand mit dem Degen gegrüßt hatte. Er bat nun den Kapellmeister, den „Hohenfriedberger“ zu spielen. Den könnten sie nur mit Noten spielen und die hätten sie nicht dabei, lautete die Antwort. Es gab eine kleine interne Wehrdebatte. Das Kabinett fragte sich, was die ganze kostspielige Landesverteidigung für einen Sinn habe, wenn das Musikkorps nicht einmal den „Hohenfriedberger“ auswendig spielen könne.

Die Regierung der großen Koalition hat Probleme gelöst und Krisen gemeistert, die zu der Meinung verführen könnten, eine große Koalition sei die Antwort auf große Herausforderungen. Die Koalition hat tatsächlich keinen gravierenden außenpolitischen und sicherheitspolitischen Fehler gemacht. Auch in der Innenpolitik kann man ihr gute Noten geben. Ihre Wirtschaftspolitik war beispielhaft und höchst erfolgreich. Die große Koalition hat nicht lange genug gedauert, um den ihr zukommenden Platz im Gedächtnis der Deutschen zu bewahren. Eine Ursache dafür sehe ich darin, daß die große Koalition ihre Absicht, das Wahlrecht zu ändern, nicht verwirklichen konnte, weil die SPD taktische, kurzfristige Vorteile für wichtiger hielt, als eine in die Zukunft weisende strategische Änderung am Grunde, die der deutschen Republik auf lange Zeit Stabilität garantiert hätte.

Wahlrecht

Kurt Georg Kiesinger hatte die Regierungserklärung der großen Koalition damit eröffnet, daß er das Ungewöhnliche, Außerordentliche einer von den beiden großen Parteien gebildeten Regierung unterstrich. Er sagte: „Während der Zusammenarbeit soll nach Auffassung der Bundesregierung ein neues Wahlrecht grundgesetzlich verankert werden, das für künftige Wahlen zum Deutschen Bundestag nach 1969 klare Mehrheiten ermöglicht. Dadurch wird ein institutioneller Zwang zur Beendigung der großen Koalition und eine institutionelle Abwehr der Notwendigkeit zur Bildung von Koalitionen überhaupt geschaffen. Die Möglichkeit für ein Übergangswahlrecht für die Bundestagswahl 1969 wird von der Bundesregierung geprüft."

Die Wahlrechtsreform stand also an der Spitze aller programmatischen Erklärungen der große Koalition. Als ich im November 1967 das Presseamt übernahm, wurde mir bald klar, daß nur noch wenig Aussicht bestand, diese Absichten zu verwirklichen. Der Innenminister Paul Lücke arbeitete zwar intensiv an der auch von ihm persönlich mit großem Nachdruck befürworteten Reform. Es lagen Studien des Statistischen Bundesamtes für eine Neuaufteilung der Wahlkreise vor, in denen künftig 400 oder 500 Abgeordnete direkt gewählt werden sollten.

Mir schien auch im internationalen Vergleich ein Mehrheitswahlrecht, bei dem in jedem Wahlkreis ein Mann oder eine Frau direkt mit absoluter oder relativer Mehrheit gewählt wurde, die beste Garantie für politische Stabilität und starke, handlungsfähige Regierungen zu sein. Unser geltendes Wahlsystem hatte viele Vorteile, war theoretisch gerecht. Es gab auch Minderheiten eine Möglichkeit, sich am Entscheidungsprozeß zu beteiligen. Für die Aufteilung in Direktmandate und Listenmandate sprach ferner, daß angesehene Persönlichkeiten, die sich ihrem Wesen nach nicht dazu eigneten, sich in örtlichen Wahlkämpfen zu behaupten, dennoch einen Platz im Parlament finden konnten. Gerade auf solche Mitglieder mit hohem Sachverstand könne und wolle man nicht verzichten, so hieß es.

Der parteipolitischen Zersplitterung hatte man versucht wahlrechtlich vorzubeugen, indem man die Fünf-Prozent-Klausel einführte. Sie hatte den gravierenden Nachteil, daß sie Leute in den Bundestag brachte, die auch nicht die geringste Aussicht hatten, einen Wahlkreis direkt zu gewinnen. Das traf Ende der sechziger Jahre schon für sämtliche Abgeordnete der Freien Demokratischen Partei zu, und daran hat sich nichts geändert. Wie hoch andererseits das Direktmandat eingestuft wurde, zeigte sich darin, daß auch nur drei direkt gewonnene Mandate alle abgegebenen Stimmen für eine Partei aufwerteten, auch wenn diese unter fünf Prozent geblieben waren.

Die Fünf-Prozent-Klausel, die dem Einzug radikaler Gruppen von rechts und links vorbeugen sollte, verhinderte allerdings auch, daß sich radikale Auffassungen im Parlament artikulieren konnten. Sie wurden gezwungen, sich „außerparlamentarisch" zu betätigen. Jede Gesellschaft hat einen gewissen Anteil von Menschen, die im Verhältnis zur Mehrheit abweichende, radikale Auffassungen vertreten. Sie machen unter normalen Umständen insgesamt etwa 15 Prozent aus, die sich nahezu hälftig auf rechts und links verteilen. Die Unterschiede innerhalb der radikalen Flügel sind beträchtlich. Sie reichen von der Betätigung im Rahmen der geltenden Verfassung bis hin zur terroristischen Zelle.

Das große Gegenargument zu einem Mehrheitswahlrecht war auch in der internen Diskussion, es sei ungerecht, weil unter Umständen relativ kleine Verschiebungen die Regierung in die Opposition verweisen könnten und umgekehrt. Der Einwand war gültig, weil rein theoretisch es sogar sein konnte, daß eine Partei in die Verantwortung kam, weil sie die Mehrheit der Wahlkreise, nicht aber der Stimmen gewonnen hatte. Da der Machtwechsel aber überhaupt die Demokratie ausmacht, kam es mehr darauf an, ihn auf eine Weise zu organisieren, der im Regelfalle eine handlungsfähige Regierung garantierte. Eben dies war der Vorzug des Mehrheitswahlrechts. Darin waren sich die beiden großen Parteien einig.

Bei den Arbeiten, die zu einer Neugliederung der Wahlkreise führen sollten, tauchte ein anderes Problem auf. Man konnte nicht ausschließen, daß ein Mehrheitswahlrecht die Trennlinie zwischen Nord und Süd in Deutschland deutlich markieren würde. Im Norden, so hieß es, würde es nur sozialdemokratischen Kandidaten gelingen, einen Wahlkreis direkt zu gewinnen, und im Südwesten und im Süden würden die Christdemokraten und Christlichsozialen ihre Leute flächendeckend durchbringen. Hinzu kam, so wurde argumentiert, daß der Norden ganz überwiegend Protestanten in den Bundestag schicken würde, während im Westen und im Süden die katholischen Abgeordneten das Rennen machen würden. Der Einwand war ernstzunehmen. Es konnte eigentlich kein staatsbürgerliches Interesse darin bestehen, durch das Wahlrecht Trennungen und Gegensätze zu unterstreichen und zu befestigen. Bei genauerer Prüfung verloren die Argumente an Kraft. Als eine Folge der Vertreibung und der Flucht von überwiegend protestantischen Bevölkerungsgruppen war in ganz Deutschland eine neue Mischung entstanden. Meine Vaterstadt Köln war ein gutes Beispiel, die längst nicht mehr eine katholisch geprägte Stadt war, wo die Protestanten, wie in meiner Kindheit, in der Diaspora gelebt hatten, wie wir spotteten. Außerdem konnte das geltende Wahlrecht auch keine wirkliche Sicherheit gegen eine konfessionell bedingte Spaltung bieten. Das zeigte sich bei einer Analyse der Listenplätze.

Als ich dem nordrhein-westfälischen Ministerpräsidenten Heinz Kühn einen Besuch in Düsseldorf machte, fragte ich ihn, warum die SPD ihre Politik in dieser Frage zu ändern beginne und so gegen einen zentralen Bestandteil der Koalitionsabsprache verstoße. Ich sagte, daß doch jede große Partei den Wunsch und Willen haben müsse, einmal Politik nach ihren eigenen Vorstellungen zu machen, ihren großen Plan von der Einrichtung und Gestaltung des Gemeinwesens zu verwirklichen, ohne ständig gezwungen zu sein, Kompromisse zu schließen, um die nötigen Stimmen für eine knappe Mehrheit zusammenkratzen zu können. Dies aber werde doch nur mit einem Mehrheitswahlrecht möglich sein. Das geltende Verhältniswahlrecht lasse praktisch keine absolute Mehrheit zu, von extrem seltenen Ausnahmen abgesehen.

Kühn war sich mit mir einig, verteidigte aber dennoch den Bruch der Koalitionsvereinbarungen. Er sagte, nach der Einführung eines Mehrheitswahlrechts werde die SPD wieder für ein oder zwei, vielleicht sogar drei Legislaturperioden in die Opposition gedrängt werden. Dies werde zwangsläufig eine gefährliche Radikalisierung der Partei nach sich ziehen. Die Partei könne daran zerbrechen. Es sei für die Zukunft der SPD besser, ja notwendig, weiterhin in der Regierungsverantwortung zu bleiben. Ich wandte ein, daß einer der großen Vorzüge unseres föderativen Systems darin bestehe, daß die politische Macht auf Bund und Länder verteilt sei. Ich verwies darauf, daß die SPD hier in Nordrhein-Westfalen, in Hessen, in Niedersachsen, in Hamburg, in Bremen und in Berlin regiere, also keine Rede davon sei, daß sie von der Macht ausgeschlossen werde. Sie habe ihren führenden Persönlichkeiten immer große Felder für politische Gestaltung bieten können. Ich könnte keine Gefahr für eine Radikalisierung der SPD sehen, jedenfalls nicht in einem Mehrheitswahlrecht mit Ein-Mann-Wahlkreisen. Man könne im Gegenteil sehr wohl sagen, daß ein Mehrheitswahlrecht der Radikalisierung den Boden entziehe. Dank unserer bundesstaatlichen Gliederung und der zeitlichen Staffelung der Wahltermine sei ein Durchmarsch radikaler Parteien so gut wie ausgeschlossen. Kühn ließ das alles gelten, blieb aber dabei, daß die SPD einer Wahlrechtsänderung nicht mehr zustimmen werde.

Es gehörte nicht viel dazu zu sehen, daß es sich um einen folgenschweren Kurswechsel handelte. Die der Koalition zugrundeliegende Übereinkunft war von der SPD aufgegeben worden. Eigenartigerweise wurde dies in der Öffentlichkeit zwar nicht übersehen, aber doch zunächst mit Gelassenheit verzeichnet. Der wichtigste Grund dafür war wohl, daß die große Koalition auf so vielen Gebieten gute Arbeit leistete, daß der Dissens in der Wahlrechtsfrage manchen nur als ein Schönheitsfehler erschien. Daran änderte auch die Tatsache nichts, daß Innenminister Lücke zurücktrat, als klar war, daß es keine Wahlrechtsreform geben würde.

Am 8. Dezember 1967 wurde ich das erste Mal auf der Pressekonferenz nach der Wahlrechtsreform gefragt. Der Sprecher des Innenministeriums gab sich zuversichtlich. Die Arbeiten verliefen nach Plan, die Studien lägen vor, die Textentwürfe für die Gesetze ebenfalls. Dann kam die Frage: „Was hat der Innenminister heute morgen beim Bundeskanzler getan?“ Irgend jemand hatte die Nase im Wind.

Am 26. 3. 1968 reichte Lücke sein Rücktrittsgesuch ein, sein Nachfolger wurde Ernst Benda. Die SPD hatte auf ihrem Nürnberger Parteitag wenige Tage vorher eine Wahlrechtsreform in dieser Legislaturperiode ausgeschlossen. Lücke, der innerhalb der CDU zu den entschiedenen Befürwortern der große Koalition gehörte und an ihrem Zustandekommen tatkräftig mitgewirkt hatte, erkannte die ganze Bedeutung des Sinneswandels der SPD. Er war nicht nur persönlich enttäuscht, sondern auch überzeugt davon, daß die große Koalition ihre Existenzberechtigung verloren hatte.

Die Gründe für den Sinneswandel der SPD waren weder staatspolitisch noch ehrenwert, aber verständlich. Mir war von dem Tage an, als Willy Brandt ins Außenministerium einzog und später, als ich die anderen führenden Politiker der SPD im Kabinett an der Arbeit sah, klargeworden, welch tiefe Genugtuung die deutschen Sozialdemokraten empfinden mußten, endlich wieder in der Regierung zu sitzen und an der Macht beteiligt zu sein. Die Vorstellung, schon Ende 1969 die Macht wieder abgeben zu müssen, wurde unerträglich. Höhere Einsichten, welche ja zu dem Zeitpunkt der Koalitionsvereinbarung die Entscheidung der SPD auch im Punkte Wahlrecht bestimmt haben müssen, schwächten sich ab und wurden schließlich beiseite geschoben. Ich glaube nicht, daß die SPD schon im Augenblick der Koalitionsabsprachen ein Täuschungsmanöver im Sinne hatte. Erst die ungewohnten, fast sinnlichen Erfüllungen im Umgang mit der Macht und in der Regierung ließen die guten Vorsätze zum Pflaster des Weges in den Verrat werden.

Helmut Schmidt und Horst Ehmke hatten vor Beginn des Nürnberger Parteitages klargestellt, daß es vor '69 keine Wahlrechtsreform geben werde. Es blieb zwar auf dem Parteitag offen, ob die SPD überhaupt eine Wahlrechtsreform schlankweg ablehnte, aber in Wahrheit war die Entscheidung gefallen. Conrad Ahlers war vor der Presse bemüht, die Bedeutung der Sache herunterzuspielen und den Eindruck zu erwecken, eine Auflösung des Konflikts sei möglich. Er sagte: „Auch die Sozialdemokratie hält an den Koalitionsabsprachen fest, unbeschadet des Rechts, die deutsche Politik auch weiterzuentwickeln.“ Die Journalisten hatten ihre Zweifel.

Die SPD hatte bis kurz vor dem Nürnberger Parteitag versucht, ihren Koalitionspartner zu beruhigen und die Öffentlichkeit einzuschläfern. Noch am 11. Januar hatten die Koalitionspartner nach einer Sitzung unter Vorsitz des Bundeskanzlers erklärt, die Beteiligten erwarteten noch vor Ostern eine Gesetzesvorlage der Regierung, welche die Einführung eines Mehrheitswahlrechtes für die übernächste Bundestagswahl vorsieht und im Grundgesetz verankert. Auch im Bericht zur Lage der Nation, der die Billigung der ganzen Bundesregierung gefunden hatte, war die Absicht der Regierung bekräftigt worden, für die übernächsten Bundestagswahlen ein Mehrheitswahlrecht zu schaffen.

Entscheidend für eine Beurteilung des Schwenks war die Tatsache, daß die SPD, wenn sie in der Regierung bleiben wollte, nicht nur die Wahlrechtsreform verhindern, sondern auch einen Partner für eine neue Mehrheit finden mußte. Dieser Partner konnte wiederum die CDU/CSU sein, aber dann wäre die SPD der Juniorpartner geblieben. Hier, und spätestens hier, trat Walter Scheel auf die Szene, der am 30. Januar zum neuen Vorsitzenden der FDP gewählt worden war. Der Chef der Liberalen zeigte sich bereit, eine Koalition mit den Sozialisten einzugehen, wenn diese das Mehrheitswahlrecht torpedierten, welches der FDP für einige Zeit die Mitwirkung in der Regierung erschwert, wenn nicht unmöglich gemacht hätte. Die zunächst konspirative Zusammenarbeit mit der SPD begann, die nach der dank der FDP-Stimmen erfolgten Wahl Gustav Heinemanns zum Bundespräsidenten in die widernatürliche Bildung der sozialliberalen Koalition einmündete. Widernatürlich, weil für ein Zusammengehen einer sozialistisch orientierten, gemeinwirtschaftlich denkenden Sozialdemokratie und einer freisinnigen, marktwirtschaftlich programmierten FDP nur ein Bündnis zustande kommen konnte, das in erster Linie am Erhalt von Einfluß und Macht interessiert war.

Warum hat Bundeskanzler Kiesinger nicht nach diesem eklatanten Bruch der getroffenen Vereinbarungen der SPD die Koalitionsfrage gestellt? Es hätte in der SPD mit Sicherheit auch Befürworter eines Verbleibs in der Regierung und einer Erfüllung der Absprachen gegeben. Aber die SPD-Kontakte mit der FDP machten es unwahrscheinlich, Fraktion und Parteispitze der SPD zu einer einheitlichen Haltung im Sinne der Koalitionsvereinbarungen zu bringen. Selbst wenn es zu einer Abstimmung über die Gesetze im Bundestag gekommen wäre, so bestand keine Hoffnung, eine Zweidrittel-Mehrheit für ein neues Wahlrecht zu finden.

Eine große geschichtliche Chance war vertan worden. Nach dem Nürnberger Parteitag der SPD gab es einen feinen Haarriß in der großen Koalition. Der Zauber war gebrochen, das immer vorhandene, latente Mißtrauen erwachte aus dem Dämmerschlaf.

In Ost-Berlin verfolgten die kommunistischen Machthaber diese Entwicklung, über die ihnen sowohl von liberaler wie von sozialdemokratischer Seite genügend Informationen zur Verfügung standen, mit großer Genugtuung. Man war der erhofften Koalition zwischen Sozialdemokraten und Liberalen einen Schritt nähergekommen. Walter Ulbricht nämlich hatte die Bedeutung eines breiten Konsensus zwischen SPD und CDU früh erkannt. Deshalb fürchtete er die große Koalition, die „Bunkerkoalition", wie er sich auszudrücken beliebte. In einem Interview, das das *Neue Deutschland* am 30. November 1966 unter der Überschrift „Über den gemeinsamen Rechtskurs von Strauß bis Wehner" veröffentlichte, wurde ihm die Frage gestellt: „Genosse Ulbricht, hatte die SPD-Führung eigentlich die Möglichkeit, einen anderen Weg zu gehen? Wäre es zum Beispiel möglich gewesen, unter der Führung der SPD eine Regierung mit der FDP, unterstützt von allen demokratischen Kräften, vor allen den Gewerkschaften, zu bilden?" Walter Ulbricht: „Die SPD-Führung hatte diese Möglichkeit. Die FDP hatte verbindlich erklärt, daß sie mit allen ihren Abgeordneten für eine Regierung mit Brandt als Bundeskanzler stimmen werde. Die Koalition SPD/FDP hätte auch bedeutet, die CDU aus der politischen Staatsführung Nordrhein-Westfalens zu entfernen und auch hier eine SPD/FDP-Regierung zu bilden. Damit wäre im wichtigsten Industrieland Westdeutschlands der Einfluß der CDU gebrochen worden."

Ulbrichts Segen hatte man also.

Aufräumungsarbeiten

Unmittelbar nach seinem Amtsantritt ging Bundeskanzler Kiesinger an die Aufräumungsarbeiten, um die außenpolitische Handlungsfähigkeit zurückzuerlangen. Er begann in Europa. Schon im Januar 1967 fuhr er nach Paris; einen Monat später kam Harold Wilson nach Bonn. Zum 10. Jahrestag der Römischen Verträge fand Ende Mai in Rom eine Konferenz statt, während der Kiesinger erstmals als Kanzler die Staats- und Regierungschefs der Staaten der Europäischen Gemeinschaft traf.

Mitte Juli kam de Gaulle nach Bonn. Im Oktober ging Kiesinger für drei Tage nach London. Ende November machte er Staatsbesuche in Südostasien, in Indien, Burma, Ceylon und Pakistan.

Ich bestärkte Kiesinger in seiner Überzeugung, daß das vornehmste Instrument der Diplomatie die Pflege der bilateralen Beziehungen war. Er schätzte die multilateralen Treffen nicht gering ein, aber er hat nie daran gezweifelt, daß das tragende Gerüst unserer Außenpolitik aus den zweiseitigen Verhältnissen zu unseren Nachbarn und Verbündeten bestand.

Kiesinger war sich dessen bewußt, daß der großen Koalition bis zu den Wahlen Ende 1969 nur wenig Zeit zur Verfügung stand, um größere außenpolitische Vorhaben anzupacken und zu einem guten Ende zu bringen. Andererseits zwangen die weltpolitischen Entwicklungen, die Großlage, die Bundesregierung dazu, auch unter ungünstigen Bedingungen tätig zu werden, ob sie wollte oder nicht. Blickt man auf die knappen drei Jahre von Anfang 1967 bis Ende 1969 zurück, so muß man auch bei kritischer und nüchterner Bewertung feststellen, daß die große Koalition keinen schwerwiegenden außenpolitischen Fehler gemacht hat, sondern im Gegenteil die festgefahrene Außenpolitik aus der Erstarrung heraus nach vorne geführt und die Grundlagen für eine zielgerichtete deutsche Politik wiederhergestellt hat, die schließlich in die Wiedervereinigung und die Eingliederung des geeinten Deutschland in das Atlantische Bündnis und die Europäische Gemeinschaft einmündete.

Dies ist weitgehend Kiesingers Verdienst. Man könnte versucht sein zu sagen, ausschließlich Kiesingers Verdienst. Die Aussage wäre deshalb gerechtfertigt, weil die sozialliberale Koalition unter Führung von Willy Brandt in dem verständlichen Eifer, nun endlich Nägel mit Köpfen machen zu können, sofort daranging, eine Politik voller Risiken zu betreiben und die Einheit aufs Spiel zu setzen. Henry Kissinger sagt in seinen Memoiren, Brandt habe die Alliierten aus der Verpflichtung zur Wiedervereinigung entlassen.

Bundeskanzler Kiesinger konnte das Ungestüm einiger SPD-Politiker nutzen, um Verkrustungen in seiner eigenen Partei weiter aufzubrechen. Er hielt aber an den Grundpositionen fest, Recht auf Einheit, keine Anerkennung eines zweiten deutschen Staates, Selbstbestimmung und freie Wahlen als friedliche Mittel zum Zweck. Nach Kiesingers Auffassung mußten auch unsere Verbündeten wissen, woran sie mit uns waren.

Er begann seine Arbeit mit Frankreich. Die völlig überflüssige Präambel zum deutsch-französischen Vertrag ließ sich nicht mehr wegschaffen. Es kam darauf an, sie zu ignorieren.

De Gaulle hatte in seiner prägnanten Sprache gesagt, wir hätten geheiratet, aber die Ehe nicht vollzogen. Als Kiesinger sein Amt als Kanzler übernahm, reagierte man in Paris sehr freundlich. Man kannte ihn aus seiner Tätigkeit als Bevollmächtigter für die kulturelle deutsch-französische Zusammenarbeit. So entstand die, wie sich herausstellte, berechtigte Hoffnung, der neue Kanzler werde den Übergang von der himmlischen zur irdischen Liebe zwischen Marianne und Michel zustande bringen.

Das Kunststück bestand darin, verschiedene komplizierte Dreiecksverhältnisse aufzulösen oder wenigstens zu entschärfen. Die Deutschen wollten von den Franzosen und den Amerikanern geliebt werden. Die Deutschen wollten sich zur linken Hand auch noch die Engländer antrauen. Die Amerikaner verlangten von Deutschen und Engländern, daß sie den Flirt mit den Franzosen beendeten. Die Franzosen ihrerseits duldeten keine Seitensprünge der Deutschen, beanspruchten aber für sich die Freiheit, sowohl mit den Amerikanern als auch mit den Engländern anzubandeln.

Kiesinger machte diesem Spiel, das selbst erfahrene Bonvivants in die Verzweiflung und die Erschöpfung getrieben haben würde, ein Ende. Er benutzte dazu die klassische diplomatische Methode, das zweiseitige Gespräch, dem er auch im weiteren Verlauf den Vorzug vor multilateralen Techniken gab. Er leitete mit Frankreich und de Gaulle selbst einen vertieften und nicht abreißenden Dialog über die anstehenden, zum Teil dringenden weltpolitischen Probleme ein, sah zu, daß die übereinstimmenden Beurteilungen zu gemeinsamem konkretem Handeln führten. Die Abgleichung der Interessen und die Arbeitsteilung ließen sich oft leicht, manchmal aber nur unter Schwierigkeiten bewerkstelligen.

Sonnenhol und ich konnten den Kanzler beraten, weil wir den Gaullismus als politische Grundströmung durch seine führenden Leute ziemlich genau kannten. Es war so schwer nicht, zu einer Synthese der deutschen und französischen Auffassungen im Hinblick auf die Rolle der Vereinigten Staaten in Europa und in der Welt zu gelangen. De Gaulle und seine Minister waren nicht antiamerikanisch. Frankreich war, wenn es ernst wurde, womöglich ein besserer Verbündeter der Vereinigten Staaten als die Bundesrepublik. Die Warnung Frankreichs an die Sowjetunion während der Kubakrise hatte das deutlich gezeigt. Daran hatte sich auch in den folgenden Jahren nichts geändert. De Gaulle selbst bewertete aber geistige Führung, kreatives Denken, die Macht politischer Ideen höher als physische Kraft. Das gab seiner Art, sich auszudrücken, gelegentlich etwas Überspanntes, Unrealistisches. Der Anspruch, den er erhob, reizte vor allem die Angelsachsen. Faszinierend war es allemal, de Gaulle zuzuhören.

Kiesinger hatte offensichtlich wenig Mühe, de Gaulle dazu zu bringen, die Bedeutung Amerikas immer wieder in seine europäische und in seine französisch-deutsche Rechnung einzustellen. Ähnlich, wenn auch vielschichtiger, komplexer, verliefen die Gespräche über die Rolle Englands in Europa. Man hätte denken können, daß de Gaulle, der seine France Libre nur unter extremen Schwierigkeiten, ja möglicherweise niemals zum entscheidenden Instrument der Wiederauferstehung Frankreichs nach dem Kriege hätte machen können, wenn er nicht in London Aufnahme und Unterstützung gefunden hätte, diese Hilfe niemals vergessen und daß er Englands Beitritt zum gemeinsamen Markt mit allen Kräften fördern würde. Aber de Gaulle war innerlich anders konstruiert. Die Waffenbrüderschaft mit England war für ihn ein hohes, heiliges Gut, aber Frankreichs Größe, Ruhm und Ehre standen noch darüber. Das erklärte die gelegentlich irrational wirkenden emotionalen Äußerungen und Entschlüsse de Gaulles. Kiesinger nahm sie immer ernst, weil er die Antriebe für de Gaulles Verhalten auch selbst für sich in seiner eigenen Existenz hoch einschätzte und als reale politische Kraft bewertete. Nun war de Gaulle kein Phantast. Er wollte die Engländer in Europa haben, aber erst mußten sie der Special relationship mit den USA abschwören und sich endgültig für den Zusammenschluß mit dem Kontinent entscheiden. Dann, aber erst dann, würde Frankreich die Briten mit offenen Armen empfangen. Da war der Punkt des Einverständnisses erreicht. Kiesinger hielt das fest: „Arbeiten wir gemeinsam darauf hin, England heranzuführen und dann die Tür aufzumachen."

Dieses konnte Kiesinger auch Premierminister Harold Wilson und Außenminister George Brown sagen, als sie Mitte Februar '67 nach Bonn kamen. Kiesinger war zum vornehmsten Mittelsmann zwischen London und Paris geworden. Im Oktober machte er den Gegenbesuch in London. De Gaulle hatte er zwischenzeitlich im Juli in Bonn gesehen. Die Engländer hatten auch ihren Stolz, und gelegentlich machten sie sich Luft über diese Franzosen, die jetzt versuchten, noch arroganter zu sein als sie selbst. Die Engländer hatten den richtigen Moment zum Beitritt verpaßt, nämlich bei der Gründung der Gemeinschaft, beim Abschluß der Römischen Verträge. Ihr spätes Dazustoßen verursachte eine Menge echter Probleme. Während aller nachfolgenden vorbereitenden Verhandlungen über den Beitritt Englands wurde auch deutlich, daß de Gaulle recht hatte und daß London im Grunde eine andere Gemeinschaft wollte als die Gründerväter und mit dem englischen Beitritt sich die innere Struktur und der Kurs der Gemeinschaft verändern würde. Das ist dann auch geschehen.

Ich wollte England aus einem besonderen, deutschen Grund in die EG holen, weil eine kleineuropäische Gemeinschaft ein wiedervereinigtes Deutschland mit seiner „kritischen Größe" nicht hätte integrieren können. Das war ein zentraler Punkt in meinen Überlegungen. Der Blick richtete sich immer nach vorn.

Ein – und nicht der geringste – Vorteil des diplomatischen Dienstes besteht darin, daß man im Laufe der Zeiten ein Netz persönlicher Verbindungen über die ganze Welt legt. Tiefe Zuneigung und echte Freundschaften sind auch unter Diplomaten selten, aber sie ziehen den Beziehungen der Völker untereinander einige solide, stabilisierende Pfeiler ein. Selbst flüchtige Bekanntschaften, die auf guten Erfahrungen während einer zeitlich oder sachlich begrenzten Zusammenarbeit beruhen, werden unverhofft aktiviert und nützlich.

So kam es, daß eigentlich bei jedem Bonner Besuch eines Staatsmannes sich in dessen Delegation jemand befand, den ich mehr oder weniger gut kannte. Die Summe solcher persönlicher Beziehungen, die im besten Fall Vertrauensverhältnisse sind, hält oft das ganze Getriebe in Gang. Die großen Leute an der Spitze erfahren davon wenig, glauben oft auch, daß sie selbst in der Lage seien, mit dem jeweiligen Gegenüber alles direkt regeln zu können.

Ich war nie in England auf Posten, kannte es nur von Reisen und Verhandlungen, aber ich hatte englische Kollegen an anderen Stellen der Welt getroffen. So war ich erfreut, Nico Henderson in der Umgebung des britischen Premierministers wiederzusehen. Henderson und ich waren zusammen in Santiago de Chile gewesen. Ähnlich war es mit John Thompson, den ich als Planer kennen- und schätzengelernt hatte. Wie fast immer im englischen auswärtigen Dienst ließen sie keine deutliche Vorliebe für eine der britischen Parteien erkennen und dienten nach bestem Vermögen Harold Wilson und Georg Brown, dem Labour-Gespann.

In der großen Koalition waren wir auf den Umgang mit rechten Sozialdemokraten spezialisiert und hatten keine Mühe im Verkehr mit Wilson, der dazu noch ausnehmend sympatisch war, wie viele Pfeifenraucher. Er vertrat das übergeordnete, britische Interesse, so wie er es begriff. Deshalb bemühte er sich um Englands Beitritt zur Gemeinschaft, und wir unterstützten ihn dabei. Man glaubte es ohne zu zögern, wenn man hörte, daß die Queen eine gewisse Sympathie für den Labour-Premier hatte und ihn gerne mochte. Der Mann verkörperte offenbar eine große Portion Common sense, eben gesunden Menschenverstand.

George Brown, sein Außenminister, war dagegen so etwas wie das Enfant terrible im Londoner Kabinett. Er war hochbegabt und artikulierte seine Gedanken brillant. Es machte großes Vergnügen, ihm zuzuhören. Er konnte allerdings sein Temperament nicht kontrollieren, und so gab es manchen verbalen Ausrutscher, der schwer wieder einzufangen war. Dieses Ungestüm wurde ihm auch schließlich zum

Verhängnis. Außerdem trank George Brown gerne einen über den Durst. Ich hörte von meinen Kollegen, daß er gelegentlich sturzbetrunken ins Unterhaus kam, wohlwissend, daß er gleich Rede und Antwort stehen mußte. Noch auf dem Wege zu seinem Platz übergab er sich, was ihn nicht hinderte, in der folgenden Debatte seinen Mann zu stehen.

Ich sehe ihn noch nach dem Abendessen beim Bundeskanzler im Palais Schaumburg mit Franz Joseph Strauß zusammen auf dem kleinen Verlobungssofa sitzen, das in der runden Nische an der Kopfseite des Saales stand. Beide Herren hatten ihren Normalpegelstand bereits weit überschritten und waren in eine lebhafte Diskussion politischer Grundfragen eingetreten. Die Debatte wurde laut und stürmisch, hin und wieder schrieben die Herren sich an. Wir fingen an, uns Sorgen zu machen. Schließlich, als die meisten Gäste schon gegangen waren, erhoben sich die beiden, klopften sich auf die Schulter und gingen untergehakt zusammen den langen Flur zum Portal, umarmten sich, und versicherten sich gegenseitig, daß sie sich lange nicht mehr so gut unterhalten hätten. A jolly good evening, indeed. Ich staunte wieder einmal, wie wenig wir Beamtenseelen doch von den Vollblutpolitikern wußten. Die Risiken derartiger ungeschützter, eruptiver Diskussionen waren beträchtlich, aber ein unschätzbarer Vorteil bestand in ihrer die wahren Absichten aufhellenden Funktion.

In der Deutschlandpolitik mußte dringend Klarheit geschaffen werden. Franzosen und Engländer waren begierig zu hören, was wir vorhatten. Durch unsere Zusammenarbeit mit ihren Planungsstäben waren sie auf die Veränderungen vorbereitet. Die dann von Kiesinger in der Regierungserklärung und in den Berichten zur Lage der Nation formulierte Politik war einleuchtend und überzeugend. So wurde sie auch in den westlichen Hauptstädten bewertet. Man sah sehr wohl, daß wir uns in die allgemeine Strömung einfügten, getragen von dem Wunsch, die gefährliche Konfrontation im nuklearen Zeitalter abzubauen. Man nahm aber auch zur Kenntnis, daß wir von dem mit den Alliierten beschworenen Pakt nicht abließen. Eine neue dauerhafte europäische Friedensordnung war ohne eine Revision der territorialen Verhältnisse nicht zu verwirklichen. Dazu gehörte zuallererst die Überwindung der Teilung Deutschlands mit friedlichen Mitteln.

Die Reaktionen in Paris und London verdienten unsere Aufmerksamkeit. Natürlich wurde immer wieder kolportiert, im Grunde betrachteten Engländer und Franzosen die Teilung Deutschlands nicht als großes Unglück. Als Henry Kissinger de Gaulle fragte, wie er denn die Wiedervereinigung verhindern wolle, soll er geantwortet haben: „Par la guerre". Das ist vermutlich von Kissinger richtig wiedergegeben worden. Es wäre eine typisch de Gaullesche Antwort gewesen. Ein neutrales oder gar ein alten preußischen Traditionen folgendes, nach Rußland orientiertes Großdeutschland mußte notfalls mit Waffengewalt verhindert werden. Deutschland als Freund in einer innigen, aber auch festen Umarmung gehalten, das war eine andere Sache. Einen Preis für den verlorenen Krieg würden wir natürlich zahlen müssen, die Ostgebiete. Das wußten wir auch, aber wir wollten ihn nur zahlen, wenn wir dafür die Einheit bekamen. De Gaulle hat seine Gedanken bei den großen öffentlichen oder in den kleinen intimen Tischreden mit einer souveränen Kühnheit ausgebreitet, die manchen wackeren Deutschen zittern machte. Um Gottes willen, schon wieder Größe! Der Atem der Geschichte!

Ich habe de Gaulle immer mit wacher Anspannung zugehört. Was für ein hochfliegender Geist, was für eine Courage, eine Meisterschaft der Sprache in ihrer Mischung von geschliffener Prägnanz, höfischer Eleganz und soldatischer Derbheit, gelegentlich großartig verrückt.

Seine Höflichkeit war vorbildlich. Er hatte schon schlechte Augen, mußte das meiste memorieren. Ich weiß nicht, wie er es machte, aber ohne sichtbare oder hörbare Hilfe des Protokolls begrüßte er jeden seiner Gäste, auch die im zweiten Glied, zu denen ich gehörte, mit Titel und Namen, und so verabschiedete er sie auch.

Bei den Diners im Elysée-Palast kam das Gespräch unweigerlich auf eine strenge Regel. Wenn die Sauce besonders köstlich ist, dann nimmt in Paris niemand Anstoß daran, wenn man sie mit etwas Brot aus dem Teller aufwischt. Es wäre ein Jammer, diese mit großem Können und Wissen zubereitete Zutat zurückzulassen und später der Spüle zu überantworten. Nur wenn man beim Präsidenten der Republik zu Gast ist, gilt es als unschicklich, die Teller auszuwischen. Je nach der Qualität der Sauce wird diese Sitte im Gespräch mit den Tischnachbarn diskret oder lebhaft beklagt, aber eingehalten.

Da ich mir bei den Reden Notizen für die spätere Unterrichtung der Journalisten machte, aber doch kein triviales Handwerkszeug zücken wollte, schrieb ich Stichworte auf die Rückseite der schönen Tisch- und Menükarten. Gelegentlich mußte ich auch die Vorderseite entweihen, was mit leid tat, denn der Kalligraph hatte oft kleine Kunstwerke zustande gebracht. Nehme ich sie heute in die Hand, führen sie den Abend oder den Mittag wieder herauf, die großen pathetischen Augenblicke und die kleinen glitzernden Freuden, die der durch Höflichkeit geregelte Umgang miteinander bereithält.

Kurt Georg Kiesinger paßte zu Charles de Gaulle schon im Äußeren, aber auch in seinem Verständnis von Geschichte, nämlich als tragischem Prozeß, bei dem alle schuldig werden. Kiesinger fehlte allerdings die eine große Erfahrung, die de Gaulle geprägt hatte: die des Soldaten.

Feuerprobe

Eines der schwierigsten außenpolitischen Manöver der großen Koalition bestand darin, die Hallstein-Doktrin in ihrer engen Auslegung aufzugeben, ohne einen Dammbruch zu verursachen, welcher der DDR überall in der Welt zur vollen völkerrechtlichen Anerkennung als zweiter deutscher Staat verholfen hätte. Die im Planungsstab bevorzugte Lösung bestand darin, Alleinvertretung und Alleinpräsenz voneinander zu trennen. Wir wollten und konnten unseren Anspruch auch da geltend machen, wo die DDR anwesend war, also in erster Linie in den kommunistisch regierten Staaten. In den großen programmatischen Erklärungen des Bundeskanzlers waren unsere Absichten früh offengelegt worden. Jetzt kamen die ersten Feuerproben für die neue Politik. Wir begannen mit Sondierungen an der Peripherie des sowjetischen Machtbereichs in Rumänien und in Jugoslawien, die kommunistisch regiert wurden, aber beide nicht dem Warschauer Pakt angehörten. Nach einem vorbereitenden Besuch des rumänischen Außenministers wurde Anfang Juli '67 die Handelsvertretung in Rumänien in eine Botschaft umgewandelt. Die Rumänen unterstrichen damit, daß sie nicht im Schlepptau der sowjetischen Führung manövrierten.

Auf seiner Asienreise hatte Kiesinger im November '67 den Eindruck gewonnen, daß unsere Stellung auch in der ungebundenen Welt verhältnismäßig stark war und unser Anspruch, als einzige freigewählte deutsche Regierung die Gesamtinteressen Deutschlands zu vertreten, als legitim anerkannt wurde; unbeschadet der Tatsache, daß die „Ungebundenen" auch Beziehungen zur DDR unterhalten wollten, wo sie nützlich waren.

Zwischen dem 23. und dem 29. Januar 1968 verhandelten in Paris die deutschen und jugoslawischen Unterhändler, auf unserer Seite führte Hans Hellmuth Ruete die Delegation. Während der beiden letzten Tage der Verhandlungen wurde deutlich, daß man sich einigen würde. Ich begann, in intensiven Informationsgesprächen ausgewählte Kreise deutscher und ausländischer Journalisten auf das Ereignis vorzubereiten.

Jugoslawien gehörte keinem Bündnis an und hatte nicht zuletzt auf Grund dieser seiner Distanz zur Sowjetunion als kommunistischer Staat eine wichtige Rolle in der Dritten Welt spielen können. Eine Zeitlang war die enge Zusammenarbeit Indiens, Ägyptens und Jugoslawiens zu einem den Kurs der nichtalliierten Welt bestimmenden Faktor geworden. Wir glaubten zu wissen, daß Tito bereit war, das Verhältnis zu uns wieder zu normalisieren. Die große Schwierigkeit bestand darin, daß *wir* es gewesen waren, die 1957 die Beziehungen abgebrochen hatten, weil Jugoslawien die DDR anerkannt hatte. Der Abbruch war die spektakulärste Anwendung der Hallstein-Doktrin gewesen und hatte entsprechendes Aufsehen inner- und außerhalb Deutschlands verursacht. Die deutsche Seite mußte daher jetzt die Initiative ergreifen und damit indirekt auch einräumen, daß wir einen Fehler gemacht hatten.

Es galt, alle möglichen Auswirkungen zu bedenken. Wir standen unter dem Eindruck, daß Rumänien es gerne sah, wenn es mit der Normalisierung der Beziehungen zu uns nicht alleine blieb. Wir fühlten uns sicher in der Bewertung, daß auch die fest an die Sowjetunion geketteten Staaten des Warschauer Pakts wie Polen, die ČSSR, Ungarn und Bulgarien die Entwicklung mit Spannung verfolgten. Auch sie waren bemüht, sich aus dem Griff Moskaus vorsichtig herauszuwinden. Es konnte ihnen nur recht sein, wenn der Prozeß andernorts, in Bukarest und in Belgrad, eingeleitet wurde, der in einem gewissen zeitlichen Abstand dann auch sie erfassen würde. Dieser Beurteilung stand eine andere entgegen, die davon ausging, daß unsere Aktivitäten den Druck Moskaus auf seine Satelliten noch verschärfen und die geringe Bewegungsfreiheit, die hier und da zu verzeichnen war, wieder beseitigen würde. Es wurde gesagt, was wir täten, sei gefährlich. Gerade weil wir mit den „Dissidenten" angefangen hätten, sei es für die anderen, die ČSSR und Ungarn zum Beispiel, nun besonders schwer, auf diesem Wege zu folgen.

Ich sagte dazu in meinen Informationsgesprächen, wir wollten keine Politik betreiben, welche die Sowjetunion provoziere, aber wir könnten auch keine Politik machen, die der Sowjetunion gefalle. Wir wüßten, daß die Mitglieder des Warschauer Pakts außenpolitisch am ganz kurzen Zügel geführt würden. Keines dieser Länder würde zum Beispiel von sich aus die Beziehungen zu Israel abgebrochen haben. Dies sei ausschließlich auf sowjetischen Druck hin erfolgt. Wir seien an dem Punkt angekommen, wo wir das tun wollten, was derzeit möglich sei.

Ich sagte auf eine Frage, die Wiederaufnahme der diplomatischen Beziehungen zu Jugoslawien werde „Ulbricht nicht gerade den Tag verschönen". Die DDR hatte schon im Falle Rumäniens versucht, die Relativierung der Hallstein-Doktrin als einen großen Sieg zu feiern. Dann aber, als man in Ost-Berlin begriff, daß von dem Augenblick unserer Anwesenheit an die eigene relative Schwäche vor aller Augen sichtbar wurde, hatte Ulbricht geradezu hysterisch reagiert und eine große, von der Sowjetunion unterstützte Anstrengung gemacht, überall in der kommunistisch regierten Welt und darüber hinaus in den ungebundenen Staaten „alle Schrauben noch einmal anzuziehen". In Ost-Berlin schätzte man die Solidarität innerhalb des Warschauer Pakts offensichtlich nicht sehr hoch ein. Das Arsenal der Pressionen war weitgehend verbraucht worden.

Verständlicherweise wurden auch Spekulationen über die Entwicklung unserer Beziehungen zu China angestellt. Ich sagte, wir seien nach wie vor der Auffassung, daß es im Interesse des Westens liege, trotz der Kulturrevolution China als eine „rationale" Großmacht zu behandeln. Die chinesische Politik sei hinter ihrer kämpferischen Sprache eher vorsichtig. Das sei auch die interne amerikanische Beurteilung. Wir stellten die Rücksichtnahme auf den Vietnam-Konflikt einstweilen über die Umsetzung unserer Absichten, etwa durch die Einrichtung einer Handelsvertretung. Ich gab damit zu erkennen, daß wir auch das Verhältnis zur Volksrepublik China normalisieren würden, wenn das Ende des Vietnam-Krieges es erlaubte.

Ich versuchte darzustellen, daß wir nach wie vor an Regierungen, die nicht im sowjetischen Bannkreise lebten, höhere Ansprüche stellten. Da sie nicht unter Druck stünden, frei in ihren Entscheidungen seien, betrachteten wir eine Anerkennung der DDR als unfreundlichen Akt uns gegenüber. Unser eigenes Verhalten im Verhältnis zu solchen Staaten werde dann ausschließlich von unserer Interessenlage bestimmt. Dies gelte auch für die Wirtschafts- und die Entwicklungspolitik. Da wir nicht überall helfen könnten, sei es verständlich, daß wir vorzugsweise unsere Hilfe dahin gäben, wo wir Freunde hätten.

Allenthalben in der Welt werde gesehen, daß der Mangel an Legitimität des DDR-Regimes durch die Anerkennung nicht geheilt werden könne. Das Regime übe seine Macht auf Grund ihm von der Sowjetunion delegierter Befugnisse aus. Das Selbstbestimmungsrecht habe für viele Völker in der Dritten Welt in der Vergangenheit und in der Gegenwart eine bedeutende Rolle gespielt, seine Anwendung sei oft die Voraussetzung der Unabhängigkeit gewesen. Das Selbstbestimmungsrecht sei heute ein universal anerkanntes Prinzip, und viele Regierungen scheuten sich, einen klaren Verstoß gegen dieses Prinzip der Selbstbestimmung zu begehen. Auch dort, wo die DDR anwesend sei, werde daher unser Anspruch auf Alleinvertretung geduldet, jedenfalls nicht offen bestritten.

Am 31. Januar 1968 wurden die Beziehungen zu Jugoslawien wieder aufgenommen. Morgens um neun wurde der Auswärtige Ausschuß unterrichtet, um zehn Uhr trat das Kabinett zusammen, und um zwölf Uhr ging ich vor die Presse. Wir standen unter Zeitdruck, weil wir am frühen Nachmittag mit dem Bundeskanzler nach Rom fliegen mußten. Die amtlichen Bekanntmachungen wurden erläutert, dann Fragen der Korrespondenten beantwortete.

Es gab wenig kritische, aber einige abtastende Fragen, zum Beispiel, ob der außenpolitische Ausschuß die Erklärung der Regierung nur zur Kenntnis genommen, oder ob er darüber abgestimmt habe und wenn ja, wie. Ich sagte dazu, daß der Entschluß zur Aufnahme der diplomatischen Beziehungen mit Jugoslawien eine Entscheidung der Exekutive sei. Infolgedessen sei eine Abstimmung nicht erforderlich gewesen. Da ich im Ausschuß anwesend gewesen sei, könne ich sagen, es habe einen Bericht gegeben, der so diskutiert worden sei, daß die darauf folgende Entscheidung des Kabinetts dadurch nicht in Frage gestellt worden sei. Dann kam eine weitere Frage: „Wie lange hat es gedauert, bis das Kabinett zu seinem Votum in Sachen Jugoslawien kam?“ Ich sagte, daß der Entschluß einstimmig gefaßt worden sei und die Diskussion dreiviertel bis eine Stunde gedauert habe.

Meine in der Stille geführten, von Bruno Heck vermittelten Gespräche mit jugoslawischen Politikern hatten sich schon im Vorfeld der Wiederaufnahme der diplomatischen Beziehungen als hilfreich erwiesen und uns Aufschluß über die Belgrader Einstellungen gegeben. Andererseits hatten wir die Möglichkeit bekommen, unsere

Wünsche und Vorstellungen noch vor Beginn der amtlichen Verhandlungen in den Entscheidungsprozeß einzubringen. Am 15. März bekam ich einen deutsch geschriebenen Brief aus Karlovac. Darin hieß es: „In den letzten Wochen dachte ich viel an Sie und an unser Gespräch in Bonn. Ich bin sehr glücklich, daß unsere Vorbesprechungen bestimmt einen guten Auftakt für die später erfolgten wichtigen Erklärungen gaben und daß man zu dem von so vielen Menschen erwünschten Ziel endlich doch gelangte.

Sie haben bestimmt viel dazu beigetragen, daß die Arbeit hochgeschätzter Persönlichkeiten in Ihrem Lande mit Erfolg gekrönt wurde.

Herzlichen Dank für alles, was Sie taten!"

Die Wiederaufnahme der Beziehungen zu Jugoslawien, ein formal und politisch schwieriges Unternehmen, wurde in den folgenden Tagen von der deutschen Öffentlichkeit und in der ganzen nichtkommunistischen Welt durchweg positiv bewertet. Die deutsche Politik war sehr mutig gewesen. Die Reaktionen in Osteuropa waren besonders kräftig, sie ließen so etwas wie einen Silberstreifen am Horizont erkennen. Oder war es ein Wetterleuchten?

Einmarsch

Im Sommer 1968 mehrten sich die Anzeichen dafür, daß die Sowjetunion dem Prager Frühling eine Ende bereiten wollte. Der Bundesnachrichtendienst und der Militärische Abschirmdienst MAD im Verteidigungsministerium verstärkten daraufhin ihre Aufklärung innerhalb des Warschauer Paktes. Zum erstenmal wurden auch die stillen Agenten aktiviert, die in ruhigen Zeiten keine oder nur seltene Kontakte mit der Zentrale unterhielten. Diese Schutzmaßnahmen waren sinnvoll, denn es wäre höchst unzweckmäßig gewesen, gut placierte Informanten dadurch zu gefährden, daß man ihnen auftrug, regelmäßig Verbindung auch dann zu halten, wenn keine besondere Wachsamkeit geboten war.

Nun aber wurden sie mobilisiert. Ich hatte zu diesem Zeitpunkt keine besonders schlechte, aber auch keine besonders gute Meinung über die Leistungsfähigkeit unserer Nachrichtendienste. Ich sah und hörte im Bundesverteidigungsrat, daß wir hervorragend informiert waren. Der ganze sowjetische Aufmarsch gegen die Tschechoslowakei war bis hinunter zur Kompanieebene minutiös verfolgt worden. Alles ließ den Schluß zu, daß ein Einmarsch unmittelbar bevorstand. Der Aufmarschplan sah offenbar vor, in drei Stoßrichtungen anzugreifen, die Tschechoslowakei dabei so aufzurollen, daß die Landesteile voneinander abgeschnitten und die Regierung sehr schnell innerhalb weniger Stunden aktionsunfähig gemacht werden sollte.

Unterdessen dämmerte die deutsche Öffentlichkeit im Frieden der Entspannungspolitik dahin. Ich hielt es für richtig, für aufmerksame Beobachter eine Art Frühwarnung zu geben. Am 31. Juli sagte ich in der Pressekonferenz auf eine Frage von Graf Finckenstein, ob dem Kabinett verläßliche Informationen über Umfang und Art der Sowjetmanöver an der tschechoslowakischen Grenze in Polen und in der DDR vorlägen. „Ja. Der Ausdruck Manöver deckt nicht ganz ab, was dort vorgeht. Vielmehr ist der Eindruck eher, daß ein Manöver veranstaltet wird, um andere Bewegungen relativieren zu können." Das war deutlich. Ich wurde dahingehend kritisiert, ich hätte Öl ins Feuer gegossen. Eigenartigerweise auch von David Binder, dem Korrespondenten der *New York Times*. Später, nachdem die Sowjets die Tschechoslowakei überfallen hatten, fand ich einige Anerkennung dafür, daß ich frühzeitig die Öffentlichkeit problembewußt gemacht hatte.

Zunächst aber geschah etwas Überraschendes. Nach allen neu hereinkommenden Nachrichten war der Angriff abgeblasen worden. Die Führung im Kreml war, so schien es, zu der Ansicht gelangt, daß ein Einmarsch in die ČSSR ihr internationales Ansehen auf Null bringen und alle ihre Anstrengungen, die Entspannungspolitik zu ihren Gunsten zu nutzen, zunichte machen würde. Ich glaubte, in der abrupten Kehrtwendung eine Bestätigung für meine Auffassung zu sehen, daß es politisch richtig war, frühzeitig zu zeigen, daß wir auf der Hut waren, so wie ich es getan hatte. Die Vereinigten Staaten waren im Wahlkampf. Johnson ging, Nixon würde der mutmaßliche Gewinner und nächste Präsident sein. Die Sowjets hätten versucht sein können, anzunehmen, daß der Augenblick günstig sei, um den Westen mit einigen schnellen, gut geplanten Zügen zu überraschen.

Ich war nun davon überzeugt, daß die Gefahr vorüber war und die Vernunft auch im Kreml die Oberhand behalten hatte. Dies schien mir so sicher, daß ich in den Schwarzwald fuhr, um Urlaub zu machen. Immerhin war ein Rest von Wachsamkeit geblieben. Ich verfolgte die Nachrichten und fiel fast aus dem Bett, als ich in den Frühsendungen des 21. August hörte, daß die sowjetischen Truppen, unterstützt von anderen Verbänden der Warschauer-Pakt-Staaten, einmarschiert waren und – ohne auf nennenswerten Widerstand zu stoßen – Prag besetzt, Dubček und seine Mannschaft entmachtet und durch linientreue Genossen ersetzt hatten. Besonders schändlich war, daß auch die Nationale Volksarmee sich am Einmarsch beteiligt hatte. Ich nahm Verbindung mit Bonn auf. Conrad Ahlers war in einer schwierigen Lage, weil just zu diesem Zeitpunkt gewisse Reizungen zwischen der CDU und der SPD im Hinblick auf den ostpolitischen Kurs aufgetaucht waren. Jetzt war nicht der Moment, so zu tun, als sei der Überfall auf die Tschechoslowakei nur ein Betriebsunfall, der das große Vorhaben der Entspannung nicht stören dürfe. Die Bundesregierung blieb sehr vorsichtig. Das in der Nähe der Grenze zur ČSSR geplante Manöver „Schwarzer Löwe“ wurde in der vorgesehenen Form abgeblasen. Wir taten alles nur mögliche, um den Eindruck zu vermeiden, wir propagierten ein militärisches Eingreifen. Dies war im Grunde ausgeschlossen, weil die NATO nur Verteidigungsaufgaben hatte und nicht über die Demarkationslinie zwischen Ost und West hinaus offensiv werden konnte und wollte.

Die Sowjetunion ihrerseits war sehr bemüht zu versichern, daß nur die ČSSR betroffen sei und keine weiteren, übergreifenden Operationen geplant seien. Das war natürlich beruhigend, aber stimmte es? In den letzten Tagen mußte sich im Kreml ein Sinneswandel vollzogen haben, nicht zuletzt auch unter dem Einfluß der nicht-russischen, kommunistischen Parteien in einigen Warschauer-Pakt-Staaten. Ich erinnerte mich wieder an die frühe Aussage, die Sowjetunion könne es nicht zulassen, daß der Wandel an der Peripherie des Imperiums einsetze und dann das Zentrum ergreife, sondern – wenn überhaupt – könne Moskau eine Absenkung der Gewaltherrschaft in den Satellitenstaaten nur dulden, nachdem der Prozeß in der Sowjetunion selbst stattgefunden hätte.

Wenn Moskau die Veränderungen in der ČSSR zuließ, den Prager Frühling duldete, dann war kein Halten mehr. Dann würden über kurz oder lang auch die Bastionen in Warschau und Ost-Berlin, in Budapest und Sofia fallen. Danach würde es für die Rote Armee immer schwerer werden, ihre machterhaltende Präsenz in Polen und Deutschland zu legitimieren. Ich nahm an, daß Ulbricht und die ostdeutschen Kommunisten aufgrund ihrer Interessenlage der Kreml-Führung die Hölle heißgemacht hatten und sich zusammen mit den Vertretern der harten Linie in der Sowjetunion selbst durchgesetzt hatten. Die Russen wußten, daß sie einen Preis zahlen würden, aber bei der Güterabwägung erschien er ihnen im Vergleich zu unkontrollierten Entwicklungen in den Satellitenstaaten, die schließlich den Zusammenbruch des Sowjetimperiums hätten nach sich ziehen können, als das kleinere Übel.

Was aber würde geschehen, wenn nach dem glatten und billigen Erfolg des Unternehmens in der Tschechoslowakei sich eine Meinung im Kreml durchsetzte, man solle die Gelegenheit nutzen, sozusagen in einem Aufwasch die Fronten nach vorne zu verlegen und auch Jugoslawien und Rumänien wieder fest an die Sowjetunion zu binden? Die unmittelbare Folge wäre gewesen, daß die Rote Armee an der Gegenküste des NATO-Mitgliedslandes Italien gestanden hätte, mit der Roten Flotte im Adriatischen Meer. Es war kaum vorstellbar, daß die NATO sich mit einer derartig dramatischen Veränderung ihrer strategischen Lage abgefunden hätte. War ein Ultimatum angezeigt, das ähnlich dem in Kuba der sowjetischen Führung unmißverständlich deutlich machte, wo der bewaffnete Widerstand beginnen würde?

Meine These, daß es nützlich wäre, der Sowjetunion gegenüber eine klare Linie zu verfolgen, die sie vor Fehlinterpretationen schützen könnte, wurde auch durch die Eindrücke gestützt, die Hans Schirmer auf seinen geheimen Erkundungen im April 1967 in Moskau gewonnen hatte. Die sowjetische Führung war, so schien es, in dem Sinne unsicher, als sie dabei war, verschiedene Optionen zu überdenken. Bundeskanzler Kiesinger hatte seinen alten Freund und Vertrauten Hans Schirmer im Frühjahr '67 in einer geheimen Mission nach Moskau geschickt, um auszuloten, was die sowjetischen Absichten waren. Schirmer hatte mich, als ich den Planungsstab im AA übernahm, 1966 als Leiter der Auslandsabteilung im Presse- und Informationsamt abgelöst. Wir waren 1960 beide wieder in Bonn erschienen, Schirmer aus Kairo, ich aus Chile kommend. Schirmer hatte in Kairo sehr interessante Verbindungen aufgebaut, insbesondere zu den Arabern, aber auch zu den Israelis, zu amerikanischen Juden und über den zufällig in Kairo agierenden deutschen Industriekaufmann Rudi Stärker auch zu den Sowjetrussen. Stärker, den ich durch Schirmer bei seinen Besuchen in Bonn kennenlernte, war ungewöhnlich gut informiert, wie es nur jemand sein konnte, der beide Seiten mit Nachrichten versorgte. Er kannte in Moskau Leute, die in der Lage waren, wichtige Mitteilungen an den richtigen Mann zu bringen. Diese Kreise zeigten sich dem Gedanken, einen Sendboten Kiesingers zu empfangen, nicht abgeneigt. Daraufhin erhielt Schirmer vom Bundeskanzler grünes Licht.

Hans Schirmer war seinem ganzen Habitus nach der ideale Mann für diesen delikaten Auftrag. Gelassen in seinem Wesen, gebildet und von scharfer Intelligenz, die vom gesunden Menschenverstand gezügelt wurde. Hinzu kam, daß er einen ausgeprägten Sinn für die wunderlichen Seiten unseres diplomatischen Geschäfts hatte. Sein Humor und seine Aufrichtigkeit sicherten ihm die Sympathien nahezu aller seiner Gesprächspartner. Er war wahrhaftig, er war aufrichtig und doch listig und schlau. Er brachte diese scheinbaren Gegensätze in Einklang.

Die Reise wurde konspirativ geplant und durchgeführt. Schirmer war offiziell mit dem Bundespräsidenten unterwegs, verließ die Delegation und flog, seine Spuren verwischend, über verschiedene Stationen nach Moskau und zurück. Schirmer hat, von mir ermutigt, die ganze Geschichte Dr. Günter Buchstab von der Konrad-Adenauer-Stiftung erzählt, der sie 1992 unter dem Titel „Geheimdiplomatie zwischen zwei bequemen Lösungen" in der Festschrift für Rudolf Morsei beschrieben hat. Auf deutscher Seite wurden das Auswärtige Amt und die Moskauer Botschaft herausgehalten, auf sowjetischer Seite wußten Breschnew, Kossygin, Gromyko und Scheljepin Bescheid. Das waren wesentlich mehr Leute als auf deutscher Seite. Die Ergebnisse von Schirmers Gesprächen in Moskau wirkten lange nach. Ihre Bewertung ist nicht einfach, weil beide Seiten sehr vorsichtig taktierten und schon wegen der konspirativen Form der Fühlungnahme keine konkreten, förmlichen Absprachen getroffen werden konnten. Dennoch waren die Erkenntnisse m. E. vielversprechend. Es wurden Dinge angeschnitten, die Zukunft hatten. Jedenfalls war deutlich, daß die Sowjetunion keinen harten Konfrontationskurs steuerte. Den Sowjets wurde klargemacht, daß die stärkste politische Kraft in Deutschland keine Verzichtspolitik treiben wollte, sondern einen fairen Ausgleich der Interessen anstrebte. Schirmer versicherte, daß die Bundesregierung der Sowjetunion keine Schwierigkeiten im Ostblock bereiten wolle und auch bei der Wiederherstellung der diplomatischen Beziehungen zu Mitgliedern des Warschauer Pakts umsichtig vorgehen werde.

Es ist auch deshalb erlaubt, anzunehmen, daß die sowjetische Führung nur nach Überwindung starker Bedenken schließlich doch entschied, in die ČSSR einzumarschieren. Sie wußte, daß damit ihre auf ein europäisches Sicherheitssystem gerichteten Pläne zunichte gemacht wurden. Fürs erste, hat man vielleicht in Moskau geglaubt; in Wahrheit hatte sie mit dem Überfall auf Prag schon den Anfang vom Ende eingeleitet.

Mit dem Einmarsch in die ČSSR, mit der Proklamation der Breschnew-Doktrin waren auch die geheimen Kontakte Kiesingers mit der Kreml-Führung sinnlos geworden. Sie wurden abgebrochen.

Wir versuchten nun, an anderen Stellen Gewißheit über die neue Lage zu erhalten. Die Umstände für eine kleine Erkundung meinerseits waren günstig. Ich war aus dem Urlaub nach Bonn zurückgefahren und ging wieder an die Arbeit. Ich vermied es, sofort öffentlich in Erscheinung zu treten. Ich hatte eine alte Jagdeinladung nach Jugoslawien, und sie lieferte einen Vorwand, ohne Aufsehen eine kurze Reise zu unternehmen. Am 1. Oktober informierte ich Bundeskanzler Kiesinger mit einer knappen Vorlage, und er billigte das Unternehmen.

Am 7. Oktober flog ich nach Zagreb und von dort weiter nach Karlovac. Im Anflug auf Zagreb fiel mir auf, daß die Dächer zahlreicher Gebäude mit roten Kreuzen auf weißem Grund gekennzeichnet waren. Auf einigen Dächern waren Arbeiter noch dabei, das Zeichen zu malen. Am Rande des Flugfeldes standen mehrere Batterien von Flugabwehrgeschützen. Jedem, der es sehen wollte, und nicht zuletzt der eigenen Bevölkerung wurde bewußt gemacht, daß man sich auf einen eventuellen sowjetrussischen Angriff vorbereitete. Ganz sicherlich wollte man mit diesem Signal der sowjetischen Führung verdeutlichen, daß Jugoslawien sich nicht kampflos der sowjetischen Vormacht unterwerfen würde.

Wir hielten es für richtig, uns nicht in Belgrad zu treffen. Es war diskreter, den einen oder anderen Gesprächsparter nach Karlovac zu holen.

Um die Deckung nicht völlig zu verlassen, schoß ich anderthalb Tage lang Fasanen und Rebhühner, aber selbst bei der Jagd wurde angesichts der kritischen Großlage am Mittag und am Abend ständig über Politik geredet. Was ich hörte, war höchst dramatisch. Ich wurde davon in Kenntnis gesetzt, daß die jugoslawische Führung beschlossen hatte, einem eventuellen sowjetischen Einmarsch, mit welchen Vorwänden auch immer er begründet werden sollte, bewaffneten Widerstand entgegenzusetzen. Man werde unter keinen Umständen einen Waffenstillstand oder einen politischen Kompromiß mit der Unterwerfung erkaufen. Der Generalstab ging, so wurde mir versichert, zuversichtlich davon aus, den Gegner mindestens vier bis sechs Wochen, möglicherweise zwei Monate aufhalten zu können. Mit einigem Stolz wurde auf die Erfolge im Partisanenkrieg während des Zweiten Weltkrieges hingewiesen. Die Sowjets wüßten, und wenn nicht, würden sie es schnell lernen, daß das eingeschnittene Gelände eine Entfaltung großer gepanzerter Verbände nicht zulasse. Die Bewaffnung der jugoslawischen Truppen sei gut, alle Volksgruppen würden sich in der Abwehr der Sowjets zusammenfinden.

Falls die Sowjets darauf zählten, innerhalb der kommunistischen Partei Jugoslawiens eine Fünfte Kolonne rekrutieren zu können, die bereit sei, die Gelegenheit zu nutzen, um Widersacher zu beseitigen und selbst an die Macht zu kommen, so sei ein derartiger Versuch, auch wenn er bereits vorbereitet werde, zum Scheitern verurteilt. Die patriotischen Überzeugungen würden im Falle eines bewaffneten Angriffs auf das nationale Territorium die parteilichen Fehden in Schach halten.

Wenn die Gespräche diesen Punkt erreicht hatten, wurde ich immer wieder mit der Frage konfrontiert: „Wann können Sie hier sein? Wann können die deutschen Truppen eingreifen und uns zu Hilfe kommen?“ Die Frage, ob die Deutschen überhaupt bereit sein würden, sowjetischen Truppen mit der Waffe in der Hand entgegenzutreten, hatten meine jugoslawischen Gesprächspartner für sich schon wie selbstverständlich mit Ja beantwortet. Sie hatten unsere Interessenlage analysiert und waren zu dem Schluß gekommen, daß das Atlantische Bündnis keine andere Wahl hatte, als die Sowjets von den Küsten der Adria fernzuhalten. Die Tatsache, daß die Wehrmacht vor nicht allzu langer Zeit, noch zu den Lebzeiten aller Gesprächsteilnehmer, Jugoslawien besetzt gehalten hatte, schien keine große Rolle zu spielen. Jetzt wären wir de facto Verbündete. So regle die Geschichte ihre Angelegenheiten.

Ich war bedrückt und verzweifelt. Wir konnten für Rumänien, falls es von den Sowjets unterworfen werden sollte, überhaupt nichts tun. Auch den Jugoslawen mußte ich sagen, daß sie auf uns nicht zählen dürften. Das einzige, was ich ihnen versichern konnte, war, daß wir alles nur mögliche tun würden, um gemeinsam mit unseren Verbündeten den Leuten im Kreml klarzumachen, daß, wenn sie versuchten, die Breschnew-Doktrin außerhalb des Warschauer Pakts anzuwenden, die Politik der Entspannung von einer Politik der Konfrontation abgelöst werden würde. Den dann beginnenden Wettlauf könne die Sowjetunion nicht gewinnen. Sie werde weit vor dem von ihr angestrebten Ziel zusammenbrechen.

Ich erläuterte die Grundsätze der NATO, wies auf die besonderen, für Deutschland geltenden Beschränkungen hin. Ich sagte aber auch, meiner Meinung nach werde, wenn die ganze politisch-diplomatische Arbeit nichts fruchte und die Sowjets den Fehler machen sollten, Jugoslawien physisch anzugreifen, die NATO über ihren Schatten springen und der Sowjetunion ein Ultimatum stellen.

Meine Gesprächspartner – und dies war ein nicht zu unterschätzendes Nebenergebnis der Gespräche – verfügten über Einsichten in die innere Struktur anderer kommunistischer Staaten, nämlich Polens, der Tschechoslowakei, Ungarns und Rumäniens, die sehr aufschlußreich waren und alles in allem den Eindruck bestätigten, daß Bewegung in das Gefüge gekommen war. Neben den amtlichen Beteuerungen der Solidarität entwickelte sich intern eine zweite Debatte, deren Ziel mehr nationale Bewegungsfreiheit gegenüber der Vormacht war.

Am 12. Oktober flog ich nach Bonn zurück. Am 14. erschien ich wieder vor der Pressekonferenz. Alle hatten dichtgehalten, ich brauchte nicht einmal den Jagdausflug zu erwähnen.

In den nächsten Tagen versuchte ich, die gewonnenen Erkenntnisse in die Sprache der Regierung einzubringen. Wir wollten nicht provozieren, aber wir wollten auch nicht durch eine servile Haltung die Sowjets ermutigen, das Spiel soweit zu treiben, daß es unweigerlich im Kriege enden würde, wie gerade meine Generation glaubte zu wissen. Wir mußten sie warnen und dabei auch zeigen, daß wir uns nicht einschüchtern ließen.

Auf einer der dem sowjetischen Einmarsch in die Tschechoslowakei folgenden Pressekonferenzen wurde gefragt, ob wir die Vorgänge als einen Erfolg unserer Ostpolitik bewerteten. Die boshafte Frage beleuchtete grell ein zentrales Problem. Ich hatte immer wieder darauf hingewiesen, daß die Sowjetunion eine Auflösung des Imperiums von den Außengrenzen her nicht dulden könne. Das war im Grunde auch Kiesingers Ansicht, die ihn zu einem sehr behutsamen Vorgehen veranlaßte. Aber auf der anderen Seite brachte der Wille, die Stagnation zu überwinden, uns dazu, doch die Satelliten anzusprechen, weil wir zu erkennen glaubten, daß unsere Bemühungen dort auf Gegenliebe stoßen würden.

Willy Brandt, von Egon Bahr beraten, versuchte schon während der großen Koalition, das Tempo zu forcieren, Beziehungen mit Rumänien und Jugoslawien aufzunehmen, Handelsvertretungen, wo immer es ging, in den Ostblockstaaten einzurichten und intensive, teils konspirative Kontakte mit der ostdeutschen SED zu pflegen. Brandt mußte eigentlich wissen, daß wir eine Politik voller Wagnisse betrieben und wir alles tun mußten, um die Risiken zu begrenzen. Was machte ihn so sicher und zuversichtlich? Glaubte er, die besseren Verbindungen zu den kommunistischen Führern zu haben? Nahm er an, in seiner Person und in seiner Partei eine Garantie für Wohlverhalten darzustellen? Wenn er das wirklich glaubte, hatte er sich getäuscht.

Auch nach dem Prager Frühling konnte die SPD das Pulver nicht trocken halten. Es fuhren trotz Kiesingers Warnungen viel zuviel Politiker in die Tschechoslowakei. Selbstverständlich waren auch Scheel und Genscher zur Stelle und lieferten der sowjetrussischen Propaganda Argumente, uns Einmischung vorzuwerfen.

Im Grunde lautete die stille Antwort auf die oben wiedergegebene Frage dennoch, ja, es war ein Ergebnis unserer Ostpolitik. Der sowjetische Überfall auf die Tschechoslowakei trug schon Anzeichen einer Verzweiflungstat. Ich gab in unseren internen Betrachtungen meine Meinung kund, ich rechne mit einer Kette von ähnlichen Vorgängen im sowjetischen Imperium. In unregelmäßigen Abständen werde der Versuch wiederholt werden, sich mehr Freiheit, mehr Unabhängigkeit von Moskau zu erkämpfen. Jedesmal werde die Führung im Kreml Anstrengungen machen, den Aufstand unter Kontrolle zu bringen, mit abnehmendem Erfolg. Irgendwann werde die sowjetische Führung aufgeben und sich selbst neu ordnen müssen.

So gesehen hatten wir die Straße des Erfolges betreten. Auf dem Wege zum Ziel würde es Opfer geben. Wenn man behutsam vorging, würden sie sich in engen Grenzen halten. Ein Massaker wie in Ungarn war schon jetzt unmöglich geworden. Selbst die sowjetischen propagandistischen Bemühungen, die dazu dienen sollten, die militärische Intervention zu legitimieren, verfingen nicht mehr. Gelegentlich stellten wir die Torheiten der sowjetischen Publizistik an den Pranger, zum Vergnügen der internationalen Presse und auch zum eigenen, wie ich gestehe.

Die *Prawda* hatte behauptet, Kiesinger habe in einem Interview Rumänien ermutigt, Ansprüche auf Bessarabien zu erheben.

Dazu sagte ich: „Ich hoffe, daß die Kollegen von der *Prawda* es mir nicht als seelische Grausamkeit auslegen werden, wenn ich anmerke, daß sie inzwischen selbst festgestellt haben, daß die von ihnen angeführte angebliche Äußerung des Bundeskanzlers nicht in der *Rheinischen Post* stand. Nun haben sie anscheinend Sprachregelungsschwierigkeiten, denn *Radio Moskau* in seinen deutschen Diensten bleibt einstweilen noch dabei, daß die Äußerungen in der *Rheinischen Post* gemacht worden seien. Die *Prawda* selber ist darauf gekommen, daß sie in einer Zeitschrift, die *Süddeutsche Vierteljahresblätter* heiße, vor ungefähr einem Jahr erschienen seien. Nur steckt auch darin eine kleine Ungenauigkeit. Es gibt diese Zeitschrift nicht. Aber ich bin da nicht streng. Sie heißt *Südostdeutsche Vierteljahresblätter* und ist eine, wie ich gestehen muß, mir bis dahin unbekannte Zeitschrift von recht gutem Niveau. Aber auch in dieser Zeitschrift findet sich kein Interview oder ein Artikel des Herrn Bundeskanzlers."

Der Sprecher des Auswärtigen Amtes, Dr. Jürgen Ruhfus, wartete mit einer weiteren Pointe auf. Im *Neuen Deutschland* war ein längerer Bericht erschienen, der den Versuch machte, nachzuweisen, daß wir uns massiv in die inneren Angelegenheiten der ČSSR einmischten. „In diesem Artikel heißt es unter anderem, Herr Heipertz, der Leiter unserer Vertretung in Prag, habe an den Leiter des Referats Deutsche Ostfragen, Dr. Turnwald, berichtet. Dieser Dr. Turnwald sei für sein Amt besonders qualifiziert auf Grund seiner Dissertation zum Thema ‚Dokumente zur Austreibung der Sudetendeutschen'. Richtig ist, daß Dr. Turnwald in der Tat Leiter des Ostreferates ist. Er hat jedoch bereits im Jahre 1931 promoviert, und das Thema seiner Promotion war: ‚Studien zur Geschichte der barocken Freskomalerei in Böhmen'."

Entfernte Verwandte

Die politischen Beziehungen zu Portugal und Spanien waren unterentwickelt. Die spätfaschistischen Regierungen Franco und Salazar waren kein guter Umgang für das junge demokratische Deutschland, so hieß es. Wenn man aber nicht nur daran dachte, sondern schon Hand anlegte, ein europäisches Haus zu bauen, dann fragte sich, ob zwei Ländern wie Spanien und Portugal, welche die Geschichte Europas mitgestaltet und die neuen Welten mit kühnen Unternehmungen über See als erste erschlossen hatten, der Zutritt zu diesem Haus verweigert werden konnte. Die Frage stellen, hieß sie verneinen. Bundeskanzler Kiesinger setzte diese Erkenntnis in konkretes Handeln um. Als erster deutscher Bundeskanzler besuchte er im September 1968 Portugal und Spanien. Äußerer Anlaß war die Verleihung einer Ehrendoktorwürde durch die Universität in Coimbra. Sowohl die portugiesische und – ihr auf dem Fuße folgend, die Gelegenheit beim Schopf packend – die spanische Regierung luden den Kanzler zu offiziellen Besuchen ein. Die Einladungen der entfernten Verwandten wurden angenommen.

Dies klingt einfach, aber in einer Regierung der großen Koalition, wo der Vizekanzler und Außenminister Sozialdemokrat war, in der scheinbar harmlosen Frage Übereinstimmung zu erzielen, war schwierig. Der spanische Bürgerkrieg war noch nicht vergessen, und da sollte nun General Franco besucht werden? Zur Ehre der Sozialdemokratie ist zu sagen, daß das Zukunftsträchtige dieser ersten Reise deutlich gesehen und die Zielsetzung, die Iberische Halbinsel wieder an den Hauptstrom europäischer Politik anzuschließen, bejaht wurde. Es zeigte sich, daß eine große Koalition gut geeignet war, Vorbereitung und Durchführung eines politisch empfindlichen Besuchs von Kontroversen freizuhalten, die Gefühle der Gastgeber in Spanien und Portugal verletzt und damit die eigentliche Absicht des Besuches, nämlich die beiden Länder an das demokratisch organisierte Europa heranzuführen, vereitelt hätten.

Unsere Delegation bestand neben dem Bundeskanzler und Frau Kiesinger sowie dem Vizepräsidenten des deutschen Bundestages, Dr. Richard Jäger, der etwas improvisiert zu uns gestoßen war, aus

Freiherrn von Guttenberg und mir. Das Auswärtige Amt war durch Ministerialdirektor Paul Frank und den Vortragenden Legationsrat Niels Hansen vertreten. Das war ein Zugeständnis an den Außenminister, der nicht allzu prominent präsent sein wollte.

Die deutsche Presse, die die Besonderheiten dieser Reise früh erfaßt hatte, war sehr zahlreich auf dem Plan, nämlich mit 27 Mann. Die portugiesische Regierung hatte ihrerseits weitere 16 deutsche Journalisten eingeladen. Schon bei den Reisevorbereitungen zeigte sich, daß wir in Lissabon und Madrid auf zwei Regierungen trafen, die weit zurückreichende, umfassende welt- und außenpolitische Erfahrungen hatten. Alles, aber auch alles wurde mit großem Geschick und formvollendet geregelt. Dabei kam den Regierungen zugute, daß ihrem Land in der jüngsten Geschichte Europas, im Ersten und Zweiten Weltkrieg dank einer klugen Diplomatie die Schrecken eines großen Krieges erspart geblieben waren. Es gab keine großen Zerstörungen, und so verfügte jedes der beiden Länder über einen reichen Bestand profaner Bauwerke, die einen großartigen Rahmen für Veranstaltungen bei einem Staatsbesuch abgaben. Während der Reise, die nur sechs Tage dauerte, verließ uns das Gefühl nicht, daß wir uns in europäischen Stammländern bewegten und mit Persönlichkeiten verkehrten, die in den Traditionen einer langen Geschichte handelten.

Portugal und Spanien lebten in einer schwierigen Übergangsphase, welche die Rückkehr aus einer aufgeklärten Diktatur zu einer normalen Demokratie vorbereiten sollte. In Portugal war Antonio Salazar schon nicht mehr im Amt. Er hatte vermutlich einen Schlaganfall erlitten und lag im Krankenhaus. Der Bundeskanzler machte im Hospital einen Besuch, um schriftlich seine Genesungswünsche anzubringen. Salazars Nachfolger als Präsident der Republik war Admiral Americo Thomaz. Der eigentliche Gesprächspartner des Kanzlers war der Ministerpräsident Marcello Caetano. Er verkörperte den in den lateinischen Ländern häufig anzutreffenden Typus des politischen Professors, der sich nicht damit begnügen wollte, Politik zu beschreiben, sondern versuchte, Politik zu machen. Sein Regierungsprogramm, die Rückkehr zur vollen Demokratie, wurde von ihm in einer Weise dargelegt, daß man die Erfolgsaussichten als gut bewerten konnte. Wir wußten genug, um die Schwierigkeiten zu erkennen, die darin bestanden, einen im Grunde revolutionären Prozeß so zu steuern, daß er ohne großes Blutvergießen und wirtschaftliche Erschütterungen ablief.

Ich fühlte mich von dem Präsidenten Thomaz angezogen, der sehr zurückhaltend auftrat. Er war nur mittelgroß, trug seine Admiralsuniform ohne viele Abzeichen und Orden. Allerdings sah ich bei ihm etwas, was ich sonst nie gesehen habe. Das Staatsoberhaupt trug von Amts wegen ein aus drei kleinen Medaillons, einem Kleeblatt ähnlich, zusammengesetztes Abzeichen, das alle drei der höchsten portugiesischen Ordensstufen zusammenfaßte. Das war alles und zugleich das Beste.

Man zog sich recht häufig um, weil auf der Iberischen Halbinsel noch strenge gute Sitten herrschten. Der Wechsel vom dunklen Anzug über den Cutaway mit schwarzer Weste zum Frack mit Orden, zurück zum gedeckten Anzug und wieder zum Frack sorgten für Abwechslung und Bewegung.

Der Ministerpräsident gab ein Abendessen in Queluz, eine Augenweide. Das ganze Kabinett war zur Stelle, und im Hinblick auf die bevorstehende Verleihung der Ehrendoktorwürde an den Bundeskanzler war auch das akademische Portugal gut und zahlreich vertreten. Auf unserer Seite durften die deutschen Gemeindepfarrer nicht fehlen, ebensowenig Handelskammer und Schulverein, deren Vertreter Korintenberg respektive Fünfgeld hießen.

Caetano hielt eine kurze Tischrede. „Sie kommen nach Portugal“, sagte er, „auf Einladung der alten und ehrwürdigen Universität Coimbra, die beschlossen hat, Ihnen die Ehrendoktorwürde zu verleihen. Eine seltene Auszeichnung, die Sie an Portugal binden wird, durch das Kostbarste, was unser Land besitzt, unsere kulturelle Tradition.“ Zur Politik sagte er: „In der ganzen Welt schwanken die Völker ängstlich zwischen der Hoffnung auf bessere Tage und dem Schrecken vor dem Morgen ... Viele lebenswichtige Fragen sind noch offen, so die Wiedervereinigung des deutschen Vaterlandes. Die portugiesische Regierung hat stets das Recht des deutschen Volkes, sich in einem Vaterland zu vereinigen, verteidigt und wird dies auch weiter tun.“

„Die Lage hat sich aufgrund der Entscheidung der Sowjetunion, die Tschechoslowakei zu überfallen und zu besetzen, verschlechtert und gleichzeitig die russischen Armeen in das Herz Europas und an die Grenzen der Bundesrepublik geführt. Angesichts dieser Gefahren und Drohungen haben wir stets mit Nachdruck die Notwendigkeit der Verteidigung des Westens verkündet, und wir teilen die Meinung jener, für welche diese Verteidigung nur durch eine Stärkung der Solidarität der interessierten Länder, insbesondere der westeuropäischen Länder, wirksam werden kann."

Dann deutlich: „Ich wage daher zu behaupten, daß wir Portugiesen, indem wir hartnäckig versuchen, einige strategische Stellungen und wichtige Gebiete im westlichen Lager zu halten, ungeachtet des Unverständnisses einiger, der allgemeinen Sache keinen schlechten Dienst erwiesen haben. Wir werden darin fortfahren, weil dies für uns eine nationale Aufgabe ist."

Kiesinger ging in seiner Antwort auf diese Anmerkung zur portugiesischen Politik in Afrika nicht ein, das besorgte dann später die Presse. Der Kanzler war überhaupt behutsam, sprach aber ein deutliches Wort zur gemeinsamen Mitgliedschaft Portugals und der Bundesrepublik in der NATO und unterstrich unsere Entschlossenheit, Portugal zu einem Mitglied der Europäischen Gemeinschaft zu machen.

Caetano hatte von Furcht und Hoffnung gesprochen. Die eigenartige Melancholie, die das Leben in Portugal prägt, war auch an diesem festlichen Abend zu spüren. Heiterkeit, gewiß, aber wenig laute Fröhlichkeit. Es heißt, das große Erdbeben habe Portugal und seine Menschen auf eine lange fortwirkende Weise verändert. Die Ahnung eines großen Unglücks ist Teil des Lebensgefühls, der „saudade". Sicher ist, daß die kleinen improvisierten Verse, dem japanischen Kurzgedicht ähnlich, die hier am Tejo in den Liedern auftauchen, diese tragischen Erfahrungen sehr bewegend wiedergeben. „Besser allein, als schlecht begleitet", singt sie oder er. Schön. Traurig.

Da so viele Journalisten mit von der Partie waren, versuchten wir, ihre Anwesenheit zu nutzen, und die Journalisten wiederum profitierten von der Gelegenheit, den Kanzler in relativer Intimität sprechen zu können. Wie immer spielte dabei auch die Innenpolitik eine wichtige Rolle. Thilo Koch und Dirk Koch lösten sich mit ihrer Meinung nach scharfsinnigen Fragen ab. Das Thema der Nutzung des Stützpunktes Beja durch die deutsche Luftwaffe wurde sofort angesprochen. Der Kanzler sagte, die Angelegenheit sei im Vorfeld positiv geregelt worden, Portugal sei wie wir Mitglied der NATO, an einer militärischen Zusammenarbeit sei nichts Ungewöhnliches. Dieter Koch fragte: „In der Tischrede ist von portugiesischer Seite aus mehrfach gesagt worden: ‚Wir anerkennen den Anspruch der Deutschen auf Wiedervereinigung.' Auf der anderen Seite fehlte in Ihrer Erwiderung, und überhaupt von deutscher Seite aus, irgendeine Erklärung in Richtung auf Unterstützung der portugiesischen Politik in Afrika." Kiesinger sagte, er komme nicht in ein Land, um Zensuren über die Politik dieses Landes auszuteilen, Portugal verteidige seine Positionen, es erfahre viel Kritik von vielen Seiten, er selber glaube, daß die Zeit des Kolonialismus zu Ende gehe. Thilo Koch fragte: „Die Solidarität der europäischen Völker ist sicher eine sehr brauchbare Formel, aber die Kernfrage ist wohl die: Kann man auch mit halbfaschistischen Völkern solidarisch sein?" Kiesinger meinte, ein Schlagwort stelle sich allzu leicht ein. „Warum hat man Portugal in die NATO aufgenommen? Warum bestehen diplomatische Beziehungen zwischen unseren Ländern? Warum sollen wir nicht in der Verteidigung gegen eine gemeinsame Gefahr solidarisch sein und es jedem Land erlauben, seine inneren Angelegenheiten so zu ordnen, wie es das für richtig hält, ohne daß wir dazu eine Mißbilligung oder Billigung aussprechen." Mit Bezug auf Salazar wurde gefragt, ob man ins Krankenhaus gehen mußte? Antwort: „Ja, selbstverständlich, der Mann, der durch viele Jahre hindurch das Geschick dieses Landes bestimmt hat, wäre, wenn er nicht im Krankenhaus läge, jetzt Ministerpräsident. Ich finde diese Denkweise sehr verklemmt."

Dann eine komische Frage: „Die Jungdemokraten haben Sie scharf angegriffen. Könnte Portugal nicht zu einem innenpolitischen Problem werden?" Antwort: „Für die Jungdemokraten würde gar kein Problem bestehen, wenn ich irgendein östliches Land besuchen würde." „Freut Sie die Verleihung der Ehrendoktorwürde?" Antwort: „Es ist eine altberühmte Universität, und warum soll ich mich darüber nicht freuen?" Dann kam ein kleiner Ausrutscher: „Man gewöhnt sich daran, die Ehrendoktorwürde zu bekommen." Zu den verklemmten Fragen gehörte auch diese: „Waren Sie im Zimmer des früheren Ministerpräsidenten?" Antwort: „Nein, man hat mich auch nicht dazu eingeladen, und wenn ich eingeladen worden wäre, wäre ich hingegangen.“ Jemand unter den Journalisten sagte offen: „Ich glaube, daß es für die Entspannungspolitik besser wäre, wenn die Bundesrepublik die DDR anerkennen würde.“ Antwort: „Ich habe niemandem übelgenommen, wenn er solche Dinge denkt. Aber nehmen Sie an, man würde anerkennen, was würde mit Berlin geschehen? Es ist so leicht gesagt, anerkennen um des lieben Friedens willen, aber wirhaben 17 Millionen Deutsche, die unserer Sorge anvertraut sind, weil sie sich selbst nicht äußern können.“

„Haben Sie“, fragte Dirk Koch, „in Ihren Gesprächen Anzeichen gefunden, daß auch die portugiesische Regierung ihre Haltung gegenüber den kommunistischen Staaten eventuell einer Revision unterziehen würde?“ Die Antwort: „Ich habe keine Anhaltspunkte gefunden. Das Bild der gegenwärtigen Weltlage stellt sich, von dem speziellen Problem Portugals abgesehen, in den Köpfen der führenden Politiker nicht um eine Nuance verschiedener dar als in den Köpfen der Staatsmänner, die ich in den letzten Monaten gesprochen habe, es ist überall die gleiche Beurteilung.“

In der folgenden zwanglosen Unterhaltung mit deutschen Journalisten hörte ich, daß der Kanzler Gerhard Schröder nur als einen, nicht einmal besonders aussichtsreichen Kandidaten für das Amt des Bundespräsidenten ansah.

Der portugiesische Außenminister versuchte in seiner eigenen Pressekonferenz in keiner Weise, Kiesingers Äußerungen in einer unzulässigen Weise zugunsten Portugals zu interpretieren. Auf die Frage, ob seine Regierung um politische oder militärische Unterstützung für ihre Afrikapolitik gebeten habe, antwortete er: „Nein.“

Mit einer schon handlicheren Reisegesellschaft fuhren wir am Samstag über Land, bis in die Nähe von Coimbra nach Bucaco, wo wir in fast ländlicher Umgebung übernachteten. Am frühen Nachmittag des Sonntags ging’s nach Coimbra zur Verleihung der Ehrendoktorwürde. Die Studenten breiteten ihre kurzen Umhänge auf den Stufen der Freitreppe aus, die der Ehrengast hinauf und hinunter schritt. Eine alte schöne Geste der Ehrerbietung und Zuneigung. Die Studenten tragen weder Wichs noch Couleur wie unsere korporierten Studenten, aber sie schmücken sich mit Baretts und heften an ihre Capes bunte Bänder, die ihre Fakultät und ihren Status signalisieren. Ich nehme an, daß sie nur zu besonderen Gelegenheiten auch mit

Gitarren ausgerüstet sind, aber es kann kein Zweifel darüber herrschen, daß sie alle das Instrument sehr gut spielen.

Die akademische Feier folgte, wie es sich für eine alte Universität gehört, bewährten Regeln. Zu meiner Überraschung hielt der Dekan Pereira Celho eine hochpolitische Rede, die sich deutlich von den vorsichtigen und behutsamen Ansprachen der politischen Amtsträger unterschied. So sagte er: „Ich glaube, daß mit der modernen Zeit jene kulturelle und politisch-religiöse Einheit zerstört worden ist, auf deren Grundlage die Universitäten entstanden sind. Sie bestehen jedoch weiter und sind selbst in der pluralistischen Gesellschaft, der wir in dieser Zeit angehören, ein mächtiges Instrument der kulturellen Einheit ... Da Sünden gegen die Freiheit und gegen den Frieden Sünden gegen den Geist sind, versteht es sich von selbst, daß die Universitäten, denen es obliegt, für die Werte des Geistes einzutreten, den Lorbeer des Doktorgrades den Chefs der Staaten und der Regierungen überreichen, die die Freiheit tatsächlich verteidigen und den Frieden sichern.

Sie, Herr Bundeskanzler, haben der Freiheit selbst dann gedient, wenn Sie sie einschränken mußten, denn die Demokratie muß sich selbst verteidigen. Ihre Anstrengungen um die Verteidigung der Freiheit sind sichtbar in dem, was Sie gesagt haben, und in der Sorge, die Sie sich über das Wiederaufleben des Nazismus und eines eventuellen Einzugs der Nationaldemokratischen Partei in den Bundestag gemacht haben. Es war Ihr ausgleichender Geist, der die Bildung der Koalitionsregierung zwischen CDU und SPD möglich machte. Welches auch immer Ihre Erfolge oder auch Mißerfolge sein mögen, die Koalitionsregierung hat auf jeden Fall dazu gedient zu zeigen, erstens, daß es möglich war, in der Bundesrepublik Deutschland den Geist des Zusammenlebens zu begründen, und zweitens, welches Ansehen derjenige, den wir heute ehren, besitzt, unter dessen Leitung so unterschiedliche Persönlichkeiten wie Schröder, Brandt, Strauß und Wehner sich bereitgefunden haben, ihrem Vaterland zu dienen."

Am Schluß wieder ein Anhauch von Vergänglichkeit, von Melancholie, mich anrührend: „Ihre Reise ist so kurz, daß Sie bald beginnen werden, sie zu vergessen. Morgen werden Sie schon sagen, daß es eine kleine verschlafene Universitätsstadt war, die an einem Fluß lag und sich auf einem Hügel aufbaute. Sie werden sagen, daß es ein großer beleuchteter Saal war und daß man Ihnen den roten Doktorhut, einen Ring und ein Buch überreicht und Sie umarmt habe. Aber vielleicht kann diese Feier auch für Sie das bedeuten, was Keats in seinen Versen ‚ein schönes und frohes Erlebnis für immer' genannt hat. Eine kleine verschlafene Universitätsstadt ... Aber es gibt die Stimme eines Poeten in diesen Fluren und an den Ufern des Mondego, der einmal gesagt hat: ‚Es ist da im äußersten Westen eines Europas in Banden, wo ich Europäer sein möchte. Ich möchte irgendwo in Portugal Europäer sein'.

Herr Bundeskanzler, diese Stimme ist unsere, wir möchten Europäer sein, und es ist hier ein guter Ort, um Europäer sein zu können. Diese ehrwürdige Institution, die die älteste Universität des Kontinents ist, hat es viele Male erlebt, wie die europäische Landschaft immer wieder verändert worden ist. Wir wollen Europäer sein, und wir schauen auf Euch, die Ihr dort seid, wo Europa geteilt ist, das Europa des Westens und das Europa des Ostens, das Europa des Nordens und das Europa des Mittelmeers. Wir haben die Augen auf Euch gerichtet, weil sich hier vielleicht unser Schicksal entscheidet. Mögen Sie der Kanzler der Brücken des Friedens sein. Dieses ist die humanistischste der Bitten, welche die Universität Coimbra an Sie richtet."

Nachdem der Kanzler die Insignien seiner neuen Würde empfangen hatte, den Doktorhut, den Ring und das Buch, von denen der Dekan gesprochen hatte, und er auch wie angekündigt von den Professoren umarmt worden war, standen am äußersten Bogen des großen Halbkreises auch wir Getreuen. Kiesinger umarmte den letzten Portugiesen, sah uns einen Augenblick unschlüssig an. „Soll ich Euch auch küssen?" fragte er leise. „Wir bitten darum", war meine Antwort. So geschah es, zum Vergnügen nicht zuletzt von Frau Kiesinger und von Tochter Viola.

Auf den Besuch in Madrid hatte ich mich auch deshalb gefreut, weil ich wieder Spanisch hören würde, jene herrliche Sprache, fester, strenger als Italienisch und Französisch. Sicher würden wir Spanisch in seiner besten sprachlichen Qualität hören, bei den Reden und in den Gesprächen. Ich hoffte, mich schnell wieder zurechtzufinden und einige Sicherheit wiederzugewinnen. Ich wollte auch selbst wieder Spanisch sprechen, ohne als „Sprecher" im Umgang mit den spanischen Journalisten leichtsinnig zu sein.

Wir kamen am Montag, dem 28. Oktober, mit unserer Luftwaffenmaschine zu ziviler Zeit in Madrid an. Wir wohnten alle im Ritz und fuhren gleich zum Mittagessen zu Botschafter Hermann Meyer-Lindenberg in die neue Residenz, die mir auf den ersten Blick gefiel. Den Besuch des Prado-Museums mußte ich abkürzen, weil es galt, die Presse-Programme mit den spanischen Kollegen durchzusprechen. Mein Partner war der Minister für Information und Tourismus, kein Geringerer als Don Manuel Fraga Iribarne.

Um 18.00 Uhr das erste ausführliche Gespräch des Kanzlers mit dem Außenminister. Der spanische Tageslauf, der dem Abend soviel Bedeutung einräumt, bestimmte den Zeitplan. Das offizielle Abendessen im Palacio de Viana begann um 22.00 Uhr, gegeben von Admiral Carrero Blanco, dem Vizepräsidenten. General Franco, der Staatschef, ging nicht mehr aus.

Die großen Themen waren die Sicherheitslage nach dem sowjetischen Überfall auf die Tschechoslowakei, insbesondere die wachsende Präsenz der sowjetischen Flotte im Mittelmeer. Spanien war im Gegensatz zu Portugal kein Mitglied der NATO, hatte aber ein zweiseitiges Sicherheitsabkommen mit den Vereinigten Staaten. Spanien war bisher auch kein Mitglied der Europäischen Gemeinschaft. Bundeskanzler Kiesinger betonte in dieser speziellen Lage Spaniens den Nutzen der bilateralen Beziehungen nicht zuletzt, um die noch fehlende multilaterale Einbindung Spaniens in die Europäische Gemeinschaft oder in die NATO durch praktische Zusammenarbeit zu kompensieren. Die Spanier drängten in die EWG, und wir waren ihnen ohne Vorbehalte nach Kräften behilflich, dieses Ziel zu erreichen. Wir konnten noch während des Besuches Erfolge unserer Bemühungen in Brüssel vermelden, nämlich Teillösungen zu vereinbaren, die den vollen Zugang zur Gemeinschaft vorbereiten sollten.

Die Spanier unterstrichen zu Recht, daß ihr Land für ganz Europa bedeutende wichtige Funktionen erfüllen würde, wie die Brücke zu Lateinamerika und die Bindungen zur arabischen Welt, „deren Zivilisation wir in einem Augenblick teilten, als sie die fortschrittlichste des Zeitalters war". Es schlug durch, daß unsere Gastgeber mit Stolz ihr Spanien als Mutterland der Völker auf der anderen Seite des Atlantik betrachteten.

Das hochgemute, pathetische Lebensgefühl der Spanier fand auch in Carrero Blancos Rede zur Begrüßung Ausdruck: „Es gibt in ganz Europa keinen Staat, mit dem Deutschland im Verlauf unseres Zeitalters friedlichere Beziehungen unterhalten hätte als mit Spanien. Es geht also nicht darum, irgendwelche zerrissenen Verbindungen wiederherzustellen, sondern neue Bande zu knüpfen und zu einem noch besseren gegenseitigen Verständnis zu gelangen.

Ihr Vaterland und das meinige, die zusammen so viele glorreiche Blätter im Buch der Geschichte gefüllt haben, leben seit Jahrhunderten in harmonischem und herzlichem Einvernehmen.

Wir Spanier teilen die Freude und das Leid ihres Volkes und schließen uns heute ganz besonders ihrem sehnlichsten Wunsch an, Deutschland wiedervereinigt zu sehen und den Brüdern in Ost und West ihr Vaterland und ihre gemeinsame Zukunft wiederzugeben. Diese tragische Spaltung ist nicht nur ein Problem Deutschlands, sondern ein Problem ganz Europas."

Bundeskanzler Kiesinger machte am folgenden Tag einen Besuch bei Generalissimus Franco. Natürlich war auch ich neugierig darauf, mit Franco zusammenzutreffen. Der Kanzler, Guttenberg und ich waren darauf eingestellt, mit dem alten Herrn einige Höflichkeiten auszutauschen und noch einmal, wahrscheinlich zum letztenmal den Mann gesehen und gesprochen zu haben, der in einem blutigen Bürgerkrieg Spanien vor der kommunistischen Herrschaft bewahrt hatte. Als junger Mann hatte ich in Bordeaux die Schlußphase des Krieges aus der Nähe beobachtet und die großen leidenschaftlichen Auseinandersetzungen, die ganz Europa spalteten, selbst erfahren. Das nationalsozialistische Deutschland hatte einen fliegenden Freiwilligenverband in die Schlacht geworfen, die Legion Condor, um Franco zu helfen, aber eine reguläre Beteiligung an dem Bürgerkrieg zu vermeiden.

Wir wurden in Francos Arbeitszimmer geführt. In der Mitte des großen Raumes stand ein langer Tisch, der vollständig mit Papieren, Akten, Büchern, Zeitungsausschnitten und Karten bedeckt war, die mit Papiergewichten beschwert oder mit Schnüren zusammengebunden waren. Entlang den Wänden, die mit den schönsten Gobelins, Meisterwerken von Goya und Velasquez geschmückt waren, lagen ebenfalls auf nahezu allen Stühlen Bücherstöße, schräg hochaufgetürmt, so daß die oberen Bände an der Wand lehnten. Es herrschte eine unbeschreibliche genialische Unordnung. Es war klar, nur Franco selber kannte sich aus, duldete nicht, daß irgend etwas angefaßt, anders geordnet wurde, ließ vielleicht widerstrebend zu, daß hin und wieder Staub gewischt wurde.

Der Generalissimus trug eine schlichte Uniform, hielt sich gerade und hatte einen festen Händedruck. Als er zu sprechen begann, kämpfte er mit leichten Sprachstörungen. Er hatte vermutlich einen Schlaganfall erlitten. Die Störungen nahmen ab, verschwanden, und zu unserer Verblüffung verschwendete der alte Herr keine Zeit auf banale Bemerkungen, sondern kam sofort auf den sowjetischen Einfall in die Tschechoslowakei und dessen Folgen für die Sicherheit Europas zu sprechen. Er wolle nun vom Bundeskanzler dessen Analyse, dessen Bewertung des Vorgangs und die Schlußfolgerungen hören, „de sus labios“, „von Ihren Lippen“, wie er sich ausdrückte. Die Aufforderung traf Kiesinger unvorbereitet. Er fing sich aber schnell. Der General sagte, diesmal hätten wir ja noch zusehen müssen, notgedrungen, aber sollten die Russen ein weiteres Mal einen derartigen Handstreich riskieren, zum Beispiel in Polen, dann bliebe keine Wahl. Dann müßten wir alle zusammen eingreifen, militärisch, wenn wir nicht ganz Europa verspielen wollten.

Nun waren wir gerade dabei, unsere Ostpolitik neu anzupacken, und wenn wir auch in der Analyse mit Franco einig waren, so zögerten wir doch, ihm ganz zu folgen. Kiesinger löste die schwierige Aufgabe. Die Wiedervereinigung mit friedlichen Mitteln war ohne die Zustimmung der Sowjetunion nicht zu erreichen. Dies legte uns besondere Zurückhaltung auf. Dennoch war die resolute Verteidigung die Conditio sine qua non auch dieser Politik.

Was als kurzer Höflichkeitsbesuch gedacht war, wurde lange über die vorgesehene Stunde hinaus zu einem intensiven Gedankenaustausch mit einem in Krieg und Frieden gleich erfahrenen und geprüften alten Mann.

Beiläufig zeigte er uns auch, wie man einen Orden verleiht. Er hielt für den Bundeskanzler ein Großkreuz bereit, er gab dazu nicht die üblichen Begründungen, die Verdienste um die deutsch-spanischen Beziehungen oder ähnliches, was ja nicht zu beanstanden ist. Er sagte, als er Kiesinger den Orden überreichte: „Zur Erinnerung an Ihren Besuch.“

Während meiner Pressekonferenz erklärte ich, die beiden Gesprächspartner seien davon überzeugt, daß man zu praktischer Zusammenarbeit und gemeinsamem Vorgehen gelangen könne, weil man in der Analyse des politischen Geschehens einig sei.

Die spanischen Gastgeber hatten das Programm mit vergnüglichen und bildenden Elementen durchsetzt, so daß man glauben konnte, der Besuch diene der Erholung. In Wahrheit waren der Kanzler und seine Gruppe ständig eingespannt, weil der spanische Außenminister Fernando Maria Castiella uns dauernd begleitete, auch bei den Exkursionen aufs Land. Er wurde von drei bis vier weiteren Kabinettsmitgliedern unterstützt. Bei den großen Essen waren der Vizepräsident und das halbe Kabinett zur Stelle. So lernte man sich kennen, und es entwickelte sich eine Art von permanentem Dialog über die anstehenden Probleme wie den Devisenausgleich, die spanischen Gastarbeiter und über den Güteraustausch. Natürlich auch über das spanisch-amerikanische Verhältnis und die Lage im Mittelmeer.

Die Presse kam auch in Spanien nicht zu kurz, ich unterrichtete täglich die spanische und die deutsche Presse, der Bundeskanzler selbst empfing die deutschen und die spanischen Journalisten getrennt zu Gesprächen und gab bei passender Gelegenheit kurze Presseerklärungen ab.

Am letzten Tag, als die Delegation Madrid am späten Vormittag verließ und nach El Escorial fuhr, war man inzwischen recht vertraut miteinander geworden und genoß den Ausflug und das Frühstück im Golfclub, bevor man mit militärischen Ehren verabschiedet wurde. Von Madrid aus flogen wir nach Hause.

Der Kanzler hatte Portugal und Spanien an die Schwelle der Europäischen Gemeinschaft herangeführt. Das war das Ziel des ganzen Unternehmens gewesen.

Ein Kampf um Berlin

Nach dem Einmarsch der Truppen der Sowjetunion und ihrer Verbündeten in die Tschechoslowakei, darunter schändlicherweise auch ostdeutscher Verbände, am 21. August 1968, war das Ansehen der Sowjetunion drastisch gesunken. Viele der Moskauer Versuche, eine Politik der Verständigung einzuleiten, sich besonders im Bereich der Rüstung zu entlasten, um den Lebensstandard der Sowjetmenschen anzuheben, mußten abrupt abgebrochen werden. Die Sowjets waren verwundbar und infolgedessen empfindlich geworden. Sie nahmen Anstoß an der im Grunde vorsichtigen und maßvollen deutschen Kritik an ihrem Vorgehen gegenüber der ČSSR. Wir hatten gute Gründe gehabt, vorsichtig zu sein.

Ob die sowjetische Führung selbst oder die Kommunisten in der DDR die Idee hatten, eine Art von Gegenoffensive zu starten, die dem Warschauer Pakt wieder etwas Luft verschaffen sollte, wußten wir nicht. Moskau führte eine Reihe polemischer Angriffe, vornehmlich gegen die Bundesregierung. Undurchsichtig blieb, warum gleichzeitig mit einer möglichen Verbesserung der sowjetisch-deutschen Beziehungen gespielt wurde, die ja zu den erklärten Zielen der Bundesregierung gehörte.

Jedenfalls überbrachte der sowjetische Botschafter Semjon Zarapkin am 2. September 1968 dem Bundeskanzler eine vorbereitete Erklärung, in der es hieß, wenn sich die „feindselige Haltung" der Bundesrepublik gegenüber der Sowjetunion und ihren Verbündeten – im Zusammenhang mit den Vorgängen in der Tschechoslowakei – nicht ändere, werde sie die Verantwortung für die Folgen tragen müssen. Doch auch mit der Bundesrepublik könnten sich die Beziehungen bessern, wenn sie ihrer Politik die realen Verhältnisse zu Grunde lege und davon Abstand nehme, die Grenzen in Europa zu ändern, die Sicherheit der sozialistischen Länder zu verletzen, sich in die inneren Angelegenheiten der sozialistischen Länder und in die Beziehungen der sozialistischen Länder untereinander einzumischen.

Das war starker Tobak. Kiesinger reagierte trotzdem sehr vorsichtig. Unsere Haltung gegenüber der Sowjetunion während der Vorgänge in der Tschechoslowakei sei nie feindselig gewesen. Wir hätten keine Zwietracht in das sowjetische Lager getragen. Er habe sogar öffentlich auf die vitalen Interessen der Sowjetunion in diesem Konflikt hingewiesen. Wir wüßten, daß für die Lösung der deutschen Frage eine Übereinkunft mit der Sowjetunion notwendig sei. Kiesinger unterstrich unsere versöhnliche Politik gegenüber Polen und der Tschechoslowakei. Am Ziel der Wiedervereinigung hielten wir allerdings fest. Wir suchten dieses Ziel auf friedlichem Wege. Der Bundeskanzler wies die Behauptung, wir betrieben eine revanchistische Politik, mit einiger Entschiedenheit zurück. Das nordatlantische Bündnis könnten wir nicht entbehren.

Zarapkin las dann aus seinem Text noch einmal vor, wir hätten auf die konterrevolutionären Kräfte in der Tschechoslowakei gesetzt. Der ganze außenpolitische Kurs der Bundesregierung richte sich gegen die Sowjetunion. Zarapkin dozierte, es gäbe einen zweiten deutschen Staat, der Mitglied des Warschauer Paktes sei. Niemandem werde jemals gestattet sein, ein Glied aus der sozialistischen Gemeinschaft herauszulösen. Darauf Kiesinger: „Bedeutet dies, daß die Sowjetunion die Teilung Deutschlands für definitiv hält?" Zarapkin wich aus, es gehe um die gegenwärtige Lage in Europa, diese müsse die Bundesregierung anerkennen. Kiesinger sagte zum Schluß des Gesprächs, die Bundesregierung werde die sowjetische Erklärung nach Prüfung beantworten. Das geschah in einem in verbindlichem Ton gehaltenen Aide-Mémoire, in der Sache blieb die Bundesregierung fest.

Anfang des Jahres 1969 brachte die sowjetische Seite dann die geplante Bundesversammlung in Berlin als Verhandlungsobjekt ins Spiel. Sie begann mit einer Kampagne gegen die Absicht und dann gegen den Entschluß, die Bundesversammlung zur Wahl des neuen Bundespräsidenten auf den 5. März nach Berlin einzuberufen. Wenn man, so sagten die Russen nun, Streit vermeiden und Spannungen nicht verschärfen wolle, dann dürfe man keine Präsidentenwahlen in Berlin durchführen, nur so könne man sich „die damit verbundenen Ereignisse ersparen".

Am 21. Februar 1969 schrieb Herbert Wehner einen denkwürdigen Brief an Kurt Georg Kiesinger. Er hatte folgenden Inhalt:

Sehr verehrter Herr Bundeskanzler,
erlauben Sie mir bitte, Ihnen von einem Schreiben Kenntnis zu geben, das an den Vorsitzenden der Sozialdemokratischen Partei Deutschlands, Herrn Willy Brandt, gerichtet worden ist. Es lautet:

„Durch den Beschluß des westdeutschen Bundestagspräsidenten, die Tagung der westdeutschen Bundesversammlung in West-Berlin, also außerhalb der Grenzen der westdeutschen Bundesrepublik durchzuführen, sind die Spannungen verschärft worden.

Uns wurde bekannt, daß in der SPD die Frage erörtert wird, in der Regierung die Frage der Verlegung der Bundesversammlung in eine westdeutsche Stadt aufzuwerfen. Wenn die sozialdemokratischen Minister einen solchen Beschluß der Bundesregierung und eine Entscheidung des Bundestagspräsidenten herbeiführen könnten, würde das eine Minderung der Spannungen bedeuten.

Da West-Berlin eine selbständige politische Einheit ist, könnte der Senat von West-Berlin in diesem Fall an die Regierung der Deutschen Demokratischen Republik betreffs der Gewährung der Möglichkeit eines Besuchs der Hauptstadt der Deutschen Demokratischen Republik für Westberliner Bürger zu Ostern 1969 herantreten. Nach unserer Information ist die Regierung der Deutschen Demokratischen Republik bereit, einen solchen Vorschlag positiv zu prüfen.

Für das Politbüro des ZK der SED
Walter Ulbricht, 1.Sekretär."

In meiner Eigenschaft als stellvertretender Vorsitzender der Sozialdemokratischen Partei Deutschlands habe ich dieses durch Boten in Berlin übergebene Schreiben zur Kenntnis genommen und teile es Ihnen mit.

Ich bin der Meinung, daß Sie über diesen Vorgang unterrichtet sein müssen, wenn Sie Ihre Bemühungen fortsetzen, Schaden zu verhüten und die Verständigungspolitik der Bundesregierung auch gegenüber der Regierung der UdSSR deutlich zu machen.

Dem Regierenden Bürgermeister von Berlin, Herrn Klaus Schütz, sende ich eine Durchschrift dieses Briefes.

In vorzüglicher Hochachtung,
Ihr ergebener
Herbert Wehner.

Der Brief war in jeder Weise aufschlußreich. Wie ein Blitz beleuchtete er grell das Gefechtsfeld. Zunächst einmal war das in ihm wiedergegebene Schreiben von Walter Ulbricht, der als 1. Sekretär des ZKs unterschrieben hatte, an Brandt gerichtet, der sich zu dem Zeitpunkt in den USA aufhielt. Wehner gab in dem Text nicht zu erkennen, ob Brandt den Brief Ulbrichts kannte und ob er mit seiner Weiterleitung an Kiesinger einverstanden war.

Der Brief Ulbrichts war in Berlin durch Boten übergeben worden.

Es blieb offen, wem er übergeben wurde, jedenfalls ging der Brief an Wehner, der ihn aufmachte.

In Ulbrichts Schreiben heißt es, „uns wurde bekannt, daß in der SPD die Frage erörtert wird ...“ Ulbricht sagt nichts darüber, wie und durch wen die SED-Zentrale über diese Diskussion innerhalb der SPD unterrichtet wurde. Vermutlich, so dachte ich, durch ein Mitglied der SPD-Führung selbst oder durch Ausspähung. Als Zwischenträger könnte Rechtsanwalt Vogel gedient haben. Die Forderung Ulbrichts war klar: Verzicht auf die Wahl des Bundespräsidenten in Berlin. Als Gegenleistung wurde in Aussicht gestellt, daß die Westberliner zu Ostern '69 Ostberlin besuchen konnten.

Wehner sah den Vorgang zu Recht als so wichtig an, daß er den Bundeskanzler davon unterrichtete. Er gab seine Meinung zu dem Vorschlag Ulbrichts nicht deutlich zu erkennen.

Kiesingers Reaktion bestand darin, nicht mit der DDR-Regierung, sondern mit der Sowjetunion Kontakt zu suchen. Er ließ Botschafter Zarapkin zu einem Gespräch bitten. Zarapkin war angeblich nicht zu erreichen, Kiesinger schrieb darauf einen kurzen Brief, in dem er sagte, er lege Wert darauf, Zarapkin baldmöglichst zu sehen. Schon am nächsten Tag, am 23. 2., flogen Duckwitz, Zarapkin und ich mit dem Hubschrauber nach Stuttgart, um den Bundeskanzler dort im Hause von Herrn Klaus Scheufelen zu treffen.

Das anderthalbstündige Gespräch verlief dank Kiesingers Liebenswürdigkeit in angenehmen Formen. Zu Beginn ließ der Kanzler einen guten Wein einschenken und trank auf unser Wohl und unsere Freundschaft. Es war für Scratchi, wie Zarapkin genannt wurde, weil er sich immer, wenn der Gesprächsgegenstand knifflig wurde, am Kopf kratzte, danach nicht ganz einfach, den Übergang zu der ihm aufgetragenen Polemik zu finden. Zunächst beschuldigte der Botschafter die Bundesregierung, sie habe, wie schon während der Krise in der ČSSR, wiederum eine feindselige Haltung eingenommen, das Prinzip der Nichteinmischung verletzt und versucht, ein Mitglied der sozialistischen Staatengemeinschaft aus der Gemeinschaft herauszubrechen. Die sowjetische Regierung sei dennoch der Meinung, daß ein Meinungsaustausch über die mögliche Verlegung der Bundesversammlung von Berlin an einen Ort in Westdeutschland das Gesamtklima günstig beeinflussen könne.

Kiesinger antwortete, bei uns bestehe großes Interesse an einer Verbesserung der Freizügigkeit für die West-Berliner. Wir wollten aber nicht nur eine einmalige Regelung zu einem Festtag, sondern eine Regelung für einen längeren Zeitraum. Um zu einer Entscheidung zu kommen, brauchten wir ein konkretes Angebot. Der Gegenstand sei nicht nur im Hinblick auf die im Zusammenhang mit dem Einmarsch in die ČSSR entstandenen Streitigkeiten, sondern allgemein von Bedeutung, wenn man bessere Beziehungen haben wolle. Es müsse sich um einen überzeugenden Beitrag, eine großzügige Regelung handeln, dann könne er sich gegebenenfalls „für eine Verlegung der Bundesversammlung einsetzen". Er könne wahrscheinlich die Bundesregierung und den Bundestagspräsidenten zu einer Zustimmung bewegen. Sicherlich würde er dann auch kritisiert werden, aber das werde er auf sich nehmen.

Zarapkin meinte, erst müsse eine bessere Atmosphäre geschaffen werden, es müßten Hindernisse beiseite geräumt werden. Der Bundeskanzler sagte, da er keine Vorleistungen verlange, solle die Sowjetunion auch auf solche verzichten. Zarapkin meinte dann, die Passierscheinfrage sei nicht so wichtig, seine Aussagen zu den politischen Verhältnissen seien wichtig. Man brauche einen deutlichen Beweis, konkretes Entgegenkommen, um Fortschritte machen zu können.

Kiesinger appellierte an Zarapkins Erfahrung. Praktische Lösungen seien möglich, eine Erklärung der Sowjetunion im Hinblick auf ein überzeugendes Abkommen könne im gleichen Augenblick mit einer Erklärung unsererseits zur Bundesversammlung beantwortet werden.

Zarapkin wich aus. Die Passierscheinfrage spiele sich auf einer anderen Ebene ab, zwischen West- und Ost-Berlin. Er sehe kein direktes Junktim zur Frage der Bundesversammlung. Man könne nicht mit dem einen für das andere zahlen. Der Bundeskanzler sagte, es gebe kein formales Junktim. Es sei aber dennoch unmöglich, einen Entschluß zu fassen, ohne „eine Geste des Friedens". Unsere Bemühungen richteten sich auf das gleiche Ziel, im Augenblick stünden wir unter Zeitdruck, es müßten rasch Kontakte aufgenommen werden.

Im Anschluß an das Treffen unterrichtete ich die Presse anhand dieser mit Zarapkin abgestimmten Sprachregelung:

„Botschafter Zarapkin hat auf seinen Wunsch hin heute Bundeskanzler Kiesinger aufgesucht. Die Unterredung dauerte von 16–17.15 Uhr. Er hat ausgeführt, daß eine Regelung der hinsichtlich der Bundesversammlung aufgetretenen Meinungsverschiedenheiten das deutsch-sowjetische Verhältnis verbessern könnten. Der Botschafter hat den Bundeskanzler davon unterrichtet, daß zwischen dem Senat von Berlin und den Behörden von Ost-Berlin Gespräche über Passierscheinfragen im Gange seien. Der Bundeskanzler hat die Mitteilung als ermutigend bezeichnet. Maßgebend für seine Entscheidung werde sein, ob im Hinblick auf die Freizügigkeit in Berlin eine lang andauernde Regelung erzielt werden könne."

Wir waren im inneren Kreise in der Bewertung des Gesprächs unsicher. Wir waren einerseits entschlossen, den Status von West-Berlin nicht in Gefahr zu bringen, zum anderen aber auch bereit, eine wesentliche Verbesserung der Freizügigkeit mit der Verlegung der Bundesversammlung zu honorieren. Es kam nun alles darauf an, ob ein wirklich substantielles Angebot gemacht wurde. Ich entwarf vorsichtshalber den Text eines Kommuniqués, das wir im Falle der Einigung mit der sowjetischen Botschaft abstimmen und dann veröffentlichen wollten. Es lautete:

Eingedenk ihrer Verantwortung für den Frieden in Europa, von dem Wunsch geleitet, zur Verbesserung der Beziehungen zwischen der Bundesrepublik Deutschland und der Union der Sozialistischen Sowjetrepubliken beizutragen,

unbeschadet der beiderseitigen Rechtsauffassungen über den Status Großberlins,

übernimmt es die Bundesregierung, dem Präsidenten des Deutschen Bundestages zu empfehlen, die Bundesversammlung auf den 5. März 1969 nach Bonn einzuberufen;

übernimmt es die Regierung der UdSSR, den für Ost-Berlin zuständigen Behörden zu empfehlen, eine unbefristete Passierscheinregelung für den freien Personenverkehr zwischen West- und Ost-Berlin auf der Grundlage der Vereinbarung vom 7. März 1966 mit dem Berliner Senat abzuschließen und

in Übereinstimmung mit Artikel 9 des Vertrages über Freundschaft, gegenseitigen Beistand und Zusammenarbeit vom 12. Juni 1964 darauf hinzuwirken, daß die internationalen Vereinbarungen über die Freiheit der Zufahrtswege von und nach Berlin zu Lande, zu Wasser und in der Luft für Personen und Güter ohne Einschränkung Anwendung finden.

Unsere Bemühungen in der kurzen verbleibenden Zeit gingen dahin, mit der DDR auf einer technischen Ebene zu verhandeln, die eigentliche Entscheidung aber im Umgang mit der Sowjetunion zu suchen. Das war natürlich auch Ost-Berlin klar, und so versuchten Ulbricht und seine Leute die genau umgekehrte Taktik. Die Sowjets selbst wollten es möglichst beiden deutschen Regierungen recht machen, ließen aber letztlich Ost-Berlin nicht im Stich. Die Ost-Berliner Regierung blieb stur und glaubte, womöglich von einigen Leuten in der SPD unzulänglich informiert, hoch pokern und gewinnen zu können. Für Kiesinger und die Mehrheit im Kabinett stand aber fest, daß wir uns nur für Passierscheine zu Ostern und nur für West-Berliner die Bundesversammlung in Berlin nicht abhandeln lassen wollten.

Die Frage, welche Ziele die SPD verfolgte, indem sie vorsichtig im Zusammenspiel mit Moskau und Ost-Berlin den Plan befürwortete, die Bundesversammlung nicht mehr in Berlin abzuhalten, war nicht leicht zu beantworten. Als Begründung wurde angeboten, mit dem Verzicht könne man sich Reiseerleichterungen für die West-Berliner, vielleicht sogar für Westdeutsche überhaupt, verschaffen. Außerdem werde damit ein Signal nach Moskau gegeben, daß uns an einer Verbesserung der Beziehungen gelegen sei. Die Argumente waren vordergründig. In Wahrheit hätte es im Zuge der Verhandlungen zu einer Abschwächung der Viermächte-Verantwortung für Berlin und ganz Deutschland sowie zu einer Legitimierung und Stabilisierung des kommunistischen Regimes durch die Bundesrepublik kommen können. Ebendies war Teil der langfristigen Strategie einiger Vordenker in der SPD. Sie machten daraus gegenüber den Ost-Berliner und Moskauer Kommunisten keinen Hehl.

Am 2. März fiel in einer nächtlichen Sitzung, die um 23.20 Uhr im Palais Schaumburg begann, die Entscheidung. Man wollte mit der DDR-Regierung nicht über die Bundesversammlung sprechen, da dies als Präzedenzfall hätte dienen können, die Viermächte-Verantwortung für Berlin weiter zu unterhöhlen. Immerhin sollte der Staatssekretär im Bundeskanzleramt zur Verfügung stehen, um über die Passierscheinfrage zu verhandeln. Brandt diskutierte noch einmal die Frage, in welchem Verhältnis die DDR-Führung zur sowjetischen Führung stehe. Die Einwirkungsmöglichkeiten der Sowjets seien möglicherweise nach dem Einmarsch in die Tschechoslowakei und seit dem sich verschärfenden Konflikt mit China schwächer geworden. In der Passierscheinfrage müsse man sich aufgrund der Viermächte-Verhältnisse aber dennoch an die Sowjetunion halten. Kiesinger erinnerte daran, daß Zarapkin pragmatische Lösungen zurückgewiesen habe, die Rechtsfrage den Sowjets also doch wichtig sei.

Am 5. März mußte der Bundespräsident neu gewählt werden. Es war wirklich keine Zeit zu verlieren. Die Sitzung endete in den ersten Stunden des 3. März.

Es blieb dabei, es sollte in Berlin getagt werden, auch Wehner und Brandt trugen die Entscheidung mit, sichtlich nicht freudigen Herzens. Möglicherweise hatten sie oder ihre Mittelsmänner Walter Ulbricht und Willi Stoph Hoffnungen gemacht oder sie waren selbst in dem Sinne getäuscht worden, daß höhere Zugeständnisse in der Passierscheinfrage in Aussicht gestellt worden waren.

Die Bundesversammlung in Berlin trat mit dem Einverständnis der drei Mächte am 5. März zusammen. Wir hatten damit gerechnet, daß die Sowjets – wie vor vier Jahren anläßlich einer Berliner Plenarsitzung des Bundestages – wieder einige Schaunummern inszenieren und mit ihren Jagdflugzeugen den Versuch machen würden, die anreisenden Wahlmänner in den Luftkorridoren das Fürchten zu lehren oder wenigstens über der Ostpreußenhalle während des Wahlaktes ihre Fähigkeiten im Tiefflug zu demonstrieren. Nichts dergleichen geschah. Ein kleiner Nervenkitzel blieb. Der Überfall auf die ČSSR war noch kein Jahr alt. Aber es zeigte sich wieder einmal, was das westliche Bündnis an einem so exponierten Platz wie Berlin für unsere Sicherheit wert war.

Wir haben standgehalten, letztlich auch, um die Voraussetzungen für eine Wiedervereinigung in Frieden und Freiheit nicht in Gefahr zu bringen.

Es fehlte nicht an Anfechtungen. In der DDR wurden Manöver abgehalten, die zur zeitweisen Sperrung und ständigen Belastung der Verbindungswege in die Bundesrepublik führten. Außerdem wurde die in Wahrheit gefährlichere Warnung gegeben, man könne unter Umständen in den Warenverkehr eingreifen. Auf diesen letzteren Erpressungsversuch hin reagierte die Bundesregierung mit Schärfe;

gegenüber der Presse deutete ich weitreichende Repressalien an, über deren Art und Umfang wir die Öffentlichkeit und den Gegner im unklaren ließen.

Der Kampf um die Bundesversammlung hatte unterdessen unglaubliche Formen angenommen, angeheizt auch von der „Kampfpresse", die zum Teil die Geschäfte Ost-Berlins besorgte, zum anderen aber auch geradezu inbrünstig hoffte, der Gegenstand werde zu einer Zerreißprobe im Kabinett und zwischen den die Regierung tragenden beiden großen Parteien führen. Die Schlag auf Schlag folgenden Pressekonferenzen und Interviews waren ein Spiel mit vielen Bällen. Parallel liefen der Besuch Präsident Richard Nixons, das Treffen des Kanzlers mit de Gaulle, um nur zwei der großen Mitspieler zu nennen.

Es galt Moskau, Washington, London und Paris im Auge zu behalten, die CDU-Großen und die SPD-Führung, den Senat von West-Berlin und last not least auch die DDR-Mannschaft. Dort ärgerte man sich darüber, daß ich sie in den Pressekonferenzen mit freundlicher Herablassung behandelte. Die Russen sagten später einem meiner Referenten, ich hätte Meinungsverschiedenheiten zwischen Moskau und Ost-Berlin konstruiert. Als gravierend wurde meine Bemerkung angesehen, daß der Ost-Berliner Schwanz nicht mit dem Moskauer Hund wedele. Gereizt hatte auch mein Kommentar, Ulbricht versuche sich in den deutsch-sowjetischen Dialog einzuschalten; er schätze diese Art von Dialog falsch ein. Ärgerlich vermerkt wurde meine wertende Ansicht, die sowjetische Betrachtungsweise lasse die im Vergleich zu Ost-Berlin größere Erfahrung in außenpolitischen Angelegenheiten erkennen.

Die sowjetische Botschaft sah sich veranlaßt, wohl um Ost-Berlin zu besänftigen, post festum eine Erklärung zu verbreiten. Der zuständige Referent im Presseamt bewertete deren Absichten so: a) die Schlappe Ost-Berlins und Moskaus in der Kontroverse um die Bundesversammlung durch Androhung ernster Konsequenzen zu kompensieren; b) die Bundesregierung in die Rolle des Bittstellers zu drängen, der erst Reue und Buße für die Berlin-Provokation tun muß, ehe er von Moskau wieder als Gesprächspartner akzeptiert wird.

Die Bundesversammlung selbst zog sich lang hin. Für die CDU kandidierte Dr. Gerhard Schröder, für die SPD Dr. Gustav Heinemann. Schließlich wurde Heinemann im dritten Wahlgang knapp mit 512 zu 506 Stimmen zum neuen Bundespräsidenten gewählt. Der bessere Mann verlor. Die FDP hatte sich mit 78 Wahlmännern auf die Seite der Sozialdemokraten geschlagen und damit das Ergebnis entschieden. Sie gab der SPD ein wichtiges Signal. Sie würde auch nach den Bundestagswahlen für eine Koalition mit der SPD zur Verfügung stehen, wenn es sich eben machen ließe. Dies war meine Deutung des Vorgangs. Ich mußte sie nicht ändern.

Zwischen den Wahlgängen gab es lange Pausen, in denen Kulissengespräche geführt wurden. Ich nutzte die Zeit, um mich ein wenig mit Günter Grass über die deutsche Jugendbewegung zu unterhalten. Irgend jemand hatte die Idee gehabt, prominente Vertreter des Kunst- und Geisteslebens als Zeitzeugen zu der Bundesversammlung einzuladen. So kam auch Grass dorthin, der sich, meine ich, Heinemann verwandt fühlte, was – genau besehen – beiden nicht besonders gut bekam.

Gegen Schluß der Bundesversammlung hatte ich mir einen Platz unter den Journalisten auf ihrer Arbeitstribüne gesucht. Bei ihnen zu sein, war immer anregend und selbst in einer trüben Stunde gelegentlich vergnüglich. Sandro Paternostro von RAI war wie alle anderen angesichts der sich qualvoll dahinschleppenden Wahlgänge mit seiner Zeitplanung nicht mehr im reinen. Er hatte sich schließlich ein Kabel auf die Tribüne legen lassen und sprach live ins Mikrophon mit der Leidenschaft und Gestik eines guten italienischen Reporters. Die um ihn herum sitzenden Kollegen verstanden die Durchsagen der Wahlleitung nicht mehr, die entscheidenden Zahlen, und gaben Sandro durch stummes Spiel zu verstehen, er solle leise sein, oder sagten lauthals, er solle die Schnauze halten. Unser Freund verdeckte mit der Hand das Mikrophon und flehte seine Kollegen an: „Brüder, laßt mich mein Brot verdienen, ich muß mich doch ernähren. Ihr macht mich unglücklich, und im übrigen könnt ihr mich.“ Nach dieser kurzen Unterbrechung in deutsch ging es auf italienisch en direct weiter, der Wahl eine Dramatik gebend, die sie eigentlich schon nicht mehr hatte. Ein beneidenswerter Sprecher.

Heinemann vergriff sich schon bei seinem ersten Auftritt als gewählter Bundespräsident, indem er von Machtwechsel sprach und die Bundeswehr herabsetzte. Lauter falsche Töne. Er war der Prototyp des Gesinnungsethikers, der ständig mit der Verantwortungsethik in Konflikt lag, so wie Max Weber das Problem zutreffend beschrieben hat.

Karl Günther von Hase nahm als beamteter Staatssekretär des Verteidigungsministeriums öffentlich Stellung gegen den gewählten Bundespräsidenten. Ein einmaliger Vorgang.

Sprengstoff

Seit Mitte der sechziger Jahre hatte sich die Diskussion über einen Vertrag zur Nichtverbreitung von Kernwaffen intensiviert. Im August 1965 legten die USA einen ersten Entwurf zu einem Nichtverbreitungsvertrag vor, der den Sowjets nicht gefiel. Im September kamen die Russen mit einem Gegenentwurf an die Öffentlichkeit, der nicht den Beifall der Amerikaner fand. Von Januar bis August 1966 wurde in Genf letztlich ergebnislos verhandelt. Immerhin wurde die Stoßrichtung der sowjetischen Argumentation erkennbar. Haupthindernis für eine Einigung waren nach Meinung des Kreml die Pläne für eine multilaterale Atomstreitmacht unter deutscher Beteiligung und eine deutsche Teilhabe am nuklearen Potential des nordatlantischen Bündnisses. Nach dem Scheitern der MLF näherten sich die Standpunkte der beiden Hauptgegner USA und Sowjetunion. Die Bundesregierung schaltete sich im April 1967 erstmals in die Diskussion ein. Anfang 1968 begann die kritische Phase der Verhandlungen. Im März faßte ich in einer Art Sprachregelung unsere Haltung zusammen:

Bereits in der Note zur deutschen Friedenspolitik vom 26.März 1966 hat die Bundesregierung Vorschläge gemacht, um die Weiterverbreitung von Atomwaffen zu verhindern. Der Umgang mit spaltbaren Stoffen, die Herstellung und Verbreitung und der Einsatz atomarer Waffen müssen Regeln unterworfen und Verstöße gegen diese Regeln geahndet werden. Daraus folgert, daß auch ein Kontrollsystem eingerichtet werden muß. Die Bundesregierung unterstützt internationale Vereinbarungen und Maßnahmen, die die genannten Ziele verfolgen, ohne jede Einschränkung. Ihre Kritik an den verschiedenen Entwürfen eines Vertrages fußt auf der Überzeugung, daß, gemessen an der Zielsetzung, die Entwürfe schwerwiegende Mängel aufweisen. Es ist der Bundesregierung gemeinsam mit anderen Regierungen gelungen, die Entwürfe wesentlich zu verbessern, insbesondere wird in dem jetzt vorliegenden Text der Mißbrauch des Vertrages und der Kontrollen im Bereich der friedlichen Erforschung und Nutzung der nuklearen Energie unmöglich gemacht. Nach unserer Auffassung ist der Vertrag aber immer noch verbesserungsfähig. Die Bundesregierung erwartet, daß er schließlich so gestaltet werden kann, daß er weltweit annehmbar wird. Ein Teil der Mängel kann durch interalliierte Absprachen behoben werden. Dennoch darf man die Augen nicht davor verschließen, daß der Vertrag einstweilen keine Lösungen für die weitere Zukunft anbietet. Deshalb muß er für ein geeintes Europa Handlungsfreiheit offenhalten, für den Fall, daß die atomaren Waffenmächte sich außerstande sehen, Fortschritte im Bereich der Abrüstung auch der nuklearen Waffen zu erzielen. Es kann jedenfalls nicht angehen, daß der Vertrag schließlich wider den Willen seiner Väter nur zu einem Instrument wird, das der Wahrung des Besitzstandes der atomaren Mächte dient.

Der Abschluß des Vertrages verändert auch die Qualität der amerikanischen Sicherheitsgarantien für die europäischen Bündnispartner. Wenn sich die Europäer im Nicht-Ausbreitungsvertrag verpflichten, auf nukleare Waffen zu verzichten, so entsteht daraus für die Vereinigten Staaten die Verpflichtung, den nicht-nuklearen Unterzeichnern im Bündnis für die Dauer des Nicht-Ausbreitungsvertrages nuklearen Schutz zu gewährleisten.

Mit dieser Sprachregelung machte ich der Bundesregierung eine Zielvorgabe. Aus meiner Sicht hatte der Hinweis auf die Handlungsfähigkeit eines geeinten Europas besonderes Gewicht. Spätestens im Juni 1968 zeigte sich, daß der wichtigste Partner, die USA, einem geeinten Europa nach dem Vertrag keine Handlungsfähigkeit zubilligen wollten. Außenminister Dean Rusk sagte vor dem Senat:

„Der Vertrag behandelt nicht das Problem der europäischen Einheit und würde die Rechtsnachfolge eines neuen europäischen Bundesstaates in den nuklearen Status eines seiner schon vorher vorhandenen Bestandteile nicht ausschließen. Ein neuer, föderierter europäischer Staat müßte die Kontrolle über alle Aufgaben im Bereich seiner äußeren Sicherheit ausüben, einschließlich der Verteidigung und aller die äußere Sicherheit betreffenden außenpolitischen Angelegenheiten. … Während der Vertrag die Rechtsnachfolge seitens eines solchen föderierten Staates nicht behandelt, würde er die Übertragung von Kernwaffen oder der Kontrolle darüber an irgendeinen Empfänger, einschließlich eines multilateralen Gebildes, ausschließen."

Diese amerikanische Rechtsauffassung, unter welchen Bedingungen eine nukleare Bewaffnung eines vereinigten Europas möglich beziehungsweise verboten ist, wurde auch der sowjetischen Seite mitgeteilt. Die Sowjetunion hat dieser Interpretation zumindest nicht öffentlich widersprochen.

Nach dieser Auslegung würde ein europäischer Bund mit den beschriebenen Kompetenzen nuklear bewaffnet sein dürfen, wenn einer seiner Gliedstaaten Kernwaffenmacht im Sinne des Vertrages war. Unterhalb dieses Grades der europäischen Föderierung wäre eine europäische Atomstreitmacht – auch nach dem Muster der MLF – verboten. Es konnte auch kein Zweifel daran bestehen, daß die USA einem europäischen Zusammenschluß von Nicht-Kernwaffen-Staaten den Status einer Kernwaffenmacht nicht zubilligen würden.

Nach meiner Meinung stellte sich dennoch die Frage, ob ein sich „neubildendes europäisches Völkerrechtsubjekt gleich welcher Art“ wie Staatssekretär Carstens formulierte, seinerseits an den Nicht-Verbreitungs-Vertrag gebunden wäre. Es bestand einstweilen keine Aussicht, in absehbarer Zeit einen neuen europäischen Bundesstaat zu gründen; immerhin blieb bis in die Gegenwart hinein von Belang, daß England und Frankreich als Mitglieder einer europäischen Föderation auch nach amerikanischer Auffassung, der die Sowjets nicht widersprochen hatten, ihren atomaren Status in die neue Einheit einbringen könnten, ohne gegen den Nicht-Verbreitungsvertrag zu verstoßen. Es ist festzuhalten, daß es auch jetzt noch unklug wäre, Frankreich und England von deutscher Seite zu drängen, sie sollten ihren nuklearen Status aufgeben.

Die Bedenken, dem Vertrag, so wie er war, zuzustimmen, waren nur zu begründet. Die Zielsetzung des Vertragswerkes war löblich, aber zunächst entstand weltweit der Eindruck, daß diejenigen Mächte, die bereits über Atomwaffen verfügten, ihren Besitzstand wahren und allen anderen den Zugang zu atomaren Waffen versperren wollten. Das Projekt lief denn auch unter der Kurzbezeichnung ‚Sperrvertrag‘, obwohl es offiziell ‚Vertrag über die Nicht-Verbreitung von Kernwaffen‘ überschrieben worden war. Die Initiatoren des Vertragswerkes betonten, daß sie mit dem Vertrag feierliche Absichtserklärungen verbinden wollten, die bereits existierenden atomaren Waffen abzurüsten.

Eine weitere Sorge war, daß der Vertrag dazu mißbraucht werden könnte, um die friedliche Nutzung der Kernenergie zu behindern.

Meine Auffassung wurde von der Einsicht bestimmt, daß wir als ein Land mit einem klar formulierten revisionistischen Programm auf eigene atomare Waffen verzichten mußten. Wir konnten nicht auf Selbstbestimmung pochen, eine Veränderung der territorialen Verhältnisse verlangen und gleichzeitig uns dem Verdacht aussetzen, ein atomares Potential aufzubauen. Vor allem die Sowjetunion hätte dies als unmittelbare Bedrohung empfinden können und notfalls mit Gewalt verhindern müssen. Auch unsere westlichen Alliierten teilten diese Ansicht, waren ebenfalls der Meinung, daß das Verlangen nach Wiedervereinigung und eine deutsche atomare Bewaffnung sich gegenseitig ausschlossen.

Demgegenüber stand die Erkenntnis, daß eine konventionelle Verteidigung der Bundesrepublik im Kriegsfalle zu einer schnellen Preisgabe und Zerstörung großer Teile des Territoriums geführt haben würde. Ob ein sowjetischer Angriff überhaupt auf deutschem Boden hätte zum Stehen gebracht werden können, war zweifelhaft. Man konnte beim Durchdenken der verschiedensten Szenarios nicht ausschließen, daß die Sowjets am Rhein haltmachen und die Alliierten sich damit zunächst abfinden würden. Es gab in Wahrheit wenige Territorien, die so sehr des atomaren Schutzes bedurften wie die Bundesrepublik. Darüber bestanden auch im alliierten Lager keine Meinungsverschiedenheiten. Schon in London 1954, als wir uns den Zugang zur NATO unter anderem mit dem Verzicht auf atomare Waffen erschlossen, hatte Dulles zu Adenauer gesagt, der Verzicht gelte unter den gegenwärtigen Umständen.

So wurden ständig die verschiedensten Überlegungen angestellt, wie das Problem gelöst werden könnte. Ein Vorschlag bestand darin, die Multilateral Force zu gründen, eine im wesentlichen seegebundene Streitmacht, ein gemischter Verband unter deutscher Beteiligung. Das Projekt scheiterte, zum Schluß wären nur noch Deutsche und Amerikaner übriggeblieben. Das war dem Bündnis nicht zuzumuten. Auch in Amerika selbst gab es einleuchtende Kritik an der Brauchbarkeit eines derartig konstruierten Systems. Wer entschied den Einsatz? Einer oder mehrere? Viel Zeit bestand im Ernstfall aller Wahrscheinlichkeit nach nicht, denn die Waffen hätten nur in Erwiderung eines Angriffs, in der Verteidigung, eingesetzt werden sollen.

Ich erinnere mich an eine Unterhaltung mit Dean Acheson in der Godesberger Redoute, als er uns seine Meinung anbot, als erfahrener, nicht mehr in der unmittelbaren Verantwortung stehender Staatsmann. „Mehrere Finger am Abzug? Das kann nicht funktionieren. Nur einer muß und wird entscheiden. Nach Lage der Dinge der Präsident der Vereinigten Staaten." Bill Long, der damals United Press vertrat, merkte an, dies leuchte ihm nicht ein. Er, Acheson, sei doch Partner in einer berühmten Anwaltskanzlei. Wenn ein wirklich großer Scheck ausgestellt werde, trüge er doch auch zwei Unterschriften. „Nein", sagte Acheson trocken, „wir sind eine ehrenhafte Firma, *eine* Unterschrift genügt." Als über den Umgang mit der Sowjetunion gesprochen wurde, bot Acheson uns einen plastischen Vergleich an. Er sagte: „Wenn sie einen Groschen in einen Automaten werfen, und es passiert nichts, dann nutzt es wenig, mit der Maschine zu reden. Aber wenn man den Kasten ein wenig schüttelt, dann funktioniert es manchmal."

Nach dem Begräbnis des MLF-Projekts, auf dessen Planung viel Intelligenz und Eifer verwandt worden waren, hatte sich die Debatte neu belebt. Die Notwendigkeit, Deutschland und Westeuropa atomare Deckung zu geben, war nicht zu bestreiten. Besonders die USA zeigten Verständnis für unsere existentiellen Ängste. So wurden eine Reihe pragmatischer Lösungen vereinbart, die der Bundeswehr ermöglichten, Trägerwaffen in Dienst zu stellen, die sowohl konventionell wie atomar bestückt werden konnten. Scharf gemacht und eingesetzt werden sollten diese Waffen nach einem, einfach ausgedrückt, Zweischlüsselsystem, wie Hauptkassierer nur an den Panzerschrank können, wenn zwei verschiedene Schlüssel zur Hand sind.

Verständlicherweise bestand auf unserer Seite das Verlangen, an der Zielplanung beteiligt zu werden. Bei Gefechtsfeld und taktischen A-Waffen ließ sich das Problem regeln, aber es blieb im Hinblick auf die großen weitreichenden Systeme, über die wir keine Verfügungsgewalt hatten, bis zum heutigen Tage von der Sache her unlösbar. Auch deshalb wurden dazwischen die Mittelstreckenwaffen wie die Pershing-2 angesiedelt, auf die der Planungsstab schon früh auf Grund eines Hinweises von Mc George Bundy aufmerksam gemacht hatte.

Im weiteren Verlauf wurde Deutschland mit taktischen Waffen vollgestopft, ein militärisch und moralisch höchst bedenkliches Verfahren mit einem die Sorgen beschwichtigenden Alibicharakter.

Der uns vorgeschlagene Sperrvertrag bot keinen Ausweg aus der Not. Im Gegenteil, er war ein ungleicher Vertrag und schrieb diese

Ungleichheit fest. Er behinderte unsere Bewegungsfreiheit sowohl zeitlich wie sachlich für viele Jahrzehnte. Adenauer selbst wurde zunehmend kritischer und sprach sich noch nach seinem Rücktritt unverhüllt gegen eine deutsche Unterschrift aus. Das gleiche galt für Franz Josef Strauß und viele Abgeordnete der CSU.

Bundeskanzler Kiesinger teilte meine Ansichten. Wir mußten beitreten, aber dem vorliegenden Entwurf würden wir nicht zustimmen. Das sollte in aller Deutlichkeit gesagt werden. Der Bundesregierung mußte vor allem daran liegen, sicherzustellen, daß die zivile Nutzung der Atomenergie nicht eingeschränkt wurde. Ein weiterer kritischer Punkt bestand darin, daß der Vertrag Kontrollen und Inspektionen vorsah, welche die Einhaltung der Verbote überwachen sollten. Die Atommächte selbst wollten sich aber nicht kontrollieren lassen. Dies wurde mit der Notwendigkeit der militärischen Geheimhaltung begründet. Tatsächlich waren in vielen atomaren Anlagen – besonders der Sowjetunion – zivile und militärische Nutzung miteinander verbunden. Eine Trennung war bei bereits bestehenden Komplexen technisch schwierig. Wir vertraten dennoch mit Nachdruck den Standpunkt, daß wir uns nur von denjenigen kontrollieren lassen wollten, die sich auch selbst Inspektionen unterwerfen würden. Viele andere Staaten schlossen sich dieser unserer Auffassung an.

In langwierigen und zähen Verhandlungen, die in der Hauptsache von Botschafter Schnippenkötter geführt wurden, gelang es Schritt für Schritt, eine Änderung nach der anderen zu unseren Gunsten zu erzwingen.

Außerhalb des Vertrages gab es noch einen höchst empfindlichen, ja brisanten Gegenstand, der so oder so geregelt werden mußte. Es ging um die ‚Feindstaaten-Klauseln' in der Satzung der Vereinten Nationen. Die Kriegsgegner hatten sich das Recht vorbehalten, auch ohne vorherige Anrufung des Sicherheitsrates die ehemaligen Feindstaaten anzugreifen, vorbeugend sozusagen. Die sowjetische Führung hatte bei vielen Gelegenheiten propagandistisch verpackt erkennen lassen, daß sie bereit sein würde, diese Möglichkeit zu nutzen. Dies wiederum hatte unsere Verbündeten veranlaßt, der Sowjetunion zu erklären, daß ein Angriff auf die Bundesrepublik auch unter Berufung auf die Feindstaatenklausel den Bündnisfall auslösen werde.

Eine durch den Beitritt zum Sperrvertrag gefesselte Bundesrepublik konnte ein besonderes Schutzbedürfnis geltend machen, nicht zuletzt gegenüber den Vereinigten Staaten, die sie drängten, dem Vertrage beizutreten. Dieses Schutzbedürfnis wurde anerkannt und entsprechende Texte vorbereitet, die unseren Beitritt zum Vertrage, wenn er denn erfolgen sollte, begleiten würden.

Im Kabinett der großen Koalition und zwischen den sie bildenden Parteien entwickelte sich eine langandauernde Auseinandersetzung über die Frage, wann die Bundesrepublik den Vertrag unterschreiben sollte. Die SPD war erkennbar ungeduldig, und die gleiche Ungeduld, die später die Ursache so vieler außenpolitischer Fehler war, machte sich auch jetzt bereits virulent bemerkbar. Teile der SPD und verdeckt auch Brandt, Egon Bahr und der parlamentarische Staatssekretär Gerhard Jahn waren dafür, dem Vertrag baldmöglichst beizutreten und die ständige Kritik aufzugeben, die Beckmesserei am Vertragstext. Kiesinger, mit ihm die CDU und CSU-Minister im Kabinett, vertraten dagegen intern und nach außen hin die Auffassung, wir seien bereit zu unterschreiben, aber nicht die vorliegende Fassung. Die Wirkung dieser Aussagen auf unsere Partner war davon abhängig, daß sie glaubhaft erschienen, ernstgemeint waren. Gerade diese Wirkung wurde aber durch die verschiedenen Forderungen nach baldigem Beitritt abgeschwächt.

Es war daher meine Aufgabe, als Sprecher deutlich zu machen, was wir wollten. Ich fühlte mich sicher, der Kanzler und eine Mehrheit im Kabinett deckten meine Aussagen. Den Konflikt mit einigen Ministern und Abgeordneten der SPD mußte ich in Kauf nehmen. Kritik kam auch von Franz Josef Strauß, der daran Anstoß nahm, daß ich zu erkennen gab, wir wollten und würden einen verbesserten Vertragstext letztlich akzeptieren. Er hielt das Ganze für einen Fehler.

Es kam zu öffentlichen Kontroversen, die einen Höhepunkt erreichten, als Bahr und Jahn in einem Informationsgespräch mit ausgewählten Journalisten die Vorzüge des baldigen Beitrittes zum Vertrag erläuterten. Die Anhänger des Sperrvertrages waren in die Offensive gegangen. Der Inhalt des Informationsgesprächs wurde von der Presse groß herausgestellt. Es hieß, ein negativer Entscheid Bonns müsse seine freundschaftlichen Beziehungen zu Washington erheblich belasten. Die öffentliche Meinung in den USA könnte sich trotz aller Zurückhaltung der offiziellen Administration kritisch gegen die Bundesrepublik wenden. Weiter hieß es, das deutsch-sowjetische Verhältnis wäre einer schweren Prüfung ausgesetzt, Moskaus Verdächtigungen gegen Bonn würden auf fruchtbareren Boden als bisher fallen. Außerdem könnte sich die Sowjetzone nach ihrer Unterschrift als Musterbeispiel des friedliebenden Deutschlands präsentieren. Bundeskanzler Kiesinger, so interpretierte die Presse, werde noch vor oder spätestens während seines USA-Besuches im Juni seinen Namen unter den Vertrag setzen.

Ich erklärte vor der Presse, der parlamentarische Staatssekretär des Auswärtigen Amtes habe mit seinem Informationsgespräch vom 8.3. den Beratungen der für den 23.4. angesetzten Kabinettssitzung vorgegriffen. Die Bundesregierung als Ganzes werde darüber befinden, welche Punkte vor einer Entscheidung über den Vertrag geklärt werden müßten. „Das Pressegespräch war meines Erachtens der Sache wenig dienlich. Ein Rohrkrepierer, aber zu Schaden gekommen zu sein scheint ja niemand, die Geschützmannschaft hat ja auch gleich das Weite gesucht." Die letzte Bemerkung bezog sich darauf, daß Jahn und Bahr nach dem Informationsgespräch Bonn verlassen hatten.

Der Vorgang machte Schlagzeilen. „Schweres Geschütz", so meldete up, „hat Staatssekretär Diehl am Freitag gegen Sonderbotschafter Bahr und den parlamentarischen Staatssekretär Jahn aufgefahren, die vor einigen Tagen vor einem kleinen Kreis von Journalisten über die Auswirkungen einer Nicht-Unterzeichnung des Atom-Sperrvertrages durch die Bundesregierung gesprochen hatten. Diehl warf den beiden Außenpolitikern vor der Presse vor, der für den 23. April anberaumten Kabinettssitzung vorgegriffen zu haben, in der die Bundesregierung noch einmal Bilanz über die deutschen Bedenken zu dem Vertrag ziehen will. Bei diesem Hintergrundgespräch seien die beiden Veranstalter offensichtlich nach dem Hit-and-run-Prinzip verfahren. Diesen vorwiegend in der angelsächsischen Unterwelt verwendeten Begriff, der etwa mit Zuschlagen und Davonrennen übersetzt werden kann, ergänzte Diehl mit dem Hinweis, Bahr und Jahn hätten nach dem Gespräch sofort das Feld geräumt und seien aus Bonn abgereist."

up meldete:

Einen Vorgriff auf die Meinungsbildung der Bundesregierung hat Regierungssprecher Günter Diehl am Freitag in Bonn dem parlamentarischen Staatssekretär Gerhard Jahn vorgeworfen und damit indirekt Bundesaußenminister Willy Brandt angegriffen. Diehl bezog sich bei seinem Vorwurf auf ein Informationsgespräch, das Jahn ausdrücklich nach vorheriger Abstimmung mit Brandt mit einem kleinen Kreis von Journalisten über den Sperrvertrag geführt hatte. Der Regierungssprecher sagte in Bonn dazu, es handele sich um ein Vorgreifen Jahns; Bundeskanzler Kurt Kiesinger und Bundesaußenminister Brandt hätten beschlossen, am 23. April das Gesamtkabinett mit dem Sperrvertrag zu befassen. Erst am Donnerstag hatte Diehl auf Informationen Jahns zurückgehende Pressemeldungen berichtigt, wonach der Bundeskanzler und der Bundesaußenminister gemeinsam der Ansicht seien, die Unterschrift unter den Sperrvertrag solle noch vor der Sommerpause des Parlaments erfolgen. Diehl hatte in einer schriftlich veröffentlichten Zusammenfassung der Meinung des Bundeskanzlers dazu betont, die Bundesrepublik stehe nicht unter dem Diktat irgendeines Termins. Zu der Kontroverse erklärte Diehl: „Die Haltung der gesamten Bundesregierung ist, so scheint mir, immer eindeutig gewesen.“ Alle seien sich einig darüber, daß vor einer Entscheidung über die Unterschrift noch spezielle deutsche Fragen geklärt werden müßten. In diesem Zusammenhang verwies Diehl auf die Frage der Garantien gegen die angemaßten Interventionsansprüche der Sowjetunion. Diehl erklärte, daß das Gespräch mit der Sowjetunion weitergeführt werden müsse. Die Sowjetunion sei der Bundesrepublik einen kleinen Schritt entgegengekommen. Zur Frage der Kontrolle nicht-nuklearer Staaten durch die Atommächte meinte er, dieses Problem könne in der Zeit zwischen der Unterschrift und der Ratifizierung des Vertrages geklärt werden. Der SPD-Vorstandssprecher Jochen Schulz glaubte, sich etwas freier äußern zu können. Er sagte: „Diehl muß es sich abgewöhnen, selber Politik machen zu wollen. Er hat Informationen der Bundesregierung zu vermitteln und nichts weiter.“ Nach Meinung von Schulz muß der Verdacht aufkommen, daß Staatssekretär Diehl mit seiner psychologischen Tagesschau die sachlichen Gründe vernebeln wolle, die für eine Unterschrift unter den Atom-Sperrvertrag sprachen.

Wenig später stieg verständlicherweise auch die FDP ein: „Mischnik bedauerte, daß die realistische Stellungnahme der Bundesregierung durch Außenminister Willy Brandt zur Budapester Erklärung, nämlich dem sowjetischen Vorschlag einer europäischen Sicherheitskonferenz, durch andere Vertreter der großen Koalition abgeschwächt worden sei. Er spielte dabei offenbar auf die Erklärung Diehls an.“

Ich hatte in der Tat gesagt: „Die Bündnispartner machen sich keine

Illusionen, die Absichten der Sowjetunion sind deutlich. Die politischen Kosten der gesamteuropäischen Konferenz sollen vom Westen, und insbesondere von der Bundesrepublik Deutschland, getragen werden. An einer Konferenz, die allein die Verwirklichung sowjetischer Ziele dient, besteht kein Interesse. Wir wollen eine Konferenz, die nicht den Status quo festschreibt, sondern ihn verbessert. Dieser unser Wunsch deckt sich mit dem Verlangen der europäischen Nationen in Ost und West. Die Bundesregierung war immer und bleibt bereit, an einer wirklichen Entspannung mitzuarbeiten."

Ich war im Pulverdampf ganz vergnügt geblieben. Was nämlich niemand wußte, war Folgendes: Conrad Ahlers hatte am 9. April aus Washington angerufen, wohin er Brandt begleitet hatte. Ahlers hatte gesagt: „Außenminister Brandt beginnt sich langsam zu der Auffassung durchzuringen, daß er sich für eine Unterschrift unter den NV-Vertrag vor den Wahlen nicht mehr allzu stark machen will. Der Grund ist einfach. Er möchte nicht Franz Josef Strauß die Möglichkeit geben, die SPD im Wahlkampf als eine Partei zu attackieren, die nationale Interessen verletzt. Er will deshalb unter Umständen dem Bundeskanzler mehr oder minder überlassen, was er macht, natürlich dann vor der Öffentlichkeit ganz klar machen, daß die SPD im Grunde für die Unterschrift unter den NV-Vertrag sei, daß dies aber wegen der innerparteilichen Meinungsverschiedenheiten der CDU/CSU nicht möglich gewesen wäre." Ahlers sagte weiter, er rechne damit, daß Brandt in Washington in dieser Auffassung bestärkt werde, weil nämlich kein Druck in Sachen NV-Unterschrift ausgeübt werden würde, womit auch Botschafter Rolf Pauls rechne.

Die große Koalition stellte die Entscheidung zurück und trat dem Nicht-Verbreitungsvertrag nicht bei. In Wahrheit war die Entscheidung gefallen. Sie wurde erkennbar aus wahltaktischen Gründen verschoben. Eines aber ist Kiesinger zuzuschreiben. Er hat dem Vertrag eine andere, für die Bundesregierung annehmbare Substanz gegeben. Das war jenseits des traktischen Parteienstreits ein großer Gewinn für die Bundesrepublik. Deshalb konnte die neue Regierung, die sozialliberale Koalition, als sie am 28. November 1969 zur Unterzeichnung des Vertrages schritt, diesen Akt mit einer Note begleiten, die noch in der großen Koalition konzipiert worden war.

Die Note ist nach Form und Inhalt ein höchst bedeutendes Dokument, ein weiteres Zeichen für die Qualität der außenpolitischen Arbeit in der großen Koalition. Die Note ist in Deutschland in Vergessenheit geraten. Ihre immer noch gültigen, konkreten Zielvorgaben sind in der Öffentlichkeit von banalem Geschwätz überdeckt worden. Sie begann: „Die Bundesregierung legt aus gegebenem Anlaß die Voraussetzungen dar, unter denen sie den Vertrag unterzeichnet.“ Im Text hieß es unter anderm: „Der Zweck des Vertrages ist, die gegenwärtigen Nicht-Kernwaffen-Staaten daran zu hindern, Kernwaffen und sonstige Kernsprengkörper herzustellen oder sonstwie zu erwerben. Die Bestimmungen des Vertrages sind daher ausschließlich auf die Verwirklichung dieses Zieles gerichtet. Keinesfalls führen diese Bestimmungen zu einer Beschränkung der Verwendung von Kernenergie für andere Zwecke. Freiheit von Forschung und Entwicklung ist von wesentlicher Bedeutung für die Förderung der friedlichen Verwendung von Kernenergie, und es steht für die Bundesrepublik Deutschland außer Zweifel, daß der Vertrag niemals so ausgelegt oder angewandt werden kann, daß er Forschung und Entwicklung behindert oder unterbindet. Die Bundesregierung ist gleichzeitig der Auffassung, daß der Nichtverbreitungsvertrag Fortschritte auf dem Gebiet der Entwicklung und Anwendung der Technologie der friedlichen Verwendung von *Kernsprengmitteln* nicht behindern darf. Die Regierung der Bundesrepublik beabsichtigt, den NV-Vertrag solange nicht zur Ratifizierung vorzulegen, bis die Verhandlungen zwischen der Kommission der Europäischen Gemeinschaften und der Internationalen Atomenergieorganisation zu einer Einigung geführt haben.“

Die Bundesregierung veröffentlichte anläßlich der Unterzeichnung neben der Note noch eine weitere Erklärung. Hier wurden die speziell für Deutschland relevanten Probleme behandelt. Es hieß darin: „Die Bundesregierung geht davon aus, daß der Vertrag der Bundesrepublik Deutschland gegenüber so ausgelegt und angewendet wird, wie gegenüber den anderen Vertragsparteien. Sie geht davon aus, daß die Sicherheit der Bundesrepublik durch die NATO gewährleistet bleibt. Sie bleibt ihrerseits den kollektiven Sicherheitsregelungen der NATO uneingeschränkt verpflichtet. Sie stellt fest, daß die in der Präambel des Vertrags enthaltenen Grundsätze und die in Artikel 2 der Charta der Vereinten Nationen niedergelegten völkerrechtlichen Prinzipien, die jede gegen die territoriale Unversehrtheit oder politische Unabhängigkeit eines Staates gerichtete Androhung oder Anwendung von Gewalt ausschließen, unabdingbare und auch für die Bundesrepublik Deutschland uneingeschränkt geltende Voraussetzungen des Vertrages selbst sind. Die Bundesregierung stellt fest, daß die Bundesrepublik Deutschland in einer Lage, *in der sie ihre höchsten Interessen gefährdet sieht, frei bleiben wird*, unter Berufung auf den in Artikel 51 der Satzung der Vereinten Nationen niedergelegten völkerrechtlichen Grundsatz, *die für die Wahrung dieser Interessen erforderlichen Maßnahmen zu ergreifen*. Die Bundesregierung unterzeichnet den Vertrag in der Überzeugung, daß er den europäischen Zusammenschluß nicht behindert. Die Bundesregierung stellt fest, daß keine Unvereinbarkeit zwischen den Zielen des Nicht-Verbreitungsvertrages und des Euratom-Vertrages besteht."

Äußerst bedeutsam neben diesen beiden Dokumenten waren die Erklärungen der Vereinigten Staaten, Großbritanniens und Frankreichs zu den Feindstaaten-Klauseln der Charta der Vereinten Nationen.

„Die drei Mächte, die Vereinigten Staaten, Großbritannien und Frankreich, haben förmlich erklärt", so hieß es in der amerikanischen Verlautbarung, „daß sie sich in ihren Beziehungen mit der Bundesrepublik von den Grundsätzen des Artikels 2 der Charta der Vereinten Nationen leiten lassen werden. Die Bundesrepublik steht als vollwertiger und gleichberechtigter Partner des Nordatlantik-Paktes selbstverständlich unter dem Schutz dieses Vertrages, aufgrund dessen ein bewaffneter Angriff auf ein Mitglied von den Verbündeten unmittelbar mit Maßnahmen der Selbstverteidigung gemäß dem Nordatlantikpakt erwidert würde."

Die Sowjetunion wußte nun, woran sie war. Die Deutschen konnten ruhig schlafen, weil wir wachsam gewesen waren. Wachsamkeit blieb der Preis der Freiheit.

Neunzehnhundertachtundsechzig

Mitte November 1967 schrieb ich eine Aufzeichnung über die Dreier-Besprechungen der Planungsstäbe, die zwei Wochen vorher in Washington stattgefunden hatten. Wir hatten die Punkte der Tagesordnung abgearbeitet, uns zum Schluß aber auch Zeit für eine freie, nicht durch vorgegebene Themen gebundene Aussprache gelassen, die ich so zusammenfaßte:

„Der Ausblick auf die Welt der 80er Jahre ergab, daß nahezu alle Beteiligten mit einer Periode internationaler Unruhen, aber auch nationaler Wirren rechnen. Die schnell wachsende Bevölkerung werde eine stärkere Reglementierung der menschlichen Existenz erzwingen, die wiederum große Revolten auslösen müsse. Neue Heilslehren würden entstehen. Man müsse mit einem neuen Linksradikalismus nicht-kommunistischer Art in der ganzen Welt rechnen. Eine Rassenlehre farbiger Provenienz werde zeitlich und räumlich begrenzt, aber doch sehr aggressiv auftreten."

Die wichtigste Frage in den kommenden Jahrzehnten sei, in einer streng reglementierten Welt dem einzelnen, weitgehend gesteuerten Menschen einen „Spielraum" zu erhalten, wo er schöpferisch und frei sein könne.

Das war, wie sich herausstellen sollte, eine zutreffende Vorschau auf kommende Dinge. So waren wir auf die nachfolgenden Ereignisse wenigstens gedanklich nicht völlig unvorbereitet.

Zu Beginn des Jahres 1968 beschäftigte sich das politische Bonn intensiv mit der „Unruhe in der Jugend". Dieses Etikett wurde verwandt, um die vielfältigen und unterschiedlichen Anzeichen von Unzufriedenheit und Verdrossenheit in der jungen Generation, vor allem an den Universitäten, begrifflich zusammenzufassen. Nicht nur in der Bundesrepublik, sondern in allen hoch entwickelten, demokratisch verfaßten Staaten war es zu jugendlichen Protestbewegungen gekommen, ausgelöst durch ein Gemisch von idealistischen und anarchistischen Ideen. Die Bandbreite reichte von den Blumenkindern bis zu den K-Gruppen.

Ende Mai, Anfang Juni 1967 hatte ein Besuch des iranischen Schahs Reza Pahlewi in der Bundesrepublik gewaltsame Demonstrationen ausgelöst. Sie forderten in Berlin ein Todesopfer. Als Bürgermeister Heinrich Albertz im Berliner Abgeordnetenhaus von einer extremistischen Minderheit sprach, welche die Freiheit mißbrauchte, um ihr Endziel der Zerstörung unserer demokratischen Grundordnung zu erreichen, kam es erneut zu schweren Krawallen. Albertz mußte seinen Platz räumen und für Klaus Schütz freimachen, der damit seine kurze Gastrolle als parlamentarischer Staatssekretär im Auswärtigen Amt beendete.

Im Februar 1968 kam es erneut zu schweren Ausschreitungen, zunächst vornehmlich in Berlin. Wenige Wochen später, nach einem Attentat auf Rudi Dutschke, einen der Führer des Sozialistischen Deutschen Studentenbundes, brachen Revolten in zahlreichen Universitätsstädten aus, bei denen zwei Todesopfer und zahlreiche Verletzte zu beklagen waren. Der Unmut entzündete sich scheinbar an nichtdeutschen Vorgängen. Neben die Kampagne gegen den Schah traten nun als bevorzugtes Angriffsziel die Vereinigten Staaten von Amerika und deren Einrichtungen in Deutschland. Ho Chi Minh, Fidel Castro und Che Guevara waren die Leitfiguren der Studentenrevolten. Auch das erste, im engeren Sinne deutsche Ziel, die „Springer-Presse", wurde zunächst nicht so sehr wegen ihrer innenpolitischen Tendenz, sondern wegen ihrer Verteidigung der amerikanischen Außen- und Sicherheitspolitik gewaltsam angegriffen.

In Wahrheit lagen die Ursachen der Revolte viel tiefer. Auch wenn die schöne pathetische Sprache Friedrich Schillers nicht mehr gesprochen wurde, der Don Carlos sagen läßt: „Dreiundzwanzig Jahre, und nichts für die Unsterblichkeit getan!", so beschrieb sie doch die psychische Not, die große Leere, den Zweifel, ob sich ein erfülltes Leben in unserer Gesellschaft leben ließe. Wo waren die großen Werke, die man verrichten wollte, wo die großen Herausforderungen, denen man sich stellen konnte? Die größte Herausforderung, der Krieg, war der Jugend von einer intelligenten und klugen Politik genommen worden. Übriggeblieben waren nur banale Seichtigkeiten, Ruhe, Wohlstand, soziale Sicherung, bürgerliche Zufriedenheit mit Bier vor dem Fernseher. Da hatte sich eine kritische Masse angesammelt, die uns nun mit einem Knall um die Ohren flog.

Am 17. April teilte ich nach einer Kabinettssitzung der Presse mit, daß es an 27 Orten zu Manifestationen gekommen war, mit Schwerpunkten in Berlin, Frankfurt, München, Hamburg, Essen, Eßlingen und Köln. Die Zahl der Teilnehmer schwankte von Tag zu Tag zwischen 5000 und 18 000 Personen. An den 26 Aktionen mit „organisierter Gewaltanwendung" hatten sich immerhin zwischen 4000 und 11 000 Demonstranten beteiligt. Die Polizei hatte 575 Personen festgenommen. Die Stärke der Bereitschaftspolizei betrug 16 000 Mann, die notfalls auf 21 300 Mann gebracht werden konnte.

Die Bundesregierung und die Landesregierungen hatten sich verhältnismäßig schnell wieder gefangen, den Überraschungseffekt überwunden. Kiesinger selbst ging sofort ins Fernsehen und hielt eine kurze Ansprache, deren Inhalt er in verschiedenen anderen Interviews in abgewandelter Form wiederholte. Der Kanzler sagte am 13. April:

> Im Zusammenhang mit dem verbrecherischen Anschlag auf Rudolf Dutschke haben in den beiden letzten Tagen radikale studentische Gruppen in einigen deutschen Städten eine Reihe von gewalttätigen Aktionen unternommen. Diese Studentengruppen werden angeführt von kleinen, aber militanten linksextremistischen Kräften, die sich die Zerstörung unserer parlamentarisch-demokratischen Ordnung offen zum Ziel gesetzt haben. Sie haben seit langem derartige Gewalttätigkeiten propagiert und durchgeführt.
>
> In unserer Demokratie haben die Vertreter jeder politischen Meinung das unbestreitbare Recht, diese zum Ausdruck zu bringen und für sie zu werben. Keiner Gruppe kann aber das Recht zugestanden werden, ihre politischen Auffassungen und Ziele mit Gewalt durchsetzen zu wollen. Die staatlichen Reaktionen waren bisher bewußt zurückhaltend, um unnötige Opfer zu vermeiden. Seit Wochen wurden jedoch diese Gruppen davor gewarnt, ihre ungesetzlichen Aktionen fortzusetzen, weil sonst zwangsläufig die Mittel der staatlichen Abwehr verschärft werden müßten. Darüber hinaus ist zu befürchten, daß sich Gegenaktionen aus der Bevölkerung entwickeln könnten, die zu gefährlichen Zusammenstößen und Unruhen führen müßten …
>
> Das Attentat eines keiner politischen Gruppe angehörigen, abseitigen Verbrechers sollte für uns ein Alarmsignal sein. Gewalt provoziert Gegengewalt, die sich zwangsläufig ständig ausbreiten und steigern muß. Um eine solche unheilvolle Entwicklung zu vermeiden, muß sich der weit überwiegende Teil der Studentenschaft, der für die Aufrechterhaltung unserer demokratisch-parlamentarischen Ordnung eintritt, den radikalen Rädelsführern verweigern … Ich weiß, daß manche von ihnen härtere Zusammenstöße bewußt provozieren wollen.

Ich warne Sie vor den dann unvermeidlichen Folgen, für die Sie die Verantwortung tragen müßten.

Ich weiß mich in der Entschlossenheit, keine gewaltsame Störung der rechtsstaatlichen Ordnung, komme sie, von wem sie wolle, zu dulden, mit unserem Volke einig.

In einem Interview mit dem WDR vom gleichen Tage sagte Kiesinger zum Schluß: „Es ist gar nicht alles, was sich da zur Oberfläche drängt, so verwerflich. Zum Beispiel sympathisiere ich durchaus mit dem Protest studentischer Gruppen gegen bestimmte Erscheinungen der modernen technologischen, industriellen Welt. Das sind ja Gedanken, die in der deutschen kulturkritischen Literatur seit vielen Jahrzehnten behandelt werden. Im Grunde genommen ist diese Gegenwehr gegen das unmenschliche Element in dieser modernen technologischen Welt etwas durchaus Sympathisches. Nur darf es nicht zu einer bilderstürmerischen Haltung führen, zu dem Willen, erst einmal alles einzureißen, um dann etwas Schönes und Vollkommenes aufzubauen, denn wenn das sich durchsetzen würde, dann würde es enden, wie alle Schwarmgeisterei in der Geschichte immer geendet hat: in Blut und Tränen."

Im Parlament und in der Publizistik gab es neben denjenigen, die ein schärferes Vorgehen forderten, auch diejenigen, die sich besorgt darüber äußerten, der Staat könne die Grundfreiheiten einschränken. In Wahrheit hatte die Bundesregierung klar gesagt, sie glaube nicht, daß man mit Verboten, etwa des Sozialistischen Deutschen Studentenbundes, des Übels Herr werden könne. Es wurden verdeckte Sympathien mit den Gewalttätern sichtbar. Auch und nicht zuletzt bei der FDP.

Wir wissen heute, was wir damals schon vermuteten, nämlich daß die organisierte Gewaltanwendung von der DDR und ihren Ziehvätern gesteuert wurde. Nach einigem Zögern hatten sich die Kommunisten an den überwiegend von Studenten getragenen Aktionen beteiligt. Es wurde oft gesagt, die Studentenunruhen seien ein Produkt der großen Koalition. Diese wurde aber besser mit der Revolte fertig als jede andere denkbare Regierung. Die erhoffte Solidarisierung mit der Arbeiterschaft mißlang den Studenten vom SDS trotz ihres Namens völlig. Sympathien fanden sie im pseudo-intellektuellen Milieu.

So fühlte sich ein Amtsgerichtsrat Pulch berufen, angeblich im Namen des Deutschen Richterbundes, den Bundeskanzler zu kritisieren, indem er ihm Aussagen unterstellte, die er nie gemacht hatte. Meine Versuche, den Richterbund zu einer Berichtigung zu veranlassen, scheiterten an der Arroganz und Eitelkeit dieses Pulch, der wohl die Chance nutzen wollte, wenigstens einmal in seinem Leben in die Presse zu kommen. Es blieb nichts anderes übrig, als ihn bloßzustellen. Das gelang der Publizistik besser als der Regierung. Der Bonner Korrespondent der *Zeit*, Robert Strobel, schrieb in der *Zeit* unter der Überschrift „Leichtfertig": „Der Frankfurter Amtsgerichtsrat Pulch, Sprecher des deutschen Richterbundes, wandte sich öffentlich gegen eine Äußerung des Bundeskanzlers im Fernsehen, die Kiesinger nachweislich nicht gemacht hat. Der Kanzler soll laut Pulch den demonstrierenden Studenten mit verschärften Maßnahmen durch Polizei und Justiz gedroht haben. Als ihn der Bundespressechef auf seinen Irrtum aufmerksam machte, räumte Pulch nur zögernd ein, daß seine Kritik auf Informationen aus zweiter Hand beruhte. Obwohl ihm Staatssekretär Diehl nachwies, daß seine Zweifel an der amtlichen Wiedergabe des Textes unbegründet waren, wollte er sich nicht zu einer Berichtigung bequemen. Daraufhin übergab Diehl der Presse eine Klarstellung."

Am 24. Mai publizierte die *Zeit* unter dem Titel „Urteilsschelte" die folgenden Texte. Zunächst einen Leserbrief, unterschrieben von Otto Rudolf Pulch, Richter, Frankfurt am Main:

Robert Strobel, wohl jüngster Träger des Großen Bundesverdienstkreuzes, hat die Woche seines Jubeltages zu einer Glosse gegen mich arbeitsam zu nutzen gewußt. Mögliche Zusammenhänge zwischen der Ordensverleihung und der Glosse lassen sich ahnen: Der Bundespressechef Diehl hat ihm den Orden umgehängt. Die Quelle seiner Information mag daher einiges entschuldigen, nicht aber alles: die journalistische Korrektheit hätte trotz aller Euphorie über den obrigkeitlichen Anerkennungsakt gerade einen so erfahrenen Bonn-Astrologen veranlassen sollen, sich in Sachen politicis des alten Spruches ‚Audiatur et altera pars' (Vergleiche auch die Inschrift im Frankfurter Römer ‚Eines Mannes Redde, eine halbe Redde, man soll sie billig verhören beede') zu entsinnen, und mich als den Angegriffenen zu befragen.

War ihm dies jedoch zu mühsam, so hätte ein Blick in die *Welt* Aufklärung verschafft. Dort war eindeutig zu lesen, daß es sich um eine Presseerklärung des deutschen Richterbundes handelte, deren von Herrn Diehl geforderte Berichtigung ich schon deshalb nicht vornehmen konnte, weil ich, entgegen der Darstellung Strobels, nicht Sprecher des Deutschen Richterbundes bin. Im übrigen hätte er erfahren können, daß so einfach die Dinge nicht liegen, wie er sie darstellt. So sind viele heute noch der Überzeugung, der Bundeskanzler habe sich so geäußert, wie kritisiert wurde, allerdings nicht in jener Fernseherklärung, die Herr Diehl als Alibi geschickt in den Vordergrund geschoben hat.

Zu diesem Text merkte Robert Strobel folgendes an:

Wo und wann hat es also der Bundeskanzler gesagt? Herr Pulch weiß es nicht. Trotzdem kritisierte er öffentlich die angebliche Äußerung Kiesingers, ohne nachgeprüft zu haben, wie es gerade ein Richter tun müßte, ob sie überhaupt gefallen ist. Ihm genügt es, „daß viele heute noch der Überzeugung sind, der Kanzler habe sich so geäußert, wie kritisiert wurde". In der *Welt*, auf die er mich verweist, antwortet Pulch auf die Frage, ob nicht die angebliche Antwort des Kanzlers wortgetreu hätte verifiziert werden müssen, bevor zu ihr Stellung genommen wurde: „Bei der Fülle der Erklärungen wäre eine Verifizierung gar nicht möglich gewesen." Was ihn freilich nicht abhielt, die behauptete Äußerung Kiesingers, wie es nach seiner Darstellung auch andere deutsche Richter getan haben, „eigentlich nicht in Zweifel" zu ziehen, eine beunruhigend wunschbefangene Urteilsbildung!

Mir wieder unterstellt Pulch „Euphorie über den obrigkeitlichen Anerkennungsakt" (nämlich die Verleihung des Großen Bundesverdienstkreuzes) und einer aus ihr resultierenden liebedienerischen Gesinnung, ohne geprüft zu haben, ob ich an jener Anerkennung, die ich wohl in der Hauptsache für meine sachliche Berichterstattung erhielt, wirklich eine so läppische Freude habe, wie es Herr Pulch in seiner primitiven Attacke gegen mich vermutet.

Sogar der Rest von Unkorrektheit, den Pulch in meiner Berichterstattung entdeckt zu haben glaubt, löst sich in nichts auf. Er behauptet, ich hätte ihn zu Unrecht als Sprecher des Deutschen Richterbundes bezeichnet. Aber wie konnte er dann dpa am 19. April das Erstaunen und Befremden des Deutschen Richterbundes über jene angebliche Äußerung Kiesingers mitteilen, wenn nicht als Sprecher des Richterbundes, mag er sich auch in seinem Engagement zu dieser Rolle gedrängt gefühlt haben.

Nach so vielen falschen Unterstellungen des Vorstandsmitgliedes des Deutschen Richterbundes, Pulch, möchte ich ihm nicht unterstellen, daß er im Gerichtssaal ebensowenig sorgfältig argumentiert wie hier. Sonst müßten einem ja die armen Parteien, die ihm dort ausgeliefert sind, leid tun."

Kiesingers öffentlich geäußertes Verständnis für die Beweggründe und die Probleme der revoltierenden Studenten führten zu der in der Öffentlichkeit gestellten Frage, ob die Bundesregierung nicht mit dem Sozialistischen Deutschen Studentenbund verhandeln wolle. Ich antwortete vor der Presse, die Bundesregierung sei gesprächsbereit, hielte aber ein Gespräch mit dem SDS für sinnlos, ebenso wie der SDS selbst. Ich fügte hinzu, wenn man sich bemühe, die revolutionären Ziele des SDS zu begreifen, dann habe ein Gespräch auch aus der Sicht des SDS keinen Zweck. Ich glaubte in der Erinnerung an die konspirativen Gruppen in der Hitler-Diktatur, wie zum Beispiel die „Schwarze Front" Otto Strassers, besser als die braven Bürger zu verstehen, was Rudi Dutschke oder Daniel Cohn-Bendit bewegte. Mit dem Bundeskanzler und mit Innenminister Ernst Benda war ich mir auch persönlich einig, daß mit Verboten der Revolte nicht beizukommen war. Zunächst mußte die organisierte Gewalt gebrochen werden, dann würde man weitersehen.

Kiesingers kulturkritische Überlegungen blieben nicht nur spekulativ, sie beeinflußten sein konkretes Verhalten. Als er im badenwürttembergischen Wahlkampf des Jahres in seinem Stammland für die CDU eintrat, hatten die Studenten, vor allem der frischgebackenen Universität Konstanz, wo Ralf Dahrendorf regierte, sich die Reiseroute des Wahlkämpfers Kiesinger angesehen. Motorisiert und auch sonst gut mit Megafonen, Plakaten und Spruchbändern ausgerüstet, erschienen sie frühzeitig zu den Kundgebungen, die tagsüber bei gutem Wetter im Freien stattfanden. Weder die Polizei noch die örtliche Organisation der CDU hatten Erfahrungen mit den neuen Taktiken. Man war gutgläubig und ließ gewähren. Das Schema war immer das gleiche. 20 bis 30 Aktivisten stellten sich unmittelbar vor dem bereits installierten Rednerpult auf, entfalteten Spruchbänder und Plakate. Sowie Kiesinger sprechen wollte, veranstalteten sie ein lautstarkes Gebrüll, gut durchmischt mit Trillerpfiffen und Buhrufen. Am Ende der Veranstaltung, wenn der angesehene und vertraute Landesvater noch einen Schoppen mit den Honoratioren trinken mußte und wollte, waren die Agitatoren schon unterwegs zur nächsten Veranstaltung, wo sie uns wieder in Empfang nahmen. Die Bürger, die gekommen waren, um Kiesinger zu hören, wurden um ihr Vergnügen betrogen, weil niemand so recht wußte, wie man mit den Randalierern umgehen sollte.

Bei der dritten Veranstaltung wurde es Kiesinger zu dumm. Er sagte: „Liebe Landsleute, wollen wir uns das eigentlich gefallen lassen, daß eine Handvoll Leutchen uns vorschreibt, ob der Kanzler hier reden kann und ihr ihn hören könnt?" Nach einem kurzen Zögern forderte die Polizei die Demonstranten auf, ihren Standort zu räumen, und als diese sich weigerten, griffen die Bürger zu, nahmen die Transparente weg, zerrissen die Plakate und rieten den jungen Agitatoren das Maul zu halten, anderenfalls würde es etwas auf dasselbe geben. Von da an wurde die Wahlreise zu einem kleinen Triumphzug. Von Meersburg, wo eine Trachtenkapelle den Kanzler am Seeufer verabschiedete, fuhren wir am frühen Abend gut gelaunt mit einem Boot über den Bodensee. Die Stimmung war ausgezeichnet, was – abgesehen von der Gewißheit des Erfolgs – auch sicher den guten Weinen zuzuschreiben war, die zwar jeweils in kleinen Mengen, aber den ganzen Tag über getrunken werden mußten, schon um die Gastgeber nicht zu verletzen. Es war ein anstrengender Tag gewesen, gewiß, aber ein schöner Tag. Nur noch eine, die letzte Wahlversammlung des Tages, in Konstanz, im Konzilssaal, dann war es geschafft.

Als wir anlandeten, fiel unser Blick auf ein großes Transparent, auf dem geschrieben stand: „Wir grüßen dich, König Silberzunge." Das war boshaft gemeint, aber doch auch ein Tribut an Kiesingers Sprachgewalt. Wir zogen also, Kiesinger an der Spitze, frohgemut in den Saal ein. Dort empfing uns ein ohrenbetäubender Lärm. Es war nicht leicht zu erfassen, was vorging. Auch optisch nicht, weil dichter Tabakqualm die Sicht trübte. Eduard Adorno sprach, damals Staatssekretär im Verteidigungsministerium, bemühte sich nach Kräften, die Vorzüge des nordatlantischen Bündnisses darzulegen. Jeder seiner Sätze wurde mit Gejohle, Hohngelächter und Pfeifkonzerten bedacht. Adorno war froh, daß Kiesinger, der ihn vorgeschickt hatte, endlich gekommen war, begrüßte ihn und gab ihm das Wort. Für einen kurzen Augenblick blieb es still, die respekterheischende Gestalt des Bundeskanzlers schien auch hier ihre Wirkung zu tun. Kaum aber hatte „König Silberzunge" zu sprechen begonnen, setzte wieder das Getöse ein. „Ich denke", sagte Kiesinger, „Sie sind hierhergekommen, um zu hören, was ich zu sagen habe." Gebrüll und Zurufe: „Nein, Nein! Überhaupt nicht!" „Also", sagte der Kanzler, „dann laßt uns abstimmen. Wer möchte, daß ich rede, soll die Hand heben." Das Ergebnis war katastrophal. Die Leute in den beiden ersten Reihen hoben zaghaft die Hand. Der ganze Saal kam in Bewegung. Niemand sonst, so schien es, wollte Kiesinger hören. Langsam wurde uns bewußt, was geschehen war. Die Studenten der von Kiesinger als Ministerpräsident ins Leben gerufenen Universität hatten lange vor Beginn der Veranstaltung den Saal besetzt. Als die wackeren Bürger erschienen, war der Saal überfüllt. Nur die beiden ersten Reihen blieben für die Honoratioren und die Sicherheitsbeamten übrig.

Kiesinger ging sofort zum Angriff über. „Also gut", sagte er, „wenn ich nicht reden soll, wer soll dann reden? Kommen Sie doch hier herauf und sagen, was Ihrer Meinung nach gesagt werden müßte." Verwirrung, Zögern. „Kommen Sie doch, einer muß doch anfangen." Schließlich bestieg ein junger Mann die Tribüne, mit großem Applaus, aber auch mit freundlichem Spott begrüßt. Kiesinger hatte einen spontanen, beneidenswerten Einfall. Er sagte zu dem jungen Herrn sehr höflich: „Ich habe nicht den Vorzug, Sie zu kennen, und vielleicht geht es einigen im Saal ähnlich. Bitte sagen Sie doch, wer Sie sind und was Sie jetzt machen." Was blieb dem Gegenstand dieser Höflichkeit anderes übrig als zu sagen: „Ich heiße XY und studiere Soziologie im 2. Semester." Der Saal fing an, sich zu amüsieren. Es gab eine Menge Gelächter, ermutigende Zurufe und Pfiffe. Der Studiosus begann seine Rede, war schnell am Ende und trat in einer Mischung von Beifall und fröhlichen Zurufen wieder ab. Kiesinger ging ernsthaft auf das ein, was er gesagt hatte, stimmte hier zu und rückte da die Ungereimtheiten zurecht. Dann bat er den nächsten Redner nach oben. So kamen nach dem gleichen Verfahren ein Dutzend Leute zu Wort. Schon nach den ersten drei oder vier war klar, daß sich das Blatt gewendet hatte. Hin und wieder bekam selbst Kiesinger Beifall, er wurde von den jungen Rednern mit „Herr Bundeskanzler" angesprochen. Die Neigung der Studenten, sich dem Votum des Saales auszusetzen, nahm ab. Schließlich kam der letzte. Kiesinger, seines Triumphes sicher, vergaß ihn zu fragen, wer er war und welche Arbeit er verrichtete. Der schon etwas ältlich wirkende Mann, den viele der Studenten zu kennen schienen, redete phrasenreich, aber ziemlich dümmlich drauflos. Kiesinger fertigte ihn mit besonderer Höflichkeit ab und begann dann selbst zu sprechen. Ein

Schlußwort sozusagen, zu dem die Interventionen der Studenten den besten Stoff geliefert hatten. Der Kanzler bekam großen Beifall. Er hatte die Schlacht gewonnen.

Nach dem Ende der Veranstaltung sammelte sich ein kleines Grüppchen, darunter auch einige der Redner, um mich, und ich schlug vor, gemeinsam noch einen Schoppen oder ein Bier zu trinken. Es war spät geworden, und der Wirt im Konzilskeller zeigte wenig Neigung, uns im Lokal zu bedienen. Er wollte dichtmachen. Der äußere Aufzug meiner neuen Freunde schien ihn auch zu stören. Ich war damals dank meiner Fernsehauftritte in der Öffentlichkeit bekannt, und so gelang es mir, den Wirt dazu zu bewegen, uns einen Vorrat Flaschenbier zu verkaufen und auf die Terrasse zu bringen. Da wurde nun tüchtig weiterdebattiert.

Zunächst erfuhr ich, daß der letzte Diskussionsredner der evangelische Studentenpfarrer gewesen war. Ich hätte eigentlich selbst darauf kommen können. Zu Beginn unseres Gesprächs sah es so aus, als würde es zu Tätlichkeiten kommen. Ich hatte gesagt, wenn sie einmal „dran" wären, dann könnten sie machen, was sie für richtig hielten. Jetzt aber wären wir „dran" und machten, mit einer vollgültigen demokratischen Legitimation, was wir für richtig hielten. Dann provozierte ich. Ich sagte, ich hätte gerade die „Anti-Mémoires" von André Malraux gelesen. An einer Stelle beschreibe Malraux ein Gespräch mit einem Freund über André Gide und sage dabei: „Ich mag Gide ganz gerne, aber ich verstehe nicht, warum ihm soviel an den Meinungen junger Leute gelegen ist." Das, so fügte ich hinzu, verstünde ich ebenfalls bei so vielen unserer öffentlichen Schönredner nicht. Die nächsten Minuten verliefen stürmisch. Ich blieb bei meiner Meinung, ließ aber aus voller Überzeugung auch dem Sturm und Drang Gerechtigkeit widerfahren. Vermutlich waren meine Gesprächspartner und ihre attraktiven Begleiterinnen überrascht und schockiert, daß ein Schwein, welches für die Regierung arbeitete und Propaganda machte, französische Bücher las, wußte, wer Malraux und Gide waren. Wir vertrugen uns schließlich ganz gut. Wieder fand ich, daß die jungen Männer und Frauen auf eine große Herausforderung warteten, die ihnen diese gut eingerichtete und funktionierende Gesellschaft nicht geben konnte oder wollte, wie sie glaubten. Sie selbst waren unfähig, in dieser Gesellschaft im Frieden ein großes

Abenteuer zu finden, was uns gelungen zu sein schien. Ein wenig wollten die jungen Burschen auch den jungen Mädchen imponieren, und da wir ihnen die großen Mut- und Bewährungsproben um des lieben Friedens willen genommen hatten, suchten sie Ersatz, prügelten sich mit der Polizei, hielten Wasserwerfern und Tränengas stand.

Gegen vier Uhr morgens, es dämmerte schon, sagte ich, ich müsse früh raus und wolle nun ins Insel-Hotel marschieren. Ob sie mir den Weg zeigen könnten? „Wir bringen Sie rüber. Die meisten von uns haben sowieso die Autos da stehen." Also wanderten wir durch die Nacht zum Hotel und wünschten uns zum Abschied das Beste.

Im Frühjahr 1969, am 23. April, befaßte sich das Bundeskabinett mit dem Gesamtkomplex des Radikalismus in der Bundesrepublik. Das Kabinett war der auch von mir vehement vertretenen Auffassung, daß möglichst keine Verbote ausgesprochen werden sollten. Selbst im Falle der NPD hieß es, da eine Entscheidung des Bundesverfassungsgerichtes über einen Antrag der Bundesregierung auf Feststellung der Verfassungswidrigkeit der NPD bis zur Bundestagswahl im Herbst '69 nicht erwartet werden könne, müßten nach Auffassung des Kabinetts zunächst die deutschen Wähler ihr Urteil über diese, den deutschen Interessen abträgliche Partei fällen. Auch im Falle der Deutschen Kommunistischen Partei, die inzwischen neu gegründet worden war, werde man zunächst beobachten, ob die Partei sich im Rahmen der vom Grundgesetz gezogenen Grenzen bewege.

Mit Bezug auf den Sozialistischen Deutschen Studentenbund vertrat das Kabinett weiterhin die Meinung, daß die Gewalt- und Terrorakte des SDS in erster Linie mit den Mitteln des geltenden Ordnungs- und Strafrechts bekämpft werden müßten. Die Bundesregierung, so hieß es abschließend, ist der Auffassung, daß die extremen Strömungen und radikalen Parteien in der Bundesrepublik, abgesehen von den rechtlichen Möglichkeiten, in offener Auseinandersetzung politisch bekämpft werden müßten.

Italien und die Beneluxländer beobachteten das deutsch-französische Ringen um den Beitritt Großbritanniens zur Europäischen Gemeinschaft mit gespannter Aufmerksamkeit. Die Italiener wollten wie wir die Engländer dabei haben, aber sie neigten unserer Auffassung zu, daß dies nicht zu einem Bruch mit Frankreich führen dürfe. Die von den Niederländern angeführten Beneluxregierungen waren bereit, es notfalls auf den Krach mit Paris ankommen zu lassen und „ein Mitglied der Gemeinschaft gegen ein anderes auszutauschen", wie Kiesinger kritisch formulierte. Das konnten wir nicht mitmachen, auch wenn diese Haltung uns die Kritik unseres niederländischen Freundes Joseph Luns zuzog. Wir setzten auf eine allmähliche Abschwächung des französischen Widerstandes gegen eine englische Mitgliedschaft und predigten Geduld, ohne diese Tugend als Entschuldigung für Untätigkeit zu benutzen.

Es war auch aus anderen Gründen nützlich, sich mit der italienischen Regierung abzustimmen. Auf Einladung des Ministerpräsidenten Aldo Moro machte Kiesinger vom 1. bis zum 4. Februar einen Besuch in Rom. Diesmal war auch der Außenminister mit von der Partie, was relativ selten war. Kiesinger und Brandt fühlten sich offensichtlich wohler, wenn sie allein auftreten konnten. Gegenüber den italienischen Gastgebern begründete Kiesinger die Teilnahme Brandts mit der besonderen Bedeutung des Besuchs. Bei dem vorgesehenen Empfang Kiesingers durch Papst Paul VI. ließ Brandt ihn allerdings alleine, aus verständlichen Gründen. Nicht, daß die deutsche Sozialdemokratie keine gläubigen Katholiken aufzuweisen hatte, aber Brandt gehörte eben nicht zu ihnen.

Rom ist als Schauplatz eines Staatsbesuches ein idealer Ort. Alles und jedes atmet Geschichte und ist doch voller Gegenwart. Unser Botschafter in Italien war Hans von Herwarth, der unter anderem einmal Protokollchef gewesen war. Abgesehen von dieser speziellen Erfahrung, war er der größte Fachmann in Formfragen unseres Auswärtigen Dienstes, der mir je vorgekommen ist. Das von seiner Botschaft ausgearbeitete Protokoll des Rombesuches umfaßte 14 Seiten und ließ keine Frage offen. Eine Vorstellung von der herrschenden

Präzision und waltenden Umsicht gibt ein Detail. Der Kanzler legte am Grabmal des unbekannten Soldaten einen Kranz nieder. Die militärischen Ehren erwies dabei eine Karabinieri-Kompanie, die während der Kranzniederlegung das Gewehr präsentierte. „Die Kapelle", so hieß es im Programm, „intoniert die Hymne ‚Al Piave'. Die Hymne hat mehrere Pausen. Der Bundeskanzler könnte das Ende der Hymne für eine weitere Pause halten und zu lange stehen bleiben. Deshalb wird einer der Karabinieri ihm das Ende durch ein Geräusch mit der Fußspitze anzeigen." Ich war bei der Lektüre dieser Passage voller Bewunderung. Eine Perle, die verdient, den Adepten vorgehalten zu werden.

Die politischen Gespräche verliefen zügig und thematisch wohlgeordnet ab. Nach Aldo Moros Ermordung habe ich oft seinen Kopf vor Augen gehabt, das Haupt eines im ganzen sehr römischen Mannes.

Unsere Partner repräsentierten eine gute italienische Mischung. Giuseppe Saragat als Staatspräsident, Amintore Fanfani als Außenminister und der unvermeidliche permanente Giulio Andreotti.

Wie gut, auch im italienischen Botschafter Mario Luccioli einen Freund zu haben, mit dem ich schon in Chile zusammengetroffen war. Wir arbeiteten leise und effizient in der Kulisse. Die Resultate konnten sich sehen lassen.

In der Europapolitik gab es Übereinstimmung. Keine Brüskierung der Franzosen, aber auch kein Lockerlassen in der Bemühung, ihnen die Zustimmung zum Beitritt der Briten abzuringen. Ein weiteres Thema war der Atomsperrvertrag. Wir hatten beide keine Neigung, ihn so zu unterzeichnen, wie er uns vorgelegt wurde. Weder Italien noch Deutschland wollten sich im Bereich der zivilen Nutzung diskriminieren und sich durch den Vertrag auch nicht die atomare Zusammenarbeit in einem europäisch organisierten Rahmen verbauen lassen.

Die italienischen Politiker wollten dann erfahren, was wir unter Ostpolitik verstanden und wie wir weiter vorgehen wollten. „Wir sind", sagte Kiesinger, „das einzige Land in der nordatlantischen Allianz und in der Europäischen Gemeinschaft, das aus eigenem nationalen Interesse eine Änderung des Status quo fordert und seine Politik entsprechend ausrichtet. Wir wissen, daß diese Besonderheit für unsere Freunde ein Problem darstellt. Deshalb brauchen wir Verständnis und moralische Unterstützung." Der Kanzler gab eine ausführliche Darstellung unseres Konzepts. Wir wollten nicht provozieren, aber auch nicht kapitulieren. Moro sagte, die italienische Regierung habe die deutsche Sache immer als gerecht empfunden und sich dementsprechend verhalten. Unsere Politik, Beweglichkeit zu zeigen, ohne die Grundpositionen aufzugeben, sei nach ihren Erkenntnissen auch im Ostblock erfolgreich. Die Neigung unter den Satellitenstaaten, mit Deutschland zusammenzuarbeiten, nehme zu. „Die kleinen Neuigkeiten", sagte Fanfani, „erscheinen unbedeutend, sind aber im Vergleich zu dem, was vorher war, sehr bedeutend."

Unsere Politik, wie Kiesinger und Brandt sie betrieben, sei in sich vernünftig und beinhalte keine gefährlichen Risiken. Brandt betonte, es werde keine deutschen Alleingänge geben, die Abstimmung im Bündnis sei außerordentlich wichtig. Er sagte, seiner Meinung nach könne es sein, daß auch in Warschau eine dem Prager Frühling vergleichbare Entwicklung eintrete.

Von da war es nur ein Schritt zur Diskussion der Sicherheitsfragen. Die Italiener zeigten sich beunruhigt von der zunehmenden Präsenz der sowjetischen Flotte im Mittelmeer. Man spüre den politischen und psychologischen Druck dieser Machtdemonstration. Sie vertraten dezidiert die Meinung, daß ein Abzug amerikanischer und englischer Truppen vom Kontinent ernste Gefahren für unsere gemeinsame Sicherheit nach sich ziehen würde.

Den bilateralen Beziehungen, so konstatierte man einhellig, sei durch die Anwesenheit der italienischen Gastarbeiter ein neues, positives Element beigefügt worden. Die kulturellen Beziehungen hatten meines Erachtens genügend Vitalität und Elan, um ohne große staatliche Stützen zu florieren, wenn auch immer wieder gerne und unverbindlich gesagt wird, daß sie gefördert werden sollten. Kiesinger unterstrich die Bedeutung des in Deutschland weit verbreiteten Lateinunterrichts, der den Zugang zur italienischen und spanischen Sprache öffne; ein kleines Ablenkungsmanöver von der Tatsache, daß an unseren Schulen so gut wie nirgendwo Italienisch unterrichtet wird.

Die Presse forderte auch in Rom ihr Recht. Der Umgang mit italienischen Journalisten und den in Italien tätigen deutschen Korrespondenten war besonders vergnüglich. Rüdiger von Pachelbel war unser Pressereferent an der Botschaft. Er arrangierte neben dem offiziellen Programm einfallsreich immer wieder Treffen an reizvollen Orten, wozu auch seine Dachwohnung zählte, die man über einen Hinterhof, dann allerdings im Aufzug erreichen konnte.

Die deutschen Journalisten unterschieden sich in ihrer Mehrzahl deutlich vom gewohnten Typus. Einmal in Rom, konnten sie sich sehr schwer von der ewigen Stadt lösen. Sie blieben, wurden Teil des römischen Lebens. Das wurde deutlich, wenn man die Liste der Korrespondenten durchsah, die von Stefan Andres angeführt wurde. Gustav René Hocke wiederzutreffen, beschwor die rheinische Jugend herauf, als wir uns zu Beginn der dreißiger Jahre in Köln kennengelernt hatten. So wie er betrieben auch andere den Journalismus, um mit interessanter Arbeit Geld zum Leben zu verdienen und im übrigen ihren künstlerischen Neigungen nachgehen zu können, denen wir einige schöne Bücher verdanken. Schmitz van Vorst von der *Frankfurter Allgemeinen* brachte mich mit deutschen Malern zusammen. Das wurde mir zum Verhängnis, ich kaufte ein gutes Bild von Alfred Sohn-Rethel. Zwangsläufig spielten sich diese Zugaben zum Programm zur Nachtzeit ab, denn um meinen Informationspflichten nachkommen zu können, konnte ich aus den offiziellen Abläufen nicht ausscheren. So brannte die Kerze lichterloh an beiden Enden. Heinz Schneppen hielt mich informiert und ließ seinerseits Bonn wissen, was wir in Rom trieben.

Der Palazzo Quigi, die Villa Madama, der Palazzo Quirinale, der Konservatorenpalast und der Vatikan bildeten die Schauplätze der Konferenzen und Feierlichkeiten. Hätten wir, so dachte wohl nicht nur ich, nur wieder eine Hauptstadt, die Deutschlands Gestalt und seine Geschichte erkennen läßt. Italien war eine Republik, die Res publica eine römische Definition. Das erhöhte den Glanz des Staates und seiner Insignien, der Stadt und ihrer Wahrzeichen.

Samstag, der 3. Februar, war dem Vatikan gewidmet. Bei unserem Besuch war alles und jedes geregelt, selbst Herwarth fand da seinen Meister. Unser Botschafter beim Vatikan war Dieter Sattler, ein unprotokollarischer, voll im Saft stehender Lebenskünstler. Er hatte keine andere Wahl, als sich völlig und gerne den Regeln zu unterwerfen. Der Ausdruck Pomp ist beinahe zulässig, wenn man ein

Sammelwort für das Protokoll des „Feierlichen Empfanges“ sucht. In einem vorzüglich gestalteten, von der Topografia poliglotta vaticana gedruckten Heft der Zeremonienkongregation wurden die Besucher in deutscher Sprache mit dem Geschehen vertraut gemacht. Sattler, Guttenberg, Lahr und mir wurden neben dem Bundeskanzler der Titel Exzellenz zuerkannt. Die Empfangsfeierlichkeiten wurden ihrerseits von einer Exzellenz, dem Herrn Sekretär der Zeremonialkongregation, geleitet. Zwei Geheimkämmerer und sieben Ehrenkämmerer mit spada und cappa wurden uns außerdem zugeteilt. Ferner drei bussolanti, vier sediari und Gardisten der Schweizergarde. Ein Zug der Palatingarde erwies die militärischen Ehren. Lakonisch hieß es: „Seine Exzellenz der Bundeskanzler und die Teilnehmer seines Gefolges werden Frack mit Orden tragen.“ Für Prälaten war abito piano mit ferraiolo vorgeschrieben.

Ich wurde sehr angeregt durch die Mitteilung, daß unter anderem der Oberstfourier des Vatikanpalastes, der Obersthofstallmeister, der Obersthofpostmeister, der Oberstadjutant der Nobelgarde, der Kommandant der Schweizergarde und der Kommandant der Palatin-Ehrengarde am Eingang der Sala Clementina auf uns warten würden, das Ganze angeordnet von Eugenio Cardinal Tisserant, Dekan des Heiligen Kollegiums, und gegengezeichnet vom Titularerzbischof von Korinth, Gennaro Verolino.

Beim Aufbruch zum Vatikan, als wir uns gegenseitig betrachteten, fanden wir uns sehr schön, jedenfalls eindrucksvoll gewandet. Ich trug als Protestant das mir frisch verliehene Großkreuz mit einem verständlichen Hochgefühl. Dies wurde noch verstärkt nach der Lektüre der schriftlichen Beigaben, in denen mir seltene Rechte zuerkannt wurden. Ich konnte mir eine kostbar bestickte Uniform mit Zweispitz und Degen machen lassen und bei hohen Kirchenfesten Vorrang im Petersdom genießen.

Der Sinn und die Kraft dieser Traditionen, die Deckung von Form und Inhalt wurde in dem Augenblick überdeutlich, in dem man den Vatikan betrat. Da war kein Platz mehr für Spott. Die Stärke der Kirche offenbarte sich in ihren Formen, mit mystischem Inhalt gefüllt.

Aufschlußreich die Selbstsicherheit der Kardinäle und der anderen Kirchenfürsten, auch gegenüber dem Papst, dem jede denkbare

Ehrerbietung erwiesen wurde, aber offensichtlich nicht in Unterwürfigkeit. Da der Papst mich, nicht aber ich ihn ansprechen konnte, betrachtete und beobachtete ich ihn. Die überwältigenden Zeichen der Würde zu tragen, muß ein Problem für einen Mann sein, der klug und welterfahren ist. War das mit einer Kaiser- oder Königswürde anders? Bei Paul VI. war kein Wille zur Macht zu spüren, wohl Vertrauen in die Kraft des Glaubens, der Liebe, die Christus gepredigt und gelebt hatte.

Der Besuch des Kanzlers war ein Stück Politik, auch in der Absicherung durch den Glauben. Es war für die große Auseinandersetzung von Gewicht, wie die Kirche als Ganzes, als Einheit über die Zukunft eines geteilten Landes dachte.

In der Vatikanischen Basilika trafen wir auf deutsche Pilger, die ihren Bundeskanzler an diesem Ort warmherzig begrüßten.

Die großen sinnerfüllten Gesten, das Kreuzzeichen, die Verehrung, das Gebet in der Stille, dann inmitten der Kämmerer wieder hinaus ins Offene, ins Licht vor die Schweizergarde, im Gefunkel der Waffen und Orden. Mein Kämmerer sagte mir dazu: „Das Ganze sehen Sie heute zum letztenmal. Nach Ihnen wird wohl kein hoher Besuch in der gleichen Weise empfangen und verabschiedet werden. Der Papst möchte, daß alles einfacher wird. Ob das eine richtige Entscheidung ist, wer weiß.“

Oberbundeskanzler

„Einer der mächtigsten Männer in der Bundesregierung“, hieß es in der *Frankfurter Allgemeinen Zeitung*.

Helmut Schmidt, Führer der SPD-Fraktion im Bundestag, nannte mich öffentlich den „heimlichen Oberbundeskanzler“. Karl Schiller stieß in dasselbe Horn. Mein Freund Horst Ehmke belegte mich mit dem Titel „Umfunktionierer“. Wir waren in die heiße Phase des Wahlkampfes für die Bundestagswahlen am 28. 9. ’69 eingetreten.

Der *Spiegel* faßte die Schelte im Juni 1969 unter der Überschrift „Souffleur im Kanzleramt“ in einem Artikel zusammen.

Es war nach Lage der Dinge in einer großen Koalition unvermeidlich, daß der Sprecher der Regierung ständig einer Zerreißprobe ausgesetzt war. Es gab zwei kritische Phasen, in denen ich heftige Kritik der Christdemokraten und der Christlich-Sozialen aushalten mußte, nämlich als ich in der Debatte über den Nichtverbreitungs- oder Atomwaffen-Sperrvertrag konstant auf der Linie blieb, daß wir ihn unterzeichnen wollten und würden, aber nicht in der vorliegenden Form. Das paßte Strauß und im Grunde auch Adenauer, der öffentlich vor einer Unterzeichnung warnte, nicht. Der andere CDU-Angriff wurde gegen mich gefahren, weil ich die Ergebnisse des Nürnberger Parteitages der SPD im Sommer ’69 als nicht überraschend, als aus der Sicht der SPD verständlich gewertet hatte. Kiesinger wurde von der CDU-Fraktion aufgefordert, mich zur Ordnung zu rufen. Die Presse probierte Meldungen aus, ob ich mich als Chef des Amtes würde halten können.

Bei der SPD steigerte sich der Unmut zusehends, weil ich in der Deutschlandpolitik und der Außenpolitik auf dem Kurs der Regierungserklärung blieb. Eigenartigerweise wurde selbst dem Kanzler angelastet, daß er als derjenige, der die Richtlinien der Politik bestimmte, ein Gleiches tat und bei aller Elastizität in der Form in der Hauptsache fest blieb, d. h. den Weg zur Selbstbestimmung und zur Einheit freihielt, ohne ein Risiko für die Sicherheit und Freiheit der Bundesrepublik und Berlins einzugehen. Wenn also auf mir herumgedroschen wurde, so war ich nur der Prügelknabe. Ich sollte dazu herhalten, das Ansehen des Kanzlers zu schwächen.

In der SPD und in der ihr assistierenden Presse wurde nun verbreitet, der Kanzler sei bekanntermaßen entscheidungsschwach und in der Außenpolitik nur deshalb so halsstarrig, weil er unter meinem Einfluß stünde.

Helmut Schmidt und die anderen Herren, die mich als heimlichen Oberbundeskanzler apostrophierten, wußten selbstverständlich, daß sie maßlos übertrieben und keine Rede davon sein konnte, ich hätte einen ungebührlichen Einfluß.

In einem Punkt hatten die Kritiker recht. Ich trat Versuchen, der deutschen Politik eine Richtung zu geben, die durch die Koalitionsabsprachen nicht gedeckt war, auch dann öffentlich entgegen, wenn sie von prominenten SPD-Politikern unternommen wurden. Nicht ich wollte die Politik umfunktionieren. Ich fiel denen in den Arm, die eben dies versuchten. Ich hätte zu meiner Entlastung sagen können, daß ich mich auch nicht scheute, mich mit mächtigen Leuten in der CDU anzulegen, wenn dies in der Sache geboten war.

Ich sei nicht umzufunktionieren, meinte der *Spiegel* in dem besagten Artikel. Meine Arbeit wurde in dem Sinne erschwert, als einige meiner linken Kritiker ihren Vertrauensleuten in Ost-Berlin und in Moskau entweder offen oder hinter vorgehaltener Hand versicherten, was ich als Auffassung der Bundesregierung präsentiere, sei nicht ernstzunehmen. Dies verführte unsere Partner im Osten gelegentlich zu Fehleinschätzungen, die oft nach kurzer Zeit korrigiert werden mußten letztlich meine Glaubwürdigkeit stärkten. Die Agitprop-Leute nahmen mich dennoch weiter unter Feuer. Das habe ich immer als zum Berufsrisiko gehörend gewertet; es hat mich nicht gestört und schon gar nicht verletzt.

Der Vizekanzler und Außenminister hatte ein ähnliches Problem, nur mit umgekehrtem Vorzeichen. Leute, die als ihm nahestehend angesehen wurden, versicherten in Ost-Berlin, in Moskau und in den anderen kommunistischen Zentren, in Wirklichkeit halte Willy Brandt die offizielle deutschlandpolitische Linie der großen Koalition für überholt. Ich weiß nicht, ob diese Flüsterpropaganda sein Ansehen im Warschauer Pakt gestärkt hat: Ganz sicher hat es seine Vertrauenswürdigkeit im atlantischen Bündnis untergraben. Ich hielt es für meine Pflicht, gerade Willy Brandt vor Nachrichten zu schützen, die ihn ins Zwielicht bringen sollten. Ich wollte ihn davor bewahren, in der deutschen Öffentlichkeit und bei unseren Verbündeten und Partnern im Ausland als Illusionist zu erscheinen. Ich machte ihn damit auch immun gegen rote Infektionen. Es ist sicher, daß Ost-Berlin ganz bewußt versuchte, ihn zu kompromittieren. Gelang es, war dies der kommunistischen Sache in jeder erdenklichen Konstellation nützlich. Es diskreditierte den deutschen Außenminister im Westen und zog ihn gleichzeitig in den roten Strudel, in die Vorhöfe des kommunistischen Imperiums. Brandt war zu klug, um das nicht zu sehen. Aber er hielt sich vermutlich für genügend erfahren, um nicht zu sagen gerissen, um den Spieß umdrehen zu können. Mit dem gespielten oder echten Einvernehmen mit den Sowjets glaubte er vermutlich, die Amerikaner gefügig machen zu können und umgekehrt.

Er unterschätzte die Kaltblütigkeit seiner Gegner in Ost-Berlin, und so ist er über den Fall Guillaume gestürzt. Selbstverständlich hat Honecker gewußt und gebilligt, daß ein Agent in der unmittelbaren Umgebung Brandts plaziert wurde. Er wußte natürlich auch, daß Brandts politisches Schicksal besiegelt war, wenn die ganze Kabale ans Licht kam. Das war ihm die Sache wert.

Willy Brandt war nicht zu erpressen. Dazu hat auch beigetragen, daß wir immer bemüht waren, ihn unsererseits unverwundbar zu machen. Wir ließen nicht zu, daß er ganz in die linke Ecke gedrückt wurde, wo ihn einige seiner Parteifreunde hineinstellen wollten.

Es geht auch hier um Unwägbarkeiten. Wenn Wehner gesagt haben soll, ich hätte Kalte-Krieger-Manieren, so beschreibt diese Äußerung meine Funktion. Als der Interpret der Regierungspolitik mußte ich den Sowjets und ihren Trabanten klarmachen, daß ihre Hoffnungen, den Außenminister politisch korrumpieren zu können, sich nicht erfüllen würden. Es war eine vergebliche Mühe, sich in Moskau ingeniöse Pläne auszudenken und in die internationale Diskussion einzubringen, die nicht in freie Selbstbestimmung für ganz Deutschland einmündeten. Ich war ständig bemüht zu begründen, warum eine Friedensordnung im ureigensten Interesse der Völker der Sowjetunion liegen mußte. Die Russen haben immer wieder in ungezählten Noten, Memoranden und Vorschlägen versucht, an diesem zentralen Punkt vorbeizukommen. Ich dagegen war kontinuierlich bemüht, ihnen klarzumachen, daß sie nie ans Ziel gelangen würden. Es ist die deutsche Linke gewesen, die den Leuten im Kreml und anderswo immer wieder Anlaß gegeben hat zu glauben, sie könnten zunächst die zwei deutschen Staaten als Völkerrechtssubjekte stabilisieren und schließlich in einem günstigen Augenblick ganz Deutschland zumindestens neutralisieren, mit dem Ziel, es irgendwann an das sowjetische Imperium zu binden.

Vielleicht hing es mit Brandts Erfahrungen in der Emigration, der Arbeit im Untergrund zusammen, daß er eine gewisse Neigung zu konspirativer Arbeit nicht völlig kontrollieren konnte. Die Kontakte sowohl zu den italienischen Kommunisten als auch zu den Kommunisten in Ost-Berlin blieben nicht geheim. Das hätte er sich eigentlich ausrechnen können. Die Folge war ein leiser, aber nicht zu unterdrückender Zweifel an seiner Loyalität.

Ich habe mich immer geweigert, diesen Zweifel zu nähren. Ich mochte Willy Brandt ganz einfach gut leiden, glaubte seine Absichten zu verstehen, sagte mir, daß seiner Meinung nach vermutlich der Zweck die Mittel heiligte. Wie in jeder menschlichen Beziehung spielte auch eine Rolle, daß Brandt seinerseits verstand, was mich bewegte, meine Arbeit oft gegenüber seinen Genossen verteidigte, wenn gefordert wurde, mich aus dem Amt zu entfernen oder wenigstens im Sinne der SPD zu disziplinieren. Er wurde mit Äußerungen zitiert: „Der Kanzler ist doch sein Dienstherr, da kann ich nicht viel machen." Man wußte auch, daß er mich eigentlich zum Staatssekretär im Auswärtigen Amt hatte machen wollen und das so begründet hatte: „Ich halte ihn für einen der fähigsten Beamten im Auswärtigen Dienst."

Ich informierte die Presse selbstverständlich über die Aktivitäten der SPD-Minister sowie der von ihnen geführten Ressorts und legte mich für sie ins Zeug, gab nützliche Ratschläge für ihre Informationspolitik und damit für ihre Arbeit überhaupt. Hinzu kam, was ich schon gesagt habe, nämlich daß im ganzen im Kabinett eine freundschaftliche Atmosphäre herrschte, die trotz aller in der Schlußphase unvermeidlich aufbrechenden Streitereien den persönlichen Umgang bestimmte. Der *Spiegel* meinte: „Diehl sitzt nun gelassen im Zentrum der Macht." Ich blieb gelassen, weil ich wußte, wie begrenzt meine „Macht" war. Andere gingen noch weiter. In dem großen Opus über die Geschichte der Bundesrepublik des Historikers Klaus Hildebrandt wird in Band vier, der die große Koalition und ihre handelnden Personen beschreibt, der Chef des Presse- und Informationsamtes mit keinem Wort erwähnt.

GIFTKÜCHE

Die Spitze des Presse- und Informationsamtes war gut informiert, aber gelegentlich rätselten wir doch darüber, ob hinter dieser oder jener publizistischen Attacke auf die Bundesregierung die russischen, ostdeutschen, polnischen und alle anderen Geheimdienste des kommunistischen Imperiums standen. Die Penetration der Presse war tief. In seltenen Fällen wurden materielle Entgelte angeboten und angenommen. Wirklich beunruhigend war aber, daß, wie ich glaubte und noch glaube, eine bestimmte Art von Publizisten sich um das Wohl der Demokratie besorgt ausgab und mit einem masochistischen Vergnügen das Ansehen der Republik herunterriß. Einige von ihnen sind später über die eine oder andere Affäre gestolpert. Es heißt zwar, um ein guter Musikkritiker zu sein, müsse man nicht unbedingt selber ein glänzender Pianist oder Geiger sein. Wer aber auf einem hohen moralischen Roß reitet, der sollte doch auch selbst die einfachsten sittlichen Gebote beachten.

Inzwischen weiß man, daß die Bundesregierung von DDR-Spionen durchsetzt war. Dies war die unvermeidliche Folge unserer Deutschlandpolitik. Wir kannten nur eine deutsche Staatsbürgerschaft. Wer hier, mit welcher Begründung spielte keine entscheidende Rolle, aus der DDR ankam, war nach einer gewissen Zeit von den normalen Bundesbürgern kaum zu unterscheiden. Das war von uns gewollt, es war politisch und menschlich richtig, aber der Preis mußte bezahlt werden. Die meisten Agenten in den Behörden waren in der Regel darauf aus, Nachrichten zu beschaffen. Das Paßstück in den Medien hatte die umgekehrte Aufgabe, nämlich Nachrichten zu verbreiten, gerade dann, wenn sie falsch waren.

Nahezu jede Woche kam ostdeutsches oder Ostblock-Material auf meinen Tisch, das unter einem sorgfältig fabrizierten Deckblatt als „Dokumentation" präsentiert wurde. Kiesinger war eine bevorzugte Zielscheibe dieser Aktivitäten. Weitere Gegenstände der kommunistischen Kampagnen waren Bundespräsident Lübke, Ministerpräsident Hans Filbinger, aber auch Eugen Gerstenmaier. Die sogenannten Dokumente waren zum Teil gefälscht, zum Teil waren sie echt. Deren Zahl war sehr begrenzt, und die meisten von ihnen hatten auch keine politische Aussagekraft. Sie wurden immer wieder neu aufgemacht und als soeben aufgefundene Dokumente der Öffentlichkeit präsentiert.

Unter den sogenannten Kiesinger-Dokumenten waren viele Geschäftsverteilungspläne, Verwaltungs- und Haushaltstexte aus den Kriegsjahren, die sich oft auf die Streitereien zwischen dem Propagandaministerium und dem Auswärtigen Amt bezogen. Es war da nachzulesen, wie das Auswärtige Amt nicht nur mündlich, sondern auch schriftlich mit einigem Einfallsreichtum davon abriet, eine wahrheitswidrige und deshalb zunehmend unglaubwürdige Propaganda zu betreiben. Die gewählten Formulierungen waren doppelsinnig, aber für den Eingeweihten zu entziffern. Viele dieser Papiere enthielten überhaupt keine Hinweise auf Kiesinger oder waren ihm in einem Doppel zur Kenntnis gebracht worden. Nur wenige kurze Notizen stammten von ihm selbst. Sie waren samt und sonders belanglos. Um Kiesinger herum gruppierte dann die DDR-Propaganda andere prominente Personen in der Bundesrepublik, um das Zusammenwirken neonazistischer Cliquen unterstellen zu können. Das dabei produzierte Material war grob gefälscht und wurde in der dümmsten Weise kommentiert.

Ein besonderes zentrales Dokument der DDR-Propaganda war das Graubuch, das Albert Norden 1967 in Berlin vorstellte. „Expansionspolitik und Neo-Nazismus in Westdeutschland" war der Titel dieses Machwerks. Das Buch wurde über die DDR-Freundschaftsgesellschaft auch im Ausland verbreitet.

„Mißglückte Mohrenwäsche" hieß ein Pamphlet, das sich ausschließlich mit Kiesinger beschäftigte. Auf der hinteren Umschlagseite waren allerdings vier Photos mit Überschriften zu sehen: ein Judenmörder – Globke, ein Blutrichter – Bundesanwalt Renkel, ein Verräter – General Heusinger, ein KZ-Baumeister – Bundespräsident Lübke. Die von Norden präsentierte Arbeit war für jeden halbwegs intelligenten und informierten Zeitgenossen eine unglaubliche Zumutung, denn er wurde angelogen und für dumm verkauft. Die Annahme jedoch, das Machwerk werde deshalb keine Beachtung finden, war irrig.

Ich selbst blieb kühl, wenn zum Beispiel in einer Ost-Berliner Fernsehsendung, in der für die Enteignung von Axel Springer Stimmung gemacht werden sollte, von einem gewissen Kurt Georg Hegel gesagt wurde: „Der wichtigste Teil des Freundeskreises von Himmler wurde nach '45 zum wichtigsten Förderkreis für Springer. Dazu gehörten vor allem Leute wie Philipp Reemtsma, die Bankiers Abs und Pferdmenges sowie der jetzige Pressechef der Bundesregierung, Diehl." Diese Bündelung von Schwachsinn wurde dennoch weiterverbreitet.

Kiesinger selbst wurde in einem Prozeß gegen Fritz Gebhard von Hahn vor dem Frankfurter Schwurgericht am 4. Juli 1968 im Landgericht Bonn, also am Ort seines Dienstsitzes, zwei Stunden und 45 Minuten als Zeuge vernommen. Hahn war angeklagt, als „Schreibtischtäter" bei der Deportierung von Juden aus Bulgarien und dem Raum Saloniki mitgewirkt und gewußt zu haben, daß diese Juden umgebracht werden würden. Dieses bestritt Hahn. Er habe derartige Meldungen für Greuelpropaganda gehalten. Diese Meinung sei auch in der rundfunkpolitischen Abteilung des Auswärtigen Amts vertreten worden. Zu diesem Punkt sollte Kiesinger gehört werden. Verständlicherweise fand die Vernehmung Kiesingers, zu der rund 180 Journalisten erschienen waren, ein großes Presseecho, nicht zuletzt auch im Ausland. Vermutlich kam es der Verteidigung Hahns weniger auf die Wahrheitsfindung an, als vielmehr Kiesinger ins Zwielicht zu bringen. Die Vernehmung mußte unterbrochen werden, weil sich herausstellte, daß Tonbandaufnahmen gemacht und schon während der Verhandlung von Wolfgang Wiedemeyer über den Hessischen Rundfunk ausgestrahlt worden waren.

Die Vernehmung unter Eid erbrachte nichts Neues. Kiesinger sagte sinngemäß, er habe manche der Meldungen, die von alliierter Seite verbreitet worden seien, in vielen Fällen zu Recht für Greuelmeldungen gehalten. Er habe wohl von den Deportationen der Juden gehört, aber nie einen amtlichen Vorgang zur Kenntnis bekommen, der erkennen ließ, daß die Juden ermordet werden sollten und ermordet worden seien. Erst in der zweiten Hälfte des Krieges habe sich aus persönlichen Berichten – zumeist von der Front – der Eindruck gefestigt, daß Massentötungen stattfanden, auch von Juden.

In den USA gab Joachim Prinz eine öffentliche Stellungnahme an die Presse. Er schloß seinen Text mit den Worten: „Ihre Aussage vor dem Gericht ist ein Zeichen der unentschuldbaren Moral, die das deutsche Volk während des Zweiten Weltkrieges kennzeichnete und die es verantwortlich macht für die grauenhafte und schreckliche Ausrottung von sechs Millionen europäischer Juden." „Your testimony before the court is a sign of the inexcusable moral turpor, that characterizes the German people during Worldwar II and that renders them responsible and accountable for the awfull and ugly extermination of six million of Europe's Jews."

Probst Dr. Heinrich Grüber gab dazu eine Stellungnahme ab. Er sagte darin unter anderem: „Grundsätzlich spreche ich jedem, der nicht unter brutaler Diktatur gelebt und gewirkt hat, die Berechtigung ab, über das Verhalten von Menschen zu urteilen, die unter diesem Zwang leben und arbeiten mußten und die darunter fast zerbrochen sind ... In einer unmenschlichen Diktatur hat man nicht zu sehen, was man nicht unbedingt sehen muß, hat man nichts zu hören, was man nicht unbedingt hören muß, da man bei den satanischen Vernehmungsmethoden durch Wissen und Mitwissen den anderen gefährden kann ... In einer totalitären Diktatur lehnt man es ab, Geheimnisse anderer zu erfahren und zu wissen. Man wußte, daß man bei den Untersuchungsmethoden mit den unmenschlichen seelischen und körperlichen Qualen nicht nur alles verriet, was man wußte, sondern daß, wenn man einmal am ‚Singen' war, dann mehr aussagte, als man wußte und verantworten konnte ... Alle, die so schnell urteilen und verurteilen, darf ich fragen: Glauben Sie, daß Sie bei so unmenschlichen Torturen in den Vernehmungen soviel innere und äußere Kraft aufgebracht hätten, um stark zu bleiben und vielleicht getrost zum Schafott zu gehen?

Es singt sich leicht: ‚Nehmen sie den Leib, Gut, Ehr, Kind und Weib, laß fahren dahin, sie haben's kein Gewinn', aber die Praxis sieht ganz anders aus."

Einer hatte Grübers Mahnung offensichtlich nicht beherzigt. Als es auf den Wahlkampf Ende 1969 zuging, schrieb Karl Gerold in der *Frankfurter Rundschau* einen Artikel mit der Überschrift „Kiesinger – niemals wieder". Gerold war ein unbequemer, aber ehrenhafter Partner in mancher politischen Auseinandersetzung gewesen. Dieses Mal machte er sich zum Handlanger der Ost-Berliner Hetzpropaganda. Er forderte Kiesinger in dem Artikel auf, einen Prozeß gegen ihn anzustrengen, und schrieb wörtlich: „Wir können ihm aber jetzt schon sagen, daß er in diesem Prozeß einen geistig-politischen Schlag auf seine Wange bekommt, daß ihm das Auge nicht blau wird, sondern tief braun. Gerade jetzt, wo er die Neonazis, diesen neuen Adolf der NPD, entgegen allen Regeln auch des politischen Verkehrs von rechts zu überholen versucht.

Nun, er wage diesen Prozeß, er kann und darf ihm nicht ausweichen. Wir werden dann auch seine heutigen persönlichen Freunde noch einladen, zum Beispiel den früheren hohen SA-Führer Todenhöfer oder seinen anderen Freund, den früheren SS-Führer Schirmer, der heute Botschafter der Bundesrepublik in Australien ist. Wir haben Material genug, mehr als wir hier nur anzudeuten vermögen, sie zu wirklichen Eidesleistungen zu zwingen ... Wir suchen einen Bundeskanzler nicht wie Ex-Nazi Kiesinger, sondern einen der reinen Herzens ist, so wie unser hochverehrter Bundespräsident Heinemann. Auf alle Fälle steht fest, Ex-Nazi Kiesinger darf nicht mehr Bundeskanzler werden. Frauen und Mütter! Gedenket eurer Toten!"

Gerold hatte sich in seiner Verblendung zu einem Werkzeug der kommunistischen Propaganda machen lassen. Ich entwarf handschriftlich diesen Brief:

Am kommenden Mittwoch werden die Herren in Ost-Berlin in einer Pressekonferenz jenes „Material" verteilen, das aus der gleichen Quelle schon in Ihrer Hand ist und von dem Sie in Ihrem Artikel sprechen. Bemerken Sie nicht, wie Ihre Lauterkeit und Ihr Idealismus mißbraucht werden von Leuten, die heute noch, 24 Jahre nach Kriegsende, Freiheit und Menschenwürde mit Füßen treten? Ist Ihnen klar, daß gegen die Mehrzahl der Männer, die nach dem 20.Juli 1944 gestorben sind, Material von der Art, das Ihnen angedient wird, veröffentlicht werden könnte? Wollen Sie Ihnen daraus einen Vorwurf machen? Ist Ihnen klar, daß, wenn das Attentat geglückt wäre, der erste Reichskanzler eines freien Deutschlands in Ihrer Sprache ein Ex-Nazi gewesen wäre? Ist Ihnen klar, daß, seitdem es die modernen Diktaturen gibt, kein Aufstand von der Straße her mehr geglückt ist? Ist Ihnen klar, daß die Diktatur nur aus dem System heraus zerstört werden kann, wenn Sie Armee und Sicherheitsorgane ganz oder teilweise auf Ihrer Seite haben?

Ist die furchtbare Erkenntnis aller Patrioten an Ihnen vorbeigegangen, daß, nachdem der Krieg ausgebrochen war, der Preis für die Befreiung von der Gewaltherrschaft das Unglück des Vaterlandes war? Ist Ihnen klar, daß unsere Gegner nicht aus den gleichen Gründen das nationalsozialistische Deutschland bekriegten, die für unseren Kampf gegen das Regime maßgebend waren? Ist Ihnen klar, daß es kein Verbrechen ist, nicht von den Nazis getötet oder ins Gefängnis geworfen worden zu sein, weil man Glück gehabt hat? Ist Ihnen klar, daß, wenn man etwas zustande bringen will, man in einer Diktatur nicht wie ein Narr herumlaufen, reden und schreiben kann, die Diktatur müsse abgeschafft, die Tyrannen getötet werden? Spätestens seit dem 21.8.1968, nach den Vorgängen in der ČSSR, konnte jeder halbwegs denkende Beobachter wissen, wie Widerstand und Reform aus dem System heraus zustande kommen kann. Wie würden Sie die Reformer anhand der Dokumente beurteilen? Als Ex-Stalinisten? Sie scheinen nichts verstanden zu haben. Ist Ihnen klar, daß jeder Versuch, Kiesinger als Nazi anzuschwärzen, selbst in den Augen der Agitprop-Leute gescheitert ist, weil jedes neue Dokument nur stärker beweist, daß er tat, was er konnte, um den Schaden zu begrenzen und das Land vorzubereiten für eine neue Freiheit? Ist Ihnen klar, daß, weil dem so ist, Lügen und Hirngespinste herhalten müssen, die Sie auch noch an Ihre Leser weitergeben?

Die Erwähnung von Heinemann in Gerolds Artikel machte mich stutzig. Hatte auch er das „Material" zugestellt bekommen? Denkbar war es. Die der SPD angehörigen Bundesminister, einschließlich Willy Brandt, verhielten sich gegenüber Kiesinger korrekt, aber sie nahmen ihn auch nicht in Schutz, wenn er verleumdet wurde. Das durfte man nicht erwarten. Die SPD konnte kein Interesse daran haben, den CDU-Kanzler zu stärken. Es war im Gegenteil nützlich, ihn durch die Auseinandersetzungen beschäftigt zu sehen.

Inzwischen wußte man, daß die verbale Verunglimpfung fatale Folgen haben kann. Sie beseitigt die Hemmschwelle, die vor dem physischen Angriff, vor dem politischen Mord liegt. Die deutsche Gesellschaft war im ganzen noch recht arglos. Der Personenschutz steckte in den Anfängen. Auf dem Berliner Parteitag der CDU Anfang November 1968 saß Kiesinger mit anderen Honoratioren am Vorstandstisch auf dem Podium. Ich sah, und alle anderen im Saal sahen es auch, daß es hinter Kiesinger etwas Bewegung gab, eine Frau weggeführt wurde, ohne daß die Abläufe der Tagesordnung beeinträchtigt wurden. Dann aber ging der Versammlungsleiter an das Rednerpult und sagte sinngemäß, es sei soeben etwas Unerhörtes geschehen. Der Bundeskanzler sei geohrfeigt worden. Es gab große Unruhe im Saal. Beate Klarsfeld, die deutsche Frau von Serge Klarsfeld, einem Pariser Anwalt, war unauffällig auf das Podium gegangen und hatte Kiesinger von hinten einen Klaps auf die Backe gegeben. Kiesinger selbst hatte die Art der Berührung nicht einordnen können. Jedenfalls sprang er nicht alarmiert auf, blieb vielmehr sitzen und sah sich um. Die Klarsfeld wurde dann von einem Saaldiener weggeführt. Erst die gutgemeinte, aber ungeschickte Ansage erbrachte den von Frau Klarsfeld erhofften Eklat und die große Meldung. Das war eine Story nach dem Geschmack der Medien. Das konnte und wollte niemand auslassen. Es war ein gefundenes Fressen für Kiesingers Feinde und Gegner.

Nach einigem Hin und Her wurde gegen Beate Klarsfeld Strafantrag gestellt, und sie wurde auch verurteilt. Das war ihr nur recht. Von nun an vermarktete sie die „Ohrfeige".

Bei den Wahlen allerdings zeigte sich, daß Kiesingers Prestige intakt geblieben war und seine Leistung in der großen Koalition seiner Partei zu einem eindrucksvollen Wahlergebnis verholfen hatte.

Die Arbeit der Ost-Berliner Giftküche hat aber auch Erfolge gezeitigt. Sie beruhten zu einem großen Teil auf der Mitwirkung eines von masochistischen Reizen stimulierten Milieus, zu dem prominente Schriftsteller ebenso zählten wie Publizisten, Theologen und Professoren. Bundespräsident Lübke hielt gerade noch durch, trat aber vorzeitig zurück. Ein besonders erschütterndes Ereignis war der Sturz Eugen Gerstenmaiers als Präsident des Deutschen Bundestages am 23. 1. '69. „Der Nationalrat der nationalen Front des demokratischen Deutschlands" hatte im Staatsverlag der DDR einen „Dokumentarbericht" von 135 Seiten veröffentlicht, unter dem Titel „Die Karriere des Eugen Gerstenmaier vom SD-Agenten P 38/546 zum Bundestagspräsidenten". Verantwortlich für das Machwerk zeichnete niemand. Das hatte gute Gründe, denn er wäre von jedem Gericht verurteilt und hinter Gitter gebracht worden. Gerstenmaier wurde als ein „Denunziant und Lockspitzel" bezeichnet, „der den Höhepunkt dieser Karriere als agent provocateur im Zusammenhang mit der Verschwörung des 20. Juli erreichte".

Auch in dieser Sache fanden sich Leute, die dem Nationalrat zu Diensten waren. Es wurde ständig versucht, Gerstenmaier als Zeugen oder Kläger in Gerichtsverfahren zu verwickeln, deren Sinn es war, ihn ins Gerede zu bringen. Gerstenmaier, um dem ein Ende zu machen, verlangte als Opfer des Nazi-Regimes Wiedergutmachung, weil im Zuge dieses Verfahrens seine Rolle als Widerstandskämpfer auch formal und unanfechtbar unter Beweis gestellt werden mußte. So geschah es. Gerstenmaier hat die finanzielle Entschädigung, die ihm rechtens zustand, angenommen und zu einem Teil für wohltätige

Zwecke gestiftet. Trotzdem wurde ihm die Tatsache, daß sein Anwalt auf eine Beschleunigung des Verfahrens gedrängt wurde, angelastet.

Es war ein im Grunde skandalöser Vorgang, beschämend nicht für Gerstenmaier, sondern für unsere Demokratie samt ihren Einrichtungen. Ich hatte dem Bundestagspräsidenten geraten, nicht selbst vor die Presse zu gehen. Er hat im Vollgefühl seines unbestreitbaren Rechts anders entschieden.

Ich war in die Fraktionssitzung gegangen, in der er am 31. Januar 1969 seinen Rücktritt bekanntgab. Als wir den Saal verließen, konnte ich mich nicht beherrschen und begann zu weinen. Ich glaubte, es habe im Gedränge niemand bemerkt. Aber dann legte sich eine Hand auf meine Schulter. „Ich weiß, ich weiß", sagte jemand neben mir. Es war Helmut Kohl, dem ich als blutjungem Abgeordneten zum erstenmal in Gerstenmaiers Jagdhaus in Vierherrenwald begegnet war.

Volksaufklärung

Schon auf dem Parteitag der CDU im Oktober 1951 in Karlsruhe war man sich weitgehend darüber einig, daß ein „Bundesministerium für Information" geschaffen werden müßte. Damals war der Berliner Abgeordnete Ernst Lemmer als der künftige Informationsminister im Gespräch. Die Bedenken überwogen. Die Erinnerungen an das Reichsministerium für Volksaufklärung und Propaganda waren zu frisch. Aber nur zwei Jahre später nahm Otto Lenz den gerissenen Faden wieder auf. Auch er sah sich als Minister an der Spitze des neu einzurichtenden Ministeriums.

Adenauer fand die Idee nicht schlecht. Globke unterstützte Lenzens Pläne. Besonders alarmiert war Felix von Eckardt, für den es als Chef des BPA in der neuen Konstruktion keinen Platz gab. Er hielt sich in der nun einsetzenden öffentlichen und internen Diskussion zurück, weil er nicht in den Verdacht kommen wollte, er sei aus persönlichen, egoistischen Gründen ein Gegner des Vorhabens. So lag die Hauptarbeit bei Blankenhorn, bei Schirmer und bei mir. Drei Briefe Eckardts geben eine gute Vorstellung vom politischen Klima der frühen Jahre in Bonn, aber auch von der Arbeitsweise und dem Lebensgefühl im inneren Kreise.

Eckardt schrieb aus Bad Gastein unter dem 22. 9. 1953:

Hier ist zwar alles sehr gesundheitsfördernd, aber so schrecklich wie an allen Kurorten. An den Kanzler habe ich doch nicht geschrieben, da ich es besser finde, meine bisherige Haltung beizubehalten. Dafür anbei ein Brief, den ich selbst auf der Maschine zusammengehauen habe, an Bl. Er muß orientiert sein, wenn er nach Bühlerhöhe fährt, denn wir kommen jetzt so langsam zum Schwur! L. entfaltet eine enorme Aktivität bei Bonner Journalisten, Chefredakteuren, die er sich kommen läßt, und bei Parlamentariern. Leider mit Erfolg. Siehe *Welt* vom 18. 9.!! Den Durchschlag des Briefes an Bl. sende ich Ihnen zur eigenen Information und vor allem auch zur Information des Staatssekretärs. Ich bitte Sie aber, den Brief nicht wegzugeben, denn wenn er irgendwie zum Kanzler kommt, wird er wohl an Dr. L. weitergereicht werden, was nicht geschehen darf. Bitte daher: Vorsicht!

Die ganze Entwicklung erbittert mich doch und bei dem Regenwetter ganz besonders ... Etwas anders hatte ich mir die Auswirkung des Wahlsieges doch vorgestellt. Ein Narr bleibt eben ein Narr. Meine Frau wird den Brief Bl. selbst überbringen, Privatkurier, todschicke Sache. Schreiben Sie mir doch, was Sie selbst über die Sache denken und was der Staatssekretär dazu sagt.

Ich antwortete auch mit der Hand, und so kann ich im nachhinein nur ahnen, was ich geschrieben habe. Ein zweiter Brief Eckardts vom 2. Oktober läßt den Fortgang erkennen:

Vielen Dank für Ihren Brief, der mich hier in der Einsamkeit sehr erfrischt hat. Es ist entsetzlich hier, da Nachsaison herrscht. Fast alle Hotels sind zu, das heißt aus allen Fenstern und auf allen Balkonen werden Kissen, Matratzen und Teppiche geklopft. Das Publikum ist unbeschreiblich. Lauter dicke, alte Frauen, meist mit einem Hüftleiden behaftet (haben sonst doch meist nur Vermieterinnen möblierter Zimmer). Die Kur ist sehr wirkungsvoll. Das ist aber auch der einzige Trost.

Das Inf. Min. scheint wirklich tot zu sein, aber ich habe nicht das Gefühl, daß damit schon alles erledigt. Einmal werden L. und Gl. sehr böse sein und vielleicht irgend etwas sonst aushecken, und die Gefühle des alten Herren sind auch noch nicht zu übersehen. Ich habe absolut nichts unternommen, weiß nicht einmal, ob meine Frau den Brief noch an Bl. übergeben hat, da er ja in Paris usw. herumreiste. Jedenfalls hat er ihn auch erst nach Erledigung der ganzen Sache bekommen. Mein Trost hier – die kalten Nebelwolken hängen bis in die Straßen – ist, daß meine Abwesenheit von Bonn, der Entschluß, zur Kur zu fahren, das einzig Vernünftige war.

Ich hätte Lust noch für eine Woche nach Rom zu kommen. Voraussetzung wäre allerdings, daß der Staatssekretär einen diesbezüglichen Wunsch äußerte, und der alte Herr mich nicht zurückpfeift … Natürlich hoffe ich, daß Sie auch bis dahin alles gründlich vorbereitet haben, damit man die wichtige Frage der ‚zwei Nummern zu klein' auch ‚an sich' prüfen und endgültig zur Klärung bringen kann.

Die abschließende Epistel vom 8. Oktober lautete:

Lieber Meister Diehl, Vielen Dank für Ihr Telegramm. Leider ist es aber nun doch nichts mit Rom. Hatte seit heute früh schon so ein Gefühl, daß jetzt der Zeitpunkt gekommen sei, nach Bonn zurückzukehren. Mittags rief dann Krüger an, und meinte, daß bei aller Zurückhaltung nächste Woche meine Anwesenheit am Tatort doch wohl nötig sei.

Mit der Nachkur ist es nun Essig und mit den „Pull-Damen" leider, leider auch. Ohne Europa kann man zur Not noch leben, aber ohne die „zwei Nummern zu eng" ist es wahrlich schwer.

Hallstein scheint auch nur noch zwei Tage nach Rom zu gehen, außerdem scheint es noch einen Krach mit Bl. gegeben zu haben, wegen des forschen Kanzlerdementis in Sachen Inf. Mi. Nun, ich werde zum Wochenende wieder im lieblichen Städtchen B. sein und alles selbst erforschen. Kommen Sie nur auch bald dorthin heim, es heißt jetzt, dort wieder am Globus drehen. Also trennen Sie sich von Rom und seinen üppigen Formen.

Viele demokratische Staaten hatten Informationsministerien oder ähnlich gewichtige Einrichtungen aufgebaut. An sich hätten auch wir unbefangen sein können und dem Informationswesen in der Organisation und Struktur der Regierung einen ihm gebührenden Platz geben können. Meine Freunde und ich glaubten, daß es ein Fehler wäre, eine diesbezügliche Einrichtung „Informationsministerium" zu nennen, weil die psychologischen Widerstände im In- und Ausland die Wirksamkeit einer solchen Einrichtung von vornherein stark eingeschränkt hätten. Felix v. Eckardt, Hans Schirmer und ich hatten auch unsere alliierten Freunde vorsichtig befragt und konnten der Bundesregierung deren Reaktionen vermitteln. John Slocum, ein hoher Beamter der amerikanischen Botschaft, äußerte sich sogar öffentlich und warnte vor diesen Plänen. Schließlich hatte Adenauer ein Haar in der Suppe gefunden, und es blieb beim Presse- und Informationsamt, einer dem Bundeskanzleramt zugeordneten obersten Bundesbehörde.

Die Absichten von Otto Lenz waren unverdächtig. Er meinte, in einer demokratischen Regierung sollte man entschieden genug sein, auch nach außen klarzustellen, daß Informationspolitik ein wesentlicher Bestandteil der Regierungsarbeit war. Die langen Schatten von Joseph Goebbels lagen aber immer noch über dem neuen Staat. Es war besser, auch nicht den Anschein zu erwecken, die Bundesregierung wolle sich eine Propagandamaschine bauen. Wir wußten sehr wohl, daß diejenigen, die im demokratischen Prozeß in der Minderheit geblieben waren, nur zu gerne ihre eigenen Schwächen und Niederlagen damit zu entschuldigen versuchten, daß sie von der alles erdrückenden Propaganda der Regierung mattgesetzt worden waren.

So wurde das Amt und wurden seine Vertreter in der Öffentlichkeit ständig bezichtigt, die Pressefreiheit einzuschränken, die Journalisten zensieren oder gar mundtot machen zu wollen. Conrad Ahlers und ich hatten die Kritik gelegentlich auch herausgefordert. Zur Überraschung einiger Journalisten stellten wir die Bundesregierung nicht wie einen Watschenmann auf den Jahrmarkt, dem jeder nach Belieben und Vermögen eine 'reinhauen konnte. Einige der notorischen Vertreter der „Kampfpresse" sahen, daß sie an Konterboxer geraten waren, die zurückschlugen.

Das war ungewohnt. Die Journalisten hatten ein natürliches und begründetes Interesse daran, ihr Monopol der Kritik zu verteidigen. So wurde Ahlers und mir in regelmäßigen Abständen vorgehalten, wir versuchten die Meinungsfreiheit zu beschränken, wollten letztlich die Pressefreiheit überhaupt knebeln, um selbst das Volk ungestört verdummen zu können. Das war barer Unsinn, aber er wurde auch von der schwachen parlamentarischen Opposition ständig wiederholt. Meine Argumentation endete immer in der Forderung, das Ansehen des journalistischen Berufs, den ich selbst mit großer Befriedigung ausgeübt hatte, nicht durch eine professionell schwache, in der Form oft vulgäre Berichterstattung und Kommentierung zu beschädigen. Die besten Journalisten aus allen politischen Lagern gaben uns im stillen recht und ließen das auch vorsichtig in ihrer Darstellung und Kommentierung erkennen. Sie sahen es aber auch als eine kollegiale Pflicht an, gegen sozusagen regierungsamtliche Kritik der Presse deutlich und energisch Stellung zu nehmen.

In diesem Klima äußerster Wachsamkeit bedurfte es des Mutes, eine Einrichtung zu planen, die wir „Bundeszentrale für Öffentlichkeitsarbeit“ nannten. Wir kamen bei einer Überprüfung aller informationspolitischen Aktivitäten der Bundesregierung zu der Einsicht, daß eine unglaubliche Mittelverschwendung eingerissen war, weil sich über die Jahre hinweg jedes Ministerium einen eigenen Etat für Öffentlichkeitsarbeit zugelegt hatte. Die Gesamtsumme machte ein Vielfaches der Mittel aus, die dem Presseamt selbst zur Verfügung standen. Jedes Ressort produzierte eigenständig mit den verschiedensten Partnern und Auftragnehmern. Die Erzeugnisse waren von sehr unterschiedlicher Qualität. Gestaltung, Druck und Text waren zum Teil geschmacklos, bzw. schlecht geschrieben.

Als wir Inter Nationes für die Auslandsarbeit konzipiert und verwirklicht hatten, schwebte mir schon Mitte der fünfziger Jahre ein „Inter-Nationes-Inland“ vor, eine Einrichtung also, die die obersten Bundesbehörden von der Produktion von Anzeigen, Broschüren, Handbüchern und Dokumentationen befreien würde, die bis jetzt von für derartige Geschäfte wenig geeignetem Personal mehr schlecht als recht verrichtet wurden.

Ich hatte bei einem Besuch in London das Central Office of Information kennengelernt, eine, wie der Name sagt, zentrale Dienststelle, die für sämtliche Ressorts alle amtlichen Publikationen und anderen Materialien herstellte. Die Ministerien machten die Zielvorgaben, sagten, was sie brauchten, alles weitere besorgte das Central Office. Die Lösung hatte sich alles in allem ausgezeichnet bewährt, und sie hatte mir jedenfalls sehr eingeleuchtet. In England kam kein Mensch auf die Idee, dieses Office als ein Propagandaministerium zu begreifen.

Zusammen mit Conrad Ahlers und der übrigen Amtsspitze überlegte ich, ob es nicht zweckmäßig sein könnte, eine ähnlich zentrale Einrichtung in der Bundesrepublik zu schaffen. Wir würden mit einem erheblich geringeren Mittelaufwand eine wesentlich bessere Leistung erbringen können. Unsere Beweisführung war so durchschlagend, daß sich kein Widerstand regte, als ein Staatssekretärsausschuß gebildet wurde, der die Pläne für die künftige neue Bundeszentrale für Öffentlichkeit entwerfen, Zuständigkeiten, Personalausstattung und Finanzierung festlegen sollte. Zunächst verliefen die vorbereitenden Arbeiten zügig und glatt. Dann gab es die ersten Schwierigkeiten. Die Vertreter der Ministerien, die sich bereits große eigene Haushaltsmittel verschafft hatten, begriffen, daß ein Großteil dieser Ressourcen auf die neue Einrichtung übertragen werden sollte. Mit diesem Aspekt des Vorhabens wurden verständlicherweise auch die jeweiligen Bundesminister vertraut gemacht. Von da an gab es massiven Widerstand. Einer der Hauptstreiter war Karl Schiller, der immerhin schon sechs Millionen für Öffentlichkeitsarbeit ausgab und 20 Public-Relations-Leute beschäftigte. Da es schwer, wenn nicht unmöglich war, den Plan mit redlichen Argumenten zu Fall zu bringen, wurde die Presse mobilisiert und Abgeordnete des Deutschen Bundestages dazu gebracht, eine polemische Diskussion in Gang zu setzen. Wir wollten, so hieß es, ein neues ProMi aufbauen. Es sollte natürlich nicht so heißen, aber unter der Tarnung Bundeszentrale für Öffentlichkeitsarbeit verbarg sich eine Einrichtung, die eine freie Diskussion einschränken und das Volk hinters Licht führen sollte.

Wir erlebten ein groteskes Theater. Im Bundestag waren die Wortführer ausgerechnet einige Abgeordnete, die von Verlagen mit Beraterverträgen oder ähnlichen Wohltaten bedacht worden waren, und ehemalige Journalisten, deren Arbeitgeber erhebliche Zuwendungen des Presseamtes erhalten hatten.

Zu unserem Erstaunen wurde Schiller sehr polemisch. Er unterstellte uns, wir hätten ein Propagandaministerium schaffen wollen und sagte: „Vielleicht schlagen da des Kanzlers frühere Kenntnisse auf diesem Gebiet wieder zu Buche." Schiller sah darin wohl eine besonders gelungene Anspielung auf Kiesingers Tätigkeit im Auswärtigen Amt während des Krieges.

Obwohl in dem Staatssekretärsausschuß das Projekt bis in die Einzelheiten hinein einvernehmlich geplant worden war und nach dem Startschuß ohne großen Zeitverlust mit der Arbeit hätte begonnen werden können, wurden wir zurückgepfiffen. Die Ressorts wollten selber das Geld behalten, um über einen eigenen, dem jeweiligen Minister dienstbaren Propagandaapparat zu verfügen.

Die Entwicklung verlief von nun an genau in diese Richtung. Die Etats der Ministerien wuchsen, die Flut der Broschüren, Pressedienste, Anzeigenkampagnen nahm ständig zu, während der Haushalt des Presse- und Informationsamtes an realer Kaufkraft kontinuierlich verlor.

Angesichts der Schwäche der Opposition fühlte sich die Presse verpflichtet, die übermächtige große Koalition in ihre Schranken zu verweisen. Die Bundespressekonferenz spielte die Rolle eines Ersatzparlaments. In den Pressekonferenzen veränderte sich die gewohnte Arbeitsweise insofern, als viele Fragen in Wahrheit keine echten Fragen waren, sondern kaum verdeckte Meinungsäußerungen mit kritischer, ja aggressiver Tendenz. Dies beeinflußte auch Form und Inhalt der Antworten. Es gab häufig Geplänkel, die sehr zur Belebung der Pressekonferenzen beitrugen. Gelegentlich steigerten sich diese Wortgefechte gegenseitig zu einem allseits genossenen Feuerwerk. „Mit jenem Hauch gelassener Ironie, die seine Freunde entzückt und seine Gegner erbittert", kommentierte der *Spiegel* meine Einlassungen vor der Bundespressekonferenz.

Conrad Ahlers, vor kurzem noch aktiver Kampfjournalist, ging mit den Kollegen von gestern und übermorgen sehr direkt und unverblümt um. Gelegentlich fiel er in das gewohnte „Du", wenn er einen journalistischen Kollegen ansprach, mit dem er vertrauten Umgang gepflogen hatte. Als stellvertretender Chef des Presseamtes betrachtete er nun die Damen und Herren der Bundespressekonferenz und der ganzen Zunft von der anderen Seite und sah ihre

Schwächen überdeutlich. Ahlers sagte unverblümt, gewisse Leute hätten wenig Interesse an einer sachlichen informativen Berichterstattung. Sie verkörperten für ihn die Kampfpresse. Man sah Ahlers vieles nach. Man kannte sein Temperament und seine Natur, aber seine oft scharfe Kritik löste auch Reizungen aus. Freundlicher wurde sein Postulat aufgenommen, die Presse müsse den Menschen „Lebenshilfe" geben. Es versteht sich, daß diese Hinweise auf die pädagogischen, ja seelsorgerischen Pflichten der Presse bei den hartgesottenen, abgebrühten Journalisten ein mildes Lächeln auslöste. Conrad ließ sich aber nicht einschüchtern und wiederholte seine griffigen Formulierungen, die sich einprägten, auch und gerade wenn sie ihm vorgehalten wurden.

Einige Journalisten machten sich einen Spaß daraus, mich öffentlich auf den Pressekonferenzen zu fragen, ob ich die Ansichten von Herrn Ahlers teilte, wer eigentlich Herr im Hause sei und so fort. Im allgemeinen endeten diese Scharmützel mit einem erfrischenden Wortwechsel, hin und wieder aber wurde es ungemütlich. Während des Staatsbesuches von Heinrich Lübke in Paris hatte Willy Brandt am 3. 2. 1968 nach einer Meldung von dpa auf einer SPD-Veranstaltung in Ravensburg zum deutsch-französischen Verhältnis gesagt: „Die Freundschaft wird stärker sein als die starren uneuropäischen Gedanken eines machtbesessenen Regierungschefs." De Gaulle war verständlicherweise höchst erbost und lud zu der für den Abend vorgesehenen Einweihung der von der französischen Republik großzügig zurückgegebenen Botschaft in der Rue de Lille die in Begleitung des Bundespräsidenten mitgereisten Minister Wehner und Schmücker kurzerhand wieder aus. Beides, Brandts Rede und de Gaulles Reaktion, wurden allenthalben als grobes Geschütz bewertet. Die deutsche Presseagentur, mit der Beanstandung konfrontiert, daß Brandt dies nicht gesagt habe, blieb dabei, die Berichterstattung sei korrekt. Es wurde schließlich ein Tonband aufgetrieben, das zeigte, daß der dpa-Reporter objektiv falsch berichtet hatte. Da dpa sich zunächst geweigert hatte, eine Berichtigung zu akzeptieren, mußte Ahlers an die Öffentlichkeit gehen, und schließlich gab dpa klein bei.

Wir hatten gerade einen Krach wegen einer Fernsehsendung aus der Reihe „Der internationale Frühschoppen" gehabt, zu der Henri

Nannen eingeladen worden war. Es ging um angebliche Dokumente aus der NS-Zeit, die Lübke unterschrieben haben sollte. Wir wußten, daß sie gefälscht waren, und nahmen zu Recht an, daß sie von Ost-Berlin in Umlauf gesetzt worden waren. Ich hatte mit dem Intendanten des WDR, Klaus von Bismarck, und Ahlers mit Werner Höfer gesprochen und ihnen unsere Meinung gesagt. Die Frühschoppensendung mit Nannen fand natürlich statt; die Tatsache, daß wir interveniert hatten, wurde weidlich ausgeschlachtet und führte zu vielen Fragen sowohl auf der Bundespressekonferenz als auch im Bundestag. Dort wurde ich am 13. März verhört, Scheel als Vizepräsident leitete die Sitzung. Die Frage des Abgeordneten Hans-Heinrich Schmidt-Kempten lautete: „In wessen Auftrag handelten der Staatssekretär und der stellvertretende Regierungssprecher Ahlers, als sie bei der Intendanz des Westdeutschen Rundfunks mit dem Leiter der Sendereihe ‚Der internationale Frühschoppen' eine thematische Begrenzung und eine personelle Umbesetzung der Diskussionsrunde am 3. März zu erreichen versuchten?" Ich antwortete, am 1. März hätte ich den Intendanten angerufen und sinngemäß gesagt: Herr v. Bismarck, ich frage, ob es zutrifft, daß Herr Höfer zum Internationalen Frühschoppen mit dem Thema ‚Publizistischer Umgang mit Staatsoberhäuptern' Henri Nannen eingeladen hat. Herr v. Bismarck antwortete, er wisse es nicht, im allgemeinen pflege Herr Höfer über Thema und Teilnehmerkreis selbst zu entscheiden, er werde sich aber erkundigen. „Ich habe daraufhin Herrn v. Bismarck gesagt, ich könne nicht verstehen, warum der WDR Herrn Nannen knapp zwei Tage nach der für den Abend zu erwartenden Stellungnahme des Herrn Bundespräsidenten Gelegenheit geben wolle, in der breiten Öffentlichkeit vermutlich sich noch einmal in der gleichen Weise zu äußern, wie er es im *Stern* getan habe. Herr v. Bismarck konnte mir auf diese Frage auch keine Antwort geben, und ich darf gleich hinzufügen, diese Antwort hat der WDR auch bis heute nicht geben können.

Mein Stellvertreter hat Herrn Höfer, der ihm gut bekannt ist, angerufen und hat ihm in gleicher Weise gesagt, daß er die Einladung von Herrn Nannen für verfehlt halte.

Herr v. Bismarck hat dann noch einmal zurückgerufen, was verabredet war, und gesagt, man sei über die Sache nicht glücklich, aber so wie die Dinge lägen, sollte es dabei bleiben. Herr v. Bismarck hat mir gegenüber noch einmal mitgeteilt, er habe dem Verwaltungsrat des WDR und gegenüber der Presse erklärt, daß mein Anruf keineswegs den Charakter einer Pression gehabt habe. Er billige der Bundesregierung voll zu, daß sie ihn über ihre Auffassung unterrichte.

Es bedurfte keines speziellen Auftrags, Herr Ahlers und ich haben kraft des uns übertragenen Amtes in eigener Zuständigkeit gehandelt."

Fritz Sänger (SPD), der frühere Chefredakteur von dpa, fragte mich: „Ich hätte gerne gewußt, auf welcher Rechtsgrundlage glaubten Sie zu stehen, als Sie Ihre Interventionen vornahmen." Die FDP-Abgeordneten insistierten, ob unsere Intervention nicht doch ein Eingriff in die freie Meinungsäußerung gewesen sei. Ich sagte: „Nein, man muß der Regierung ebenfalls zubilligen, daß sie eine Meinung hat und daß sie die frei äußern kann."

Moersch von der FDP fragte, ob ich bereit sei, meine geäußerte Ansicht unter dem Aspekt zu überprüfen, „daß es die Aufgabe des Amtes ist, die Öffentlichkeit über die Bundesregierung zu informieren und nicht zur Unterdrückung von Informationen gegenüber der Öffentlichkeit in amtlichem Auftrag beizutragen." Ich sagte: „Es ist so, daß sich die Bundesregierung und ihre Sprecher, was die Verteidigung der Meinungsfreiheit angeht, von niemandem übertreffen lassen, aber es geht hier um die Entscheidung, Herr Abgeordneter, ob Herrn Nannen in einer öffentlich-rechtlichen Anstalt ein Forum gegeben werden sollte, um seine inzwischen von der Bundesregierung und den Fraktionen abgewehrten Behauptungen und Angriffe gegen den Bundespräsidenten fortzusetzen. Wir waren der Meinung, daß es unser Recht war, dem WDR vorher zu sagen, daß die Regierung kritisch zu diesem Vorhaben stand."

Schließlich wurde ich von dem Abgeordneten Peter Schmidthuber (CSU) gefragt: „Herr Staatssekretär, sind Sie auf Grund des Verlaufs der Sendung auch jetzt noch der Meinung, daß die Teilnahme von Herrn Nannen am Internationalen Frühschoppen deplaziert war?" Meine Antwort: „Ja."

Ein anderer Fall, bei dem Ahlers und ich die Presse wegen ihrer schwachen professionellen Qualität attackiert hatten, löste eine hitzige Debatte aus. Wir hatten öffentlich darauf hingewiesen, daß als „Relikt der Besatzungszeit", wie Ahlers aggressiv formulierte, die amerikanischen Nachrichtenagenturen Associated Press und United Press International deutsche Dienste unterhielten, die – übrigens im Gegensatz zu Reuter und Agence France Press – eifrig in der deutschen Innenpolitik mitmischten und die Linie objektiver Berichterstattung oft überschritten. Diese Kritik war gewagt. Wir wollten auch nicht überziehen, aber die törichte Reaktion vor allem bei UPI stärkte unsere Position, und der Wind schlug um. Ein Mann namens Hees hatte mir ein Fernschreiben geschickt, in dem es unter anderem hieß: „Nach Ludendorff und Goebbels sind Sie, Herr Staatssekretär, der erste offizielle Vertreter einer deutschen Regierung, der uns in unserer Arbeit Schwierigkeiten zu wünschen scheint."

Eine andere Affäre, bei welcher der Bonner AP-Vertreter Heinrich Scholl versucht hatte, eine Ost-Berliner, Kiesinger diffamierende Störmeldung, von der der Chef vom Dienst gesagt hatte, man werde ihren Inhalt prüfen, so zu präsentieren, als werde eine Untersuchung der Vorwürfe gegen Kiesinger eingeleitet, führte schließlich zur Entlassung von Scholl. Der Mann hatte sich in Conrad Ahlers getäuscht, der die Fehde ausfocht. Es versteht sich, daß Ost-Berlin in diesen Fällen immer sekundierte. Das *Neue Deutschland* schrieb zu dem Fall „Bonn bespitzelt Journalisten".

Im September 1968 begleitete Ahlers den Bundeskanzler auf dessen Reise in die Türkei, den Iran und nach Afghanistan. Wie immer reiste eine Gruppe von Journalisten mit, und in der relativen Intimität der Reisegruppe bot Conny wieder eine Reihe starker Sprüche an. So hatte er gesagt, daß er sich im Amt gewisser Pressionen von SPD-Seite habe erwehren müssen, was das SPD-Präsidium sofort dazu veranlaßte zu erklären, die Äußerung beruhe auf einem Irrtum oder einem Übermittlungsfehler. Ahlers lud nach und gab nicht klein bei. Am 13.9. wurde ich auf der Pressekonferenz gefragt, ob ich die Auffassung des SPD-Präsidiums teilte. Ich antwortete: „Ich hatte noch keine Gelegenheit, mit Herrn Ahlers über diesen Punkt zu sprechen. Ich habe ihm nur, ich glaube, es war vorgestern, ein Telegramm geschickt: ‚Feuer einstellen, herzliche Grüße, Günter'." (Große Heiterkeit) Frage: „Hat Herr Ahlers Ihnen nie etwas über solche Pressionsversuche erzählt?" „Nein, aber wenn Sie erlauben, sozusagen nicht als eine Mitteilung der Bundesregierung hier an die Pressekonferenz, in einem demokratischen Land ist es doch selbstverständlich, daß die die Regierung tragenden Parteien legitime Wünsche auch an das Presse- und Informationsamt richten, genau wie an jedes andere Ressort, und diese legitimen Wünsche werden natürlich erfüllt. Hin und wieder ist der Wunsch eben etwas überzogen, und dann wird er nicht erfüllt. Das ist ein Vorgang, der in jeder menschlichen Beziehung eine Rolle spielt. Die Psychologen unter Ihnen wissen, daß man das Leben als eine Kette von Aggressionen und Wiedergutmachungen darstellen kann." (Große Heiterkeit).

In der Fragestunde des Parlaments wurde ich ebenfalls bedrängt und öfters mit der Frage konfrontiert, was nun an Conrad Ahlers' Äußerungen regierungsamtlich und was privat war, und ob man als Regierungssprecher so eine Art gespaltene Persönlichkeit überhaupt haben könne. Der FDP-Abgeordnete Moersch fragte schließlich: „Herr Staatssekretär, sind Sie mit mir der Ansicht, daß dem Ansehen des Presse- und Informationsamtes durch Vorträge der hier zitierten Art seines stellvertretenden Leiters nicht gedient worden ist?" Meine Antwort: „Ich bin im Gegenteil der Meinung, daß Herr Ahlers ein gutes Beispiel dafür ist, daß der Dienst im Staate die Persönlichkeit nicht abschleift. Wenn ich selbst etwas hinzufügen darf, weil in der Tat das Wort Propaganda bei dem einen oder anderen Anstoß erregt, ich gebrauche es in dem ursprünglichen Unschuldsgehalt des Wortes, wie es auch im kirchlichen Sprachgebrauch ‚propaganda fide' zu erkennen ist." (Heiterkeit und Beifall in der Mitte).

Alles in allem genommen, war es legitim, daß die verhältnismäßig kleine Opposition im Parlament versuchte, der Bundesregierung am Zeuge zu flicken, wo sie nur konnte. Es ist ihr nicht gelungen zu beweisen, daß wir in irgendeiner Sache die Unwahrheit gesagt hätten. Das ganze Hin und Her verlief in der Regel in höflichen Formen und belebte die Fragestunden des Deutschen Bundestages. Ich selbst habe die Auseinandersetzungen in der Fragestunde immer genossen und auch als intellektuelle Herausforderung angesehen. Allerdings hielt ich die Tatsache, daß ein beamteter Staatssekretär in einem Parlament spricht, für absolut regelwidrig. Dies wäre in keiner anderen der großen Demokratien möglich gewesen. Ich habe entgegen meiner

Neigung und in gewisser Weise auch entgegen den Interessen des Presse- und Informationsamtes dafür geworben, diese Übung abzuschaffen. Daraus leitete sich auch mein Vorschlag ab, einen Parlamentarier an die Spitze des Presse- und Informationsamtes zu stellen.

Im Fernen Osten

Japan und Deutschland hatten beide den großen Krieg verloren. Wir lebten in der Vorstellung, daß wir ein und denselben Krieg verloren hätten, eben den Zweiten Weltkrieg. Das war nicht ganz richtig. Die Japaner hatten den großasiatischen Krieg verloren, der früher angefangen und später geendet hatte als der Zweite Weltkrieg, den wir führten. Nach dem Kriege hatten sich die beiden Völker, der Not gehorchend, ganz darauf konzentriert, ihr geschlagenes Land wiederaufzurichten und die vernichteten Heimstätten wieder neu zu bauen. Da blieb wenig Zeit und Kraft, um über den Horizont zu blicken und sich in einem weit entfernten Teil der Erde zu engagieren.

Das war anders geworden. Wir hatten begonnen, die Bedeutung Japans in der modernen Welt richtig einzuschätzen. Wir hatten aber bisher keine Möglichkeit gefunden, nach einem Vergleich der beiderseitigen Interessenlagen gemeinsam Felder für aktive Politik abzustecken.

Das sich formierende Dreieck USA–Japan–Deutschland erzwang trotz der Unterschiede in den Größenverhältnissen eine Koordination, um zu verhindern, daß große Energien in rücksichtslosen Konkurrenzkämpfen verbrannt wurden. Gelang es, einen Weg zu finden, der dazu führte, daß Konkurrenten zusammenarbeiteten, gelang es, die Kräfte zu bündeln, so reichten sie aus, auch schwierige Aufgaben gemeinsam zu lösen.

Es war Kiesingers zweiter Anlauf, Japan zu besuchen. Als er als Vorsitzender des Auswärtigen Ausschusses 1956 Asien bereiste, kehrte er wegen der Suezkrise und des Ungarnaufstands vorzeitig nach Bonn zurück, mußte den vorgesehenen Besuch Japans ausfallen lassen.

Auch diesmal war die Zeit knapp, wir hatten sieben Tage, sie wurden gut genutzt. Wir flogem am 16. Mai 1969 in schon aufeinander eingespielter Besetzung mit der Luftwaffe neuneinhalb Stunden nach Anchorage in Alaska. Die Rollbahn des militärischen Teils des Flughafens hat eine tückische Bodenwelle, und man dachte, das Fahrgestell würde abreißen, als wir in voller Fahrt landeten. Jedenfalls sagten die amerikanischen Luftwaffenoffiziere, die das Landemanöver beobachtet hatten, sie bewunderten den Schneid unserer Crew, was ich als doppelzüngiges Kompliment verstand. Wir vertraten uns die Beine, bekamen etwas zu trinken. Die Amerikaner gaben uns eine kleine, eindrucksvolle Vorstellung von der Einsatzbereitschaft ihrer Jagdbomber. Es wurde Alarm gegeben, und wir sahen, wie die Maschinen innerhalb weniger Minuten bemannt und startklar gemacht wurden. Der Kanzler gratulierte dem Kommandanten zu seiner überzeugenden Schaunummer.

Dann noch einmal achteinhalb Stunden Flug nach Osaka, wo wir mit einem ruhigen Tag und nach ersten Berührungen mit den Zeugen der japanischen Vergangenheit über die Zeitverschiebung hinwegkamen. Viele von uns waren das erste Mal in Japan. Das galt auch für die den Kanzler begleitenden Journalisten. Die ganze Gesellschaft wurde in Osaka und in Kyoto gut auf Japan eingestimmt und wurde – indem sie sich über die Eindrücke und Erlebnisse austauschte – auch miteinander vertraut. Ich erfreute mich an der Nähe von Johannes Gross. Wir alle flogen in relativ guter Verfassung am Montag früh nach Tokio.

Eine Zeitlang hatte die amerikanische Regierung ihren Vertretern vorgeschrieben, nach einem Langstreckenflug mit großer Zeitverschiebung nicht vor 24 Stunden in eine Verhandlung einzutreten. In dieser Regel steckte viel Erfahrung und auch Vorsicht.

Nachdem wir im Gästehaus der Regierung, damals noch im Geihinkan, untergekommen waren, galt der erste Besuch des Kanzlers und Frau Kiesingers dem Tenno und der Kaiserin, die uns unmittelbar anschließend zu einem Mittagessen in kleinem Kreise einluden.

Die Fahrt durch die alten Tore und Wälle des Kaiserpalastes inmitten von Tokio führte zu einem der gelungensten Bauwerke des modernen Japan. Der neue Palast konnte nur in Japan stehen. Er „paßt“ in jeder Beziehung, fügt sich ein in den prall mit Japans Geschichte ausgefüllten Bezirk. Dennoch ist das Bauwerk hochmodern. Die Verbindung handwerklicher Fertigkeiten mit der großen Linie einer weitausgreifenden Architektur ist vollkommen. Der in mir versteckte Architekt fühlte sich mächtig angeregt, und ich speicherte die Formen und Zeichen in meinem Gedächtnis.

Das Essen wurde in kleinem Kreis gegeben. Wir waren mit dem Gastgeber 18 Personen, acht von unserer Seite. Das Kaiserpaar, das den Kanzler und seine Frau für eine Viertelstunde alleine empfangen hatte, kam dann zu uns herüber und begrüßte uns, bevor wir zu Tisch gingen. Kaiser Hirohito wirkte neben dem großen Kiesinger eher klein, schon etwas gebeugt, strahlte aber große Autorität und Würde aus. Er verkörperte in seiner Person die dramatische und tragische Geschichte Japans in diesem Jahrhundert.

Angesichts des verhältnismäßig intimen Charakters der Einladung gab der Kaiser das Essen in den Räumen des Palastes, die zu seinem privaten Gebrauch bestimmt sind. Der Tisch war vorzüglich gedeckt, mit gutem Silber und schönen Blumen dekoriert. Ich machte dem Protokollchef eine kleine Bemerkung zu dem köstlichen Dessert, die er freundlich quittierte. Dann fragte er mich nach einem kurzen Zögern vorsichtig, ob ich die Suppe ausreichend heiß gefunden hätte. Ich bejahte, war aber etwas erstaunt über die Frage. Er sagte dann erklärend, der Palast habe noch einen kleinen Fehler. Die Küche liege in der Nähe des großen Speisesaales, von dem privaten Eßzimmer, das wir jetzt benutzten, sei sie weit entfernt. Auf dem langen Wege kühlten die Speisen oft ab, und der Kaiser sei immer sehr ungehalten, wenn die Suppe lauwarm auf den Tisch komme. Ich hatte volles Verständnis für die Empfindungen seiner Majestät. Wenn er schon Kaiser von Japan war, dann konnte er verlangen, daß die Suppe heiß auf seinen Tisch kam.

Die ganze Atmosphäre war für ein Essen bei Hofe locker und heiter. Es wurden keine Reden gehalten, sondern nur Trinksprüche ausgetauscht. Es herrschte jenes stille Einvernehmen, das nicht ausgesprochen zu werden braucht.

Am Nachmittag fand das erste Gespräch des Kanzlers mit Premierminister Eisaku Sato in dessen Amtssitz statt. An der zweiten Unterhaltung am nächsten Tag nahmen auch eine Reihe seiner Berater und weitere Delegationsmitglieder teil.

Mir fiel als erstes auf, daß die Japaner ihre Niederlage im Kriege, der mit dem Abwurf der beiden Atombomben auf Hiroshima und Nagasaki in einem grausigen letzten Akt zu Ende gegangen war, besser verwunden hatten als wir. Ich horchte auf, als Sato nicht von irgendeinem Frieden, sondern von einem „gerechten Frieden“ als Ziel der japanischen Außenpolitik sprach. Kiesinger machte sich später den Begriff zu eigen.

Natürlich wurde über die Teilung Deutschlands gesprochen und auch über Japans Territorialprobleme, über Okinawa und die nördlichen Inseln. Die Japaner benutzten unsere Formel, sie seien keine Revanchisten, wohl aber verlangten sie eine friedliche Revision. Auf eine vorsichtige Frage Kiesingers, wie er, Sato, sich eine zukünftige Karte Japans vorstelle, sagte er leise: „So wie sie früher war." Er lächelte ein wenig. Die Vorstellung, Japan habe eine Kriegsschuld auf sich geladen, schien niemand sonderlich zu bedrücken. Es gab offensichtlich keine selbstquälerische Gewissenserforschung und Vergangenheitsbewältigung. Man hatte einen Krieg geführt und verloren. Die Frage war, warum man ihn verloren hatte und was es daraus zu lernen gab.

Das Gespräch des Kanzlers mit Sato hat über die Jahre hinweg eine Schlüsselfunktion für meinen Zugang zu Japan und zu den Japanern behalten.

Unter den Sachthemen wurden die mögliche Aufwertung der DM, der zur Unterzeichnung anstehende Atomsperrvertrag, die Beziehungen zur Sowjetunion und derjenigen der Sowjetunion zu China und den USA beiderseits erläutert. Wirtschaftsprobleme und die Zukunft der Europäischen Gemeinschaft waren weitere Themen.

Kiesinger führte mit den in Tokio arbeitenden ausländischen und mit den japanischen Journalisten verschiedene Informationsgespräche. Außerdem gab er der ARD, die durch Müggenburg, und dem ZDF, das durch Woller vertreten war, Fernsehinterviews. Das Interview mit der japanischen Fernsehanstalt NHK begann unerwartet mit zwei sehr japanischen Fragen, nämlich einmal: „Wie denken Sie über den Gang der Weltgeschichte?", und: „Wie denken Sie über die Bewegung der Jugend gegen die bestehende Ordnung?" Es ging weiter mit: „Wird Deutschland eine aktive Weltpolitik betreiben?" Dann kamen speziellere Fragen: „Was halten Sie von der Bedeutung der Atomkraft? Ist der Nicht-Verbreitungsvertrag notwendig oder nicht? Wird die Bundesregierung ihn unterschreiben? Wie denken Sie über die Aufwertung der DM?"

Kiesinger war in diesen Presseveranstaltungen zu meinem Erstaunen sehr freimütig, vielleicht, weil er im Unterbewußtsein glaubte, so weit weg von zu Hause könne man ungeschützter reden. So gab er seine Bewertungen der Kandidaten für die französischen Präsidentschaftswahlen kund, für Alain Poher und Georges Pompidou. Ich mußte das später ein wenig glätten, was gelang, denn wenn man genau hinsah, hatte er beiden Politikern gute Absichten in der Europapolitik bescheinigt. In einer Sache war er allerdings äußerst vorsichtig. Er vermied es, obwohl dies nahegelegen hätte, klar und deutlich die japanischen Ansprüche auf die nördlichen Inseln zu unterstützen. Wohl mit Rücksicht auf die Leute im Kreml nannte er nicht Roß und Reiter, sondern sprach verständnisvoll von den territorialen Problemen, die Japan habe.

Bei den großen Essen, die Sato und Kiesinger gaben, traf ich einige alte Bekannte. In Frankreich war ich während des Krieges mit General Numata und dem Grafen Motono zusammengewesen und nicht zuletzt mit dem mir gleichaltrigen Kitahara. Alle waren Angehörige der „Französischen Schule“ im japanischen Außenministerium, die ich samt und sonders in Amt und Würden wiederfand. Unter den Abgeordneten begegnete mir Dr. Furuuchi, der in Bonn studiert hatte und uns im „Kreis, der Arbeitsgemeinschaft Kölner Jugend“ damals einen Vortrag über Mandschukuo gehalten hatte. Es gab ganz offensichtlich Kontinuität auf der ganzen Linie. Die Japaner, die ihrerseits sahen, daß unser Botschafter Franz Krapf während des Krieges in Tokio gedient hatte, glaubten wohl auch annehmen zu können, daß es bei uns eine ungebrochene Linie gäbe. Das war nur sehr begrenzt richtig. Wir konnten die Gewaltherrschaft, den Krieg und die Schande, die Hitler über uns gebracht hatte, nicht vergessen.

Die japanischen Kriegsziele waren von imperialem Zuschnitt gewesen. Die Japaner hatten aber den Asiaten versprochen, die Kolonialmächte aus Asien zu vertreiben und eine großasiatische Wohlstandssphäre einzurichten. Sie hatten den Krieg verloren, waren aber der Verwirklichung ihrer Kriegsziele ziemlich nahe gekommen. Die japanischen Staatsmänner waren offensichtlich sehr vorsichtig, sie zögerten, sich eine weltpolitische Rolle zumessen zu lassen, aber nicht, weil sie Schuldgefühle hatten, sondern weil sie offensichtlich Fehler gemacht hatten, die Japan teuer zu stehen gekommen waren.

Die Erfahrung von Franz Krapf im Umgang mit Japanern waren uns während des Besuches eine große Hilfe. Ich denke, daß Kiesinger und wir von diesem Besuch, so kurz er war, gute Einsichten in die Großlage im Fernen Osten mit nach Hause genommen haben. So war es nur natürlich, daß bei den Schlußveranstaltungen Kiesingers und des Botschafters eine ungezwungene, ja fröhliche Atmosphäre aufkam. Es hatte kein unangenehmes, peinliches oder bedrückendes Ereignis und auch keine Auseinandersetzungen gegeben. Alle Zeichen deuteten auf eine für lange Zeit im ganzen konfliktfreie deutsch-japanische Beziehung hin. Das war wohl einer der Gründe, daß auch nach Kiesingers Besuch wieder eine Politik betrieben wurde, die davon ausging, daß unser Verhältnis zu der anderen großen Wirtschaftsmacht neben den Amerikanern ein Selbstläufer war und keiner intensiven Pflege bedurfte. Das wurde ein Jahrzehnt später unter dem Zwang der Notwendigkeit korrigiert.

Eine kluge Programmgestaltung hatte auch Platz für einen Ausflug aufs Land gelassen. Diese Exkursion half uns zu erfassen, daß nur sehr wenige Gebiete in Japan dicht besiedelt sind, im übrigen aber steile Gebirge und unzugängliche Wälder vorherrschen. Es war schon sommerlich warm, und so konnten wir frei herumflanieren und die schöne Landschaft, die enge Verbindung von Gebirge und Meer genießen. Auf einer der kurzen Fahrten von einer Sehenswürdigkeit zur andern erzählte mein japanischer Begleiter, bis vor wenigen Jahren habe es auf Honshu, der Hauptinsel, noch viele Bären gegeben. Jetzt seien sie nur noch auf Hokkaido im Norden anzutreffen. Kaum, daß er dies gesagt hatte, kreuzte ein Braunbär trollend die Straße.

Bei dem Rückflug über die gewaltigen Eisflächen der Arktis, über die Wildnis Alaskas wurde mir bewußt, daß man auf dem Globus lange suchen mußte, bis man dieses kleine Streifchen Land fand, unser Land, die Bundesrepublik. Man konnte, wenn man wollte, vergleichen, unsere Bedeutung, unsere Massen und Energien in Beziehung setzen zum Rest der Welt. Dies war nicht der geringste Gewinn der weitausgreifenden Reisen zu unseren Partnern in Asien.

Nixon, Kiesinger und Kissinger

Das Zentrum von Kiesingers außenpolitischer Arbeit lag in Washington. Wir waren uns einig, daß die Vereinigten Staaten in Deutschland ein im Grunde untragbares, enormes Risiko eingegangen waren. Sie setzten das Leben von 60 bis 100 Millionen Amerikanern aufs Spiel, um getreu ihrer Verpflichtung Berlin und die Bundesrepublik gegen die Sowjetunion zu verteidigen. Nichts war verständlicher als der Wunsch, die Last dieser Verpflichtung zu vermindern, das Risiko einzuschränken. Es mußte unter allen Umständen der Eindruck ausgeräumt werden, wir stünden einer solchen Anstrengung oder Bemühung, die nukleare Katastrophe zu verhindern, mit einer revanchistischen Politik im Wege. Wir mußten aber als Deutsche gleichzeitig begründen, warum diesen Bemühungen dann Grenzen gesetzt waren, wenn Freiheit und Sicherheit der Bundesrepublik in Gefahr gerieten. In Amerika wußten die Außen- und Sicherheitspolitiker, daß ein dritter Weltkrieg unvermeidbar war, wenn Mittel- und Osteuropa in die sowjetische Einflußzone absinken würden. Es kam jetzt darauf an, gemeinsam unsere Interessen zu sichten, gemeinsam zu planen, gemeinsam zu handeln. Wenn wir die Amerikaner bei der Stange halten wollten, mußten wir auch selbst bereit sein, uns schlagkräftige Streitkräfte aufzubauen und wenn nötig zu kämpfen. Der alte Albtraum Adenauers, die Regelung zwischen den USA und der Sowjetunion über unseren Kopf hinweg und auf unsere Kosten, suchte uns wieder heim. Wir wußten, was zu tun war, es bedurfte keiner neuen Überlegungen, wir hatten sie schon angestellt.

Vizepräsident Hubert Humphrey machte im April 1967 einen Besuch in Bonn, Kiesinger traf Johnson kurz am 19. 4. anläßlich der Beisetzungsfeierlichkeiten für Konrad Adenauer, die auch ein Treffen Johnsons mit de Gaulle erlaubten, in einem Augenblick, als der amerikanisch-französische Haussegen schief hing.

Im August reiste Kiesinger dann nach Washington und konferierte mit Präsident Johnson, dessen Amtszeit zu Ende ging. Der Kanzler hatte gleich zu Beginn seiner Regierungszeit schweres Geschütz aufgefahren und mit Bezug auf den Atomwaffensperrvertrag von einer atomaren Komplizenschaft zwischen Washington und Moskau gesprochen. Das war man in Amerika nicht gewohnt, und Johnson, der Erhard schroff behandelt hatte, realisierte, daß er nun jemanden vor sich hatte, mit dem er sich vorsehen mußte. Kiesinger konnte so sprechen, weil sein ganzes außenpolitisches Konzept auf der Zusammenarbeit mit den Vereinigten Staaten beruhte. Er vergaß auch nie die Größenverhältnisse. Aber, hierin de Gaulle ähnlich, ein Abhängigkeitsverhältnis war für ihn unannehmbar, weil es keine dauerhafte politische Freundschaft ermöglichen würde. Im Gegenteil, es hätte den Keim des Zerfalls und der Trennung in sich getragen. Das wußten natürlich auch die einsichtigen Amerikaner.

Kiesinger ließ Amerika zunächst allein, und erst am 26./27. Februar '69 traf er sich mit dem neugewählten Präsidenten Nixon, als dieser, just im Augenblick der deutsch-sowjetischen Spannungen über die Wahl des Bundespräsidenten in Berlin, seinen Besuch in Bonn machte.

Ich denke, es ist Henry Kissinger zuzuschreiben, daß Nixon ein sehr gutes Verständnis der deutschen und europäischen Angelegenheiten gewann. Ich bewunderte Kissingers analytischen Verstand, seine Gabe, komplexe Tatbestände verständlich darzustellen und die einleuchtenden Schlußfolgerungen zu ziehen.

Nixon war bei sehr schlechtem Wetter angekommen, er konnte nicht mit dem Hubschrauber von Wahn nach Bonn geflogen werden. So fuhren Kiesinger und Nixon zusammen im Wagen und konnten sich dabei schon kurz über die anstehenden politischen Fragen austauschen. Die beiden Chefs konferierten dann im Bundeskanzleramt, gleichzeitig Brandt mit Außenminister Carl Rangoon Rogers, danach gab es ein Gespräch im größeren Kreise. Der Kanzler bat Nixon, die Debatte zu eröffnen. Er wolle, sagte Nixon, schon bald nach seinem Amtsantritt die Verbindung mit den europäischen Partnern aufnehmen, mit dem Ziel, zu der denkbar engsten Zusammenarbeit zu kommen. Die Verbindungen zu Europa und zu Deutschland zählten zu den Fundamenten amerikanischer Politik. Nixon sagte, die USA unterstützten unsere Position in den Fragen der europäischen Einigung. Die aktuellen Schwierigkeiten, damit meinte er die französisch-englischen Differenzen, solle man nicht überbewerten. Zum Ost-West-Verhältnis erklärte der Präsident in aller Klarheit, daß er den Dialog mit der Sowjetunion suche, aber unter voller Konsultation mit der Bundesregierung und den anderen Alliierten. Rogers sagte in seinen Gesprächen mit Brandt, er habe den Eindruck gewonnen, daß keine schwerwiegenden Differenzen zwischen uns bestünden.

Der Kanzler unterstrich die Bedeutung der amerikanischen Präsenz in Europa. Er sagte aber auch, die Europäer könnten nicht für unbestimmte Zeit im Schutz des großen Bruders leben, sie müßten einen substantiellen Beitrag zum Bündnis leisten. Die Ereignisse in der Tschechoslowakei hätten diese Überzeugung noch gefestigt. Der Kanzler nannte die Wiederherstellung der deutschen Einheit als festes, unverrückbares Ziel unserer Politik. Die Deutschen schätzten die Lage realistisch ein und wüßten, daß ein langer und schwieriger Weg vor ihnen läge. Zum Ost-West-Verhältnis sagte Kiesinger, die Bundesregierung verstehe, daß Gespräche zwischen den Vereinigten Staaten und der Sowjetunion im Interesse des Weltfriedens notwendig seien. Sie habe mit Genugtuung die Versicherung des Präsidenten gehört, daß diesen Verhandlungen eine Konsultation mit den Alliierten vorausgehen werde und diese nicht dazu führen sollten, daß die Bundesrepublik Schaden nehme.

Nixon betonte, der Sinn des Dialogs mit der Sowjetunion sei „to reduce the danger of war“. Kiesinger sagte dann, wir gingen nicht zur Bundesversammlung nach Berlin, um zu provozieren, sondern um unser Recht zu wahren. Nixon antwortete, auch er gehe nach Berlin, nicht um eine provokatorische Geste zu machen, sondern um klarzustellen, daß die USA zu Berlin stünden. Dann sagte er, wie immer wir uns in der Sache der Bundesversammlung entscheiden würden, die amerikanische Regierung werde an unserer Seite sein.

Ich war für die pressepolitische Behandlung der Treffen zuständig und verfuhr, wie wir es in Bonn gewohnt waren. Ich arbeitete sehr gut mit dem Sprecher des Weißen Hauses, Ron Ziegler, zusammen, wir lösten uns bei den Presseunterrichtungen ab. Der riesige Pulk der White-House-Korrespondenten genoß die eingehende freimütige Information und ließ uns dies auch wissen. Bei der zweiten Presseunterrichtung kamen Ron Ziegler und ich ein wenig unter Druck, da die Journalisten zu wittern glaubten, daß in den bevorstehenden amerikanisch-sowjetischen Gesprächen eine neue Berlin- und Deutschlandinitiative ergriffen werden würde. Wir versuchten, genauer zu sein, indem wir sagten, daß es kein „Paket" geben würde, das Hauptthema sei die Rüstungskontrolle und die Friedenssicherung. Gebe es dort Fortschritte, seien auch positive politische Entwicklungen denkbar, die günstige Auswirkungen auf die Lösung anderer strittiger Fragen haben könnten. Henry Kissinger fand, wir seien zu freimütig gewesen. Er nahm mich vor dem offiziellen Abendessen des Kanzlers an und machte mir milde Vorwürfe. Ich sagte, wir hätten unsere Regeln und unsere Gewohnheiten, wir hätten das amerikanische Interesse bei unseren Informationsgesprächen immer voll gewahrt. Das hätte sich bereits gezeigt und werde sich auch in der kommenden Berichterstattung zeigen. Nach dem Essen kam er auf mich zu und sagte: „Vergessen Sie, was ich gesagt habe, es ist schon recht." Das war freundlich von ihm und umsichtig.

Der nachfolgende Besuch Nixons in Berlin bewies auch dem neuen amerikanischen Präsidenten, daß die Berliner wußten, was die amerikanische Garantie für ihre Freiheit und Sicherheit bedeutete. Nixon hat diesen Besuch nicht vergessen, wie sich bei dem Gegenbesuch des Kanzlers in Washington im August 1969 zeigte.

Dieser denkwürdige Besuch begann in New York. Wir wohnten in den Waldorf-Towers, mir hatte man eine Suite zugeteilt, in der eine kleine Plakette darauf hinwies, daß sie von Papst Johannes XXIII. bewohnt worden war. Das wirkte; selbst wenn ich allein war, ließ ich mich nicht gehen.

Der Kanzler nutzte die Gelegenheit, den Vereinten Nationen, bei denen uns Alexander Böker vertrat, einen Besuch abzustatten. Es gab einen interessanten Gedankenaustausch mit dem Generalsekretär Sithu U Thant. Der Generalsekretär bedankte sich zunächst für die Hilfe, welche die Bundesrepublik den Vereinten Nationen „großzügig" gewährt hätte. U Thant beleuchtete einige der Konfliktherde, mit denen sich die Vereinten Nationen befaßten. Der Kanzler versuchte, U Thants Meinung zur Lage in Indochina zu erfahren. Nationalismus und Religion, nicht irgendwelche Ideologien, so der Generalsekretär, seien die bestimmenden Faktoren. In Vietnam sei mit Ho Chi Minh eine Beilegung des Konflikts nicht zu erwarten. U Thant begrüßte Nixons Versuch, sich aus den Vietnam-Zwängen zu befreien. Er meinte, 1970 werde es „eine Art Frieden" geben. Wenig Zuversicht kam bei der Erörterung der Lage im Nahen Osten auf.

U Thant schien gelassen, wenn nicht resignierend, die Probleme zu betrachten, die er mit Hilfe der Vereinten Nationen nicht lösen konnte, jedenfalls jetzt nicht. Er schien sich auf das Machbare zu beschränken. Den heraufziehenden Konflikt zwischen Moskau und Peking beschrieb er wie ein Seelenarzt in der Terminologie psychischer Spannungen. Des Kanzlers Darlegungen zur deutschen Ostpolitik bewertete er wohl ähnlich. Die Aufgabe außerordentlich wichtig, aber nicht lösbar.

Am Abend sprach der Bundeskanzler vor dem Council on Foreign Relations. Wir hatten uns mit der Vorbereitung der Rede große Mühe gemacht. Nach den Regeln des Council werden die Reden nicht veröffentlicht. Es darf auch nicht auszugsweise zitiert werden. Ich hatte mir die Gästeliste angesehen. Es bedurfte dann keiner weiteren Begründung, warum es für den Bundeskanzler lohnend war, vor einem geschlossenen, relativ kleinen Kreis von nur 50 Zuhörern eine wohldurchdachte, sorgfältig formulierte Rede zu halten. Von Hamilton Fish Armstrong über McGeorge Bundy, James Conant, Paul G. Hoffmann, Robert MacNamara, Robert Murphy, Paul Nitze, Eugene Rostow, Arthur Schlesinger war bis hin zu den großen Leuten aus der amerikanischen Wirtschaft alles vertreten, was New York zu bieten hatte. Es war eine sehr amerikanische Mischung, bei der die europäische Herkunft ihrer Bestandteile dominierte. John McCloy führte den Vorsitz bei der Veranstaltung.

Des Bundeskanzlers Rede begann mit einer Darstellung der inneren Lage der Bundesrepublik. Die ständige Verbesserung der wirtschaftlichen Verhältnisse aller Bevölkerungsschichten entziehe dem Radikalismus von rechts und von links den Nährboden. Auch die Tatsache, daß die Fortdauer der Teilung nicht eine, wie man hätte annehmen können, zwangsläufige Belebung nationalistischer Strömungen ausgelöst habe, spreche für die politische Reife. Konflikte nicht mit Gewalt, sondern mit friedlichen Mitteln zu lösen, sei der einmütige Wille der deutschen Bevölkerung.

Kiesinger sagte, daß wir unter keinen Umständen auf die Einheit verzichten würden. Uns sei aber bewußt, daß eine friedliche Wiedervereinigung letztlich auch der Zustimmung der Sowjetunion bedürfe. Um dem Druck einer aggressiven sowjetischen Politik widerstehen zu können, brauchten Europa und insbesondere wir das

Bündnis mit den Vereinigten Staaten. Er würdigte Präsident Nixons Absicht, als die geborene Vormacht die Allianz zu führen, aber nicht zu beherrschen.

Kiesinger befaßte sich eingehend mit der Politik der europäischen Einigung. Er sagte, ausgerechnet in dem Augenblick, als de Gaulles Widerstand gegen die supranationale Lösung die englischen Sorgen hätte beseitigen und den Beitritt möglich machen müssen, habe Frankreich sein Veto eingelegt. Der Kanzler erklärte die behutsame, vermittelnde Haltung der Bundesregierung und sagte, er hoffe, daß diese Politik nach dem Amtsantritt des neuen französischen Präsidenten Pompidou schon bald Früchte tragen werde. Er rückte anhand von Zahlenmaterial Meinungen zurecht, die Bundesrepublik sei eine wirtschaftliche Übermacht. Andererseits versicherte er, wir würden langsam aus unserem Provinzialismus herausfinden und dann auch nicht zögern, unser Gewicht in die Waagschale der Weltpolitik zu legen. Europa und in ihm Deutschland müsse die Last auf den Schultern Amerikas vermindern.

Wir seien in Deutschland weder ängstlich noch scheu, er warne aber seine Landsleute vor jeder nationalen Kraftmeierei. Im Hinblick auf die bevorstehenden Wahlen in Deutschland sagte er, daß alle drei Parteien sich Optionen für die verschiedenen Koalitionen offen hielten. Er schloß mit dem Hinweis, daß die Zukunft unsicher sei, aber der ständigen Gefahr stünden große Möglichkeiten gegenüber. Ein Grund mehr, die Kräfte all derer zusammenzufassen, die Freiheit und Menschenwürde zu bewahren suchten.

Am 6. August landete die Maschine der Luftwaffe um die Mittagszeit in Washington. Kiesinger fuhr erst einmal zu seinen Kindern und Enkelkindern, in deren Haus er auch wohnte. Carstens, Duckwitz und ich hatten im Blairhouse, dem schönen Gästehaus der amerikanischen Regierung, das einstmals das Wohnhaus des Generalpostmeisters Blair gewesen war, Quartier zugewiesen bekommen. Neusel und Professor Schubert, Kiesingers Arzt, waren ebenfalls mit von der Partie. Man hatte Zeit, sich einzurichten und auf den kommenden Tag vorzubereiten.

Wir legten letzte Hand an die Themenliste für die Besprechung des Kanzlers mit dem Präsidenten. Ich bekam dreimal täglich – um 12, 16 und 23 Uhr MEZ – Unterrichtungen der Nachrichtenzentrale des

Presseamtes und versorgte den Kanzler sowie die Delegation mit den neusten Meldungen. Am Abend traf sich alles zwanglos bei Rolf Pauls, unserem Botschafter.

Am nächsten Morgen zehn Uhr Begrüßung des Kanzlers durch den Präsidenten vor dem Weißen Haus mit militärischen Ehren. Sodann das erste, etwa 90 Minuten dauernde Gespräch zwischen Kiesinger und Nixon. Ich habe im Gedächtnis bewahrt, wie ruhig und klar Nixon, ohne einen Text oder einen Sprechzettel vor sich zu haben, seine Vietnam-Politik darstellte und begründete. Er sagte, er sei entschlossen, den Krieg zu beenden. Ob dies gelinge, ohne größeren Schaden anzurichten, sei nicht sicher. Er werde es dennoch versuchen. Dies wurde mit großer Zurückhaltung und Bescheidenheit gesagt.

Es beruhigte, an der Spitze der größten Macht der Welt einen Mann zu sehen, der überlegt und maßvoll dachte und handelte. Henry Kissinger, der anwesend war, hielt sich ganz zurück. Es war oft gesagt worden, Nixon sei im Grunde handfest, sogar etwas grobschlächtig, kein großer Denker, ein Macher. Es sei Kissinger, der ihm die Ideen, die kreativen Pläne liefere, wie zum Beispiel die Vorbereitung und Durchführung der neuen Politik gegenüber China. Kissingers Rolle ist sehr bedeutend gewesen. Er war in gewisser Weise einzigartig in der ihn kennzeichnenden Mischung von hoher Intelligenz und praktischem Verstand, aber ohne einen Präsidenten, der nachvollziehen konnte, was sein Sicherheitsberater und Außenminister dachte und dann selbst entschied, was, wann und wie es getan werden sollte, wäre Kissingers intellektuelle Kraft, seine politische Begabung nicht zum Zuge gekommen. Wenn ich Nixon zuhörte, war ich wieder einmal davon überzeugt, daß, wer klar und folgerichtig sprach, auch klar und konsequent denken konnte.

Die Unterredung machte erneut deutlich, daß die amerikanische Führung eine große Anstrengung unternehmen würde, um das Risiko eines nuklearen Krieges zu vermindern und letztlich auszuräumen. Nixon sagte aber zu, daß ein Erfolg dieser Bemühungen nicht zu Lasten der Verbündeten und auch nicht zu Lasten Deutschlands gehen sollte. Auch hier war große Nüchternheit, keine Euphorie anzutreffen.

Am Abend gaben der Präsident und Frau Nixon für den Bundeskanzler ein großes Diner im Weißen Haus. Der Präsident der Vereinigten Staaten ist immer ein vorzüglicher Gastgeber, weil ein bis in alle Einzelheiten durchdachtes Protokoll einen würdigen Rahmen und einen perfekten Ablauf garantiert. Natürlich setzen die Marines in der Galauniform mit ihrem Schliff, mit ihrem vollkommenen Stillstehen bei Ankunft und Abfahrt der Gäste noch einige Lichter auf. Nixons hatten eine illustre Gesellschaft eingeladen. Die Ehre galt unserem Land. Kein Anlaß, kühl zu sein. Nixon begrüßte in seiner Tischrede Acheson und Rusk als zwei frühere Außenminister und rühmte ihre Arbeit für das Bündnis und die Freundschaft „unserer Länder". Er nannte McCloy und Lucius Clay.

Nixon erwähnte Kiesingers Enkelkinder, die amerikanische Bürger seien. „Wir Amerikaner", sagte er, „sind stolz auf den großen Beitrag, den Leute aus so vielen Ländern für Amerika geleistet haben, und besonders auf den Beitrag, den Leute deutscher Abstammung erbracht haben." Er sagte, die Mutter seiner Frau sei Deutsche, ihr Vater Ire. „Die beste Kombination überhaupt."

„Die Amerikaner schulden allen Völkern der Welt etwas, dabei denke ich an einige unserer Gäste heute abend. Ich denke an Edward Teller aus Ungarn. Er war mein erster Ratgeber in einem der schwierigsten Probleme, denen wir in den fünfziger Jahren gegenüberstanden. Ich denke an Wernher von Braun. Er war der erste, der mir, ich war damals Vizepräsident, die Herausforderungen des Weltalls nahebrachte."

Nach einem Bekenntnis zur deutsch-amerikanischen Zusammenarbeit sagte Nixon mit einem diskreten Blick auf die anstehenden Wahlen zum Deutschen Bundestag, er hoffe, auch in Zukunft die Möglichkeit zu haben, mit dem Kanzler und seinen Kollegen zusammenarbeiten zu können.

Nixon und Kiesinger saßen mit den Ehrengästen an einem langen rechteckigen Tisch, wir anderen an runden Zehner-Tischen. An meinem Tisch wurde zu meiner Freude nur wenig über Politik gesprochen. Bei mir saß nämlich Edward Teller, der „Vater der Wasserstoffbombe", und auch Wernher von Braun, der kurz nach der geglückten Landung auf dem Mond sich in seinem Ruhm sonnte. Nichtsdestoweniger amüsierte sich Teller über Brauns Raumfahrtpläne. Diese Mondflüge seien zwar als abenteuerliche Unternehmung von großen Reiz, auch die Art und Weise, wie die technischen Aufgaben gelöst worden wären, sei höchst bewundernswert. Aber was eigentlich der Sinn der ganzen Sache sei, vermöge er nicht recht zu erkennen. Braun erwiderte sehr freundlich: „Sie sind doch Atomphysiker, nicht wahr? Wir wissen im Grunde ja nur sehr wenig über Art, Zustand, Aufbau von Atomen und anderen Elementen der Materie außerhalb der Atmosphäre. Auf dem Weg aus dem All, beim Durchschlagen der Atmosphäre, verändern sie sich möglicherweise. Das ist sogar wahrscheinlich. Wenn Sie darüber etwas wissen möchten – Teller bejahte sofort – stelle ich Ihnen einen großen Schirm oder Spiegel auf dem Mond auf, etwa 30×70 yards – man spürte, daß Braun in Gedanken die Anlage schon skizzierte –, mit diesem Schirm oder Spiegel fange ich alles ein, dessen wir habhaft werden können, analysiere und vermesse es. Die Daten senden wir zur Bodenstation, und dann machen Sie sich an die Arbeit." Edward Teller lachte und sagte: „Also, das klingt sehr interessant. Ob mit Ihrem Schirm oder anders, müßte man sehen, aber wenn die Raumfahrt uns neue Erkenntnisse vermitteln könnte, dann mache ich meinen Frieden mit ihr."

Ich staunte im stillen über Brauns Talent, jemanden zu überzeugen. Vermutlich war es diese Gabe, die ihm ermöglicht hatte, technische Laien, die aber die großen Entscheidungen treffen mußten, für seine Pläne zu gewinnen. Es gehörte einiges an Mut, an Schneid dazu, Ja zu sagen zu dem Projekt, Menschen auf den Mond zu schießen.

An unserem Tisch saß auch die Frau von Erich Moosbacher, der damals der amerikanische Protokollchef war. Moosbacher galt als ein großer Atlantik-Segler, und so hatten wir weiteren unpolitischen Gesprächsstoff. Zudem sorgten die übrigen Tischgenossen wie Kenneth Rush, Obi Shultz und, nicht zu vergessen, Gretchen Byrd für eine reizvolle Unterhaltung.

Um die multikulturellen Hinweise in Nixons Rede zu unterstreichen, hatte er eine junge koreanische Dame in den Mittelpunkt der Tischmusik gerückt, nämlich Miss Kyung-Wha-Chung, eine Violinistin, die mit ihrer Schwester, einer Cellistin, und ihrem Bruder, einem Pianisten, auftrat. Wir hörten Johannes Brahms, Camille Saint-Saëns, Frédéric Chopin und Henry Wieniawski. Die Getränke zum Menü hatten auch internationales Flair. Uns zu Ehren gab es eine

Bernkasteler-Doktor-Auslese, einen sehr guten amerikanischen Rotwein und als Champagner einen französischen Paul Roger.

Bei dem Essen, das der Bundeskanzler am nächsten Abend für die amerikanischen Honoratioren gab, war der amerikanische Vizepräsident Spiro Theodore Agnew der höchste amerikanische Gast. Der Kanzler hatte ihm einen Besuch gemacht. Agnew wurde in Washington nicht recht ernst genommen und war Gegenstand zahlreicher Witze, die seine Einfalt unterstreichen sollten. Die Welt hatte nach der Ermordung Kennedys erlebt, wie schnell der Vizepräsident zur Schlüsselfigur werden kann. Es war unbehaglich, sich vorzustellen, die mächtigste Nation der Welt werde zeitweise von einem beschränkten Geist regiert. Ich war deshalb angenehm überrascht, in Agnew einen Mann mit gesundem Menschenverstand, praktischer politischer Erfahrung und Mutterwitz anzutreffen, der, wohl wissend, welche Scherze über ihn im Umlauf waren, selber derartige Geschichten anbot.

Agnew war der Sohn griechischer Einwanderer, armer Leute Kind. Er hieß eigentlich Spiro Anagnostopoulos. Die feinen Anglo-Amerikaner respektierten zwar sein Amt, konnten aber ihren Hochmut nicht immer verbergen. Als Agnew in seiner gelungenen Tischrede in unserer Botschaft andeutete, seine Familie habe auch angelsächsische Vorfahren, stieß Frau McCloy, die an meinem Tisch saß, eine schrille Lache aus, die im ganzen Saal zu hören war. Sie erschrak über sich selbst, hielt sich die Hand vor den Mund und blickte schuldbewußt in den Schoß. Nur die Lachfältchen um ihre Augen verschwanden erst nach einer Weile.

Bei dem zweiten Treffen mit Nixon wollte der Bundeskanzler mit ihm über unsere Innenpolitik und den möglichen Wahlausgang sprechen und zwar alleine. Rolf Pauls fand es unpassend, daß der Kanzler ohne seinen Botschafter bei Nixon war. Kiesinger wollte Pauls nicht verletzen, sondern ihm ersparen, in einen formalen Konflikt zu geraten. Sein unmittelbarer Dienstherr war der Außenminister und der war nun einmal der Kanzlerkandidat der SPD. Für den war vermutlich nicht bestimmt, was Kiesinger dem Präsidenten anvertraute.

Kiesinger und Nixon veröffentlichen eine gemeinsame Erklärung. Man wolle, so hieß es, einen heißen Draht zwischen dem Weißen Haus und dem Bundeskanzleramt schalten, um in enger Verbindung bleiben zu können. Im politischen Teil wurde gesagt, man wolle die Ursachen der Spannung in Europa beheben. Das unterschied sich von der später in Bonn praktizierten Entspannung als Selbstzweck. Interessant und zukunftsträchtig war der Hinweis auf eine neue Dimension des Atlantischen Bündnisses und dessen Rolle für die Lösung der Probleme in einer modernen Gesellschaft. Die Hilfsquellen der Mitglieder sollten mobilisiert werden, um die Lebensbedingungen aller Menschen zu verbessern. Hier wurde der gewohnte Rahmen sicherheitspolitischer, im engeren Sinne militärischer Aufgaben der NATO gesprengt.

In der Erklärung wurde festgehalten, daß der Bundeskanzler die Astronauten der Apollo-II-Mission eingeladen hatte, als seine Gäste Deutschland zu besuchen.

Viel Zeit des Kanzlers wurde auf die Informationspolitik verwandt. Am Mittag des 8. sprach Kiesinger vor dem National Press Club, wo er die Themen seiner Rede vor dem Council on Foreign Relations, die ja nicht veröffentlicht worden war, neu gruppierte und variierte. Der Präsident des Clubs, Hefferman, hatte Kiesinger mit einer witzigen Ansprache begrüßt. Er zitierte die *New York Times* über Kiesinger: „Ein Mann von großer Statur, breitschultrig und robust, der sich mit bewußter Grazie und savoir faire bewegt. Er begleitete Königin Elisabeth in Stuttgart so, als ob Prinz Philipp gar nicht da sei." „Bei meinen Nachforschungen", so Hefferman, „fand ich, daß Ihre Tochter 1966 gesagt haben soll: ‚Das Wichtigste an meinem Vater ist seine enorme Bildung.' Dies erlaubt mir den Kommentar eines britischen Diplomaten wiederzugeben, der vielleicht nicht ganz zutreffend, aber doch amüsant gesagt hat: ‚Man kann dem Mann nicht trauen, ich habe ihn bereits dreimal dabei ertappt, wie er Verse von Ovid zitierte, sie aber Horaz zuschrieb.'" Am Schluß machte Hefferman eine diskrete Anspielung auf Kiesingers Erfahrungen unter dem Nationalsozialismus: „Eine Stärke der Bonner Demokratie im Vergleich zur Weimarer Republik ist der Eifer der Bekehrten, die aus der Hölle zurückkamen und nun wissen, welchen Weg man nicht einschlagen darf."

Am Nachmittag des 8. August gab es je ein Interview mit der ARD und dem ZDF, dann ein einstündiges Informationsgespräch mit den deutschen, in Washington ansässigen und den mitreisenden Journalisten. Danach ging es zu einem Gespräch mit einer sechsköpfigen Delegation des American Jewish Committee, angeführt von David Sher. Die Herren hatten dem Bundeskanzler vorher gesagt, worüber sie gerne sprechen würden, nämlich die Verjährung von NS-Verbrechen, die NPD bei den Bundestagswahlen, die Passionsspiele in Oberammergau und die Probleme im Mittleren Osten, darunter die Anerkennung der DDR durch arabische Staaten. Das Treffen in den Privaträumen von Botschafter Pauls verlief zur beiderseitigen Zufriedenheit. Offenbar waren die Herren sehr besorgt über das Aufkommen rechtsradikaler Parteien. Sie sahen die NPD bereits im Bundestag. Sie begrüßten die Regelung der Verjährungsfrist, machten auf ihrer Meinung nach bestehende Lücken in der Gesetzgebung aufmerksam. Aufschlußreich war die Oberammergau-Diskussion, weil sie theologische Aspekte aufwarf.

Unsere Unterstützung Israels wurde gewürdigt. Die Herren wollten ein Kommuniqué über das Gespräch veröffentlichen, wovon wir abrieten. Sie haben es später doch getan, wohl als Beweisstück gegenüber den eigenen Mitgliedern des American Jewish Committee.

Am nächsten Morgen begann der Tag mit der Aufnahme der Fernsehsendung „Issues and Answers“ von ABC. Dies war im Hinblick auf die amerikanische Öffentlichkeit der wichtigste Schlußstein in dem Bogen des ganzen Besuches. John Scali und Joseph Harsch waren Kiesingers Partner. Ich war mit im Studio, aber von dem Augenblick an, als die Kamera lief, war der Kanzler auf sich gestellt. Er sprach frei in Englisch. Gleich als erstes wurde der Kanzler gefragt, ob wir nach der Abwertung des Franken die DM aufwerten würden. Antwort: Nein.

Dann wurde er gefragt, ob er glaube, daß ein Treffen Nixons mit den sowjetischen Politikern zu diesem Zeitpunkt viel wert sei. Der Kanzler bemerkte dazu, er sei nicht sicher, daß es sehr nützlich sein würde, ausgenommen Gespräche über Rüstungskontrolle.

Heinemanns Wort von den berechtigten Sicherheitsinteressen unserer östlichen Nachbarn wurde von den amerikanischen Journalisten aufgegriffen. War das ein Hinweis auf eine mögliche Anerkennung der DDR? Nein, sagte Kiesinger trocken, der Bundespräsident ist nicht ein Mann, der über Politik entscheidet.

Wieder war ich erfreut zu sehen, daß der Bundeskanzler feste Antworten gab, sagte, was wir von der amerikanischen Führung erwarteten.

Kritik wurde verbindlich, nicht rechthaberisch vorgebracht. Kiesingers Englisch reichte aus, auch Nuancen zu vermitteln. Er konnte zufrieden sein, aber wer ihn kannte, wußte, daß er im nachhinein ärgerlich mit sich selbst war, weil er irgend etwas besser hätte sagen können, wenn ihm die rechten Worte eingefallen wären.

Danach zum Glück wenig Zeit zum Überlegen. Umziehen, Abschiedszeremonie vor den Weißen Haus mit militärischen Ehren, mit dem Hubschrauber des Präsidenten zum Dulles-Airport, dort in die Maschine der Luftwaffe und Start nach Köln-Wahn. An Bord alles erleichtert, es hatte keine gravierenden Pannen gegeben. Natürlich rückte die Presse an. Der Kanzler gab noch einige spontane Rundfunkinterviews, die gut gelangen, weil der sprachliche Umgang mit den vertrauten Themen ständig besser wurde. Wieder zu Hause, tritt übergroß auf die Szene, was man für Augenblicke in Washington vergessen hatte: der Wahlkampf.

Zwischen den Fronten

Bei Gründung der großen Koalition waren die einzelnen Bundesministerien reinrassig besetzt worden, d. h. wenn der SPD, der CDU oder der CSU ein Ressort zugesprochen wurde, dann bestand die ganze Spitze des Ministeriums aus Leuten, die das Vertrauen der jeweiligen Partei genossen. Das war weit besser als die späteren Versuche der sozialliberalen und der CDU-FDP-Koalition, parteipolitisch gemischte Chefetagen einzuführen, also dem CDU- bzw. SPD-Minister einen Staatsminister oder Staatssekretär der Liberalen beizugeben und umgekehrt.

Eine wichtige Ausnahme machte das Presse- und Informationsamt. Es wurde als politisch so empfindlich angesehen, daß alle Beteiligten es nicht völlig in die Hand einer einzigen Koalitionspartei geben wollten. Man konnte darin einen Beweis für die Bedeutung sehen, die dem Amt zugemessen wurde.

Der oberste Dienstherr des Amtes war der Bundeskanzler. Infolgedessen wäre es sinnvoll und normal gewesen, daß das BPA an der Spitze ebenso besetzt wurde wie das Bundeskanzleramt, nämlich auf die CDU ausgerichtet. So hatte es Adenauer gehalten. Er hatte CSU und FDP mit der Leitung einer Abteilung oder wichtiger Referate abgefunden.

Das wurde in der großen Koalition geändert, wie sich später erwies auf Dauer. Fortan wurde der Chef des Amtes vom Kanzler bestimmt, der Vertreter vom Vizekanzler nach mehr oder weniger gründlicher Abstimmung mit den Parteiführungen. So war ich der Chef, Conrad Ahlers mein Stellvertreter. Unser gemeinsamer Vorgesetzter war allein der Bundeskanzler. Darin lag für mich kein Problem, wohl aber für Ahlers, der zwar nicht formal, aber politisch einen zweiten Dienstherrn hatte, den Vorsitzenden der SPD, Willy Brandt. Ahlers bewegte sich zwischen den Fronten.

Kiesinger und Ahlers hatten ein gutes, persönliches Verhältnis zueinander gefunden, und daher verlief die erste Hälfte der großen Koalition ohne größere Schwierigkeiten für den Grenzgänger. Dazu trug auch unsere Freundschaft bei. Seine kämpferische Ausdrucksweise, die gelegentlich kräftige Reaktionen auslöste, wurde meist schnell verziehen, weil sein ganzes Wesen Sympathie mobilisierte, wobei ihm neben seinen einprägsamen Sprüchen seine fotogene Gestalt im Fernsehen zugute kam. Er war bewußt aggressiv, um Aufsehen zu erregen und Beachtung zu finden. Ich konnte mir das nur in engen Grenzen leisten. Ironie war nicht nach jedermanns Geschmack. Manche Leute fanden mich im Fernsehen zu ernst und zu hölzern.

Der Kanzler wußte natürlich, daß Ahlers von der SPD ins Amt gebracht worden war, aber die Tatsache, daß er, Kiesinger, Ahlers Dienstherr war, verführte ihn zu der Annahme, die erste und vornehmste Loyalität gehöre ihm. Der Irrtum wurde dadurch mitverursacht, daß der Kanzler glaubte, Ahlers zähle zu seinen Freunden. Die Schwierigkeit im Umgang der beiden Männer bestand darin, daß Kiesingers Einschätzung überwiegend richtig war, aber nicht ganz.

Ahlers hatte eine wichtige Mittler-Funktion. Mit Wissen und Duldung beider Seiten vermittelte er der SPD-Führung ein Bild von Kiesingers Absichten und unterrichtete Kiesinger von der Meinungsbildung in der SPD. So bekamen beide Seiten eine Vorstellung von dem, was man sich gegenseitig zumuten konnte und was nicht. Gelegentlich bereitete Ahlers den Bundeskanzler auf kommende Entwicklungen vor, über die Brandt selbst Kiesinger erst später unterrichtete. Ein kennzeichnendes Beispiel ist der Entschluß der SPD, Heinemann als Kandidaten für das Amt des Bundespräsidenten aufzustellen. Es war Ahlers, nicht Brandt, der Kiesinger davon in einem längeren Brief vorab informierte. In dem Brief wurde der Versuch gemacht, Kiesinger die Verantwortung dafür anzulasten, daß man sich nicht auf einen gemeinsamen Kandidaten geeinigt hatte. Ahlers gab mir meist die Doppel derartiger Briefe, deren Inhalt sich nicht immer und durchweg mit seinen eigenen Überzeugungen deckte, die ich gut zu kennen glaubte.

Ein ähnlich konstruierter Brief erwartete Kiesinger am 9. August '69 nach seiner Rückkehr aus Washington, in dem Ahlers ihn auf die anstehende Aufwertungsdebatte im Sinne der SPD und insbesondere Schillers vorbereitete. „Es ist sicher notwendig", so schrieb er, „daß am Sonntagnachmittag eine Ministerbesprechung stattfindet, an der zumindest alle Ressorts teilnehmen, die durch die französische Entscheidung betroffen sind, also Außen, Wirtschaft, Finanz und Landwirtschaft. Die Minister Brandt und Schiller sind in Bonn verfügbar. Außerdem müßten Präsident Blessing und seine Kollegen gebeten werden."

Das war nicht die Sprache eines zweiten Mannes im Presseamt. Ahlers glaubte, eine abgeleitete Autorität beanspruchen zu können. So fuhr er fort:

„Unabhängig davon stellt sich jetzt natürlich noch einmal die Frage einer deutschen Aufwertung." Der Brief endete: „Bei einem Gesamtüberblick kann man zu dem Schluß kommen, daß eine Aufwertung von 4–5% bei gleichzeitiger Kassation des Absicherungsgesetzes eine wirtschaftlich ziemlich schmerzlose Operation wäre, die uns nach außen hin auf absehbare Zeit von weiterem Druck entlasten könnte. Es bleibt natürlich die innenpolitische Seite der Angelegenheit. Ich bin nach wie vor der Meinung, daß Sie und Ihre Partei durch einen solchen Beschluß gerade jetzt nach der französischen Initiative nicht geschädigt würde. Trotz der bisherigen Festlegungen könnte es öffentlich begründet werden und das Vertrauen in die Handlungsfähigkeit der Bundesregierung stärken." Hier hatte jemand anderes die Feder geführt und Conrad angestiftet, hoch zu reizen. Das ist ihm am Schluß des Briefes wohl selbst bewußt geworden. Er schließt: „Ich gehe natürlich auch davon aus, daß eine solche Entscheidung nicht zu erwarten ist und habe mich entsprechend gestern und heute öffentlich geäußert. Ich hielt es nur für meine Pflicht, Ihnen diese Überlegung mitzuteilen."

Als die SPD die Absetzbewegungen begann und Konflikte suchte, vertrat Ahlers zunächst nur intern die Linie der SPD. Ahlers wurde dann von Brandt in der Auseinandersetzung mit Kiesinger bewußt eingesetzt, wobei er das zwischen Ahlers und Kiesinger bestehende Vertrauensverhältnis in seine Rechnung einstellte.

Im August 1969, als der Wahlkampf in die Schlußphase eintrat, verließ Ahlers die Deckung. Er sprach auf Wahlversammlungen der SPD und warb für Brandt als den künftigen Bundeskanzler. Dabei polemisierte er ohne Umschweife gegen seinen Dienstherrn und dessen Partei. Kiesinger war verärgert. Es hieß, Kiesinger bestrafe Ahlers mit Liebesentzug, er werde nicht mehr zu internen Besprechungen hinzugezogen. Ich erklärte vor der Presse, mein Vertreter nehme auch im Verkehr mit dem Bundeskanzler seine Funktionen uneingeschränkt wahr. Ich fügte hinzu, daß die sehr nützliche Mittlerfunktion zwischen den Koalitionsparteien, die Ahlers ausgeübt habe, in den letzten Wochen durch die Zwangsläufigkeiten des Wahlkampfes eingeschränkt worden sei.

Ahlers verteidigte sich damit, daß er kein Beamter sei. Das Argument war schwach. Sein persönlicher Status spielte keine Rolle. Er war der stellvertretende Chef des Bundespresseamtes. Trotzdem nahm ein Teil der Publizistik die Ahlerssche Begründung halbwegs ernst.

Der Riß zwischen Ahlers und Kiesinger ließ sich nicht mehr ganz kitten. Was hatte der Kanzler erwartet? Hatte er wirklich annehmen können, Ahlers würde sich für ihn und gegen Brandt entscheiden? Natürlich sagte Kiesingers Verstand „Nein“ auf diese Frage, aber sein Gefühl nährte die leise Hoffnung, Ahlers habe zu ihm eine stärkere persönliche Bindung als zu Brandt. Ich glaube, daß umgekehrt Kiesinger sich mit Ahlers stärker verbunden fühlte als Brandt mit seinem Genossen Conrad. Jedenfalls blieb das Verhältnis des Kanzlers zu Ahlers trotz der merklichen Abkühlung freundlich. Conrad hatte soviel männlichen Charme, daß es schwerfiel, sich auf Dauer mit ihm zu entzweien.

„Auf den Kanzler kommt es an“

Im Juli hielt die CDU in Essen ihren Wahlkongreß ab. Am 31. August, einen knappen Monat vor den Bundestagswahlen am 28. September, begann für den Kanzler die Schlußphase des Wahlkampfes mit einer Großkundgebung in der Dortmunder Westfalenhalle.

Ich habe mich als beamteter Staatssekretär und Chef des Presse- und Informationsamtes im Gegensatz zu meinem Stellvertreter Conrad Ahlers am Wahlkampf nicht beteiligt. Hin und wieder habe ich mir eine Wahlveranstaltung angesehen und angehört, um die Hand am Puls zu haben. Die Schwierigkeit für die beiden großen Parteien bestand darin, daß in der Bevölkerung der Eindruck überwog, sie hätten vertrauensvoll zusammengearbeitet und, ihre Sache gut gemacht. Vor diesem Hintergrund gab es im Wahlkampf nur die eine Möglichkeit, das Verdienst der eigenen Partei an diesem guten Ergebnis herauszustellen und allenfalls zu behaupten, wenn der Partner nicht immer gebremst hätte, wären die Resultate noch besser gewesen. Bei diesem Wettbewerb hatte keine der beiden Parteien die Nase vorn. Womit wollte man die Massen in Bewegung bringen?

Kiesinger hatte offensichtlich innere Hemmungen, als Kanzler der großen Koalition nun im Wahlkampf die SPD, mit deren Ministern er noch am Kabinettstisch saß und gemeinsam das restliche Arbeitspensum hinter sich brachte, scharf anzugreifen. Nur widerwillig zog er vom Leder, als die SPD anfing, die unbestreitbaren Erfolge für sich in Anspruch zu nehmen. Jedesmal, wenn Kiesinger deutlich wurde, machte er vorher eine Art von entschuldigender Vorbemerkung. Die an der Koalition Beteiligten versuchten, so sagte er, jeder für sich zu beanspruchen, was geleistet worden sei, und die Unzulänglichkeiten dem Partner zuzuschieben. „Ich habe nicht einen einzigen Augenblick einen solchen törichten Versuch unternommen. Wenn aber die SPD sagt, es komme in diesem Wahlkampf auf eine Leistungsbilanz an, dann nehme ich dieses Angebot an. Die CDU hat nie behauptet, daß sie allein das Verdienst an der bewunderten und bestaunten Entwicklung habe, aber wir wissen aus vielen Beispielen, wieviel eine politische Führung zum Gelingen beitragen und wieviel sie hemmen, stören und zerstören kann.“

Er wolle, so Kiesinger, nicht sagen, der oder jener Minister habe es gut gemacht, weil er Mitglied der CDU, und ein anderer habe es schlecht gemacht, weil er Mitglied der SPD sei. „So weit lasse ich mich nicht herab."

Das war staatsmännisch gesprochen, fair gegenüber dem Partner, aber wenig geeignet, die Leute auf einer Wahlversammlung anzuheizen und in Stimmung zu bringen.

Im Laufe des Juli und August gewannen die Auseinandersetzungen an Schärfe. Kiesinger mußte die staatsmännische Besonnenheit des Kanzlers gegen die Aggressivität des Parteivorsitzenden austauschen. „Ich habe bis jetzt den Mund gehalten, wenn Angriffe seitens der SPD kamen. Ich habe auch geschwiegen, als Herr Brandt ausfällig gegen die Union wurde. Aber als Parteivorsitzender kann man nicht alles schweigend hinnehmen."

Es konnte nicht ausbleiben, daß bei näherrückendem Wahldatum auch die Frage nach der Zusammensetzung der künftigen Regierung öffentlich beantwortet werden mußte. Keine Koalition bei einer absoluten Mehrheit der CDU. Das wäre natürlich die beste Lösung, aber Zweifel, ob dies gelingen könnte. Stärkste Partei, ja. Wieder große Koalition? „Nicht die schlechteste Lösung". Die FDP biete sich wegen ihrer „unannehmbaren Deutschlandpolitik immer weniger als Alternative an". Einen knappen Monat vor dem Wahltag wurde Kiesinger in der Westfalenhalle deutlich. „Es geht darum, die Vorherrschaft einer Partei oder einer Parteienkoalition zu verhindern, die nach dem 28. September diese lebensgefährliche Anerkennungspolitik weiter treiben würde."

Tatsächlich bestanden auf allen anderen Gebieten keine großen Gegensätze zwischen den beiden Regierungsparteien, die man im Wahlkampf hätte ausschlachten können. So wurde die Ost- und Deutschlandpolitik zum vorrangigen Thema im Wahlkampf, wenn man von der Aufwertung der DM absah, die zu begutachten dem Wahlvolk sowieso unmöglich war. Der einzige echte, tiefgreifende Dissens lag in der Ost- und Deutschlandpolitik. Er hatte für die Zukunft unseres Landes und Europas weitreichende Bedeutung. Mein eigener Eindruck in den Versammlungen war, daß die Leute auch bei Versuchen, der Debatte eine leidenschaftliche Note zu geben, relativ kühl und gelassen blieben. Die unverhohlenen Ankündigungen

Brandts und einiger, beileibe nicht aller SPD-Politiker, man müsse die DDR als souveränen Staat anerkennen und auf die deutschen Ostgebiete verzichten, lösten keine Beifallsstürme aus, bei den Arbeitern schon gar nicht. Anders lag es mit dem Wunsch, sich mit der Sowjetunion zu verständigen. Die Leute ahnten auf eine unbestimmte Weise, daß der Schlüssel zur deutschen Einheit in Moskau lag. Irgendwie sollte man sich mit den Russen vertragen. Auch diese Zustimmung zu den verkündeten Absichten hielt sich in Grenzen: Viele Männer und Frauen der älteren Generation konnten und wollten nicht vergessen, wie die Rote Armee sich aufgeführt hatte. Die Erinnerung daran verblaßte zwar, war aber nicht auszulöschen.

In gewisser Beziehung hatten das kleine Bürgertum und die Industriearbeiterschaft eine genauere Vorstellung von dem, was in der DDR vorging, als das sogenannte intellektuelle Milieu. In der SPD gab es Leute, die wußten, wie es drüben zuging, die aber bereit waren, dies hinzunehmen und sich anzugleichen. Annäherung durch Wandel, Egon Bahrs in ihrem Hell-Dunkel faszinierende Formel, kam dem nahe, was in diesem Kreise gefühlt und gedacht wurde.

Dennoch hatten beide Parteien nichts Besseres als Konfliktstoff, und so wurde er weidlich ausgeschlachtet.

Bei den wohl im ganzen freundlich gestimmten Besuchern von CDU-Wahlveranstaltungen fand Kiesinger Zustimmung, erntete Beifall und gute Zwischenrufe. Aber mein eigener Eindruck war auch hier, daß die Ostpolitik keine wesentliche Rolle bei der Entscheidung der Wähler am 28. September spielen würde. Eine gute Wahlanalyse ist erst ein Jahrzehnt später angestellt worden. Sie stützt meine These.

Was Stimmung in die Säle der SPD-Wahlveranstaltungen brachte, war die simple Ankündigung, jetzt wolle man nach einer langen Durststrecke endlich an die Macht. Dies bedurfte keiner Begründung und riß die Leute von den Sitzen. Bei der CDU war es ähnlich. „Auf den Kanzler kommt es an", die Sozis dürften nicht an die Spitze, das war auch kein rationales Argument, aber es zog.

Eine sehr spektakuläre Veranstaltung mit Franz Joseph Strauß und Kiesinger fand in Hamburg statt. In der SPD-Hochburg hatte man sich geschworen, den Schwarzen zu zeigen, wer in Hamburg das Sagen hatte. Mindestens die Hälfte der Besucher waren organisierte

SPD-Leute, mit den einschlägigen Geräten wie Trillerpfeifen, Hupen und Transparenten ausgerüstet. Der Einsatzleiter der Hamburger Polizei, ein gestandener Mann, den ich der SPD zurechnete, riet Kiesinger respektvoll, nicht durch den Haupteingang und dann über den Mittelgang zur Rednertribüne zu gehen, sondern einen Nebeneingang zu benutzen, um von hinten mit kurzem Anmarsch nach oben ans Pult zu kommen. Er sagte, die Stimmung sei heute ziemlich angeheizt, und man könne nicht ausschließen, daß es auf dem Weg durch den Mittelgang und nach vorne zu Tätlichkeiten und häßlichen Szenen kommen könnte. Die Hamburger Polizei garantiere selbstverständlich für seine Sicherheit, aber man wolle doch Zwischenfälle möglichst vermeiden. Kiesinger bedankte sich für den gutgemeinten Rat und sagte: „Der Bundeskanzler kommt nicht durch die Hintertür, wir gehen durch das Hauptportal rein, das wollen wir doch mal sehen."

So geschah es; als Kiesinger groß, wie er war, und Strauß, massig wie er war, hereinkamen, gab es ein riesiges Getöse von Buhrufen, Pfiffen und Beifall. Es war großartig. Für Vollblutpolitiker der reinste Champagner.

Strauß sprach als erster. Er hatte große Mühe, sich durchzusetzen. Er wurde immer wieder niedergeschrien. Er gab aber nicht klein bei und konnte seine Rede, die aus einem Stakkato von griffigen Parolen und Schmähungen seiner Widersacher bestand, zu Ende bringen. Dann kam Kiesinger. Eigenartigerweise wurde es still, als er anfing zu sprechen. Dann gab es erneut massive Störungen, die aber von der anderen Saalhälfte niedergekämpft wurden. Der Krawall gab dem Kanzler seinerseits Gelegenheit abzurechnen. Er brachte es fertig, der SPD die Angriffe auf Strauß, die Stör- und Schlägertrupps als beschämend vorzuhalten, was möglicherweise die Einpeitscher dazu brachte, vorsichtiger zu werden. Der Kanzler bekam starken Beifall. Er hat vermutlich keinen Wähler in Hamburg, dessen Großvater schon für die SPD gestimmt hatte, davon abgehalten, für seine alte Partei einzutreten, aber er hat der CDU den Rücken gestärkt. Vermutlich waren nach dem Abend alle Beteiligten zufrieden. Eine schöne Wahlveranstaltung.

„Du Teifischwab", hatte ein wackerer Sozialdemokrat Kiesinger am Ende einer Wahlversammlung in Stuttgart zugerufen. Das Kompliment war wirklich verdient.

Ich hatte während des Wahlkampfes meine Berechnungen angestellt und dann nicht ausgeschlossen, daß es zu einem Regierungswechsel kommen könnte. Am Wahlabend des 28. September zeigte sich, daß die CDU sich glänzend geschlagen hatte. Dies war ganz überwiegend Kiesingers Verdienst, die knappe, gute Parole: „Auf den Kanzler kommt es an", hatte den Leuten eingeleuchtet. Wir saßen im Kanzlerbungalow mit dem Kanzler zusammen und verfolgten auf den Bildschirmen gespannt die einlaufenden Resultate. Außerdem erhielt ich ständig die neuesten Agenturmeldungen. Abgesehen von Kiesingers Stab waren noch Bruno Heck und Helmut Kohl zugegen. Ein Gefühl des Triumphes breitete sich aus. Es war zunächst einmal gelungen, die NPD aus dem Bundestag herauszuhalten, was weitgehend Kiesingers persönlichem Einsatz in Baden-Württemberg zu verdanken war. Das Wichtigste war aber, daß SPD und FDP keine Mehrheit zustande brachten.

Dann hatte ich plötzlich eine Tickermeldung in der Hand, die alles über den Haufen warf. Auf den Bildschirmen gab es Augenblicke später zunächst Verwirrung. Eine Hochrechnung war fehlerhaft gewesen. Jetzt sah es so aus, als ob SPD und FDP, wenn auch knapp, die Mehrheit der Mandate gewinnen würden. Dies wurde im Laufe der nächsten Stunde zur Gewißheit. Ich war sicher, daß damit die Wahl trotz des großen Erfolges der CDU verloren war. Kiesinger veranlaßte Kohl, Kontakt mit Genscher aufzunehmen, der wiederum ein Treffen zwischen Kiesinger und Scheel zustande bringen sollte. Genscher wich aus. Scheel sei aufgrund der schweren Verluste der FDP deprimiert schon zu Bett gegangen und nicht mehr ansprechbar. Die FDP hatte ihr schlechtestes Wahlergebnis überhaupt zu verdauen. Sie hatte 19 Sitze verloren. Kiesinger gab sich zuversichtlich, auch bei einem kurzen Fernsehauftritt. Er, der sonst so liebenswürdig sein konnte, fuhr mich an, als ich zu erkennen gab, was ich dachte. Wenig später standen die Resultate fest. Die CDU/CSU hatte stolze 46,1% gewonnen, die SPD 42,7%, die FDP die Fünf-Prozent-Hürde mit 5,8% knapp übersprungen.

In den nächsten beiden Tagen versuchte ich, dem Kanzler Klarheit zu verschaffen. Ich ging davon aus, daß FDP und SPD die neue Regierung Brandt/Scheel bilden würden, aber da die FDP auch mit der CDU/CSU hätte koalieren können, die ihr programmatisch näher stand, befragte ich meinen bewährten Freund, den FDP-Abgeordneten Dr. Ernst Achenbach. Es gibt kleine wichtige Vorgänge, die eine Beziehung prägen. Achenbach hatte schon bald nach dem Kriege eine Anwaltspraxis in Essen eröffnet. Als ich bei ihm nach der Währungsreform auf der Suche nach Arbeit vorsprach, fragte er mich, ob ich materielle Hilfe, zum Beispiel etwas Geld, brauchen könne. Das Angebot war so häufig nicht. Ich bedankte mich und konnte sagen, ich käme allein zurecht, aber ich habe Achenbach die Geste nie vergessen.

Achenbach berichtete, daß Scheel und Genscher die Koalition mit der SPD auch innerhalb des FDP-Vostandes konspirativ seit langem vorbereitet hätten. Die Sache sei noch nicht völlig entschieden, er und einige andere Freunde würden gegenhalten. Ich sollte aber wissen, und das könne ich Kiesinger sagen, daß es über diese Frage nicht zu einer Spaltung der Partei kommen werde. Sollte sich eine Mehrheit für die Koalition mit den Sozialdemokraten entscheiden, so würden alle diesen Entschluß mittragen, auch diejenigen, die ihn eigentlich mißbilligten.

Die verschiedenen Koalitionsgespräche waren Scheingefechte. Brandt und Scheel waren sich seit langem einig. Nur pro forma sprachen die Sozialdemokraten und die FDP jeder allein mit der CDU.

Am 21. Oktober wurde Willy Brandt mit 251 gegen 235 Stimmen bei fünf Enthaltungen zum Bundeskanzler gewählt.

Das alte Kabinett trat noch zusammen, in einer gelösten, elegischen Stimmung. Man begriff, so schien es, erst jetzt, wie gut man zusammengearbeitet, sich in vielen Dingen verstanden hatte, und wußte nicht so recht, warum man eigentlich auseinandergehen wollte. Kiesinger selbst, der mit seinem unverdienten Mißerfolg im Erfolg innerlich nur schwer fertig wurde, haderte eine Weile mit sich selbst, behielt aber seine Fassung.

Aufwertung

Obwohl erwartet wurde, daß die Bundesregierung im Vorfeld der Wahlen am 28. September nur noch das Nötigste erledigen würde, kam es gerade im September noch einmal zu einer Folge von Kabinettssitzungen, auf denen einige Routinefragen, aber auch wichtige außenpolitische und wirtschaftspolitische Angelegenheiten entschieden wurden.

Im August waren eine Reihe wilder Streiks ausgebrochen, hauptsächlich in der Stahlindustrie, aber auch in öffentlichen Dienstleistungsbetrieben. Die starke Nachfrage nach Stahl konnte zeitweise nur schwer befriedigt werden. Die Preise stiegen, und es wurde gut verdient. Die Arbeiter fanden, daß sie mitverdienen sollten, und forderten Lohnerhöhungen ohne Rücksicht auf die noch geltenden Tarifverträge. Die Streiks waren illegal und hatten neben den wirtschaftlichen Beweggründen auch eine politische Komponente. Ost-Berlin stieg mit seinen Propagandasendern in die Streiks ein und versuchte gewalttätige Aktionen zu stimulieren. Die wenigen Kommunisten in der Arbeiterschaft hatten die Streikbewegung infiltriert und bemühten sich, die Abläufe zu steuern. Das gelang aber nur in den wenigsten Fällen, weil die Arbeiter selbst wachsam waren.

Man war versucht anzunehmen, die Streiks seien nicht von ungefähr einige Wochen vor den Wahlen in Gang gekommen. Bei der Frage, wem dies nutze, blieb die SPD übrig. Im Kabinett selbst blieb die Geschlossenheit erhalten. Die entsprechenden Beschlüsse wurden einstimmig gefaßt. Bundeswirtschaftsminister Karl Schiller und ich gingen am 10. September gemeinsam vor die Presse. Die relative Abneigung des Außenministers Brandt und des Wirtschaftsministers Schiller, selbst in den Pressekonferenzen aufzutreten, wich zunehmender Aktivität.

Am 16. September erschien Brandt. Er werde, so hieß es, zunächst als Außenminister, dann als Parteivorsitzender sprechen und Fragen beantworten. Am 17. September trat Schiller erneut vor die Presse, nach dem gleichen Rezept, zunächst als Wirtschaftsminister, dann als Parteipolitiker.

Am 23., fünf Tage vor der Wahl, ging, aus New York kommend,

der Außenminister wieder in die Bundespressekonferenz, insbesondere um seine Unterhaltung mit dem sowjetischen Außenminister Gromyko zu interpretieren. Der Zweck der Übung war, Brandt als Person und die SPD als Partei als das geeignete Medium zu empfehlen, um das Verhältnis zur Sowjetunion zu verbessern. Brandt war dabei vorsichtig bemüht, nicht in den Verdacht zu kommen, er werde alle Grundsätze der Deutschlandpolitik gleich über Bord werfen, falls er Bundeskanzler würde.

Seit dem März des Jahres 1969 trat Schiller für eine Aufwertung der D-Mark ein. Er gebrauchte Umschreibungen wie „Umwandlung der De-facto-Paritätsveränderung in eine De-jure-Verbesserung der Parität", aber es ging auch dabei um die Aufwertung der D-Mark. Dank seines Sachverstandes und seiner Beredsamkeit hatte er keine große Mühe, seinem Parteivorsitzenden und der SPD-Fraktion den Eindruck zu vermitteln, die Aufwertung sei richtig und notwendig. In der SPD-Führung war sowieso niemand, der soviel von der Sache verstand, daß er ernsthaft mit Schiller hätte diskutieren können. Schillers berechtigte Sorge bestand darin, daß es der Bundesrepublik wirtschaftlich zu gut ging. Wir waren aus der konjunkturellen Aufwärtsbewegung „in eine Phase eines überschäumenden, ungezügelten Booms", wie Schillers Staatssekretär Johann B. Schöllhorn es formulierte, eingetreten. Tatsächlich war das Bruttosozialprodukt in der kurzen Zeit der großen Koalition um ganze 100 Milliarden angewachsen, die Auftragsbücher waren voll, es wurde gut verdient. Die Preise stiegen, die Löhne aber nicht. Das löste Spannungen aus, die unter anderem zu den Streiks in der Stahlindustrie geführt hatten.

Kiesinger selbst verfügte nicht über profunde wirtschaftliche Kenntnisse, ging aber als Jurist an jedes Problem mit der Frage heran: „Um was handelt es sich?" Er beriet sich mit seinem alten Freund Otmar Emminger von der Bundesbank und auch mit Hermann Joseph Abs, dem Senior der Deutschen Bank.

Ich fand, daß Schillers Momentaufnahme richtig war, aber wenig über die Zukunft aussagte. Wenn die D-Mark teurer wurde, ging unsere Ausfuhr zurück, die Einfuhr fremder Güter dagegen wurde erleichtert. Jetzt lag die Auslastung der Betriebe bei gut 90 Prozent. Es fehlte an Arbeitskräften, der Inlandsbedarf und die Auslandsnachfrage konnten nur mit langen Lieferzeiten befriedigt werden. War das nun gut oder schlecht?

Im Laufe des Sommers verstärkten sich die Anzeichen dafür, daß die Konjunktur sich abflachte und die Zukunftserwartungen nicht mehr ganz so „exotisch optimistisch" waren. War es überhaupt richtig, daß der Staat versuchte, die volkswirtschaftliche Leistung zu drosseln? Es steckte in Schillers intelligenter Argumentation etwas Absurdes.

Der Bundeskanzler und mit ihm die Mehrheit im Kabinett votierte gegen Schillers Vorschläge. Es geschah, was geschehen mußte. Die Öffentlichkeit erfuhr, daß Schiller, mit ihm die SPD und die FDP, eine Aufwertung der D-Mark propagierten. Die amtlichen und privaten Spekulanten spitzten die Ohren. Als die Bundestagswahlen in Sicht kamen und die Vorhersagen des Wahlausganges die Möglichkeit einer SPD/FDP Regierung erkennen ließen, setzte eine massive Spekulation ein. Große Mengen fremder Währungen flossen nach Deutschland, um die noch billige DM zu kaufen und an der anstehenden Aufwertung zu verdienen. Die Bundesbank war gezwungen, ständig zu intervenieren und fremde Währungen zu stützen. Wenige Tage vor dem Wahltag setzte dann eine Flutwelle ein, weil Schiller und Brandt am 17. 9. vorsätzlich den Deich durchstoßen hatten. An diesem Tag ging Schiller vor die Presse. Die Überschrift der Veranstaltung war harmlos: „Wirtschaftspolitik an der Schwelle der 70er Jahre". Der langen Reden kurzer Sinn war ein Plädoyer für die Aufwertung. Schiller sagte auf eine Frage sibyllinisch, „eine währungspolitische Aktion kann niemand ankündigen". Das verstanden die meisten so, wie es gemeint war.

Sofort geriet Schiller unter massiven Druck. Er versuchte zusammen mit Brandt am 25. September einen Befreiungsschlag. Mit der richtigen Begründung, die Bundesregierung sei offiziell bis zum 20. 10. 1969 in ihrem Amt, sagte er: „Sie hat in dieser Lage zu handeln." Deshalb verlangten die sozialdemokratischen Mitglieder der Bundesregierung eine außerordentliche Kabinettssitzung innerhalb von 24 Stunden, nämlich am kommenden Freitag, 26. 9., 10 Uhr vormittags. Auf der Tagesordnung dieser Sitzung solle das Stabilitätsprogramm des Bundeswirtschaftsministers vom 23. Juni stehen. Dann hieß es lapidar: „Währungspolitische Maßnahmen stehen in dieser Situation nicht zur Entscheidung." Es war zu spät.

Der unseriöse Versuch, innerhalb von 24 Stunden zwei Tage vor der Wahl ein Stabilitätsprogramm zu beschließen, dessen Hauptbestandteile nur auf dem Wege der Gesetzgebung, also im nächsten Bundestag verwirklicht werden konnten, scheiterte. Kiesinger lehnte ab, berief die Kabinettssitzung statt dessen auf den Montag nach dem Wahltag ein.

Am Nachmittag des 25., vier Stunden nach Schillers Auftritt, ging ich selbst vor die Bundespressekonferenz. Der Saal war überfüllt. Zahlreiche ausländische Korrespondenten, die nach Bonn gekommen waren, um über die Bundestagswahlen zu berichten, hatten sich zu den Bonner Kollegen gesellt. Dr. Fack von der *Frankfurter Allgemeinen Zeitung* führte den Vorsitz. Nach der Begrüßung sagte er: „Es knistert schon ein wenig im Saal." Ich erklärte zu Beginn: „Der Bundeskanzler hat heute vormittag an den Bundeswirtschaftsminister die Bitte gerichtet – im Einvernehmen mit der Bundesbank –, er möge veranlassen, daß auch am Montag die Devisenbörsen geschlossen bleiben. Der Bundeskanzler hat gleichzeitig das Bundeskabinett auf Montagvormittag 11 Uhr einberufen, um im Zusammenhang mit der eben angekündigten Maßnahme die dann entstandene Lage zu beraten. Diesen beiden Entscheidungen war ein Fernschreiben des Bundesministers des Auswärtigen an den Bundeskanzler vorangegangen, in dem er ihm vorgeschlagen hatte, eine Kabinettssitzung auf morgen vormittag einzuberufen.

Das ist es, was ich mitzuteilen habe."

Frage Steves: „Sie sprachen vom Einvernehmen mit der Bundesbank, wer hat mit wem ein Einvernehmen herbeigeführt?"

Diehl: „Die Bundesbank hat schon gestern zu erkennen gegeben, daß sie es für ratsam halten würde, die Devisenbörsen auch am Anfang der Woche, jedenfalls am Montag geschlossen zu halten. In dem gestrigen Fernschreiben der Bundesbank war auf die Unruhe Bezug genommen worden, die durch die Behandlung des Themas im Wahlkampf hervorgerufen worden ist."

Frage Dr. Capell: „Herr Staatssekretär, ist die Darstellung des Bundesaußenministers Brandt richtig, daß die Entscheidung des Bundeskanzlers auf folgendem Wege zustande gekommen ist, daß Schiller sich mit dieser Empfehlung an Blessing gewandt hat, daß Blessing diese Empfehlung dann in gleichlautenden Schreiben an

Kiesinger und Strauß zurückgegeben hat und daß daraufhin der Bundeskanzler diese Maßnahme ergriffen hat?"

Diehl: „Ich habe die Fernschreiben hier. Mir stellt sich die Sache so dar, daß die Bundesbank an den Bundeskanzler und den Bundeswirtschaftsminister gleichzeitig dieses Fernschreiben gerichtet hat, jedenfalls nehmen die beiden Fernschreiben darauf Bezug, daß auch der andere Empfänger ein derartiges Schreiben erhalten hat."

Frage Schopf: „Herr Diehl, besteht die Möglichkeit, daß der Bundeswirtschaftsminister, bevor diese Fernschreiben an das Bundeskanzleramt und an das Ministerium gegangen sind, vorher mit Herrn Blessing gesprochen hat?"

Diehl: „Das kann man nicht ausschließen, nur zeigt die Begründung der Bundesbank eigentlich eine andere Interessenlage. Ich weiß sicher, daß das Bundeskanzleramt seit mehreren Tagen mit der Bundesbank über die Spekulationswelle im Kontakt war. Ich darf auch noch die Zahlen nennen: Vom 1. bis einschließlich 24. September sind von der Bundesbank Devisen in Höhe von 6,35 Milliarden DM aufgenommen worden. Wenn ich Ihnen den Satz aus dem Fernschreiben einmal vorlesen darf: ‚Die Auseinandersetzungen über die DM-Parität im gegenwärtigen Wahlkampf haben zu einer wachsenden Unsicherheit an den Devisenmärkten geführt.'"

Frage Kuhn: „Herr Diehl, was sprach gegen eine Kabinettssitzung morgen?"

Diehl: „Dagegen spricht, daß die Bundesregierung angesichts der Tatsache, daß die Forderung nach Aufwertung nun ein Thema im Wahlkampf ist, mit Autorität und Glaubwürdigkeit, und das ist ja notwendig, wenn man die Spekulationen stoppen will, nur nach dem Wahltag sprechen kann."

Frage Dr. Klein: „Herr Staatssekretär, worin liegt eigentlich der effektive Unterschied zwischen einer Kabinettssitzung am Freitag und einer am Montag?" (Heiterkeit)

Diehl: „Ich zögere nicht deshalb, weil die Antwort schwierig ist, sondern weil sie so auf der Hand liegt. (Heiterkeit) Einige von Ihnen haben das ja auch in Ihren Kommentaren gesagt. Es hat Darstellungen gegeben, unter anderem in einem im Ausland relativ bekannten Organ wie der *Times*, daß möglicherweise eine SPD/FDP-Regierung rechnerisch nicht auszuschließen ist. Da die beiden politischen

Kräfte für die Aufwertung der DM eingetreten sind, würde bei einem entsprechenden Wahlergebnis – wenn sie die Märkte wieder aufmachen – eine recht kritische Lage entstehen. Vor der Wahl nun mit, wie ich sagte, Autorität und Glaubwürdigkeit etwas zu tun, was durchschlägt, scheint schwierig. Deshalb ist es nach Auffassung des Bundeskanzlers richtiger, das am Montag zu tun, wenn man wieder verbindlich sprechen kann."

Frage Schopen: „Welche Bestimmung der Geschäftsordnung der Bundesregierung gibt es, daß der Bundeskanzler einen Antrag auf Einberufung einer Sondersitzung ablehnen kann?"

Diehl: „Das kann er selbst entscheiden."

Frage Schopen: „Gibt es keine Bestimmung?"

Diehl: „Ich glaube nicht, sie sehen ja daran, wie er entschieden hat, daß es so ist." (Heiterkeit)

Frage Zenke: „Es wurde gesagt, es komme darauf an, daß etwas getan wird, das durchschlägt. Würden Sie darunter auch einen Beschluß verstehen, die DM weiterhin nicht aufzuwerten?"

Diehl: „Ich selber ja."

Frage von Lojewski: „Ist der Bundeskanzler mit dem Bundeswirtschaftsminister darin einig, daß in der Kabinettssitzung, die jetzt bevorsteht und die der Bundeswirtschaftsminister für Freitag haben wollte, währungspolitische Entscheidungen nicht zur Debatte stehen?"

Diehl: „Ich habe dem Vorschlag des Bundesaußenministers entnommen, daß seiner Meinung nach das Papier behandelt werden sollte, daß der Bundeswirtschaftsminister am 23. Juni vorgelegt hatte. Aber dieses ist ja nicht von unmittelbarer Wirkung auf die Spekulation, und das ist das Problem, was sich Anfang der Woche stellen wird. Da beißt keine Maus den Faden ab."

Frage Steves: „Gibt es denn eine Reaktion der Antragsteller auf den Vorschlag, die Sitzung erst am Montag abzuhalten?"

Diehl: „Bisher nicht, aber Herr Brandt gibt ja um 15 Uhr eine Pressekonferenz in Köln, und möglicherweise kommt für ihn die Antwort des Bundeskanzlers nicht unerwartet, so daß er sich schon darauf eingestellt hat."

Frage Dr. Grünewald: „Herr Diehl, Sie nannten vorhin den Betrag von 6,35 Milliarden DM Devisen, die bis zum 24. dieses Monats aufgenommen worden sind. Woraus schließt man eigentlich, welcher Anteil dieses Betrages spekulativer Zufluß sind und welcher auf normalem Handelsverkehr beruht?“

Diehl: „Ich kann diese Frage selbst nicht beantworten. Jedenfalls ist die Bundesbank der Auffassung, daß eine Spekulationsbewegung in Gang gekommen ist. Ich kann das gerne noch einmal zitieren: ‚Die Auseinandersetzungen über die DM im gegenwärtigen Wahlkampf haben zu einer wachsenden Unsicherheit an den Devisenmärkten geführt. Vom 1. bis einschließlich 24. September mußte die Bundesbank bereits Devisen in Höhe von 6,35 Milliarden DM hereinnehmen, einschließlich der Swap-Geschäfte mit Banken.‘ Die Forderung nach der Schließung der Börsen wird ja mit der Sorge vor einer Spekulationswelle begründet.“

Frage Steves: „Hat sich der Bundeswirtschaftsminister schon mit den Wirtschaftsministern der Länder wegen der Schließung der Devisenbörsen auch am Montag in Verbindung gesetzt?“

Diehl: „Ich nehme an, ja.“

Stüber (Bundeswirtschaftsministerium): „Ja, das ist geschehen.“

Frage Dr. Grünewald: „Halten Sie es nicht nur verfassungsrechtlich, sondern auch politisch für möglich, daß das Kabinett am Montag etwas Durchschlagendes beschließt, wenn sich die Mehrheitsverhältnisse eklatant geändert haben?“

Diehl: „Herr Grünewald, ich sagte schon, daß wir unter Umständen am Anfang der Woche eine sehr kritische Lage haben können. Wenn das Rechnen dazu führt, daß zahlenmäßig eine SPD/FDP-Koalition nicht ausgeschlossen werden kann, dann wird das die Spekulation natürlich nicht bremsen – um es einmal vorsichtig auszudrücken. Das ist doch einfach eine Tatsache.“

„Noch Fragen?“

Am Tag danach gingen Brandt und Schiller um 13 Uhr im Gegenzug vor die Presse. Der Versuch zu verschleiern, was geschehen war, war schwierig. Das Kabinett hätte nach Brandts Vorschlag am gleichen Tage zusammentreten sollen, „um Maßnahmen zu beschließen, die der Stabilität der deutschen Wirtschaft gedient hätten“. Gleichzeitig wurde erklärt: „Währungspolitische Maßnahmen stehen in dieser Situation nicht zur Entscheidung.“ Brandt verteidigte sich: „Mir ist sehr wohl bekannt, daß die Bundesbank weiter zu der Meinung neigt, daß die Devisenbörsen auch am Montag geschlossen bleiben sollten. Für mich gilt weiterhin der Satz in meinem Brief, daß nach allem, was ich hierzu übersehen kann, keine Veranlassung besteht, den Wirtschaftsministern der Bundesländer zu empfehlen, die Devisenbörsen am Montag geschlossen zu halten."

Der Rest der Pressekonferenz bestand aus Wahlkampf. Brandt benutzte die Gelegenheit, um den Journalisten „vorweg im eigenen Namen und im Namen meiner Freunde für die Berichterstattung zu danken".

Am Montag nach den Wahlen fand die von Kiesinger anberaumte Kabinettssitzung statt. Eine Aufwertung wurde *einstimmig* abgelehnt. Die Devisenmärkte blieben auch am Montag noch geschlossen. Ahlers, der mit der Kabinettsberichterstattung an der Reihe war, erklärte auf der Bundespressekonferenz:

„Erstens: Die Bundesregierung bittet die Bundesbank, die Interventionen am Devisenmarkt zu den bisherigen Höchst- und Mindestkursen vorübergehend einzustellen. Dadurch sollen weitere spekulative Devisenzuflüsse abgewehrt und soll ein Beitrag zur Beruhigung der internationalen Währungssituation geleistet werden.

Zweitens: Die Bundesregierung empfiehlt der Bundesbank, die ihr nach § 16 des Bundesbankgesetzes gegebene Möglichkeit, Ausländerkonten mit einer höheren Mindestreserve zu belegen, weitgehend auszuschöpfen.

Drittens: Die Bundesregierung wird dafür Sorge tragen, daß der deutschen Landwirtschaft keine Nachteile entstehen. Sie wird deshalb auf dem Verordnungswege Vorsorge treffen, daß beim Grenzüberschreitungsverkehr von landwirtschaftlichen Erzeugnissen entsprechende Ausgleichsmaßnahmen vorgenommen werden.

Viertens: Aufgrund dieser Beschlüsse können die Devisenbörsen am Dienstag wieder geöffnet werden."

Man war alles in allem Kiesingers Linie gefolgt.

In einer Rundfunksendung des Südwestfunks wurde ich von Dr. Alois Rummel gefragt: „Wie war die Atmosphäre nach dieser Wahlnacht? Antwort: „Sehr entspannt. Man muß das, was heute geschehen ist, vor dem Hintergrund der Erklärungen der beiden großen Parteien sehen, daß währungspolitische Maßnahmen nicht zur Diskussion stehen. Das Kabinett war der Auffassung, daß eine

Änderung des Wechselkurses nicht in Frage kommt zum gegenwärtigen Zeitpunkt. Dies alles zusammen wird eine stark beruhigende Wirkung haben auf den internationalen Geldmärkten, und deshalb sollen die Devisenmärkte in Deutschland morgen wieder geöffnet werden."

Frage: „Herr Staatssekretär, was war denn kontrovers im Kabinett heute morgen? Gab es Meinungsverschiedenheiten zwischen Schiller auf der einen und Finanzminister Strauß auf der anderen Seite über die Anwendung dieser Instrumentarien?"

Antwort: „Nein, Herr Dr. Rummel, es ist für die Öffentlichkeit vielleicht überraschend, aber auch diese Beschlüsse sind alle einstimmig gefaßt worden."

Abgesang

Am Montag nach den Wahlen, am 29. September, sagte Conrad Ahlers zum Wahlergebnis: „Die Bundesregierung sieht in dem Ergebnis eine eindeutige Niederlage aller rechts- und linksradikalen Kräfte. Zu verzeichnen ist ein fast völliges Verschwinden der Kommunisten und die Verhinderung des Einzuges der NPD in den Bundestag. Die Bundesregierung dankt den deutschen Wählern für dieses demokratische Verhalten ... Weiterhin stellt sie fest, daß das Wahlergebnis ein großer Erfolg für die Regierungsparteien der großen Koalition ist. Alle Befürchtungen, die große Koalition würde die Demokratie in der Bundesrepublik schwächen und den Radikalismus begünstigen, sind durch das Wahlergebnis widerlegt worden."

Die Beschlüsse zu den anstehenden währungspolitischen Fragen waren einstimmig zustande gekommen, aber es gab auf der Pressekonferenz viele intensive Fragen, wie es nun weitergehen sollte. Man konnte mit einer gewissen Beruhigung an den Devisenmärkten rechnen, aber die Taktik der von Schiller gelenkten Sozialdemokratie hatte erhebliche Turbulenzen ausgelöst. Sie würden nicht leicht zu kontrollieren sein.

Am Mittwoch, dem 1. 10., ging es weiter wie gewohnt, das Kabinett behandelte die Tarifsituation im öffentlichen Dienst. Die Sitzung war gut vorbereitet, und es wurde schnell einstimmig entschieden. Pikant war, daß das Kabinett der großen Koalition den Gewerkschaften noch zum Schluß eine Rüge erteilte und ihr Verhalten kritisierte.

Am 8. Oktober fand die letzte Kabinettssitzung unter Vorsitz von Bundeskanzler Kiesinger statt. Es wurden drei Fragenkomplexe behandelt, die Europapolitik, noch einmal die Tarifsituation im öffentlichen Dienst und die Belastung des deutschen Exports um etwa 10 Prozent, die schlagartig durch die Freigabe der Wechselkurse eingetreten war.

So mußte ich bei meinem letzten Auftritt als Regierungssprecher der großen Koalition einen währungs- und wirtschaftspolitischen Gegenstand behandeln. Ich hätte mir ein großes Thema der Deutschlandpolitik, der Außen- und Sicherheitspolitik gewünscht, aber jetzt kam es darauf an, den komplexen Gegenstand mit vielen, im Grunde nur den Fachleuten verständlichen Einzelheiten klar und deutlich darzustellen. Zum Glück war auch Karl Schiller wieder zur Stelle, und wir traten mit beiderseitigem Vergnügen noch einmal gemeinsam auf.

Zunächst war ich an der Reihe, und ich sagte, das Kabinett in seiner Gesamtheit sei sich darin einig gewesen, daß eine Belastung des Exports um 10 Prozent oder mehr zu hoch sei. Jedenfalls seien Exporte verzögert, Dispositionen hinausgeschoben worden.

Strauß hatte vorgeschlagen, das sogenannte Absicherungsgesetz kurz befristet außer Kraft zu setzen. Schiller war demgegenüber dafür eingetreten, das Absicherungsgesetz überhaupt abzuschaffen. Schillers Vorschlag wurde mehrheitlich abgelehnt. CDU/CSU-Mitglieder des Kabinetts sagten zur Begründung, wenn wir das Absicherungsgesetz definitiv aufgäben, dann hieße das: Die Aufwertung sei beschlossen, und das sei auch das, was die in Planung befindliche Regierung angekündigt habe. Wir wollten aber nicht in Haftung genommen werden für einen derartigen Entschluß.

Man hat dann eine gewisse Annäherung dadurch gefunden, daß auf Vorschlag des Bundeskanzlers die Fristsetzung auf den 1. 12. erfolgte. Das hat die grundsätzlichen Bedenken nicht ausräumen können, hat aber die kommende Regierung vom Zugzwang befreit, in einer relativ kurzen Zeitspanne handeln zu müssen.

Ich sagte dann: „Als das nun erledigt war, hat der Herr Bundeskanzler, nachdem wir in den letzten Kabinettssitzungen erstaunlicherweise fast nur einstimmige Beschlüsse gehabt haben, bedauert, daß in dieser letzten Sache keine einheitliche Auffassung zu erzielen war.

Der Herr Bundeskanzler hat den Kabinettsmitgliedern, den Staatssekretären und allen Mitarbeitern, welche die Kabinettssitzungen vorbereiten, gedankt. Er hat mit Befriedigung festgestellt, daß die große Koalition erfolgreiche Arbeit geleistet hat. Trotz der Schwierigkeiten und der Mühsal, die vor allen Dingen in letzter Zeit nicht zu unterschätzen gewesen seien, bleibe insgesamt die Erinnerung an die Zusammenarbeit freundlich. Kiesinger wünschte allen Anwesenden Wohlergehen und Glück. Dies war unter Beifall der Schluß der heutigen Kabinettssitzung."

Anschließend sprach Bundesminister Schiller und erläuterte ausführlich seinen im Kabinett gescheiterten Vorschlag, der naturgemäß deshalb besonderes Interesse fand, weil man davon ausgehen konnte, daß die neue Bundesregierung seine Gedanken wiederaufgreifen würde. Er sagte: „Auch diese neue Bundesregierung, wenn ich ihr angehöre, wird so schnell wie möglich nach ihrer Bildung, und weit vor dem 30. November, eine klare, endgültige und überzeugende Lösung des deutschen Währungsproblems finden. Das darf ich sagen, weil viele es erwartet haben und auch heute erwarten."

Die sachverständigen Kritiker wollten auch bei meinem letzten Auftritt nicht in Vergessenheit geraten, und so wurde ich von Bernhardt gefragt. „Herr Staatssekretär Diehl, wo wurde bei der rechtlichen Untersuchung des Aussetzungsbeschlusses die Ermächtigung zu einer zeitweisen Aussetzung hergeleitet? Im Gesetz steht so etwas nicht." Diehl: „... Wir können im Augenblick den Bundestag nicht befassen. Wir können nur von einer administrativen Marge Gebrauch machen. Das Kabinett war sich einig, daß das möglich war, in Anerkennung und Bewertung des Willens des Gesetzgebers." Schiller sekundierte.

Frage Bernhardt: „Herr Diehl, könnten Sie mir eine Passage aus dem Ausschußbericht oder der Debatte zum Absicherungsgesetz nennen, die ihre Interpretation des Willens des Gesetzgebers unterstützen könnte?" Diehl: „Ja, nur wir sind hier nicht im Parlament, sondern in der Bundespressekonferenz, und mein Bericht gibt Ihnen wieder, was die Auffassung der Bundesregierung in dieser Sache war. Infolgedessen habe ich nichts hinzuzufügen." Vorsitzender an den Frager: „Es wäre wahrscheinlich tatsächlich zuviel verlangt." Diehl: „Das weiß er ja auch."

Schiller auf eine Anmerkung von Steves: „Sie sind der Dolmetsch meiner Gefühle, was hervorzuheben mir eine besondere Freude ist, Herr Steves." Steves: „Ich wollte eigentlich noch einmal darauf hinweisen, daß ich mit meiner Frage mißverstanden worden bin ..." Schiller zum Schluß: „Was die Befristung anbetraf, so hat der Herr Bundesbankpräsident mir gegenüber eine andere Propensity, eben eine Propensity geäußert." Lojewski: „Der Bundesbankpräsident hat was geäußert?" Schiller: „Klaren Tisch, reinen Tisch." Lorenz: „Noch Fragen? Ich sehe, die Fragelust ist erschöpft."

Wir gingen alle vergnügt auseinander. Schiller und ich hatten uns meist gut verstanden, auch dann, wenn wir uns aneinander rieben. Ein von Gelächter und Zurufen begleiteter gemeinsamer Auftritt – wie unser letzter – war auch für die Journalisten ein Stückchen, woran sie Gefallen hatten.

Am 12.10. kamen die amerikanischen Astronauten Armstrong, Collins und Aldrin nach Bonn, die Kiesinger eingeladen hatte. Bei dem Abendessen im Palais Schaumburg ging es noch einmal entspannt zu. Ich ließ mir ein Bild signieren. Ich hatte sie mir genau angesehen. Was war das für eine Art Mensch, der auf den Mond fliegt? Alle drei waren nach ihrem Erscheinungsbild ruhige, besonnene Leute, sie waren in gewisser Weise das Gegenteil von alerten, nervösen Typen. Sie waren nicht exaltiert, hochgespannt oder begeistert von ihrer großen Tat. Sie waren auch nicht jung. Sie waren Männer im besten Alter. Sie machten einen durch und durch zuverlässigen Eindruck. Sie mußten aber, um so komplexe Systeme, wie sie zu einem Mondflug gehören, verstehen und beherrschen zu können, hochintelligent sein und außerdem unter Umständen sehr schnell, blitzschnell entscheiden können, was zu tun war. Die drei waren die Prototypen einer neuen Rasse, so schien es mir, eine hochentwickelte Form des mit dem „Krieger“ verschmolzenen „Arbeiters“ im Zeitalter der Hochtechnologie.

Nach diesem Intermezzo fand die nächste Bundespressekonferenz am 15. Oktober statt. Sie dauerte nur vier Minuten. Sie behandelte die erregende Frage, ob Kiesinger, falls er nicht mehr Bundeskanzler sein sollte, ein Büro und einen Dienstwagen haben würde.

Zwei Tage später wurde Ahlers gefragt: „Herr Ahlers, wissen Sie, wer Ihr zukünftiger Stellvertreter sein wird?“ Ahlers: „Sie nehmen die Dinge weit vorweg. Ich bin noch nicht einmal sicher, ob es einen Stellvertreter für mich gibt.“ (Oho-Rufe) Frage: „Sie machen also beides?“ „Nein, Sie wissen, ich habe zur Zeit eine unsichere Existenz, ich habe keine Ahnung, wie sich das in der nächsten Woche abwickeln wird, insofern kann ich auch über meinen Stellvertreter gar nichts sagen.“ „Keine Fragewünsche?“ sagt der Vorsitzende. Dauer der Pressekonferenz: wieder vier Minuten.

Am 20. Oktober versammelte der Bundeskanzler Kurt Georg Kiesinger im Bundeskanzleramt seine Mitarbeiter, um sich zu verabschieden. Kiesingers Gedanken und Gefühle, die ihn in diesem

Augenblick bewegten, fanden, wie man bei ihm erwarten durfte, einen überzeugenden Ausdruck. Er sprach sehr kurz. Mir schien, daß auch er, ähnlich wie wir, Guttenberg, Carstens, Neusel, Ruth und die anderen Damen und Herren aus seiner näheren Umgebung, unter dem bestimmenden Eindruck stand, daß wir nicht ausreichend Zeit gehabt hatten, das zu verwirklichen, was wir uns vorgenommen hatten. Diese Einsicht hinterließ eine gewisse Bitterkeit. Das Gefühl, daß die Geschichte ungerecht gegenüber Kiesinger gewesen war, ließ sich nicht bannen. Dem stand die Ahnung, die Erwartung gegenüber, daß die große Koalition im Laufe der Zeit an Ansehen gewinnen würde. Sie war mehr als ein Experiment, sie war zu einer Bewährungsprobe der parlamentarischen Demokratie geworden und hatte diese Probe bestanden. Darin lag eine Botschaft der Zuversicht für kommende, auch kommende schwere Zeiten. Kiesinger begriff, daß die vermutlich einige Jahre andauernde neue Koalition ihm die Rückkehr in das Kanzleramt verwehren würde. Auch sein Lebensalter stand einer Wiederkehr in die politische Führung entgegen. Dennoch, er war Bundeskanzler gewesen in einer problembeladenen Zeit und hatte – getragen von dem Bündnis der beiden großen Parteien – seine Sache gut gemacht. So war die Stimmung im Palais Schaumburg nicht nur wehmütig, sie hatte einen Einschuß von trotzigem Stolz und einen Anflug von Heiterkeit.

Als Kiesinger und ich einen Augenblick allein waren, gab er mir sein Bild mit einer Widmung unter dem Datum des 20. Oktober 1969. Wir brauchten nicht viel zu sagen, wir würden einander verbunden bleiben.

Am 22. Oktober wurde Conrad Ahlers zum Chef des Presseamtes bestellt. Die Frage, wer sein Stellvertreter sein würde, war noch nicht ganz entschieden, aber es zeichnete sich ab, daß die FDP Rüdiger Freiherrn von Wechmar, der zu dieser Zeit das German Information Center in New York leitete, für den Posten benennen würde.

Ich übergab am gleichen Tage das Amt. Vor der Belegschaft sagte ich: „Der Bundeskanzler hat mich soeben von meinen Dienstpflichten entbunden und Herrn Ahlers mit der Leitung des Presse- und Informationsamtes beauftragt. Ich möchte mich nicht nur von Ihnen verabschieden, sondern auch kurz zur Lage sprechen. Ein Wechsel in der Regierung ist in einem demokratischen Staatswesen eine völlig normale Sache. Was dem einen oder anderen Anlaß zu besorgten oder beschwerten Gedanken gibt, ist, wie ich annehme, nicht die Tatsache des Regierungswechsels, sondern sind die ungewöhnlichen Umstände, die zu diesem Wechsel geführt haben. Wir sind alle gut beraten, wenn wir uns klarmachen, daß der Wechsel der politischen Macht, und ich gebrauche das Wort ohne Scheu, zu den Notwendigkeiten eines freien Landes, zu den Notwendigkeiten einer Demokratie gehört.

Es ist nur natürlich, daß ein Haus, das über die Tätigkeit der Regierung informieren soll, ein besonders enges Verhältnis zum politischen Gehalt der Regierungspolitik hat. Wir haben in diesem Lande zwanzig Jahre eine Politik gemacht, die von der CDU und der CSU geführt worden und über weite Strecken von der FDP ergänzt worden ist. Wir haben dann einen, wie ich glaube, außerordentlich bedeutenden Vorgang für die Entwicklung der Demokratie in Deutschland erlebt, nämlich die große Koalition, als die FDP in die Opposition ging. Nun haben wir eine Regierung aus SPD und FDP ...

Da wir darauf zählen können, daß wir eine Regierung haben, die die Verfassung achtet und nicht Ungesetzliches tut, ist es jedermann möglich, loyal die Regierung zu stützen und sie in ihrer Arbeit zu fördern. Es gibt jetzt in unserem Hause ebenso wie im Bundeskanzleramt stärkere Veränderungen, das liegt in der Natur unserer Arbeit und hat nichts damit zu tun, daß unser Haus besonderen Angriffen ausgesetzt ist oder besonderer Kritik unterliegt ...

Alles, was ich getan habe, stand im Zeichen der Modernität, der Weiterentwicklung und des Fortschritts. Ich hätte meine Pläne gerne selbst zu Ende geführt."

Zu Conrad Ahlers gewandt sagte ich: „Diese Anstrengungen sind von dir, Conrad, genauso betrieben worden wie von mir. Das gibt mir die Gewißheit, daß die neue Amtsleitung – natürlich auf ihre Weise und mit ihrer Handschrift – in der vorgegebenen Richtung, die ja bekanntlich stimmt, weitergehen wird ...

Wir können sagen, daß die Regierung der großen Koalition in einer geradezu vorbildlichen Weise ihre Informationspflicht erfüllt hat, vorbildlich für die jetzige und künftige Regierung. Ich bin deshalb froh, daß der neue Bundeskanzler Herrn Ahlers mit der Leitung des Hauses beauftragt hat.

Ich danke Ihnen allen sehr herzlich für die Mitarbeit und für die Hilfe, die Sie mir gegeben haben. Ich danke dir, Conrad. Unsere ja nicht ganz junge Freundschaft hat sich auch an diesem Ort bewährt ...

Ihr werdet intellektuell recht reizvolle Probleme zu lösen haben – ich kann mir nicht versagen, das zu bemerken –, nämlich etwas zu tun, was alle bisherigen Regierungen nicht gekannt haben: Euch vor peinlichem Beifall zu schützen."

Es wurde mir wie üblich manches Kränzchen geflochten. Nun, als es ans Scheiden ging, wurde auch in der Presse Lobendes und Freundliches gesagt. Man muß dann immer einen Rabatt von nahezu 50 Prozent geben, aber dennoch tut es gut, zumal wenn man weiß, daß hin und wieder echte Zuneigung dahintersteckt.

Vor der Bundespressekonferenz wurde ich ebenfalls am 22. Oktober '69 verabschiedet. Vorsitzender war Hans Reiser von der *Süddeutschen Zeitung*. Er sagte: „Wir kannten Sie natürlich alle von Ihren früheren Funktionen her, aber Sie haben den Platz des Regierungssprechers schnell so vollkommen ausgefüllt, daß eine absolute Identität zwischen dem Amt und der Person bestand. Es ist heute nicht meine Sache, hier Zensuren zu verteilen, ich möchte aber gerne sagen, daß die Souveränität, die Sie als Sprecher der Regierung an den Tag legten, manchmal zu Konflikten mit Kollegen innerhalb und außerhalb dieses Saales führte. Ihr politisches Engagement über das Amt hinaus führte gelegentlich auch zu Polemiken, aber wer so gerne streitet wie Sie, muß auch Verständnis dafür haben, daß in einem solchen Streit andere ihre andere Meinung genauso hart vertreten. Sie hatten dieses Verständnis, und schon deshalb hat mir die Zusammenarbeit mit Ihnen ausgesprochen Spaß gemacht. Ich habe auch nie das Gefühl gehabt, ich glaube, das kann ich für alle Kollegen sagen, von Ihnen, lassen Sie mich es so sagen, informationspolitisch mißhandelt worden zu sein. Eine wesentliche Erleichterung für das Spiel, das wir oft miteinander und manchmal auch gegeneinander trieben, war Ihre Heiterkeit, Ihr Witz. Deshalb bin ich auf den Gedanken gekommen, Ihnen zum Abschied eine Karikatur zu schenken, von der ich weiß, daß sie Ihnen besonders viel Spaß gemacht hat. Es ist die schon am 1. August erschienene Karikatur von Luis Murschetz. Sie zeigt Bundeskanzler Kiesinger hoch zu Roß, und am Hinterteil des Gaules ist Herr Diehl damit beschäftigt, mit Besen und Schaufel Pferdeäpfel aufzulesen. Als Text steht darunter: „Haben wir schon wieder etwas gemacht, Herr Diehl?".

Diehl: „Diese Zeichnung hat eine Vorgeschichte, und das steigert den Wert des Blattes. Ich hatte mich bemüht, das Original zu bekommen, aber von der vornehmen *Süddeutschen Zeitung* wurde mir mitgeteilt, das Original gäben sie nie her. Sie könnten mir einen anständigen Bürstenabzug liefern, aber nicht mehr. Das haben sie auch getan. Deshalb bin ich um so dankbarer, Herr Reiser, daß diese Zeichnung – sicher nicht ohne Ihr Zutun in der Redaktion des Blattes – nun zu mir gekommen ist. Ich habe sie besonders genossen und werde ihr in meinem Hause einen Platz geben, der mich an diese prachtvollen Zeiten erinnert.

Der Herr Bundeskanzler, und das ist noch ein Stückchen Information, hat mich heute gegen 11.30 Uhr von den Amtspflichten als Chef des Presse- und Informationsamtes entbunden und Herrn Conrad Ahlers mit der Leitung des Hauses beauftragt. Ich bin heute zu Ihnen gekommen, um mich zu verabschieden. Wir alle hier wissen, daß ohne ein hohes Maß an beiderseitiger Sympathie und Zuneigung eine sinnvolle Arbeit zwischen den Sprechern jeder Regierung und der Publizistik nicht möglich ist. Weil mir das bewußt ist, danke ich Ihnen für die vielen Beweise der Freundschaft und des Vertrauens, die sie mir gegeben haben. Selbst die offenen und fairen Gegnerschaften gereichen allen Beteiligten zur Ehre, und so bleibt auch da nichts Unangenehmes zurück.

Wenn ich mich gelegentlich habe hinreißen lassen, kritische Anmerkungen zu dem einen oder anderen Stück Journalismus zu machen, so halten Sie mir zugute, daß mich eben meine hohe Vorstellung vom Rang des Berufs zu dieser Kritik geführt hat. Ich glaube und hoffe, daß, wenn Sie an meiner Arbeit etwas auszusetzen hatten, es dieselbe Ursache hatte, nämlich daß Sie eine hohe Vorstellung von der Aufgabe und dem Rang eines Mannes haben, der über das informiert, was die Regierung tut.

Diese Regierung der großen Koalition, der ich gerne gedient habe, ist ein in der Geschichte der deutschen Politik in jeder Weise bedeutendes Ereignis gewesen und sie hat die ersten 20 Jahre der Bundesrepublik Deutschland in eindrucksvoller Weise zu Ende geführt …

Diese Regierung der großen Koalition hat es Herrn Ahlers und mir ermöglicht, unsere Informationspflichten zu erfüllen, und sie hat auch – obwohl das nicht immer mit der gleichen Deutlichkeit gesehen wurde – alles getan, um die Informationsfreiheit nach Kräften zu schützen und zu verteidigen. Das Bekenntnis zur Informationspflicht und der Schutz der Informationsfreiheit sind unerläßliche Voraussetzungen für die Arbeit eines Regierungssprechers. Ich hoffe und erwarte, daß diese Art der Behandlung des Informationswesens vorbildlich für die jetzige und auch für viele künftige Regierungen sein wird.

Auch aus diesem Grunde bin ich sehr froh darüber, daß Bundeskanzler Brandt Conrad Ahlers mit der Leitung des Hauses beauftragt hat. Das gibt mir – und ich hoffe, auch Ihnen – die Gewißheit, daß die Arbeit des Presse- und Informationsamtes in der gleichen Art fortgeführt werden wird, wie ich sie begriffen habe."

Nach dem anschließenden Bericht von Conrad Ahlers über die Kabinettssitzung fragte jemand: „Wie ist die Etikette im neuen Kabinett, heißt es Herr Bundeskanzler oder heißt es Genosse Willy und Du?" Ahlers: „Die Frage ist berechtigt. Der Herr Verteidigungsminister hat vorgeschlagen, die Dinge untereinander so formlos zu gestalten, wie es den persönlichen Beziehungen entspricht, aber dem Herrn Bundeskanzler wird von allen der gebührende Respekt, also die Anrede Herr Bundeskanzler zugebilligt."

Frage: „Können Sie uns darüber beruhigen, daß es bei der bisherigen Abrede bleibt und eine Aufwertung der DM erst nach Abgabe der Regierungserklärung erfolgt?" Ahlers: „Ich weiß es nicht." Fehrenbach: „Werden Sie nach Neu-Delhi gehen, Herr Diehl? Wie ist jetzt Ihr Status, Herr Ahlers, sind Sie heute zum Staatssekretär ernannt worden, oder werden Sie dazu ernannt werden?" Diehl: „Indiskrete Fragen sind immer gut. Als Diener des Staates werde ich das tun, was mir aufgetragen wird." Lojewski: „Wenn ich die Geschäftsordnung der Ministerien richtig verstehe, dann hat ein Beamter des Auswärtigen Amtes, dem ein Posten angeboten wird, die Möglichkeit, zweimal Nein dazu zu sagen. Werden Sie den Posten, den man für Sie in Aussicht genommen hat, gleich annehmen?" Diehl: „Ich bin nie in der Verlegenheit gewesen, Angebote zu bekommen, die ich mit Nein beantworten mußte, und ich bin sicher, daß das auch so bleiben wird." Ahlers: „Was mich anbetrifft, Herr Dr. Fehrenbach, mein Status ist Herr Ahlers." Vorsitzender Reiser: „Das ist eine etwas unbefriedigende Antwort." Ahlers: „Dann will ich sie gern ergänzen. Ich weiß nicht genau, wie das mit der Ernennung zum Staatssekretär wird, ob sie beabsichtigt wird, ob sie von mir gewünscht ist, wird sich erst in den nächsten Tagen herausstellen." Frage Schröder: „Sind Sie bereit, Beamter zu werden?" Ahlers: „Ich sagte gerade, ich wisse noch nicht, ob das von mir gewünscht wird."

Schließlich meldete sich David Binder von der *New York Times* zu Wort. Er war ein von mir hoch geschätzter kritischer Journalist, mit dem ich oft die Klingen gekreuzt hatte. Er sagte: „Für meinen Teil kann ich sagen, daß wir von der Auslandspresse mit der Informationspolitik der Bundesregierung sehr zufrieden sind, gerade auch mit der Informationspolitik der Regierung der großen Koalition. Das ist Ihnen, Herr Diehl, und Ihnen, Herr Ahlers, zu danken. Es gibt kaum eine Hauptstadt in der Welt, in der man so weitgehend und so tief und so gut informiert ist wie in der Bundeshauptstadt Bonn. Mitunter sind wir von der Informationsflut in Bonn direkt verwöhnt worden. Wir können dem scheidenden Regierungssprecher deshalb unsern aufrichtigen Dank aussprechen."

Der neue Bundeskanzler Willy Brandt hatte mir im Arbeitszimmer Konrad Adenauers, Erhards und Kiesingers und an deren Schreibtisch die Entlassungsurkunde ausgehändigt. Brandt wollte das niemand anderem überlassen. Das kurze Gespräch verlief freundschaftlich. Er sagte, er hätte eigentlich andere Pläne gehabt, aber sie hätten sich nicht verwirklichen lassen. Ich wußte, daß er im Auge gehabt hatte, mich zum Staatssekretär des Auswärtigen Amtes zu ernennen, aber das ging wegen des Parteienproporzes nicht. Ich war kein CDU-Mitglied, wurde aber der CDU mit Recht zugeordnet. Walter Scheel war nun neuer Außenminister, und man konnte ihm den Chef des Presse- und Informationsamtes der großen Koalition nicht als Staatssekretär zumuten. Dies muß ein politischer Beamter einsehen, es gibt keinerlei Anlaß, bei einer solchen Gelegenheit Reizungen zu zeigen.

Nun war ich frei. Aber es wurde schon über eine neue Verwendung gesprochen. Ich war nicht der einzige, dessen Name in diesen Tagen für diesen oder jenen Posten gehandelt wurde. Wir waren im Bundeskanzleramt drei Leute gewesen, die die Kanzlerschaft Kiesingers mitgetragen hatten. Da war einmal Freiherr von und zu Guttenberg, der parlamentarischer Staatssekretär war, und dann Karl Carstens als Chef des Bundeskanzleramtes und ich als Chef des Presseamtes. Karl Carstens wurde keine neue Verwendung angeboten, und er selber unternahm auch keinen Versuch in dieser Richtung. Er hatte andere Pläne. Seine in der Arbeit im Bundeskanzleramt gewonnene Schlußfolgerung war, daß es sich lohnte, in die Politik im engeren Sinne des Wortes zu gehen, also Parlamentarier zu werden. Dazu bedurfte es einiger Vorbereitungen, und so suchte er nach einem Zwischenaufenthalt, der sich im Forschungsinstitut der Deutschen Gesellschaft für Auswärtige Politik fand, das Carstens unmittelbar nach seinem Ausscheiden aus dem Staatsdienst übernahm.

Carstens hat in der nachfolgenden Zeit ein seltenes Talent bewiesen, den richtigen Zeitpunkt zu erfassen und seine jeweilige Kandidatur erst dann zu stellen, wenn sicher war, daß sie erfolgreich sein würde. Obwohl er, so schien es, vom Habitus her nichts von einem Parteipolitiker an sich hatte, zeigte sich bald, daß wir die anderen Qualitäten in seiner Person unterschätzt hatten. Er war ein glänzender Taktiker, und daß er in kurzer Folge Fraktionsvorsitzender und dann Bundespräsident wurde, legte beredtes Zeugnis von seinen Fähigkeiten ab. Dabei hat gewiß geholfen, daß Hans Neusel aus dem Bundeskanzleramt in die CDU-Fraktion hinüberwechselte und auch im Bundespräsidialamt an Carstens Seite blieb.

Für von Hase, der als Staatssekretär im Verteidigungsministerium ausschied, wurde die Botschaft in London reserviert, und der Umstand, daß Duckwitz einmal Botschafter in Neu-Delhi gewesen war, führte dazu, daß er auf den Gedanken kam, mich nach Indien zu entsenden.

Wie so oft in meinem Leben hat sich eine Entscheidung, die ich nicht gesucht hatte, sondern die auf mich zukam, als besonders glückliche Fügung erwiesen. Natürlich wäre ich auch in eine der europäischen Hauptstädte oder zu einer der internationalen Organisationen gegangen. Ich hätte mich da in vertrautem Gelände bewegt. Die Versetzung nach Indien dagegen bot eine einmalige, großartige Gelegenheit, die Bandbreite der Erfahrungen in einer Weise zu erweitern, wie dies an keinem anderen Platz möglich gewesen wäre. So erklärte ich mich ohne Zögern einverstanden, als sich das Angebot konkretisierte.

In der Zwischenzeit aber gab es einiges zu tun. Ich war noch stellvertretender Vorsitzender der Kommission für die Reform des Auswärtigen Dienstes, deren Vorsitzender Hans von Herwarth war. Wir sollten einen Zwischenbericht fertigstellen. Ich hatte ein Vierteljahr, um mich dieser Arbeit widmen zu können. Die Reform war notwendig, und die Art und Weise, wie die Kommission alle an der Außenpolitik interessierten, gesellschaftlich relevanten Kräfte an ihrer Arbeit beteiligte, hat wesentlich dazu beigetragen, daß die Reform, wenn auch Jahre später, zu einem guten Ende gebracht werden konnte. Ich selber habe durch die Kommission genaue Einblicke in die juristischen, finanziellen und Personalprobleme eines großen Dienstes gewonnen und habe meinerseits meine Erfahrungen in die Debatte einbringen können.

Eine reizvolle Pointe bestand darin, daß wir den Zwischenbericht dem neuen Außenminister Walter Scheel präsentierten. Scheel hatte an der Arbeit der Kommission insofern mitgewirkt, als er zu den Abgeordneten zählte, die sich in kleinen Gruppen an den „Inspektionen" der Auslandsvertretungen beteiligten, welche die Kommission im Zuge ihrer Meinungsbildung durchführte.

Bei einer dieser Gelegenheiten, nämlich in Rom, hatte Scheel zu später Stunde mit Emphase verkündet, er sei dafür, den Auswärtigen Dienst überhaupt abzuschaffen. Nun war er selbst Außenminister, und als wir ihm den Bericht übergaben, erinnerte ich ihn mit einigem Vergnügen an seinen Ausspruch.

Hoffnung und Erfüllung

Das Jahr 1970 hatte begonnen. Vieles strebte auseinander. Das Geflecht der Beziehungen und Verhältnisse, das in 20 Jahren in der deutschen Politik – und besonders in Bonn, der kleinen Stadt am Rhein – gewachsen war, löste sich auf.

Die Leute aus der SPD lernten nun zum erstenmal das Personal der FDP aus der Nähe und in der offenen Zusammenarbeit kennen. Die CDU/CSU-Mannschaft, die mit der FDP lange und mit der SPD kurz zusammengearbeitet hatte, war unversehens auf sich gestellt. Alte Bindungen erfuhren eine durch keimendes Mißtrauen getönte Veränderung.

Die Spreu schied sich vom Weizen. Um so mehr gewannen die Freundschaften an Wert, die quer durch die Parteien Bestand behielten und sich in den folgenden Jahren als das feste Gerüst der deutschen Politik erwiesen. Ohne diese Übereinstimmung am Grunde, die gegen alle Widerstände und Anfechtungen verteidigt wurde, wäre Deutschland nicht fähig gewesen, zwanzig Jahre später unter der Führung von Helmut Kohl die Gunst der Stunde, welche die Einheit bereithielt, entschlossen und kühn zu nutzen. Diese Freundschaften und Gemeinschaften, die keiner Organisation bedurften, haben dazu beigetragen, Deutschland vor den in der sozialliberalen Deutschland- und Ostpolitik schlummernden Gefahren zu bewahren.

1970 begann die Zeit der intelligenten, geschmeidigen Leute, deren Rückgrat aus einem reißfesten Tau bestand. Sie fanden ihre Partner in der Publizistik und in der Wirtschaft. Kein Zweifel, von der neuen Politik ging eine große Faszination aus, die auch ich spürte. War es nicht normal, ja notwendig, wenn alles gescheitert war, was bisher unternommen wurde, um Deutschland zu einen, nun einen anderen Zugang zur Lösung des Problems zu suchen? Es gelang, für eine Weile mit einem riesigen Aufwand an Worten und Bildern zu verdecken, daß der neue Ansatz darin bestand, das Problem nicht zu lösen, sondern in der Hoffnung auf bessere Zeiten die fortdauernde Existenz eines zweiten deutschen Staates hinzunehmen. Obendrein wurde ein Viertel unseres Territoriums im Osten ohne Gegenleistung weggegeben. Selbst ein Wechsel auf die Zukunft wurde nicht ausgestellt.

Der substantielle Beitrag der sozialliberalen Regierung zur Lösung der Deutschen Frage bestand darin, daß sie das „Feindbild" in der Bevölkerung der kommunistisch regierten Staaten zu unseren gunsten veränderte und damit erreichte, daß die Vereinigung der DDR mit der Bundesrepublik schließlich auch dort ohne größeren inneren Widerstand hingenommen wurde.

Um die Jahreswende 1969/70 rückten viele der bisherigen Hauptakteure in den Ministerien aus dem Zentrum an die Peripherie der deutschen Politik. Die meisten dieser Bewegungen und Versetzungen sind in wohlanständiger, korrekter Form vollzogen worden.

Das Netzwerk mit Freunden und Kollegen wurde lockerer, hielt aber stand. Die Kontakte wurden seltener, rissen aber nicht ab; das galt auch für diejenigen Männer und Frauen in den Parteien, zu denen in zwanzig Jahren erprobte, vertrauensvolle Beziehungen gewachsen waren.

Es blieb der Verbund in der hohen Beamtenschaft in der Gewerkschaft der Staatssekretäre. In den meisten Fällen waren sie nicht parteipolitisch gebunden, aber dennoch oder gerade deshalb vertraten sie aus Einsicht in die Probleme gewonnene feste Überzeugungen.

Dazu kamen als Paßstück diejenigen Männer und Frauen in der deutschen Wirtschaft und in den Medien, die sich nicht beirren ließen.

Es wäre falsch anzunehmen, dieses Netzwerk wäre organisiert worden oder hätte konspirativ gearbeitet. Nichts dergleichen. Es herrschte ein stilles Einverständnis, das gelegentlich ausreichte, um grobe Fehler zu vermeiden oder zu korrigieren. Das hat dem Ansehen der sozialliberalen Regierungen gedient, hat Brandt und Scheel, hat Schmidt und Genscher geholfen, am 3. Oktober 1989 dabei sein zu können. Das System funktionierte in den ersten Jahren der Regierung Brandt–Scheel relativ gut, schwächte sich dann ab und gewann wieder an Kraft in der Endphase der Regierung Schmidt–Genscher

Auch im Kreise der Alliierten und internationalen Partner gab es so etwas wie einen neuen Club der Oberarbeiter. Viele unserer ausländischen Kollegen trauten dem Frieden nicht recht. Sie konnten sich nicht vorstellen, daß eine deutsche Regierung eine den nationalen Interessen zuwiderlaufende Politik betrieb, für nichts und wieder nichts. Manche vermuteten hinter dem Schaubild eine raffinierte List, ein großes Täuschungsmanöver.

So mußte man dazu raten, die öffentlich bekundeten Absichten der deutschen Regierung ernst zu nehmen und sie nicht als taktische Winkelzüge abzutun. Da die sozialliberale Regierung eine auf die Wiederherstellung der Deutschen Einheit gerichtete Politik in das Arsenal gestellt hatte, sie aber schon aus verfassungsrechtlichen Gründen nicht mit einem spektakulären Akt beenden wollte, konnte man auf das ruhende Potential hinweisen und seine Bedeutung für die Zukunft erläutern. Was jetzt in Bonn begann, war ein Zwischenspiel, aber nicht das Ende der Geschichte. Unsere Regierung ließ uns die Möglichkeit so zu argumentieren.

Zunächst aber hieß es Abschied nehmen. Man schüttelte die biedere Rechte, sah sich in die Augen, umarmte sich. Wir sprachen uns Mut zu. Wir mußten einige Schritte zurücktreten, um besser springen zu können.

Der Blick ging nicht nur in die Zukunft, sondern auch in die Vergangenheit. 1949 war ich in den Dienst zurückgekehrt. Ich hatte dem jungen Staat gegeben, was ich vermochte, die Republik hatte mich angenommen, mir eine große Arbeit zugeteilt.

Die Gedanken gingen zu den Menschen, denen ich in den letzten 20 Jahren begegnet war und denen ich soviel verdankte. Die großen Akteure, die ich am Werk gesehen hatte, denen ich manchmal einen Dienst erweisen, an die Hand gehen konnte. Die Leute im zweiten und dritten Glied, meinesgleichen also, die in Kenntnis der Stärken und Schwächen ihrer Meister das große Räderwerk der internationalen Beziehungen in Gang hielten, hier Öl ins Getriebe füllten, dort Schrauben festzogen, so wie es die Lage gebot.

Nicht zu vergessen die Damen, Läufer, Springer und Bauern im Spiel, die die ganze Gedanken- und Papierflut produzierten, kanalisierten, das Verborgene und das Vergessene wieder hervorholten. Die Kuriere, die Boten, die Fahrer, nicht zuletzt auch die Leibwächter mit Eisen in der Hand. Im Rückblick sah ich, wie sich all diese Männer und Frauen zusammengefunden hatten, bemüht uns einen befriedeten Ort in der Welt zu sichern, wenigstens den Schaden zu begrenzen, den die Menschen selbst anrichteten. Da hatte ich meinen Platz gehabt.

Wenn ich jetzt um mich schaue, ist es schon leer geworden. Viele Totenfeiern, viele Begräbnisse, flüchtiger Nachruhm.

So ist der Zweifel von der Überzeugung bezwungen worden, daß es nützlich sein könnte, den Veröffentlichungen über die ersten zwanzig Jahre der Bundesrepublik einen weiteren Bericht an die Seite zu stellen, der auch Irrtümer und Verfehlungen nicht verschweigt.

Niemand hat Grund zur Selbstgefälligkeit, aber während ich mich erinnerte und schrieb, sind doch Stolz und Genugtuung gewachsen, denn die Deutschen haben trotz mancher Anfechtungen und Zweifel den Weg freigehalten zur Einheit in Freiheit.

Nach dem verlorenen Krieg sprach wenig dafür, daß wir die Einheit zurückgewinnen und frei bleiben würden. Das Land stand am Rande eines dramatischen Zusammenbruchs, der seine geschichtliche Gestalt als Staat, als Reich der Deutschen ausgelöscht hätte, vielleicht für immer. Unsere Zuversicht beruhte auf der Erkenntnis, daß wir unsere nationalen Ziele zusammen mit der Gemeinschaft der demokratisch verfaßten, freien Völker und im Einklang mit den großen Ideen des zwanzigsten Jahrhunderts festlegen und verfolgen mußten. Die dunklen Gewalten konnten so fürs erste gebannt werden.

Es gibt im Leben der Völker nur selten Zeiten der Erfüllung; um so mehr gilt es das immer gefährdete Glück des Friedens in Einheit und Freiheit festzuhalten und zu schützen.

Zeittafel

1945	
7./8. Mai	Bedingungslose Kapitulation der deutschen Wehrmacht in Reims und Berlin.
1. Juli	Die von den Truppen der USA besetzten Länder Sachsen und Thüringen werden im Austausch mit den drei westlichen Sektoren Berlins den sowjetischen Behörden übergeben.
1948	
1. April	Die Sowjets blockieren Berlin. Alliierte Luftbrücke vom 25. Juni 1948 bis zum 12. Mai 1949.
1. Sept.	Der Parlamentarische Rat tritt in Bonn zusammen. Präsident ist Konrad Adenauer.
1949	
4. April	In Washington wird die NATO (North Atlantic Treaty Organisation) gegründet.
10. Mai	Bonn wird vorläufige Bundeshauptstadt.
24. Mai	Das Grundgesetz tritt in Kraft.
14. Aug.	Wahlen zum Ersten Deutschen Bundestag.
12. Sept.	Theodor Heuss wird Bundespräsident.
15. Sept.	Konrad Adenauer wird Bundeskanzler.
7. Okt.	Gründung der Deutschen Demokratischen Republik (DDR).
12. Okt.	Die Bundesregierung gründet das Amt für Information.
1950	
16. März	Winston Churchill tritt für die Wiederbewaffnung Deutschlands ein.
9. Mai	Robert Schumann schlägt die Bildung einer Europäischen Montanunion vor. Die Verhandlungen beginnen am 20. Juni in Paris.
25. Juni	Ausbruch des Korea-Krieges.
19. Dez.	Die NATO beschließt in Brüssel die Schaffung einer europäischen Streitmacht mit deutscher Beteiligung.

1951

1. Jan.	Indien beendet als erster Staat den Kriegszustand mit Deutschland.
15. Feb.	In Paris beginnen Verhandlungen über eine Europäische Verteidigungsgemeinschaft.

1952

11. Jan.	Der Vertrag über die Europäische Gemeinschaft für Kohle und Stahl (Montanunion) tritt in Kraft.
15. März	Die Bundesregierung errichtet ein Auswärtiges Amt. Adenauer wird erster Außenminister.
26. Mai	Der Deutschlandvertrag wird in Bonn unterzeichnet, das Besatzungsstatut aufgehoben.
27. Mai	Der Vertrag über die Europäische Verteidigungsgemeinschaft wird in Paris unterzeichnet.
8. Sept.	Erste Konferenz des Ministerrates der Montanunion unter Vorsitz Adenauers. Die Minister fordern die Parlamentarische Versammlung der Montanunion auf, auch einen Entwurf für eine Europäische Politische Gemeinschaft zu fertigen.
10. Sept.	Adenauer und der israelische Ministerpräsident Moishe Sharett unterzeichnen in Luxemburg ein Wiedergutmachungsabkommen. Gleichzeitig werden die Ansprüche der Jewish Claims Conference geregelt.

1953

27. Feb.	Das Londoner Schuldenabkommen wird geschlossen.
17. Juni	Volksaufstand in der DDR.
6. Sept.	Wahlen zum Zweiten Deutschen Bundestag.
20. Okt.	Adenauer wird erneut Bundeskanzler.

1954

21. Jan. bis 18. Feb.	Viermächte-Konferenz über Europäische Sicherheit, Österreich und Deutschland in Berlin.
17. Juli	Theodor Heuss wird in Berlin wieder zum Bundespräsidenten gewählt.
30. Aug.	Die Pariser Nationalversammlung bringt mit 319 gegen 264 Stimmen den Vertrag über die Bildung einer Europäischen Verteidigungsgemeinschaft zu Fall.
28. Sept. bis 3. Okt.	In London beenden die Außenminister der

Westmächte die durch die französische Entscheidung entstandene Krise und schlagen die Aufnahme Deutschlands in die NATO vor.

27. Dez. Die französische Nationalversammlung billigt Deutschlands Beitritt zur NATO mit 289 gegen 251 Stimmen.

1955

27. Feb. Der Bundestag stimmt für die „Pariser Verträge", d. h. den Beitritt zum Atlantikpakt und der Westeuropäischen Union, den Deutschlandvertrag und das Saarabkommen.

7. Juni Adenauer gibt das Auswärtige Amt an Heinrich von Brentano ab.

18.–23. Juli Genfer Konferenz der Vier Großmächte.

8.–14. Sept. Adenauer und Brentano in Moskau. Aufnahme diplomatischer Beziehungen, Rückführung der restlichen deutschen Kriegsgefangenen.

11. Okt. Brentano erläutert die Moskauer Entscheidungen in den USA.

1956

23. Okt. 67,1% der Wähler des Saarlandes lehnen das Saarstatut ab.

24. Okt. Aufstand in Ungarn.

29. Okt. bis 7. Nov. Krieg am Suez-Kanal. Die Sowjetunion droht Frankreich und England mit dem Einsatz von Atomwaffen.

1957

6. Feb. Der Bundestag bestätigt Berlin als Hauptstadt.

25. März Abschluß der Römischen Verträge zur Bildung der Europäischen Wirtschaftsgemeinschaft EWG und der Atomgemeinschaft Euratom.

15. Sept. Wahlen zum Dritten Deutschen Bundestag.

3. Okt. Willy Brandt wird Regierender Bürgermeister von Berlin.

4. Okt. Die Sowjetunion schießt den Satelliten Sputnik in den Weltraum.

29. Okt. Adenauer wird zum drittenmal Bundeskanzler.

1958

29. Mai	Charles de Gaulle übernimmt die Macht in Frankreich.
14./15. Sept.	Adenauer trifft De Gaulle in Colombey-les-deux-Eglises.
10. Nov.	Chruschtschow eröffnet eine neue Berlin-Krise.
7. Dez.	Bei Wahlen zum Berliner Abgeordnetenhaus erhält die SED 1,9 %.

1959

11. Mai–5. Aug.	Deutschlandkonferenz der Vier Mächte in Genf.
1. Juli	In Berlin wählt die Bundesversammlung Heinrich Lübke zum Bundespräsidenten.
3. Aug.	Präsident Eisenhower lädt Chruschtschow zu einem Besuch Washingtons ein.

1960

1. Mai	Ein amerikanisches Aufklärungsflugzeug von Typ U II wird über Swerdlowsk abgeschossen.
16./17. Mai	Die Pariser Konferenz der vier Großmächte scheitert nach dem U-II-Zwischenfall.
23. Mai	Adolf Eichmann wird nach Israel entführt. Prozeßbeginn: 11. April 1961. Hinrichtung: 1. Juni 1962.
5. Sept.	De Gaulle proklamiert eine nationale Verteidigungspolitik und verlangt eine Reform der NATO.
8. Sept.	Die DDR drosselt den Zugang von West- nach Ost-Berlin.
12. Sept.	Walter Ulbricht wird in der Nachfolge Wilhelm Piecks Vorsitzender des Staatsrates.
25. Okt.	Die SPD nominiert Willy Brandt als Kanzlerkandidaten.
8. Nov.	John F. Kennedy wird Präsident der Vereinigten Staaten.

1961

28. Feb.	Das Bundesverfassungsgericht erklärt die Deutschland-Fernseh GmbH für verfassungswidrig. Am 6. Juni wird das ZDF gegründet.
5. Juni	Kennedy und Chruschtschow treffen sich in Wien. Die Sowjets kündigen an, die Kontrolle über die Verkehrswege nach Berlin der DDR zu übertragen.

31. Juli	Die englische Regierung erklärt ihre Bereitschaft, der EWG beizutreten.
17. Sept.	Wahlen zum Vierten Deutschen Bundestag.
7. Nov.	Adenauer wird zum viertenmal Bundeskanzler.
1962	
1.–8. Juli	Adenauer in Frankreich.
4.–9. Sept.	De Gaulle in der Bundesrepublik.
22. Okt.	Die USA blockieren Cuba mit Waffengewalt, nachdem der Aufbau sowjetischer Raketenwaffen festgestellt wurde. Am 28. Oktober befiehlt Chruschtschow den Abbau der Basen und den Abtransport der Raketen.
28. Okt.	Beginn der „Spiegel"-Krise, die zum Rücktritt von Verteidigungsminister Strauß und am 13. Dezember zur Umbildung des Kabinetts führt. Heinrich von Brentano gibt das Außenministerium an Gerhard Schröder ab.
28. Okt.	De Gaulle führt die Präsidialverfassung ein. Der Präsident wird künftig direkt vom Volk gewählt.
18. Dez.	Beginn der Debatte über die Gründung einer multilateralen Atomstreitmacht MFL mit deutscher Beteiligung.
1963	
17. Jan.	Frankreich setzt die unbefristete Vertagung der Verhandlungen über den Beitritt Englands zur EWG durch.
20. Jan.	Adenauer und De Gaulle schließen einen deutsch-französischen Freundschaftsvertrag.
29. Jan.	Abbruch der Beitrittsverhandlungen England – EWG.
16. Mai	Der Bundestag verabschiedet eine, die besondere Qualität der deutsch-französischen Beziehungen relativierende Präambel zum Ratifizierungsgesetz des Deutsch-Französischen Vertrages.
23.–26. Juni	Kennedy besucht die Bundesrepublik und Berlin.
18. Sept.	Errichtung einer Handeslvertretung in Warschau; im Oktober folgt Bukarest, im November Budapest.
11. Okt.	Bundeskanzler Adenauer tritt zurück.
16. Okt.	Der Bundestag wählt Ludwig Erhard zum Bundeskanzler.

22. Nov.	John F. Kennedy wird ermordet. Lyndon B. Johnson wird sein Nachfolger.
1964	
14. Feb.	Erhard in Paris. De Gaulle sichert den Einsatz französischer Atomwaffen zum Schutz Berlins und der Bundesrepublik zu.
16. Feb.	Willy Brandt übernimmt den Vorsitz der SPD.
3. Sept.	Chruschtschow kündigt seine Absicht an, die Bundesrepublik zu besuchen.
14. Okt.	Chruschtschow wird seiner Ämter enthoben. Nachfolger in der Partei ist Leonid Breschnew, in der Regierung Alexej Kossygin.
1965	
8. April	Die Europäische Gemeinschaft für Kohle und Stahl, Euratom und die Europäische Wirtschaftsgemeinschaft werden fusioniert.
13. Mai	Die Bundesrepublik Deutschland und Israel nehmen diplomatische Beziehungen auf. Die Mehrheit der arabischen Staaten bricht danach die Beziehungen zur Bundesrepublik ab.
20. Okt.	Ludwig Erhard wird erneut zum Bundeskanzler gewählt.
1966	
7. Feb.	Die SPD beginnt die direkten Kontakte mit der SED.
11. März	Frankreich scheidet aus der militärischen NATO-Integration aus.
25. März	Deutsche Friedensnote.
24. Sept.	Erhard in Washington. Keine Einigung über Devisenausgleich und atomare Mitsprache.
30. Nov.	Erhard tritt zurück.
1. Dez.	Der Bundestag wählt Kurt Georg Kiesinger zum Bundeskanzler. Bildung der großen Koalition. Außenminister wird Willy Brandt.
1967	
13./14. Jan.	Kiesinger trifft De Gaulle in Paris.
30. Jan.	Die Bundesrepublik und Rumänien nehmen diplomatische Beziehungen auf.

DINNER

Bernkasteler Doktor Auslese 1967 — Mousse of Salmon in Aspic

Breast of Capon Eugènie

Louis Martini Cabernet Sauvignon 1958 — Rice Pilaff

Tiny Peas Etuvée

Garden Salad

Muenster Cheese

Pol Roger 1961 — Vacherin Délicieuse

THE WHITE HOUSE
Thursday, August 7, 1969

oben links
Präsident Johnson und Botschafter Hillenbrandt begrüßen den Kanzler und Frau Kiesinger in Washington.

oben rechts
Abendessen am 7. August 1969 im Weißen Haus. Meine Menukarte mit den Unterschriften von Edward Teller, Wernher von Braun, Kenneth Rush, Patricia Mosbacher, Marie Patrick, Gretchen Byrd, Henry Bellmon und O'bie Shultz.

unten
Nebenschauplatz diplomatisches Parkett: mit Madame Ben Ayed, der Frau des tunesischen Botschafters.

31. Jan.	Die Bundesregierung schlägt der Sowjetunion Gewaltverzicht vor.
7. Feb.	Die Sowjetunion weist den Vorschlag zurück und verlangt von der Bundesrepublik, den Alleinvertretungsanspruch aufzugeben.
14.–16. Feb.	Der britische Premierminister Wilson besucht Bonn.
5. April	US-Vizepräsident Humphrey wirbt in Bonn für den Vertrag über die Nichtverbreitung von Kernwaffen.
19. April	Konrad Adenauer stirbt im Alter von 91 Jahren.
9. Mai	Die NATO verzichtet auf die Doktrin der massiven nuklearen Vergeltung und entscheidet sich für die „flexible response".
10. Mai	England und Irland beantragen die Aufnahme in die Europäische Gemeinschaft. Dänemark und Norwegen folgen im Mai bzw. Juli.
10. Mai	Der Ministerpräsident der DDR, Stoph, schreibt an Bundeskanzler Kiesinger.
24. Mai	Kiesinger wird Parteivorsitzender der CDU.
27. Mai	Anläßlich des Besuchs des iranischen Schahs kommt es zu schweren Unruhen.
13. Juni	Kiesinger schlägt Stoph Verhandlungen über menschliche Erleichterungen vor. Stoph lehnt am 18. September ab.
12./13. Juli	De Gaulle zu Besuch in Bonn.
14.–17. Aug.	Kiesinger konferiert in Washington mit Präsident Johnson.
23.–25. Aug.	Kiesinger berät mit Premierminister Wilson in London über den englischen Beitritt zur EWG.
19. Dez.	Frankreich widersetzt sich im EG-Ministerrat der Aufnahme von Beitrittsverhandlungen mit England.
1968	
29. Jan.	Walter Scheel wird Vorsitzender der FDP.
31. Jan.	Wiederaufnahme der diplomatischen Beziehungen mit Jugoslawien.
31. Jan. bis 4. Feb.	Bundeskanzler Kiesinger besucht die italienische Regierung und den Heiligen Stuhl.
15./16. Feb.	Treffen Kiesinger–De Gaulle in Paris. Hauptthema der

Gespräche sind die englischen Beitrittswünsche zur EG.

11. März Kiesinger erstattet den ersten Bericht zur Lage der Nation.

26. März Innenminister Lücke tritt zurück, da die SPD sich der Einführung des Mehrheitswahlrechts widersetzt.

5. April Dubcek leitet mit einem Reformprogramm den „Prager Frühling" ein.

13. April Die DDR sperrt Ministern und Beamten den Zugang nach West-Berlin. Am 12. Juni wird die Paß- und Visapflicht für den Verkehr zwischen Berlin und der Bundesrepublik eingeführt.

11./17. April Gewalttätige Studentenunruhen in Berlin, Frankfurt, München, Hamburg und weiteren Städten.

30. Mai Der Bundestag verabschiedet die Notstandsverfassung.

1. Juli Die Sowjetunion, die USA und England unterzeichnen den Vertrag über die Nichtverbreitung von Kernwaffen.

21. Aug. Truppen des Warschauer Paktes marschieren in die Tschechoslowakei ein.

26. Sept. Die Breshnew-Doktrin wird verkündet, die Souveränität und Selbstbestimmung der Mitglieder des Warschauer Paktes einschränkt.

27./28. Sept. De Gaulle erörtert mit Kiesinger in Bonn die Lage nach dem Überfall auf die ČSSR.

7.–10. Okt. Außenminister Brandt unterzeichnet in New York die internationalen Pakte über bürgerliche und politische sowie über wirtschaftliche, soziale und kulturelle Rechte.

24.–30. Okt. Kiesinger besucht Portugal und Spanien.

15./16. Nov. Die Außenminister der NATO beschließen in Brüssel, als Reaktion auf die Besetzung der ČSSR die Schlagkraft der Streitkräfte zu verbessern.

1969

20. Jan. US-Präsident Nixon im Amt.

13./14. Feb. Die Sowjetregierung protestiert gegen den Zusammen-

	tritt der Bundesversammlung und die Wahl des Bundespräsidenten in Berlin.
26./27. Feb.	Nixon besucht Bonn und Berlin.
2. März	Zusammenstöße zwischen chinesischen und sowjetrussischen Truppen am Ussuri.
5. März	Gustav Heinemann wird in Berlin zum Bundespräsidenten gewählt.
16.–18. April	Die SPD nominiert Willy Brandt als Bundeskanzlerkandidaten.
28. April	De Gaulle tritt zurück. Nachfolger wird Georges Pompidou.
5. Mai	Die finnische Regierung erklärt ihre Bereitschaft, in Helsinki eine europäische Sicherheitskonferenz abzuhalten.
9. Mai	Die Bundesregierung entscheidet, die DM nicht aufzuwerten.
16.–22. Mai	Besuch des Bundeskanzlers in Japan.
11. Juni	Der Bundestag beschließt die Nichtverjährung von NS-Verbrechen.
17. Juni	Zweiter Bericht zur Lage der Nation im geteilten Deutschland.
3. Juli	Letzte Sitzung des Fünften Bundestages.
24./25. Juli	Scheel, Genscher und Mischnick halten sich auf Einladung der sowjetischen Regierung in Moskau auf.
3.–9. Aug.	Bundeskanzler Kiesinger konferiert in Washington mit Präsident Nixon.
20.–23. Aug.	Helmut Schmidt, Alex Möller und Egon Franke auf Einladung des Obersten Sowjet in Moskau.
8./9. Sept.	Erster Besuch des französischen Präsidenten Pompidou in Bonn.
12. Sept.	Die Sowjetunion schlägt Verhandlungen über einen Gewaltverzicht vor.
25. Sept.	Die deutschen Devisenbörsen werden angesichts einer massiven Spekulationswelle bis zum 30. September geschlossen.
28. Sept.	Wahlen zum Sechsten Deutschen Bundestag.
15. Okt.	SPD und FDP bilden eine sozial-liberale Koalition.

21. Okt. Der Bundestag wählt Willy Brandt mit 251 gegen 235 Stimmen zum Bundeskanzler. Walter Scheel wird Vizekanzler und Außenminister.

Personenregister

Die Deutsche Bibliothek – CIP-Einheitsaufnahme

Diehl, Günter:
Zwischen Politik und Presse : Bonner Erinnerungen 1949–1969 / Günter Diehl. – Frankfurt am Main : Societäts-Verl., 1994
ISBN 3-7973-0575-3